Spätmittelalter und Reformation
Neue Reihe

Begründet von Heiko A. Oberman

Herausgegeben von Berndt Hamm
in Verbindung mit Johannes Helmrath,
Jürgen Miethke und Heinz Schilling

17

Jan Ballweg

Konziliare oder päpstliche Ordensreform

Benedikt XII. und die Reformdiskussion
im frühen 14. Jahrhundert

Mohr Siebeck

JAN BALLWEG, geboren 1966; 1987–92 Studium der Geschichte, Kunstgeschichte und Romanistik in Heidelberg und Florenz; 1992 Magister Artium; 1997 Promotion; seit 1999 Wiss. Mitarbeiter der Theologischen Fakultät (Ockham-Forschungsstelle) der Universität Heidelberg.

Die Deutsche Bibliothek – CIP-Einheitsaufnahme:

Konziliare oder päpstliche Ordensreform : Benedikt XII. und die Reformdiskussion im frühen 14. Jahrhundert / Jan Ballweg. – Tübingen : Mohr Siebeck, 2001
  (Spätmittelalter und Reformation ; N.R., 17)
  ISBN 3-16-147413-9

© 2001 J. C. B. Mohr (Paul Siebeck) Tübingen.

Das Buch wurde von Gulde-Druck in Tübingen auf alterungsbeständiges Werkdruckpapier gedruckt und von der Großbuchbinderei H. Koch in Tübingen gebunden.

ISSN 0937-5740

Vorwort

Vorliegende Studie wurde im Wintersemester 1996/97 von der Philosophisch-Historischen Fakultät der Universität Heidelberg als Dissertation angenommen. Für die aus beruflichen Gründen verzögerte Drucklegung wurde die Arbeit im Text und besonders im Anmerkungsapparat z.T. erheblich gekürzt. Literatur und Quelleneditionen wurden nur bis Juli 1996 erfaßt; später erschienene Litertatur konnte nur in Ausnahmefällen noch eingearbeitet werden.

Der Arbeitstitel dieser Studie lautete ursprünglich „Ordensreform und Kirchentheorie im frühen 14. Jahrhundert. Vom Konzil von Vienne zu Benedikt XII.". Die hiermit ausgesprochene These einer Einheit von Ekklesiologie und Reformdiskussion entzog sich im Laufe der Untersuchung einer schematisierenden Betrachtung. Trotzdem wurde dieser Grundgedanke beibehalten, wenn auch im Wissen, daß hiermit keine durchgängige Erklärung der Reformmöglichkeiten des frühen Avignoneser Papsttums zu leisten ist, wenn auch einzelne Aspekte von Reform schlaglichtartig erhellt werden können.

Zu danken habe ich Prof. Dr. Jürgen Miethke für die Anregung zur Beschäftigung mit Benedikt XII. und der politischen Theorie des frühen 14. Jahrhunderts sowie für vielfältige Unterstützung während meiner Zeit als Doktorand. Prof. emer. Dr. Hermann Jakobs war so freundlich, das Zweitgutachten anzufertigen. Den Herausgebern der Reihe *Spätmittelalter und Reformation* danke ich für die Aufnahme des Buches in diese Reihe. Wertvolle Hinweise zur Überarbeitung meiner Dissertation verdanke ich den Herren Prof. Dr. Kaspar Elm, Prof. Dr. Berndt Hamm, Prof. Dr. Johannes Helmrath und Prof. Dr. Heiko Oberman.

Heidelberg, im Mai 2000

Inhaltsverzeichnis

Abkürzungsverzeichnis

AAug	Analecta Augustiniana
AB	Acta Benedicti
AC	Année Canonique
AD	Ad decorem
ADipl	Archiv für Diplomatik
AE	Annales Ecclesiastici
AFH	Archivum Franciscanum Historicum
AfKiG	Archiv für Kirchengeschichte
AfKuG	Archiv für Kulturgeschichte
AfKathKR	Archiv für Katholisches Kirchenrecht
AFP	Archivum Fratrum Praedicatorum
AHDLMA	Archives d'histoire doctrinale et littéraire du moyen-âge
AHC	Annuarium Historiae Conciliorum
AHP	Annuarium Historiae Pontificae
ALKG	Archiv für Literatur- und Kirchengeschichte
AM	Annales du Midi
AnalCist	Analecta Cisterciensia
AnalFr	Analecta Franciscana
AnalPraem	Analecta Praemonstratensia
App.	Apparat
ASI	Archivio storico italiano
BEFAR	Bibliothèques des Écoles françaises d'Athènes et de Rome
BIHR	Bulletin of the Institute of Historical Research
BISI	Bollettino dell'Istituto italiano per il medio evo e Archivio Muratoriano
BClun	Bullarium Cluniacense
BDPT	Ockham, Breviloquium de principatu tyrannico
BF	Bullarium Franciscanum
BEC	Bibliothèque de l'École des Chartes
Bibl.	Bibliothek
BN	Bibliothèque Nationale
BOP	Bullarium Ordinis Praedicatorum
BRT	Bullarium Romanum ... Taurinensis Editio
C, c	Capitel, Causa, Canon
CathHR	Catholic Historical Review
CC	Charta Caritatis
CCM	Corpus Consuetudinum Monasticarum
CCCM	Corpus Christianorum Continuatio Medievalis
CE	Aegidius Romanus, Contra exemptos
Clem.	Clementinen
COD	Conciliorum oecumenicorum decreta
Cod.	Codex Justinianus
CollCist	Collectanea Ordinis Cisterciensium

CollFranc	Collectanea Franciscana
Const.	Konstitutionen
CUP	Chartularium Universitatis Parisiensis
CCSL	Corpus Christianorum Series Latina
CSEL	Corpus Scriptorum ecclesiasticorum latinorum
D, d	Distinctio
DA	Deutsches Archiv für Erforschung des Mittelalters
DBI	Dizionario biografico italiano
DDC	Dictionnaire de droit canonique
DHP	Dictionnaire historique de la papauté
DHGE	Dictionnaire d'histoire et géographie ecclésiastique
DI	Hervé Nédellec, De iurisdictione
Dig.	Digesten
DIP	Dizionario degli istituti di perfezione
DE	Hervé Nédellec, De exemptione
DEP	De ecclesiastica potestate
DPP	De potestate pape
DRP	Aegidius Romanus, De regiminie principum
DSPE	Alvarus Pelagius, De statu et planctu Ecclesie
DThCath	Dictionnaire de Théologie catholique
Ed.	Editor
EF	Études Franciscaines
EHR	English Historical Review
Einltg.	Einleitung
Epist.	Epistola
erg.	ergänze
f., ff.	folgende
FDG	Forschungen zur deutschen Geschichte
FMASt	Frühmittelalterliche Studien
fol.	Folio
FS	Festschrift
FSI	Fonti per la storia d'Italia
FSS	Fulgens sicut stella
FSt	Franziskanische Studien
Fstud	Franciscan Studies
HJb	Historisches Jahrbuch der Görresgesellschaft
HLF	Histoire littéraire de la France
HPolTh	History of Political Thought
HZ	Historische Zeitschrift
Inst.	Institutionen
JF	Jaffé-Löwenfeld
JHI	Journal of the History of Ideas
JThStud	Journal of Theological Studies
JEcclHist	Journal of Ecclesiastical History
LAD	Libellus Antiquarum Definitionum
lat.	latinus
LCI	Lexikon Christlicher Ikonologie
LD	Libellus Definitionum
Lettr. comm.	Lettres communes
LMA	Lexikon des Mittelalters
LGM	Guillaume Le Maire, Liber Guillelmi Majoris

l.t.	livre tournois
LVF	Jordan von Sachsen, Liber Vitasfratrum
MAH	Mélanges d'Archéologie et d'Histoire
MEFR	Mélanges de l'École française de Rome
MGH	Monumenta Germaniae Historica
Misc.	Miscellanea
Ms	Handschrift
MSt	Medieval Studies
MOPH	Monumenta ordinis praedicatorum historica
Munic.	Municipale
nr.	Nummer
n.	nota
OND	Ockham, Opus nonaginta dierum
OPol	Ockham, Opera politica
OQ	Ockham, Octo Quaestiones
OrChrP	Orientalia Christiana Periodica
PL	Migne, Patrologia Latina
PMt	Jacques Fournier, Postilla in Mt
PP	Past and Present
Q, q.	quaestio
QDE	Jacques de Thérines, Questio de exemptionibus
QFIAB	Quellen und Forschungen in italienischen Archiven und Bibliotheken
QL	Quodlibet
r	recto
RB	Regula Bullata
RBPH	Revue belge de philologie et d'histoire
RDC	Revue de droit canonique
Reg.	Register
RevBén	Revue Bénédictine
RevMab	Revue Mabillon
RevThom	Revue Thomiste
RH	Revue historique
RHDFE	Revue historique du droit français et étranger
RHEF	Revue d'histoire de l'église de France
RHF	Recueil de l'histoire de France
RHM	Römische Historische Mitteilungen
RIS	Muratori, Rerum italianorum scriptores
RN	Redemptor noster
RNPh	Revue néscolastique de philosophie
RS	Rolls series
RSA	Regula Sancti Augustini
RSB	Regula Sancti Benedicti
RSCI	Rivista di storia della Chiesa in Italia
RSI	Rivista storica italiana
RScRel	Revue des sciences religieuses
RSPhTh	Revue des sciences philosophiques et théologiques
RThAM	Recherches de Théologie ancienne et médiévale
RQH	Revue des questions historiques
RQS	Römische Quartalschrift
ser.	Serie
SDEP	Augustinus Triumphus, Summa de ecclesiastica potestate

SG	Studia Gratiana
SM	Summi Magistri
SMOSB	Studien und Mitteilungen zur Geschichte des Benediktinerordens und seiner Zweige
STh	Thomas von Aquin, Summa Theologiae
StM	Studi Medievali
TCB	Ockham, Tractatus contra Benedictum
TCI	Ockham, Tractatus contra Johannem
TCIE	Jacques de Thérines, Tractatus contra impugnatores exemptionum
TCH	Hermann von Schildesche, Tractatus contra hereticos ...
TDChAP	Hervé Nédellec, Tractatus de Christi et apostolorum paupertate
TDCIEP	Tractatus de Causa immediate Ecclesiastice potestatis
TDIPP	Ockham, Tractatus de imperatorum et pontificum potestate
TDMGCC	Guillaume Durand, Tractatus de modo generalis concilii celebrandi
TDRPP	Jean Quidort, Tractatus de regia potestate et papali
TQ	Theologische Quartalschrift
v	verso
VI	Liber Sextus
Vat.	Vaticanus
VuF	Vorträge und Forschungen
wdh.	wiederholt
WuW	Wissenschaft und Weisheit
X	Liber Extra
ZHF	Zeitschrift für historische Forschung
ZKG	Zeitschrift für Kirchengeschichte
ZRG KA	Zeitschrift für Rechtsgeschichte, Kanonistische Abt.
Zs	Zeitschrift

Einleitung

Spricht man vom frühen 14. Jahrhundert, so denkt man kirchengeschichtlich an den Beginn der, wie Martin Luther formulierte, „Babylonischen Gefangenschaft" der Kirche. Weniger dramatisch nennt man dies die Ära des Avignoneser Papsttums. Man meint damit jene Krise der Kirche, die mit dem Zusammenbruch des hierokratischen hochmittelalterlichen Papsttums unter Bonifaz VIII. begann und mit dem großen abendländischem Schisma ab 1378 ihre epochale Katastrophe erlebte. Das 14. Jahrhundert gilt nicht umsonst gerne als ‚Krisenzeit'. Absicht dieser Studie ist es, dieses Pauschalurteil an einem zeitlich und sachlich umgrenzten Gegenstand näher zu untersuchen. Dabei soll der Dualismus zwischen Krise und Reform, zwischen Niedergangsbewußtsein und Erneuerungswille deutlich werden. Die zentrale Stellung der Orden in der Kirche und die üppige, überwiegend von Ordensmitgliedern hervorgebrachte Quellenliteratur machen das Ordenswesen zu einem paradigmatisch-idealen Untersuchungsgegenstand.

Eine Studie über Ordensreform im frühen 14. Jahrhundert steht vor einem grundlegenden Problem: sie muß Reformen eruieren, ohne zu wissen, was in jener Zeit Reform heißt. Sie muß nach etwas suchen, das sie nur schemenhaft kennt. Dabei unterlegt sie vielleicht einen modernen, womöglich sogar tagespolitisch geprägten Begriff von Reform, der nicht dem historischem Reformbegriff entspricht. Unter Reform im Mittelalter subsumiert man die Karolingische Reform ebenso wie die Gregorianische Reform, die Reformdiskussion im Konziliarismus des späten Mittelalters, die Reform von Universitäten oder gar die Reformation. Man denkt an das Wort *reformare* und seine Ableitungen, aber auch an ähnliche Begriffe wie *corrigere, emendare, restaurare* oder an Wortfügungen wie das *reformare in melius* aus der Zeit der Kirchenväter.

Reform versteht sich als Sammelbegriff für gewollte Veränderungen, die eine gemeinsame Tendenz oder Richtung erkennen lassen. Sie lebt dabei in einer Vielzahl von einzelnen Vorgängen. Sie kann von einem wirkenden Zentrum ausgehen oder von verschiedenen Zentren, die untereinander in Verbindung stehen. Reform geht den eigentlichen Reformvorgängen voran und über sie hinaus, sie setzt einen planenden Zugriff auf den Reformgegenstand voraus. Verschiedene Stufen des Handelns mit unterschiedlicher Zugriffsintensität sind in einer Reform anzutreffen. Man wird zunächst das Erkennen einer Reformnotwendigkeit, die Entwicklung eines

Reformwillens und vielleicht auch einer leitenden Reformidee und schließlich die politische oder soziale Umsetzung dieser Vorhaben beobachten. Reform kann sich auch organisch aus unbedeutenden Anfängen entwickeln, ohne daß eine schöpferische Hand im Spiel ist. Hier spricht man eher von Reformbewegung. Reform gibt der Geschichte Richtung, Ziel und Gehalt. Sie kann progressiv sein, ist darin aber zumeist konservativ intendiert und auf die Wiederherstellung einer für maßgebend gehaltenen Vergangenheit ausgerichtet. Zukunftsplanung als Gegenwartsbewältigung ist somit auch Vergangenheitsdeutung. Reform besagt mehr über die Richtung als über den Inhalt einer politischen Veränderung, sie zeigt mehr Gestaltungswillen als Erneuerungswunsch, mehr Pragmatismus als Traditionalismus, mehr Macht- und Behauptungswillen als gläubige Hinnahme des Überkommenen.

Reform ist in ihren frühen Formen gelebter Glaube. Sie ist das kirchenpolitische Korrelat zu einer spirituellen Befindlichkeit, aus der sie heraus erst verstehbar ist. Reformbewegung changiert mit Reformpolitik. Die hier maßgebenden intellektuellen Prozesse laufen in beide Richtungen zugleich. So kann der Reformer von der Dynamik der durch seine Unbedingtheit ausgelösten Vorgänge selber überrollt werden. Die Dualität von Reform und eines sie begleitenden, teils auch vorbereitenden, vielleicht auch bremsenden reflektierenden Prozesses ist bereits in dieser frühen Art von Reform angelegt. Sie ist in unterschiedlicher Intensität Bestandteil einer jeden Reform. Die Leidenschaftlichkeit des Erkennens und Begreifens und die Radikalität des Wollens besagen auch etwas über die Chancen der Reform, freilich nicht immer im Sinne eines Gelingens. Reform geht immer über eine pragmatische Problemlösung hinaus, sieht in den politischen Veränderungen nur die phänotypischen Zeichen eines tiefgreifenden Wandels: der Reformer spürt den Puls der Zeit und handelt in Einklang mit der Geschichte, nicht gegen sie.

Reform setzt damit keinen linearen Ablauf von Geschichte voraus, eher eine dialektische Spannung zu einem Vorgang der Stagnation, mithin des Niedergangs, als energisches Zugreifen zum Gebot der Stunde wurde und Persönlichkeiten auftraten, die das Gesetz des Handelns an sich rissen. Besonders in der Kirchenreform, zumal in der Ordensreform, ist dieser Typus des eifernden Reformers häufig anzutreffen; man denke an Bernhard von Clairvaux oder Franz von Assisi, die auf ihre je eigene Weise ihre Zeit prägten. Der Reformer steht in eigentümlicher Weise quer zu seiner Zeit und ist dennoch das logische Produkt seiner Vorgeschichte. Eine Reform ist deshalb nicht eine radikale Kehrtwende der Geschichte, sondern eher eine Konsolidierung des Bestehenden als Grundlage eines Neuen, das als gereinigtes und geläutertes Altes verstanden wurde. Dabei konnte freilich auch etwas Neues entstehen, ja mußte es sogar, da die Fähigkeit, das normative Ideal hinreichend genau zu erkennen und damit die Möglichkeit einer politischen Rekonstruktion kaum gegeben war. Wenn man nicht oder nur mit Unschärfen wußte, wie die *vita apostolica* realiter beschaffen war, konnte sie nur als Gegenstand heftigen Gelehrtenstreites, nicht aber als einheitsstiftendes und über den Zeiten schwebendes Leitbild dienen. Die der Reformabsicht zu Grunde liegende Deutung der Vergangenheit konnte eine weitgehend willkürliche Konstruktion sein. Die Tradition verlor in dem Maße an praktischer Bedeutung, in dem man die Möglichkeit entwickelte, das Alte in seinem Wert für die Gegenwart realistisch einzuschätzen. Gerade weil Reform zugleich ein intellektueller Prozeß ist, ist die Geschichte der Reform zutiefst mit der Geschichte des Denkens und Erkennens verknüpft. Dies gilt umso mehr dann, wenn der Reformgegenstand, hier die religiösen Orden, dem Ideal einer *societas perfecta* verpflichtet sind: einer zugleich heilsrelevanten und idealtypisch-politischen Ordnung des Zusammenlebens.

Reform zu planen setzt daher mehr voraus, als pragmatisch zu reformieren. Es erfordert eine Selbstreflexivität von Handeln und Denken und damit auch das Wissen von der eigenen Geschichtlichkeit. Reform meint damit nicht mehr nur das Reagieren auf als fragwürdig erkannte Zustände in Kirche oder Ordenswesen, sondern ist eine bewußte Handlungsoption, freilich erst in dem Maße, in dem die Welt als politisch gestaltbar erfahren wird. Das setzt die Relativierung jeder Art von heilsgeschichtlichem Fatalismus sowie die Vorstellung einer nach beherrschbaren Gesetzen gelenkten sozialen Organisation voraus. Bildungsgeschichtlich stoßen wir hier auf die Entwicklung des gelehrten Rechts an den Universitäten, in der Kirche und nicht zuletzt auch in den Orden. Reformfähigkeit besagt damit auch etwas über die Rationalität im Denken der Führungsschichten. Dabei mag ein abgeklärter Blick auf die Realität und ein gereifter Sinn für das Machbare einer Reform viel von dem unbekümmert-Idealen und fanatisch-Unbedingten genommen haben, das solchen Reformern zu eigen ist, deren Glauben Berge zu versetzen vermochte.

Ein solcherart weitgefaßter, auf sein formales Gerüst reduzierter Begriff von Reform, der mit Bedacht auf eine inhaltliche Präzisierung verzichtet, bietet sich für diese Untersuchung an. Er ermöglicht es, für die Vielzahl von Ansätzen, Vorschlägen und Lösungsversuchen offen zu bleiben, die im frühen 14. Jahrhundert diskutiert wurden: Reform durch ein Konzil oder durch den Papst; Reform ausgehend von der Diözesansynode oder als Eigenreform der autonomen Orden. Reform als Verstärkung der Selbstbestimmung der Orden oder als verstärkte Kontrolle von außen. Reform als Spiritualisierung oder als Institutionalisierung. Reform als Minimalkonsens divergierender Interessen oder als einseitig und autoritär gesetzte Norm.

Dabei stellen sich weitere Fragen wie die nach der personellen Träger-
schaft der Reform, ihrer Beurteilung durch Zeitgenossen oder den Gründen ihres Scheiterns, sofern sie scheiterte. Wer sollte die Reform vor Ort
in den Klöstern umsetzen, war sie schon im Ansatz verfehlt oder scheiterte
sie am Widerstand von abweisenden Interessengruppen? Kann man von
einer Reformära sprechen, die vom Konzil von Vienne über die sporadi-
schen Reformen Johannes' XXII. bis zu dem großen Entwurf Benedikts
XII. reichte? Wie steht es dabei um personelle Kontinuitäten, wie um die
allen Ansätzen gemeinsame Basis in Gestalt von Kirchenrecht und Ordensrecht? Man könnte diese Kette von Fragen verlängern.

Diese Studie versucht einen Teil dieser Fragen zu beantworten. Sie versteht sich als eine Personalmonographie, die einem Papst gewidmet ist,
der insofern als Reformpapst in die Geschichte eingegangen ist, als kaum
einer seiner Historiker auf eine wie auch immer ausfallende Stellungnahme zu seinen Reformversuchen verzichtet hat. Die Rede ist von Benedikt
XII., der selber Zisterzienser war, also einem klassischen Reformorden
angehörte, und dessen Aufstieg in eine Zeit fällt, in der das Papsttum sich
unter den Päpsten Clemens V. und Johannes XXII. in Südfrankreich und
Avignon konsolidierte. Parallel zu Benedikts Biographie werden dabei die
Reformtendenzen im Ordenswesen seiner Zeit und vor dem Hintergrund
der Reformtradition des 13. Jahrhunderts dargestellt. So sollen die Möglichkeiten aufgezeigt werden, die sich diesem Papst, der in manchem, aber
nicht in allem deutlich aus seiner Zeit herausfiel, überhaupt boten. Der
eingangs für die Reformfrage hervorgehobene Stellenwert der zeitgenössischen Reflexion über Reform soll die Betrachtung der Theologie dieses
Papstes und die Einbeziehung der politischen Theorie in Gestalt von Ekklesiologie, Theologie und gelehrtem Recht Rechnung tragen.

Damit weitet sich der Blick, und die Orden werden Teil jener Welt, von
der sie sich stets in überlegener Distanz abzusetzen versuchten. Zeitgenössische Vorstellungen von der korporationsrechtlichen Bedeutung eines
Ordens, die Entwicklung von Lösungsmodellen, welche ein gereiftes Ver-
fassungsverständnis erkennen lassen, und die fortschreitende Funktionali-
sierung der Führungsämter in den Orden zeigen, auf welchem Niveau die
Reformdiskussion im frühen 14. Jahrhundert angekommen war. Daneben
gilt es auch den Einfluß einer Reformerpersönlichkeit wie Benedikt XII.
und die Einflüsse, denen er unterlag, zu würdigen. Unter Berücksichtigung
beider Reformkomponenten soll hier versucht werden, die Geschichte von
Institutionen nicht als Rekonstruktion normativer Rahmenbedingungen
allein, sondern als Aktionsfeld von Handlungsprozessen aufzufassen. Daher soll der personalbiographische Ansatz in allen strukturellen Erwägun-
gen erhalten bleiben.

Kapitel 1

Benedikt XII. in der Geschichtsschreibung

1.1. Betrachtungsperspektiven

Am 20. Dezember 1334 wurde zu Avignon der Kardinalpresbyter von S. Prisca, Jacques Fournier, zum Papst gewählt; er nannte sich Benedikt XII. und war, wie die Mehrheit der 24 Kardinäle, Südfranzose. Aus Saverdun in der Grafschaft Foix stammend, war er frühzeitig in den Zisterzienserorden eingetreten, hatte in Paris Theologie studiert und 1314 den Magistergrad erreicht; er machte sich aber weniger als Mönch und Abt denn als Bischof von Pamiers und später als Inquisitor, Kardinal und kurialer Theologe einen Namen. Als seine Karriere ihren Höhepunkt erreichte, war er nach Clemens V. und Johannes XXII. der dritte Papst, welcher dauerhaft in Südfrankreich residierte.

Der Pontifikat Benedikts XII. dauerte bis zu seinem Tode am 25. April 1342; er war damit wesentlich kürzer als der seines Vorgängers Johannes XXII., aber nicht unbedingt deswegen auch an Ereignissen ärmer. Schon Zeitgenossen fiel ein partieller Kontinuitätsbruch auf: Benedikts Verzicht auf eine ebenso kostspielige wie geräuschvolle Außenpolitik, auf militärische Aktionen und Ketzerprozesse gegen mögliche und wirkliche Widersacher; seine Ablehnung des Nepotismus, in der er sich von seinen Vorgängern ebenso unterschied wie seinem Nachfolger Clemens VI.; seine vielfältigen Reformbestrebungen der kurialen Verwaltung und der religiösen Orden; oder auch seine gerechte Strenge, die oftmals aus seiner Ordenszugehörigkeit erklärt wurde.

Die moderne Forschung hat vielfältige Aspekte des Pontifikats dieses nach dem Bernhard-Schüler Eugen III. bisher letzten Zisterziensers auf dem Stuhle Petri herausgearbeitet. Wenn dabei auch ein Blick auf die Person des Papstes fällt, ist dies nicht Ausfluß eines persönlichkeitsorientierten Geschichtsverständnisses[1]. Jenseits apologetischer Bestrebungen fand schon die ältere Forschung zu einer Vorstellung von Benedikt XII., die Erfolg oder Scheitern seines Pontifikats aus seiner monastischen Prägung zu begründen versuchte. Dieses Erklärungsschema sollte sich als erstaunlich

---

[1] Zum Gesamtproblem: SCHMIDINGER, Das Papstbild in der Geschichtsschreibung des späteren Mittelalters; ZIMMERMANN, Papsttum im Mittelalter S. 167–182; FUHRMANN, Päpste S. 239–273.

langlebig erweisen. Der „austère cistercien" galt dabei als sittenstreng und prinzipientreu[2], aber auch als weltfremd und politisch unerfahren, und allein seine theologische Qualifikation schien ihm den Weg an die Spitze der Kirchenhierarchie geebnet zu haben: in der langen Reihe der Juristenpäpste des 13. und 14. Jahrhunderts also eine der seltenen Ausnahmen. Französische Kenner des Avignoneser Papsttums wie Jean-Marie Vidal, Guillaume Mollat oder Paul Fournier machten das selbstlose Pflichtenethos des Papstes, seine Genauigkeit und Präzision zum Gegenstand bewundernder Verehrung[3]. Diese Benedikts Zisterziensertum geradezu in bürgerliche Sekundärtugenden umsetzenden Urteile können ebensowenig wie die gegenüber der politischen Kompetenz Benedikts XII. bisweilen skeptischen Bemerkungen der älteren deutschen Forschung[4] den Geist ihrer Zeit verleugnen. Vidal, der in einer 1905 erschienenen Untersuchung die Schriften Jacques Fourniers der Forschung erschlossen hatte, hob das politische Handeln Benedikts XII. aus den Niederungen der Machtpolitik seines Vorgängers heraus, indem er eine intellektuelle Verwurzelung seiner Politik in seiner theologisch begründeten Ethik postulierte[5]. Dieser Benedikts XII. Wirken als Theologe und als Politiker berücksichtigende

---

[2] DAUMET charakterisiert ihn in der Einleitung der Edition der „lettres closes" als (S. XII): „Austère dans ses moeurs, rigide dans ses principes, vraie cistercien, attaché aux devoirs de sa règle ..."; ähnliche Einschätzungen finden sich in Handbüchern (etwa: MOLLAT, Papes S. 70 f.), Überblicksdarstellungen (SCHIMMELPFENNIG, Zisterzienserideal S. 35; SABBADINI S. 23) und Lexikonbeiträgen (GUILLEMAIN, in: DBI VIII S. 379b; AMARGIER, in: DHP S. 207a) oder in Studien, die Benedikt XII. nur peripher würdigen (als Bsp.: KIBRE, Scholarly Privileges S. 230; GUILLEMAIN, Punti di vista S. 195; PARTNER, Lands of St. Peter S. 332; LENTSCH, Le palais de Benoît XII S. 132); dabei wird bisweilen von der Austerität auf seine Reformneigung geschlossen; so spricht DUNBABIN, Hound of God S. 190, von „Jacques Fournier's austere, reforming temperament". Schon MAHN, Benoît XII et les cisterciens S. 7, verwies freilich darauf, daß Benedikt „un cistercien du XIVe, et non point du XIIe siècle" war.

[3] Vgl. etwa das Urteil von FOURNIER, Jacques Fournier S. 193.

[4] Vgl. etwa am Beispiel von Benedikts Italienpolitik: OTTO, Zur politischen Einstellung S. 106: Benedikt XII. sei ein „nicht sehr willensstarker Papst" und eine „milde friedfertige Natur" gewesen; er sei nicht „charakterfest genug gewesen, um den als richtig erkannten Weg trotz aller Hemmnisse einzuschlagen", d.h. nach Rom zurückzukehren, ebd. S. 109. Schon MÜLLER, Kampf Ludwigs des Baiern I S. 2, urteilte, Benedikt sei seinem „Posten ... nicht gewachsen" gewesen, da es ihm an „Energie und Willensstärke" ermangelte". Auch ausgesprochen positive Urteile sind zu vernehmen: etwa von GLASSCHRÖDER, Markwart von Randeck, für den der „edle" und „milde Benedikt" (S. 32, 45 u. S. 60) die „anziehendste Gestalt unter den avignonesischen Päpsten" (S. 45) ist.

[5] VIDAL, Notice S. 806, spricht Benedikt XII. nicht nur eine „âme d'ascète" zu, sondern unterstreicht auch gerade in bezug auf seine *Postilla super Matthaeum* deren praktischen Wert. In der späteren Forschung wird Askese meist mit Weltflucht gleichgesetzt, so erst kürzlich: AMARGIER, in: DHP S. 207a, der die „simples considérations de morale" der Mt-Postille offenbar für ein reines Gedankenspiel hält.

Ansatz, der die Möglichkeit geboten hätte, sein Handeln mit seinem Denken in Relation zu setzen, blieb ohne Nachfolge.

Neben dem von Vidal, Mollat und Fournier geprägten und nachhaltig weiter prägenden Bild Benedikts XII.[6] findet sich in der deutschen Forschung eine ganz andere Einschätzung Benedikts XII.; so etwa bei Johannes Haller. Für ihn war Benedikt XII. „einfach und volkstümlich bis zum Vulgären, ein jovialer Klosterbruder, der stets zum Scherzen aufgelegt ist und noch auf dem Sterbebett einen Witz auf eigene Kosten macht"[7]. Ähnliche, von jeder verklärenden Tendenz freie, wenn auch nicht ganz so drastische Äußerungen lassen früher wie später belegen[8]. Noch 1982 verwies Gert Melville nicht nur darauf, wie zwiespältig die Bewertungen Benedikts XII. sind und wie sehr noch um die richtige Würdigung dieses Papstes gerungen werde, sondern hob auch hervor, wie schwierig es sei, ihm bei gleichzeitiger Einbettung in sein historisches Umfeld gerecht zu werden[9]. Erst kürzlich hat Franz J. Felten nach verifizierbaren Einflußgrößen gesucht, um charakteristische Züge seines Handelns zu eruieren[10]. Gerade dieser vielfältig geprägte bzw. von Mitarbeitern beeinflußte Benedikt XII.[11] kennzeichnet den Gegenpol zu dem unbestechlichen Zisterzienser, der sein Ordensideal geradezu geradlinig reformerisch umsetzte. Für diesen Forschungsstand ist es bezeichnend, daß eine Gesamtdarstellung, wie sie Diana Wood zu Clemens VI. oder Paul Amargier zu Urban V. verfaßt haben, zu Benedikt XII. fehlt. Die umfangreiche theologiegeschichtliche Monographie von Christian Trottmann über die *visio beatifica Dei* findet gewiß ihre Bedeutung darin, daß sie die theologischen Positionen des späteren Papstes ausführlich würdigt, doch bleiben alle Schriften Jacques Fourniers außer Betracht, die nicht unmittelbar von thematischer Relevanz

---

[6] MAHN, Benoît XII et les Cisterciens S. 40, spricht von dem „esprit méticuleux et sévère de la réforme de Benoît XII". Die monastische Prägung betont noch GUILLEMAIN, in: DBI VIII S. 378b, wenn er von einem „periodo di preghiera e di riflessione" im Kloster Fontfroide spricht und betont, daß Benedikt auch nach seiner Wahl ein Mönch blieb, vgl. DERS., Cour pontificale S. 135. Diese dem Bild Benedikts offenbar untrennbar verbundene Annahme findet sich auch bei: SCHIMMELPFENNIG, Zisterzienserideal S. 15; LENTSCH, S. 346; AMARGIER, in: DHP S. 207a.
[7] HALLER, Papsttum und Kirchenreform S. 123. Daneben verweist er freilich auf die schon bei den zeitgenössischen Beobachtern widersprüchliche Bewertung Benedikts und akzentuiert neben der „Trinkfestigkeit" (S. 121) auch die monastischen Neigungen des Papstes.
[8] Vgl. etwa: GREGOROVIUS, Geschichte der Stadt Rom II 2 S. 666 und THOMAS, Deutsche Geschichte des Spätmittelalters S. 189.
[9] MELVILLE, Quellenkundliche Beiträge S. 146.
[10] FELTEN, Avignon und Paris, masch. schr. Fasssung S. 74.
[11] Vgl. etwa: SCHIMMELPFENNIG, Zisterzienserideal S. 41 und passim. Zu den „Mitarbeitern": ebd. S. 36–42. Eine Synthese des gängigen Bildes von Benedikt XII. findet sich bei KAUFHOLD, Gladius spiritualis S. 184 ff.

sind. Wenn Trottmann die „formation bénédictine" des Zisterziensers, seine diplomatische Klugheit und tiefschürfende theologische Einsicht hervorhebt und in ihm einen „grand pape théologien"[12] sieht, sind dies Aussagen, deren Generalisierbarkeit noch zu beweisen bleibt.

1.2. Benedikt XII. im Urteil der Zeitgenossen

Die in der Forschung zu Benedikt XII. dominierende Vorstellung von einem strengen, aber persönlich integren Papst steht in einer langen Tradition: die von Étienne Baluze 1693 erstmalig in zwei Bänden herausgegebenen, 1914 bis 1922 von Guillaume Mollat in verbesserter Form und vier
Bänden vorgelegten *Vitae paparum Avenionensium*, denen Melville 1982
einen wertvollen Neufund zur 5. Vita Benedikts XII. nachtragen konnte
(sog. *Gesta*), lassen bei aller Parteinahme für oder gegen den Papst die
Grundmuster der Deutung dieses Pontifikats bereits erkennen[13]. Qualifi-
zierende Epitheta wie *justus et durus* in der 4. oder *durus et constans* in
der 6. Vita[14] finden sich zu häufig, als daß sich ein wahrer Kern bestreiten
ließe. Dem entspricht auch das immer wieder gezeichnete Profil Jacques
Fourniers in seiner Tätigkeit als Bischof von Pamiers, der die Einwohner
von Montaillou vor sein Inquisitionstribunal zitierte[15]. Auffällige Neuerungen wie die restriktive Benefizienvergabe oder die Friedensdiplomatie
Benedikts XII. werden so gleichsam personalisiert.

---

[12] TROTTMANN, Vision S. 777, 782, 792, 801.

[13] MELVILLE, Quellenkundliche Beiträge S. 147; SCHIMMELPFENNIG, Zisterzienserideal S. 16–22.

[14] Die 4. Vita (Zitat bei: BALUZE/MOLLAT I S. 223) stammt von Werner von Hasselbecke (päpstlicher *scriptor* und *secretarius*, zuletzt Kanoniker in Lüttich; † 1384);
MELVILLE, Quellenkundliche Beiträge S. 148, datiert die Vita auf „frühestens 1364",
abweichend von SCHMIDINGER S. 121 („1373–88") und GLASSCHRÖDER, Quellenkunde
S. 263. – Der Verfasser der kurzen 6. Vita (ebd. S. 232: *...adeo justus et durus ut beneficia dispositioni apostolice reservate vix conferre vellet, ne conferret indignis*) war ein
die Kirchengeschichte des Tholomäus von Lucca fortschreibender Italiener (MOLLAT,
Étude S. 18; MELVILLE, Quellenkundliche Beiträge S. 149, datiert sie auf „um 1370";
allg. zu den Fortsetzungen des Tholomäus von Lucca: SCHMIDINGER S. 113–116), dessen
Formulierungen teilweise denen des *Liber Pontificalis* entsprechen (ed. L. DUCHESNE II
S. 487); vgl. zur Fortsetzung des *Liber Pontificalis* aus dem 15. Jahrhundert: BERTOLINI
S. 394; BRACKMANN S. 395.

[15] Die in Ms Vat. lat. 4030 überlieferten Vernehmungsprotokolle der Einwohner von
Montaillou wurden 1965 von DUVERNOY in drei Bänden ediert; 1978 folgte eine französische Übersetzung. Bereits VIDAL, Tribunal d'inquisition passim, hatte das Material
verwendet; LE ROY LADURIE bearbeitete es 1975 in einem populären Buch, dem zahlreiche weitere, es nicht selten korrigierende Studien folgten; zuletzt: BENAD, Religion und
Domus in Montaillou.

Der kompilatorische Charakter der meisten der von Baluze aus ihrem ursprünglichen Kontext gelösten *Vitae*[16] relativiert freilich die Beobachtung, daß sich eine in diesem Sinne positive Wertung Benedikts XII. häufiger im Urteil späterer als zeitgenössischer Chronisten findet. Diese Verklärung Benedikts ging soweit, daß der anonyme um 1406 schreibende Verfasser der 1. Vita nicht nur meinte, der *re et nomine Benedictus*[17] sei zu den Besten zu zählen, die die Kirche seit der Zeit der Märtyrer hervorgebracht habe, sondern sogar zu berichten weiß, am Grab Benedikts XII. hätten sich Wunder ereignet[18]. Daneben ist diesem Anonymus der Glaubenseifer wichtig, den Jacques Fournier in seiner Zeit als Inquisitor von Montaillou unter Beweis stellte und den auch die 2. Vita Benedikts hervorhebt[19]. Um 1367/68 entstanden, betont sie daneben, wie großzügig der zum *Pastor bonus ..., nesciente sinistra quid dextra faceret* stilisierte

---

[16] Allg. zu Geschichtskompendien, denen die Vitae zumeist entnommen sind: MELVILLE, Spätmittelalterliche Geschichtskompendien passim. Zu den weitverbreiteten, in den Compendien fortgesetzten Texten wie der Weltchronik des Bernard Gui (*Flores chronicorum seu catalogus pontificum Romanorum*) oder dem *Chronicon pontificum et imperatorum Romanorum* des Martin von Troppau († 1278) vgl.: MELVILLE, Flores-Metaphorik S. 65–80; SCHMIDINGER, S. 113 und S. 120, GLASSCHRÖDER, Quellenkunde S. 240 und S. 259. Zu Bernard Gui und den Redaktionsstufen seiner Chronik: DELISLE, Notice sur les Manuscrits de Bernard Gui S. 188–235; PROU, Vies S. 236; MOLLAT, Étude S. 33 ff.; KAEPPELI, Scriptores I S. 214; MELVILLE, Quellenkundliche Beiträge S. 154 Anm. 50; vgl. auch: GUÉNÉE, Entre l'Église et l'État S. 49–85. Zu Martin von Troppau: v.d. BRINCKEN, Studien zu der Überlieferung S. 552; KAEPPELI, Scriptores III S. 314 ff.

[17] BALUZE/MOLLAT I S. 208: *... benedictus, inquam a Deo, et benedictus, hoc est, bene nominatus et reputatus a mundo, ...* Solche hagiographisch vorgebildeten Spiele mit dem Papstnamen (vgl. Jakobus de Voragine zu dem Hlg. Benedikt von Nursia: *Legenda Aurea*, ed. BENZ S. 236) finden sich auch in der 2. Vita (ebd. S. 211), in dem Brief des Johannes von La Ferté an Peter von Zittau (ed. LOSERTH S. 517) oder bei Konrad von Megenberg in seinem ersten Widmungsschreiben zu seiner Schrift *Planctus Ecclesiae in Germaniam* an Johannes de Piscibus (ed. KUSCH S. 6; datiert auf Anfang 1338, vgl. GRAUERT S. 669), ganz zu schweigen von Ockham, für den der Zusatz *nomine non re Benedictus* ein geradezu feststehender Teil des Namens ist.

[18] BALUZE/MOLLAT I S. 209: *... etiam miraculis coruscando.* – Die 1. Vita entstand um 1406 in Südfrankreich (vgl. MELVILLE, Quellenkundliche Beiträge S. 119; MOLLAT, Étude S. 80, datiert sie zwischen 1394 und 1398; PROU, Vies S. 297) als eine aus Werner von Hasselbecke schöpfende Fortsetzung der Chronik des Martin von Troppau und stammt zusammen mit den jeweils ersten Viten der Nachfolger Benedikts XII. vom selben bisher unbekannten Autor. Benedikt XII. wurde nur im Zisterzienserorden als selig verehrt (25.4.; vgl. KASTER, Benedikt XII., in: LCI V Sp. 350); dies läßt aber kaum den Schluß zu, der die monastische Prägung Jacques Fourniers betonende (S. 195) und sogar über die Bautätigkeiten des späteren Papstes in Boulbonne unterrichtete Verfasser (S. 197) sei Zisterzienser gewesen; dann hieße es wohl: *ordinis nostri* statt *ordinis Cisterciensis* (S. 195).

[19] BALUZE/MOLLAT I S. 207 (1.Vita); vgl. ebd. I S. 210 (2. Vita).

Papst Almosen vergab und in Notlagen half[20]. Auch die gern zur Veranschaulichung von Benedikts XII. selbstverleugnendem Pflichtgefühl zitierte und dem Chronisten offenbar aus erster Hand bekannte Episode, Benedikt XII. habe Vergünstigungen für eine Nichte und deren Mann zurückgewiesen, da er als Papst keine Verwandten habe[21], findet hier ihre Quelle.

Diese idealisierende Überhöhung einer sich aus den Mißständen ihrer Zeit heraushebenden Persönlichkeit ist weniger ein Produkt zisterziensischer Hagiographie als eines verklärenden Blickes zurück, zu dem der Zustand der Kirche im ausgehenden 14. Jahrhundert hinreichend Anlaß gab. Weniger das Wissen um den objektiven Reformbedarf der Kirche als eine aus dem Gegensatz zwischen der persönlichen Untadeligkeit des Papstes und dem schlechten Ruf der Kurie gespeiste Erwartungshaltung führte aber auch schon zeitgenössischen Beobachtern die Feder und trieb phantastische Blüten: Matthias von Neuenburg, der Benedikt XII. ein Jahr nach seiner Wahl auch persönlich kennenlernte, teilt mit, Jacques Fournier sei demütiger und ärmer als alle anderen Kardinäle gewesen und habe keinerlei Hoffnung gehabt, zum Papst gewählt zu werden, als er von einer Vision berichtet, die nach dem Tod Johannes' XXII. einem Bischof aus der Nähe von Rom auf dem Weg nach Avignon zuteil geworden sein soll: er habe den zukünftigen Papst visionär geschaut, in Avignon persönlich aufgesucht und ihm den Inhalt seiner Vision mitgeteilt. Gleichsam in himmlischem Auftrag, so soll der Leser wohl assoziieren, habe er den ihn nicht ernst nehmenden Kardinal dann aufgefordert, den kurialen ‚Augiasstall' auszumisten[22].

Zeitgenossen urteilten aber auch ganz anders über Benedikt XII.: Heinrich von Herford († 1370), für den schon Johannes XXII. geradezu ein Inbegriff der Verworfenheit war, gedenkt Benedikts XII. in einem gehässigen Zweizeiler, der ihn mit einem der schlimmsten Kirchenverfolger

---

[20] Vgl. MELVILLE, Quellenkundliche Beiträge S. 147; MOLLAT, Étude S. 34 ff. Verfasser ist Jean La Porte d'Annonay, Kaplan und Sekretär des Kardinal Pierre de Colombiers, der auch die 3. Vita Clemens' VI. verfaßte, die ebenso wie die 2. Vita Benedikts XII. ein Teil seiner Fortsetzung der *Flores Chronicorum* des Bernard Gui ist, vgl. schon GLASSCHRÖDER, Quellenkunde S. 259; der *pastor bonus*-Passus bezieht sich auf eine Getreidespende im Wert von 10.000 fl. anläßlich einer *fames valida* in Rom und Umgebung (BALUZE/MOLLAT I S. 212).

[21] BALUZE/MOLLAT I S. 215; vgl. auch GUILLEMAIN, Cour pontifical S. 135; SCHIMMELPFENNIG, Zisterzienserideal S. 15. REINHARD, Nepotismus S. 167 weist darauf hin, daß die erste Edition der Viten nur ein Jahr nach der „Nepotismusbulle" *Romanum decet Pontificem* vom 22.6.1692 erfolgte.

[22] Ed. HOFMEISTER S. 135 f.: *immundissimum stabulum*; Matthias von Neuenburg weilte im Frühjahr 1335 an der Kurie (ebd. S. 140), vgl. JACOB, Studien S. 24 Anm. 3; KAUFHOLD S. 183.

gleichsetzt[23]. Noch die sehr kurze 7. Vita zitiert dieses Machwerk in abge-
änderter, auf die Önophilie des Papstes anspielender Form[24]. Kein Gerin-
gerer als Francesco Petrarca, der viele Jahre in Avignon verbrachte, sah in
Benedikt nicht nur einen unfähigen Steuermann der Kirche, sondern verband dies auch mit einem Hinweis auf seine Trunkenheit[25]. Des Papstes
Vorliebe für den Wein, die seiner Deutung als „joviale[m] Klosterbruder"
im Sinne des zitierten Urteils Hallers Vorschub geleistet haben mag, läßt
sich kaum übersehen, zumal ein Zusammenhang zu Benedikts Krankheit
zwar nicht beweisbar, aber auch nicht auszuschließen ist[26]. Auch die 8.
Vita beschreibt Benedikts Lebensstil als amoralisch[27], was freilich in diesem wohl kurz nach Benedikts Tod vielleicht von einem Dominikaner verfaßten Pamphlet nicht überrascht[28]. Zwischen dem *avarus, durus et tenax*

---

[23] Ed. POTTHAST (a. 1341) S. 265: *Iste fuit Nero, laycis mors, vipera clero / Devius a
vero, culpa repleta mera.* Zur Chronik des Heinrich von Herford: MELVILLE, Spätmittelalterliche Geschichtskompendien S. 88.

[24] BALUZE/MOLLAT I S. 234: *Devius a vero, cuppa repleta mero.* Die Lesung *cuppa*
statt *cupa* ist unerheblich. Die 7. Vita stammt aus dem *Compendium chronicorum* des
brabantinischen Prämonstratensers Peter von Herenthals († 1390/91); vgl. MELVILLE,
Quellenkundliche Beiträge S. 148 f.; DERS., Spätmittelalterliche Geschichtskompendien
S. 67; vgl. auch: MOLLAT, Étude S. 105 ff.; BACKMUND, Geschichtsschreiber S. 233–
239, bes. S. 233. Der zit. Vers findet sich auch bei Konrad von Halberstadt (WENCK,
Konrad S. 292) und sogar noch in der Heinrich von Herford folgenden Chronik des
Mönchs Albert (ed. SPRANDEL S. 104).

[25] Petrarcas erster Brief des *Liber sine nomine* (ed. PIUR S. 165 f.), dem das zitierte
Bild entnommen ist, entstand 1342, also kurz vor Benedikts Tod (ebd. S. 316). Vgl. auch
zu Petrarcas Avignon-Bild: SABBADINI S. 24; FOURNIER, Jacques Fournier S. 192; zu
seinen Beziehungen zur Kurie, namentlich zu Kardinal Elie Talleyrand du Périgord:
AMARGIER, Pétrarque et ses amis S. 132; ZACOUR, Petrarch and Talleyrand S. 163 ff.

[26] Der Franziskaner Johannes von Winterthur fügt dem *potator vini, ..., permaximus*-
Passus immerhin ein *ut fertur* (ed. BAETHGEN S. 124) ein. Tatsächlich sind die Ausgaben
für den Wein der päpstlichen Tafel unter seinem Pontifikat gestiegen, vgl. SCHÄFER,
Ausgaben ... unter Benedikt XII. S. 5. – Der in der 2. Vita fragmentarisch überlieferte
pathologische Befund seiner tödlichen Krankheit (BALUZE/MOLLAT I S. 215), deren
Verlauf offenbar chronisch war (am 12.07.1338 ist eine Ausgabe von 20 fl. für einen
Arzt aus Pamiers belegt, vgl. SCHÄFER, ebd S. 75; 1340 befanden sich offenbar zwei
Ärzte ständig bei ihm, ebd. S. 125 Anm. 2; LENTSCH S. 357; der *Arbor genealogie regum Francie* [hierzu: DELISLE, Notice sur les manuscrits de Bernard Gui S. 187 f.] berichtet 1340 von einem Beinleiden des Papstes, vgl. BALUZE/MOLLAT II S. 33; 1341
werden Medikamente *pro usu pape* abgerechnet, vgl. SCHÄFER, ebd. S. 147) und mit einer im letzten Pontifikatsjahr nachlassenden Produktivität einherging, ist zu unpräzise,
um eine hypothetische Diagnose zuzulassen. Schon MÜLLER, Kampf Ludwigs des Baiern
I S. 2, wandte sich gegen eine Überbewertung der Trinkgewohnheiten Benedikts.

[27] BALUZE/MOLLAT I S. 236.

[28] BALUZE/MOLLAT I S. 236 u. 239. – Die Persönlichkeit des Verfassers dieser aus
der Fortsetzung des bis 1277 reichenden *Chronicon pontificum et imperatorum* des
Martin von Troppau stammenden und zu Beginn des Pontifikats Clemens VI. entstandenen Vita wurde von MOLLAT, Étude S. 46 f., nach inhaltlichen Kriterien als Domi-

... tardus et negligens in providendo statui ecclesiae der 8. Vita[29] und dem *durus et justus* wohlwollenderer Berichte läßt sich leicht eine Schnittmenge bilden, wenn man nach dem eigentlichen Persönlichkeitskern des Papstes sucht.

Neben der 8. und der zeitgenössischen 3. Vita[30] steht auch die 5. Vita dem Geschehen nahe. Gerade sie macht keine Aussage zu Benedikts Persönlichkeit, sieht man von einer mit anderen Berichten über seinen massiven Körperbau übereinstimmenden Anspielung einmal ab[31]. Die 5. Vita weicht von den ihr nahestehenden, von Gert Melville herausgegeben Gesta[32] auch in dem Bericht ab, Jacques Fournier sei *propter vitam laudabilem*[33] zum Papst gewählt worden. Dies klingt zwar wie ein Topos, besagt aber, selbst wenn es einen wahren Kern enthält, nichts über asketische

---

nikaner und Italiener (vgl. MELVILLE, Quellenkundliche Beiträge S. 149) bestimmt; teils fehlerhaft: PROU, Vies S. 306.

[29] BALUZE/MOLLAT I S. 236; der Bezug gilt der Benefizienvergabe.

[30] Die 3. Vita stammt aus der durch Heinrich von Diessenhofen († 1376) um 1337 kompilierten Fortsetzung der Kirchengeschichte des Tholomäus von Lucca, ohne notwendigerweise auch von Heinrich selbst verfaßt worden zu sein, vgl. SCHIMMELPFENNIG, Benedikt XII. S. 214 f.; MELVILLE, Quellenkundliche Beiträge S. 148; anders noch: MOLLAT, Étude S. 13 f.

[31] BALUZE/MOLLAT I S. 222. Vgl. Johannes von Winterthur (ebd. S. 124) beschreibt ihn als *vir corpulentus, procere stature,...*; Matthias von Neuenburg (ed. HOFMEISTER S. 137) grenzt ihn gegenüber Johannes XXII. ab: *...in corpore maximus, facie sanguineus, et voce sonorus – ita et in moribus discrepabant.* – Das äußere Erscheinungsbild Benedikts XII. ist wegen der frühen Zerstörung seiner Grabesstatue in der Kathedrale von Avignon (DUHAMEL, Tombeau de Benoît XII. S. 381–412; nach SABBADINI S. 30, die erste Papststatue, die einen Papst mit Tiara zeigte) nur durch eine aus der Fassade von Alt-St. Peter stammende Statue (heute in den Vatikanischen Grotten) dokumentiert, die mit den Chronistenberichten konvergiert, Abb. als Frontispiz bei DUVERNOY, Registre [1978] und HAIDACHER, Geschichte der Päpste in Bildern S. 52; zu ihrer Stiftung nach der Wiederherstellung des Dachs von St. Peter: OTTO, Der Altar von St. Peter S. 489. Das Fresko der triumphierenden Kirche von Andrea Bonaiuti in der Spanischen Kapelle von S. Maria Novella zu Florenz stellt nicht Benedikt XII., wie KASTER (in: LCI V Sp. 350) meint, sondern Clemens VI. dar.

[32] MELVILLE, Quellenkundliche Beiträge S. 171 f., konnte in einem Sammelkodex der Werke des Dominikaners Bernard Gui (Paris BN Ms lat. 4989) eine mittelalterliche Niederschrift dieser Vita nachweisen (fol. 227v–229v), die bisher nur in einer Abschrift des A. Duchesne aus dem 17. Jahrhundert bekannt war. Die Nähe der nach dem Tod Benedikts XII. und vor dem Tod Ludwigs des Bayern († 1347) entstandenen 5. Vita, deren Verfasser schon MOLLAT, Étude S. 34 als „impartial" bezeichnete, zu den von MELVILLE aus BN lat. 13705 neu herausgegebenen Gesta Benedikts XII. erklärt der Hrsg. (ebd. S. 168 f.) aus gemeinsamen Teilvorlagen, von denen sich der anonyme Verfasser der Gesta allerdings auch löst; zu seiner Identifizierung als italienischer Kurialer: MELVILLE, ebd. S. 162 f.

[33] BALUZE/MOLLAT I S. 227; vgl. die Gesta, ed. MELVILLE, Quellenkundliche Beiträge S. 177. Der Bericht der 2. Vita entspricht auffällig deutlich der überlieferten Inschrift der Grabplatte Benedikts (Gallia Christiana [zu Mirepoix] XIII Sp. 269).

Strenge, sondern deutet eher auf charakterliche Integrität, Engagement und Pflichtbewußtsein; in diesem Sinne schildert der Anonymus auch die tätige Nächstenliebe des Papstes[34].

Diese Betonung der praktisch-moralischen Qualität Benedikts XII. findet sich auch bei Matthias von Neuenburg, der ihn für den seit langem gerechtesten Papst hält und in dem von ihm akzentuierten Zufallscharakter seiner Wahl einen Hinweis auf die Mitwirkung Gottes sieht[35]. Sogar ein bisweilen unzuverlässiger, wenn auch über gute Informationsquellen an der Kurie verfügender Beobachter wie Giovanni Villani äußerte sich durchaus anerkennend zu dem Gewählten, dessen ungeschlachter Intellekt eine ungeahnte Gelehrsamkeit erkennen lasse[36].

1.3. Methodische Vorbemerkung

Es ist nicht die Absicht dieser Studie, das Leben Jacques Fourniers nachzuerzählen, sondern im Kontext der monastischen Reformtätigkeit des späteren Papstes zu entwickeln, wie hierbei persönliche, institutionelle und historisch-kontingente Faktoren zusammenwirkten. Deshalb werden sich in der folgenden Untersuchung biographische, ordens- und kirchenrechtliche sowie ideengeschichtliche Kapitel abwechseln. Damit ist keine Synthese intendiert, die beim gegenwärtigen Stand der Ordensgeschichtsschreibung des 14. Jahrhunderts noch nicht zu leisten ist, sondern ein Versuch, der Komplexität des Geschehens zur Zeit der Konsolidierung des Avignoneser Papsttums gerecht zu werden[37]. Eine vielfach von Ordensleuten geleistete ordensgeschichtliche Forschung und eine überwiegend geistesgeschichtlich geprägte Untersuchung des politischen Denkens stehen meistens unverbunden nebeneinander. Die wissenschaftshistorischen und sachbedingten Gründe hierfür behalten ihre Geltung, selbst wenn in neuerer Zeit ein verstärktes soziologisches Bemühen um das Ordenswesen

---

[34] BALUZE/MOLLAT I S. 227: *opera pietatis*. Bekanntlich entfielen im jährlichen Durchschnitt 19,4 % des päpstlichen Haushalts auf die Vergabe von Almosen, was 2,7 mal soviel ist wie unter Johannes XXII., vgl. SCHÄFER, Ausgaben ... unter Benedikt XII. S. 11.

[35] Ed. HOFMEISTER S. 138; der Bericht von den Wahl: S. 136.

[36] *Nuova Cronica* XII c. 21, ed. PORTA III S. 64 f. Zum begrenzten Quellenwert der Villani-Chronik: GUILLEMAIN, Punti di vista S. 190.

[37] MANSELLI, Papato avignonese ed ecclesiologia trecentesca S. 177, unterstrich zwar den „complesso intreccio di avvenimenti storici, di movimenti di idee, di dibattiti teologici – a loro volta stimolati da avvenimenti ancora e sempre politici – e poi sociali, religiosi, culturali" für unseren Untersuchungszeitraum, relativierte aber auch den Stellenwert der Ekklesiologie für die politischen Basisvorgänge wieder (ebd. S. 187). Allg. zum Avignoneser Papsttum: GUILLEMAIN, Punti di vista S. 181 f.; Forschungsüberblick bis 1978: VASINA S. 9 ff.

zur Modifizierung traditionell rechtsgeschichtlich geprägter institutionen-
geschichtlicher Fragestellungen geführt hat[38].
Das frühe 14. Jahrhundert mag sich in seinem häufig akzentuierten,
freilich in der neueren Forschung bisweilen relativierten krisenhaften Charakter zur Untersuchung von Institutionalisierungsvorgängen gut eignen.
Dabei kann man allerdings fragen, in welchem Maße man mit dem Versuch, „jenseits von formal erstarrten Normsystemen offene Hand-
lungsstrukturen aufzufinden und damit zu Charakterisierungen von Sozi-
algefügen zu gelangen, die dem Geschichtlichen wesentlich gemäßer zu
sein scheinen"[39] einer Zeit gerecht wird, die großes Vertrauen in die normative Kraft des im Idealfall kodifizierten Rechts setzte[40]. Die soziologische Zielsetzung dieser Studien läßt einen Orden als eine besondere Art

---

[38] Bereits in den 60er und 70er Jahren beschäftigte sich der Soziologe MOULIN or-
densvergleichend mit Verfassung und Lebensweise der Mönche; aus seinen zahlreichen
Studien seien genannt: Le gouvernement des Communautés religieux S. 341 ff.,
L'organisation du gouvernement local S. 31 ff.; vgl. auch SÉGUY S. 335–354. – Zur in-
stitutionengeschichtlichen Mittelalterforschung der letzten Jahre: vgl. die Sammelbände
„Politische Institutionen im gesellschaftlichen Umbruch", ed. G. GÖHLER, H. LENK, H.
MÜNKLER u.a. 1990; „Institutionen und Geschichte", ed. G. MELVILLE, bes. die Beiträge
von SCHREINER, Dauer, Niedergang und Erneuerung, PINKL, Neuorganisation und
FELTEN, Ordensreformen 1992, sowie: „Sozialer Wandel im Mittelalter", ed. J. MIETHKE
und K. SCHREINER 1994; darin: MELVILLE, Reformatio *tam in capite quam in membris*,
zu Cluny, dessen Reform im 13. Jahrhundert methodisch ähnlich ausgerichtete Studien
von NEISKE, Reform oder Kodifizierung, und OBERSTE, Reformalltag gewidmet sind.
Der Orden gilt hier schon im frühen 13. Jahrhundert als „ein transpersonales Rechtssub-
jekt mit eigenem Repräsentativ- und Exekutivorgan, klar definierten Kompetenzen und
einem geschlossenen approbierten Rechtskorpus" (OBERSTE S. 53).
[39] MELVILLE, Institutionen als geschichtswissenschaftliches Thema S. 1 f. und ebd.
S. 4: diese Forschungsrichtung ziele „auf die Dauerhaftigkeit von sozialen Gebilden im
vergänglichen Fluß der Zeit". Die letzte Fassung der Definition von „Institution" bietet
GÖHLER, Politische Institutionen und ihr Kontext S. 22, in: Die Eigenart der Institutionen: „Soziale Institutionen sind relativ auf Dauer gestellte, durch Internalisierung verfestigte Verhaltensmuster und Sinngebilde mit regulierender und orientierender Funktion".
Entsprechend sind „politische Institutionen Regelsysteme der Herstellung und Durchführung verbindlicher gesamtgesellschaftlich relevanter Entscheidungen". SCHREINER, Dauer, Niedergang und Erneuerung S. 296 ff., wendet die soziologische Theoriebildung auf
das monastische Leben an, stellt dabei aber klar, daß „klösterliche Institutionen" nur die
„dauernde Möglichkeit" zu einer Verwirklichung des normgebundenen Handelns gaben,
das eigentlich spirituelle Moment damit also nicht zu fassen ist; vgl. auch DERS., Verschriftlichung S. 42.
[40] Vgl. allg. zur Kodifizierung: CAENEGHEM, Das Recht im Mittelalter S. 633; WOLF,
Gesetzgebung und Kodifizierung S. 149, die aber beide die Kodifizierung des Ordensrechts im Kontext der Kodifikationswelle des 13. Jahrhunderts und im 14. Jahrhundert
nicht besprechen. Vgl. auch zu den Methodenpostulaten einer vergleichenden Rechtsgeschichte (Anlage von Längs- und Querschnitten, Frage nach Rezeption und Wirkung,
Einbettung in den ideengeschichtlichen Rahmen), die auch auf eine vergleichende Or-
densrechtsanalyse übertragbar sind: WOLF, Forschungsaufgaben S. 180 und S. 191.

des Zusammenlebens von Mönchen in einem bestimmten institutionellen Rahmen erkennen[41]. Bei dieser Innenansicht sich wandelnder Gesellschaften bleibt neben den besonders von Klaus Schreiner erhellten Bedingungen und Möglichkeiten des normativen Wandels die Frage nach der Initiierung dieser im weitesten Sinne als Reform anzusprechenden Vorgänge bemerkenswert sekundär. Gerade im Fall des Ordenswesens ist es aber sinnvoll, den spezifisch päpstlichen Beitrag, seine Tragweite und Grenze angemessen zu würdigen.

Die legislative und politische Autonomie der Orden besagt auch etwas über ihre Nähe zum römischen Stuhl. Von zeitgenössischen Kanonisten und Ordenstheologen wurden dessen Kompetenz in Glaubensfragen und jurisdiktionelle Entscheidungsvollmacht ausführlich diskutiert, wie die folgende Untersuchung zeigen wird. Die differenziert zu beurteilende Relevanz dieser Äußerungen für die Umgestaltung und Erneuerung des Ordenswesens wird Aufschluß über die unterschiedliche Stellung der monastischen Verbände und der mendikantischen Orden in der Kirche geben[42]. Hierfür kann eine soziologische Theoriebildung, die keine Wurzeln im zeitgenössischen Denken hat, keinen Beitrag leisten. Es gab im späten Mittelalter gewiß ein Ideal, aber keine Theorie des monastischen Lebens,

---

[41] Vgl. SCHREINER, Dauer, Niedergang und Erneuerung S. 296 ff., entwickelt einen Institutionenbegriff ausgehend von dem aristotelisch-thomistischen Terminus *institutio*, was freilich dann weniger einsichtig wäre, wenn man „Institutionen" durch ein Nicht-Fremdwort ersetzen würde; in der älteren Institutionenforschung hätte man vielleicht von der ‚Anwendung des Genossenschaftsprinzips auf die klösterlichen Anstalten' gesprochen. Aus der Sicht der Betroffenen, d.h. der Orden, definiert SCHREINER, ebd. S. 299 f., als „Merkmal gelungener monastischer Institutionalisierung ...: die Dauerhaftigkeit einer *norma vitae*, die Verklammerung verschiedenartiger Aufgabenbereiche mit Hilfe normativer Ordnungen sowie deren uneingeschränkte Geltungskraft für die Mitglieder einer geistlichen Gemeinschaft, die sich durch ihre Gelübde auf eine geregelte *vita communis* verpflichtet haben".
[42] Der unlängst von FELTEN, Ordensreformen Benedikts XII. S. 369 Anm. 1, betonten Notwendigkeit ordensvergleichender Forschungen kann auch hier nicht in Form eines systematischen Vergleichs entsprochen werden, dessen Ergebnisse sehr begrenzt bleiben würden. Einen überwiegend auf das 15. Jahrhundert bezogenen Überblick über den Stand ordensgeschichtlicher Forschungen bietet 1986 ELM, Verfall und Erneuerung des Ordenswesens im Spätmittelalter, der die „genetische[n] Zusammenhänge zwischen Ordensreform und sozial-religiösen Bewegungen, die Rolle von Ordensleuten bei der Artikulation von kirchenpolitischen Postulaten, wie die Annäherung von sozialem sowie politischem Protest" als bestehendes Forschungsdesiderat nennt (S. 234). Vgl. auch: BECKER, Erstrebte und erreichte Ziele benediktinischer Reform im Spätmittelalter; ein neuerer Überblick bei: ELM, Reform- und Observanzbestrebungen im spätmittelalterlichen Ordenswesen; ELM und FEIGE, Die Zisterzienser, Ordensleben zwischen Ideal und Wirklichkeit, die einen „evidente[n] Niedergang" (S. 237) im ausgehenden 14. bis 16. Jahrhundert erkennen. Einen Überblick über lokalgeschichtliche Studien im deutschen Sprachraum bietet PROKSCH S. 4–10.

und es wäre verfehlt, hier eine solche zu konstruieren. Vielmehr geht es darum, zu einer realistischen Einschätzung des persönlichen Anteils Benedikts an dem von ihm gestalteten Geschichtsabschnitt zu gelangen. Die ekklesiologische Zielsetzung der vorliegenden Untersuchung entspricht den drei Karrierestufen ihres Protagonisten und der nach 1303 deutlich hervortretenden Struktur der Kirche mit ihren Kraftzentren Ordenswesen, Episkopat und Papst.

Die Vorgehensweise ist chronologisch und folgt zunächst der Biographie Jacques Fourniers, seinem Leben als Mönch, als Theologiestudent und Zisterzienserabt, ohne daß damit eine Generalisierbarkeit der Ergebnisse ausgesprochen oder intendiert sein soll. Auf einer zweiten Ebene werden dann die Reformvorgänge auf dem Konzil von Vienne und unter Johannes XXII. untersucht, auch vor dem Hintergrund der Ordensreformen im 13. Jahrhundert, selbst wenn Jacques Fournier dabei nicht oder nur hypothetisch als Beobachter oder Beteiligter zu erschließen ist. Es erscheint der Bedeutung des Persönlichkeitsfaktors in dieser Phase der Geschichte angemessen, das theologische Schrifttum Jacques Fourniers zumindest in Auszügen zu untersuchen, um zu überprüfen, ob und welche ethische Faktoren das Handeln des Papstes prägten, falls sich sein Zisterziensertum nicht als die ihn schlechthin prägende Einflußgröße erweisen sollte.

Insofern Orden letztlich eine asketisch-elitäre Kirche im Kleinen sind, ist es nötig, Ordenreform eingebettet in die zeitgenössische Reflexion über Kirche und Orden zu untersuchen. Die Besonderheiten, die sich für die Rolle des Papstes als Gesetzgeber und in Glaubensangelegenheiten ergeben, werden am Beispiel des Streites um die selige Schau der Heiligen unter dem späten Johannes XXII. dargestellt, in den auch Jacques Fournier verwickelt war.

Kapitel 2

Zum frühen Werdegang Jacques Fourniers

2.1. Der Zisterziensermönch

Spricht man von Jacques Fournier als Zisterziensermönch und -abt, so typisiert man ihn unwillkürlich als Zisterzienser, ohne sich notwendigerweise bewußt zu sein, daß man dadurch eine weitere Variable ins Spiel bringt; schließlich waren die Zisterzienser des 14. Jarhunderts nicht mehr dieselben wie zur Zeit des Bernhard von Clairvaux. Darüber hinaus wurde Jacques Fournier als Neffe des Zisterzienserabtes und späteren Kardinals Arnaud Nouvel schon früh mit einem außergewöhnlich weiten Blickwinkel auf die Probleme seiner Zeit vertraut.

Arnaud Nouvel war ein sehr erfolgreicher Mann, der bei seinem in die zweite Hälfte der 90er Jahre des 13. Jahrhunderts zu datierenden Ordenseintritt[1] bereits eine brillante Karriere als *utriusque juris professor* an der Universität Toulouse und als in der Coutume-Gesetzgebung tätiger Offizial in dieser Stadt hinter sich hatte[2]. Er war darin in seiner Zeit keine Ausnahme, sondern eher der Prototyp eines aus bürgerlichen Verhältnissen stammenden, durch juristische Kompetenz hochgekommenen Aufsteigers. Der Zisterzienserorden, der seinen Mitgliedern das Studium der Jurisprudenz stets verbot, wußte den offenbar religiös motivierten Neuzugang gewiß zu schätzen, und die dadurch eröffnete zweite Karriere führte den ab November 1297 als Abt des bedeutenden Zisterzienserklosters Fontfroide in der damaligen Diözese Narbonne[3] dokumentierten Ordensmann an die Kurie, freilich erst, als mit Clemens V. ein Gascogner Papst wurde, der es vorzog, sich mit Landsleuten zu umgeben: am 13. Januar 1308 wird er erstmalig als Vizekanzler der Römischen Kirche erwähnt, und am 18. De-

---

[1] FELTEN, Arnaud Nouvel S. 207, datiert den Eintritt in Boulbonne auf vor 1296 (vgl.: HAURÉAU, Arnaud Nouvel S. 206; grundlegend: MOLLAT, in: DHGE IV Sp. 432 ff.: vor 1297). Schon *antequam professionem in dicto ordine et dicto monasterio fecerat* stiftete Arnaud eine Kapelle, für die er am 6.2.1309 einen Ablaß erwirkte, vgl. BAUMGARTEN, Von der apostolischen Kanzlei S. 92.

[2] Vgl. GOURON, Enseignement du droit S. 17 u. Anm. 182; GILLES, Enseignement du droit S. 211; DERS., Coutumes S. 178 und S. 79.

[3] Der früheste Beleg seines Abbatiats datiert vom 7.11.1297, vgl. schon HAURÉAU, Arnaud Nouvel S. 206. Zu Fontfroide: DIMIER, Fontfroide, in: DHGE XVII Sp. 972–977; BERMAN, Medieval Agriculture S. 32; GRÈZES-RUEFF S. 253 ff.

zember 1310 erhob ihn Clemens V. zum Kardinal von S. Prisca[4]. In dem auf den Tod des Papstes am 20. April 1314 folgenden Konklave, das zu Carpentras dramatisch begann und nach einer längeren Unterbrechung in Lyon fortgesetzt wurde, fehlten ihm nur wenige Stimmen zur Papstwahl, aus der erst am 7. August 1316 der mit Unterstützung der italienischen Kardinäle unter Führung Napoleon Orsinis gewählte Kardinalbischof von Porto, Jacques Duèse, als Papst Johannes XXII. hervorging[5]. Kaum ein Jahr später, am 14. August 1317, starb Arnaud Nouvel in Avignon und wurde in Fontfroide bestattet.

Jacques Fourniers monastischer Werdegang begann in Boulbonne[6], also in demselben Kloster, in das auch Arnaud Nouvel eingetreten war. Die räumliche Nähe zu beider Geburtsort Saverdun in der Grafschaft Foix dürfte der Grund für die Wahl des Klosters gewesen sein. Boulbonne war ein wirtschaftlich immer noch prosperierendes Haus, dessen Äbte im 13. Jahrhundert keine Konflikte gescheut hatten, um den Wohlstand ihres Klosters zu mehren[7]. Als 1305 eine Anniversarstiftung für Philipp den Schönen und eine Seelenmesse für Johanna von Navarra vereinbart wur-

---

[4] Zur kurialen Karriere Arnaud Nouvels: HAURÉAU, Arnaud Nouvel S. 207; GUILLEMAIN, Les Français du Midi S. 30 ff.; zum Amt des Vizekanzler und Arnaud Nouvels Tätigkeiten zwischen September 1307 und April 1314: BAUMGARTEN, Von der apostolischen Kanzlei S. 92 ff. und S. 143; für die Amtsinhaber bis 1304: NÜSKE S. 58–84; allg. auch: CHENEY, Chancery.

[5] Vgl. MOLLAT, Élection du pape Jean XXII S. 39 (Carpentras); WEAKLAND, John XXII. before his Pontificate S. 171 ff. Die Krönung erfolgte am 5.11.1316 zu Lyon. Zu den regionalen Parteibildungen im Konklave: MOLLAT, ebd. S. 36 Anm.3; ASAL S. 11 f.

[6] Die Archive der vor 1130 gegründeten, etwa zwischen 1160 und 1170 der Filiation von Morimond des Zisterzienserordens beigetretenen Abtei gingen freilich in den Religionskriegen unter (vgl. die Inventarisierung der Überreste bei DEVIC/VAISSETTE, Histoire générale de Languedoc VIII Sp. 1883–1893), so daß man auf die Abschriften in der Coll. Doat Ms 83–86 der BN Paris angewiesen ist; zur Geschichte der 1663–1670 angelegten Sammlung: OMONT S. 286 ff. – Vgl. bes. zu dem politischen Stellenwert Boulbonnes auch: CATHALA, Boulbonne, in: DHGE X Sp. 59–70.

[7] Zahlreiche Stiftungen sind bezeugt (überwiegend von Privatpersonen 1202, 1214, 1216, 1218, 1219: Ms Doat 83 fol. 304v–306v, 325r, 346r–352v; ebenso 1259, Doat 85 fol. 13; 1262 durch Graf Robert von Foix, ebd. fol. 25r; 1265 durch den Vizegraf von Narbonne, ebd. fol. 47r; 1280, ebd. fol. 135r; 1312, ebd. fol. 319r; 1314, ebd. fol. 327r; wie ein ff. ohne Vollständigkeit), ebenso Transaktionen von teilweise beträchtlichem Umfang (1209, Ms Doat 83 fol. 321r [hierzu auch: BERMAN, Medieval Agriculture S. 33]; 1230, Ms Doat 84 fol. 28; 1263, Ms Doat 85 fol. 41r; 1328, Ms Doat 86 fol. 24r–44v). Landkäufe, die sich das Kloster leisten konnte, ohne Schulden aufnehmen zu müssen (1215, Ms Doat 83 fol. 344r; 1278, Ms Doat 85 fol. 128r), nehmen freilich im letzten Drittel des 13. Jahrhunderts merklich ab. 1282 ließ das Generalkapitel in Cîteaux einige Nachbaräbte überprüfen, ob durch den Verkauf von Mobilien der Ruin des Klosters abzuwenden sei (CANIVEZ III S. 224 f. nr. 34). 1283 wurden königliche und seigneurale Rechte im Volumen von jährlich 5000 l.t. an der Abtei durch eine im Parlament zu Paris ausgehandelte Transaktion abgelöst, Ms Doat 85 fol. 164r.

den, lebten dort 116 Mönche[8], eine beachtliche Zahl, die bedeutende Ressourcen erforderte. Als Stiftung und Grablege der Grafen von Foix wurde das in einer Grenzregion gelegene Boulbonne zwangsweise auch in politische Auseinandersetzungen verwickelt, deren zerstörerische Folgen der mehrfach erneuerte königliche Schutz[9] nicht immer abwenden konnte. Auch die 1188 durch den Bischof von Toulouse ausgesprochene und 1192 von Calixt III. bestätigte Exemtion Boulbonnes von Abgaben[10] und der verschiedentlich nachweisbare päpstliche Beistand beim Rückerwerb von verlorenem Güterbesitz[11] dokumentieren den Stellenwert der Abtei.

Die zeitgenössischen Chronisten berichten mit gewissen Schwankungen einheitlich davon, daß der Ordenseintritt Jacques Fourniers zu einem frühen Zeitpunkt erfolgte, und seine überlieferten Selbstzeugnisse bestätigen dies[12]. Die Vermutung, er sei als Kind armer Eltern zwischen dem 13. und 15. Lebensjahr dem Orden anvertraut und für die geistliche Laufbahn bestimmt worden, ist nicht nur hagiographisch überzeichnet[13], sondern setzt

---

[8] Ms Doat 85 fol. 292r.

[9] Ludwig IX. nahm das Kloster 1258 in seinen Schutz, der später verschiedentlich erneuert wurde, zuletzt 1315, Ms Doat 85 fol. 385.

[10] Vgl. CATHALA, in: DHGE X S. 60. Innozenz III. erneuerte dieses Privileg 1210 (Ms Doat 83 fol. 316r), nun auch mit einer Stoßrichtung gegen den Bischof von Toulouse; 1294 ähnlich durch Coelestin V., Ms Doat 85 fol. 227r. Allg.: PFURTSCHELLER S. 99; zur Exemtionsgeschichte: SCHREIBER, Kurie und Kloster I S. 83 ff.; zu den Privilegien Alexanders III. und Innozenz' IV.: ebd. S. 89 und S. 143.

[11] 1212 durch Innozenz III., Ms Doat 83 fol. 319r; 1248 durch Innozenz IV., ebd.; 1254 durch Gregor IX., Ms Doat 85 fol. 114r; 1286 durch Honorius IV., ebd. fol. 175v; 1288 durch Nikolaus IV., ebd. fol. 191r; 1289 durch dens., Ms Doat 85 fol. 199r, auch ebd. fol. 209r; 1299 durch Bonifaz VIII., ebd. fol. 255r.

[12] In der von Durand de La Ferté überlieferten Konsistorialansprache formulierte Benedikt: *in ordine Cisterciensi ab infantia mea vixi* (ed. LOSERTH S. 513); im Prolog der Reformbulle *Fulgens sicut stella* (FSS) heißt es aber: *ab adolescentia nostra* (CANIVEZ III S. 410). Zu den Altersstufen: HOFMEISTER, Puer S. 289 u. S. 316. Im Ergebnis ähnlich auch die Chronistenberichte: *ante tempora pubertatis* in den Gesta (ed. MELVILLE S. 176); *tempore pubertatis* in der 5. Vita (BALUZE/MOLLAT I S. 226), ebenso wie in der 2. Vita (ebd. S. 210). Anders die spätere 1. Vita (ebd. S. 195): *Qui in juventute ...* .

[13] Vgl. zu dieser Deutung den Aphorismus des neugewählten Papstes nach Durand de La Ferté (ed. LOSERTH S. 513: *sum de humilibus et pauperibus parentibus*); ähnlich die 8. Vita: *ex humili genere* (BALUZE/MOLLAT I S. 334). Die Deutung seines Familiennamens, Jacques sei Sohn eines Müllers oder Bäckers (vgl. GUILLEMAIN, Cour pontificale S. 156) namens Guillaume (vgl. 2. Vita, BALUZE/MOLLAT I S. 211), ist genealogisch nicht weiter aufhellbar; vgl. auch: DUVERNOY, Benoît XII et le pays de Foix S. 19 f. Als Bsp. für die hagiographische Tradition von Benedikt als *filius molendarii*: Mönch Albert in seiner Papstchronik aus der Mitte des 15. Jahrhunderts (ed. SPRANDEL S. 99–101). Einen Hinweis auf den wirklichen sozialen Hintergrund Benedikts gibt vielleicht der *avunculus* (Gesta, ed. MELVILLE S. 176; so auch die 5. Vita, BALUZE/MOLLAT I S. 226) Arnaud Nouvel, dessen juristische Ausbildung beträchtliche finanzielle Ressourcen voraussetzte und dessen Stellung in Toulouse eine unstandesgemäße Heirat seiner wohl er-

auch voraus, daß die als Mindestalter für einen Novizen vorgesehenen 18 Jahre[14] umgangen wurden. Ob hier Arnaud Nouvel seinen Einfluß geltend machte oder die Eltern Fourniers durch eine Gabe nachhalfen[15], ist unbekannt. Ein Oblateninstitut wie bei den Altbenediktinern war bei den Zisterziensern wie bei den meisten Reformorden des 12. Jahrhunderts nicht vorgesehen, abgesehen davon, daß Jacques Fournier für einen klassischen Oblaten auch schon wieder zu alt war.

Für Jacques Fourniers frühe Biographie fehlen konkrete Daten, die eine Bestimmung seines Geburtsdatums und damit die genaue Errechnung des Lebensalters des späteren Papstes zuließen. Bei seiner Erhebung zum Bischof des seinerzeit von Bonifaz VIII. geschaffenen Bistum Pamiers am 19. März 1317 ist die Annahme entbehrlich, das kirchenrechtlich vorgeschriebene Mindestalter von 30 Jahren[16] sei durch die Intervention Arnaud Nouvels oder durch Johannes XXII., der Fournier persönlich kannte und schätzte, umgangen worden[17]. Auch die Übernahme des ihm durch Arnaud Nouvel 1311 übergebenen Abbatiats von Fontfroide[18] läßt keine weiteren Schlüsse zu, da er die damals erforderlichen 25 Jahre[19] sicherlich über-

---

heblich, etwa 15–20 Jahre jüngeren Schwester erschwert, wenn nicht unmöglicht gemacht hätte. Man wird sich Fourniers Vater als selbstbewußtes und wohlhabendes Mitglied der Führungsschicht von Saverdun vorzustellen haben.

[14] Vgl. CANIVEZ I S. 84 nr. 26 von 1175; hierzu: HERMANS, De novitiatu S. 29–32; LYNCH, Underage Novices S. 293. Vgl. auch im kodifizierten Ordensrecht: der *Libellus definitionum* (im ff. „LD") von 1237-1257 X 1 (ed. LUCET S. 314) nach dem *Libellus definitionum* von 1220, X 2 (ed. LUCET 1220 S. 116). Genauso noch das Generalkapitel von 1309 (CANIVEZ III S. 320 nr. 1) und der *Libellus Antiquarum Definitionum* von 1316/17 (im ff. „LAD") XI 1 (ed. SEJALON S. 447 f.).

[15] Vgl. zur irregulären Aufnahmepraxis: LYNCH S. 293–296 und das Generalkapitel von 1317 (CANIVEZ III S. 333). Zum Oblatenwesen bei den Franziskanern und den anderen Orden: OLIGER, De pueris oblatis S. 395–398 bzw. S. 391–395.

[16] Vgl. III. Laterum c. 3 COD S. 212 = X 1.6.7.

[17] EUBEL, Hierarchia S. 94; in seinem Ernennungsschreiben (MOLLAT, Lettr. comm. nr. 3206) hebt Johannes XXII. den *zelus* des Neuerwählten hervor. Die Konsekration zum Bischof erfolgte zu Avignon am 22.8.1317, vgl. AMARGIER, Benoît XII, in: DHP S. 206a.

[18] Am 13.4.1307 hatte Arnaud Nouvel das Recht erlangt, seinen Nachfolger in Fontfroide selber zu bestimmen, vgl. schon BAUMGARTEN, Von der apostolischen Kanzlei S. 92. FELTEN, Arnaud Nouvel S. 223, spricht zutreffend davon, er habe seinen Neffen dem Kloster oktroyiert.

[19] Durch X 3.5.35 wird die Idoneität von Benefizieninhabern damit umschrieben, daß sie keine *pueri* und vom Dienst in ihrer Kirche nicht verhindert sein dürfen; eine Altersgrenze von 25 Jahren für konventuale Priorate postulierte das Vienner Konzilsdekret *Ne in agro dominico* (COD S. 372 = Clem. 3.10.1). Zur kanonistischen Rezeption: Henri Bohic in seinem weitverbreiteten Dekretalenkommentar (abgeschl. 1347/48, zu X 3.5.35, S. 399b): *Aut pro duplicibus obtinendis, ut abbatiis et dignitatibus, et ecclesiis curatis, et tunc requiruntur XXV anni incepti.* Vgl. schon Hostiensis zur selben Dekretale (*Lectura*, fol. 28rb–29ra). Vgl. allg. HOURLIER, Les Religieux S. 339.

schritten hatte. Die für eine theologische Promotion in Paris erforderlichen 35 Jahre[20] – Jacques Fournier wurde nach einer freilich nicht völlig zweifelsfreien Überlieferung 1314 promoviert[21] – ließen eine Datierung seiner Geburt auf 1279 oder wenige Jahre früher zu[22]; er wäre dann ungefähr 1289/94, also etwas früher als Arnaud Nouvel, in den Orden eingetreten, im Alter von mindestens 31 Jahren Abt, mit 38 Jahren Bischof und mit 55 Jahren Papst geworden. Im Vergleich zu seinem zuletzt neunzigjährigen Vorgänger war er also nicht so auffällig jung, daß der Christenheit Gefahren drohten, aber auch alt genug, um sein Amt würdevoll zu führen.

2.2. Studium und Abbatiat

Fontfroide

Schon vor 1311 war Jacques Fournier kein Mönch des Klosters Boulbonne mehr: *causa studii* habe er zu einem nicht angegebenen Zeitpunkt nach Fontfroide gewechselt, berichten die über Benedikts Anfänge gut informierten, jedoch in der Chronologie etwas unsicheren Gesta[23]. Die Annahme, Jacques Fournier habe schon vor dem Wechsel am erst im 16. Jahrhundert dokumentierten ,Collège de Boulbonne' in Toulouse studiert[24], ist

---

[20] Vgl. die Statuten Roberts de Courçon von 1215 (CUP I S. 78 ff. nr. 20; hierzu: RASDALL/POWICKE/EMDEN I S. 471; DENIFLE, Universitäten S. 100 f.; Glorieux, Enseignement S. 99; FERRUOLO, The Statutes of 1215 Reconsidered S. 7); die Altersbestimmung wurde noch in den 1336 durch die Kardinäle Johannes von S. Marco und Aegidius von S. Martino in Monte erlassenen Reformstatuten beibehalten (CUP II S. 698 nr. 1198 [12]). Zur Person: DICKSON, Le cardinal Robert de Courçon.

[21] Der Beleg hierfür stammt von Benedikt XII., der am 12.10.1336 Jean de Blangi, dem Dekan der Pariser theologischen Fakultät und ab 1339 Bischof von Auxerre, bei der Zuweisung einer Pfründe in Beauvais schrieb, dieser sei schon „seit 22 Jahren und mehr" *regens* der Theologie", vgl. CUP II S. 468 nr. 1005. Die Nachricht von der gleichzeitigen Promotion entstammt der *Historia episc. Autissodor.* von 1657, zitiert in: CUP II S. 205 f. nr. 746 n. 2. GLORIEUX, La faculté des arts et ses maîtres S. 439 nr. 1707, nennt Jacques Fournier als *regens* für die Jahre 1313–1317. Zu Jean de Blangi vgl.: DERS., La faculté des arts S. 438 nr. 1695. Ein andere Chronologie bei: SCHIMMELPFENNIG, Zisterzienserideal S. 14.

[22] Zutreffend: LERNER, A Note on the University Career S. 67. Andere Datierungen: SCHIMMELPFENNIG, Zisterzienserideal S. 14: um 1285; AMARGIER, Benoît XII, in: DHP S. 206b: 1285; GUILLEMAIN, Benedetto XII, in: DBI VIII S. 378a: zwischen 1280 und 1285.

[23] Gesta (ed. MELVILLE S. 176). Genauso in der 5. Vita (BALUZE/MOLLAT I S. 226).

[24] Vgl. zu diesem Collège: FOURNIER, Statuts des Universités françaises I S. 457a nr. 531 Anm. 2; FAURY, Collèges de Toulouse S. 290; WILDHABER S. 27; LEKAI, College of Boulbonne S. 312 ff. Zum soziologischen Typus des College-Gründers: GABRIEL, Motivations of the Founders of Medieval Colleges S. 221 ff. Zu dem von Boulbonne ge-

ebensowenig zu verifizieren wie die Vermutung, mit dieser Stiftung habe Arnaud Nouvel Zeitgenossen wie dem Abt von Moissac Bertrand de Montaigu[25], dessen Ordensbruder Guillaume de Montlauzun[26] oder gar Arnaud de Verdale[27] nach- bzw. vorgeeifert. Schon seit 1280 gab es dort das von Bertrand Geoffroi, dem Abt von Grandselve, gegründete Collège de Saint-Bernard[28], das nach dem gleichnamigen 1246 gegründeten Pariser Kollegium das wichtigste des Ordens war, fortschreitend für Studenten aus anderen Häusern geöffnet wurde und ab 1324 nicht nur durch den Abt von Grandselve, sondern auch durch die Äbte von Bonnefont und Bonneval visitiert wurde[29]. 1318 wurde Letztgenannter durch den Abt von Boulbonne ersetzt. Dies war spätestens ab 1319 Guillaume Court aus Belpech, der in den 20er Jahren im Auftrag des Generalkapitels die Ordensstudien in Toulouse und Montpellier reformierte und später ein enger Vertrauter Benedikts XII. sowie Kardinal wurde; auch seine vielversprechende Laufbahn hatte er als Mönch in Boulbonne begonnen[30].

Als Papst hatte Jacques Fournier bekanntlich die sympathische und propagandistisch wirkungsvolle Angewohnheit, großzügig Almosen zu vergeben, die Armen, Bettelmönchen und mittellosen *puellae maritandae* zugute kommen sollten[31]. Ein Teil der Empfänger lebte an Orten, die in

---

gründeten Hospiz, aus dem wohl das Studienhaus hervorging: vgl. MUNDY, Charity and social Works S. 232 Anm. 112; BERMAN, Medieval Agriculture S. 123.

[25] Vgl. FOURNIER, Statuts I S. 457a nr. 530. Vgl. DOSSAT, L'Abbaye de Moissac S. 135 f.

[26] Vgl. FOURNIER, Statuts I S. 496b nr. 549; wir verwenden die gebräuchliche Namensform der HLF anstelle des dem lateinischen *Montelauduno* folgenden „Montlaudun" des Catalogue général der Bibl. Nat. de France; vgl. allg. FOURNIER, Guillaume de Montlauzun S. 467–475; FAURY, Collèges de Toulouse S. 284 f.; SMITH, University of Toulouse S. 118.

[27] Vgl. das Testament des Arnaud de Verdale: FOURNIER, Statuts I S. 539–556 nr. 593; VERGER, Jean XXII et Benoît XII et les universités du Midi S. 218 Anm. 81. Erst Clemens VI. vollzog die Gründung (FOURNIER, ebd. S. 561 nr. 597); vgl. auch: FAURY, Collèges S. 285–288. Zu Arnaud allg.: FELTEN, Benoît XII, Arnaud de Verdale et la réforme des Chanoines S. 309 ff.; GERMAIN, Maguelonne sous ses évêques S. 8 ff.; ebd. S. 219–306 Arnauds Reformstatuten für Maguelonne.

[28] Zur Gründung des Collège de St-Bernard, vgl. FOURNIER, Statuts I S. 454 ff. nr. 529; LEKAI, The College of Saint Bernhard in Toulouse S. 144 ff.; FAURY, Collèges de Toulouse S. 289; GÉRARD, Les origines S. 191 ff.; LEKAI, Introduction à l'étude des collèges cisterciens S. 145 ff.

[29] LEKAI, The College of Saint Bernard S. 146; die Statuten wurden vom Generalkapitel von 1324 approbiert (CANIVEZ III S. 367 f.).

[30] Zu Guillaume Court, auch Guillaume Curti genannt: SCHIMMELPFENNIG, Zisterzienserideal S. 39–41.

[31] Die Gesamtausgaben für Almosen betrugen während Benedikts XII. Pontifikat im jährlichen Durchschnitt 19.268 fl.; vgl. SCHÄFER, Ausgaben ... unter Benedikt XII.

erkennbarem Zusammenhang zu seiner Biographie stehen: neben Pamiers, Mirepoix, Foix, Saverdun, Toulouse und Avignon findet sich aber auch Montpellier[32], wo das Zisterzienserkloster Valmagne schon seit den 60er Jahren des 13. Jahrhunderts ein Kollegium unterhielt. Näheres über einen Studienaufenthalt Jacques Fourniers in dieser Stadt, die Fontfroide übrigens wesentlich näher liegt als Toulouse und ähnlich wie Narbonne[33] eher für juristische als theologische Studien geeignet war, ist freilich nicht eruierbar. Folgt man dem *Libellus definitionum* von 1316, der die südfranzösischen Studenten nach der Lage ihrer jeweiligen Heimatklöster in Diözesen auf die Ordensstudien in Toulouse oder Montpellier verteilte, so müßte man annehmen, Jacques Fournier habe von Boulbonne (Diöz. Toulouse) aus in Toulouse studiert; nach dem Wechsel nach Fontfroide (Diöz. Narbonne) wäre Montpellier sein Studienort gewesen[34].

Die theologische Qualität der einst mitten in der Albingenserhochburg Toulouse gegründeten und dem Pariser Vorbild nachgebauten Universität nahm im 13. Jahrhundert kontinuierlich ab[35], so daß die zahlreichen Generalstudien der Orden die eigentlichen Träger der Ausbildung waren; besonders am dominikanischen *studium* begegnen einige klangvolle Namen[36], doch mehr als eine Episode war Toulouse für kaum einen von ihnen. Der neugekürte franziskanische Ordensgeneral Alexander von Alexandrien[37], Pariser *regens* in den Jahren 1307 und 1308, setzte auf dem Generalkapitel seines Ordens zu Barcelona 1313 eine Bestimmung durch, die den General zu besonderer Aufmerksamkeit bei Magisterpromotionen in Toulouse aufforderte, *ne per multiplicationem vel insufficientiam pro-*

S. 11; SCHIMMELPFENNIG, Zisterzienserideal S. 28. Vgl. auch: MOLLAT, Jean XXII, fut-il un avare S. 40–45.

[32] SCHÄFER, Ausgaben ... unter Benedikt XII.: Montpellier: S. 80 (16.12.1338); S. 99 (2.12.1339); S. 116 (6.7.1339); S. 127 (5.1.1341); Avignon: S. 80 (16.12.1338) und S. 99 (2.12.1339). Zum zisterziensischen Ordensstudium in Montpellier: LEKAI, Introduction S. 156 f.; LAWRENCE, Stephen of Lexington S. 178.

[33] Vgl. GOURON, Canonistes et civilistes des écoles de Narbonne et de Béziers S. 523 ff.; CAILLE, Le studium de Narbonne S. 250.

[34] LAD IX 4 (ed. SEJALON S. 440).

[35] Zur Gründung der von den Dominikanern dominierten Universität: Reg. Greg. IX, ed. AUVRAY II nr. 4783 Sp. 1270, nr. 4784 § 17 Sp. 1277. BERG, Armut und Wissenschaft S. 95, sieht den Niedergang bereits bald nach den Anfängen einsetzen; vgl. auch DELARUELLE S. 363. Einen Neuanfang versuchte man um 1270, vgl. VERGER, Jean XXII et Benoît XII et les universités du midi S. 200.

[36] Bernard Gui, Dominique Grenier und Guillaume Peyre de Godin (vgl. schon DOUAIS, Essai S. 128), vielleicht auch Pierre de La Palu, der allerdings spätestens 1309 im Pariser Ordensstudium nachzuweisen ist; vgl. FOURNIER, Pierre de La Palu S. 40; ROENSCH, S. 124 f.; gegen Toulouse optiert DUNBABIN S. 18.

[37] Zu Alexander von Alexandrien, vgl. GLORIEUX, La suite des maîtres franciscaines de Paris S. 281; ab 1308 wurde er Provinzial und seit dem 3.6.1313 General seines Ordens.

movendorum huiusmodi facultas theologica contemnatur[38]. Auch die von
dem Johannes XXII. nahestehenden dominikanischen Erzbischof von
Toulouse Guillaume de Laudun[39] am 21. Juli 1329 erlassenen Reformstatuten verstärkten zwar die episkopale Aufsicht, änderten aber an den unbefriedigenden Zuständen wenig. Noch Benedikt XII. verweigerte der Universität Toulouse in der bekannten Affäre um die Promotion des Géraud
du Peschier das theologische Promotionsrecht und versuchte, die Stu-
dienmöglichkeiten insbesondere armer Studenten zu verbessern[40]. Dabei
ist nicht auszuschließen, daß hier eher negativ gefärbte Erinnerungen an
die eigene Jugend zumindest unterschwellig mit im Spiel waren. So entsprach er auch den aus Toulouse artikulierten Wünschen um angemessene
Benefizienausstattung[41] und setzte sich in seiner Ordensreform für die Erneuerung des alten Usus ein, theologische Dozenten von Paris nach Toulouse zu verschicken[42].

Für die Jahre, in denen Jacques Fournier Abt war und vom *baccalarius*
zum *magister* aufstieg, ist die Überlieferung dürftig. Es gibt nur wenige
Zeugnisse, die ihn in seinem Kloster Fontfroide agierend zeigen[43]. Die von
seinen Vorgängern im 13. Jahrhundert verfolgte Linie der politisch abge-
sicherten ökonomischen Konsolidierung[44] wurde bei weiterer Expansion

---

[38] Vgl. *Chronica 24 Generalium* (AnalFr III S. 467 f.). Teiledition des Akten (ed.
DMITREWSKI, Bernard Délicieux S. 21 ff. nach BN lat. 4270 fol. 37v–38).

[39] Vgl. MOLLAT, Guillaume de Laudun, in: DHGE XXII Sp. 929–932. Reformstatuten
der juristischen Fakultät von 1329: FOURNIER, Statuts I nr. 558 S. 503b–512a; episkopale Aufsicht: ebd. nr. 557 S. 503a. Vgl. auch: VERGER, Jean XXII et Benoît XII et les
universités du midi S. 212.

[40] Zu Géraud: DELARUELLE S. 364. – Andere Maßnahmen Benedikts XII. sind: Festlegung des Wertes einer Präbende für einen Magister der Theologie auf 80 l.t.
(FOURNIER, Statuts I S. 534b nr. 583, datiert auf 1335/37); Überprüfung testamen-
tarischer Verfügungen zugunsten armer Studenten (ebd. I S. 534a-b nr. 582, datiert auf
1335/37), Abschaffung der Prüfungskosten für arme Studenten bei juristischen Examina
(DAUMET nr. 892 vom 10.10.41; vgl. auch schon ebd. nr. 385 vom 28.11.1337).

[41] VIDAL, Lettr. comm. I nrs. 315, 358, 570, 1041, 1201, 1203, 1214. SMITH, University of Toulouse S. 102. Vgl. allg.: WATT, University Clerks and Rolls of Petition
S. 214.

[42] In der Reformbulle *Fulgens sicut stella* (FSS) für die Zisterzienser verfügt c. 39
(CANIVEZ III S. 434), daß der *lector principalis* für die Ordensstudien in Toulouse,
Montpellier und Oxford in Paris rekrutiert werden soll.

[43] Vgl. schon: VIDAL, Histoire des évêques de Pamiers S. 24 ff. Auf Grund der
„absence quasi total des documents originaux" (GRÈZES-RUEFF S. 253) wird nach Paris
BN Ms Doat 59 zitiert.

[44] Der Wohlstand Fontfroides beruhte auf Stiftungen wie etwa durch den König von
Aragon und Graf von Barcelona (1203, Ms Doat 59, fol. 165r–166v), den Grafen von
Foix (1211, fol. 188r–189v), Abt und Kapitel von Alet (1216, fol. 205r–207v), den Grafen von Toulouse (1223, fol. 212r–213v). Unterstützung fand Fontfroide vielfältig: 1257
durch Ludwig d. H., fol. 273r–275v; 1269 durch Alexander IV., fol. 304; 1324 durch

sogar fortgesetzt, doch ist der persönliche Anteil Jacques Fourniers daran schwer zu ermitteln. Arnaud Nouvel, der als Abt ebenfalls nur selten in Fontfroide dokumentierbar ist[45], leistete dem Neffen aus der Ferne mehr als nur Beistand. Er bestätigte Besitzstände, die Fournier als Abt und als speziell hierfür bestimmter Prokurator für das Kloster erworben hatte[46], und beauftragte ihn, der 1315 als Testamentsvollstrecker des Onkels erscheint, verschiedene Maßnahmen zur Sicherung seines Seelenheils durchzuführen[47], gleichsam als ob das materielle Wohlergehen der Abtei die Garantie für das ewige Leben ihres ehemaligen Abtes sei.

Jacques Fournier, der immerhin schon 30 bis 35-jährige reguläre Abt, hat keine nachweisbaren Versuche unternommen, sich dem Einfluß des übermächtigen Onkels zu entziehen und individuelle Akzente, etwa im Sinne seiner vielbeschworenen Austerität zu setzen. Eine Prägung des späteren Ordensreformers in seiner Zeit als Abt eines wichtigen Klosters ist also nur in eher assoziativem Sinne denkbar. Die von Arnaud Nouvel praktizierte willkürliche Verfügung über den Besitz des Klosters wirkte sich hier vorteilhaft aus, konnte aber bei einer weniger integren Persönlichkeit leicht das Kloster ruinieren. Ob Jacques Fournier dies schon jetzt begriff, läßt sich freilich kaum sagen. 1316 delegierte er die ihm als Vaterabt obliegende Visitation der katalonischen Abtei Poblet an den Abt von Aiguebelle und traf dabei, wie der erhaltene Visitationsbericht zeigt, bei der Wahl seines Vertreters eine glückliche Entscheidung, indem er einen besonders Befähigten hierfür auswählte[48]. Den sich abzeichnenden Eindruck, Jacques Fournier habe das, was ihm im Schatten Nouvels und bei seiner Inanspruchnahme durch das Studium möglich war, getan, um seine Aufgabe gewissenhaft zu erfüllen, bestätigen auch die zeitgenössi-

---

den König Jakob von Aragon, fol. 425r; 1340 durch den Grafen von Roussillon, fol. 454r. – Ausführlich: GRÈZES-RUEFF, L'abbaye de Fontfroide S. 253–280; BERMAN, Medieval Agriculture S. 67, 73, 106, 122. – Eine Fallstudie mit vergleichbaren Ergebnissen: MOUSNIER, Grandselve S. 224–250.

[45] Namentliche Erwähnung: 1303 beim Streit um Holzeinschlagrechte (Ms Doat 59, fol. 349r). – 1305 Befreiung von Abgaben und Zöllen in der Grafschaft Foix (ebd. fol. 395v).

[46] Ms Doat 59, fol. 371r (1312); fol. 372r: der Transfer der Güter auf das Kloster.

[47] Ms Doat 59, fol. 373r (1312): jedes Jahr sollen 10 Kutten *nomine nostro* verteilt werden; die Empfänger sollen *per vos abbatem et successores vestros* an Mariä Himmelfahrt ausgewählt werden und im ersten Jahr, sofern sie Priester sind, drei Messen *pro salute mea* lesen (fol. 374v). – 1315 überließ Arnaud dem Kloster 2260 fl. zur Tilgung von aus der Zeit seines Abbatiats bestehender Außenstände (fol. 379r–385v).

[48] Ms Doat 59, fol. 386v–387r. Details (nach: Narbonne, Bibl. Munic. Inventaire de Fontfroide fol. 37) bei GRÈZES-RUEFF S. 271 und BERMAN, Medieval Agriculture S. 96. Zu Poblet: MCCRANK S. 277.

schen Chronisten, die, wenn überhaupt, nur sehr knapp, aber anerkennend von seiner Zeit als Abt berichten[49].

Paris

Das Pariser Theologiestudium Jacques Fourniers ist quellenmäßig kaum besser belegt als sein Abbatiat. In einer Zeit, in der es noch keine Matrikellisten oder Petitionsrollen zur Benefizienausstattung gab, kann dies wenig überraschen[50]. Trotzdem sollte man erwarten, daß das Studium eines Mannes, den Matthias von Neuenburg als *summus theologorum*[51] feierte oder den die 6. Vita als *magnus magister in legibus et divinitate*[52] herausstellte, vor Ort etwas tiefere Spuren hinterlassen hätte. Die in Fourniers späteren Schriften erkennbare Gründlichkeit seiner theologischen Ausbildung und die Relevanz seines Denkens für sein Handeln legt eine Rekonstruktion seines möglichen Studienverlaufs nahe.

Den Grad eines Bakkalars, wie ihn Jacques Fournier 1311 innehatte, konnte ein Pariser Scholar nach neun Jahren erhalten[53]. Die Promotion erforderte schon nach den Statuten Roberts de Courçon mindestens acht Jahre *artes*-Studium und dann mindestens fünf Jahre Theologiestudium[54]. In

---

[49] Die 2. Vita sagt, *spiritualiter ac temporaliter* habe Fontfroide von ihm profitiert (BALUZE/MOLLAT I S. 210); die 5. Vita (ebd. S. 226) meint, er habe *religiose* das Kloster 6 Jahre lang regiert.

[50] Vgl. PAQUET, L'immatriculation des étudiants S. 161.

[51] Matthias von Neuenburg (ed. HOFMEISTER S. 138). Die bisweilen anzutreffende Übersetzung mit „der größte der Theologen" ist etwas mißverständlich; da *summus* eher hierarchisch als qualitativ gemeint ist – sonst hieße es wohl *subtilissimus, fundatissimus* (vgl. das Verzeichnis von GRABMANN, Ehrentitel S. 41–56) – sollte man eher „der ranghöchste unter den Theologen" übersetzen. – Ähnliches gilt für das bei Matthias von Neuenburg folgende *nullus in iure*; hierzu: AMARGIER, Nullus in iure, peritus in utroque S. 33.

[52] 6. Vita (BALUZE/MOLLAT I S. 232): *leges* meinen nicht das römische oder das kanonische Recht, sondern das Alte Testament und die Heilige Schrift; vgl. etwa RSB 64,9. Unzutreffend: LEKAI, The Cistercians S. 76.

[53] CUP II nr. 1188 S. 69, datiert *non ante an. 1335*; sie charakterisieren sich selber als (ebd.) *consuetudines aut statuta observata ab antiquo tempore in venerabili facultate theologie*, insofern sind sie auf das Studium Jacques Fourniers übertragbar. – Zum Bakkalareat ebd. S. 692 (12) u. (13), vgl. LEFF, Paris and Oxford S. 166. Vgl. noch 1366 in CUP II nr. 1189 (30) S. 699.

[54] CUP I nr. 20 S. 78 ff. Die dornige Frage (vgl. RASHDALL/POWICKE/EMDEN S. 472 Anm. 1), wie die 8 und 5 Jahre miteinander zu verrechnen sind, braucht hier nicht erörtert werden; die insgesamt 13 Jahre entsprechen der im ff. belegten Einteilung in 7 Jahre als *auditor*, 2 Jahre als *cursor biblicus* und 4 Jahre als *baccalarius*. Unter Addition der lokal unterschiedlichen Zeit für das *artes*-Studium (8 Jahre in Oxford, vgl. MIETHKE, Ockhams Weg S. 7; zunächst 6, später 5 Jahre in Paris, vgl. LEFF, Paris and Oxford S. 157) ergibt sich eine Mindestausbildungsdauer von kaum unter 20 Jahren; die verlangten 35 Jahre Lebensalter waren allein deshalb durchaus realistisch.

den letzten Jahren vor der Promotion war der Anwärter als *cursor biblicus*, *baccalarius sententiarius* und nach der Sentenzenvorlesung als *baccalarius formatus* verpflichtet, Lehrveranstaltungen zu halten. Das ‚kursorische' Lesen der Bibel dauerte zwei Jahre und setzte zur Zeit Jacques Fourniers voraus, daß man sieben Jahre Studium hinter sich hatte; die Studiendauer wurde wahrscheinlich von Benedikt XII. für *regulares* auf sechs Jahre verkürzt[55]. Während des Bakkalareats, das vier Jahre in Anspruch nahm, mußte der Bakkalar bei den Dominikanern, bei den Franziskanern oder in Saint-Bernard bei den Zisterziensern *sermones* halten, als *respondens* mindestens fünfmal an *Quodlibeta*-Disputationen teilnehmen[56], die Sentenzen lesen und war zur Anwesenheit in Paris verpflichtet; diese zur Kontrolle seines moralisch einwandfreien Lebenswandels gegebene Bestimmung ließ pro Jahr nur eine höchstens zweimonatige Abwesenheit zu[57]. Die feierlichen *vesperiae* schlossen das Studium ab und leiteten die meist zwei Jahre während Zeit als *magister regens* ein.

Dies sind alles normative Bestimmungen, deren Einhaltung die Kandidaten, ihre Prüfer und andere *magistri* eidlich bezeugen mußten[58]; ihre Einhaltung ist ein anderes Problem. Gerade das Promotionsrecht war seit jeher ein Kristallisationspunkt für die konkurrierenden Ansprüche der universitären Korporation und des Papstes, in dessen Auftrag der Kanzler seit 1292 die *licentia* erteilte[59]. Diese unfreiwillige Emanzipation der Universität von den letzten Resten episkopaler Kontrolle verminderte nicht das Konfliktpotential, das gegenüber einer exemten monastischen oder mendikantischen Körperschaft vorhanden war, deren Leitungsorgane den Anspruch erhoben, über die Ausbildung ihrer Mitglieder selber zu bestimmen[60]. Dieses hatte sich zwar teilweise im Pariser Mendikantenstreit des 13. Jahrhunderts zwischen Mendikanten und Weltklerikern entladen, doch

---

[55] GLORIEUX, Enseignement S. 95. Die Verküzung ist nur hypothetisch mit Benedikt XII. in Verbindung zu bringen (vgl. SM c. 8 BRT IV S. 365a); in den Universitätsstatuten erscheint sie erst in den undatierten bzw. durch diesen Bezug auf Benedikt XII. auf nach 1335 datierbaren Statuten bei CUP I nr. 1188 (10) S. 692 sowie in denen von 1366, ebd. nr. 1189 (16) S. 698.

[56] CUP II nr. 1188 (18) S. 693.

[57] CUP II nr. 1189 (58) S. 702 von 1366. Vgl. LEFF, Oxford and Paris S. 167.

[58] Zum Eid: PRODI, Il sacramento del potere, bes. S. 61 ff. und S. 165–182; MIETHKE, Eid an der mittelalterlichen Universität S. 59; KUTTNER, Kanonistische Schuldlehre S. 317.

[59] Zur *licentia*-Erteilung: vgl. RASHDALL/POWICKE/EMDEN S. 402. Für die Mendikanten: BERG, Armut und Wissenschaft S. 88; zu den monastischen Orden: SULLIVAN, Studia monastica (Ph. D. Thesis-Fassung) S. 129. Zum Gesamtproblem: BERNSTEIN, Magisterium and License: Corporate Autonomy against Papal Authority S. 293 ff.; MIETHKE, Zugriff des Papstes S. 198 ff.; zur Inkorporation der Mendikanten: FRANK, Bettelordensstudia S. 17; VERGER, Studia et universités S. 192.

[60] Geneneralkapitel von 1327 (CANIVEZ III S. 376 f. nr. 4).

blieb das aus permanenter Konkurrenz gespeiste Spannungsverhältnis noch längere Zeit bestehen. Die Statuten von 1366 reflektieren, daß gerade die für *religiosi* verminderte Studiendauer offenbar Anlaß zu Konflikten gegeben hatte[61].

Übertragen wir die genannten Zahlenwerte trotzdem hypothetisch auf Jacques Fournier, so müßte er sein Theologiestudium um 1301 als *auditor* aufgenommen haben; es ist möglich, daß er die Zeit als *auditor biblicus* noch in seinem Ordensstudium in Toulouse verbrachte, doch ist wahrscheinlicher, daß Arnaud Nouvel bereits frühzeitig für die Verschickung seines Neffen nach Paris sorgte[62]. Die großzügige Verbundenheit des späteren Papstes mit Saint-Bernard zu Paris[63] legt einen langen Aufenthalt an der Seine nahe, den Jacques Fournier etwa im Alter von 21 Jahren begann. Bei dem zwischen fünf und sechs Jahre langen *artes*-Studium läßt sich der Ort nicht mit Sicherheit angeben, doch sollte man bedenken, daß sein großer Förderer in der Zeit, als Fournier das *artes*-Studium aufnahm, noch nicht einmal als Abt dokumentiert ist. Nimmt man noch eine zwei- bis dreijährige Basisausbildung in Boulbonne oder Toulouse hinzu[64], fiele Jacques Fourniers Studienbeginn etwa in die Jahre um oder kurz vor 1293, d.h. nach Abzug seines einjährigen Noviziates blieb für seine vielgerühmte Einübung monastischer Askese nur sehr wenig Zeit. So dürfte Jacques Fourniers Ordenseintritt überwiegend seiner Ausbildung gedient haben; ob man dies als indirekten Hinweis auf wenig wohlhabende Eltern deuten kann, bleibe dahingestellt. Jedenfalls wurde er vom ersten Tag an entschieden gefördert, und auf wie fruchtbaren Boden dies fiel, bestätigt der Befund, daß er sein Studium offenbar zügig in der vorgesehenen Mindestzeit durchlief.

---

[61] CUP II nr. 1189 (54) S. 702.

[62] Zur Studentenauswahl durch Vaterabt und Visitator vgl.: LAD IX 4, ed. SEJALON S. 440.

[63] Das in dem Quartier du Chardonnet zwischen der Kirche Saint-Nicolas und der Stadtmauer Philipps II. Augustus gelegene zisterziensische Kollegium (vgl. RAUNIÉ, Histoire Générale de Paris, Epitaphier du vieux Paris II S. 1 ff.) förderte er ab 1338 durch Indulgenzen zur Finanzierung des weitgehenden Neubaus seiner Kirche (DAUMET nr. 411 vom 13.3.38, 412) und überwies ab 1339 *non modicas pecunie quantitates* nach Paris (DAUMET nr. 571; nach SCHÄFER, Ausgaben III S. 88: 6415 fl.; S. 92 dass.; 1340 ebd. S. 111: 2584,5 fl). Den Grundstein legte am 24.5.1338 übrigens die Königin Johanna von Burgund; Philipp von Valois gewährte den Mönchen eine jährliche Rente von 100 l. p. (= 120 l. t.), vgl. RAUNIÉ ebd. S. 5. Der Orden bedankte sich mit einer jährlichen Messe im Pariser Konvent für König und Königin (Generalkapitel 1338, CANIVEZ III S. 450 nr. 3).

[64] Eine Elementarausbildung begann zu dieser Zeit, zumindest in weltlichen Kollegien, etwa im Alter von acht bis zwölf Jahren, vgl. GABRIEL, Preparatory Teaching S. 98; THORNDIKE, Elementary and secondary Education S. 400 ff.

Der *causa studii* - Transfer Jacques Fourniers nach Fontfroide fällt nach
der eben durchgeführten Rechnung etwa mit seinem Aufstieg vom *cursor*
zum *baccalarius* zusammen, und es ist nicht unwahrscheinlich, daß die
Verpflichtung des jeweiligen Heimatklosters zur finanziellen Ausstattung
ihrer in Paris studierenden Mönche[65] der Anlaß für den Transfer war. Als
Abt dürfte Jacques Fournier dann über die finanziellen Ressourcen verfügt
haben, die zu einer Zeit, in der Bücher ein erheblicher Kostenfaktor waren
und an Lizentiaten auch äußerlich besondere Anforderungen gestellt wurden[66], eine Tätigkeit als *baccalarius* und so feierliche wie kostspielige
Vorgänge wie die *depositio* und die *licentia* erforderten[67]. Über den Lebensstil Jacques Fourniers in Paris lassen sich höchstens methodisch fragwürdige Rückschlüsse ziehen, indem man die „asketischen Vorstellungen", die bisweilen aus den reformerischen Bemühungen des späteren
Papstes um die Scholaren extrahiert werden[68], biographisch rückprojeziert;
freilich könnte man dies auch mit seiner Freude am Wein tun. Daß er in
den Quellen und Chroniken immer noch als Mönch von Boulbonne oder
Abt von Fontfroide bezeichnet wird, ist nicht nur eine Folge davon, daß
ordensrechtlich nur eine disziplinarische Unterstellung der Studenten unter
den nach universitärem Sprachgebrauch *provisor* und nicht *prior* genannten Vorsteher des Studienkollegs vollzogen wurde und die Bindung an die
jeweiligen Heimatklöster und deren Äbte rechtlich ungeschmälert beibehalten blieb[69]; es entspricht auch der zeitgenössischen kanonistischen Lehre, nach der das *domicilium* von Äbten immer ihr Heimatkloster bleibt,
etiam si essent alibi causa studii[70].

---

[65] LAD IX 4 (ed. SEJALON S. 440).

[66] Vgl. Kleidungsbestimmungen (CUP I S. 700 nr. 1189 [41]); allg.: GABRIEL, Ideal
Master S. 25 ff.; hinzu kamen kostspielige Examensfeiern, die sich in den Statuten höchstens als Verbote reflektieren (vgl. schon 1215: CUP I nr. 20 S. 78f.).

[67] Als Bsp. für die Gebührenordnung: CUP II nr. 1189 (62) S. 702. Die immer wieder
eingeschärften Verbote, dem Studienerfolg durch *aliquod emolumentum seu provisio-
nem*, wie Gregor IX. in der Bulle *Parens scientiarum* (vgl. CUP I S. 138 nr. 79) diese
Bestechungsgelder nannte, nachzuhelfen (vgl. weitere Belege bei GABRIEL, Ideal Master
S. 33 ff.), galten prinzipiell auch für *religiosi;* verhindern konnte man dies durch eine
gute Bezahlung der *doctores;* auch Benedikt XII. sah eine solche vor.

[68] SCHIMMELPFENNIG, Zisterzienserideal S. 35. Die bis zu 1000 l.t., die Benedikt XII.
den Zisterziensern für die Examensfeiern nach der bestandenen Promotion genehmigte
(FSS c. 40 CANIVEZ S. 435), sind freilich kein Beleg für diese „Vorliebe für Askese" des
Papstes.

[69] LAD IX 4 (ed. SEJALON S. 439); zur Stellung des *provisor:* KWANTEN, Collège de
St. Bernard S. 456. Protokollarische Ehren in allen Abteien des Ordens ordnete für ihn
bereits das Generalkapitel von 1250 an (CANIVEZ II S. 348 nr .9).

[70] Der Pariser Kanonist Henri Bohic schrieb in seinen *Distinctiones super V libros
Decretalium* unter Berufung auf Innozenz IV., Hostiensis und Johannes Andreae (zu X
5.33.17, fol. 215a–b): *Abbas non potest habere domicilium nisi in monasterio suo ... Et*

Während kanonistische Kommentatoren mit dem Studium von Äbten offenkundig wenig Schwierigkeiten hatten, außer natürlich, wenn es um die seit Honorius III. verbotenen *leges et physica* ging[71], scheint der Zisterzienserorden das Problem der durch die Abwesenheit ihrer Äbte verwaisten Klöster ernst genommen zu haben. Das Generalkapitel von 1314 optierte gegen das Studium der Äbte, indem es die Unvereinbarkeit eines Abbatiats mit dem Erwerb höherer akademischer Grade proklamierte, um die studierenden Äbte zum Verzicht auf eines von beiden zu zwingen[72]. Diese von einer erzkonservativen Abtsmehrheit gegen eine nur schemenhaft greifbare Erneuerungsbewegung im Zisterzienserorden gerichtete Entscheidung[73] sollte man nicht überbewerten, da der *Libellus definitionum* von 1317 das bedingte Verbot bereits dadurch wieder unterlief, daß er es mit einer Willensäußerung des Konvents und der Erlaubnis des Vaterabtes umgehbar machte[74]. Vaterabt von Fontfroide war der Abt von Grandselve[75]. Die Verpflichtung, im Anschluß an eine Promotion Lehrveranstaltungen zu halten[76], hätte einen weiteren Verbleib Jacques Fourniers in Paris nötig gemacht. Es ist freilich auch hier weder belegbar noch wahrscheinlich, daß er erst sein Kloster und den Vaterabt um Erlaubnis fragte. Stattdessen hätte er mit dem seit dem frühen 13. Jahrhundert erhobenen Anspruch der Päpste auf Förderung des Studiums der Theologie, dem das Vienner Konzils 1311 wenig entgegensetzen konnte, argumentieren können[77]. Die fünfjährige Dispensation eines studierenden oder lehrenden

---

intelligo, quod loca in quibus tenentur ad residentiam semper debent pro domicilio reputari, etiam si essent alibi causa studii, quia ibi non videntur domicilium habere.

[71] X 3.50.10. und c. 3. Hierzu: Hostiensis *Summa, Ne clerici vel monachi secularibus negociis se immisceant*, fol. 192vb.

[72] CANIVEZ III S. 329 f. nr. 8. Noch das Generalkapitel von 1338 (CANIVEZ III S. 452) nahm auf dasselbe Problem Bezug. Vgl. allg. KWANTEN S. 461.

[73] Auch eine Einschärfung der Carta Caritatis als *originale novi Cistercii Ordinis fundamentum* hielt man 1318 (CANIVEZ III S. 341 nr. 12) für nötig. Vgl. ausführlich Kap. 5.1.

[74] Diese Lösung (LAD IX 4; ed. SEJALON S. 441) entspricht bezüglich der kollegialen Mitwirkung der betroffenen Konventsmitglieder der kanonistischen Lösung: vgl. etwa Bohic (zu X 3.50.10 v. *ne clerici*, fol. 586a–b).

[75] DHGE XVII Sp. 972. Zur Krise in Grandselve: MAHN, Benoît XII et les Cisterciens S. 43.

[76] CUP II nr. 1189 S. 702 ff.

[77] X 3.4.12 von Innozenz III.; X 5.5.5 von Honorius III., VI 1.6.34 von Bonifaz VIII.; hierzu: LE BRAS, Institutions ecclésiastiques S. 292 Anm. 14; SMALLEY, Friars and Antiquity S. 32. Das Vienner Konzil verfügte in c. 14 (= Clem. 3.10.1; COD S. 372 z. 35 ff.) eine Einschärfung der Residenzpflicht, *nisi ex studiorum vel alia causa rationabili ad tempus forte ab huiusmodi residentia excusentur.*

Benefizieninhabers *de licentia sedis apostolicae* von seiner Residenzpflicht hätte einen Aufenthalt in Paris bis 1316 ermöglicht[78].
Durch den Augustinerereremiten Prosper von Reggio Emilia kennen wir
das Lehrpersonal der Pariser Universität in den Jahren 1311 bis 1314[79]. In
dieser freilich nicht vollständigen Reportation von ordentlichen und außerordentlichen *Quaestiones disputatae*, die an der theologischen Fakultät
abgehalten wurden, finden sich neben einigen großen Namen wie Aegidius
Romanus, Meister Eckhart, Jean de Pouilly oder Guido Terreni[80] auch andere, teils weniger bekannte, die in der Biographie des späteren Bischofs,
Kardinals und Papstes wiederkehren: der Augustinerereremit Johannes Pagnotta, den Benedikt XII. zum *Vicarius in Urbe* ernannte[81], Pierre de La
Palu, der in der Liquidation des Visio-Streites eine wichtige Rolle spielte,
dann aber in den Hintergrund trat, oder Durand de Saint-Pourçain und Johannes Regina von Neapel, die ebenfalls in den Visio-Streit involviert waren.
Die Bedeutung der Pariser Universität als der Kaderschmiede für die
klerikale Führungsschicht der Christenheit qualifizierte freilich nicht automatisch jeden, der sie durchlaufen hatte. Unter den Insassen des zisterziensischen Studienhauses[82] muß es auch eine hinreichend große Zahl von
Studenten gegeben haben, die für die dort dokumentierten wenig erbauli-
chen Zustände verantwortlich waren[83]. Ähnlich kritische Töne waren bei

---

[78] Vgl. GLORIEUX, La faculté des arts S. 439 nr. 1707, der Fournier als *regens* für die
Jahre 1313–17 sieht. Das Zitat im Text aus X 5.5.5.

[79] Die von PELZER, Prosper de Reggio Emilia, ausgewertete Zusammenstellung von
quaestiones ist überliefert in Ms Vat. lat. 1086 (Beschreibung des Ms von PELZER in:
Codices Vaticani latini II 1, Vatikan 1931, S. 654–683) sowie in Ms Venedig
Marc. lat. III 64. PELZERs Identifizierungen der häufig abgekürzten oder anonymisierten
Autoren (Prosper de Reggio Emilia S. 331–335) wurden von GLORIEUX, A propos du
<Vat.lat.1086>, teils korrigiert. Zu Prosper: ZUMKELLER, Augustinerschule S. 203 f.

[80] Einzelnachweise bei PELZER, Prosper S. 331–335; Überblick bei GLORIEUX,
Vat. lat. 1086 S. 27. Aegidius Romanus, ehemaliger Ordensgeneral der Augustinereremiten und seit 1295 Erzbischof von Bourges, erscheint hier als Verfasser seiner Streitschrift für das Vienner Konzil *Contra exemptos*, dessen Kapitel jeweils knapp zusammengefaßt werden, fol. 109v–111r.

[81] Zu Johannes Pagnotta: ARAMBURU, Pagnotta S. 142 f.; MATHES, Poverty Movement S. 143–147. PELZER, Prosper S. 333 weist ihn in Vat. lat. 1086 fol. 60r nach.

[82] Zu den Anfängen des Kollegiums: vgl. BERG, Armut und Wissenschaft S. 91;
SEPPELT, Kampf der Bettelorden S. 88; LAWRENCE, Stephen of Lexington and Cistercian
University Studies S. 64 ff.; WYNGAERT S. 385. Zur Baugeschichte: DAUTRY S. 151–
156.

[83] Reformbemühungen unternahmen schon im 13. Jahrhundert die Generalkapitel von
1289, 1290 und 1291 (CANIVEZ III S. 242 f., nr. 3, S. 246 nr. 6, S. 253 nr. 20). Auch
1306 (ebd. S. 316 nr. 7) und 1307 (ebd. S. 317 nr. 2) wurde noch Reformbedarf signali-
siert. Vgl. für die Cluniazenser: CHARVIN II S. 271.

den Franziskanern zu vernehmen[84], deren spiritualistischer Flügel sich nie
mit diesem Einfalltor für gelehrten Hochmut abfinden konnte[85], und einige
Jahre später sogar bei den Augustinereremiten, deren Ordensgeneral Wilhelm von Cremona in einem freimütigen Rundbrief das Pariser Studienhaus harscher Kritik unterzog[86]. Bezeichnend für das theologische Ansehen von Saint-Bernard ist es, daß Prosper von Reggio Emilia keinen einzigen mit Sicherheit identifizierbaren Zisterzienser anführte. Nicht einmal
Jacques de Thérines, Regens in den Jahren 1306 und 1307, und einer der
kirchenpolitisch führenden Köpfe seines Ordens[87], ist hier eine Ausnahme.
    Auch der durch seinen Aufenthalt in Saint-Bernard sicherlich in gewis-
sem Maße geprägte Jacques Fournier[88], der wahrscheinlich bei Jacques de
Thérines studierte, begegnet unter den von Prosper zitierten Persönlichkeiten nicht. Dabei sollte man berücksichtigen, daß der Augustiner kein
Personalverzeichnis der Pariser Theologischen Fakultät erstellen wollte
und sogar solche Größen wie die Mendikanten Hervé Nédellec, Alexander
von Alexandrien, Nikolaus von Lyra oder Gerhard von Bologna überging[89]. Auch ein nicht näher präzisierter *Jacobus B'*, den Prosper durch
diesen Zusatz vielleicht als Zisterzienser kenntlich machte, läßt sich nicht
mit dem späteren Papst identifizieren[90]. Die inzwischen revidierte Identifi-

---

[84] Das Pariser Studienhaus der Franziskaner wurde 1302 erweitert, vgl. Histoire générale de Paris III (1901) S. 222: aus den in den Statuten von 1260 vorgesehenen 2 Studenten je Provinz (V 19, ed. BIHL 1260-1279-1292 S. 72) erschließt BEAUMONT-
MAILLET S. 24 eine Zahl von 64 Studenten.

[85] Vgl. Ubertino da Casale, *Arbor vitae* V 1, ed. DAVIS S. 413a, hierzu: DOUIE, Nature and Effect S. 121; POTESTÀ, Studi sull'*Arbor vitae* S. 237; BEAUMONT-MAILLET
S. 58; vgl. auch FELDER S. 96, DAMIATA, Pietà e storia S. 15. Alvarus Pelagius, DSPE II
33 fol. 139va–140va; II 34 fol. 140va–141va; zu seinem Studium: DAMIATA, Alvaro
S. 11; fragwürdig: JUNG S. 12; BEAUMONT-MAILLET S. 58.

[86] Der Brief Wilhelms von Cremona von 1328 in: AAug IV S. 29–32 und S. 57–65
(zum Pariser Konvent und Studienhaus) fand 1330 eine Fortsetzung in einem ähnlichen
Schreiben (ebd. S. 106 f.).

[87] Jacques de Thérines, von 1308 bis 1317 Abt von Chaalis, vgl. CUP II nr. 658
S. 121 nr. 7, wurde 1318 Abt von Pontigny und leistete am 7.12.1319 dem Bischof von
Auxerre einen Gehorsamseid (vgl. LAD IV 4, ed. SEJALON S. 399, und X 5.3.43).

[88] KWANTEN, Collège de Saint-Bernard S. 467 f. Zur Theologie des Jacques de Thérines: GLORIEUX, Thérines, Jacques de, in: DThCath XV Sp. 573; vgl. schon VALOIS,
Jacques de Thérines HLF 37 S. 187.

[89] GLORIEUX, Vat. lat. 1086 S. 28.

[90] *Jacques B'* hielt im akademischen Jahr 1311/12 fünf *quaestiones* (qq. 6, 57, 83–
85); er ist für GLORIEUX, Vat. lat. 1086 S. 30 u. S. 35, „presque impossible d'identifier";
ebd. S. 31 Anm. 9 spekuliert er aber anläßlich eines *Ber.*, der 1312–1314 neun *quaestiones* hielt (Gruppe B qq. 163–172) und „vielleicht" Zisterzienser war, darauf, daß dies
auch für *Jacques B'* gelten könnte. Die Chronologie schließt Jacques Fournier, der bis
1310 *cursor* war, als *Ber.* nicht von vornherein aus; präzisierbar oder gar beweisbar ist
aber nichts.

zierung eines in den Prozeß um die am 1. Juni 1310 zu Paris als Hexe verbrannte Marguerite Porete[91] involvierten *Jacobus Cisterc.* mit Jacques Fournier sollte vor Spekulationen warnen[92], was in diesem Fall zugleich die Vorstellung, der spätere Inquisitor von Montaillou und kuriale Glaubenshüter habe schon in Paris Witterung aufgenommen, relativiert.

Es bleibt zu bedenken, daß ein Sentenzenkommentar, den Jacques Fournier nach seiner wohl in das akademische Jahr 1312/13 zu legenden Sentenzenvorlesung gegen 1314 hätte ausarbeiten müssen, weder erhalten noch dokumentiert ist. Dies läßt bei der Sorgfalt, die der spätere Papst auf die Überlieferung seines literarischen Nachlasses verwandte, den Schluß zu, er habe nie ein publikationsreifes Stadium erreicht[93], wenn es ihn überhaupt jemals gab. Der monumentale Kommentar Jacques Fourniers zum Mt-Evangelium kann höchstens in seinem Grundbestand auf seine Zeit als *cursor biblicus* zurückgehen, da die in ihm hoch entwickelte Gelehrsamkeit mit dem ‚kursorischen‘, also nur den *sensus litteralis* berücksichtigenden Vorlesen der Bibel[94] schwer vereinbar ist[95].

Jacques Fournier als „austère cistercien"

Wenn es schon sehr schwierig ist, Jacques Fourniers Austerität zu belegen, so drängt sich die Vermutung auf, die Vorstellung von dem strengen Zisterzienser könnte zumindest dem zeitgenössischen Zisterzienserideal entsprechen. Anstatt dieses *in extenso* zu untersuchen, werden wir uns auf das Bild des zisterziensischen Abtes[96] und dabei auf die mit Benedikt XII. verbundenen Vorstellungen konzentrieren.

---

[91] Vgl. CUP II nr. 681 S. 143; hierzu: LERNER, Heresy of the Free Spirit S. 68–77, S. 200–208; LEA II S. 575 ff.; KIBRE, Privileges S. 259 f.

[92] LERNER, A Note on the University Career, korrigierte diesen Fehler aus CUP III S. 660 f. in Erg. zu dem Teilnehmerverzeichnis in CUP II S. 143 nr. 681 vom 7.6.1310.

[93] STEGMÜLLER, Repertorium mit Erg. von DOUCET erwähnen Jacques Fournier nicht; vgl. auch GLORIEUX, Enseignement S. 114. Fehlerhaft: AVI-YANOAH S. 56.

[94] CUP II (11) S. 692 nr. 1188. Vgl. auch allg. MANDONNET, L'enseignement de la Bible S. 503 ff.

[95] KWANTEN, Le collège Saint-Bernard S. 468, sieht in dem Mt-Kommentar ein „écho de ses cours", freilich ohne näheren Beleg; der ebd. erwähnte „recueil de ses sermons" Jacques Fourniers (BN Paris Ms lat. 3290) enthält bekanntlich Predigten Johannes XXII. (vgl. PASZTOR, Raccoltà dei sermoni S. 265 ff.), die nur als *reportationes* vorliegen, ebd. S. 273; vgl. MAIER, Zeugniswert der Reportatio S. 1–7.

[96] Studien über die Herrschaft von Äbten thematisieren kaum das 14. Jahrhundert (als Bsp.: DE VOGÜÉ, Sub regula vel abbate; DERS., L'Abbé vicaire du Christ; VEILLEUX, Abbatial Office; DERS., Exigences techniques; anders: FELTEN, Herrschaft des Abtes; CONSTABLE, Authority of Superiors) und sind bisweilen hagiographisch überzeichnet (etwa: STEIDLE, Abbas-tyrannus S. 340). PROKSCH sieht nach Quellen des 15. Jahrhunderts einen „Klostermanager" (S. 217) als Idealabt, vgl. ähnlich: BERMAN, Medieval Agriculture S. 128 f., schon für das 12. und 13. Jahrhundert.

Folgt man dem *Libellus definitionum* von 1316/17, der als offizielle
Äußerung des Ordens angesehen werden kann, so erfordert die Eignung
zum Abt neben lobenswertem Lebenswandel *experientiam temporalem,*
d.h. ausreichende Bildung und Erfahrung in weltlichen Dingen[97]. Diese
pragmatische und realitätsnahe Umschreibung eines Amtes, das im Anschluß an das zweite Kapitel der Benediktusregel und die dort ausgesprochene Gottesstellvertretung zu einer glorifizierenden Überhöhung geradezu provozierte[98], erhellt eine weitreichende Diskrepanz von Ideal und
Wirklichkeit. So forderte Bernard Aygler, Abt von Montecassino im 13.
Jahrhundert, die *vite sanctitas* des Abtes[99] und meinte es mit dieser frommen Ermahnung sicherlich ernst. Wenn aber ein so undurchsichtiger Tak-
tierer wie der Franziskaner und päpstliche Pönitentiar Alvarus Pelagius
austeres Verhalten demjenigen empfiehlt, der heilig erscheinen möchte[100],
so zeigt dies, wie wenig im 14. Jahrhundert die Form noch über den Inhalt
besagt.

Begrifflich begegnet Austerität bei der alten Streitfrage, welcher Orden
vollkommener sei als ein anderer[101] und von welchem in welchen überge-
treten werden dürfe; dabei wird eine Aufspaltung von *austeritas* und *perfectio* deutlich[102]. Die *austeritates ordinis* sind bereits in der ältesten Redaktion der dominikanischen Generalkapitelsakten ein fester Begriff und
stehen hier wie bei den Franziskanern als Synonym von *asperitas*[103]. Die

---

[97] LAD VIII 5 (ed. SEJALON S. 434). Vgl. das Generalkapitel von 1276 (CANIVEZ III
S. 156 nr. 21) zu der *Clementina* (POTTHAST 19185 von 1265) sowie das Generalkapitel
von 1260 (CANIVEZ II S. 462 nr. 7).

[98] RSB 2,2; vgl. auch RSB 63,13. Vgl. Regelkommentar des Bernard Aygler, ab 1263
Abt von Montecassino, (ed. CAPLET S. 53 ff. zu RSB c. 2). Zur Genese dieser Formel in
der Frühzeit: DE VOGÜÉ, L'abbé vicaire du Christ S. 95 ff.; FELTEN, Herrschaft des Abtes S. 180.

[99] Vgl. Bernard Aygler (ed. CAPLET S. 399 zu RSB 64,9).

[100] Alvarus Pelagius (DSPE; fol. 63ra): *Vis apparere sanctus. circa vitam tuam esto
austerus.*

[101] Schon Giraldus Cambrensis vergleicht bzgl. ihrer *austeritas* Zisterzienser mit
Cluniazensern und Kartäusern (*Speculum ecclesiae* III 19, ed. BREWER S. 248 ff.) und
handelt in III 20 (S. 248) bzw. III 21 (S. 254) über die *austeritas* von Kartäusern und
Grandmontensern.

[102] Pierre de La Palu hat an einer Stelle seines 1314 abgeschlossenen Sentenzenkommentars (*in IV. lib. Sent.* D. 38 q. 2 div. 11; fol. 179ra) den Unterschied zwischen Mendikanten und Nicht-Mendikanten im Kontext der Übertrittsproblematik erhellt: *Nam artior dicitur religio non quae maioris austeritatis sed quae est perfectioris
et maioris meriti: propter quod religioso licet migrare ad episcopatum tanquam ad
perfectionem statum et non ad austeriorem.*

[103] *Constitutiones antique*, ed. DENIFLE S. 203; ed. CREYTENS S. 38. Zur Datierung
(statt 1228) auf 1216 und 1220: HINNEBUSCH, Poverty S. 448. – Die Franziskaner, die
sich in ihren Statuten von 1260 auf *austeritas*, *vilitas* und *paupertas* verpflichteten (II 2,

novae conversationis austeritas, von der einst der Heilige Bernhard von Clairvaux sprach[104], beschreibt den dornen- und schmerzenreichen Weg zur *perfectio*.

Austeritas findet sich als Gegensatz zu einem durch Fleischverzehr und regelloses Leben charakterisierten monastischen Verfallszustand bei einem so vielgelesenen Kanonisten des 13. Jahrhunderts wie Heinrich von Segusio[105]. Dabei meint der Hostiensis regelkonformes Leben auf Grundlage der Benediktusregel, das, dem monastischen Ideal seiner Zeit folgend, nicht zufällig Assoziationen an die Zisterzienser weckt. Daneben gebraucht er den Begriff auch in negativ besetztem Sinne. Gerade die Stellung des benediktinischen Abtes, dem auch er die traditionelle *tota potestas monasterii* zuspricht[106], zwingt hier zu besonderer Umsicht. An einen Abt, der beim Fasten seine Mönche zu sehr quält, richtet er die Mahnung, er solle nicht *nimis austerus* sein, postuliert das bernhardinische Ideal des Maßhaltens aber auch für übereifrige Mönche[107]: *justitia sine misericordia severitas et austeritas dicitur*, so warnte freilich schon die *Glossa Ordinaria* zum Evangelium des Matthäus ähnlich, wie es noch bei Nikolaus von Lyra zu lesen ist[108].

Bei Jacques Fournier lassen sich einige Jahre nach seinem Abbatiat ganz ähnliche Formulierungen nachweisen, wenn er betont, daß bei der Korrektur von Sündern maßvoll vorzugehen und ein Mittelweg zwischen *austeritas* und *dulcedo* zu wählen sei, um die Strenge des Gesetzes zu mäßigen[109]. Die Forderung des Heiligen Benedikt, der Abt solle sich der *discretio* bedienen, um nur ausgereifte Entscheidungen zu treffen, stand hier ebenso Pate wie der biegsame kanonistische Grundsatz *aequitas praefertur rigori*[110]. Die immer wieder in verschiedenen Formulierungen von

---

ed. BIHL 1260-1279-1292 S. 44 f.), bevorzugten ab 1292 *asperitas*, vgl. noch 1331 (IV 8, ed. MENCHERINI S. 284) und 1337 (II 6, ed. BIHL S. 130).

[104] Bernhard von Clairvaux, *Epist.* 78,4 (Opera VII S. 204), hierzu: LECLERCQ, Intentionen S. 10.

[105] *Lectura* zu X 3.31.9 *Super eo*, fol. 110ra–b. Vgl. allg. BERTRAM: Handschriften S. 177 f.; LEFEBVRE, in: DDC V Sp. 1214 f.; TIERNEY, Foundations of the Conciliar Theory S. 259, zur Biographie: DIDIER, Henri de Suse.

[106] *Lectura* zu X 3.35.6, fol. 133vb.

[107] *Lectura* zu X 3.35.6, fol. 133va–vb.

[108] PL 114 Sp. 90, zu Mt 5,7 *Beati misericordes*; Nikolaus von Lyra, *Glossa Ordinaria* zu Mt 5,4 (fol. 17vb).

[109] Die Mt-Postille (im ff. „PMt") Jacques Fourniers betont bei einem Korrekturvorgang (PMt 5,11; fol. 68ra): *Secundum est ipsa correctio moderata inter dulcedinem et austeritatem; ut dulcedine ad bonum trahat, et austeritate a malo retrahat*; vgl. auch: PMt 5,13; fol. 81vb; fol. 85rb. Vgl. PMt 5,17 (zu *legem adimplere*); fol. 122vb.

[110] Zu *aequitas praefertur rigori* vgl. schon die *Glossa Ordinaria* des Johannes Teutonicus zu C. 23 q. 1 c. 2, nach TIERNEY, Foundations S. 77 sowie: Jean Le Moine zu VI 5.11.21, fol. 416va; Bohic zu X 3.5.19, fol. 392b; zur kirchenrechtlichen Tradition und

Jacques Fournier postulierte Einheit von Handeln und Denken[111] ist in ihrem explizit postulierten Anspruch auf eine von Gott induzierte Christusimitation[112] auch kein gewendeter Erfahrungssatz, sondern eine Rechtfertigung künftigen Handelns, das sich aber nicht im blindem Aktionismus rastloser Tatmenschen erschöpft, sondern in Gott seinen Ursprung wie sein Ziel hat. So unterscheidet sich der wahrhafte Gelehrte vom *suae scientiae ostentator*[113].

Die in diesen Worten aufscheinende ambivalente Haltung des späteren Papstes zur akademischen Bildung lenkt den Blick auf eine Persönlichkeitskomponente Jacques Fourniers, die man ‚zisterziensisch' nennen kann: zupackend statt kontemplativ, planend und durchsetzend statt zögernd und zaudernd, dabei im Glauben, mit den eigenen Werken Gott zu dienen: akademische Theologie als praktische Wissenschaft; der daraus fließende Lebensstil dabei nüchtern, abgeklärt und, wenn man so sagen will: institutionalisiert; ohne den selbstzerstörerischen Übereifer der Frühzeit, aber trotzdem regelkonform, als gelte es, die Regel zu leben, weil Ordnung nicht nur das halbe Leben ist. So hatte ja auch schon der Heilige Bernhard das *ne quid nimis*[114] gelehrt, und bereits der Heilige Benedikt hatte es von seinen Jüngern verlangt[115].

---

den patristischen Wurzeln: WEIGAND S. 20 ff., 121; FEDELE, Nihil aliud est aequitas quam Deus S. 73 ff.; HERING S. 109–112; zur *discretio*: WALTER S. 195 und S. 207–211. Vgl. RSB 2,24; 34,2; 37 und bes. 64,17–19.

[111] PMt 5,16; fol. 112rb: *Sed nunc precipit eis, quod non solum verbo doceant, sed etiam opere et exemplo; quia tali modo doctores aliorum facientes, Deum per sua dicta, et facta glorificant. ... Ut scias quoniam ille est laudabilis Doctor qui facit, quod docet.* Die Handlungsverpflichtung wird noch deutlicher (fol. 118vb): *Idonei enim Magistri est, ea, quae verbis docet, operibus expleri.* Vgl. allg. Mt 4,19.

[112] PMt 5,19; fol. 147vb: *Recte autem Dominus illum, qui magnus debet esse in regno coelorum, in utroque perfectum docet esse, scilicet et faciendo, et in docendo: quia alterum sine altero non facit hominem perfectum.* Noch deutlicher (ebd. fol. 148rb): *Quomodo enim Christus exemplar, prius fecit, deinde docuit.* Schon in PMt 5,16; fol. 117rb führte er mehrfach den Beweis, daß Gott der *Pater Doctorum* ist.

[113] PMt 5,16; fol. 115rb. Der Dienst am Nächsten besteht gerade im Lehren (fol. 115va): *Proprium enim opus Doctoris docere est, sicut est proprium opus medici, in eo quod medicus est, medicare, vel sanare;* primäre Zielrichtung ist und bleibt der Ruhm Gottes (fol. 113ra): *quia non debent quaerere ab hominibus gloriam, temporale commodum, vel favorem, vel suae doctrinae ostentationem, sed solum gloriam Dei.*

[114] PMt 5,29; fol. 211rb: *... obsequium vestrum totum sit rationale, id est cum discretione, ne quid nimis sit, sed cum temperantia vestra corpora castigatis, ut naturae defectu non cogantur dissolvi, sed vitiis mori.* Vgl. Bernhard von Clairvaux, De Consideratione I viii 9, Opera III S. 405. Vgl. auch allg. BRECHTER, St. Benedikt und die Antike S. 154 f.

[115] RSB 64,12; hierzu: Bernard Aygler (ed. CAPLET S. 401): *omnia prudenter faciat, nihil nimis, non dixit ne quid minus. quia tutius est de pena debita relaxare quam totam penam infligere (et ideo dixit ne quid nimis, non ne quid minus).*

War die *austeritas* Jacques Fourniers eine Dreingabe seines Mönchtums, ein frommes Mißverständnis wohlwollender Historiker oder der Versuch, seine Reformen zu etikettieren, ohne sie zu analysieren? Wenn französische Historiker von „austerité" sprachen, so glaubten sie, damit den Papst positiv zu würdigen, selbst wenn dabei ein unterschwelliges Unbehagen, vielleicht sogar ein heiliger Schauder vor dem asketischen Rigoristen auf dem Stuhle Petri, dem gerechten, aber rauhen Inquisitor mitschwang, der nicht nur gerne Wein trank, sondern auch Ketzer verbrennen ließ. Die Fremdheit dieser Persönlichkeitskonstitution, des Ineinanders von Intellektualismus und Barbarei, von dem, was sich das 19. Jahrhundert als monastische Gemütlichkeit vorstellte, ist vielleicht das eigentlich austere an dem späteren Papst.

Und was hätte Jacques Fournier selber davon gehalten? Schließlich heißt es schon in der Heiligen Schrift (Mt 10,16): seid klug wie die Schlangen. Der oben zitierte kluge Rat des Alvarus Pelagius war Fournier sicherlich aus dem Herzen gesprochen; vielleicht hätte er sich auch über manchen Historiker amüsiert, der vor ihm mehr Respekt hatte als Jacques Fournier vor Benedikt XII.; und dennoch sollte man ihn nicht zu modern sehen: Karriere durch Protektion, Askese als Öffentlichkeitsarbeit und Mönchtum gar als Ausdruck einer bestimmten psychologischen Konstitution: dies können keine Kriterien von Kirchengeschichtsschreibung sein.

Kapitel 3

Die Ordensreformen des Konzils von Vienne

Der wahrscheinlich von 1301 bis 1314/15 dauernde und wohl durch einige längere Abwesenheiten unterbrochene Aufenthalt Jacques Fourniers in Paris vermittelte ihm neben seinem Theologiestudium Erfahrungen, die er in Boulbonne oder Fontfroide kaum hätte erlangen können. Wir wissen freilich nicht, wie er von dem Streit zwischen Philipp dem Schönen[1] und Bonifaz VIII. dachte, doch erlebte er die Maßnahmen der Kronjuristen gegen den Papst, die Publikation von *Ausculta Fili*, die Versammlungen des Jahres 1302 und vom 13. und 14. Juni 1303, in der Philipp eine Konzilsappellation gegen Bonifaz VIII. ankündigte[2], zum Beginn eines prägenden Lebensabschnittes mit. Insbesondere die Zisterzienser standen loyal zum Papst und die einzige Stimme, die sich am 13./14. Juni gegen Philipp IV. erhob, war die des Abtes von Cîteaux Jean de Pontoise. Seine umgehende Einkerkerung und die, zumal nach dem Tod Bonifaz' VIII. am 11. Oktober 1303, verstärkten Pressionen auf den Orden[3] mögen sich auch Jacques Fourniers Gedächtnis eingeprägt haben.

Es bleibe dahingestellt, ob Fournier Bonifaz' VIII. Sturz bedauert hat. Immerhin ebnete das Ende des in Mittelitalien residierenden Papsttums nicht zuletzt auch ihm selber den Weg nach oben, und erst Clemens V. machte Arnaud Nouvel zu dem, was er war. Neben Bérengar Frédol war gerade Arnaud Nouvel Mitglied jener Kommission, die die von der Krone gegen Bonifaz VIII. erhobenen Vorwürfe untersuchen sollte[4]; nach dem

---

[1] Vgl. allg.: STRAYER, The Reign of Philip the Fair; FAVIER, Philippe le Bel; MIETHKE, Philipp IV. der Schöne S. 203–231; zum Wirkungsfeld der begleitenden Propaganda vgl. auch: MENACHE, Philippe le Bel, Génèse d'une image S. 690; DIES., Peuple S. 196; BAUTIER, Diplomatique S. 7–13.

[2] Vgl. BECKER, Appellation S. 59–71; MARTIN, Superiorité du concile S. 134 ff.; FAVIER S. 50.

[3] Vgl. DIGARD, Philippe le Bel et le Saint Siège II S. 163–180; BECKER, Appellation S. 65. Die Kurie reagierte darauf mit der Exkommunikation Philipps IV. durch die Bulle *Super Petri solio* vom 8.9.1303 (vgl. DUPUY, Histoire du différend d'entre le Pape Boniface VIII et Philippe le bel, roy de France, actes et preuves, Paris 1655, S. 182; Text auch: BRT IV S. 170b–174b, hier: S. 173a § 5). Vgl. BECKER, Appellation S. 65.

[4] FELTEN, Arnaud Nouvel S. 214. Vgl. SCHMIDT, Bonifaz-Prozeß S. 198, 383, 428, 431.

für das Papsttum glimpflichen Ende des Bonifaz-Prozesses mag es kein
Zufall gewesen sein, daß die Krone seine Wahl zum Papst torpedierte.

3.1. Der Templerprozeß

Ab 1307 richteten sich die Kräfte Philipps des Schönen und seiner Helfer
gegen den zu einer wohlhabenden Finanzorganisation verkommenen
Templerorden[5], der das Pech hatte, Gläubiger der französischen Krone zu
sein, und dessen sprichwörtliche Dekadenz durch fragwürdige und durchsichtig motivierte Idolatrie- und Sodomieanklagen belegt wurde[6]. Diese
durch Scheinkompromisse der Krone mit einem willensschwachen Papst
wie Clemens V. kaschierte Politik der vollendeten Tatsachen führte bekanntlich zur Einberufung des 15. ökumenischen Konzils nach Vienne,
das aber schließlich nur *per modum provisionis* den Orden aufhob, ihn
aber nicht als häretisch verurteilte[7]; damit konnte auch Philippe le Bel zu-
frieden sein. Arnaud Nouvel, Kardinal von S. Prisca, Vizekanzler der römischen Kirche und durch seine Kompetenz in beiden Rechten sicherlich
ein wertvoller Experte für den Umgang mit den Legisten Philipps des
Schönen, war an dieser weisen Konzilsentscheidung, die die Templer
preisgab und von der Freiheit der Kirche soviel wie möglich bewahrte,
nicht nachweislich beteiligt. Erst nach dem Konzil tritt er hervor, als er
jener päpstlichen Kommission angehörte, die über die in Paris eingeker-
kerten Ordensführer, den Großmeister Jacques de Molay und den Prae-
zeptor der Francia, am 22.12.1313 das Urteil fällte[8].
Die Aufhebung des Templerordens war gewiß eine besonders drastische
Art von Ordensreform, wie sie schon das II. Konzil von Lyon mit den
Sackbrüdern und einigen anderen Konkurrenten der Mendikanten vorge-
führt hatte[9]. Schon die Einberufungsbulle zum Vienner Konzil verurteilte
die Templer als Apostaten, Götzendiener und Sodomiten[10]. Nicht so ein-

---

[5] Der Templerprozeß fand seit FINKE, Untergang des Templerordens, zahlreiche Be-
arbeiter: grundlegend BARBER; zuletzt: DEMURGER. Prozeßrechtliche Fragen untersuchte
FRIED, Wille, Freiwilligkeit und Geständnis; zu den Verhandlungen in Vienne: MÜLLER,
Konzil S. 122–145, S. 196–207.
[6] Insbesondere die „Sodomie" als zu den *delicta mixta* zählende Sünde ermöglichte
ein Eingreifen der weltlichen Gerichtsbarkeit (X 5.31.4; C. 32 q. 7 cc. 13–14); ähnlich
war dies bei einem Verdacht auf Häresie; vgl. MÜLLER, Konzil S. 29; FRIED S. 397;
FINKE, Untergang I S. 145 ff.
[7] COD S. 336–343; die Sentenz: ebd. S. 341 f. Vgl. MÜLLER, Konzil S. 73.
[8] FAVIER S. 479.
[9] Vgl. EMERY S. 261 ff.
[10] Bulle *Regnans in coelis* vom 12.8.1308, Reg. Clemens V. nr. 3626–3633; Text bei:
MANSI XXV Sp. 369–381; vgl. MÜLLER, Konzil S. 14–17.

fach machten es sich die von Philippe le Bel befragten Theologen der Pariser Universität, unter ihnen Jacques de Thérines, Alexander von Alexandrien, Hervé Nédellec, Gerhard von Bologna und Alexander von St. Elpidio[11]. Sie kamen am 25. März 1308 mehrheitlich zu dem Ergebnis, daß die Templer gemäß ihrem Rechtsstatus als *religiosi et exempti* zu behandeln seien[12], allerdings nur solange bis ihre Häresie durch ein kirchliches Gericht bewiesen ist[13].

Diese Frage nach der jurisdiktionellen Zuständigkeit für die Aburteilung eines häresieverdächtigen Ordens bzw. den Nachweis seiner Häresie läßt sich kaum mit der für die Reform von Orden in eins setzen. Trotzdem lohnt ihre Betrachtung, da sie auf den rechtlichen Status einer Körperschaft als den Ansatzpunkt für jede Reform hinweist, unabhängig von deren Radikalitätsgrad. Die faktische Geltung des Faustrechts entband nicht einmal die Apologeten des Vorgehens der französischen Krone einer theoretisch stichhaltigen Begründung[14]. Auch ein in der Ordensgeschichte so zentraler Aspekt wie die Verfügung über die Güter eines Ordens wurde besprochen. Die Pariser Theologen, die sich schon mit den Häresien der Templer so schwer taten, kamen hier dem König immerhin darin entgegen, daß sie den Einzug der Templergüter aus dem Zweck ihrer Übertragung an den Orden rechtfertigten[15]. Gegen die Templer äußerte sich ein offenbar im Auftrag hoher Prälaten arbeitender Universitätsausschuß, dem auch Jean de Pouilly angehörte[16]. Anders votierte Augustinus von Ancona in einem kurzen Traktat, der dem König generell die Verfolgung von Häretikern *sine ecclesie requisicione* verbot[17].

---

[11] Vgl. CUP II nr. 664 (Teilnehmer). FINKE, Untergang II S. 107–110 nr. 70 (Verfehlungen der Templer).

[12] Vgl. FINKE, Untergang II S. 107 (Anfrage) und CUP II S. 126 nr. 664 (Antwort).

[13] CUP II S. 126 f. nr. 664.

[14] Pierre Dubois rechtfertigte das Vorgehen des Königs in seiner 1308 entstandenen Schrift *De facto templariorum,* ed. DIOTTI; allg.: RIVIÈRE, Le problème de l'Église et de l'État S. 365 f.; POST, Ratio publicae utilitatis S. 75. Zur königlichen Propaganda: vgl. FAVIER, Philipp the Fair S. 452; BARBER S. 77. Zur Argumentation mit der *vox populi*: MENACHE, Peuple S. 200.

[15] CUP II nr. 664 S. 127.

[16] In QL 15 q. 5 (zit. nach ZEYEN S. 25 nach Ms Paris BN lat. 15372; fol. 181c) verweist dieser auf den Templerprozeß und merkt an, nur eine Minderheit, der er selber angehörte, habe sich für die Einstufung der Templer als *relapsi* ausgesprochen und die Intervention des Königs gerechtfertigt; vgl. schon VALOIS, Jean de Pouilly S. 224.

[17] Den *tractatus brevis super facto Templariorum ad quem pertinet inquirere et iudicare de heresi* edierte bereits SCHOLZ, Publizistik S. 508–516, hier S. 510, nach Ms Paris BN lat. 4046; fol. 28–30; hierzu: MINISTERI S. 216 ff.; Beschreibung der Ms: LECLERCQ, Recueil espagnol S. 232–236.

Der Verlauf dieses Schauprozesses in Vienne sprach dem exemten Rechtsstatus der Templer[18] bekanntlich geradezu Hohn, da die kirchliche Autorität sich politisch vereinnahmen ließ. Die nach dem theoretischen Befund zu erwartende Konkurrenz zwischen der päpstlichen und der königlichen Jurisdiktion wurde dadurch im Keim erstickt. Keine der an dem Konzil beteiligten Parteien hielt es für nötig oder sinnvoll, die Templer ernsthaft zu verteidigen, und die beiden 1310 und im Oktober 1311 von verteidigungswilligen Rittern unternommenen Versuche endeten jeweils auf dem Scheiterhaufen[19], was nicht ohne Eindruck auf die Zeitgenossen blieb und die Zweifel an der Schuld der Templer mehrte.

Wo sich diese Zweifel konkret artikulierten, wie bei dem Zisterzienser Jacques de Thérines, der nicht weniger als vier Traktate schrieb, um auf dem Konzil von Vienne das Exemtionsprivileg seines Orden gegen weltklerikale Angriffe zu verteidigen[20], entsprachen die konkreten Argumente gegen die Liquidation des Templerordens weitgehend der von ihm schon vier Jahre früher ohne konkrete politische Bezüge an der Pariser Universität geäußerten Position[21], sieht man von einer in eigener Sache konzipierten Entkopplung der Dekadenz der Templer von ihrer Exemtion einmal ab[22]. Aegidius Romanus, der ebenso federgewandte wie politisch wendige Erzbischof von Bourges[23] hatte das Stichwort hierfür gegeben, indem er den exemten Status des ordensexternen Kontrollen und damit auch Korrekturen entzogenen Ordens zur direkten Ursache seiner Häresie

---

[18] Zur Exemtion der Templer vgl. FINKE, Untergang I S. 6, SCHREIBER, Kurie und Kloster I S. 52; BULST-THIELE S. 375 ff.

[19] Vgl. MÜLLER, Konzil von Vienne S. 131.

[20] Auf den bereits von TISSIER herausgegebenen *Tractatus contra impugnatores exemptionum* (TCIE) folgten drei kürzere Schriften (*Questio de Exemptionibus* [ed. RODRIGUEZ]; *Compendium tractatus fratris Jacobi* [ed. RAYNALDUS]; *Responsio*, [ed. MÜLLER, Konzil S. 698–700]), deren Chronologie Schwierigkeiten macht; dies gilt besonders für *Questio* und *Compendium*. So findet sich am Ende der von RODRIGUEZ nach Ms 450 fol. 62–86 der Bibl. Munic. von Lille edierten *Questio de eadem materia, de supra disputata et determinata ab eodem ...* (S. 165) der Hinweis (S. 209): *Explicit compendium predicti fratris iacobi ...* . Auch das von RODRIGUEZ als Ms der *Questio* angeführte Ms 339 aus Dijon enthält gemäß der Beschreibung des Ms bei MÜLLER, Konzil S. 698, auf fol. 85–81 das von RAYNALDUS nach Vat. lat. 4109 fol. 260r–261r (Beschreibung bei HÖDL, *De iurisdictione* S. 6) abgedruckte *Compendium*; es endet mit *explicit questio* (ed. RODRIGUEZ S. 209). MÜLLER übersah die *Questio*, auf die schon TISSIER am Ende des *Tractatus* hinwies. Auch VALOIS, Jacques de Thérines S. 193 u. S. 204, waren alle vier Schriften bekannt.

[21] QL 1 q. 21, ed. GLORIEUX S. 188 ff.; hier: S. 191 f.

[22] TCIE, ed. TISSIER S. 299a.

[23] Vgl. FINKE, Untergang II S. 147; SCHOLZ, Publizistik S. 41; DEMPF, Sacrum Imperium S. 448. Seine Schrift *Contra exemptos* wurde entgegen den Angaben von MÜLLER, Konzil S. 495, bereits 1555 von Antonius Bladus zu Rom gedruckt.

erklärt hatte[24]. Dem konnte Jacques de Thérines entgegenhalten, daß die
Exemtion gerade keine Glaubensfragen betraf[25]. So wie Aegidius es vermied, den als Urheber der Exemtion anzusprechenden Papst der Häresie-
begünstigung zu bezichtigen, so überließ er auch die naheliegende Forderung, den diskreditierten Orden einfach abzuschaffen, anderen; etwa dem
Bischof von Angers Guillaume Le Maire, der für subtile Winkelzüge keinen Sinn hatte und einfache Lösungen bevorzugte[26]. Ausgehend von dem
Gedanken, daß auch ein päpstliches Privileg auf das Gemeinwohl verpflichtet ist, zielte Aegidius gegen die besitzenden Orden und deren Exemtion[27]. Zur Aufhebung der Exemtion war die wie auch immer erreichba-
re Zustimmung des Papstes unverzichtbar. Durch das sporadische Zeigen
der Folterwerkzeuge konnte dieser hier vielleicht so gefügig werden wie in
der Templerfrage. Wie geschickt Aegidius hierbei Unvereinbares miteinander vereinte, zeigt der Befund, daß noch über 10 Jahre später Augustinus von Ancona seinem Ordenslehrer zumindest in diesem Gedankengang
folgte, der die Templer zur Verkörperung eines in Sünde verkommenen
Ordens machte und dabei mit Mönchen und Kanonikern auf eine Stufe
stellte[28].

Die gemeinsame Frontstellung des Welt- und Regularklerus gegen die
Templer kann bei allen argumentationsstrategischen Unterschieden die
Gemeinsamkeiten in den Positionen eines Zisterziensers wie Jacques de
Thérines, eines Erzbischofs und Augustinereremiten wie Aegidius Roma-
nus oder eines Dominikaners wie Hervé Nédellec erklären. In seinem
Traktat *De iurisdictione et exemptione*[29] verwies dieser zur Rechtfertigung
der Exemtion der Mendikanten ähnlich wie Thérines darauf, daß morali-

---

[24] *Contra exemptos*, c. 21 u. 22, ed. BLADUS fol. 16ra–17rb.

[25] TCIE, ed. TISSIER S. 299a.

[26] Zu Guillaume Le Maire: AVRIL, Conceptions ecclésiologiques S. 111 f.; EHRLE,
Bruchstück S. 427 Anm. 3; zu seiner Anwesenheit auf dem Konzil: MÜLLER, Konzil
S. 104 gegen HEBER S. 13 Anm. 3 u. PORT S. 199. Zur Auflösung des Templerordens:
vgl. in seinem Konzilsgutachten (ed. PORT, Livre de Guillaume Le Maire, S. 473).

[27] *Contra exemptos* c. 4; fol. 3rb. Vgl. ähnlich: ebd. c. 6 fol. 4ra.

[28] SDEP q. 61 d. 6; fol. 186vb.

[29] Der erste Teil des Doppeltraktates *De iurisdictione et exemptione* wurde von HÖDL
nach Vat. lat. 4109 u. 4131 ediert, nachdem bereits RAYNALDUS den zweiten Teil nach
Vat. lat. 4109, das keinen Autorennamen angibt, gedruckt hatte. MÜLLER kennt offenbar
nur diesen zweiten Teil und bespricht ihn als anonym, obwohl ihn bereits ELTER, Ouvrage inconnu S. 211, Hervé Nédellec zugeschrieben hatte; darauf verweist auch MATHIS,
Privilegien S. 4. Noch LECLER, Vienne S. 144, folgt allerdings MÜLLER in seiner Unkenntnis; sogar im Verzeichnis der Werke Hervé Nédellecs bei ROENSCH S. 117 findet
sich ein bedenklicher Druckfehler: *De iurisdictione et emptione*. Richtig schon im Proömium des 2. Buchs des *liber de Ecclesiastica potestate* des Laurentius von Arezzo (ed.
GRABMANN, Studien über den Einfluß der aristotelischen Philosophie S. 144, bzw. besser kommentiert: ed. CHROUST/CORBETT S. 76): *primo de jurisdictione et de exemptionibus, secundario vero de potestate ecclesiastica multa conscripsit.*

sche Entartung keine Folge des rechtlichen Status sei; vielmehr seien die Ursachen darin zu suchen, daß die Brüder unzureichend von ihren Oberen, die bei den Templern obendrein nur Laien waren, überwacht wurden[30]. Für die auf dem Konzil von Vienne auffällig zurückhaltenden Franziskaner könnte man auf eine Reformschrift ähnlicher Tendenz verweisen, die Gilbert de Tournai bereits für das zweite Konzil von Lyon verfaßte: darin greift dieser die Benediktiner heftig an und schlägt als *remedium* eine ihre Exemtion faktisch aufhebende Visitation durch den Diözesan vor; er prangert bei den Templern Habsucht und Privilegienmißbrauch an und empfiehlt ihnen theologische Studien[31].

Was hinter diesen Vorwürfen steht, erhellt das Selbstverständnis solcher Ordensleute, die auf der Höhe der Zeit standen. Der geradezu stereotype Hinweis auf den Laiencharakter der Templer, ihre *otiositas* und ihren fehlenden *clypeus Scripturarum*[32] entsprechen dem Bemühen fast aller Orden, die Bildung ihrer Mitglieder zu heben und mit ihrer aus theologischer Kompetenz begründeten Sonderstellung in der Kirche auch einen angemessenen rechtlichen Status einzufordern[33]. Gerade das Konzil von Vienne ist für diese Förderung des Studienwesens in der Kirche und damit für die Klerikalisierung des Ordenswesens wichtig. Je ähnlicher sich dabei die Orden wurden, desto mehr betonten sie ihre Unterschiede; zur Konkurrenz mit dem Weltklerus kam die Konkurrenz der Orden untereinander.

3.2. Der Exemtionsstreit

Es mag dem konkreten Ablauf des Templerprozesses wenig angemessen erscheinen, mit seiner Betrachtung den Stellenwert eines Rechtsinstituts wie der Exemtion für die Reform des Ordenswesens zu begründen. Wie gefährlich aber auch die Situation war, in der sich die anderen Orden befanden, erhellt die Tatsache, daß ihre Exemtion[34] in Vienne zum Thema

---

[30] *De exemptione*, ed. RAYNALDUS S. 580a.

[31] *Collectio de scandalis ecclesiae* c. 13, ed. STROIK S. 51: zu den Benediktinern; c. 17, S. 57: zu den Templern. Vgl. auch AUER, Reformschriften S. 33.

[32] Jacques de Thérines: TCIE S. 299b.

[33] Besonders deutlich bei Aegidius Romanus, *Contra exemptos* c. 14, fol. 10vb: *exemptio est detestanda et tollenda nisi fiat pro evidenti utilitate ecclesiae quae consistit in studio.*

[34] Zur Exemtion konzentrierte sich die Forschung auf die Frühzeit und die Entwicklung bis zum 13. Jahrhundert: vgl. die Studien von: SCHREIBER, Kurie und Kloster; SCHEUERMANN; FOGLIASSO; MULLER, Abbaye nullius; HÜFNER; KNOWLES, Growth of Exemption; PFURTSCHELLER; nur bedingt brauchbar sind die Hinweise auf das geltende Kirchenrecht bei: O'BRIEN, SCHEUERMANN, ALONSO.

wurde[35]. Dabei steht das Vienner Konzil in einer langen Tradition der
Abwehr von weltlichen oder weltklerikalen Übergriffen auf Klostergut[36],
die geradezu als standestypisches Verhalten von Weltklerikern galten[37].

Schon ein Blick in die dem Konzil vorgelegten und durch eine unter
dem Vorsitz der Kardinäle Nicolas de Fréauville und Napoleon Orsini tagende Kommission aufgearbeiteten Gravamina[38] läßt deutlich erkennen,
daß die episkopalen Beschwerdeführer durch die Beeinträchtigung ihrer
Jurisdiktion bedrückt wurden. Ursache hierfür waren weltliche Übergriffe,
die auch, zumindest nach Darstellung der Prälaten, eine Folge der Unbot-
mäßigkeit der Mönche waren[39]. Neben dem disziplinarischen Zugriff auf
die Orden und deren Mitglieder betrafen die gegen die Exemtion gerichteten Klagen auch materielle Ansprüche des Weltklerus[40], die auch unter

---

[35] Die genaue Chronologie der Entstehung der Vienner Streitschriften ist nur teilweise
rekonstruierbar, auch wegen des Fehlens kritischer Ausgaben der Texte: Jacques de Thérines bezieht sich in TCIE auf *Contra exemptos* von Aegidius Romanus (ed. TISSIER
S. 281a zu ed. BLADUS fol. 8va–b; vgl. schon: MÜLLER, Konzil S. 495) und reflektiert in
seinen mitten in dem Traktat stehenden Ausführungen zu dem Templerprozeß einen
Diskussionsstand, der etwa Ende 1311/Anfang 1312 erreicht war, vgl. MÜLLER, ebd.
S. 140. Sollte der TCIE erst auf dem Konzil entstanden sein, was für das *Compendium*
und für die *Responsio* des Abtes ohnehin gilt und der Anordnung der Texte in dem wohl
aus Cîteaux stammenden Ms 339 der Bibl. Munic. in Dijon entspricht, bleibt die *Questio*
zu datieren, deren Hrsg. RODRIGUEZ, Egidio Romano S. 163 f., ebenfalls konziliaren
Ursprung annimmt; dies können direkte Bezüge auf *Contra exemptos* (S. 208) bestätigen
wie auf TCIE (ed. RODRIGUEZ S. 185). Demnach liegt der Schluß nahe, daß die Exemtionsdiskussion durch die Gravamina angeregt und durch Aegidius auf die prinzipielle
Ebene gehoben wurde.
[36] Vgl. die Generalkapitel in Cîteaux von 1211 (CANIVEZ I S. 379 nr. 7); 1231 (II
S. 100 nr. 53); 1240 (II S. 223 nr. 39); 1248 (II S. 327 nr. 2); 1261 (II 476 S. 476 nr. 5);
1268 (III S. 60 f. nr. 8); 1274 (III S. 129 nr. 14). Für Cluny die Generalkapitel von 1246
(CHARVIN I S. 220); 1259 (I S. 241); 1279 (I S. 384); 1287 (I S. 441 f.); 1291 (II S. 19);
1306 (II S. 255); 1314 (II S. 373); 1317 (II S. 445).
[37] Vgl. etwa: Alvarus Pelagius, DSPE II 27, fol. 123ra: *Episcopi impugnant exemptos
iniuste nec servant eorum privilegia.*
[38] Vgl. MOLLAT, Doléances S. 320; MÜLLER, Konzil S. 74; EHRLE, Bruchstück
S. 433. Freilich sind nur Bruchstücke dieser Kommissionsarbeiten überliefert, die von
EHRLE, Bruchstück S. 366–417, und GÖLLER, Gravamina S. 202–221, entdeckt und publiziert wurden; die von MOLLAT, ebd. S. 323–326, veröffentlichten Klagen aus der Provinz Sens kennzeichnen ein früheres Arbeitsstadium. Vgl. auch LANGLOIS, Doléances du
clergé S. 329 ff.; DUFFOUR, Doléances des évêques gascons S. 244. – Zur Geschäftsord-
nung des Konzils: MÜLLER, Konzil S. 92–121; EHRLE, Bruchstück S. 428 ff.
[39] Vgl. als Bsp. die Bestattung Exkommunizierter und Wucherer durch *exempti, scilicet Cluniacenses et alii* (vgl. MOLLAT, Doléances S. 325 f.: *Gravamina ab exemptis
illata*). Hinzu kommen: die Weigerung Exemter, einer Vorladung vor das Gericht des
Ordinarius zu befolgen (nr. 3), die angebliche Aufnahme Exkommunizierter in den Orden (nr. 4) und die mißbräuchliche Ausdehung ihrer Privilegien auf die bischöflichen
Untertanen (nr. 5).
[40] Vgl. die Klageschrift aus Sens (ed. MOLLAT, Doléances S. 326 nr. 6).

ihre *iurisdictio* subsumierbar waren[41]. Dies entspricht der spätestens seit dem späten 13. Jahrhundert üblich werdenden Umschreibung herrschaftlicher Besitzstände etwa der Cluniazenser als *iura et iurisdictiones*, wenn von deren Verteidigung[42] gegen weltliche und weltklerikale Usurpatoren berichtet oder dazu aufgefordert wird[43].

Jacques de Thérines, Hervé Nédellec und der status quo

Hervé Nédellec hat zum Beginn seines Doppeltraktats die grundlegenden Begriffe exponiert: seine zur Umschreibung von *exemptio* entwickelte Bestimmung von *iurisdictio*[44] als eine über die eigentliche Rechtssprechung hinausgehende, aber sie wesenhaft einschließende politische Herrschaft[45] ist nicht nur erkennbar aristotelisch-thomistisch gefärbt[46], sondern läßt gerade in der Ausklammerung der materiellen Komponente die seit Raymund von Peñaforte in der Kanonistik eingebürgerte terminologische Umschreibung von *iurisdictio* erahnen[47]. Für die Herrschaft über Güter war *dominium*[48] der übliche Terminus. Es war zweckmäßig, Exemtion negativ aus *iurisdictio* zu definieren und dieses Verständnis von Exemtion der Argumentation zu Grunde zu legen, da sich so die Einschränkung der episkopalen Vollmacht auf Weihebefugnisse leicht begründen ließ[49]. Selbst bei einem so umständlichen Theologen wie Jacques de Thérines ist dieser Ansatz von grundlegender Bedeutung für seine Argumentation:

---

[41] Zum Begriff: CONGAR, Aspects ecclésiologiques S. 60; MICHAUD-QUANTIN, Universitas S. 7; TIERNEY, Continuity of Papal Political Theory S. 328 ff.; DERS., Religion, Law and the Growth of Constitutional Thought S. 29 ff.; COSTA S. 96–183.

[42] Als Beispiel aus dem Visitationsbericht der Provinz Lyon von 1291 (CHARVIN II S. 30).

[43] Vgl. die Statuten Abt Heinrichs I. von Cluny aus dem Jahre 1314 (CHARVIN I S. 76 nr. 46). Vgl. auch in denselben Statuten S. 104 nr. 22, S. 111 nr. 45, S. 115 nr. 55.

[44] *De iurisdictione* (ed. HÖDL S. 14): *exemptio nihil aliud sit quam subtractio exempti a potestate seu iurisdictione illius a quo dicitur eximi, cui si non esset exemptio subiceretur*. Vgl. *De exemptione* (ed. RAYNALDUS S. 568a).

[45] Vgl. Alexander von St. Elpidio (ed. BARBIER fol. 10ra): *Iurisdictio enim idem est dictio seu determinatio iuris ... quod facere non potest nisi qui iudex est constitutus: sive in spiritualibus, sive in temporalibus*.

[46] FRANSEN, Réflexions sur la jurisdiction ecclésiastique S. 141. Petrus de Alvernia (vgl. zu ihm: ROENSCH S. 92–98), gelangte zu einem ähnlichen *iurisdictio*-Begriff wie Hervé (QL 1 q. 17; ed. GUYOT S. 154, vgl. ZEYEN S. 102): *iurisdictio est potestas exercendi ea quae iuris sunt in subditos*. Vgl. allg. WILKS, Papa est nomen iurisdictionis S. 75–81.

[47] Vgl. VAN DE KERCKHOVE, La notion de juridiction chez les décrétistes passim u. bes. S. 440. Vgl. auch FRANSEN, Réflexions sur la juridiction ecclésiastique S. 129 ff.

[48] Vgl. COLEMAN, Two Jurisdictions S. 75.

[49] Hervé, *De iurisdictione*, ed. HÖDL S. 24 f.

multi fallunt loquentes de exemptione, nescientes inter predictas distinguere potestates[50].

Dieses auf einer mehr oder weniger schroff formulierten strengen Trennung von Weihe- und Jurisdiktionsgewalt beruhende Verständnis des episkopalen *ordo*[51] ist weniger theologisch als kirchenpolitisch motiviert[52]. Es setzt die Erfahrung der mißbräuchlichen Verquickung von Weihe- und Jurisdiktionsgewalt voraus[53], reflektiert, daß Ordensprälaten generell keine Weihebefugnis haben, entspricht darin dem Befund der Ordensprivilegien[54] und widerspricht auch nicht dem *salvo ordine nostro* traditionell dem Diözesan zu leistenden Gehorsamseid[55]. Das *illuminare, perficere et ordinare*, wie Thérines in pseudo-dionysischer Terminologie formulierte, steht dann dem Diözesan zu[56], während die *actus sive executio iurisdictionis*, d.h.: *visitare, corrigere et confirmare* genuine Aufgaben der Ordensleitung sind[57], die diese kraft päpstlichen Privilegs wahrnimmt. Schon über 80 Jahre früher hatte Jean de Limoges ganz ähnlich argumentiert[58]: wenn er die Zisterzienser als des Papstes *filios immediatos per gratiam exemptionis* bezeichnete, so wählte Jacques de Thérines die von Honorius III. erstmalig für die Dominikaner verwendete und auch von Hervé Nédellec benutzte Formel der *romane sedis filii speciales*[59].

Man sollte die Gemeinsamkeiten nicht überbewerten: die Abwehrfront des Zisterziensers und des Dominikaners ist primär strategisch motiviert,

---

[50] *Questio* S. 192.

[51] TCIE S. 268a. Allg.: HÖDL, Scholastisches Verständnis S. 16 f.

[52] Besonders der Pariser Mendikantenstreit schärfte das Bewußtsein für die kirchenpolitische Relevanz dieser Argumenationsmodelle; vgl. zur Chronologie: CONGAR, Aspects ecclésiologiques S. 44–52; GLORIEUX, Les polémiques *Contra Geraldinos*, S. 5 ff.; DERS., Enchâinement des polémiques S. 129 ff.; zur thomistischen Argumentation: DERS., Pour qu'on lise le *De perfectione* S. 97 und S. 126; MOLARI S. 254; u. bes. CONGAR, ebd. S. 84 ff.

[53] Vgl. *De iurisdictione*, ed. HÖDL S. 23.

[54] MAHN, L'ordre cistercien S. 89; FOGLIASSO S. 181 ff.

[55] Vgl. HÜFNER S. 80; FOGLIASSO S. 182.

[56] TCIE S. 270a.

[57] TCIE S. 307b. Zur jurisdiktionellen Bestimmung der *potestas ordinaria*: vgl. COSTA, Jurisdictio S. 212, 268.

[58] Jean de Limoges, ed. LECLERCQ, Opuscule inédit S. 150–154.

[59] Jean de Limoges, ed. LECLERCQ S. 151. Jacques de Thérines, *Questio*, ed. RODRIGUEZ S. 176 u.181; die Formulierung des zisterziensischen Generalkapitels von 1318 (CANIVEZ III S. 339 nr. 5): *curiae romanae tamquam speciales filii et alumni* läßt an Thérines als federführenden Verfasser denken. Honorius III. bezeichnete so die Dominikaner in *Gratiarum omnium largitori* vom 21.1.1217 (POTTHAST 5428). Vgl. auch allg. HILLEBRAND S. 499. Vgl. Hervé, *De exemptione*, ed. RAYNALDUS S. 576a: *filii eius speciales quadam speciali filiatione.* – Schon in *Si Papa* (V 5.7.10) stellte Bonifaz VIII. klar, daß aus dieser Formel kein Anspruch auf einen exemten Status ableitbar ist; vgl. schon Hostiensis (*Lectura* zu X 5.33.8, fol. 80vb).

was die gemeinsame thomistische Basis der immer wieder hervortretenden parallelen Argumentation der beiden freilich nicht relativiert. Die notorischen Dünkel der Bettelmönche gegenüber benediktinischen Klöstern, *que dotate sunt tantis temporalibus quod nec sapientia ipsis prodest nec stultitia eisdem nocet,* wie noch wenige Jahre vorher aus England zu vernehmen war[60], traten nur deshalb in den Hintergrund, weil sich auch Hervé Nédellec von einer Stärkung des Weltklerus keine Vorteile für seinen Orden erhoffen konnte: scheinbar objektiv die Strukturen und darauf beruhend die Korrekturmechanismen abwägend, argumentiert er trotzdem sehr zielgerichtet und kommt zu dem Schluß: *magis competit* [scil. *exemptio*] *mendicantibus quam non mendicantibus*[61].

Auch Jacques de Thérines blieb Zisterzienser und zeigte sich unbeeindruckt von dem mendikantischen Armutsideal[62], dessen dominikanische Ausprägung allerdings auch hinter seinem instrumentalen Verständnis der Ordensgüter steht[63]. Seine Abgrenzung der Armut des *monachus claustralis* gegenüber der des *religiosus mendicans* läßt bei genauerem Hinsehen ein in apologetischen Zugzwang geratenes Selbstbewußtsein erahnen[64]. Dabei behielt er den Blick für die Gefährdung der wirtschaftlichen Substanz seines Ordens und wies auf deren Bedrohung durch die expandierende *potestas dominii*[65], d.h. grundherrliche episkopale Rechte hin, die für den Dominikaner gar kein Thema waren. Auch Jacques de Thérines integrierte sie nicht in einer ihrem realen Stellenwert angemessenen Weise seinem Exemtionsbegriff. In dieser Inkohärenz zeigt er abermals eine partielle Adaption seines Ordens an das dominikanische Vorbild, aber er rekurriert auch indirekt auf die von seinen episkopalen Gegnern verwendete

---

[60] DENTON, Complaints S. 401.

[61] *De exemptione* S. 575b. Anders: MÜLLER, Konzil S. 524.

[62] TCIE S. 276a: *liquido patet, quod ex mendicitate et egestate possunt periuria, mendacia, adulationes, furta, evagationes per mundum, deceptiones multarum, et alia multa mala provenire.* Vgl. Guillaume de Saint-Amour (*De periculis novissimorum temporum,* ed. BIERBAUM S. 31). Dies richtete sich nicht gegen Hervé, sondern gegen spirituelle Franziskaner. Zum Kampf des Hervé gegen *spirituales* in seinem Orden: vgl. LAMBERMOND S. 52 f.; DUNBABIN S. 120.

[63] TCIE S. 275a: *Habere enim aliqua in communi pro sustentatione vitae, et ad tenendum hospitalitatem, et ad vacandum operibus misericordiae, sicut potissime sit in Ord. Cisterc. cuius Ordinis bona, quantum ad usum quem videmus, non tam dicenda sunt bona Cisterc. Ordinis quam totius communitatis.* Vgl. etwa: Thomas von Aquin STh IIaIIae q. 188 a. 7 *Resp.* Allg. zur dominikanischen Armutsauffassung: HORST, Evangelische Armut und Kirche.

[64] TCIE S. 275b.

[65] Vgl. den gegen den Episkopat gerichteten Vorwurf: *Questio* (ed. RODRIGUEZ S. 180): *principaliter intendunt temporalem questum et sue potestatis dominium ampliare.*

Terminologie, die eine im frühen 14. Jahrhundert nicht mehr zeitgemäße Vorstellung von Mönchtum und Ordenswesen artikuliert.

Aegidius Romanus oder die Quadratur des Kreises

Der von Aegidius Romanus in Anwendung gebrachte *ordo*-Begriff verbindet episkopales Standesbewußtsein mit dem für einen Bettelordenstheologen papalistischen Zuschnitts charakteristischen Denken in einer nach hierarchischen Prinzipien geordneten Welt[66]. Diesem augustinischen Ansatz entspricht seine Definition von *exemptio* als Herausnahme aus einer nach dem jurisdiktionell definierten *status* gegliederten Hierarchie[67], dessen Wesen die Unterwerfung der *subditi* ist[68] . In den Augen eines so konsequent auch eine sakramentale Vollmacht in politische Macht ummünzenden Prälaten wie Aegidius Romanus[69] mußte die Exemtion zu einer *turpis pars* werden, die nicht zu dem Ganzen der Kirche paßt[70]. Mittels der traditionsreichen Formel *ars imitatur naturam*[71] verpflichtet er die positivrechtliche Kirchenordnung auf das göttlich-normative Prinzip *natura*, freilich vor dem Hintergrund der kirchenrechtlichen Identität von Naturrecht und göttlichem Recht[72]. So kann er die Exemtion als eine Widernatürlichkeit abqualifizieren, die die Bischöfe ihren eigentlichen Aufgaben entfremdet[73], und die exemten Mönche als *homines bestiales et bestialiter viventes* zu Feinden des Menschengeschlechtes deklarieren[74]. Deren Verworfenheit wird unvereinbar mit ihrer positivrechtlichen Sonderstellung. Korporationsrechtliche Überlegungen, nach denen ein Orden mehr ist als eine rechtlich unerhebliche Ansammlung von einzelnen Mönchen, sind für

---

[66] CE c. 15 (ed. BLADUS fol. 10vb), vgl.: Augustinus, *De civitate dei* XIX c. 13; hierzu: KRINGS S. 127, GAGNÉR, Studien S. 203.

[67] In CE c. 14, fol. 9vb–10vb: für den Episkopat bedeutet dies (ebd. fol. 10va): *quod non est dare ultra episcopum aliquid quam sit ordinis: et si est aliquid ultra, non erit eiusdem ordinis, sed iurisdictionis.*

[68] CE c. 25, fol. 19ra.

[69] CE c. 2, fol. 2ra.

[70] CE c. 26, fol. 20rb: *Turpis est omnis pars universo non congruens.* Vgl. auch Thomas Aq. STh Ia IIae q. 90 a. 2; hierzu: SCHILLING S. 333. Aegidius kommt zu dem Ergebnis (fol. 20va): *Facere ergo exemptos non deditos studio, est facere quandam turpem partem in ecclesia.*

[71] CE c. 2, fol. 1va. Vgl. allg.: FLASCH, Ars imitatur naturam S. 265–259 u. S. 298; CHENEVAL S. 134 ff.

[72] Vgl.: *Dictum Gratiani ante* D. 1 c. 1. Vgl. auch: D. 5 c. 7; D. 5 *dict. Grat.*; D. 25 c. 7. Vgl. allg.: CONGAR, Jus divinum S. 109; GRABMANN, Naturrecht der Scholastik S. 17; WEIGAND, Naturrechtslehre S. 132–140; WEGNER, Göttliches Recht S. 512.

[73] CE c. 7, fol. 5ra.

[74] CE c. 26, fol. 20 ra.; c. 22, fol. 16vb–15 [recte 17]ra nach *Eth. Nic.* VII (1148b22). Vgl. DRP I 2 32 S. 145.

Aegidius kein Thema[75]. Bei einem Eklektizisten wie Aegidius Romanus verbinden sich die Diskreditierung der Exemten und die Affirmation der päpstlichen Vollmacht scheinbar mühelos mit der Artikulation episkopaler Interessen.

Praktisch läßt sich diese Quadratur des Kreises nur mit der theoretisch wenig befriedigenden, aber seinerzeit offenbar durchaus eingängigen Vorstellung bewerkstelligen, der Papst würde *in moralibus, que sunt de iure positivo* ein Wunder wirken[76], wenn er studierende Bettelmönche, zumal Augustinereremiten, eximiert. Aegidius' Theorie verkennt freilich, daß die Exemtion ein historisch gewachsenes Phänomen und mit der Wundermetaphorik nicht zu fassen ist. Hinzu kommt, daß ein *miraculum ... de iure positivo* nicht *contra naturam* sein kann. Insofern ist das von Aegidius zur Rechtfertigung seiner Interessen vorgebrachte *bonum commune* der Kirche[77] nur eine Leerformel, die verdeutlicht, wie sehr der Erzbischof *in causa sua* sprach[78]. Aegidius versuchte nicht nur, wie Thérines ihm ebenfalls vorwarf, Zwietracht unter die Orden zu säen[79], sondern auch einen Keil zwischen das Papsttum und die besitzenden Orden zu treiben. Es mag kein Zufall sein, daß sein jüngerer Ordensbruder Augustinus von Ancona in seiner *Summa de ecclesiastica potestate* wenig Verständnis für diese Art episkopaler Interessenpolitik aufbringen konnte und ausführte, daß die Äbte zuerst dem Papst gehorchen müssen[80], daß Weihegewalt und Jurisdiktion der Bischöfe getrennt sind und dabei die vom Papst verliehene *potestas jurisdictionis* erst die Wahrnehmung der sakramentalen Vollmacht ermöglicht[81]. Die Exemtion begründet Augustinus historisch mit der Notwendigkeit, die Klöster gegen die Bischöfe zu schützen[82], so daß sie den *ordo ecclesiasticus* nicht gefährdet[83]: seine Argumente entsprechen

---

[75] Trotz aller Überlegungen zu der Jurisdiktion der Bischöfe argumentiert Aegidius nur in CE c. 26 (fol. 20ra–20vb) kanonistisch und zitiert die *dicta Decreti contra exemtos*: D. 3 [recte 83] c. 8; C. 18 q. 2 c. 18. Näheres überläßt er offenbar seinem Suffragan Guillaume Durand, der sich auch konkret auf ihn bezieht (*Tractatus de modo generalis concilii celebrandi*, im ff. „TDMGCC", fol. 52vb–53ra und fol. 58rb–va), hierzu: FASOLT, Council and Hierarchy S. 209 und s.u. Anm. 97 in diesem Kapitel.

[76] Vgl. CE c. 1, fol. 1rb. Dagegen TCIE, S. 272b. Allg. vgl. WILKS, Sovereignty S. 321; neben den dort besprochenen Wunder-Stellen: vgl. auch Pierre de La Palu, *De potestate pape*, ed. STELLA S. 23; Wilhelm von Sarzano, *Tractatus de potestate summi pontificis*, ed. DEL PONTE S. 1049.

[77] CE c. 1, fol. 1va . Vgl. auch die ähnliche Argumentation bei Hervé Nédellec (DE, ed. RAYNALDUS S. 568b).

[78] TCIE S. 274b, vgl. auch *Questio* S. 181.

[79] TCIE S. 274b.

[80] SDEP q. 22 d. 3, fol. 77vb.

[81] SDEP q. 78 d. 1, fol. 247va.

[82] SDEP q. 61 d. 4 Resp., fol. 185vb–186ra.

[83] SDEP q. 61 d. 4 ad 2., fol. 186b.

dem, was wir von den Exemtionsapologeten auf dem Wiener Konzil bereits kennen, wenn ihm auch der persönliche Erfahrungshintergrund eines Jacques de Thérines wohl fehlte[84]. Nur in seinem Bemühen, die Exemtion aus dem Studium der Exemten und der hierdurch ermöglichten Unterweisung der Gläubigen zu rechtfertigen[85], stößt man wieder auf ein Argument, das freilich nur insofern aegidianisch genannt werden kann, als Aegidius an der Entwicklung der Augustinereremiten zum gelehrten Orden par excellence seinen Anteil hatte.

Die Auffassung des Jacques de Thérines, nach der der Papst den Orden *per modum exemptionum et privilegiorum loco prerogative et specialis gratie* unmittelbar regiert[86], applizierte die Vorstellung vom Papst als *ordinarius omnium christianorum*[87] auf die Orden; wenn Aegidius Romanus mit phantastischen Spekulationen dagegen zu Feld zog[88], setzte er auf die episkopalen Mitglieder des Konzils. Freilich konnte er sich hiermit genauso wenig durchsetzen wie Guillaume Durand mit der Unterstellung, nicht nur Äbte und Prioren, sondern auch einfache Brüder würden sich, verführt durch ihre *superbia*, Bischöfen, Erzbischöfen und anderen Prälaten für ebenbürtig, wenn nicht für überlegen halten[89]. Wir brauchen kaum mehr auszuführen, was Jacques de Thérines hierauf zu antworten weiß[90]: ähnlich wie Hervé Nédellec verfolgte er dem Episkopat gegenüber eine Strategie, in der verbale Konzessionen neben offensiver Interessenartikulation stehen. Unter modifizierter Aufnahme des hierarchischen Kirchenverständnisses seiner Gegner[91] sprach Jacques de Thérines den Bischöfen die *preeminentia perfectionis gradus* zu, freilich nur *quantum ad sacramentum Ordinis*, versäumte aber nicht, *quantum ad meritum* die Überlegenheit

---

[84] TCIE S. 305b: vgl. den Bericht des Jacques de Thérines über Übergriffe des Erzbischofs von Bourges und seiner Familiare, die sich unter Gewaltanwendung in einem Zisterzienserkloster die ihnen *nec ... de iure, nec consuetudine* zustehenden Fleischspeisen beschafften.

[85] SDEP q. 61 d. 6 Resp., fol. 186vb–187ra.

[86] *Questio* S. 167.

[87] CE c. 7, fol. 4vb–5ra. Vgl. allg.: BENSON, Plenitudo potestatis S. 199–215.

[88] Aegidius argumentiert u.a. mit der Entstehung des Kindes im Mutterleib (CE c. 9, fol. 5vb), den Engelshierachien (c. 17, fol. 12vb), den Himmelssphären (c. 19, fol. 15rb) und der Arche Noah als *forma ecclesiae* (c. 12, fol. 8ra). Dagegen: TCIE S. 280a; ebd. S. 289b gegen die Trinitätsspekulationen. Ablehnend auch Hervé Nédellec, *De exemptione* S. 579a.

[89] Guillaume Durand: TDMGCC TMA I 1, ed. CRESPIN fol. 12va–13ra und TMA II 93, fol. 57rb. Ähnlich polemisierte schon Giraldus Cambrensis unter Hinweis auf die unheilige Allianz von *cupiditas* und *superbia* gegen die Exemtion von St. Denis bei Paris (*Speculum ecclesiae* II 16, ed. BREWER S. 60).

[90] TCIE S. 296b; ähnlich: *Questio* S. 194: vgl. schon das Verbot des IV. Lat. c. 60, COD S. 262.

[91] TCIE S. 285b.

der Mönche über die Weltkleriker zu beweisen, was ihre Unterlegenheit *quantum ad statum* relativiert[92]. Auch hier versuchte er, die unter Anwendung seiner eigenen definitorischen Prämissen verformten Argumente seiner Gegner gegen diese zu wenden. Dabei war er sich seiner Sache offenbar so sicher, daß er diese Differenzierung zwischen *status* und *persona*, wie es Hervé Nédellec nannte, auch auf die Bischöfe übertrug, ihr fragwürdiges Handeln aus Defiziten an Bildung und Verstand oder aus Bosheit erklärte und damit eine verklärte Idealordnung der Kirche gegen die letztlich widergöttlichen Forderungen des Episkopats stellte[93]. *Quantum ad ea quae sunt fidei* beließ er den Bischöfen ihre Stellung in den Diözesen und zwar auch gegenüber den Religiosen, *maxime super literatos*, wie er fast ironisch hinzufügt[94]: der Episkopat wird zu einem Statisten, der zu mehr als liturgischen Aufgaben weder persönlich geeignet noch rechtlich befugt ist[95]. In diesem konservativen Kirchenbild kommt den Mönchen die freilich nicht näher präzisierte Aufgabe zu, die *discessio* der Prälaten von der päpstlichen Jurisdiktion zu verhindern und damit die Einheit der Kirche zu wahren[96].

Guillaume Durand oder Episkopalismus als Konziliarismus

Die umfangreiche, bisher nur kursorisch erwähnte Reformschrift des Guillaume Durand[97] ist ein instruktives Beispiel dafür, daß den Vienner Konzilsvätern auch Reformentwürfe vorgelegt wurden, die auf eine umfassende Erneuerung der Kirche zielten. Exemtionen sind für den Bischof von Mende nur ein Aspekt der Kirche, freilich ein zentraler, da sein Glaube an einen universellen Verfall in der Kirche eine ebenso universelle Ursache brauchte: Guillaume Durand fand sie in dem Mißbrauch von Privilegien wie eben der Exemtion[98]. Vor diesem Hintergrund werden die Un-

---

[92] TCIE S. 279a u. ebd. S. 277b.
[93] TCIE S. 267b. Dagegen stellt er den frommen Wunsch (ebd. S. 269b): *sunt aliqui boni et sancti et literati et fuerant, et illi sunt qui talia praevidentia, exemptiones et privilegia approbant et approbabunt.*
[94] TCIE S. 281a.
[95] Unzulängliche Prälaten will Jacques de Thérines absetzen und nur eine kleine fähige Minderheit in ihren Ämtern belassen, vgl. TCIE S. 297a.
[96] TCIE S. 262 [recte 266]a.
[97] Durch FASOLT wurden die Reformschriften des Guillaume Durand neu erschlossen: eine Langversion (*Tractatus maior* = TMA) ist von einer von dem Hrsg. der Editio princeps (Lyon 1531) Jean CRESPIN mit ihr vermengten Kurzversion (*Tractatus minor* = TMI; Aufteilung bei FASOLT, Council and Hierarchy S. 325) zu unterscheiden; die beim Druck bisweilen falsch gezählten Seiten werden in eckigen Klammern korrigiert. Zur Biographie Durands: FASOLT, Council and Hierarchy S. 31–111.
[98] Zum konservativen Grundverständnis: TDMGCC TMA I 2, fol. 5ra nach C. 2 q. 6 c. 28 § 2. Zur Rolle der Privilegien (ebd.): *Et insuper quod omnes usus seu verius ab-*

terschiede zwischen *religiosi* aller Art nivelliert[99]. Die zunächst akzentuierten Qualitäten der *ex dispensatione et provisione divina ... ad supple-
mendam ignorantiam, defectum et negligentiam* gegründeten Bettelorden,
ihre vorbildhafte Strenge und Bildung, dienen nur als heller Hintergrund,
vor dem sich ihre gegenwärtige Dekadenz, ihr weltlicher Umgang, ihre
dialektischen Spielereien, der Mißbrauch der ihnen seit Alexander IV. zustehenden Pfarrechte: kurz der Verlust ihrer Funktion in der Kirche[100],
deutlicher abhebt. Der mit den Pfarrechten angesprochene Bezug auf die
Bulle *Nec insolitum* vom 22. Dezember 1254[101] ist einer der wenigen, bezeichnenderweise negativ wertenden Hinweise auf das päpstliche Dekretalenrecht, das Durand nur dort nicht ausblendet, wo es darum geht, Verbote und deren Übertretung durch Mönche, aber auch durch Prälaten[102] zu
kritisieren. Es war die Absicht des Bischofs von Mende, die Kirche umfassend aus ihren heiligen Ursprüngen zu erneuern und zeitlos gültige
Wertvorstellungen in ihr zu realisieren. Dies gilt umfassend, *tam in capite
quam in membris*[103].

Für die Mönche im allgemeinen und die exemten Orden im besonderen
bedeutet die konsequente Applikation dieses organologischen Ansatzes
nicht notwendig eine Integration in eine diözesanrechtlich gegliederte Kirche[104]. Das im zeitgenössischen Schrifttum anzutreffende Verständnis über
das Verhältnis von Haupt und Gliedern ist zu heterogen[105], und Durand

---

*usus: consuetudines que censende sunt corruptele dispensationes, privilegia, libertates,
et exemptiones, ...*

[99] TDMGCC, fol. 12va. Vgl. auch zu den Mendikanten: ebd. fol. 9 [recte 12]ra.

[100] Zur Gründung der Bettelorden: TDMGCC TMA II 85, fol. 55ra. Ihre Dekadenz:
fol. 55va–56ra. Vgl. auch fol. 39ra TMA II 52 zum Verbot des Studiums von *leges et
physica* gemäß X 3.50.3 u. 10.

[101] Zu Anlaß und Folgen dieser für den Pariser Mendikantenstreit wichtigen Bulle:
CONGAR, Aspects ecclésiologiques S. 45 f.; VAN DER WYNGAERT S. 273; DOUIE, Conflict S. 7 f.

[102] Gleich zu Beginn seines Traktats fordert er die Bischöfe dazu auf, mit der Reform
bei sich selber zu beginnen (TMA I 1, fol. 4rb nach Joh 8,7 u. Mt 7,3), *ut prius propria
corrigant, et tunc aliena reprehendant.* In TMA II 38 wird dies näher konkretisiert:
sparsamer Umgang mit Kirchenstrafen (fol. 33ra), Respektieren der Privilegien der Untertanen (fol. 33rb), Fürsorge für Kranke und Arme (fol. 33rb) und Bescheidenheit bei
Prokurationen (fol. 32vb).

[103] TMI 11, fol. 63va; TMA I 1, fol. 4rb. – Zur Entwicklung der Haupt-Glieder-
Metapher: FRECH, passim.

[104] Zur Verwendung der Haupt-Glieder-Metapher in Cluny: NEISKE, Reform oder Kodifizierung S. 74; vgl. in den Statuten von 1301 und 1314 (CHARVIN I S. 69 bzw. S. 102
nr. 18 u.ö). Für die Benediktiner: 1288 in Reformstatuten des Abtes Raymond Lordet für
St-Viktor bei Marseille (ed. GUILLOREAU S. 93); Innozenz III. für Bourgueil (PL 215
Sp. 1112); vgl. auch X 5.1.17.

[105] Vgl. etwa: Jean Le Moine: zu VI 1.16.9 (3), fol. 163va; Jakob von Viterbo III 5,
ed. ARQUILLIÈRE S. 210; Hervé Nédellec DPP, ed. MOREAU S. 377b; Simon of Boraston,

gebraucht die Formel ekklesiologisch zu unspezifisch[106], um sie zum plakativen Dreh- und Angelpunkt seiner Reformtheorie zu machen. Für ihn sind Sonder- und Partikularrechte mit dem *bonum commune* der Kirche nicht vereinbar[107], das Durand in Abhängigkeit von der Zeit sieht. Seine Vorstellung vom Wandel der Kirchenordnung und ihrer Adaption an die Zeitumstände folgt den in der Kanonistik gängigen Formeln[108], die freilich inhaltlich wenig vorgaben: *magis veritatem quam pravam consuetudinem seu usum sequi debemus* lautet Durands über Gregor VII. und Augustinus bis auf Cyprian zurückverfolgbares Credo, das einerseits seiner konservativen Leitidee gerecht wird, aber gleichzeitig auch die durch ihr hohes Alter geheiligten Klosterprivilegien relativiert[109]. So kann er die Mönche auf ein monastisches Ideal vergangener Zeiten verpflichten, ohne blind der Tradition folgen zu müssen. Gleichermaßen verzerrend läßt sich mit der Benediktusregel oder mit dem 4. Canon des Konzils von Chalkedon[110] die Unterordnung aller monastischen Einrichtungen unter die Aufsicht der Bischöfe begründen, deren Apostelsukzession das Bild abrundet[111]. Konkret bedeutet dies eine notwendige Aufhebung der Exemtion durch den Papst oder, wie nur an einer Stelle formuliert wird, durch das Konzil[112].

De unitate et ordine ecclesiastice potestatis, zit. nach FORTE, Simon de Boraston S. 335; Hermann von Schildesche TCH II 3 ed. ZUMKELLER S. 64; Alexander von St. Elpidio, ed. BARBIER fol. 135ra; Ubertino da Casale, *Arbor vitae* I 9, ed. DAVIS S. 35b.

[106] Sein homonymer Onkel, gen. *Speculator*, verwendete die Haupt-Glieder-Metapher noch im hierokratischen Sinne (*Rationale Divinorum Officiorum* II 1, 17; zit. nach TIERNEY, *Sollicitudo omnium ecclesiarum* S. 568). Zu Guillaume Durand *Speculator*: vgl. FALLETTI, Guillaume Durant, in: DDC V Sp. 1013–1075, sowie die Beiträge in: Guillaume Durand, évêque de Mende (v. 1230–1296), ed. GY.

[107] TDMGCC TMA I 4, fol. 8ra. Altrömische Beispiele der auf das Gemeinwesen bezogenen Tugend (TMA I 3, fol. 7 [recte 6]ra-va.) entnahm er über Johannes von Salisbury (*Policraticus*, vgl. FASOLT, Council and Hierarchy S. 150) letztlich aus Augustin (*De Civitate Dei* V 18, CCSL 47 S. 153).

[108] Zu der Formel *secundum varietatem temporum*: TDMGCC TMA I 4, fol. 8rb. Vgl. allg. auch: CONGAR, Status ecclesiae S. 20 ff.; COSTA, Jurisdictio S. 287; HACKET S. 290; POST, Copyists' Errors S. 381–392; WATT, Papal Monarchy S. 56 ff.; WILKS, Sovereignty S. 455 ff.

[109] Dieser Durand nur selten zum Problem gewordene Widerspruch (TMA I 4, fol. 8va, und dagegen: ebd. fol. 11ra) fand seine Lösung in dem in D. 8 c. 6 integrierten Herrenwort (TMA II Prolog, fol. 13va): *Nam dominus in evangelio ait Joan. xiiii* [14,6]. *Ego sum veritas, et non dicit: Ego sum consuetudo,... .* Zur Tradition der Exegese von Joh 14, 6: vgl. LADNER, Idea of Reform S. 138.

[110] RSB 64,4. – Chalkedon c. 4 wird zitiert in TDMGCC TMA II 53, fol. 37va.

[111] TDMGCC TMA I 4, fol. 8va. Vgl. auch TMA II 7, fol. 16va gem. C. 16 q. 1 c. 6; D. 68 c. 6 *in fine*; D. 21 c. 2.

[112] Wie FASOLT, Council and Hierarchy S. 162 Anm. 89 und DERS., A New View S. 315 ff., vermerkt, ist die hier zitierte Editio princeps von Jean Crespin der einzige Druck, in dem zu lesen ist (TMA I 4, fol. 7ra–b): *Nec sine generali concilio agantur*

Freilich wußte Durand, daß ein solcher radikaler Schritt die Glaubwürdigkeit der römischen Kirche in Frage stellen würde[113], doch betraf dies ja nur die Autorität des Papstes, dem er unter Rückgriff auf Gregors des Großen bekanntes, freilich längst durch die Geschichte relativierte Verbot, die Stellung des Papstes mit dem Epitheton *universalis* zu qualifizieren, ohnehin Bescheidenheit empfahl[114].

Die Zuständigkeit des *ordo episcopalis*, dessen *iurisdictio* zum Prüfstein für die Bewahrung des *ecclesiasticus ordo* wird, sieht Durand auch in ihren frühkirchlichen Grenzen, die damals allerdings ohne die Dominanz eines monarchischen Papats definiert wurden[115]. Während Aegidius Romanus die episkopale Vollmacht über die traditionsreiche Verbindung zwischen der *plenitudo potestatis* des Papstes und der *pars sollicitudinis* der Bischöfe mit der des Papstes überhöhte[116], überträgt Guillaume Durand die kanonistische Lehre von der Zuständigkeit des Papstes für Glaubensfragen und seiner Fallibilität in Glaubensäußerungen auch auf seine positivrechtliche Gesetzgebungsbefugnis[117]. Dabei stellt auch und gerade die Erteilung von Privilegien und Exemtionen eine Änderung der Kirchenordnung dar, die vom Papst nicht *sine consilio fratrum* vollzogen werden darf[118]. Die in der Realität schon lange übliche konsultative Heranziehung von qualifizierten Mitarbeitern bei wichtigen päpstlichen Entscheidungen wird hier zu einer Institution verdichtet, einem Generalkonzil, das alle 10 Jahre tagt[119], aber nicht nur eine beratende Funktion wahrnimmt, sondern auch eine wirksame Begrenzung der päpstlichen Prärogative bewirken soll[120]. Denn auch hier gilt der alte Grundsatz: *ibi salus ubi multa consilia*[121].

---

contra ea que sunt in consiliis a sanctis patribus provide constituta in dispensationibus privilegiis: quod revocant et revocare debeant exemptiones in contrarium concessas.

[113] TMA II 29, fol. 28ra–b, vgl. C. 25 q. 1 u. q. 2 *quasi per totum*; C. 12 q. 2 c. 38.

[114] Vgl. Verbot Gregors d. Gr. (*Epist.* V 18, PL 76 Sp. 770 ff.) und TMA II 34, fol. 30rb; hierzu: FASOLT, Council and Hierarchy S. 200 ff. Vgl. hierzu ausweichend: Jacques de Thérines, *Questio* S. 199 f.

[115] TDMGCC TMA II, 7 fol. 16va. Zur Haltung der Kanonisten zum episkopalen *ordo*: GAUDEMET, Théologie et droit canonique S. 10 f.

[116] CE c. 4, fol. 3ra; deutlicher in c. 14, fol. 10va. Vgl. allg. RIVIÈRE, In partem sollicitudinis S. 223 ff.

[117] TDMGCC TMA II 96, fol. 58vb. Zu D. 40 c. 6: TIERNEY, Foundations S. 57 f. Vgl. TMI 19, fol. 61va–b.

[118] TDMGCC TMA II 96, fol. 58va. Vgl. auch: FASOLT, Council and Hierarchy S. 163.

[119] TMA II 96, fol. 59ra.

[120] TDMGCC TMA I 4, fol. 7rb.

[121] TMA I 4, fol. 7rb; vgl. Prv 11,14, hierzu: CONGAR, Quod omnes tangit S. 228. Vgl. auch D. 20 c. 3; X 1.19.21, und im römischen Recht: Cod. 6.42.32.1; Cod. 7.14.3. Zum Gesamtproblem der „reform by council": FASOLT, Council and Hierarchy S. 156 ff.

Was Guillaume Durand hier entwickelte, entsprach in letzter Konsequenz der schon lange verfolgten Politik des französischen Episkopates unter Führung von Prälaten wie Guillaume de Mâcon, Simon de Beaulieu oder Guillaume de Flavacourt[122]. In den Statuten französischer Synoden des 13. Jahrhunderts lassen sich mühelos Reformbemühungen nachweisen, die jedes Ordensrecht jenseits der jeweiligen Regel ausblendeten und teilweise unter Rückgriff auf die Kanones des 2. Konzils von Lyon[123] so elementare Reformgegenstände wie die Disziplin in Chor und Refektorium, das Verbot von Einzelzellen und Eigenbesitz oder die Kreditaufnahme durch den Prior und deren Genehmigung durch den Abt in ihre Zuständigkeit legten[124]. Guillaume Durands Konzilsforderung ist deshalb kein theoretisch ausgearbeitetes, in der Zukunft anzuwendendes *remedium* und schon gar keine kanonistische Fallstudie, sondern der Versuch, diesen Ambitionen eine institutionelle und kanonistisch einwandfreie Basis zu geben. Damit ist sie eine unmittelbare Aufforderung an das Konzil, den von Jacques de Thérines und Hervé Nédellec verteidigten Zustand kirchenrechtlich zu liquidieren: eine „reform based on law", wie es Constantin Fasolt nannte[125]. Hierin unterscheidet sich der Bischof von Mende substantiell wenig von seinem Standesgenossen aus Angers, selbst wenn dieser wesentlich unverkrampfter, aber auch illusionsloser die ihm wichtigen Reformideen auflistete[126]. Wie sich Durand die Beziehung zwischen Episkopat und Klöstern konkret dachte, thematisierte er an disziplinarischen Vorgängen, die Ordensleitung und Mönche gleichermaßen betreffen. In den einfachen Worten des Bischofs von Angers heißt dies: *dum non est*

---

[122] Vgl. allg.: CONGAR, Aspects ecclésiologiques S. 75; SCHLEYER, Anfänge des Gallikanismus S. 112; MARRONE, Ecclesiology S. 145 f.; SCHOLZ, Publizistik S. 209. Forschungsüberblick bei FASOLT, Council and Hierarchy S. 7 ff.

[123] Vgl. zur Rezeption von Lyon II.: ROHBERG S. 106; JOHANEK S. 169; zur synodalrechtlichen Rezeption: BOISSET S. 29 ff.; zur kanonistischen Rezeption: BERTRAM, Le commentaire de Guillaume Durand S. 95 ff.

[124] Vgl. die Statuten des Konzils von Bourges, das Simon de Beaulieu 1286 hielt: MANSI XXIV Sp. 636 f. nr. 18 f. Zu Lyon II. (cc. 22–24, COD S. 325–327): BOISSET, Réception du concile de Lyon; zur Provinz Bourges: ebd. S. 37 f. – Vgl. auch weitere Bsp. in der Prov. Bourges, Synode von Montluçon 1266 unter Erzbischof Jean de Sully, ed. LAGGER, Statuts inédits S. 69 c. 4; S. 72 f. cc. 9, 11, 12, c. 13; S. 78 c. 25.

[125] FASOLT, Council and Hierarchy S. 153.

[126] In vielem erinnert seine Argumentation an Guillaume Durand: auch für ihn sind die Bischöfe in besonderem Maße zu Integrität verpflichtet: als *lux mundi* und *oculi Ecclesie* (LGM, ed. PORT S. 486) dürfen sie weder willkürlich exkommunizieren noch dauerhaft ihrer Diözese fernbleiben oder Pfründen häufen (ebd. S. 478, 483, 481). Als *remedium generale* empfiehlt er die Rückkehr zu den geheiligten Ursprüngen der Kirche (S. 488). Auch für ihn ist der Papst gefährdet (S. 486) und wird in römisch-rechtlicher Sprache (S. 488: *nam licet princeps legibus sit solutus, nichil tamen sibi tam proprium quam legibus vivere*) auf die *dicta sanctorum patrum et statuta conciliorum ... et decreta Romanorum pontificum* (ebd.) verpflichtet.

qui eos corrigere valeat, confidenter delinquunt et ad multa facinora frena laxant[127].

Es sollte deutlich werden: was Guillaume Durand über seine episkopalen Vorläufer hinaus anstrebte, war kein kasuelles, beim Versagen der ordensinternen Kontrollorgane dem Ordinarius zustehendes Eingriffsrecht[128], das den Mönch nur in bestimmten Situationen vogelfrei machte[129]. Er geht auch über die in devolutionsrechtlichen Bestimmungen monastischer Kongregationen bisweilen als *ultima ratio* anzutreffende Bestimmung hinaus, nach der ein in seiner Regelverachtung verstockter Abt durch den zuständigen Bischof, aber zusammen mit anderen Äbten des Ordens gemaßregelt werden soll[130]. Wenn Durand auf die *negligentia abbatum* gegenüber ihren *subditi* hinweist, sie mit Furcht vor den Untergebenen oder deren Schmeicheleien begründet und weitere Verfehlungen der Äbte pauschal erwähnt[131], so ist dies trotz seines hagiographischen Einschlages[132] ein empirisch erhärtbarer Beleg, der eine generelle und dauerhafte Neuregelung der Kirchenordnung erforderte.

Während Guillaume Durand aber den Papst spürbar in die Schranken weisen möchte, beschränkt er sich bei seinen episkopalen Standesgenossen auf eine Bildungsreform und verlangt neben optimistischen Mutmaßungen über eine sittliche Läuterung durch Bildung, daß, wie schon Gratian vorgeschrieben habe, nur *doctores* der Theologie oder der Rechte zu Bischöfen, Erzbischöfen oder Kardinälen erhoben werden sollen[133]. In den Orden hält er dagegen eine Verfassungsänderung für nötig, um die *in preiudicium episcoporum* veranstalteten Provinzialkonzilien, die Drangsalierung von Mönchen, die die Äbte kritisieren, die Verschiebung von Ordensländereien und die Vernachlässigung der Fürsorgepflicht gegenüber den *subditi* zu unterbinden[134].

---

[127] LGM ed. PORT S. 480. Vgl. zum Bild von den „zügellosen" Mönchen: Alvarus Pelagius (DSPE II 69, fol. 231rb u. fol. 233ra). Sogar Benedikt XII. griff auf dieses weitverbreitete Bild zurück: BRT IV S. 366 c. 9.

[128] Vgl. die Provinzialsynode zu Reims (1267), ed. GLORIEUX, Synode provincial inconnu S. 252–256 nrs. 4, 9, 13, 17.

[129] Vgl. zur Exkommunikation Exemter: MATHIS, Privilegien S. 116 ff.

[130] Der *Liber ordinis* der Regularkanoniker von Arrouaise (vgl. MILIS, L'ordre des chanoines réguliers d'Arrouaise S. 423 ff.) sah dies als letzte Möglichkeit in einem vierstufigen Ermahnungsverfahren (vgl. RSB 65,18; CC nr. 24, ed. BOUTON/VAN DAMME S. 138) vor: ed. MILIS/BECQUET S. 196 f. nr. 205.

[131] TDMGCC TMA II 93, fol. 57rb.

[132] Vgl. zu Tötungsdelikten an Äbten oder Prioren: DIMIER, Violences S. 40.

[133] Vgl. zu den Bildungsanforderungen: TMI 18, fol. 66vb–67ra; zu Gratians Bildungsidealen: GAUDEMET, Gouvernement de l'Église S. 46. Zu den Bischofs- und Kardinalspromotionen: TMA II 18, fol. 22vb–23 [recte 24]rb. Maßvolle Standeskritik: TMA I 1, fol. 4va, nach C. 2 q. 7 c. 28 und c. 29; TMA II 32, fol. 29rb.

[134] Alle Belege: TMA II 93, fol. 57ra–b.

Guillaume Durands Vorwürfe sind zu gut beobachtet, um als billige Polemik abgetan werden zu können. Sie werden uns gerade in ihrer gegen allzu selbstherrliche und reformunwillige Äbte gerichteten Tendenz in der Ordensreform Benedikts XII. und nicht nur dort substantiell wieder begegnen[135]. Durand verfaßte aber keinen Mönchsspiegel oder ein *Speculum viciorum*, sondern entwarf ein Gegenbild zur Realität, in dem sich weit hergeholte mit gegenwärtigen Elementen verbinden. Die aus Gratians Dekret entnommenen, bis in die Väterzeit zurückreichenden und bei der vermeintlichen Ethymologie von *monachus* einsetzenden Vorstellungen vom Mönch, der stets über die Leiden des Herrn zu klagen hat, nicht studieren oder lehren und seine Zelle nicht verlassen darf, weil er sich nur dort wie ein Fisch im Wasser fühlt[136], finden ihre Begründung allein in sich selbst, zeigen aber gerade darin Guillaume Durand als den Architekten einer Kirche, die weder als rückwärtsgewandte noch als progressive Utopie ansprechbar ist, aber Elemente von beiden enthält. Gerade das Mönchtum, dessen Klerikalisierung er rückgängig machen oder zumindest episkopaler Kontrolle unterwerfen möchte[137], das er nach dem Vorbild der Apostelgemeinde und der Asketen der ägyptischen Wüste wieder zur Handarbeit verpflichten will[138], zu dessen Wohlergehen er aber auch bereit ist, die Kirchenverfassung nachhaltig zu ändern und sogar ordensinterne Visitationen und Korrekturen zuzulassen[139], ist hierfür ein gutes Beispiel. Die dabei erkennbare Kombination von individualasketischen Elementen, die weit in die Kirchengeschichte zurückreichen, und verfassungspolitischen Elementen, die in die Zukunft weisen, verleiht seinen Vorschlägen das ihnen eigene Profil.

---

[135] Noch Johannes Brugmann kritisierte in seinem *Speculum imperfectionis fratrum minorum* den geheuchelten Reformeifer mancher *praesidentes* (ed. GOYEN S. 623 nr. 13). Vgl. auch die gegen Äbte gerichteten Äußerungen in dem *Speculum monachorum* des Bernhard von Montecassino (ed. 1516): III c. 1 S. 216–303.

[136] TDMGCC TMA II 53, fol. 37rb–38va nach C. 16 q. 1 c. 8 , c. 15 und c. 1. Ähnlich argumentierte auch Guillaume Le Maire LGM ed. PORT S. 479.

[137] TMA II 53, fol. 38rb nach Augustinus (*Epist. 76 Ad Aureliam*; vgl. C. 12 q. 1 c. 36): *malus monachus non potest esse bonus clericus.*

[138] TMA II 53, fol. 38rb–va.

[139] TMA II 53, fol. 37ra: *Rubrica ... Et quod in eisdem provinciis debeant habere correctores et visitatores.* Zur konkreten Gestaltung *der* Visitationen: fol. 49va.

Kapitel 4

Päpstlicher Zugriff und monastische Selbstbestimmung

4.1. Orden und Papsttum

Individuum und Korporation

Definitorische Umschreibungen dessen, was ein Mönch ist oder sein soll, haben in der monastischen Theologie eine lange Tradition. Ob und in welchem Maße hier ein Zusammenhang zwischen monastischem Leben und monastischem Denken[1] besteht, kann hier nicht entscheiden werden, aber allein der Befund, daß die in die Väterzeit zurückreichende Tradition eben auch normative Bedeutung hatte, begrenzt den Stellenwert aktualisierender Interpretationen. Während Guillaume Durand erkennbar der durch die kanonistische Filterung des Traditionsgutes geprägten Typologisierung des *tertium genus*, wie Hostiensis nach Augustinus die Mönche nannte[2], verpflichtet ist, stand Aegidius Romanus die ganze Fülle der Überlieferung zur Verfügung; er bediente sich daraus auf seine Weise. Die Auffassung des ihm sonst so nahestehenden Augustinus, nach der diejenigen die Bezeichnung *monachus* verdienen, die durch ihr Beisammenleben gleichsam zu einer auf verschiedene Körper verteilten Seele werden[3], verkehrte er fast in ihr Gegenteil, wenn er den Mönch negativ aus dem Verzicht auf die Accessoires eines gehobenen weltlichen Lebensstils definierte[4] und damit,

---

[1] HOLZE, Erfahrung und Theologie im frühen Mönchtum S. 11, nimmt für den Hlg. Bernhard, die Viktoriner und Rupert von Deutz einen solchen Zusammenhang an, ohne ihn aber näher zu konkretisieren. – Zum 12. Jahrhundert: EHLERS, Monastische Theologie S. 28 ff.

[2] Hostiensis, *Summa, prooemium* nr. 13, fol. 3ra. Vgl. zur Herkunft des Begriffs: MEYER, Soziales Handeln im Zeichen des ‚Hauses' S. 271. Unter der Rubrik *De statu monachorum et canonicorum regularium* (fol. 178vb ff.) gibt Hostiensis eine instruktive Zusammenstellung, in der er nach Auflistung der grundlegenden Bestimmungen des kanonischen Rechts (C. 16 q. 1 c. 1) auf die Vielfalt des regularen Rechtes verweist: *quia diversa sunt monasteria et diversas habent institutiones. et ideo ad ipsas est recurrendum.* Noch in seinem Kommentar zu X 3.35.6 unterschied er deutlich (*Lectura* fol. 134ra): *probo Monachus enim nihil aliud est, quam solitarius et tristis ... quicquid ergo ultra hoc additum est de iure positivo impositum est, ...*

[3] Augustinus, *Enarratio in Ps* 132,6; CCSL 40, S. 1931; zur Auslegung: ZUMKELLER, Mönchtum des Heiligen Augustinus S. 146 u. S. 176; VERHEIJEN, L'ennaratio S. 806 ff.

[4] Aegidius Romanus CE c. 24, fol. 18ra. Fast dieselben Vorwürfe artikulierte eine Synode zu Ravenna 1317 (MANSI 25 Sp. 617 f.) und verfügte die Suspension schuldiger

wie er vorgab, ein Gegenbild zur Realität entwarf. Die Wahl des Wortes
religio als Ausgangspunkt ist dabei keineswegs so polemisch motiviert
wie dessen Deutung, da sie in dem Verständnis eines Ordens als geschlos-
senem Ganzen individuell handelnder Subjekte indirekt zeigt, daß Aegidius Romanus von einem korporativ ausgeformten Ordensbegriff geprägt
war, wie er den Mendikanten[5] aber auch schon den Zisterziensern zu eigen
war[6]. Auch Augustinus von Ancona verwendet *religio* als den für religiöse
Verbände üblichen Terminus[7], aber gerade so, daß er damit die Zuständigkeit des Papstes für die *ordinatio* des Ordenswesen begründen kann[8]. In
dieser Autopsie der Orden werden ihre Unterschiede untereinander ebenso
belanglos wie deren spezifische Genese[9].

Es ist erkennbar, daß die individualasketische Komponente fortschreitend durch korporative Elemente überlagert wurde, aber auch stets präsent
blieb. Dies gilt nicht nur für einen Kompilator wie Alvarus Pelagius[10],
sondern auch für Pierre Bohier, der noch im letzten Drittel des 14. Jahrhunderts in dem gratianischen Mönchsideal die für *religiosi* aller Art
grundlegende Norm sah[11]. Die Bindung an den Papst vollzieht sich denkbar einfach: für Jacques de Thérines mittels des Gehorsamsprinzips, das er
in überlieferten Formeln wie der Heeresmetapher beschreibt[12]. Alvarus

---

Äbte durch den Ordinarius. Jagdhunde und -vögel hatte bereits das III. Lateranum visitierenden Bischöfen verboten (COD S. 213 c. 4 = X 3.39.6) und in diesem Sinne gibt
Jacques de Thérines den Vorwurf zurück (TCIE S. 305b).

[5] Thomas von Aquin (STh IIa IIae q. 88 a. 11: *Nomen monachi ab unitate sumitur*)
oder Johannes Peckham, *Tractatus pauperis* (eine vollst. Ausgabe fehlt; Teilausg. von
KINGSFORD/LITTLE/TOCCO, S. 21–90; bzw. DELORME, Quattre chapitres inédits [c. 11–
14] S. 90–119 unter dem Titel *De perfectione evangelica* (c. 10, S. 29): *Nomen monachi
imponitur a monade, i.e. unitate solitudinis, vel unitate mistica multitudinis ... ; sic dico
nomen monachi precipue fratri minori convenire.*

[6] VAN DAMME, Prologue de la charte de charité, zu einer in das Jahr 1316 (ebd.
S. 120) datierbaren Redaktion des Prologs der CC, die in Abweichung gegenüber der ursprünglichen Fassung (hierzu: ZAKAR, Anfänge S. 103 ff.; DERS., Réponse S. 138 ff. und
ALBERMATT S. 77 ff.) eine aufschlußreiche Wortwahl erkennen läßt (S. 115 f.): aus dem
Antequam abbatiae Cistercienses florere inceperent wurde: *Antequam ordo Ciscercien-
sis esset plurimum dilatatus;* als Verfasser nimmt VAN DAMME S. 127 f. Jacques de Thérines an.

[7] Vgl. MAYER, Religio, in: LThK VIII Sp. 1163; HECK, Religio bei Thomas von
Aquin S. XXIII; FEIL, bes. S. 100–125. Zum *ordo cisterciensis* in Abgrenzung gegen
Cluny: vgl. WOLLASCH S. 175–180; LECLERCQ, Intentionen S. 4–9; vgl. auch: MEL-
VILLE, Reformatio S. 292; ANGERER S. 314.

[8] SDEP q. 71 d. 3, fol. 211ra–b.

[9] SDEP q. 71 d. 3, fol. 211ra.

[10] DSPE II 51, fol. 164vb; II 69, fol. 228va: zum Ideal der *piscis sine aqua.*

[11] Kommentar zu RSB 1,1 v. *monachorum* (ed. ALLODI S. 49).

[12] *Questio* S. 175. Vorwürfe wie etwa, die Exemten würden die Obedienz fliehen,
weist er energisch zurück, ebd. S. 183 f. Zu der Heeresmetapher: GROSSI, Unanimitas
S. 288.

Pelagius sollte einige Jahre später gerade an der Ausprägung des Gehorsams seinen Orden[13] von den Bernhard-Jüngern differenzieren und dabei
die zisterziensische Vorstellung vom Gehorsam *nec ultra promissum* von
dem strengeren franziskanischen Gehorsam *in omnibus que non sunt contra regulam aut contra deum aut animam* unterscheiden[14]. Freilich sind
Alvarus' Ausführungen, die zum Teil über Angelo da Clareno auf die asketische Wüstenethik des Johannes Climacus zurückgehen, nur bedingt
repräsentativ für seinen Orden. Aber auch ein ehemals Bonaventura zuge-
schriebener Regelkommentar aus den 70er Jahren des 13. Jahrhunderts
stellte heraus: ... *patet, quod errant qui dicunt, quod in omnibus Religio-
nibus obedientia sit aequalis*[15].

Gehorsam und Vollkommenheit

Für Jacques de Thérines relativieren sich die Unterschiede zwischen den
Orden nicht nur, weil er sich in der Defensive befand und keine zusätzli-
chen Fronten gebrauchen konnte, sondern auch, weil die Exemtion für ihn
spiritualiter mit der Einheit des Ordenswesens verbunden ist[16]. Daß er dabei die unreformierten Benediktiner und die Chorherren ausscheidet, erhellt die Bedeutung, die er den die innere Einheit herstellenden Verfas-
sungsorganen zuerkannte. Die seit den ersten Anfängen des Zisterzienserordens geradezu gebetsmühlenartig und in den verschiedensten Zusammenhängen, aber immer auch in Abgrenzung gegenüber den anderen Orden betonte *unitas* des Ordens[17] fand in der einheitlichen Papstkirche ihr
ekklesiologisches Pendant.

Das rhetorisch angemessene Korrelat zu der Idee, die Exemtion sei die
elucidatio der päpstlichen Machtfülle, war die Beschreibung der Exemtion
als eines Raumes monastischer Vervollkommnung bis hin zur *vita angeli-*

---

[13] DSPE II 51, fol. 164ra; vgl. auch: I 46, fol. 22rb.

[14] DSPE II 69, fol. 228rb, vgl. RB c. 10.

[15] *Expositio super regulam fratrum minorum*, Opera VIII S. 395a, zur Autorenfrage:
HARKINS, Authorship S. 247. Vgl. *Apologia pauperum* c. 3 n. 20, Opera VIII S. 250a.

[16] *Questio* S. 176.

[17] Schon bei der Promulgation der CC wurde deren Aufgabe dreifach umschrieben
(CANIVEZ I S. 2): *nostris ad unitatem, saecularibus in admirationem, caeteris ordinibus
in exemplar*. Die *unitas indissolubilis* im Sinne der CC konnte auf ein einheitliches Verständnis der RSB bezogen werden (ebd. I S. 13 von 1134, c. 2), eine einheitliche Liturgie (ebd. III S. 218 nr. 5 von 1282; vgl. schon CC c. 3, ed. BOUTON/VAN DAMME S. 92),
einheitlichen Habit (ebd. III S. 241 nr. 7 von 1288) oder den rechtlichen Status der Häuser bzw. das Verbot, Sonderprivilegien *a quolibet* zu erlangen (CCpost c. 4, ed.
BOUTON/VAN DAMME S. 133; vgl. CANIVEZ I S. 196 f. von 1195: *privilegia contra formam ordinis*), meinen.

ca: quies contemplationis religiosorum nannte dies Hervé Nédellec[18]. Freilich wußte jeder, daß die beständige fromme Betrachtung weder dem Ideal noch der Wirklichkeit der Dominikaner und Zisterzienser entsprach. Die beiden Exemtionsapologeten überzeichneten die spirituelle Komponente des Ordenswesens, um den allgemeinen Nutzen der Mönche für die Kirche zu beweisen. Gleichzeitig läßt sich so die von Jacques de Thérines und Hervé Nédellec in Rechnung gestellte Möglichkeit, daß die Exemtion zu übermütigem Ungehorsam, verschwenderischer Untreue und materieller Bereicherung mißbraucht werden könnte[19], als irrelevant einstufen. Durch eine gelehrte Distinktion zwischen der substantiell spirituell begründeten Exemtion und ihrem akzidentiellen Mißbrauch relativierten sie in auffallend ähnlicher Weise nicht zuletzt auch die exemtionskritischen Äußerungen des Heiligen Bernhard[20]. Diese hatte Jacques de Thérines bereits vor dem Vienner Konzil als gegen den Mißbrauch der Exemtion, nicht aber als gegen die Exemtion gerichtet interpretiert, da sie für ihn einer Zeit entstammten, als die Bischöfe noch heilig und demütig waren[21]. Dabei sollte man allerdings nicht vergessen, daß die hier erkennbare Rationalisierung des Privilegienrechts eine Erscheinung ist, an der Thérines lediglich partizipiert[22].

Hervé Nédellec und Jacques de Thérines konnten somit ein heiliges Ideal gegen die Wirklichkeit ausspielen und die Visitationsansprüche der Bischöfe damit zurückweisen, daß die Prälaten der Gegenwart für alle Arten von Kontrollen und Korrekturen durch ihre Unkenntnis der monastischen Welt ungeeignet seien[23]. Dieses sachlich erscheinende Argument klingt zumindest bei dem Zisterzienser, der den Äbten seines Ordens nicht nur bessere Kenntnis der Mönche seines Ordens, sondern auch größeren Eifer und größere Erfahrung zusprach[24], reichlich hohl, wenn man bedenkt, daß der *Libellus Antiquarum Definitionum* von 1316/17 sogar gegenüber Bischöfen, die selber dem Orden entstammen, Vorbehalte anmel-

---

[18] *De exemptione* S. 579a. Vgl. auch seinen 1320 als Ordensgeneral an seine Ordensbrüder gerichteten Rundbrief (MOPH V S. 225). Vgl. Jacques de Thérines, *Compendium* S. 566b: *religiosi exempti vitam ducunt angelicam potius quam humanam.*

[19] Jacques de Thérines, *Questio* S. 183 f. Hervé Nédellec, *De exemptione* S. 568b.

[20] *Questio* S. 182.

[21] QL 1 q. 26, ed. GLORIEUX S. 192; vgl. etwa Bernhard, *De consideratione* III iv 14–16, Opera III S. 442 ff.

[22] Vgl. KRAUSE, Cessante causa S. 92.

[23] Hervé Nédellec, *De exemptione* S. 573b. Vgl. schon: *De iurisdictione*, ed. HÖDL S. 15.

[24] *Questio* S. 177.

det[25]. Es galt vielmehr nachzuweisen, daß die Rechtsstellung der Exemten mehr als ein Privileg ist, das bei Wegfall seiner rechtlichen Voraussetzungen selber nichtig wird[26].

Die moralische Insuffizienz der Prälaten hielten die Vienner Exemtionsapologeten sicher für einen Dauerzustand, doch fällt die Exemtion nicht unter das Notstandsrecht, da dieses nur in einzelnen Fällen eine Durchbrechung der jurisdiktionellen Ordnung ermöglicht[27]. Jacques de Thérines degradierte vielmehr diese Ordnung als solche, indem er in terminologischer Nähe zu Heinrich von Gent zur Eliminierung der episkopalen Jurisdiktion aus der substantiellen Kirchenordnung einen akzidentiellen *ordo iurisdictionis* erfand[28]. Anders als für den Pariser Magister, für den die Gegenstände menschlicher Gesetzgebung immer auch dispensierbar blieben[29], hat für Jacques de Thérines die Exemtion insofern überzeitlichen Charakter, als sie in der streitenden Kirche unverzichtbar ist[30]. In der *ecclesia triumphans* wird es aber genauso wenig eine Exemtion geben, wie es unter den Engeln eine gibt[31]. Hier unterscheidet sich dann doch der echte Engel vom nur engelhaft lebenden Mönch.

Exemtion, Dispensation und päpstliche Reform

In einer hierarchischen Weltordnung erweist sich die Exemtion als eine dauerhafte Dispensation. Der Schluß von einer verschiedenen Verbindlichkeitsdauer auf unterschiedliche Rechtssetzungsarten[32] liegt nahe, und Jacques de Thérines mag ihn beabsichtigt haben, wenn er hervorhob, daß die päpstliche Jurisdiktion *de iure divino*, die der Bischöfe aber nur *de iu-*

---

[25] LAD IV 4, ed. SEJALON S. 399. In den früheren Kodifikationen (ed. LUCET 1237-1257 IV S. 237 ff.) richteten sich vergleichbare Verbote mit apostolischer Autorität gegen den Diözesan.

[26] Vgl. zum Stellenwert der *circumstantiae* für die Gültigkeit von Privilegien: Hervé Nédellec DPP S. 397b.

[27] Schon das III. Lateranum verfügte im Kontext der Altersanforderungen an Bischöfe etc. (c. 3, COD S. 212 = X 1.6.7): *Ne quod de quibusdam ex necessitate temporis factum est, in exemplum trahatur a posteris.* Das Vienner Konzil wandte diesen Grundgedanken auf die Mißachtung von Kirchenstrafen durch weltliche Herren an (c. 36, COD S. 391 = Clem. 5.10.2).

[28] TCIE S. 309a; Hervé Nédellec, DDP, ed. MOREAU S. 381b. Zum *ordo essentialis* bei Heinrich von Gent: LAGARDE, Philosophie sociale S. 123 u. S. 130–135.

[29] Heinrich von Gent QL 5 q. 28 (fol. 207va).

[30] *Compendium* ed. RAYNALDUS S. 567b nach C. 25 q. 2 c. 1 u. 2.

[31] TCIE S. 295a.

[32] Wie bereits LINDNER S. 23 ausführte, schied die mittelalterliche Kanonistik wenig zwischen Privileg und Dispensation: vgl. etwa auch Hostiensis (*Lectura* zu X 5.33.9, fol. 81ra). Vgl. allg. auch GAGNÉR, Studien zur Ideengeschichte der Gesetzgebung S. 185; BRYS, De dispensatione in Iure canonico S. 221–224.

re positivo verfüge[33]. Die Dispensationsbefugnis des Abtes endet weit vor der Exemtion[34], die als Teil des päpstlichen Privilegienrechts auch für Orden und Äbte unablösbar war[35]. Dieses Verständnis der Exemtion als eine durch päpstliche Gnade hergestellte und dadurch dauerhafte Rechtsbeziehung charakterisierte Hervé Nédellec als eine *quantum ad omnem casum* gültige Appellation vom episkopalen *status*[36]. Dieser gemäßigten Rhetorik korrespondiert, daß der Dominikaner auf den naheliegenden Schluß verzichtete, die Forderung nach Aufhebung der Exemtion sei ein versuchter Appell vom Papst und damit ein schreckliches Verbrechen gegen Gott[37].

Die Rechtssetzung war aus kurialistischer Sicht der maßgebende Vorgang: Augustinus von Ancona setzte sich nicht nur über die „privatrechtliche" Privilegiendefinition Isidors von Sevilla hinweg[38], sondern argumentierte auch herrschaftspsychologisch: päpstliche Privilegien enthalten zwar auch für ihn nur *ius commune*, finden aber durch diese Gesetzgebungsform höhere Autorität und sind besser memorierbar[39]. Voraussetzung hierfür ist eine Mediatisierung aller rechtssetzenden Organe, insbesondere der episkopalen Jurisdiktion, die selbst innerhalb der Diözese durch die Konsenspflicht des Kapitels wirksam begrenzt wird; auch dies gilt für Augustinus von Ancona *nisi iure et auctoritate pape*[40]. Positiv formuliert heißt dies, daß niemand vom Papst eximiert werden kann[41].

---

[33] TCIE S. 283b; vgl. allg.: CONGAR, Jus divinum S. 109–113.

[34] Guillaume Durand *Speculator, Speculum Iuris* I 1 8 (S. 84b) nr. 4: *Abbas potest cum monacho multipliciter dispensare*. Dies konkretisiert er u.a. an (nr. 6) Fasten, Eßgewohnheiten und Handarbeit sowie (nr. 7) der *licentia eundi ad scholas*. Zur Dispensation durch den Abt: vgl. Alvarus DSPE II 24, fol. 129r.

[35] Hostiensis, *Lectura* zu X 3.36.8, fol. 138rb.

[36] *De exemptione* S. 569a.

[37] Vgl. BECKER, Appellation S. 37, zu C. 17 q. 4 c. 29 *Dict. Grat.*; vgl. auch Augustinus von Ancona SDEP q. 6 a. 1: *nullus ergo potest appellare a papa ad Deum*; hierzu: vgl. auch FROTSCHER S. 16.

[38] Überliefert in D. 3 c. 3. Die *Glossa ordinaria* deutete die *leges privatorum: Privati dicuntur proprie, qui non sunt constituti in aliqua dignitate ut C. 24 q. 1 qui contra* [C. 24 q. 1 c. 32]; *sed hic privati dicuntur omnes excepti a iure communi, sive sit collegium sive aliqua specialis persona*. Vgl.: LINDNER, Privileg S. 18; Augustinus von Ancona, SDEP q. 66, fol. 198va.

[39] SDEP q. 66 d. 1 ad 1, fol. 198vb; genauso: ebd. d. 2, fol. 199rb. Vgl. schon Innozenz IV. zu X 1.3.1 v. *indultum* (fol. 7ra): *nam plus solet timeri, quod specialiter iniungitur quam quod generaliter impetratur*.

[40] SDEP q. 66 d. 3 ad 1, fol. 199vb.

[41] SDEP q. 66 d. 1, fol. 198vb. Vgl. noch Hermann von Schildesche, TCH, ed. ZUMKELLER S. 13.

Das Bewußtsein von der Kontingenz der Welt, die sich einer durchgängig gültigen *lex communis* entzieht[42], macht Privilegien nur *ex parte eius cui conceditur* zu singulärem Recht[43]. Wie Jacques de Thérines interpretiert Augustinus von Ancona die Äußerungen von Heiligen in ihrem historischem Kontext und bezieht die Worte Bernhards von Clairvaux über die Exemtion auf die Gegenwart, gewissermaßen als prophetische Warnung[44]. Damit wird die Kirchenordnung und mit ihr das Ordenswesen wandelbar, freilich nur durch päpstliche Verfügung und nur durch diese[45]. Jacques de Thérines hätte zumindest in seiner Vienner Zwangslage dem weitgehend zugestimmt, insbesondere der Begründung mit der Mehrung des Glaubens oder der Abwehr von Schaden[46], freilich ohne die Konsequenzen dieses Kadavergehorsams gegenüber dem Papst zu bedenken.

Es lag in der Konsequenz dieser Entwicklung, daß Johannes XXII. zum Beginn seines Pontifikats namhafte Benediktinerklöster wie Montecassino zu Bistümern erhob, explizit jede Beeinträchtigung der Exemtion der dort Lebenden verbot, ihnen dieselben jurisdiktionellen Rechte wie vorher zusprach und alle herrschaftsrelevanten Vorgänge (*institutio et destitutio, visitatio, reformatio et correctio*) in die Kompetenz des Bischofs, Kapitels und der Amtsträger legte[47]: dies war gewissermaßen der konsequente Endpunkt einer Sonderstellung, die ursprünglich durch Termini wie *nullo mediante ... ad jurisdictionem beati Petri pertinet* definiert wurde[48], mit der Expansion der päpstlichen Jurisdiktion den exemten Äbten eine gleichsam episkopale Jurisdiktion[49] einbrachte und schließlich in der titulären Gleichstellung die Emanzipation von der episkopalen Kontrolle vollende-

---

[42] Schon Jean Le Moine wußte (zu VI 2.15.3, fol. 229ra nr. 11): *Omnes cause in iure exprimi non possent, quia plura sunt negocia quam rerum vocabula.* Vgl. auch schon Thomas Aq. STh Ia IIae q. 96 a. 6. – Vgl. auch Augustinus von Ancona nach Augustinus, *De libero arbitrio* I, CCSL 29 S. 211–235; bes. I v 44, S. 219: SDEP q. 66 d. 2, fol. 199ra.

[43] Zu C. 25 q. 1 c. 16 *dictum Gratiani*: SDEP q. 66 d. 2 ad 2, fol. 199va. Das Textzitat: ebd. fol. 198va.

[44] SDEP q. 66 d. 3 ad 3, fol. 199vb–200ra.

[45] SDEP q. 66 d. 4 ad 1, fol. 200rb.

[46] SDEP q. 66 d. 2, fol. 199rb.

[47] Zu Montecassino: BRT IV S. 300b–302b nr. 33, bes. §§ 3–5. Urban V. machte 1367 Montecassino wieder zu einer Abtei (CCM VI S. 229).

[48] Vgl. KNOWLES, Growth of Exemption S. 206. Im 13. Jahrhundert kommentierte Hostiensis die traditionelle Zinszahlung (*Lectura* zu X 5.33.8, fol. 80va): *per omnia exempti sunt templari, hospitalarii et Cistercienses, qui et si censum non solvunt, exempti tamen sunt.*

[49] Vgl. die *Glossa* des Johannes Andreae (zit. nach MULLER, Abbaye nullius S. 133 Anm. 77): *Quasi-episcopalem: hoc dicit: quia vere episcopalem habere non potest, scilicet ut posset chrismare, et alia facere quae sunt episcopalis ordinis.* Vgl. auch weniger deutlich: Johannes Andreae, *Novella* S. 272b.

te[50]. Damit war das vom Heiligen Bernhard einst so heftig kritisierte bischöfliche Gebärden von ehrgeizigen Äbten[51] Wirklichkeit geworden. Freilich blieb dies auf wenige Einzelfälle beschränkt[52], die allerdings von interessierten Zeitgenossen aufmerksam zur Kenntnis genommen wurden[53].

Der Zugriff der Päpste auf die Orden war somit zumindest auch ein Vorgang der Normalisierung des Sonder- und Ausnahmerechts. Es bleibe dahingestellt, ob man mit Francis Oakley in der päpstlichen Prärogative bereits spätere Zeiten wetterleuchten sehen kann, als er Heinrichs von Gent Unterscheidung zwischen der *potestas ordinata* und der *potestas absoluta* des Papstes in die politische Praxis und Theorie der Tudor- und Stuart-Monarchie übertrug[54]. In bemerkenswerter Nähe zu dem Pariser Magister, der damit die Grenzen des päpstlichen Privilegienrechts im *ius naturale et divinum* auslotete und den Abfall der Welt von dem reinen Urzustand aufzeigen wollte[55], wird für Johannes XXII. gerade das Wissen von den vielfältigen Realitätszwängen zum Anlaß, die päpstliche Macht *propter defectum potentie* von der göttlichen Allmacht zu differenzieren[56]. Das dahinterstehende Problem der Tragweite des päpstlichen Wirkens tangierte die Frage nach der positivrechtlichen Wandelbarkeit der Kirche.

Hier erweist sich, daß Jacques de Thérines' Vorstellung von dem *iure divino* im Bereich des *ordo essentialis* der Kirche wirkenden Papst gerade in ihrer Widersprüchlichkeit nicht nur Aegidius Romanus näher steht, als es zunächst erschien, sondern letztlich an seinem eigentlichen Anliegen, einem konservativen Bewahren des *status quo ante*, vorbeizielte. Dabei war es geradezu ein Allgemeinplatz, daß der Wandel der Zeiten auch

---

[50] BIGET, Une abbaye qui devient cathédrale S. 178 ff., zu St-Benoît de Castres. Vgl. allg. Alvarus Pelagius DSPE I 45, fol. 20vb und VI. 5.7.6.

[51] Vgl. *Epist.* 42 c. 36 an Heinrich von Sens (Opera VII S. 130). Vgl. auch Gilbert von Tournai: *Collectio de scandalis ecclesiae*, ed. STROIK S. 54.

[52] Vergleichbares gab es schon früher: am 18.10.1243 erhielt der Abt des Cluniazenserklosters Moissac von Innozenz IV. das Recht, Zisterziensern die Tonsur zu verleihen, Mitra, Handschuhe etc. zu tragen und in Abwesenheit des Bischofs den feierlichen Segen zu erteilen; vgl. VALOUS, Monachisme clunisien S. 109.

[53] Vgl. Simon of Boraston, *Libellus de mutabilitate mundi*, ed. FORTE S. 343.

[54] OAKLEY, Jacobean Political Theology S. 323–346. Allg. zu diesem Begriffspaar: COURTENAY, Capacity and Volition, bes. S. 115–145; RANDI, A scotist way S. 43–50. Heinrich von Gents Text wurde von MARRONE, The Absolute and Ordained Power S. 23–27, ediert und findet sich auch in der Edition von QL 12 q. 31 *Tractatus super facto praelatorum et fratrum* (ed. HÖDL/HAVERALS S. 253–259); vgl. auch: RANDI, La vergine e il papa S. 441 f.

[55] Ed. MARRONE S. 23 ff.

[56] So in einer Predigt des Papstes (ed. RANDI, Rasoio S. 191 f.; DERS., Vergine S. 435 nach Paris BN Ms lat. 3290, fol. 67va). Zur Rezeption dieser „Häresie": Ockham TCB III 3, OPol III S. 230.

eine Anpassung der normativen Basis der jeweiligen politischen Organisationsform erforderte: *cives non esse applicandos legibus, sed leges civi-
bus*, so paraphrasierte Aegidius Romanus Aristoteles[57], und für Alexander
von St. Elpidio zeigte sich die Vorbildlichkeit der Apostelgemeinde gerade darin, daß sie vieles späteren Zeiten zur Anordnung überlassen habe,
secundum quod temporum congruentia exposcebat[58]. Im Kontext des
durch Jean de Pouilly wiederbelebten Streites um die Gottunmittelbarkeit
der Pfarrer ließ sich mit dem Hinweis auf den Fortschritt der Kirche sogar
die normsetzende Kraft der Urgemeinde selber relativieren[59].

Bei der Begründung des Wandels gab die römisch-rechtliche Idee der
Staatsräson manchem Autor mit der *ratio publicae utilitatis* das Stichwort[60]. So gelangte der Verfasser des ehemals, aber wohl zu Unrecht Durand de Saint-Pourçain zugeschriebenen *Tractatus de legibus* zu einer
pragmatischen, an den jeweiligen Anforderungen des Gemeinwesens ausgerichteten Vorstellung von Gesetzgebung im Bereich des *ius humanum*[61].
Den Spielraum, den dieser Anonymus, in dem man schwerlich einen Bettelordenstheologen sehen kann, dem Gesetz allgemein zusprach, verlegten
kurialistische Mendikanten in die gesetzgeberische Machtfülle des Papstes. Hervé Nédellecs flexibler Umgang mit der päpstlichen Dispensationsvollmacht gegenüber dem episkopalen *ordo jurisdictionis*[62] zeigt ebenso wie die Deutlichkeit, mit der Pierre de La Palu die *statuta romanae ecclesiae* von den immutablen Glaubenswahrheiten unterschied[63], daß institutioneller Wandel nicht nur kraft der päpstlichen Jurisdiktionsgewalt

---

[57] Aegidius Romanus DRP III 1 c. 9, S. 423. Vgl. auch: ebd. III 2 c. 29, S. 534 (vgl.
Eth. Nic. c. 5) und c. 31 S. 541. Vgl. allg.: SCHREINER, Diversitas temporum, bes.
S. 401 ff.
[58] Alexander von St. Elpidio, *De ecclesiastica potestate* I 8, ed. BARBIER fol. 9va;
vgl. auch ebd. II 6, fol. 21rb.
[59] Hervé Nédellec DPP, ed. MOREAU S. 389a.
[60] Vgl. allg. GAUDEMET, Utilitas publica S. 465–499; POST, Ratio publicae utilitatis,
bes. S. 23 ff.; WILKS, Sovereignty S. 352.
[61] KOCH, Durandus S. 177 f., schreibt den *Tractatus de legibus* anders als seinerzeit
BARBIER, der ihn 1506 zusammen mit Schriften anderer dominikanischer Autoren
druckte, Durand de Saint-Pourçain ab; ebenso: FOURNIER, Durand S. 31; TIERNEY, Public Expediency and Natural Law S. 169 Anm. 6, läßt die Frage offen. Fol. 10va–b: *Nam
aliqua expediunt uno tempore que non expediunt alio.*
[62] *De iurisidictione* S. 31 f.; *De exemptione* S. 568a; in DPP intensivierte er den
päpstlichen Zugriff (S. 393a): *per consequens potest immutari prout placet capiti totius
ordinis et summi pontificis.*
[63] In der Zeit als der Dominikanerpapst Benedikt XI. die Bulle Bonifaz' VIII. *Super
Cathedram* durch die die Mendikanten begünstigende Bulle *Inter Cunctas* ersetzte, formulierte Pierre de La Palu in einer Predigt (Toulouse Bibl. munic. Ms 744, fol. 92r; zit.
nach DUNBABIN S. 65): *Et quamvis statuta romane ecclesie sepe mutantur quia quod
iustum est aliquando mutatione aliqua temporum vel personarum sit iniustum, tamen
quia veritas fidei est immutabilis, ...*

möglich war, sondern auch auf die Sphäre des positiven Rechts beschränkt blieb. Jacques de Thérines war in seinem vorauseilenden Gehorsam also wesentlich weiter gegangen, als ein Jünger Bernhards von Clairvaux hätte gehen sollen; für den Heiligen Bernhard machte die Notwendigkeit eine Dispensation entschuldbar und der Nutzen sie lobenswert, freilich nur, wenn der Nutzen ein allgemeiner ist; andernfalls wird die *dispensatio* zur *dissipatio*[64].

Die Tragweite des votum

Schon in der Dekretalistik des 13. Jahrhunderts wurde die *potestas ordinata / potestas absoluta* - Terminologie auf die Frage der Dispensierbarkeit des Mönchs von seinen Gelübden appliziert[65], und die akademische Theologie der Zeit bemühte sich mit viel gelehrtem Scharfsinn um solche Fragen wie die, ob ein von den Toten auferstandener Mönch in sein Kloster zurückkehren müsse und ob er weiterhin an sein Gelübde gebunden sei oder nicht[66]. Das Gelübde und die Frage, ob der Papst davon dispensieren könne, war schon lange unter den Kanonisten[67], aber auch bei den Betroffenen in den Bettelorden ein viel diskutiertes Thema[68]. Während der konservative und stets wirklichkeitsnah denkende Dominikaner Pierre de La Palu bereits in seiner Sentenzenvorlesung eine flexible Lösung fand[69],

---

[64] Vgl. die klassische Formulierung des Heiligen Bernhard, *De consideratione* III iv 18 (Opera III S. 445); vgl. allg.: POST, Ratio publicae utilitatis S. 20. Als Bsp. für die Rezeption dieses Allgemeinplatzes: Angelo da Clareno, *Apologia* (ed. DOUCET S. 86 f. nr. 209).

[65] Hostiensis (*Lectura* zu X 3.35.6, fol. 134ra): *Alii dicunt, quod licet votum sit de substantia monachatus, tamen hoc* [scil. dispensari] *potest de plenitudine potestatis, quod non* [potest] *de potestate ordinata sed de* [potestate] *absoluta, secundum quam potest mutare substantiam rei.* Vgl. MARRONE, Powers S. 19 f. Anm. 45; COURTENAY, Capacity and Volition S. 117; BUISSON, Potestas und caritas S. 78 ff.

[66] Gérard d'Abbeville QL 16 q. 3 (vgl. GLORIEUX, Questions quodlibétiques I S. 124); Aegidius Romanus QL 5 q. 26 (1290; vgl. GLORIEUX, ebd. S. 145); Nicolas Trivet QL 3 q. 35 (1304; vgl. ebd. S. 251 und allg.: EHRLE, Nicolas Trivet S. 23–28); Heinrich von Gent QL 1 q. 37, fol. 25r.

[67] Henri Bohic referiert in seinem Kommentar zu X 3.35.6 (fol. 526a) zur Frage *Utrum Papa possit dispensare cum monacho, ut habeat proprium, vel uxorem ducat* zunächst die Auffassung des Hostiensis, nach dem der Papst *contra tria substantialia regulae* nicht dispensieren könne, unterscheidet dann aber: *secus si constitutio ecclesiae ipsum obliget, et non votum.* Bohic referiert auch Innozenz IV.: *patet quod Papa posset dispensare cum monacho, quod habeat proprium et uxorem ducat, cum posset ordinem et regulam, vel substantiam, quam dedit ordini, tollere ... .* Genauso äußerten sich nach Bohics Angaben: Hostiensis, Guido de Baysio und Guillaume de Montlauzun.

[68] Thomas von Aquin STh IIa IIae q. 88 a. 10.

[69] Pierre de La Palu (in IV. Sent. D. 38 q. 4; fol. 184rb): *quia licet papa non possit facere quod professus non fuerit professus: potest tamen facere quod non sit obligatus*

beharrten die spiritualen Franziskaner auf einem Regelverständnis, dessen Kompromißlosigkeit ihrem Auserwähltheitsglauben entsprach: so stellte Ubertino da Casale sogar dem Papst in Abrede, einen Bruder von Regel und Eigentumsverbot dispensieren zu können[70]. Das *votum* als Willensakt steht dann gegen allen Arten von externer *condescensio*[71], die, wie Bonagrazia von Bergamo in seinem Traktat über die Armut Christi und der Apostel ausführte, nur den *actum exteriorem* des Mönchs betreffen, nicht aber den *actum interiorem*[72]. Bei Ubertino da Casale wird die *condescensio* sogar zu einem Geschichtsprinzip[73]. Eine Handlung durch ein *votum* zu festigen ist besser, als ohne Votum zu handeln[74]. Dies gilt in besonderem Maße für den Bettelmönch, der sich dadurch unmittelbar Gott verpflichtet. Schon Petrus Johannis Olivi, der theoretische Vorläufer der Spiritualen, unterschied in der 14. *quaestio* seiner *Quaestiones de perfectione evangelica* zwischen den *vota communia*, von denen der Papst uneingeschränkt dispensieren kann, und den *vota evangelica*, die als *omnino immobilis et indissolubilis* gelten, dabei Papst und Brüder gleichermaßen binden[75].

Diese Besonderheiten der Franziskaner lassen sich nicht generalisieren, zeigen aber, wohin das Selbstverständnis eines Ordens führen konnte. Dagegen erläuterte Hostiensis in seinem Kommentar zu der Dekretale *Ex parte tua*, daß der Mönch mehr dem Papst gehorchen müsse als dem Abt, unbeschadet der Geltung der Regel[76], hält es an anderer Stelle aber auch für möglich, daß ein Konvent sich selbständig und mit relativer Mehrheit strengere Statuten gibt, sofern die Regel „kollabiert" ist[77]. Dieses Verständnis der Regel als einer dem positiven Recht gleichstellbaren Norm ist

---

religioni nec ad vota religionis. Zur Datierung des „nicht vor 1315 vollendeten" Werkes: HEYNCK S. 326.

[70] *Arbor vitae* V 5 (ed. ND DAVIS S. 447a): *licet papa possit facere de monacho non monachum: numquam tamen potest facere quod monachus non observet regulam et habeat proprium.*

[71] Hierzu: TABARRONI, Ideale francescano S. 40.

[72] TDChAP, ed. OLIGER S. 491.

[73] Ubertino da Casale, *Arbor Vitae* III 9 (S. 192b). Die *condescensio* der Mönche begann für Ubertino mit dem Erwerb von Gütern in der Zeit Karls d. Großen und charakterisiert das fünfte Zeitalter (ebd. III 13, S. 409b ff.), hierzu: DAMIATA, Pietà e storia S. 247–260. Vgl. auch: Alvarus Pelagius DSPE II 60, fol. 200rb.

[74] Olivi (*De perfectione evangelica* q. 5: *An sit melius aliquid facere ex voto quam sine voto*, ed. EMMEN S. 96); Thomas von Aquin (STh IIa IIae q. 88 a. 6); Bonagrazia von Bergamo (TDChAP, ed. OLIGER S. 333); Wilhelm von Ockham (TCJ c. 23, OPol III S. 89; TCB I 2, ebd. S. 173; vgl. auch OND c. 76, OPol II S. 621).

[75] Auszüge der *quaestio* bei: EHRLE, Olivis Leben und Schriften S. 328 f., hier: S. 329: *professor evangelicus est magis et in pluribus subditus pape quam ille, qui non est.* Vgl. allg.: TIERNEY, Origins S. 105.

[76] *Lectura* zu X 3.31.22, fol. 115ra.

[77] *Lectura* zu X 3.31.9, fol. 110ra.

vielleicht typisch für einen Kanonisten, nicht aber unbedingt auch für die Zeit. Für die Beurteilung der Tragweite der päpstlichen Jurisdiktion gegenüber den Orden wird damit wichtig zu wissen, welcher Stellenwert der Regel gegenüber den sie rein quantitativ überwuchernden positiv-rechtlichen Ordenskonstitutionen zukommt. 1240 verfügten die Zisterzienser, daß ähnlich wie die Regel auch der *Libellus Definitionum*, also die aus den Generalkapitelsbeschlüssen kompilierte Ordensrechtskodifikation, über das Jahr verteilt, d.h. zwischen Allerheiligen und Ostern, vollständig verlesen werde[78]. Ähnliches könnte man auch aus anderen Orden nachweisen. Zur Begründung kann man abermals Hostiensis zitieren, *quia non solum regula astringit monachos, sed et iura*[79].

Der päpstliche Zugriff auf die Orden im 13. Jahrhundert

Das Zusammenwirken von Papst und Generalkapitel bzw. Papst und Orden bei der legislativ gestalteten Reform war ein schon lange praktiziertes Verfahren. Bereits Gregor IX. hatte nicht nur mit *Quo elongati* den Bitten des franziskanischen Generalkapitels von 1230 und des Generals Johannes Parenti entsprochen, *quedam dubia et obscura et quedam intellectu difficilia* der Regel zu erläutern und kraft seiner *familiaritas* mit dem Heiligen über die Verbindlichkeit des Franziskustestaments zu befinden[80], sondern auch mit dieser ersten von zahlreichen Regelerklärungen ein spezifisch päpstliches Vorrecht begründet. Das schon von Franziskus in seinem Testament[81] eingeschärfte Verbot, seine Regel zu glossieren, wurde in *Exiit qui seminat*[82] erneuert, und zumindest die Kanonisten hielten sich daran[83]. Sogar Petrus Johannis Olivi verteidigte die Regelerklärung durch *Quo elongati* und *Exiit* in seinem berühmten Brief vom 14.9.1295 an Konrad von Offida[84] gegen solche Spiritualen, die in dieser Form des päpstlichen Zugriffs auf das Ordensleben eine Ketzerei sahen.

Diese bei den Franziskanern besonders markante, aber auch den anderen Orden keineswegs fremde Überempfindlichkeit gegen alles, was nicht

---

[78] Generalkapitel von 1240, ed. CANIVEZ II S. 218 nr. 13; kodifiziert in: LD (1257) VI 1, ed. LUCET S. 273.

[79] *Lectura* zu X 3.35.8, fol. 135rb.

[80] Ed. GRUNDMANN S. 20. Zu späteren Regelerläuterungen: ebd. [Einltg.] S. 14 f. Auch Nikolaus III. entsprach mit *Exiit qui seminat* einer ähnlichen auf dem Generalkapitel von 1279 vorgebrachten Bitte des Ordens, freilich vor dem Hintergrund des Armutsstreits, hierzu: ELIZONDO, Bulla S. 61–73. Vgl. allg. MOORMAN, History S. 89–91; FELTEN, Papst Gregor IX. S. 227 ff.

[81] C. 13, ed. BOEHMER, Analekta S. 27.

[82] VI 5.12.3, ed. FRIEBBERG Sp. 1121.

[83] Als Bsp.: Jean Le Moine (zu VI 5.12.3, fol. 426vb) oder noch Guillaume de Montlauzun (zu VI 5.12.3, fol. 146 rb): *quia hic venit sub bulla: glossari autem prohibita est.*

[84] Ed. OLIGER, *Epistola* S. 370.

der eigenen, allein für richtig gehaltenen Askese entsprach, forderte auch bei dem normativen Zugriff Gregors IX. auf Prémontré[85], Grandmont[86], die Regularkanoniker von Arrouaise[87], mehrere altbenediktinische Provinzen[88] und besonders auf die Cluniazenser[89] von seiten des Papstes Sensibilität und Kooperation mit den betroffenen Orden. Daß die Zisterzienser 1237 während Gregors IX. Pontifikat durch eine Kommission der Äbte von Savigny, Valloires, Chalivois und Maizières ihr erstmalig 1202 kodifiziertes Ordensrecht einer neuen Redaktion unterwarfen, und zwar im Auftrag des Generalkapitels von 1234, ohne daß hierfür eine päpstliche Anordnung nachweisbar wäre, zeigt ein legislatives Selbstbewußtsein, das

---

[85] Die erste Statutenkodifikation der Prämonstratenser aus den Jahren 1131–1134 (ed. LEFÈVRE/GRAUWEN, vgl. auch HEIJMANN, Untersuchungen S. 5–27) wurde mehrfach überarbeitet. Die Statuten vom 22.3.1233 mußten nach Widerständen aus dem Orden modifiziert werden; vgl.: LEFÈVRE, Statuts S. XV–XIX.

[86] Die Reformstatuten von Honorius III. (BRT III S. 351a–355b) vom 1.3.1219 wurden 1239 erneuert (ed. BECQUET, Statuts de Grandmont S. 130–137; ebd. S. 138–143: die Statuten von 1289).

[87] Die Reformstatuten vom 7.4.1233 sind nur in einer französischen Umschrift des ersten Bearbeiters der Geschichte von Arrouaise, Prior M. GOSSE (Histoire de l'Abbaye d'Arrouaise, Lille 1786), überliefert (ed. MILIS/BECQUET S. 275–283; hierzu: MILIS, Arrouaise S. 238 ff., 548, 592). Diese Statuten wurden nach Vorarbeiten einer apostolischen Kommision, der der dominikanische Prior von St-Jacques in Paris, der von Valdes-Écoliers und ein Kanoniker von St-Viktor angehörten, durch Legaten erlassenen. In einem schwer datierbaren Fragment einer Generalkapitelsakte des 12. Jahrhunderts hieß es noch (ed. SALTER, An Arrouasian General Chapter S. 249): *Nullum scriptum impetretur a curia Romana contra statuta nostri ordinis, et si impetratum fuerit careat viribus.*

[88] Provinz Narbonne: *Cum pro reformatione* vom 1.7.1228 (BRT III S. 434a–438b). Provinz Normandie: *In medio Ecclesiae* vom 4.5.1235 (nach DIMIER, Statuts S. 112) bzw. 25.6.1235 (Reg. Gregors IX.: Sp. 319–332 als erste Version der *statuta ordinis nigri*; vgl. LAPORTE, Règlement S. 129: ohne vorbereitende Kommission). – Provinz Reims: *Licet olim intellecto* vom 22.12.1236 (MANRIQUE, Annales cisterciennes IV S. 524, POTTHAST 10278), die die Reformstatuten des Matthieu de Foigny von 1232 erwähnt, vgl. DIMIER, ebd. S. 113. – Provinz Rouen: *Licet olim intellecto* vom 13.1.1237 (abgeschwächte zweite Version der Statuten für die Provinz Normandie; so zumindest: DIMIER, Statuts S. 113). – Vgl. allg. auch: SCHMITZ, Histoire de l'ordre de Saint Benoît III S. 42–80.

[89] Die erste Fassung vom 28.6.1231 (Reg. Gregor IX., ed. AUVRAY nr. 745) wurde am 13.1.1233 durch eine abgemilderte Version ersetzt (BRUEL nr. 4619; BClun S. 110a–111b); hierzu: MELVILLE, Reformatio S. 263 ff.; NEISKE, Reform oder Kodifizierung S. 81 ff.; BREDERO, Institutions S. 156 ff. – Über die genaue Vorgehensweise ist wenig bekannt; NEISKE, ebd. S. 84, schließt von der Reform Nikolaus IV., der seine Reformstatuten (POTTHAST 23077; BRUEL nr. 5363, BClun S. 152b) durch eine mit zwei Kardinalpresbytern und zwei Cluniazensern besetzte Kommission ausarbeiten ließ, auf eine ähnliche Kommission unter Gregor IX. und belegt dies u.a. mit Übereinstimmungen zu früheren Reformstatuten von Cluniazenseräbten. Freilich könnte man auch an Abschriften der Statuten Hugos V. aus d. J. 1200 in kurialer Überlieferung denken.

die weißen Mönche ihrer Zeit voraus hatten[90]. Freilich setzte Gregor IX. nur die Ordenspolitik seines großen Vorgängers Innozenz III.[91] um, dessen Dekretalen *Cum ad monasterium* und *In singulis regnis* ebenso wie *Ea que* von Honorius III. erst durch ihre Aufnahme in den *Liber Extra* den Stellenwert für Theorie und Praxis der monastischen Reform im 13. und 14. Jahrhundert erlangen konnten, der ihnen faktisch zukommt[92].

Gregor IX. wußte, wie wichtig es war, im Umgang mit den Mönchen deren spezifische Eigenarten und Wünsche zu berücksichtigen. Es ist bezeichnend für das Ansehen des Zisterzienserordens im frühen 13. Jahrhundert, daß der ehemalige franziskanische Kardinalprotektor mehrfach Zisterziensermönche, u.a. auch Äbte von Fontfroide[93], als Reformatoren auswählte oder zisterziensischen Verfassungselementen eine wegweisende Bedeutung zuerkannte. Widerstände in mehr oder weniger starker Ausprägung sind selbst dort nachweisbar, wo ohnehin schon eine geradezu zisterziensische Strenge herrschte, wie bei den Regularkanonikern von Arrouaise[94]. Sie führten bei den Cluniazensern und Prämonstratensern zur Ausarbeitung einer jeweils zweiten Redaktion, die das für die Cluniazenser einer Beleidigung gleichkommende ,Zisterziensertum' zurückdrängte [95]. Bei den *monachi nigri* beschränkte die überarbeitete Fassung den disziplinarischen Einfluß des Diözesan, was Mönchen und Papst gleichermaßen zugesagt haben mag[96].

Es kann hier keine vollständige oder nur um Vollständigkeit bemühte Darstellung der Genese des päpstlichen Zugriffs auf das Ordenswesen und

---

[90] Generalkapitel von 1234 (CANIVEZ I S. 131 nr. 27); zu den Details: LUCET, Codifications cisterciennes S. 20 ff.; vgl. allg.: BOCK, Codifications.

[91] Vgl. zu Teilaspekten: BERLIÈRE, Chapitres généraux de l'ordre de S. Benoît S. 364–371; DERS., Innocent III et la réorganisation S. 41 u. S. 145–150; FLICHE, Innocent III S. 134 ff. u. S. 144–151; MACCARRONE, Innocenzo III. S. 258 f.; DERS., Riforma S. 29 f.

[92] Neben der im f. Unterkapitel zu würdigenden Anordnung von Provinzialkapiteln für die Benediktiner durch c. 12 des IV. Lateranum (COD S. 240 f. *In singulis regnis* = X 3.35.7) und der Reform für Subiaco (*Epist.* 82 = X 3.35.6 *Cum ad monasterium*) erwiesen sich seine Maßnahmen für Bourgueil (PL 215, Sp. 1111–1113) und Montecassino (PL 217, Sp. 249–253) sowie das von dem Legaten Robert de Courçon 1214 zu Rouen veranstaltete Konzil (MANSI XXII bes. Sp. 904–916) als langfristig weniger einflußreich.

[93] Der die Prämonstratenserreform von 1233 vorbereitenden Kommission gehörten die Äbte von Foucarmont und Fontfroide an, vgl. LEFÈVRE, Statuts S. XVI; die Äbte von Fontfroide und Grandvalle nahmen 1226 an dem Generalkapitel der Benediktiner der Provinz Narbonne, auf dem die Reformstatuten Gregors IX. (BRT III S. 435a) umgesetzt wurden, teil. Schon Innozenz III. hatte mit der Reform von Bourgueil (PL 215 Sp. 1111) u.a. auch die Äbte von Savigny und Clairmont beauftragt. Weitere Bsp.: BERLIÈRE, Innocent III et la réorganisation S. 147.

[94] Vgl. allg. MILIS, Arrouaise S. 241 f.

[95] *Behemoth*, korrigierte Fassung: BClun S. 110a–111b.

[96] Reg. Gregor IX., ed. AUVRAY nr. 3045 (1235) u. 3045bis (1237): nrs. 9, 21, 37.

die Tragweite der dagegen von den Orden unternommenen oder unterlassenen Maßnahmen gegeben werden. Der Zugriff auf die Orden setzte zunächst die Eindämmung der konkurrierenden legislativen Ansprüche der Orden und des Weltklerus voraus und erfolgte dann durch verfassungspolitische Innovationen oder durch die Erneuerung asketischer Normen. Es liegt nahe, daß eine Verfassungsreform eher in jurisdiktionellen als in asketischen Kategorien zu fassen ist[97], während sich die individuelle Askese eher unter die Regel subsumieren läßt, die Gregor IX. 1235 und 1237 den schwarzen Mönchen als *ad correctionem et reformationem Ordinis ... magistram*[98] empfahl. Für das konkrete Procedere mögen zwei abschließende Beispiele genügen.

Bereits 1279 lag dem benediktinischen Provinzialkapitel der Provinz Canterbury ein Entwurf zu einer Regelerklärung vor, die vom Papst abgesegnet werden sollte. Dieser Klärungsbedarf bestand für Aspekte des monastischen Lebens wie das Schlafen nach der Matutin, einige liturgische Bräuche, die Wahl der Dekane, Fragen der Ernährung, Kleidung und des Umgangs mit *rebelles*. Einleitend wurde erklärt, daß Änderungen der *traditio* ein Zusammenwirken von Orden und Heiligem Stuhl notwendig mache. Dabei umfaßte diese Tradition neben der Regel die Statuten Gregors IX., die vor andere nur unspezifisch genannte Erklärungen, Bestimmungen und Gewohnheiten gestellt wurden. Der Gesetzgebungsvorgang besteht hier aus der Korrektur der Tradition, der Approbation durch das Kapitel und der Bestätigung durch den Papst[99].

Für die Franziskaner wurde das Gegeneinander von Konstitutionen und Regel nicht nur zu einer Frage der legislativen Selbständigkeit, sondern zu einer solchen nach den letzten Dingen[100]. So bereitete sich Guiral Ot 1331 als franziskanischer Ordensgeneral am päpstlichen Hof, ähnlich wie schon 1325 als Provinzial von Aquitanien auf dem Generalkapitel von Lyon, eine überflüssige Niederlage, als er zusammen mit angeblich nicht weniger als 14 Provinzialen von Johannes XXII. einen Dispens von dem so zen-

---

[97] Vgl. differenziert: NEISKE, Reform oder Kodifizierung S. 92 f.; zu Cluny vgl.: BREDERO, Institutions S. 163 ff.; MELVILLE, Cluny après Cluny S. 110.

[98] Reg. Gregor IX. ed. AUVRAY nr. 3045 u. 3045 bis nr. 50. Zur Regel als *magistra*: vgl. schon RSB 3,7. Gregor IX. räumt freilich auch ein (ebd. nr. 45), von wie wenigen in den Klöstern die Regel bei der *lectio* überhaupt verstanden wird; *propter minores* soll sie dann *in vulgari* erklärt werden. Ähnliche Klagen, die das Vienner Konzil in c. 14 (COD S. 371 z. 16–18) in eine gleichlautende Beschlußfassung brachte, finden sich noch in den Statuten von St-Croix in Bordeaux nicht vor der Mitte des 14. Jahrhunderts (ed. CHAULIAC S. 491).

[99] PANTIN I S. 110 (Datierung); S. 110–115 nr. 34 (Text).

[100] Vgl.: Alvarus Pelagius, DSPE II 67, fol. 219va; II 78, fol. 258ra; Ubertino da Casale, *Arbor vitae* V 5, S. 443b.

tralen wie umstrittenen Verbot, Geld entgegennehmen zu dürfen[101], erbat[102]. Nicht nur das durch das Generalkapitel von 1316 bestätigte und auf
Provinzialminister ausgeweitete alte Verbot, ein Privileg über die Deroga-
tion von der Regel einzuholen oder gar selber zu verfügen[103], bedingte
sein Scheitern, sondern auch und gerade der Widerstand des Papstes, der
selbst sechs Jahre nach der Neudefinition der franziskanischen Armut keineswegs gewillt war, die Bulle *Exiit qui seminat* vom 15. August 1279 und
das sie bestätigende Vienner Konzilsdekret *Exivi de paradiso* vom 6. Mai
1312 aufzuheben und die bisher dem Papst obliegende Zuständigkeit für
Regeldispensationen den Provinzialen zu überlassen. Nach der unverhoh-
lene Schadenfreude atmenden Darstellung des Alvarus Pelagius, für den
gerade die Ebenbürtigkeit von Evangelium und Franziskusregel die ausschließlich päpstliche Befugnis zur Interpretation der Regel sicherstell-
te[104], habe der Papst den mit dieser Aktion angeblich auf einen Kardinals-
hut zielenden Franziskaner gedemütigt, indem er unterstellte, *non credimus quod de mille fratribus unus de ordine tecum in intellectu huiusmodi
concordaret*; die anwesenden Kardinäle hätten die drei von Guiral verfaßten und vorgelegten Glossen zur Franziskusregel mit Gelächter übergos-
sen, *cognoscentes de qua radice pestifera fuerant fabricate*, konkret: einer
gemeinsamen Verschwörung von General und Provinzialen gegen die heilige Regel[105]. Es ist aus sachlichen wie persönlichen Gründen sehr wahrscheinlich, daß zu diesen namentlich nicht genannten Kardinälen auch
Jacques Fournier gehörte, von dem wir wissen, daß er am 1.8.1331 neben
sechs anderen Kardinälen mitwirkte, als die von Nikolaus III. und Cle-

---

[101] Die als *Compilatio Lugdunensis* als Appendix zu den Akten des Generalkapitels
von 1316 publizierten Beschlüsse des Kapitels von 1325 (ed. CARLINI S. 526–536) regeln den Umgang mit Geld auf Grundlage von *Exivi de paradiso* (ebd. S. 528).

[102] Vgl. hierzu: *Chronica 24 Generalium* (AnalFr III S. 505); Alvarus Pelagius
(DSPE II 67, fol. 219ra–b), auf dessen Bericht sich auch WADDING (VII nr. 121 X–XI
S. 142 f.) stützt; vgl. auch LANGLOIS, Guiral Ot S. 207; SCHMITT, Pape réformateur
S. 65 f.

[103] Const. 1316 VII 39, ed. CARLINI S. 301 f., vgl. bereits in den Statuten Bonaventuras von 1260 VII 25 (ed. BIHL S. 86 f.), dort aber in Verbindung mit der Bestimmung,
daß der General von Statuten des Ordens nur *in speciali, ex causa necessaria vel valde
utili* dispensieren dürfe.

[104] DSPE II 67, fol. 218ra. Die ff. Zitate: ebd. fol. 219rb.

[105] Etwas zurückhaltender berichtet auch hier die *Chronica 24 Generalium* (S. 505),
daß nach Auffassung Johannes XXII. beide von Guiral und den Provinzialen vorgebrachten Deutungen gegen die Regel verstießen. Dies mag seine Richtigkeit haben, da
der Provinzial dem schwankenden Bruder spirituellen Beistand bei der Befolgung der
Regel leisten, nicht aber bei der Umgehung der Regel behilflich sein sollte; die Deutung
Guirals hatte freilich in der franziskanischen Kommunität seit etwa 1310–1312 Tradition, vgl. LAMBERT, Poverty S. 192–195. – Eine Guiral Ot sehr wohlwollende Darstellung
des Vorgangs findet sich bei NIMMO, Reform and Division S. 206–210.

mens V. bzw. dem Vienner Konzil sanktionierten Bestimmungen für den
Umgang der Brüder mit Geld vier italienischen Provinzialen eingeschärft
wurden[106]. Guiral Ot wird hier nur als anwesend erwähnt.

4.2. General- und Provinzialkapitel

Die Frage nach der Exemtion ist letztlich die nach einem jurisdiktionell
selbständigen Ordenswesen, das neben dem Weltklerus, aber unter dem
Papst steht. Jacques de Thérines beteuerte in Vienne wie schon 1307 in
Paris seinen Glauben an die hierarchische Struktur der Wirklichkeit und
benutzte selber die in der hierokratischen Ekklesiologie verbreitete Denkfigur der *reductio ad unum*[107], um zu beweisen, daß die Ordenshierarchie
dem Aufbau des Universums entspricht und im Papst gipfelt; namentlich
bei Zisterziensern und Cluniazensern, aber auch bei den Prämonstratensern und den vier Bettelorden sei dies der Fall[108].

Für einen Zisterzienser wie Jacques de Thérines war die Geltung eines
legislativen Organs selbstverständlich, das, wie das Generalkapitel in seinem Orden, die höchste Jurisdiktionsgewalt innehat; von anderen Orden
wie Cluny und Savigny, den Kartäusern, Prémontré, Val-des-Écoliers und
Val-de-Choux wurde es ab den 30er Jahren des 12. Jahrhunderts rezipiert[109]. Die seit dem IV. Lateranum für die benediktinischen Verbände
iuxta morem Cisterciensium verbindlichen, schon seit Honorius III. etwas
mißverständlich als „Generalkapitel" angesprochenen Provinzialkapitel[110]

---

[106] BF V S. 503b nr. 921. Betroffen waren die Provinziale der Provinzen Rom, Tuszi-
en, Terra di Lavoro und Genua. Anwesend waren u.a. der Franziskaner Bertrand de La
Torre sowie Annibal di Ceccano, Raymond de Mostuéjols OSB und Jean de Commines.

[107] QL 1 q. 26 (ed. GLORIEUX S. 192); TCIE S. 273a; *Compendium* S. 566a. Zu diesem schon im 13. Jahrhundert gern benutzten Argumentationsmuster: CONGAR, Aspects
ecclésiologiques S. 110 f.; COSTA S. 378–382; WATT, Papal Monarchy S. 105.

[108] TCIE S. 262a u. 264a. Zum Gesamtproblem: ebd. S. 288b.

[109] Vgl. allg. zu den jurisdiktionellen Befugnissen der Generalkapitel: SAYERS, Judicial Activities S. 18 ff.

[110] Lat. IV c. 12 (COD S. 240) spricht von *commune capitulum abbatum atque
priorum abbates proprios non habentium* bzw. *ipsi quatuor praesint capitulo universo*
u.ö. einfach von *capitulum*. Diese uneinheitliche Terminologie mag auch daraus resultie-
ren, daß *capitulum provinciale* die in c. 6 (COD S. 236) für die bischöflichen Diözesansynoden verwendete traditionelle Bezeichnung war. Die häufig anzutreffende, aber institutionell unzutreffende Bezeichnung *capitulum generale* (bzw. „chapitre général" wie
bei: BERLIÈRE, ... de Saint Benoît S. 263; CONGAR, Quod omnes tangit S. 229; aber:
BREDERO, Institutions S. 158) ist von der Zisterziensern entlehnt (vgl. auch c. 55, COD
S. 260) und wurde als unspezifischer Terminus durch *Ea que* von Honorius III. (X
3.25.8: ... *visitatores, secundum statutum generalis concilii ordinati a generali abbatum
capitulo*) üblich. Die Kanonisten differenzierten hier deutlich (Hostiensis, *Lectura* zu X

wurden bald unter Fortentwicklung des repräsentations- und delegations-
rechtlichen Elements von den Dominikanern und später auch von den
Franziskanern übernommen und mit dem zisterziensischen Generalkapitel
zu einem hierarchisch gegliederten System verschmolzen.

Vergebliches Bemühen der Benediktiner

Freilich ist schon in den Akten eines dieser nur selten bezeugten benediktinischen Provinzialkapitel, das im Jahre 1220 zu Angers für die Klöster
der Provinz Tours veranstaltet wurde, an der terminologischen Umschreibung der Orden als *universitas* erkennbar, daß Verfasser am Werk waren,
die Wert auf juristisch qualifizierte Formeln legten[111] und ihren Orden damit als einen Verband beschrieben, dessen Geschlossenheit[112] legislative Befugnisse *super omnibus quae ad iurisdictionem pertinent*[113]
einschließt. Dieser weitverbreitete Terminus findet sich etwa gleichzeitig
in der *regula bullata* der Franziskaner und in verschiedenen Regelkom-
mentaren[114], doch haben wir es 1220 eher mit einer inhaltlich unspezifischen Entlehnung aus der Kanonistik zu tun, die deutlich erkennen läßt,
daß die wirkungsvolle Umsetzung der 1215 leitenden Idee, d.h. eine wirk-
samere Kontrolle solcher Äbte, die von externen Kontrollen befreit waren,
noch zu leisten blieb.

Auf dem erwähnten Provinzialkapitel gelangten die Äbte zur Erkenntnis, daß fast der gesamte Orden „deformiert" sei, und versuchten, mit ei-

---

3.35.8, fol. 135ra: *Capitulum dicitur provinciale, quia in qualibet provincia debet ce-
lebrari ... dicitur generale, quia omnes de eadem provincia ibidem convenire debent),*
und auch Benedikt XII. hielt beide Arten auseinander (SM c. 1 und c. 3, BRT IV
S. 348b–351b und S. 352b–355b).

[111] Die *institutiones capituli universitatis nigre provincie Turonenses* (ed. PROU,
Statuts S. 350–356) verwenden diese Bezeichnung für die Verbundenheit der Konvente
einer Provinz (S. 351 nr. 3), in ähnlichem Kontext: S. 351 nr. 5.

[112] Die Grundbedeutung nach der *Glossa Ordinaria* (zit. nach GIERKE III S. 205):
universitas nihil aliud est, nisi singuli homines qui ibi sunt wurde fortschreitend durch
ein korporatives Verständnis der *universitas* überlagert (vgl. Hostiensis, *Lectura* zu X
3.37.2, fol. 139vb: *aliud est ius universitatis, aliud singulorum*). Vgl. allg. GILLET, Personnalité juridique S. 103; MICHAUD-QUANTIN, Universitas S. 45; COSTA, Jurisdictio
S. 197 ff.; CANNING, Corporation Thought S. 10 ff.; WYDUCKEL S. 72; MEYER, Soziales
Handeln S. 102 f.

[113] Vgl. Innozenz IV. um 1251 in seinem Dekretalenkommentar (zu X 1.2.8, fol. 4rb).
Zu dieser vielzitierten Stelle: vgl. COSTA, Jurisdictio S. 153 und allg.: GILLET, Personnalité juridique S. 126.

[114] RB c. 8; hierzu die *Expositio quatuor magistrorum* (ed. OLIGER S. 161): *Quaeritur quid dicatur universitas. Et secundum iura universitas dicitur maior pars*; ähnlich:
Olivi (*Expositio*, ed. FLOOD S. 180) und schon Hugo von Digne (*De finibus paupertatis*, ed. FLOROVSKY S. 283, 286 f.). Eine andere Bedeutung von *universitas* findet sich in
dem unter den Werken Bonaventuras gedruckten Regelkommentar Peckhams (Opera
VIII S. 391b, 422a).

ner Einschärfung der Regel, und zwar *tam in capitibus quam in membris*, dem Verfall gegenzusteuern[115]. Sie nutzten ihre legislativen Befugnisse überwiegend zu Reformmaßnahmen, die die Observanz in den einzelnen Klöstern stärkten. Dabei wird das *generale capitulum* nur dort institutionell eingebunden, wo es um die Unterbindung von Appellationen gegen Äbte geht[116]. Klagen dürfen nur über die Definitoren artikuliert werden, außer wenn sie an den Papst gerichtet sind[117]. Es ist erkennbar, daß die Äbte versuchten, c. 12 des IV. Lateranum geradezu in sein Gegenteil umzubiegen. Einen nüchterneren Zugang hatten die Kanonisten, die sich besonders für den mit dem Visitationswesen verbundenen Aspekt interessierten.

Der Beitrag der Kanonisten

Schon Johannes Teutonicus hat in seinem Kommentar zu c. 12 die Vollmacht der dem Provinzialkapitel präsidierenden je zwei Zisterzienser und Benediktiner als *potestas ordinaria* aufgefaßt und das Problem der Exemtion dabei besprochen: die unausweichliche Frage, wie die *salvo iure dioecesanorum pontificum* von Papst und Konzil verfügten Provinzialkapitel bzw. die von ihnen bestellten Visitatoren sich zu einem ebenfalls Visitationsansprüche anmeldenden Bischof verhalten sollen, entschied er in dem Sinne, daß sie kraft ihres päpstlichen Auftrages den Vortritt vor dem Diözesan haben sollen, *quia presumeretur quod episcopus causa impediendi illos, non visitandi causa venisset*[118]. Zweckmäßiger war es, die Vollmacht der Visitatoren gleich als *iurisdictio delegata* des Papstes zu bezeichnen; die damit verbundene Abwertung des Provinzialkapitels traf besonders die beiden Zisterzienser, die Vincentius Hispanus sogar der Jurisdiktion des benediktinischen Provinzialkapitels unterstellen wollte[119].

Es mag der Autorität des Verfassers der *Glossa Ordinaria* zum Dekret und des Kompilators und Kommentators der *Compilatio Quarta*, durch die *In singulis regnis* in den *Liber Extra* gelangte[120], zu verdanken sein, daß

---

[115] PROU, Statuts S. 351 nrs. 6, 34.
[116] PROU, Statuts S. 356 nr. 42.
[117] PROU, Statuts S. 356 nr. 43.
[118] Johannes Teutonicus († 1246), ed. GARCIA Y GARCIA, Constitutiones S. 204–206, zu *ipsi quatuor*, COD S. 241 z. 3. Zu diesem Apparat: DERS., El concilio de Letrán S. 493–498; KUTTNER, Repertorium der Kanonistik S. 375–381; DERS., Johannes Teutonicus, das vierte Laterankonzil und die compilatio IV. S. 614; LANDAU, Durchsetzung neuen Rechts S. 143.
[119] Vincentius Hispanus († 1248), ed. GARCIA Y GARCIA, Constitutiones S. 307 zu *denuncient episcopo proprio*, COD S. 241 z. 20. Vgl. DERS., El concilio de Letrán S. 494; POST, Vincentius Hispanus S. 159 ff.; KUTTNER, Repertorium, S. 370.
[120] Comp. IV c. 2. h. t. (3,12), nach FRIEDBERG II Sp. 600 Anm. 1. Eine Übersicht bei: GARCIA Y GARCIA, El concilio de Letrán S. 485 f.

noch Hostiensis auf seiner Linie liegt und damit der nachfolgenden Kanonistik die Richtung wies. Mit der Fixierung der *potestas ordinaria* der Präsidenten und Visitatoren der Provinzialkapitel wurde deren in c. 6 bzw. c. 12 des IV. Lateranum vollzogene Abgrenzung zur Diözesansynode[121] konsequent zu Ende gedacht. Auch das Devolutionsverfahren bei Korrekturvorgängen, wie es Johannes Teutonicus selbst für den Fall, daß der Bischof nicht nachlässig ist, im Ansatz entwickelt hat[122], zeigt die enge Verbindung, welche beide Kanonisten zwischen c. 12 und der monastischen Exemtion herstellten. Bei Hostiensis soll der Diözesanbischof im Konfliktfall den Ordensvisitatoren weichen, freilich nur, weil er eine weitere Anreise hinter sich habe und leichter an einen anderen Ort ausweichen könne; falls er sie am Visitieren hindern wolle, sollen die Visitatoren dies dem Papst melden[123]. Dabei geht Hostiensis in der Kompetenzzuweisung an die Präsidenten und Visitatoren des *capitulum generale* wesentlich weiter als 1220 die Äbte in Angers und räumt ihnen nicht nur die Korrektur exemter Mönche, sondern auch direkte Eingriffe in die Verwaltung der Abtei, die Proklamation des Abtes und die Bestellung eines Koadiutors des Abtes ein, nicht aber dessen Absetzung[124], die schon Honorius III. in *Ea que* dem Papst vorbehielt. Wie wenig der Kardinal von Ostia, ehemalige Bischof von Sisteron und Erzbischof von Embrun von Äbten hält, zeigt seine an Mt 7,3 angelehnte Forderung: *Primo enim debent abbates se ipsos corrigere, deinde monachos*[125].

Man könnte in den zahlreichen Aufgaben der Provinzialkapitel eine Umsetzung der *potestas ordinaria* der Präsidenten und Visitatoren sehen und sie als einen Ersatz-Diözesan interpretieren[126]. Dies gilt, wenn überhaupt, nur partiell, weil sich zwischen dem *officium ordinarii*, wie es etwa Hostiensis darlegt, und den Befugnissen der Präsidenten der Provinzialkapitel kaum konkrete Beziehungen feststellen lassen: so spricht Hostiensis dem Ordinarius neben jurisdiktionellen Vollmachten eine umfassende *cu-*

---

[121] Hostiensis, *Lectura* zu X 3.35.7, fol. 134vb. Vgl. allg.: PONTAL, Statuts synodaux I S. LIX.; HOURLIER, Religieux S. 398.

[122] Kommentar zu c. 12 Lateranum IV. (ed. GARCIA Y GARCIA S. 206) zu *denuncient episcopo proprio*, COD S. 241 z. 20.

[123] *Lectura* zu X 3.35.7, fol. 134vb.

[124] *Lectura* zu X 3.35.8, fol. 136ra; zu X 3.35.7 präzisierte er (fol. 135ra). Auch in Hostiensis' *Summa* (*Rubr. De statu monachorum* c. 8, fol. 179va) ist nicht von der Absetzung des Abtes die Rede. Zur „Proklamation" des Abtes (*Lectura* fol. 135va): *dic quod illud quod nos diceremus accusationem vel reprehensionem, monachi appellant proclamationem, et habet fieri in capitulo, ut hic dicit, et in regula continetur.*

[125] *Lectura* zu X 3.35.7, fol. 135va. Bei den Details der durch den Abt zu erfolgenden *correctio* folgt er RSB 2; ebd. fol. 135rb zit. er RSB 27,6, um die abbatiale *sollicitudo* zu beschreiben.

[126] Vgl. so VALOUS, Monachisme clunisien S. 110.

ra subditorum im Sinne einer Unterstützung Bedürftiger zu, vergißt aber
nicht zu betonen, daß der Rückgriff auf das materielle *auxilium* der *subditi*
ebensowenig aus Gewinnstreben erfolgen, wie die Verpflichtung des Ordinarius auf das *summum bonum* durch materielle Ziele kontaminiert werden dürfe[127]. Dies betrifft alles nur Aspekte der *lex iurisdictionis*, obwohl
die Exemtion von der *lex dioecesana* des Ordinarius befreite[128]. Letztlich
kennzeichnet dieser noch bei Pierre Bohier nachweisbare Widerspruch den
Gegensatz zwischen der monastischen Wirklichkeit und der kanonistischen Theorie[129]. Aber selbst wenn man diese terminologischen Fragen als
irrelevant einstuft, bleibt immer noch zu klären, wie denn diese nur wenige Tage und alle drei Jahre tagenden Provinzialkapitel ohne institutionelle
Verwurzelung überhaupt ihren Aufgaben gerecht werden sollen, ohne, wie
es für die Diözesansynoden in c. 6 des IV. Lateranum festgelegt wurde,
auf die Sammeltätigkeit von hierzu speziell beauftragten Experten zurückgreifen zu können. Hostiensis, der sich darauf beschränkte, die Visitatoren
und Präsidenten der Generalkapitel zur Überprüfung der Amtsführung ihrer Vorgänger zu verpflichten[130], bleibt hier jedenfalls jene Antwort schuldig, die Benedikt XII. gab, als er die Präsidenten zu einer auch in der sit-
zungsfreien Zeit aktiven Institution machte[131].

Reform secundum morem cisterciensem

Diese Diskrepanz von kanonistischer Theorie und Praxis lenkt den Blick
verstärkt auf die politische Wirklichkeit zurück, und die gab zu wenig
Optimismus Anlaß. Als sich 1228 in dem Kloster St.Thibéry d'Agde die
benediktinischen Äbte der Provinz Narbonne zusammen mit den beiden
zisterziensischen Äbten von Fontfroide und Valmagne zu einem Provinzialkapitel versammelten, so war dies weniger ein Zeichen für den Erfolg

---

[127] Alle Belege: *Summa* fol. 54va.

[128] Die *lex iurisdictionis* definiert er hier genauso wie noch im Dekretalenkommentar
als (*Summa* fol. 55va): *ea que consistunt in conferendo et puniendo: subiiciendo sicut
canonica obedientia subiectio reverentia: institutio et destitutio. correctio et reformatio:
censura ecclesiastica*. Die *lex dioecesana* besteht *in recipiendo* (fol. 55va): *unde ad ipsum pertinet synodus et synodaticum sive cathedraticum, decimationum seu mortua-
riorum portio, annua visitatio et procuratio*. Für Mönche heißt dies (ebd.): *Notaverunt
autem antiqui quod quantum ad legem iurisdictionis subsunt episcopo ... monasteria
omnia nisi speciali exceptionis* [sic] *privilegio sint munita ... sed a lege dioecesana sunt
omnia monasteria et regulares ecclesie exempte in favorem religionis*; vgl. *Lectura* zu X
3.35.1, fol. 130va.

[129] Kommentar zu RSB 64,2 v. *Pertinet* (S. 717): *Non ergo monasteria sunt exempta
a lege iurisdictionis, sed bene quidem sunt a lege dioecesana. Facit ad hoc caput sexa-
gesimum primum.* – Hostiensis (*Lectura*, fol. 130va) berief sich hierfür auf C. 10 q. 1
c. 1 und C. 16 q. 1 c. 34.

[130] *Lectura* zu X 3.35.8, fol. 136ra.

[131] SM c. 1 BRT IV S. 349a.

als für den Mißerfolg der Initiative Innozenz' III. In der den eigentlichen Statuten vorangehenden Bulle (*Cum pro reformatione*) verwies Gregor IX. darauf, wie wenig die Präsidenten der Provinzialkapitel Macht über widerspenstige Äbte haben, obwohl ihnen doch Honorius III. (in *Ea que*) Zwangsgewalt hierfür verliehen habe[132]. Um diesen Zustand zu verbessern, erarbeiteten drei präsidierende Benediktineräbte zusammen mit zwei Zisterziensern Statuten, die der beteiligte Abt von Grasse persönlich nach Rom überbrachte, um sie vom Papst korrigieren zu lassen und dabei mündlich über Schwierigkeiten bei der Umsetzung von *In singulis regnis* zu berichten. Dieses Verfahren verdeutlicht, welche Autoritätsdefizite die Präsidenten und Visitatoren gegenüber allzu selbstherrlichen Äbten hatten, selbst wenn sie *auctoritate apostolica* bzw. *vice nostra* ihrer Aufgabe, d.h. auch dem Verabschieden von Statuten, nachgingen.

Die *ad correctionem et reformationem ordinis* zu Perugia am 1. Juli 1228 erlassenen päpstlichen Statuten gehen wesentlich weiter als die von Angers 1220. Als konkrete Aufgaben der Präsidenten werden das Verlesen bzw. Verlesen-Lassen und Exponieren der Regel im Provinzialkapitel genannt (nr. 3)[133], die Absolution eines wegen Eigentumsdelikten nach Ermahnung (nr. 9) oder wegen Verschwörung und Diebstahl (nr. 17) aus seinem Kloster verbannten Mönchs *ad nutum* bzw. *consilio capituli generalis*[134], die Dispensation vom eingeschränkten Fleischverbot bei der Bewirtung von Bischöfen oder anderen bedeutenden Gästen im Kloster (nr. 14)[135] und die Bestrafung unentschuldigt dem Kapitel Fernbleibender

---

[132] BRT III S. 434a. Das ff.: ebd. S. 434b–435a. Ed. ACHÉRY, Spicilegium ed. in folio I S. 707 ff., bzw. ed. in quarto VI S. 30 ff.

[133] In dieser allgemeinen Bestimmung kann man gewiß keinen Hinweis auf eine „atmosphère cistercienne" (DIMIER, Influences S. 798, allg. bezogen auf die Benediktinerreform im ersten Drittel des 13. Jahrhunderts) sehen, selbst wenn der LD von 1237 (VI 6, ed. LUCET S. 273) die ohnehin verbindliche Lesung der Regel konkretisierte.

[134] Die von Innozenz III. eingeforderte Vorbildrolle der Zisterzienser provoziert natürlich einen Vergleich mit ihnen. Während die Zisterzienser 1134 (c. 44, CANIVEZ I S. 27 f.) für Verschwörer, Brandstifter und Diebe unter der Rubrik *De gravioribus culpis* eine Demütigung im Kapitel vorsahen, verfügte das Generalkapitel von 1183 die feierliche Exkommunikation von *conspiratores, incendiarii, fures, proprietarii*, wobei von einer Absolution durch das Generalkapitel nichts verlautet (CANIVEZ I S. 93 nr. 11). Dem entspricht der Befund der Kodifikationen von 1220 (VI 7, ed. LUCET S. 77), 1237 und 1257 (VI 5, ed. LUCET S. 275) und sogar noch 1317 (VII 6, ed. SEJALON. 421 f.): hier tritt die Exkommunikation sogar *ipso facto* ein; unter Rückgriff auf das Generalkapitel von 1221 (CANIVEZ II S. 2) und den LD von 1257 (VI 17 S. 280 f.) wird bei schweren Diebstahldelikten der Ordensausschluß (vgl. auch schon das Generalkapitel von 1195, CANIVEZ I S. 185 nr. 23) durch eine Kerkerstrafe ersetzt (VII 17, ed. SEJALON S. 424).

[135] Das von den zisterziensischen Generalkapiteln des 12. und 13. Jahrhunderts *iterum et iterum* unter Berufung auf die RSB eingeschärfte Verbot des Fleischkonsums für Mönche (1157, CANIVEZ I S. 61 ff. nr. 14 u. 33; 1183, ebd. I S. 94 nr. 20; 1195, ebd. I S. 186 nr. 28; 1209, ebd. I S. 357 nr. 2; vgl. insg. LD 1237-1257 XIII 1, ed. LUCET

durch die Verdoppelung ihrer Zahlungspflichten (nr. 23)[136]. Bei der Festlegung der Höhe von Kollekten zur Unterstützung notleidender Klöster liegt es im Ermessen der Präsidenten, Boten zum Papst, zu Bischöfen oder an weltliche Höfe zu senden (nr. 24)[137]. Bedeutend sind auch die Kompetenzen der Visitatoren, die nicht nur die Zahlungsbilanz der Klöster erfragen (nr. 12)[138] und extravagant sich kleidende Mönche strafen (nr. 16)[139] sollen, sondern auch unter schwerster Strafe verpflichtet sind, mit Zustimmung der Äbte besonders vorbildliche Mönche in verwahrloste Klöster zu versetzen oder *rebelles* in andere zu transferieren (nr. 25). Durchgängig sind die sachlich vergleichbaren Bestimmungen des zisterziensischen Ordensrechts strenger.

Es mag kein Zufall sein, wenn Gregor IX. in *Cum pro reformatione* die beiden Zisterzienser, die gemäß *In singulis regnis* ihre lange Erfahrung *ex longa consuetudine* einbringen sollten, fast nur peripher erwähnt. Höchstens in dem allgemeinen Strukturelement, daß auch für die Bestrafung von individuellen Delikten ein übergeordnetes Verfassungsorgan zustän-

---

S. 332 f.) wurde explizit auch für die Bewirtung von Bischöfen verbindlich, die nicht dem Orden angehören, *nisi graviter infirmentur* (LD XIII 3, ebd. S. 333).
[136] Die Zisterzienser waren auch hier strenger: der LD (1237-1257, V 11–13, ed. LUCET S. 266 f.) sieht, abgesehen von dem schon in CC c. 12 (ed. BOUTON/VAN DAMME S. 135) zulässigen krankheitsbedingtem Fehlen, bei unentschuldigter Abwesenheit für einen Abt das Verbot, dem Gottesdienst *in stallum abbatis* beizuwohnen, und die Verpflichtung, jeden sechsten Tag bei Wasser und Brot zu fasten, vor. 1257 (X 11 ebd. S. 266) wurde nach dem Generalkapitelsbeschluß von 1258 (CANIVEZ II S. 440 nr. 14) hinzugefügt, daß ein wiederholtes Fernbleiben im folgenden Jahr zur Absetzung des Abtes durch den Visitator führt.
[137] Bereits die CC c. 7 (ed. BOUTON/VAN DAMME S. 95 u. S. 136) sieht bei unerträglicher Armut einer *ecclesia* vor, daß ihr Abt den Fall im Generalkapitel erläutert und die anderen Äbte *maxime caritatis igne succensi* Hilfe leisten; einen Bettelgang nach Rom oder an weltliche Höfe sahen die Zisterzienser nicht vor.
[138] Freilich wird 1228 auch (ebd. nr. 1, BRT III S. 435a) verfügt, daß zu einem vom Generalkapitel festzulegenden Stichtag der Abt, alle *obedientiarii* und Prioren in schriftlicher Form über ihre Einnahmen und Ausgaben Rechenschaft ablegen und in die Hand des Abtes ihre *administrationes* zurückgeben müssen (vgl. etwa: LD VIII, 1237, ed. LUCET S. 298); ein Widerspenstiger soll *usque ad nutum capituli generalis* aus dem Kloster verbannt werden. Ein Vorbild für die Bestimmungen in nr. 12 kann man nur sehr allgemein in der üblichen Aufforderung an die visitierenden Vateräbte sehen, *non solum querant de spiritualibus, sed et de temporalibus, ne nimiis debitis monasteria opprimantur* (vgl. etwa Generalkapitel von 1175, CANIVEZ I S. 82 nr. 5); zusammengefaßt in: LD (1237) VII 7 bzw. (1257) VII 5 (ed. LUCET S. 288); in der Anordnung, der Vaterabt solle durch den mit Zustimmung von Abt und Senioren vollzogenen Verkauf von Mobilien und Immobilien den Schuldenstand mindern, gehen auch hier die Zisterzienser wesentlich weiter. VII 8 (1257, ebd. S. 290) betrifft Schulden.
[139] LD XIII 10 (1237-1257, ed. LUCET S. 336) verbietet *vestes ... tincte ... curiose*, regelt aber die Gestaltung der Bestrafung von Übertretern des Verbots nicht.

dig ist, kann man eine zisterziensische Prägung erkennen[140]. Dies überrascht wenig, da die Zisterzienser eine Filiations- aber keine Provinzial-
struktur hatten, wie sie hier geschaffen werden sollte.

Die Entzauberung Clunys

Provinzen, aber keine Provinzialkapitel, sondern ein Generalkapitel, gab
es seit den von Innozenz III. und Hugo V. von Cluny im Jahre 1200 erlassenen Reformstatuten sogar im Cluniazenserorden[141]. Die Statuten von
1228 erinnern an die Statuten von 1220, die mit der Visitation von Cluny
und der am Charisma des Abtes zehrenden Rationalisierung seines Amtes
einen deutlichen Einschnitt in der Geschichte Clunys markierten. 1228
knüpft man an diese Entwicklung durch das neugeschaffene Amt der *camerarii provinciales* und die diesem Provinzialkämmerer obliegende Visi-
tationsbefugnis[142] an; da dieser Provinzial letztlich ein im Rahmen des
Generalkapitels rechenschaftspflichtiger Delegierter des Abtes von Cluny
und nicht etwa ein gewählter Repräsentant des Provinzialkapitels war,
sind, wie bei den Alt-Benediktinern, auch hier die Übereinstimmungen
nicht so eng, daß man von einer zisterziensischen Prägung sprechen
könnte.

Diesen Eindruck, daß als Reaktion auf ähnlich gelagerte Probleme eine
ähnliche Lösung gefunden wurde, bestätigt ein Blick auf die weitere Entwicklung in Cluny. Gregor IX. tauschte zwar in der zweiten Fassung von
Behemot die vier Zisterzienseräbte, die in der ersten Fassung im Cluniazensischen Generalkapitel beratende Funktionen wahrnehmen sollten, gegen drei Kartäuser aus, bei den Visitationen *juxta cisterciensem consuetu-*

---

[140] Vgl. zur Diskussion: MELVILLE, Cluny après Cluny S. 110 u. 123; BREDERO, Institutions S. 144. Differenziert: MELVILLE, Reformatio S. 253; vgl. allg. CONSTABLE,
Monastic Legislation S. 151–161.

[141] Vgl. MELVILLE, Cluny après Cluny S. 108 f.; DERS., Reformatio S. 255–259;
NEISKE, Reform oder Kodifizierung S. 78 f.; VALOUS, Monachisme clunisien S. 198 u.ö.
Ein Verzeichnis der Abteien und Priorate der 10 Ordensprovinzen, die meist mehrere
Diözesen umfaßten, findet sich bei PACAUT, Cluny S. 321 ff.

[142] Text nach CHARVIN I S. 40–52. Der Provinzialkämmerer hat Aufgaben wie (c. 5)
bei Abwesenheit des Abtes über die Eignung von adligen Aufnahmekandidaten zu entscheiden oder (c. 49) bei Abwesenheit von Abt und Prior über die Wiederaufnahme
Ausgestoßener zu befinden. In c. 56 wird die Wahl von zwei *provisores, quos camerari-
os appellamus* je Provinz verfügt, die zum Beginn ihrer Amtszeit eine Visitation der
Häuser ihrer Provinz durchführen, Zustand und Schulden der Klöster sowie Zahl und
Lebenswandel der Brüder an das Generalkapitel melden sollen; ein direkter Eingriff in
die Wirtschaftsführung oder eine Ermächtigung des Priors hierzu steht ihnen nicht zu,
wenn auch den Prioren verboten wird, ohne ihre *conscientia* die Schulden um mehr als
100 *solidi* zu mehren. Der Wichtigkeit ihres Amtes entspricht ihre Vereidigung. In c. 47
wird ihnen ein Ortswechsel verboten bzw. nur *ex causa* erlaubt.

dinem änderte sich aber substantiell kaum etwas[143]. Die in der ersten Fassung vorgesehene Absetzung des Abtes von Cluny durch das Generalkapitel nach zisterziensischer Sitte[144] wurde zwar in der zweiten Fassung der Bulle spürbar abgeschwächt und unter päpstlichen Vorbehalt gestellt, aber trotzdem wird deutlich, daß die Aufwertung des korporativen Elements einherging mit einer Stärkung der Observanz[145]. Ob man dies in dem Sinne verallgemeinern kann, daß die Stellung des benediktinischen Abtes, zumal bei einem geographisch weit expandierten Großkloster, dessen Dekadenz wenn nicht bedingt, so doch zumindest ermöglicht hat, wie es die Reformbulle Nikolaus IV. von 1289 andeutet[146], bleibe dahingestellt.

Wir brauchen die von Melville, Neiske u.a. herausgearbeiteten Entwicklungslinien nicht durch die Statuten Nikolaus IV. und die der Äbte Yvo II. von 1276 und Bertrand I. von 1301 bis zum Vienner Konzil weiterzuverfolgen. Die Aufwertung des Definitorenkollegiums zu einem legislativen Organ und die fortschreitende Ausdifferenzierung des Visitatoreninstituts sind Merkmale einer Entwicklung, die in den restaurativen Bestrebungen einzelner Äbte wie Wilhelms III., eines Enkels Philipps II. Augustus und Neffen Ludwigs IX., eine Gegenentwicklung fanden[147]. Letztlich waren es die Päpste, die von diesem Gegeneinander von korporativen

---

[143] Vgl. Reg. Gregor IX., ed. AUVRAY nr. 445 Sp. 470.

[144] Schon die CC regelte, daß die Absetzung eines *contemptor sanctae regulae, aut ordinis ... praevaricator* nach vierfacher Ermahnung durch den Vaterabt *congregato aliquanto numero abbatum nostrae congregationis* erfolgt (c. 24, ed. BOUTON/VAN DAMME S. 138 f.); bei dem Abt von Cîteaux (c. 28, ebd. S. 140 f.) sollen die Äbte der vier Primärabteien *sub caeterorum abbatum nomine* ihn ermahnen, *ut corrigetur ipse et alios corrigere curet*. Tritt er nicht selber zurück, darf erst im Generalkapitel oder einer entsprechenden außerordentlichen Äbteversammlung eine Absetzung vorgenommen werden. Die Generalkapitel des 13. Jahrhunderts setzten Äbte aus unterschiedlichsten Gründen ab: Simonie bei der Novizenaufnahme (1223, CANIVEZ II S. 21 nr. 40), Veruntreuung von Klostergut (1221, ebd. II S. 12 nr. 60), Züchtigung eines Mönchs mit Todesfolge (1226, ebd. II S. 53 nr. 27), übermäßige Schuldenaufnahme (1248, ebd. II S. 334 nr. 35), Widerstand gegen Visitatoren unter Zuhilfenahme Verwandter (1291, ebd. III S. 250 nr. 5), Fernbleiben vom Generalkapitel (1277, ebd. III S. 189 nr. 35) oder Verweigerung einer Vorladung (1281, ebd. III S. 207 nr. 8). Der LD von 1237 und 1257 (VII 4, ed. LUCET S. 287) beschränkt sich auf die formale Bestimmung, der Vaterabt solle *nec sine magno et maturo consilio* vorgehen. Noch der LAD legte 1317 fest (VIII 3, ed. SEJALON S. 430), daß jede *depositio vel institutio extra Capitulum facta, irrita ... penitus et inanis* sei. Substantiell entspricht dies *Behemoth* Sp. 471 bzw. S. 110b, daß Konventualprioren *nisi ex certis causis* abgesetzt werden dürfen: *dilapidatores, inobedientes, rebelles, infames, incontinentes*.

[145] Vgl. Reg. Gregor IX., ed. AUVRAY nr. 743 Sp. 470; die 2. Fassung schwächt ab, BClun S. 110b.

[146] *Regis pacifici*, Reg. Nikolaus IV. nr. 1582, Text: BClun S. 153b–156a, hier: S. 154a.

[147] Vgl. NEISKE, Reform oder Kodifizierung S. 97–105; MELVILLE, Reformatio S. 265–268.

und autokratischen Prinzipien profitierten, zumeist die korporative Einbindung des Abtes förderten[148] und ihren direkten Zugriff auf den Orden verstärken konnten: so hat etwa Nikolaus IV. dem Abt von Cluny unter Suspensionsdrohung verboten, legitim appellierende Mönche zu exkommunizieren oder zu inhaftieren, ohne aber deren Aufbegehren zu fördern[149]. Nach Gott und der Benediktusregel, aber vor den Statuten des Ordens werden nun die päpstlichen Konstitutionen zur höchstverbindlichen Grundlage des Ordenslebens[150]. Die Vorbildrolle der Zisterzienser, die von Gregor IX. mehr rhetorisch eingesetzt als verfassungspolitisch umgesetzt wurde, tritt auch in den späteren päpstlichen Bullen kaum mehr in Erscheinung[151]. Man kann sich fragen, ob der *mos cisterciensis* nicht schon für Gregor IX. mehr eine Chiffre für Strenge und Observanz war als ein konkretes Verfassungsmodell.

Mit der Visitationsregelung in den auf etwa um 1310 zu datierenden umfangreichen Statuten des früheren Ordensprokurators an der Kurie und 1308 von Clemens V. zum Abt von Cluny bestimmten Henri de Fautrières[152] kommen wir auf unser Ausgangsproblem zurück: *sicut facerent episcopi nisi exempta essent* sollen dort die Äbte von Cluny die ihnen unmittelbar unterstehenden Klöster (*loca*) des Ordens visitieren: *per exemptionis virtutem et efficaciam* sei ihnen als den „Vätern und Häuptern des Ordens" die bischöfliche Visitation übertragen worden[153]. An anderer, freilich zweifelhaft überlieferter Stelle[154] begründet Heinrich I. aus der an-

---

[148] Nikolaus IV. begrenzte die Dispensationsvollmacht des Abtes gegenüber den Entscheidungen der Definitoren (BClun S. 153a–b), bindet ihn bei der Benefizienvergabe an die *seniores* (S. 154b) und verpflichtet ihn, viermal jährlich den wirtschaftlichen Status seines Klosters im Kapitel bzw. vor Visitatoren zu erläutern (S. 155b).

[149] BClun S. 156a. Zum päpstlichen Zugriff allg.: NEISKE S. 110; PACAUT, Cluny S. 251.

[150] Nikolaus III. in einer Privilegienbestätigung für Cluny von 1278, BClun S. 145a.

[151] So auch in *Regis pacifici* von Nikolaus IV. (BClun S. 152b).

[152] Die von CHARVIN I S. 98–137 nach der *Bibliotheca Cluniacensis* von MARRIER/DUCHESNE (Sp. 1541–1586) gedruckten Statuten datiert der Hrsg. auf „vers 1314", letztlich auf Grundlage der Notiz eines Bearbeiters des 18. Jahrhunderts. Anders: MOLITOR I S. 116: „1308"; DENIFLE (CUP II S. 687 nr. 1187): „1309–1319". Die selbst in der Kleidungsordnung (nr. 30–33) nicht nachweisbare Beziehung auf das Vienner Dekret *Ne in agro dominico* (COD S. 371) widerlegt eine nachkonziliare Entstehung. Auch die Warnung vor einer *caristia* (nr. 107) läßt keine Beziehung zu der europaweiten Hungersnot von 1315–1317 (hierzu: LUCAS S. 343 ff.) erkennen. Die Thematisierung der Exemtion des Ordens macht eine Datierung in das unmittelbare Vorfeld des Konzils möglich. Zur Wahl Heinrichs I.: VALOUS, Monachisme I S. 96.

[153] CHARVIN I S. 113 nr. 50.

[154] Von den in Ms 413, fol. 72v–87 der Bibl. Munic. von Toulouse (vgl. Catalogue des manuscrits des bibl. publ. des départements VII [1885] S. 245 f.) im Anschluß an die Statuten Bertrands I. (fol. 1–46), Nikolaus' IV. (fol. 47–63) und Gregors IX. (fol. 63–71v) überlieferten und von CHARVIN I S. 138–146 als „Statuts sans nom d'Abbé et sans

geblich durch die Exemtion dem Abt von Cluny übertragenen episkopalen
Jurisdiktion über die anderen Klöster des Ordens den Anspruch auf legislative Rechte, die ihm „durch den Nebel der Unwissenheit verblendete"
Kontrahenten offenbar absprechen wollten[155]. Deutlicher kann die Überlagerung der lokalen Rechte durch die Juridifizierung der dem Abt auch
seitens der fünf wichtigsten Prioren des Ordens geschuldeten Obedienz[156]
kaum ausgedrückt werden. Im Sinne dieser den Orden homogenisierenden
Wirkung des päpstlichen Privilegienrechts beschreibt Heinrich I. ihn häufiger als seine Vorgänger in der Haupt-Glieder-Metapher: die Einheit des
Ordens lebt in den *mores et consuetudines ecclesie Cluniacensis*[157].

Es läßt sich nur mutmaßen, ob die Entschiedenheit, mit der hier der Abt
von Cluny in ein bischöfliches Gewand schlüpft[158], daher rührt, daß der
gute Beziehungen zur Kurie unterhaltende Abt von der bevorstehenden
Offensive des Weltklerus auf dem Vienner Konzil wußte. Insofern liegt
hier trotz einer an der Eindämmung kollegialer Entscheidungsstrukturen
erkennbaren Ausweitung der abbatialen Vollmachten[159], die sich wieder
der Provinzialkämmerer als lokaler Herrschaftsträger bediente[160], nur vor-
dergündig eine Restauration des monarchischen Abbatiats vor; vielmehr
erweist sich diese als eine konsequente Umsetzung der, wenn man so sagen darf, zweiten Stufe des päpstlichen Zugriffs auf den Orden. Dabei ist
es kein Zufall, daß Heinrich I. auf eine Formulierung in den Statuten Bertrands I. zurückgriff; wandelte dieser doch in besonderer Weise im Lichte
Bonifaz' VIII., seit er im Herbst 1302 an dessen gegen Philippe le Bel gerichteter römischer Synode teilgenommen hatte. Freilich war der Rücken
Clemens' V. nicht ganz so breit wie der des Caetani-Papstes, durch dessen
selbstherrliche Politik der Orden allerdings auch erheblichen Schaden ge-

---

date" in vier Teilen abgedruckten Statuten ist nur der vierte Teil von einer späteren Hand
mit *statuta Henrici* überschrieben. Die Deutlichkeit mit der im ersten Teil das vom Generalkapitel wahrgenommene Visitationsinstitut kritisiert (nr. 1–3) und verschiedentlich
die *nostra sive successorum nostrorum licentia* (nr. 4–6) eingefordert wird, läßt einen
Abt von Cluny, wohl Heinrich I., als Urheber wahrscheinlich werden; dem entspricht die
im dritten Teil (vgl. nrs. 9, 11, 12, 13, 16, 17, 19) erkennbare ordensinterne Stoßrichtung.
[155] CHARVIN I S. 140 nr. 8.
[156] Vgl. den in die Hand des Großabtes zu leistenden Eid der fünf *majores priores*,
bei Alienationen vorsichtig zu sein und keine Ordensmitglieder von der Obedienz des
Großabtes zu eximieren (CHARVIN I S. 115 nr. 55). Vgl. auch ebd. S. 121 nr. 71 zur Novizenaufnahme.
[157] CHARVIN I S. 102 nr. 18; vgl. auch ebd. S. 110 nrs. 40, 41; S. 112 nr. 46; S. 116
nr. 59 (Gütergemeinschaft); vgl. MELVILLE, Reformatio S. 286 f.
[158] Vgl. etwa: CHARVIN I S. 100 nr. 8; S. 110 nr. 40; S. 114 nr. 51.
[159] Vgl. MELVILLE, Reformatio S. 283.
[160] Aufgaben der *camerarii provinciales*: CHARVIN I S. 100 nr. 8; S. 108 nr. 36;
S. 110 nr. 41; S. 117 nr. 61; S. 119 nr. 64; S. 124 nr. 79.

nommen hatte[161]. Gerade ein schwacher Papst wie Clemens V. bot einem Abt, der seine quasi-episkopalen Rechte durch deren Herleitung aus der päpstlichen Vollmacht begründen wollte, die Möglichkeit hierzu; man fühlt sich an die Vienner Argumentation des Aegidius Romanus erinnert, für den die Autorität der Bischöfe aus der des Papstes hervorging und folglich sich dieser mit der Exemtion ins eigene Fleisch schnitt[162]. Selbst wenn Heinrichs I. Interessenlage eine andere war, so war für ihn die neue Machtfülle des Abtes allerdings nur ein *auctoritate apostolica* wahrgenommenes *regimen* über die *ecclesia Cluniacensis* und den ganzen Orden, dessen von dem Abt von Cluny eingesetzte Äbte und Prioren – hier überträgt Heinrich in einer auf Leo d. G. zurückgehenden Formel die Stellung der Bischöfe zum Papst auf die der Prioren zu ihm – *in partem sollicitudinis, non tamen in plenitudinem potestatis* regieren[163].

Wir stoßen hier wieder auf das Phänomen, daß innovative Normierungen im Namen der ältesten Tradition argumentieren. Die *plenitudo potestatis* des Groß-Abtes und ihr Gegenstück, die *pars sollicitudinis* der Priore und Äbte, stehen in ihrem Anspruch, das Verhältnis zwischen Ordensleitung und Orden nach dem Vorbild der Gesamtkirche zu gestalten, neben jener in denselben Statuten erkennbaren Sehnsucht nach Erneuerung des goldenen Zeitalters, in dem Cluny von heiligen Äbten regiert wurde, deren Fürbitten[164] offenbar dem Orden helfen sollen. Die häufigen Bezüge auf die Benediktusregel[165] und das explizite Anknüpfen an die Statuten des Petrus Venerabilis[166] verbinden sich problemlos mit dem wo immer mög-

---

[161] Vgl. zu Bertrand I.: DIGARD, Philippe le Bel et Saint Siège II S. 132 Anm. 1; MELVILLE, Reformatio S. 282; NEISKE S. 108–111.

[162] *Contra exemptos* c. 4, fol. 2vb.

[163] CHARVIN I S. 113 nr. 51. Zu der zuletzt erwähnten Formel (C. 2 q. 6 c. 11 u.12) allg.: RIVIÈRE, In partem sollicitudinis S. 210 ff.; BENSON, Plenitudo potestatis S. 199 ff.; zur Verwendung in Cluny: MELVILLE, Reformatio S. 289 ff.

[164] CHARVIN I S. 101 nr. 13 ordnet in der Hoffnung auf ihre segensreiche Intervention ein *duplex festum tam in officio quam in luminari* für die Äbte Odo, Maiolus, Odilo und Hugo an; ebd. nr. 15 wird, offenbar mit Blick auf Paris, auch dem Hlg. Ludwig ein Fest gestiftet.

[165] Die meisten Bezüge betreffen naturgemäß liturgische und asketische Bestimmungen (nrs. 1, 12, 21, 25, 29, 32, 34, 35); darüber hinaus den Eid der Definitoren (nr. 40) oder die Novizenaufnahme (nrs. 70, 75).

[166] CHARVIN I S. 121 nr. 71. – Auch die Vorstellung, daß unzulässig gekleidete Mönche *ad instar secularium personarum* (ebd. S. 106 nr. 32) erscheinen, geht sinngemäß auf Petrus Venerabilis (CCM VI S. 54 f. nr. 16; vgl. CHARVIN I S. 25 nr. 16) zurück. – Zu dem Verständnis des Petrus Venerabilis vom normativen Wandel: vgl. den Prolog seiner Statuten (CCM VI S. 39 f., bzw. CHARVIN I S. 21 f.), hierzu: PINKL, Neuorganisation S. 347 f.; KNOWLES, Reforming Decrees S. 5. Allg. zu Petrus Venerabilis: PACAUT, Cluny S. 242 ff.; LECLERCQ, Pierre le Vénérable S. 103 ff.

lich akzentuierten Hinweis auf *statuta apostolica*[167]. Was diese Texte miteinander verbindet, ist ihre fraglose Autorität, ob diese nun durch Alter
und Heiligkeit oder durch die hierarchische Stellung ihres Urhebers bedingt war. Diese Anleihen zeigen überdeutlich, wie wenig von dem Charisma des Abtes von Cluny geblieben und wie schwierig es war, die Prärogative eines Abtes ordensrechtlich zu begründen, sofern dieser seine Wahl
dem Papst und nicht der freien Entscheidung der Mönche verdankte. Auch
das zu einer hierarchisch unter dem Abt stehenden Institution verküm-
merte Generalkapitel hatte kaum die Möglichkeit, dem Abt Autorität zu
verleihen.

Der bei Heinrich I. insbesondere bei Korrekturvorgängen[168] erkennbare
Einbau der korporativen Organe Generalkapitel und Definitorenkollegium
in eine hierarchische Ordensverfassung läßt sich als eine nicht vollständig
gelungene Synthese der beiden im 13. Jahrhundert gegeneinander stehenden Verfassungsmodelle, des genossenschaflichen und des monarchischen,
interpretieren[169]. Dies entspricht nicht nur dem von Jacques de Thérines
fast gleichzeitig entwickelten idealtypischen Aufbau eines Ordens, sondern findet sich in charakteristisch modifizierter Form schon früher, auch
und gerade bei mendikantischen Verbänden, deren Vorbildrolle zu untersuchen bleibt.

Provinzialisierung bei den Franziskanern

Besonders bei den Franziskanern fallen schon in der zweiten Hälfte des
13. Jahrhunderts Äußerungen auf, die dem Provinzial eine *iurisdictio ordinaria* zusprechen[170]; diese in kanonistischer Terminologie beschriebene
Vollmacht kommt ihm kraft der Autorität des Generalministers zu, der
seinerseits seine Autorität der Wahl durch den im Generalkapitel repräsentierten Orden[171] oder bei einer außerplanmäßig notwendigen Neubeset-
zung des Amtes einer Wahl durch die Provinziale und Custoden ver-

---

[167] CHARVIN I S. 107 nr. 33: *Regis pacifici*; S. 108 nr. 38; S. 111 nr. 45; S. 116
nr. 57; S. 121 nr. 70: vgl. III. Lat. c. 10 = X 3.35.2. Auch schon im Prolog (ebd. S. 98 f.)
bezeichnet Heinrich I. sein Statutenwerk in augustinischer Terminologie als eine *pro
qualitate et necessitate temporum varietateque casuum* nötige Adaption der *Collectio
Statutorum per summos Pontifices et bone memorie predecessores Abbatis Cluniacenses.*
[168] Vgl. CHARVIN S. 100 nr. 20; S. 112 nr. 46; S. 114 nr. 51. Insges. auch S. 110
nr. 40.
[169] Andere Deutungen vgl. PACAUT, Cluny S. 330–335 und S. 247 ff.; BREDERO, Institutions S. 153.
[170] Vgl. Const. 1260-1279-1292, VII 18 (ed. BIHL S. 85 u. 91). Vgl. auch Const. 1310
(ed. CENCI, S. 547 f.).
[171] RB c. 8.

dankt[172]. Die gern zitierte Begriffsbestimmung im Dekretalenkommentar Innozenz' IV., nach der eine *potestas ordinaria* durch die Wahl einer *universitas* in die Hände der *rectores* gelegt[173] und von diesen auch wahrgenommen wird[174], wurde im hierarchischen Sinne, letztlich zugunsten der Provinziale, umgedeutet. Für Petrus Johannis Olivi besteht die *potestas ordinaria* der Provinziale gerade in ihrem Zugriff auf die in Sünden verfangenen Brüder[175].

In der praktischen Kontrolle der Brüder, die, wie Olivi in einen anschaulichen Gedankenbild ausführte, durch ihren Gehorsam gegenüber Franziskus in den Papst und durch den Papst in Gott „reduziert"[176] werden, kommt den Provinzialen mehr Bedeutung zu, als es die legislative Stellung des Generalkapitels[177] eigentlich erwarten läßt. Schon in den Statuten Bonaventuras von 1260 wurde festgelegt, daß zu den Kompetenzen der auf den jährlichen Provinzialkapiteln gewählten und vom Generalminister bestätigten Provinziale nicht nur die *potestas coercendi* desjenigen Provinzial gegenüber den Teilnehmern der Generalkapitel zählt, in dessen Provinz dieses stattfindet[178], sondern daß sie auch zusammen mit je einem vom Provinzialkapitel gewählten Delegierten, d.h. entweder dem Custos oder dem Diskreten, die Definitoren des Generalkapitels stellen[179]. Während die Provinziale in den Provinzialkapiteln der Korrekturgewalt der Definitoren unterliegen[180], deren Befugnis spätestens dort endet, wo die Kompetenz des Generalkapitels anfängt [181], stehen ihnen als Definitoren des Generalkapitels umfangreiche Befugnisse zu. Diese Art der perso-

---

[172] Vgl. RB c. 8. – Relativierend hierzu Olivi (*Expositio*, ed. FLOOD S. 124): *patet quod ex regula non est eis super hoc ordinaria auctoritas data*. Für den Orden selber gebraucht er den Begriff *universitas* eher beiläufig wie ebd. S. 115. – Vgl. allg. MICHAUD-QUANTIN, Universitas S. 252.

[173] *Universitas eligendo sibi rectorem tribuit jurisdictionem ordinariam*, vgl. CONGAR, Aspects ecclésiologiques S. 66; GILLET, Personnalité juridique S. 131; GIERKE, Genossenschaftsrecht III S. 248.

[174] Innozenz IV., zu: X 1.2.8, fol. 4ra; vgl. hierzu: TIERNEY, Conciliar Theory S. 421; WILKS, Sovereignty S. 34 f., S. 474 Anm. 2; MELVILLE, Reformatio S. 289; ULLMANN, Delictical Responsability S. 79–83. Vgl. auch COSTA, Jurisdictio S. 155, Anm. 95.

[175] *Expositio* (ed. FLOOD S. 177) zu RB c. 7.

[176] Vgl. Olivi, *Expositio*, ed. FLOOD S. 121.

[177] Vgl. WAGNER, Historia S. 38–46.

[178] Const. 1260 IX 9 (ed. BIHL S. 293); zu Wahl: ebd. IX 10; falls die Wahl nicht gelingt, soll der Generalminister die Provinz mit einem Provinzial ausstatten (ebd. IX 11). Vgl. allg. WAGNER, Historia S. 26 u. 29.

[179] Const. 1260-1279-1292 XI 12 (ed. BIHL S. 310).

[180] Const. 1260-1279-1292 X 16 (ed. BIHL S. 303 und S. 307). Die vier Definitoren werden (ebd. X 14, S. 302) auf Vorschlag von Provinzialminister, Custos und Guardian im Provinzialkapitel gewählt.

[181] Const. 1260-1279-1292 X 17 (ed. BIHL S. 303 u. S. 307). Das Pariser Generalkapitel präzisierte (VII 26b S. 93).

nalen Abhängigkeit zwischen Provinzial- und Generalkapitel entspricht
der im Ordensrecht vorgesehenen hierarchischen Devolution von bedeutenden Entscheidungen[182].

Die Schlüsselstellung der Provinziale zeigt sich in unserem Kontext gerade bei ihrer bereits in der *regula bullata* grundlegend geregelten Zuständigkeit für die Korrektur von solchen Brüdern, die *mortaliter* gesündigt haben[183]. Bei der Novizenaufnahme und der Rechenschaftspflicht der Prioren für ihre Amtsführung, bei einer Erlaubnis zu einem *pactum cum clericis* oder zum Empfang der Weihen, bei der Genehmigung zum Verschicken eines Bruders in Gebiete außerhalb der Provinz oder zum Studium, überall stößt man auf die Genehmigungspflicht der Provinziale oder ihrer Provinzialkapitel[184]. Wirksam begrenzt werden ihre Befugnisse, abgesehen von ihrer Bindung an den Konsens des Provinzialkapitels und der Kontrolle durch den Visitator, mittels allgemeiner Gebote, wie dem, daß die Provinziale beim Erlassen von Provinzialstatuten maßvoll sein sollen, *propter oblivionis et transgressionis periculum evitandum*[185].

Die überlieferten Provinzialkapitelsakten entsprechen in ihrer an die *regula bullata* angelehnten Gliederung und in den Gegenständen ihrer Gesetzgebung weitgehend den Generalkapitelsakten und wurden zumindest einmal, wie 1313 in Nîmes, auch von dem Ordensgeneral selbst erlassen[186]. Es kann wenig überraschen, daß ein so wichtiges Amt zum Gegenstand von Meinungsverschiedenheiten wurde. Sogar in dem Vienner Dekret *Exivi de paradiso*, das überwiegend den für das Selbstverständnis des Ordens so grundlegenden Armutsfragen gewidmet war, finden sich längere Passagen, die eine *dubitatio inter fratres* über die Wahl der Provinziale reflektieren[187]. In einem vorangehenden Entwurf, den eine mit namhaften Theologen und Kanonisten, unter ihnen Aegidius Romanus, Jacques de Thérines, Guillaume de Mandagout und Guillaume Durand, besetzte

[182] Allgemein galt, daß nur solche Entscheidungen dem Generalkapitel vorgelegt werden dürfen, die ein Provinzialkapitel ausreichend beraten hat (Const. 1260-1279-1292 X 7, ed. BIHL S. 302).
[183] RB c. 7; Const. 1260-1279-1292 VII 1 (ed. BIHL S. 82 u. 87). Das Generalkapitel von 1292 fügte umfangreiche Bestimmungen (VII 2a–f, ebd. S. 87 f.) hinzu, die die schon von Gregor IX. in *Quo elongati* (ed. GRUNDMANN S. 24) verfügte Absolution gemäß der Diskretion des Provinzials konkretisierten; nur bei der *iniectio manuum* kann auch ein Custos dispensieren. Zusammen übernommen in: Const. 1310 VII 1 (ed. CENCI S. 536).
[184] Const. 1292 I 4a (ed. BIHL S. 41); Const. 1260 III 10, S. 47; Const. 1292 III 21b, S. 53; Const. 1260 VI 9, S. 74; Const. 1260 V 3, S. 63; Const. 1260 VI 12, S. 72.
[185] Const. 1260-1279-1292 VII 26 (ed. BIHL S. 87 u. 93); Const. 1310 ebd. (ed. CENCI S. 550). Die Provinziale sind freilich wie alle anderen Amtsträger in den Provinzialkapiteln rechenschaftspflichtig (Const. 1260-1279-1292 III 12, S. 47 u. 51).
[186] Const. 1313 Prov. Provence (ed. DELORME S. 426).
[187] COD S. 400 f. (= Clem. 5.11.1).

Kommission ausgearbeitet hatte, wurde, ähnlich wie in der Armutsfrage, die seinerzeit von Bonaventura gefundene, auf dem Generalkapitel von Narbonne 1260 normierte und in *Exiit qui seminat* mit dem Segen des Papstes ausgestattete Lösung präferiert[188]. Noch Benedikt XII. berief nicht weniger als sechs Provinziale zu Mitarbeitern bei der Vorbereitung der Bulle *Redemptor Noster*[189].

Ein anderer in der Kommission zur Vorbereitung von *Exivi de Paradiso* strittiger Punkt betraf den Vorwurf, in einigen mittelitalienischen Ordensprovinzen seien die Visitatoren unzulässigerweise gegen armutseifernde Brüder vorgegangen bzw. in der Lesart der Kommunität: die dortige Existenz von Häretikern beweise die Nachlässigkeit der durchgeführten Visitationen, was die Kommission offenbar mit großer Mehrheit durch ordensfremde Visitatoren, die keine Bettelmönche sein sollten, überprüfen lassen wollte[190]. Die zunehmende Bedeutung der alle drei Jahre mit der Visitation des ganzen Ordens betrauten Visitatoren[191] lassen bereits die zahlreichen Zusätze erkennen, die den Bestimmungen von 1260 beigefügt wurden. So beauftragte das Generalkapitel von Paris 1292 die Visitatoren, unrechtmäßige Anhäufungen von Vorräten, aufwendige Bauten und Kleidungssitten, „kuriose" Malereien und andere Verstöße gegen die regulare Disziplin und die Statuten der Generalkapitel diesem zu melden[192]. Korrekturen obliegen also zunächst den Visitatoren, in schwierigen Fällen, wie bei Verfehlungen eines Provinzialministers, gehen sie an die Definito-

---

[188] Vgl. zu den Teilnehmern: FUSSENEGGER, Relatio commissionis S. 147 f. Der Streitpunkt war von Ubertino da Casale in seinem *Rotulus* (vgl. EHRLE, Zur Vorgeschichte des Konzils von Vienne, ALKG III S. 93–137) vorgebracht worden (S. 121): *non videtur expediens, quod* [scil. minister generalis] *possit ministros instituere vel destituere secundum voluntatem suam.* Vgl. die Antwort der Kommunität (*Religiosi viri*, AFH 8 bes. art. 18, S. 74). Die Vienner Kommission hierzu: ed. FUSSENEGGER S. 171 f. Vgl. Const. 1292 (ed. BIHL S. 296 nr. 9b). Zu Bonaventuras Haltung in der Armutsfrage, die Nikolaus III. 1279 in *Exiit qui seminat* bestätigte: MAGGIANI, De relatione S. 13 ff.; LEFF, Bible and Rights S. 229.

[189] RN (ed. BIHL S. 334): involviert waren die Provinziale der Prov. Francia, Burgund, Provence, Tuszien, Aragon und Mark Ancona. *Exivi* wurde bestätigt in RN c. 18 nr. 1 (S. 364).

[190] FUSSENEGGER, Relatio S. 173.

[191] Const. 1260-1279-1292 VIII 1 (ed. BIHL S. 284 und S. 288); Const. 1310 VIII 1 (ed. CENCI S. 551). Daneben gab es noch jährliche Visitationen, die von den Custoden wahrgenommen wurden (VII 21, ed. BIHL S. 86).

[192] Const. 1292 VIII 20a (ed. BIHL S. 290). Andere Ergänzungen betreffen u.a.: die Ersetzung eines verstorbenen Visitators (VIII 3–5a, S. 288); das Verbot, eine Exkommunikation, Suspension oder ein Interdikt zu verkünden (VIII 16a, S. 289); ihre Pflicht, den *statum provinciae, ... sive bonum sive malum* dem Generalkapitel zu melden (VIII 20b, S. 290); die jährliche Visitation von Assisi, das direkt dem General untersteht (VIII 24a S. 290 f.); die Visitationsbefugnisse der Minister (VIII 24b, S. 291) und Custoden (VIII 24c, ebd.).

ren der Provinzialkapitel über und, falls es um *aliquid valde notabile* geht, fallen sie in die Kompetenz des Generalkapitels[193]. Eine noch darüber stehende Devolutionsstufe, wie sie Abt Heinrich I. von Cluny für sich beanspruchte, ist bei den Franziskanern nicht vorgesehen. Auch der Ordensgeneral darf nur mit Zustimmung der Definitoren im Generalkapitel Statuten erlassen, er darf kein Privileg erlangen, das von der Regel derogiert, und unterliegt bei der nur *in speciali* zulässigen Dispensation von Statuten der Bindung an Notwendigkeit und Nutzen[194]. Darüber hinaus dürfen Absolutionsvorgänge nie entgegen der Hierarchie erfolgen[195].

Reform und Selbstbestimmung

Man verfehlt das hier relevante Problem, wenn man deskriptiv verfassungsgeschichtlich versucht, die Selbstbestimmung des Ordens legislativ zu definieren und im Generalkapitel[196] zu lokalisieren. Selbst wenn an dessen zentraler Stellung im Orden keine Zweifel bestehen können, wird bei der Frage nach effizienten Korrekturmechanismen immer wieder deutlich, daß die Zentralisierung an rein praktisch bedingte Grenzen stieß. Diese auch bei den Dominikanern[197] im disziplinarischen Bereich erkennbare Provinzialisierung des Ordenswesens war eine Möglichkeit, die goldene Mitte zwischen der Zentralisierung eines Ordens und der Autonomie seiner einzelnen Einheiten zu finden. Sie entspricht der unmittelbar einsichtigen Vorstellung, daß nur ein geographisch in unmittelbarer Nähe operierender Visitator wirksam Observanzdefizite wahrnehmen und sie korrigieren kann. Damit war sie auch eine Antwort auf die von den Bischöfen betriebene Einschärfung der Diözesansynode.

Die bei Exemten in Krisenzeiten akute Ambivalenz von Nähe und Ferne des Papstes faßte noch auf dem Konzil von Vienne Aegidius Romanus in eines seiner plastischen Bilder[198], das gerade in seiner polemischen Verkürzung der Realität das eigentliche Problem deutlich erkennen läßt. Insofern war es nicht nur eine ordenspolitische Karte, die Jacques de Thérines spielte, als er unter Berufung auf die *Clementina* von 1264 betonte,

---

[193] Const. 1260-1279-1292 VIII 18 u. 20 (ed. BIHL S. 287 u. S. 290). Auch bei Verfehlungen der Visitatoren werden diese zwar durch das Provinzialkapitel ermittelt, die Bestrafung erfolgt jedoch durch das Generalkapitel (ebd. VIII 22, S. 287).

[194] Const. 1260 X 25, ed. BIHL S. 86 f.

[195] Const. 1260 VII 24, ed. BIHL S. 86.

[196] Vgl. allg.: HOURLIER, Chapitre général S. 144 ff.

[197] Vgl. bei den Dominikanern die zentrale Stellung des Provinzials und der Definitoren des Provinzial- oder Generalkapitels in den Statuten des Raymund von Peñaforte c. 18 (ed. CREYTENS S. 45 f.).

[198] In *Contra exemptos* c. 23 (fol. 15 [recte 17]v): *sicut animalia non timent Leonem longinquum, sic summus Pontifex, quia non potest semper esse proximus, ab eis non timetur.*

wie sehr die Verfassungsstruktur seines Ordens *ad maiorem perfectionem observantie regularis* dem Lobe Gottes diene[199]. Die *correctores intrinsecos*, nach c. 12 des IV. Lateranum der einzige Visitations- und Korrekturmechanismus der Benediktiner, haben seiner Auffassung nach unzulängliche Strafgewalt gegenüber Mönchen und Äbten[200]. Auch Hervé Nédellec zeigte verschiedene Möglichkeiten auf, einen fehlenden *correctorem propinquum* zu ersetzen[201], und die Vienner Konzilsväter folgten ihnen zumindest insoweit, als sie in dem Konzilsdekret *Ne in agro dominico* die dreijährigen Provinzialkapitel und die anderen auf *In singulis regnis* und *Cum ad monasterium* zurückgehenden Reformbestimmungen[202] ausdrücklich erneuerten, jedoch keine Verschärfung oder Kompetenzerweiterung vornahmen. Noch Augustinus von Ancona akzentuierte ein effizientes, ordensinternes und auf provinzieller Basis stehendes Korrektursystem, das neben der diözesanrechtlichen Kirche steht[203]; freilich entspricht diesem ebenso zweckmäßigen wie theoretisch begründbarem Ideal auch die Verfassungsstruktur des Augustinereremitenordens[204] und die Gesetzgebungstätigkeit seiner General- und Provinzialkapitel[205].

Ordensverfassung und Korrektureffizienz bilden, wie gezeigt werden sollte, bereits im Denken von Zeitgenossen wie Jacques de Thérines eine enge Einheit. Die von Hostiensis referierten und von Johannes XXII. an-

---

[199] *Questio* S. 166; zur Bulle *Parvus Fons*: GRILL, Reformversuche S. 25 ff.

[200] TCIE S. 262 [recte 266]b; vgl. auch: *Questio* S. 185. Auf c. 12 bezieht er sich in TCIE S. 263b.

[201] *De exemptione* S. 580a.

[202] C. 14 (= Clem. 3.10.1; COD S. 373 z. 2–8), hierzu: vgl. MÜLLER, Konzil S. 598 ff. In c. 30 (= Clem. 6.5.un.; *Frequens et assidua*, COD S. 387 z. 6–9) wird den Prälaten verboten, die *generalia vel provincialia ... capitula* besuchenden Äbte, Prioren oder Mönche zu behindern.

[203] SDEP q. 61 d. 5, fol. 186vb.

[204] Die auf dem Generalkapitel zu Regensburg 1290 (ed. Venedig 1508; die Ausgabe von ARAMBURA-CENDOYA war nicht zugänglich; zu den Statuten: MOÉ S. 92 ff.; GUTIERREZ, Los Agustinos S. 74) verabschiedeten Statuten regeln in cc. 32 u. 33 die Aufgaben des Provinzial, dem alle Brüder der Provinz *tamquam patri et pastori* (fol. 30r) gehorchen sollen (c. 33, ebd.): er ist verpflichtet, jährlich die Provinz persönlich zu visitieren, die gewählten Prioren zu bestätigen und (c. 32, fol. 29v) bei Ausfall eines der beiden von dem Provinzialkapitel gewählten Visitatoren einen neuen zu bestimmen. Der mit einfacher Mehrheit auf dem jährlich tagenden Provinzialkapitel für jeweils ein Jahr gewählte Provinzial (c. 32, fol. 28v) kann auch die Wahl eines Priors, *qui nesciat distincte legere breviarium et missale* (c. 33, fol. 30r), annullieren und ist dafür verantwortlich, daß sich in jedem Konvent mit mehr als 12 Brüdern ein sicherer Kerker befindet (ebd., fol. 29v).

[205] Vgl. als Bsp. für Kontrollen: Provinzialkapitel der Provincia Romana 1295 (AAug II S. 386); Generalkapitel von 1321 (ebd. III S. 245); Provinzialkapitel der Provincia Francia 1325 (ebd. III S. 323). Das Generalkapitel von 1326 (ebd. IV S. 5) beschränkte die Gesetzgebungstätigkeit der Provinzialkapitel *contra ordinis statuta*.

Kapitel 5

Die Nachwirkungen des Konzils von Vienne

5.1. Die Zisterzienser: Reform als eingeforderte Verfügbarkeit

Die Ausgangslage nach dem Konzil

Seit Noël Valois sind sich die Historiker des Konzils von Vienne weitgehend einig, daß Jacques de Thérines mit der Abwehr der gegen seinen Orden gerichteten Angriffe einen brillanten Sieg errungen habe[1]. Tatsächlich bezieht sich das Konzilsdekret *Frequens et assidua* explizit auf häufige und beständige Klagen von Brüdern gegen Prälaten, denen vorgeworfen wird, Exemte unzulässigerweise einzukerkern, ungerechtfertigt Zehnte zu beanspruchen, Appellationen und Gottesdienste zu behindern sowie Kirchenstrafen willkürlich zu verhängen; sie sollen ebensowenig Seelsorgebenefizien an Ungeeignete vergeben wie Ordensländereien an Verwandte, nicht gewaltsam auf mobilen und immobilen Ordensbesitz zugreifen oder mit Statuten in die Orden hineinregieren[2].

Hierbei, wie übrigens auch bei den Schriften der Exemtionsgegner[3], bleibt freilich der konkrete Rezeptionsweg unbekannt, nicht zuletzt, weil kaum zu entscheiden ist, ob die Traktate des Abtes von Chaalis oder die im kaum ausleuchtbaren Hintergrund des Konzils betriebene Überzeugungsarbeit des Arnaud Nouvel, seit 1314 offiziell Kardinalprotektor seines Ordens[4], für die Schonung der Zisterzienser verantwortlich zu machen ist. Die *sacro instante et approbante concilio* gegen die Bettelorden verfügte Erneuerung der Bulle *Super Cathedram*[5] von Bonifaz VIII., die der

---

[1] VALOIS, Jacques de Thérines S. 209; BUCZEK S. 96; MATHIS, Privilegien S. 22.

[2] COD S. 385–387 (c. 30) = Clem. 5.6.1; hierzu: MÜLLER, Konzil S. 552–556.

[3] MÜLLER, Konzil S. 593, resümiert, Guillaume Durands Gutachten sei an „zahlreichen Stellen" die Vorlage für Konzilsdekrete geworden; so auch FASOLT, Council and Hierarchy S. 304 Anm. 51, zur Erneuerung von *Super Cathedram*. Auch Klagen gegen die Schließung klandestiner Ehen durch Priestermönche oder das Vagieren von Mönchen, wie sie bei Aegidius Romanus und Guillaume Le Maire belegbar sind, finden sich in der Beschlußfassung des Konzils, letzteres in dem Dekret *Ne in agro dominico* (c. 14, COD S. 372 z. 5–7).

[4] FELTEN, Arnaud Nouvel S. 223. Zur (schlechten) Quellenlage: HOFMEISTER, Kardinalprotektoren S. 434.

[5] COD S. 365–369 *Dudum a Bonifacio* (= Clem. 3.7.2). Zur Interpretation dieser Dekretale bzw. von *Super Cathedram*: SCHLEYER, Anfänge des Gallikanismus S. 107–111;

Dominikanerpapst Benedikt XI. erst 1304 aufgehoben hatte, relativiert den Stellenwert des den zisterziensischen Produkten argumentativ überlegenen, vielleicht aber auch einigen Konzilsvätern zu akademisch konzipierten Traktats des Hervé Nédellec[6]. Es mag auch kein Zufall sein, daß sich die Zisterzienser noch vor Beginn des Konzils offenbar als einziger der großen Orden ihre Privilegien bestätigen ließen, um nicht, wie Thomas Walsingham berichtet, dem *ius commune* unterworfen zu werden[7]. Ähnlich vorsorgende Maßnahmen sind sonst nur noch und eher zufällig von den Vallombrosanern bekannt[8], die aber auf dem Konzil keine nennenswerte Rolle spielten.

Die Vorstellung vom Triumph des Arnaud Nouvel und seines theologisch sachverständigen Helfers Jacques de Thérines über die hinter Aegidius Romanus vereinigten Widersacher ihres Ordens verliert obendrein an Dramatik, wenn man bedenkt, daß die Beschlußfassung des Vienner Konzils gegenüber den monastischen Orden weitgehend dem Status quo ante zu neuer Verbindlichkeit verhalf. Dieser Defensivsieg der Zisterzienser ist neben dem passiven Widerstand gegen die Verurteilung Bonifaz' VIII. so ziemlich das einzige, was man mit einer gewissen Wahrscheinlichkeit der Tätigkeit Arnaud Nouvels in Vienne zugute schreiben kann. So bedeutend die Stellung des Vize-Kanzlers der Kirche im administrativen Getriebe des Konzils gewesen sein mag, konkrete Folgen seines Wirkens lassen sich nicht benennen[9]. Allein dieser Befund erweist Mutmaßungen um seine Autorschaft eines anonymen Reformgutachtens als reine Spekulation[10].

RODRIGUEZ, Origines historicos S. 253; HITZFELD S. 5–10; zur Auseinandersetzung in Vienne: MÜLLER, Konzil S. 547–552.

[6] Der einzige auf dem Konzil aktive Dominikanerkardinal war Nicolas de Fréauville; der Kardinalbischof von Ostia, Nikolaus Alberti, war nicht anwesend, vgl. MÜLLER, Konzil S. 74.

[7] *Chronica Monasterii S. Albani*, ed. RILEY I S. 127. Vgl. auch Jacques de Thérines *Responsio* (ed. MÜLLER S. 699 f.).

[8] Generalkapitel von 1310, ed. VASATURO S. 137.

[9] Arnaud Nouvel wurde bereits ab Juni 1312, also kurz nach der Beendigung des Konzils, dessen Statuten in seiner dritten Sitzung am 6.5.1312 promulgiert wurden (vgl. MÜLLER S. 227 und S. 649–654) mit diplomatischen Aufgaben in Montreuil-sur-Mer und am englischen Königshof betraut; vgl. FELTEN, Arnaud Nouvel S. 214; HAURÉAU, Arnaud Nouvel S. 209 f.

[10] Ein anonym in Vat. lat. 4177 sowie einem Ms des Collège de Foix in Toulouse überlieferter *Libellus de rebus in concilio definiendis* wurde bisweilen in der älteren Forschung Arnaud Nouvel zugeschrieben; dies ist auch dann unhaltbar, wenn die schon von BZOVIUS, *Annales ecclesiastici* XIV [1618] Sp. 160 in dem (vielleicht versehentlich beim Druck nach unten verschobenen, eigentlich den TDMGCC im vorangehenden Abschnitt erläuternden) Marginalkommentar vorgeschlagene Zuschreibung an Guillaume Durand nicht überzeugt; FASOLT, Council and Hierarchy S. 326, nennt weder das vatikanische noch das wohl über Peñiscola letztlich aus Avignon stammende Ms in Foix als Exemplare dieses *Libellus*; vgl. auch: DERS., Manuscripts S. 292–306. Die inhaltliche

Der zisterziensische Sieg war nicht nur mit jenen *dona* erkauft, von denen Thomas Walsingham berichtet[11], sondern auch mit jener bedingungslosen Bereitschaft des Jacques de Thérines, dem Papst Gehorsam zu versprechen. Bei einem willensschwachen und umgänglichen Papst wie Clemens V. war dies vergleichsweise unproblematisch, zumal die Zisterzienser einen der Ihren unter den Kardinälen hatten, der die Wirkung der *dona* sicherstellen konnte. Als nach dem Tod Clemens' V. und der gescheiterten Kandidatur Arnaud Nouvels die Kirche mit Johannes XXII. einen Oberhirten erhielt, der unbeugsame Willenskraft mit der ausgeprägten Fähigkeit, politische Gegner wie persönliche Feinde zu hassen, verband, scheint die Stellung des Weißen Kardinals zwar kaum gelitten zu haben, doch setzte der neue Papst eben andere politische Akzente.

Arnaud Nouvel gehörte zusammen mit dem Kardinalbischof von Frascati Bérengar Frédol einer von Johannes eingesetzten Kommission an, die über die in Schutzzonen bei Béziers und Narbonne lebenden franziskanischen Spiritualen befinden sollte[12]. Johannes XXII. und der ihm geistesverwandte Michael von Cesena waren sich freilich längst über deren Schicksal einig geworden. Ihre Vorgehensweise, von der Konfrontation der Spiritualen mit der Fangfrage, ob ein Papst eine Bulle wie *Quorundam exigit* erlassen dürfe, über die Festnahme der dies bestreitenden Brüder, der Aktivierung des franziskanischen Inquisitors Michel Le Moine und der Tätigkeit einer zweiten Theologenkommission bis hin zum Tod der verbliebenen vier standhaften Spiritualen am 7. Mai 1318 auf einem Scheiterhaufen in Marseille, zeigt deutlich, mit welcher Entschiedenheit Papst und Ordensgeneral Probleme lösten. Es ist müßig, darüber zu spekulieren, wie Arnaud Nouvel dazu gestanden hätte, da er knapp zwei Monate vor *Quorundam exigit* starb[13]. Den nach langwierigen Erörterungen über die Form des Habits und die Nahrungsversorgung der Brüder im Schlußteil der Bulle entwickelten allgemeinen Vorstellungen über das Gehor-

---

Ausrichtung des *Libellus* gegen zweifelhafte Gewohnheiten von Laien und Klerikern, gegen die Vergabe von Pfründen durch den Papst und deren Kumulation, gegen die Templer und gegen Exemtionen machen eine Verbindung zu Arnaud Nouvel unmöglich; schon HAURÉAU, Arnaud Nouvel S. 212, nahm einen anonymen französischen Bischof als Verfasser an; ASAL, S. 56 Anm. 185, bleibt unentschieden; FELTEN, Arnaud Nouvel S. 224, lehnt Arnaud Nouvel ab.

[11] Wie Anm. 7; gegen *munera* optierte das Generalkapitel von 1312 (CANIVEZ III S. 325 nr. 3).

[12] Vgl. allg.: NIMMO, Reform and Division S. 134–138; LAMBERT, Poverty S. 212 ff. Zu Arnaud Nouvels Auftrag: DOUIE, Nature and Effect S. 17 f.; Text bei: EHRLE, Vorgeschichte ALKG III S. 28 nr. 9.

[13] Jacques de Thérines jedenfalls war am 11.6.1318 zusammen mit Michael von Cesena und Durand de Saint-Pourçain an einer gegen Fraticellen gerichteten Sentenz beteiligt, vgl. VALOIS, Jacques de Thérines S. 182.

samsprinzip und die Einheit des Ordens[14] hätte er gewiß vorbehaltlos zugestimmt, nicht zuletzt, weil die Zisterzienser selber ähnliche Probleme
hatten.

Der Reformversuch Johannes' XXII. von 1317/18

Arnaud Nouvel und Jacques de Thérines begegnen gemeinsam in einem
Text, der als Antwort des Zisterzienserordens auf den zweifachen Wunsch
Johannes' XXII. nach Reform des Ordens und Leistung eines Kreuzzugszehnten konzipiert war[15]. Wann genau die zwischen August 1317 und Juni
1318 entstandene *responsio* des Abtes abgefaßt wurde, entzieht sich ebenso der Kenntnis wie die genauen Umstände, unter denen der Papst den
Äbten von Chaalis und Pontigny den Auftrag erteilt hatte, ihm über Reformbedarf und Solvenz des Ordens zu berichten. Die Reaktion des Ordens ist nur partiell eruierbar; zumindest ist nicht bekannt, daß sich ein
Generalkapitel mit den päpstlichen Wünschen auseinandergesetzt hätte[16],
und es mag kein Zufall sein, daß Johannes gerade solche Vertreter des Zisterzienserordens konsultierte, die er persönlich kannte und die sich gerade in Avignon aufhielten[17]. Arnaud Nouvel hat, wie aus dem Text hervorgeht, dem Papst eine Zusammenstellung der für Verfassung und Selbstverständnis des Ordens grundlegenden Texte vorgelegt[18]; neben der Benediktusregel und der *Carta Caritatis*, der Bulle *Parvus Fons* von 1265 und
den *Usus antiqui*[19] vermißt man freilich den aktuellen *Libellus Definitionum*. Dies überrascht umso mehr, wenn man bedenkt, daß dieser in einer
gerade neu überarbeiteten Redaktion vorlag, die erst vom Generalkapitel
von 1317 in Kraft gesetzt worden war[20].

---

[14] BF V Sp. 128–130 vom 7.10.1317, Extravag. Joh. XXII. 14.1 (ed. FRIEDBERG
Sp. 1223, verbesserte Lesung: ed. TARRANT S. 178 f.). Zur Interpretation: NIMMO, Reform and Division S. 137.

[15] Der bereits 1908 von VALOIS als „Plaidoyer" edierte Text ist in den auch weitere
Schriften des Jacques de Thérines enthaltenden Ms Lille 450 (fol. 83) und Ms Wien
4257 (fol. 148v) eindeutig als Werk des Abtes von Chaalis überliefert. Zur Datierung des
Textes vor der Ernennung des Thérines zum Abt von Pontigny (13.6.1318) und nach
dem Tod des *bone memorie* erwähnten Arnaud Nouvel (14.8.1317): vgl. VALOIS, ebd. S.
360 Anm. 2.

[16] Das Generalkapitel war nur *pro servitiis et expensis faciendis in curia Romana*
(1318, CANIVEZ III S. 340 nr. 8) verantwortlich; noch 1319 (ebd. III S. 344 f. nr. 3) und
1320 (S. 349 f. nr. 10) bestand Zahlungsverzug.

[17] Jacques de Thérines führt in seiner bereits im *Incipit* als *in Avinione* entstandenen
Responsio explizit mit Hinweis auf Job 14,15 aus, daß er den Auftrag direkt vom Papst
erhielt (ed. VALOIS S. 359).

[18] Vgl. SCHIMMELPFENNIG, Zisterzienserideal S. 36.

[19] Gemeint ist wohl eine Fassung der *Ecclesiastica officia cisterciensis Ordinis* (ed.
GRIESSER), von dem Hrsg. auf 1130–1134 datiert, vgl. GRIESSER, ebd. [Einltg.] S. 174.

[20] Bereits der *Libellus antiquarum definitionum* (die Bezeichnung gebrauchte das Geneneralkapitel von 1317, das ihn *noviter compilatus* in Kraft setzte, CANIVEZ III S. 336

Es ist nach unseren Ausführungen zu den dem Vienner Konzil vorgelegten Streitschriften des Jacques de Thérines nicht nötig, abermals darzustellen, wie erbaulich der Abt von Chaalis das Leben der Mönche *tam in
vita contemplativa quam in activa* beschreibt, wie er dies mit dem exemten Status des Ordens verbindet, indem er die Effizienz der ordensinternen
Kontrollorgane unterstreicht, und wie er schließlich trotz der prinzipiellen
libera potestas des Papstes, die Privilegien des Ordens zu widerrufen, eine
Reform schlechthin für überflüssig erklärt[21]. Die in Arnaud Nouvels se-
lektiver Auswahl der normativen Texte des Ordens erkennbare Absicht,
Tradition und Gegenwart auch auf normativer Ebene zu vertauschen, zeigt
jenes Ineinander von Antiquität und Moderne, das schon mehrfach begegnet ist. Jacques de Thérines ignorierte die von Johannes XXII. seiner zweifachen Frage zu Grunde gelegte und fiskalisch zugespitzte Vorstellung,
daß nur ein wirtschaftlich intakter Orden auch spirituell blühen kann, d.h.
daß ökonomische Fragen neben Askese und Studium ein entscheidender
Aspekt von Reform sind. Die mit dem phantastisch überzeichneten Schuldenstand einzelner Klöster[22], Hinweisen auf Kriege, Viehsterben und Miß-
ernten, Steuerlast, weltliche Übergriffe und Wucherei von dem Zisterzienserabt eindrucksvoll bewiesene Zahlungsunfähigkeit des Ordens[23] gilt für
ihn nur so lange, bis der Papst direkt eingreift und den Verkauf von Ordensländereien erlaubt[24].

---

nr. 12) von 1316 geht zumindest nach Auffassung von VAN DAMME, Pouvoirs de l'abbé
S. 75 ff., Prologue de la Charte de charité S. 123, auf die Jahre 1289 und 1265 zurück.
Die Datierung kann sich auf Paris Ms BN lat. 10894 und BN lat. 1402 stützen, die beide
1317 datiert sind, vgl. LUCET, L'ère des grandes codifications S. 257.

[21] Vgl. VALOIS, Plaidoyer S. 360–364. Zu dem Selbstverständnis des Ordens
als *castrorum acies ordinata* (ebd. S. 364) vgl.: *Questio* (ed. RODRIGUEZ S. 176) aber
auch: *Instituta monachorum cisterciensium de Molismo venientium* (ed. BOUTON/VAN
DAMME S. 77).

[22] VALOIS, Plaidoyer S. 365. Nach Thérines sei der Orden ohne zu leistende Pensi-
onsansprüche mit 500.000 l.t. verschuldet, und fünf Abteien hätten je über 100.000 l.t.
Schulden; nach KING, Finances S. 94 ff. ist dies „fantastic". Vgl. allg.: BUCZEK, Medieval Taxation passim. – Aus den Visitationen von Cluny sind Schulden in der Größenord-
nung von 42.000 l.t. (1290, CHARVIN II S. 13) oder 64.000 l.t. (1294, ebd. II S. 79)
überliefert.

[23] Vgl. VALOIS, Plaidoyer S. 364–368. Die Angaben über Naturkatastrophen (ebd.
S. 366) lassen sich mit den europaweiten Hungersnöten der Jahre 1315 bis 1317 verbinden, von denen, wie LARENAUDIE S. 37 meint, der Midi allerdings nicht betroffen wurde;
vgl. allg. CURSCHMANN S. 53 f. und S. 63.

[24] VALOIS, Plaidoyer S. 367: zunächst beweist Jacques de Thérines unter Hinweis auf
die CC und die *Clementina*, daß sich die Ordensgüter in der Verfügung der einzelnen
Klöster befinden und besonders der Abt von Cîteaux an die Zustimmung des Generalkapitels gebunden ist, wenn er den Orden zu einer Abgabe veranlassen möchte; vgl. CC
c. 1 (ed. BOUTON/VAN DAMME S. 133): zum Stellenwert solcher Abgaben, vgl. KING,

Jacques de Thérines hält Verfügung und Verantwortung auf der einen
Seite von Kompetenz und Entscheidungsfähigkeit auf der anderen getrennt. Dieses Verständnis der Zusammenarbeit von Papst und Orden steht
letztlich noch hinter den Reformbestimmungen Benedikts XII. zur Sanie-
rung der Ordensfinanzen, selbst wenn dieser wesentlich präzisere Vorstellungen hatte. Eine Identifizierung jenes namentlich ungenannten Abtes,
mit dem zusammen Arnaud Nouvel dem Papst die genannten Ordenstexte
vorlegte, mit Jacques Fournier ist zumindest hypothetisch möglich[25]. Dafür spricht, daß die Umstände auf einen sonst unbekannten, vielleicht auch
jungen Abt eines Klosters hinweisen, das zumindest für einen Nordfranzo-
sen – Thérines liegt in der Nähe von Chaalis nördlich der Marne – nicht
namentlich erwähnenswert war; nur persönliche Verbundenheit mit
Arnaud Nouvel kann erklären, wieso der offenbar sonst unqualifizierte
Unbekannte mit dieser wichtigen Aufgabe in unmittelbarer Nähe des Papstes betraut wurde. Im Falle einer auf Grund der Quellenlage allerdings
nicht mit letzter Sicherheit möglichen Verifizierung dieser These könnte
man den geschilderten Vorgang vor den 19. März 1317 datieren, den Tag
an dem Jacques Fournier erstmals als erwählter Bischof von Pamiers dokumentiert ist[26]. Dann wäre auch der Verzicht Arnaud Nouvels auf den *Libellus Definitionum* von 1317 leicht erklärbar.

Jacques de Thérines richtet sich in seiner *responsio* von 1317/18 gegen
Personen, die er als *detractores* bezeichnet, Verleumder, die den Papst auf
unerfreuliche Zustände in dem Orden hingewiesen und damit dessen Re-
formabsichten stimuliert haben sollen[27]. Selbst wenn es nicht zu beweisen
ist, daß weltklerikale Feinde des Zisterziensers nach dem Wechsel auf dem
Stuhle Petri versuchten, ihre aus Vienne noch offene Rechnung mit dem
Abt von Chaalis und seinem Orden zu begleichen, so spricht doch alle
Wahrscheinlichkeit dagegen, daß vagierende oder appellierende Zisterziensermönche vorbei an Arnaud Nouvel und Jacques de Thérines direkten
Zugang zu Johannes XXII. gefunden hätten. Wenn Johannes von sich aus
auf dunklen Wegen Informationen über den Orden eingeholt hatte, wäre
die Anfrage an den Abt von Chaalis überflüssig gewesen. Wahrscheinlich
war die Initiative des Papstes fiskalisch motiviert und als Reform getarnt.
Jacques de Thérines ging darauf ein, betonte wie schon in Vienne die Re-
formbereitschaft des Ordens[28] und verhielt sich mit dem Hinweis auf an-

---

Finances S. 31–52. Besitzrechtlich ist für ihn die sonst so wichtige Einheit des Ordens
nur durch das Generalkapitel oder eben den Papst erreichbar (ebd. f.).

[25] VALOIS, Plaidoyer S. 360.

[26] Vgl. FOURNIER, Jacques Fournier S. 178; MOLLAT, Lettr. comm. I nr. 3206.

[27] VALOIS, Plaidoyer S. 364. Das Geschäft des *detractor* verbietet bereits RSB 4,40.

[28] Ed. VALOIS, Plaidoyer S. 364.

onymisierte Verleumder allemal diplomatischer, als wenn er offen dem Papst widersprochen hätte.

Die Annahme, es handle sich hier um eine rhetorische Formel, soll nicht die bekannte Tatsache in Frage stellen, daß es im Zisterzienserorden Gruppierungen gab, die mit der Politik der Ordensleitung und der Ordensverfassung nicht einverstanden waren. In diesem Zusammenhang verdient ein Text stärkere Beachtung, der 1949 aus dem Nachlaß Jean-Berthold Mahns als Appendix zu seiner posthum erschienenen Monographie „Benoît XII et les Cisterciens" herausgegeben wurde und seitdem zu Unrecht als Protestschrift von Zisterzienseräbten gegen einen Entwurf der von Benedikt XII. am 12. Juli 1335 für die Reform der Zisterzienser erlassenen Bulle *Fulgens sicut stella* gilt[29]. Textimmanent ist die vermeintliche Protestschrift auf das 220. Jahr nach der Gründung von Cîteaux datiert[30], und schon eine flüchtige Lektüre des mit einer direkten Anrede an einen Papst einsetzenden und sehr ungleichmäßig gegliederten Textes[31] ergibt zahlreiche Hinweise darauf, daß er wesentlich früher als 1335 entstanden sein muß[32]. Er spiegelt darüber hinaus eine prinzipielle Auseinanderset-

---

[29] So: SCHIMMELPFENNIG, Zisterzienserideal S. 31; BOEHM, Papst Benedikt XII. S. 291 Anm. 38; kritisch hierzu: FELTEN, Ordensreform S. 381 Anm. 28.

[30] Einzige Handschrift ist Ms Paris BN lat. 4191, fol. 48r–63r; schon BALUZE/MOLLAT, Vitae II S. 309, verwies auf die Stelle (ed. MAHN S. 108): *in ducentis viginti annis quibus ordo duravit*; datiert man die Gründung von Cîteaux auf 1198, ergibt sich 1318.

[31] Die Anrede (ed. MAHN S. 85: *Beatissime pater sanctissime*) entspricht der der *responsio* (ed. VALOIS S. 359: *Sanctissime pater*); die 20 *articuli* werden mit *rationes* von sehr unterschiedlicher Länge und Anzahl (allein der auf die Zusammensetzung der legislativen Organe des Ordens bezogene art. 3 umfaßt 40 *rationes* [S. 90–116], andere *articuli* [art. 5, S. 117; art. 7, S. 129 f.; art. 14, S. 134] sind nur wenige Zeilen lang) widerlegt; trotz dieser quaestionenartigen Struktur läßt der Text argumentative Stringenz ebenso vermissen wie stilistische Kohärenz: das auffällige *adhuc* am Beginn einiger *rationes* (art. 1 ratio 2–4, S. 87 ff.; art. 3 ratio 2–40) wird später durch das übliche *Item* ersetzt oder fällt ganz aus; eine Händescheidung ermöglicht Ms Paris BN lat. 4191 nicht; auch die Provenienz der ehemals als Reg. 423b 33 bzw. Colbert 764 signierten und mit einem dunkelroten Ledereinband gebundenen Sammelhandschrift blieb unbestimmbar.

[32] Neben den zahlreichen Bezügen auf den offenbar im Orden intensiv diskutierten *Libellus antiquarum definitionum* von 1316/1317, den schon das Generalkapitel von 1321 überarbeiten lassen wollte (CANIVEZ III S. 355 nr. 14), fällt auf, daß Vienner Dekrete wie *Etsi principalis* (c. 3, COD S. 362 = Clem. 1.2.2) oder *Religiosi* (c. 31, COD S. 387 = Clem. 5.7.1) als *statutum concilii Viennensis* (ed. MAHN S. 107, Ms BN lat. 4191, fol. 54v; ebd. S. 134), nicht aber als Teil jener ab dem 25.10.1317 an die Universitäten versandten Kodifikation bezeichnet werden, für die schon bald die Bezeichnung *Clementinae* üblich war (vgl. CUP II S. 211 nr. 754 vom 1.11.1317; MÜLLER, Konzil S. 394); frühere Dekrete oder Dekretalen werden im allgemeinen nach ihren Fundstellen im *Decretum Gratiani*, in X oder VI zitiert. – Bei einem vergleichenden Hinweis auf die Benediktiner von Cluny, La Chaise-Dieu und Montecassino (art. 3 ra-

zung um die zisterziensische Ordensverfassung wider, wie sie weder Benedikt XII. erstrebte noch wie sie 1335 zum Thema wurde.

Die anonymen Verfasser bezeichnen sich selber unspezifisch und ohne Statusangabe als Zisterzienser[33], nennen ihr Produkt explizit *protestatio*[34] und richten sich gegen eine Gruppe, die sie mit dem wenig schmeichelhaften Terminus *pauli* [sic; recte: pauci] *pravi et discoli* umschreiben[35]. Ihren Anspruch, gegenüber der höchsten Instanz auf Erden für den Orden zu sprechen, begründen sie mit ihrer zisterziensischen Identität, die durch die amoralischen Machinationen dieser bereits wiederholt aktiven Gruppe bedroht sei. Wie bei der ebenso langwierigen wie wortreichen Widerlegung des dritten Artikels, der die im *Libellus Definitionum* von 1317 gerade erst verbotene Teilnahme einfacher Mönche am Generalkapitel[36] befürwortete, grenzen sich die Beschwerdeführer gegenüber den Bettelmönchen ab, deren Ordensverfassung sie aber zumindest in ihrem repräsentativen Charakter mißverstanden haben; dies gilt für Dominikaner und Franziskaner[37] ebenso wie für die Augustinereremiten[38]. Gegen die in den *articuli* entwickelte Vision, einfache Mönche würden auf dem Generalkapitel als Definitoren wirken, unmittelbar gegen ihre Oberen Klage führen und durch ihre Kenntnis des Klosterlebens das der Ordensleitung von den Äbten dargestellte Bild zu deren Nachteil verfälschen[39], läßt sich mit den praktischen Schwierigkeiten der Durchführung, insbesondere mit den den entsendenden Klöstern wie dem Generalkapitel entstehenden Kosten, argumentieren[40]. Darüber hinaus heben die Autoren den Streit auf eine prinzipielle Ebene, proklamieren die Gefahren jeden Wandels[41], spitzen das monastische Ideal des Heiligen Bernhard auf seine weltflüchtige und den

---

tio 21, S. 101) erscheint letztgenannte Abtei von der Reform Johannes' XXII. noch unberührt.

[33] Ed. MAHN S. 135.

[34] Ed. MAHN S. 86. Zu Begriff und Wesen der *protestatio*: vgl. allg. BECKER, Protestatio S. 388–392.

[35] Ed. MAHN S. 86; S. 106 f.; S. 108.

[36] LAD VI 4, ed. SEJALON S. 409.

[37] Vgl. für die Dominikaner (II 1, ed. THOMAS S. 341). – Für die Franziskaner: Const. 1260 (X 2, ed. BIHL S. 301); erg. 1292 (ebd. S. 305). X 3 (ebd. S. 301) schließt die einfachen Brüder vom Stimmrecht aus. Dabei blieb es 1310 (ed. CENCI S. 570) und 1316 (ed. CARLINI S. 518). Zum Generalkapitel dürfen Minister nur einen Diener mitbringen: Const. 1260-1279-1292 (XI 3, ed. BIHL S. 309 und 313).

[38] Vgl. die Statuten von 1289: c. 32, fol. 29v. Deutlicher (ebd. c. 33, fol. 30v): *Ad capitulum vero generale cum illis tantum qui de sua provincia electi fuerint ut ad ipsum capitulum vadant ibit.*

[39] Art. 2 und art. 3 (ed. MAHN S. 90 f.).

[40] Art. 3 ratio 1 (S. 91), ratio 2 (S. 91 f.), ratio 3 (S. 92).

[41] Art. 3 ratio 1 (S. 91).

Mönch unter Abt und Regel subordinierende Bedeutung zu[42] und verwerfen so den angeblichen Versuch, gegen die gottgegebene Ordnung aufzubegehren[43]. Dies beweisen die Verfasser sogar mit den pseudodionysischen Engelhierarchien, deren oberste mit dem Generalkapitel gleichgesetzt wird[44].

Diese plakativ, aber bisweilen zu Unrecht auf das Ur-Alte zurückgreifende Argumentation gegen die als drohende Plebeisierung des Generalkapitels überzeichnete Reform des Ordens erweist sich insofern als doppelbödig, als die von dem Generalkapitel noch 1298 unterstrichene eigene Zuständigkeit des Ordens für seine Reform[45] inzwischen, zumindest nach den Lippenbekenntnissen des Jacques de Thérines, nach Avignon ausgelagert war. Spätestens hier wird der artifizielle Charakter der Anklage deutlich: die *pauci pravi et discoli* vertreten in ihren *articuli* offenbar Interessen, die sich aus der Einschränkung der abbatialen Vollmacht definieren, nicht aber unbedingt auch ihre eigenen sind. Bei deren Abwehr changieren die Verfasser der *protestatio* zwischen der Beschwörung der *tota potestas* des Abtes im Sinne der, wie es heißt, von Engeln diktierten Benediktusregel[46] und deren angeblich direkter Umsetzung in die Stellung des Generalkapitels gemäß *Carta Caritatis* und Ordenskonstitutionen. Die geradezu alt-benediktinisch anmutende Bedeutung der Äbte, die der einzige und eigentliche *iudex ordinarius* ihres Klosters sind[47], und die Stellung des Generalkapitels fließen unkontrolliert ineinander[48], am deutlichsten dort, wo das *ad modum Cisterciensium, non ad modum Mendicantium* zu feiernde *capitulum generale* der Benediktiner[49] die gemeinsame Front der besitzenden Orden gegen die aufbegehrende Basis festigen soll: daß diese

---

[42] Art. 3 ratio 34 S. 110, nach Bernhard, *Epist.* 142, Opera VII S. 340: *Ordo noster abjectio est, humilitas est, voluntaria paupertas est, obedientia, pax, gaudium in Spiritu Sancto. Ordo noster est esse sub magistro, sub abbate, sub regula, sub disciplina.* Vgl. auch schon in ratio 14 (S. 98), wo im Anschluß an den nach C. 16 q. 1 c. 8 und c. 5 entwickelten asketischen Mönchsbegriff die abschließende Definition aus Bernhards drittem Brief an Haimerich (*Epist.* 48, Opera VII S. 138) entnommen wurde: *... nomen monachi solitaria conversatio interpretetur.* – Den bis zu Cassian zurückreichenden Begriff *sub regula vel abbate* (vgl. DE VOGÜÉ, Sub regula vel abbate S. 210 ff.) applizierte auch LAD VII 4 (ed. SEJALON S. 419), VII 6 (S. 421), XIII 2 (S. 456).

[43] Art. 3 ratio 18 (S. 100). Vgl. Bernhard *Epist.* 231, Opera VII S. 103.

[44] Art. 3 ratio 22 (S. 102). Vgl. auch ebd. ratio 23, S. 103 f.

[45] CANIVEZ III S. 295 nr. 7.

[46] Art. 3 ratio 31 (ed. MAHN S. 106). Die von Engeln diktierte Regel: art. 1 ratio 4 (S. 89).

[47] Art. 3 ratio 39 (S. 113). Vgl. schon ebd. ratio 35 (S. 110 f.).

[48] In dem gegen die als *insufficienter* bezeichnete Visitationsordnung des LAD VII 1 (ed. SEJALON S. 415; aus: Generalkapitel von 1262, CANIVEZ III S. 2 nr. 5) gerichteten Art. 12 soll eine Inquisition bereits durch eine einfache Mehrheit des Konvents beantragt werden können.

[49] Art. 3 ratio 19 (S. 100).

Provinzialisierung des Ordenswesens auch etwas mit seiner Modernisierung zu tun hatte, war den Verfassern der *protestatio* offenbar entgangen, obwohl sie an anderer Stelle gerade auf das diesbezügliche Spezifikum der Mendikanten verweisen[50]. Auch hier ist der Ansatzpunkt einer Reform die Frage nach der Zuständigkeit für eine effiziente Korrektur von Mönchen und Äbten[51]; dahinter steht eine die Ordenshierarchie und die daran hängenden Korrekturmechanismen in Frage stellende Suche nach einer, wie Jacques de Thérines in anderem Kontext formulierte, *quantum ad meritum* gestalteten Ordensstruktur.

So ist die Hinwendung zum Papst nicht nur eine Folge der Skrupellosigkeit unbekannter Apostaten, die sich von einem neuen Papst eine Verbesserung ihrer Position im Orden erhofften, sondern reflektiert auch eine tiefsitzende Verunsicherung beider Parteien über die Tragweite der normativen Grundlagen des Ordenslebens. Auch in der *protestatio* ist gleich am Anfang die Rede davon, daß der Papst über *Carta Caritatis* und Ordenskonstitutionen *breviter* informiert wurde[52]. Es ist leicht vorstellbar, daß die häufigen und über das Ordensrecht hinaus auf die Kanonistik hinweisenden Bezüge einem juristisch vorgebildeten Papst galten, der in hierarchischen Kategorien dachte[53] und von der Widernatürlichkeit der gegen die Äbte gerichteten Intrigen leicht zu überzeugen war. Die erzkonservative Haltung der kanonistisch bewanderten Verfasser wies alle Experimente als einen Verstoß gegen den *status ordinis* weit von sich[54]. Hierzu paßt, daß sie den Mönchen das Studium des Kirchenrechts verbieten[55].

---

[50] Art. 4 ratio 38. Für die Mendikanten gilt (S. 112): *magistri majores et priores provinciales, ..., habent curam ordinis generalem.* In ratio 39 werden die Gräben zwischen Zisterziensern und Mendikanten noch weiter vertieft (S. 113).

[51] Um strukturelle Erneuerungen zu verhindern, verweisen die Verfasser auf die gemäß CC c. 2 (vgl. ed. BOUTON/VAN DAMME S. 133), *Clementina* cc. 5–7 (vgl. ed. CANIVEZ II S. 27 ff.; das der Absetzung von Äbten gewidmete c. 8 wurde übergangen!) und LAD VIII (vgl. ed. SEJALON S. 427 ff.) durchzuführenden Visitationen (art. 3 ratio 9, S. 94).

[52] Art. 1 ratio 1 (S. 85). Auch hier fehlt der LAD; auch hier wird aus dem *Liber usuum vel consuetudinum* zitiert (art. 8, S. 120: cc. 55, 51, 68, 74). Von einer Vorlage der Dokumente ist aber nicht die Rede.

[53] Art. 3 ratio 7 (ed. MAHN S. 93) argumentiert mit X 1.33.6 gegen die nach Tob 4,14 der *superbia* anheimfallenden Mönche.

[54] Art. 3 ratio 5 (ed. MAHN S. 92). Der Terminus *status ordinis* meint zunächst den materiellen Zustand des Hauses (vgl. art. 3 ratio 4, 5 u.ö.), lehnt sich aber an die Formel vom *status Ecclesiae* an; hierzu: CONGAR, Status Ecclesiae S. 20 f.; POST, Copyists' Errors S. 357 ff.; BRYS S. 195 ff. In diesem Sinne findet sich der Begriff auch bei den Dominikanern (1228, II 9, ed. DENIFLE S. 215; 1241, II 4, ed. CREYTENS S. 52).

[55] Art. 5 (ed. MAHN S. 117) fand offenkundig die Zustimmung der Verfasser, die nur in einer *ratio* präzisierten, daß nur Theologie und die dorthin führende Philosophie studiert werden dürften.

Ihr eigenes Wissensmonopol war den Verfassern der *protestatio* heilig. Sie wählten bewußt eine *protestatio* und damit eine Rechtsform, die sicherstellt, daß Schweigen nicht als Zustimmung gedeutet wird[56]. Eine *protestatio* eignet sich aber auch deshalb besonders gut zum Widerstand gegen legislative Reformvorgänge, da sie die Protestierenden dem Rechtsbereich des Präjudizierenden entzieht[57]. Sie war insofern die ungefährliche Variante eines Appells vom Papst[58], gerichtet freilich wiederum an den Papst.

Dabei war es fast eine *protestatio* in der Protestation, wenn die unbekannten Verfasser nicht anders als Jacques de Thérines die Bereitschaft des Ordens zur Reform unterstrichen[59]. Die Verweigerungsstrategie des Ordens legt diese Deutung zumindest nahe, wenn auch offenkundig ist, daß die Verbindlichkeit der Worte verbindliche Taten der Gegenseite voraussetzte. Die Wahl einer *protestatio* als Instrument zeigt damit auch, daß die *articuli* keine unverbindliche Zusammenstellung aus der Feder irgendwelcher *pravi et discoli* waren, sondern ein konkreter Entwurf für eine Reform des Ordens; dabei ist freilich nicht zu sagen, inwieweit er den Segen des Papstes hatte. Gerade die Behandlung der Siegelfrage und der mit ihr verbundenen Alienations- und Besitzfragen am Anfang des Textes erinnert an den zweiten Teil der Anfrage von 1317 und den Stellenwert, den die Ordensfinanzen im Denken Johannes' XXII. hatten[60].

Man kann nur mutmaßen, wer diese „Verworfenen und dem Mönchsleben Abgewandten" sind, „die so tun, als wollten sie den Orden reformieren"[61]. Mahn hat in skizzenhaften Notizen, die seine Herausgeberin der Edition der *protestatio* beifügte, aus den von ihnen intendierten Veränderungen auf eine aus Mönchen bestehende mit Benedikt XII. solidarisierte Reformpartei im Orden geschlossen[62]. Bei der notwendigen Frühdatierung

---

[56] Die *Glossa Ordinaria* Bernhards von Botone vermerkt zu X 2.27.21 v. *prosequatur* (zit. nach BECKER, Protestatio S. 390): *Protestatio necessaria est, ne fiat praeiudicium alicui circa ius suum.*

[57] *Glossa Ordinaria* zu X 1.6.50; vgl. BECKER, Protestatio S. 391.

[58] Zur Problematik eines Appells vom Papst aus kurialistischer Sicht: Augustinus von Ancona SDEP q. 6 d. 1.

[59] Vgl. schon die *Intitulatio*: Art. 1 (S. 85).

[60] Art. 1 ratio 1 (S. 86). Die auch in ratio 2 (S. 87) aufgestellte Behauptung, ein Konventssiegel sei eine *occasio facilitatis alienationum et obligationum* reflektiert unfreiwillig den zweckentfremdeten Gebrauch der bisher durch Äbte geführten Siegel. Vgl. allg. und bei den Cluniazensern: MELVILLE, Verwendung, Schutz und Mißbrauch des Siegel S. 673 ff.; bei den Kanonikern: BERLIÈRE, Scéau conventuel S. 295.

[61] Art. 3 ratio 40 (S. 113 f.) zitiert zum Beweis der Zuständigkeit von Papst und Generalkapitel für die Ausgestaltung des Ordenslebens die 180. *Epist.* des Bernhard von Clairvaux an Innozenz II. (Opera VII S. 402).

[62] MAHN, Benoît XII et les Cisterciens S. 135. Allein die Tatsache, daß Benedikt XII. als eine seiner ersten Maßnahmen vagierende Mönche von der Kurie entfernen ließ,

des Textes entfällt diese Möglichkeit, zumindest was die Person Benedikts anbelangt. Hinzu kommt, daß die Vorbereitung von *Fulgens sicut stella* im Vergleich zu den Vorgängen von 1317/18 so gut dokumentiert ist und der Zeitraum zwischen der Wahl Benedikts XII. und der Promulgation der Bulle mit etwa sieben Monaten so knapp bemessen ist, daß ein Protest von Zisterzienseräbten, für den es sonst keine Quellen gibt, auch nicht bei zisterziensischen Beobachtern wie Peter von Zittau oder Johannes von Viktring, als ausgeschlossen gelten kann. Geht man davon aus, daß die Abfassung der *articuli* institutionelle Voraussetzungen erforderte, über die einfache Mönche kaum verfügten, läßt sich das von Mahn angenommene Gegeneinander einer reformorientierten Gruppierung, die Anlehnung beim Papst suchte, und einer reformunwilligen, die von konservativen Äbten dominiert wurde, zumindest hypothetisch auf den Reformversuch Johannes' XXII. übertragen. Eine Identifizierung der kurialen Reformpartei mit Jacques de Thérines und Arnaud Nouvel erscheint freilich unwahrscheinlich, da Arnaud Nouvel bereits tot war und der Abt eher als Verfasser der Protestation als der *articuli* in Frage kommt.

Bei der Arbeitsweise Johannes' XXII. liegt die Annahme nahe, es handle sich bei den Verfassern der *articuli* um eine auf Grund von unspezifischen Vorwürfen gegen den Orden eingesetzte Kommission, von der freilich sonst nichts bekannt ist und der entweder gar keine oder nur sehr wenige Zisterzienser angehörten[63]. Vielleicht hatte Johannes XXII. den nach seinen 1317 vorgebrachten Beteuerungen stets reformwilligen Jacques de Thérines in die Kommission berufen; der Zisterzienser hatte zähneknirschend gehorcht, nutzte aber die Gelegenheit zur Sabotage und ließ dem Orden die in der Arbeitsphase befindlichen Reformartikel zukommen. Ob die *protestatio* jemals dem Papst wirklich vorlag, ist ebensowenig zu ermitteln[64], wie die Frage zu beantworten ist, ob sie der Grund für das Unterbleiben einer Reform des Zisterzienserordens unter Johannes

---

zeigt, wie haltlos die These einer Solidarisierung zwischen Papst und Mönchen ist; ähnlich schon das Generalkapitel von 1318 (CANIVEZ III S. 341 nr. 9).

[63] Vgl. die ungefähr gleichzeitig tagende zweite Spiritualen-Kommission, der neben den Franziskanern Vital du Four, Michael von Cesena, Henricus de Carreto, Arnaldus Royardi und dem Karmeliter Guido Terreni auch einige Zisterzienser und Benediktiner angehörten (vgl. BF V, S. 132 f. nr. 293; vgl. BIHL, Documenta e cancellaria S. 118; DOUIE, Nature and Effect S. 154).

[64] BN Ms lat. 4191 kommt hierfür zwar ohnehin kaum in Frage; es sei jedoch angemerkt, daß der Text Spuren einer Benutzung zeigt: so ist fol. 39r in sehr kleiner, aber gut lesbarer Schrift, die kaum die Handschrift des Papstes sein kann (vgl. Abb. bei MAIER, Annotazioni autografe S. 316 ff.), der Vorschlag vermerkt, das Konventssiegel in einer *arca* unterzubringen, *quod monachi cum ipso potuerunt sigillare nisi pro libito domini abbatis.*

XXII. war. Durch das Fehlen weiterer Quellen bleibt hier vieles hypothetisch.

Es ist also nicht ausgeschlossen, daß sich die *protestatio* gegen ordensfremde Einflüsse richtet, die in jener Kommission personell zu greifen wären, wenn wir ihre Zusammensetzung kennen würden. Die Verfasser der *protestatio* grenzen sich ähnlich wie Jacques de Thérines in Vienne gegen die Armut der Bettelmönche ab[65]. Sie verweisen auf die häufigen und willkürlichen Priorenwechsel in mendikantischen Konventen[66], verdeutlichen, daß bei den Dominikanern allein der Ordensgeneral eine *potestas ordinaria* innehabe und alle anderen Ordensprälaten nur über eine *potestas limitata* verfügen[67], erläutern, daß eine die Basis einbeziehende Verfassung zu den Mendikanten besser passe als zu den besitzenden Orden[68], und weigern sich, in Einklang mit dem *Libellus antiquarum definitionum* von 1317, dem offenbar aus dem eigenen Orden nicht zu deckenden Bedarf der Ordensstudien an Lektoren durch die Beschäftigung von Mendikanten[69] Abhilfe zu verschaffen. Der Befund, daß sich diese Bestimmungen, wenn überhaupt, dann nur *cum grano salis* im Ordensrecht der mendikantischen Verbände wiederfinden, zeigt deutlich, wieviel Dissimulation hier bewußt oder unbewußt betrieben wurde. Man gewinnt den Eindruck geheimen Neides und offener Abneigung gegenüber den Mendikanten. Hospitaliter, Prämonstratenser, Kartäuser und der Orden von Grandmont werden in diesem Text ebenfalls zur Folie, vor deren Hintergrund sich die Einzigartigkeit der zisterziensischen Äbte umso glanzvoller stilisieren läßt[70].

---

[65] Art. 3 ratio 34, S. 109.

[66] Art. 3 ratio 37 (S. 112); ebd. Ratio 38. Die verschiedenen Redaktionen der dominikanischen Ordenskonstitutionen (1228, I 23, ed. DENIFLE S. 210. – 1241, I 18, ed. CREYTENS S. 45 f. – 1259, ed. FRÜHWIRTH S. 59; insges. ed. THOMAS S. 337, oder noch 1358: I 19, ed. GALBRAITH S. 223) sehen gleichbleibend im Fall einer begründeten Anklage eines Prälaten durch die Brüder zunächst vor, ihn erst nach mehrfacher Ermahnung dem Provinzialprior oder den Visitatoren, dem Provinzial- oder Generalkapitel zu melden.

[67] Art. 3 ratio 35 (S. 110 f.).

[68] Art. 3 ratio 38 (S. 112 f.).

[69] Art. 19 (S. 134) zitiert das Verbot aus LAD IX 4 (ed. SEJALON S. 440) mit einer Einschränkung für S. Bernard in Paris. – Ein prominentes Bsp. für die Beschäftigung Ordensfremder, wenn auch nicht eines Mendikanten, war der während seiner Pariser Zeit (1334–42) auch am Pariser Studienhaus als Lektor tätige Konrad von Megenberg, wie er selber bezeugt (*Yconomica* III 1 c. 21, ed. KRÜGER, III S. 201; vgl. ebd. [Einltg.] S. XIII.)

[70] Art. 3 ratio 20 (S. 101).

Zumindest dem gerade von Johannes XXII. mit einer um Einvernehmen mit dem Orden bemühten Bulle[71] reformierten Orden des Étienne de Muret wird die in der *protestatio* artikulierte Vorstellung nicht gerecht[72]. Der devolutionsrechtlich fixierte Zugriff des Papstes auf die Einsetzung oder zumindest die Bestätigung und Absetzung des Abtes[73] wäre den Zisterzienseräbten gewiß zu weit gegangen. Auch die von Bernard Gui aus dominikanischer Sicht beschriebene reformerische Intention des Papstes hätte nur ihre Zustimmung gefunden, wenn die Stärkung des kollegialen Moments nicht zur Umwertung der klösterlichen Hierarchie geführt hätte; genau dies liegt aber in den Worten Bernard Guis und war das Gebot der Stunde: *et vigeret amplius correctio in ordine, tam in capite quam in membris, ubi plures essent oculi vigilantes*[74].

5.2. Die Güterfrage: *potestas dominii*

Reformerische Maßnahmen, die kraft päpstlicher Jurisdiktionsgewalt erfolgten, betrafen unterschiedliche Bereiche des Ordenslebens: den Lebensstil der Mönche, ihr Fasten, ihre Kleidung und Bildung sowie ihre Stellung im Orden und dessen Verfassung. Neben dieser personellen Komponente des Ordensleben steht die materielle Basis der Klöster. Wir sahen schon, daß die Übergriffe von Weltklerikern und weltlichen Potentaten primär dem Klosterbesitz galten und sich auch Äbte, Prioren und Mönche bisweilen am Klosterbesitz vergriffen. Neben der ganz elementaren, etwa in allen Visitationsberichten der Zisterzienser angesprochenen Frage, wie die Mönche mit Nahrung und Kleidung zu versorgen sind, tangieren die Besitztümer der Klöster und Orden auch ihre Selbstbestimmung. Für ihr Verhalten in einer politischen Auseinandersetzung, zumal mit einem Papst

---

[71] BRT IV S. 253a–260b vom 17.11.1317. – Bereits 1310 versuchte Clemens V., Grandmont zu reformieren; auch Arnaud Nouvel war dabei involviert, vgl. HAURÉAU, Arnaud Nouvel S. 207.

[72] Vgl. zur Reformgeschichte von Grandmont: Reformstatuten von Honorius III. vom 1.3.1219 (BRT III S. 351b–355b). Reformstatuten von 1239 und 1289, ed. BECQUET, Statuts de Grandmont au XIIIe siècle.

[73] BRT IV S. 253a–b. Der Abt wurde zwar von seinem Kloster gewählt, bedurfte aber der Bestätigung durch den Papst; falls innerhalb eines Monats eine Wahl nicht erfolgt, devolviert die Entscheidung an diesen (§ 3, S. 254b). Auch die Absetzung des Abtes erfolgt nach vorangehender Ermittlungstätigkeit der Definitoren im Generalkapitel durch den Papst (§ 12, S. 256a–b). Vgl. allg. zur Reform von Grandmont: HOURLIER, Religieux S. 78; LE BRAS, Institutions ecclésiastiques S. 514; FRECH, Reformatio S. 220 f.; Forschungsüberblick bis 1978 bei MORAL, Los estudios S. 123 ff.

[74] 3. Vita Johannes' XXII. (BALUZE/MOLLAT I S. 158). Bernard Gui war Verfasser einer „Chronique des Prieurs de Grandmont", vgl. DELISLE, Notice sur les manuscrits S. 263 ff.

wie Johannes XXII., der beträchtliche Phantasie bei der Erschließung neuer Einnahmemöglichkeiten entwickelte, erlangte der Zugriff auf die Ordensfinanzen erhöhte Bedeutung. Modern würde man hier von Finanzhoheit oder allgemeiner von Eigentumsrechten am Ordensgut sprechen; im frühen 14. Jahrhundert begegnet hierfür der Begriff *potestas dominii*.

Der Kern der benediktinischen Selbstbestimmung

Als am 23. März 1318 die Äbte so altehrwürdiger Klöster wie Corbie, Saint-Médard in Soissons, Saint-Vaast in Arras und einige andere mit Hilfe eines Notars eine Protestation gegen den Erzbischof von Reims und eine Appellation an den Papst richteten, erfolgte dies zwar im Namen der Exemtion der Abteien, richtete sich aber nicht nur gegen die Teilnahme an der Provinzialsynode, der sie gerade beiwohnten, sondern diente auch und besonders dem Schutz der klösterlichen Besitzstände[75]. Vorgänge, die solche Besitzstände beeinträchtigten, sind in großer Zahl dokumentierbar, doch verkennt man damit das eigentliche Spezifikum der Zeit. Belege für Äbte oder andere Amtsträger, die vorsätzlich Ordensgüter durch fingierte Verträge an ihre Verwandten transferieren[76], Schulden im Namen des Klosters aufnehmen und die Gelder sich aneignen[77], mobilen Klosterbesitz veruntreuen[78] oder durch eine *persona interposita*[79] dunkle Geschäfte ab-

---

[75] MANSI XXV Sp. 632–636, hier Sp. 634.

[76] Vgl. die Synode des Guillaume Peyre de Godin OP, Kardinal von S. Sabina, 1324 zu Toledo, (MANSI XXV Sp. 733 nr. 5) oder eine Synode des Erzbischofs von Canterbury im Jahre 1330 (ebd. Sp. 895 nr. 8) .

[77] Dies kam offenbar so häufig vor, daß es sogar von den Kanonisten zum Gegenstand ihrer Fallstudien gemacht wurde (FRANSEN, Questions [Traditio 13] S. 495 nr. 7). – Vgl. in den Statuten von Angers 1220 (ed. PROU S. 354 nr. 31). – Vgl. auch die gegen *falsa debita* gerichteten Bestimmungen der päpstlich bestätigten Statuten für La Chaise-Dieu von 1303 (ed. GAUSSIN, L'abbaye de La Chaise-Dieu S. 684 nr. 19).

[78] Vgl. die Statuten des Matthieu de Foigny von 1232 für Saint-Vaast (ed. DIMIER, S. 117 nr. 12).

[79] Die *persona interposita* der RB c. 4, die ebensowenig Geld entgegennehmen durfte wie der Bruder selbst, wurde meist rechtlich von diesem nicht geschieden: vgl. die *Expositio quatuor magistrorum* (ed. OLIGER S. 144); Michael von Cesena (*Teste Solome*, ed. HEYSSE S. 180); vgl. zur Vorbildrolle der Apostel: Ockham OND c. 4, OPol I S. 363; zur ganz anderen Realität: Alvarus Pelagius DSPE II 66, fol. 215va. – Es ist dies nur die Anwendung eines allgemeinen Verbotes, das schon bei Justinian (*Novella* 120, 7; III, ed. SCHOELL/KROLL S. 587b) oder in den Reformstatuten Innozenz' III. für Montecassino (CCM VI S. 212; I 18) nachweisbar ist; vgl. auch in der Enzyklika Wilhelms von Cremona (1328, AAug IV S. 62). Selbst die Zisterzienser gebrauchten diese Wendung, als das Generalkapitel von 1239 auf Grundlage der Kodifikation von 1237 (VII 3, ed. LUCET S. 285) verbot (CANIVEZ II S. 202 nr. 4), *ut nullus ... per interpositam personam ... possessiones adquirat immobiles*. Wdh.: ebd. 1240 (S. 215 nr. 1), 1242 (S. 247 nr. 7); bereits 1249 (S. 334 nr. 1) wurde dies aufgehoben, ebenso in dem *Libellus* von 1257 (ed. LUCET ebd.); LAD XII 2 (ed. SEJALON S. 454) verbietet dem Abt den Einsatz einer *persona interposita*, nun aber zur Darlehensaufnahme.

wickeln, finden sich nicht nur wiederholt in ordens- und kirchenkritischen Schriften[80], sondern erlangen auch bei Reformversuchen zunehmende Bedeutung[81]. Folgt man den Systematisierungsbemühungen des Augustinus von Ancona, so werden die Brüder entweder durch *negotia secularia, personae seculares* oder durch beides zugleich kontaminiert[82].

Die Vorstellung, daß ein Mönch, der Grund und Boden zu besitzten trachtet, kein wahrer Mönch ist, reicht bekanntlich über Gregor d. Gr. bis in die Zeit der Wüstenväter zurück[83]. Das Kirchenrecht gestattete hier Ausnahmen, schließlich waren ja schon die Apostel *negotiatores*, und bereits die Regel Benedikts schrieb einigen vor, für die *substantia monasterii* zu sorgen[84]. Zum Problem wurde dies alles erst dort, wo der Grundbesitz der Klöster ökonomisch mobilisiert wurde und dies den Seelenfrieden der Mönche beeinträchtigte. Schon Bernhard von Clairvaux hielt den Gebrauch der Güter für gut, den Mißbrauch für schlecht, die Sorge um sie für schlimmer und noch schrecklicher das Verlangen nach ihnen[85]. Auch Hostiensis war sich der moralischen Fragwürdigkeit ökonomischer Tätigkeiten bewußt, wurde aber wesentlich konkreter[86] und erläuterte am Beispiel der ursprünglich auf eine Bedarfsdeckungswirtschaft verpflichteten, nun aber ihren Ursprüngen untreu gewordenen Zisterzienser[87], daß bei Kauf und Verkauf die Sünde stets präsent sei: *Nam et naturaliter licet contrahentibus se adinvicem decipere*[88].

In den Quellen begegnen solche Vorgänge bisweilen als *alienatio*. Die Grunddefinition: *omnis actus per quem transfertur dominium est alienatio* konnte Stiftung, Vergabe, Vertauschung oder Verpachtung meinen[89]. Noch

---

[80] Guillaume Perrault, *Summa de vitiis et virtutibus*, Ausg. Venedig 1517, I S. 683a, vgl. LAMBERMOND S. 75; allg.: DONDAINE, Guillaume Perrault S. 184–197. Vgl. auch bei Marsilius von Padua *Defensor pacis* II 24 § 3 (ed. SCHOLZ S. 453 f.) und Alvarus Pelagius: bei Bischöfen (DSPE II 15, fol. 118va), klerikalisierten Religiosen (I 66, fol. 70vb) und Kanonikern (II 26, fol. 131ra). Vgl. C. 12 q. 3 c. 1 und q. 4 c. 1 und c. 2.

[81] Vgl. in Cluny: in den zweiten Statuten Hugos V. (CHARVIN I S. 58 nr. 18); Yvo II. (ebd. S. 62 nr. 3); Bertrand I. (ebd. S. 71 nr. 10).

[82] SDEP q. 105 d. 8 (fol. 296vb).

[83] Gregor, *Dial.* III c. 14 (PL 17, Sp. 245) zitierte Abt Ysaac.

[84] RSB 31,12.

[85] Bernhard, *De consideratione* II vi 10, Opera III S. 417.

[86] In *Summa*, Rubr. *Ne clerici vel monachi secularibus negociis se immisceant*, untersucht er auch Vorgänge wie Kauf und Verkauf, fol. 191vb. Zu betrügerischen Alienationen: ebd. fol. 145va, 147rb.

[87] Vgl. LECLERCQ, Intentionen S. 6; vgl. auch die Bestimmungen des Generalkapitels von 1134 (CANIVEZ I S. 14 nr. 9) oder in der *Summa Carta Caritatis* (BOUTON/VAN DAMME, Les plus anciens textes S. 124 nr. 23).

[88] *Lectura* zu X 3.35.3 (fol. 131vb).

[89] X 3.13.5, hierzu: Hostiensis, *Summa* fol. 144vb; leicht modifiziert bei Alvarus Pelagius DSPE II 49, fol. 119rb. In *Lectura* zu X 3.13.5 (fol. 52va–b) macht Hostiensis freilich geltend: *Verbum alienationis in hoc loco large accipitur etiam pro actu per*

in der Begriffsbestimmung des Baldus am Ausgang des 14. Jahrhunderts: *dominium absolute dictum est plena proprietas cum alienandi potestate* findet sich die Verfügungsberechtigung als Teil des Besitzes[90]. Praktisch relevant wurden Alienationsverbote, die Amtsträgern oder gekrönten Häuptern eidlich eingeschärft wurden oder die für alle Mitglieder einer Gemeinschaft Geltung haben sollten[91]. In einem Abstraktionsvorgang, der die Überzeitlichkeit eines Klosters besitzrechtlich begründete, wurde dies auch auf die religiösen Orden bezogen[92]. Das korporative Verständnis eines Klosters als *collegium* mag dies erleichtert haben und gleichzeitig dadurch gefördert worden sein[93]: das *dominium* wurde zu einer quasi-politischen Größe und damit der Orden von einer charismatisch begründeten zu einer vermögensrechtlich gestaltbaren Einheit. Es blieb nur die Frage, wer bei dieser Gestaltung den nachhaltig wirksamsten Zugriff ausüben konnte.

In seiner den Zeitgenossen durchaus bewußten Bedeutungsfülle[94] steht *dominium* in enger Nähe zu *iurisdictio*, ohne deckungsgleich mit ihr zu sein; allerdings bleibt die ursprüngliche Bindung an Eigentum (*proprietas*) und Besitz (*possessio*) bestehen, zwischen denen schon die Kanonisten streng differenzierten[95]. Die Jurisdiktionsordnung in der Kirche erlangt

quem non transfertur dominium. Zu der dauerhaften Verpachtung (*emphyteusis perpetuum contractum*) vermerkt schon *Novella* 7,1 (III S. 52b): *quae non procul ab alienatione consistit.* Zur kirchenrechtlichen Tradition vor Gratian: PÖSCHL, Kirchengutsveräußerungen S. 7–51.

[90] Baldus de Ubaldis, *In praelectiones in totum Codicem Iustinianeum locupletissimus* (Lyon 1561), Kommentar zu C. 5,9,3 Rd. nr. 1, vgl. WILLOWEIT, Dominium und proprietas S. 146 Anm. 65.

[91] Vgl. etwa: 1275 in Florenz, vgl. RIESERNBERG, Inalienability S. 43 f., dort weitere Bsp.

[92] Schon Huguccio betonte in seinem Kommentar zu C. 16 q. 1 c. 61 (vgl. GILLET, Personnalité juridique S. 84) den überzeitlichen Charakter des Klosters: ... *quia monasterium numquam moritur ... praesumitur pro eo quod* [bona] *perpetuo sint eis concessa.* Vgl. auch: Bracton, *De legibus et consuetudinibus Angliae* (ed. WOODBINE, Cambridge/Mass. 1977 IV S. 175): *dico si abbas vel prior, monachi vel canonici successive obierint, domus in aeternum permanebit,* vgl. KANTOROWICZ, King's Two Bodies S. 309 Anm. 87 und allg. zur Perpetuität ebd. S. 347–372; WYDUCKEL, S. 72 f.

[93] Vgl. GILLET, Personnalité juridique S. 100 f.

[94] Bartolus von Sassoferrato formulierte in seinem Digestenkommentar (ad. lib. XLI *Dig.* tit. ii *De acquirenda possessione,* l.17 n.4, zit. nach WILLOWEIT, Dominium und Proprietas S. 143 Anm. 50): ... *dominium potest accipi pro quoddam genere, pro dominio pleno ... Item pro proprietate nuda. Item pro usufructu simplici. Item pro usu omnis nam qui habet aliquod ius in re, potest recte dicere, ego habeo dominium illius iuris ...* – Vgl. anders, aber ähnlich: Ockham OND c. 2 (OPol I S. 307).

[95] Vgl. Hostiensis, *Lectura* zu X 3.13.4, fol. 52va: *Et quia duplex est ius. scilicet. non solum proprietatis, sed etiam possessionis ... Sed et quod dicit litera alienata largo modo sumitur, ut intelligatur non solum de proprietatis, sed etiam de possessionis alienatione.*

dadurch auch eine besitzrechtliche Komponente. Spätestens seit Innozenz IV. war es möglich, die Universalität des Papstes besitzrechtlich zu begründen, und zwar sowohl bezogen auf *possessio* wie auf *proprietas*[96]. Insofern bedurfte die durch die Exemtion definierte Sonderbeziehung zwischen Heiligem Stuhl und Orden, d.h. auch der Zugriff der Päpste auf Klosterbesitz, einer flankierenden Argumentation mit Eigentumsrechten nicht mehr. Aus kurial-kanonistischer Sicht verschwimmen die Unterschiede zwischen dem Besitz der *ecclesia generalis* und dem einer *ecclesia specialis*[97]. Der päpstliche Zugriff endete, wie die Anfrage zu dem Kreuzzugszehnten der Zisterzienser von 1317 zeigte, kurz vor dem unmittelbaren Verfügungsrecht; dies gilt freilich nur für die monastischen Orden.

Die Franziskaner und ihr päpstlicher Besitz

Es mag nur vordergründig ein Zufall sein, daß die von den Franziskanern im Einvernehmen mit der Kurie, namentlich Gregor IX. und Innozenz IV. entwickelte Eigentumsfiktion in geradezu klinischer Reinform diese Trennung von *dominium*, d.h. hier *ius et proprietas*, und *usus*[98] zum Ausdruck brachte. Nun waren die Franziskaner insofern ein Sonderfall, als sie auch in kollektiver Armut lebten und ihre Korporation nur durch den kollektiven Verzicht auf Güter, nicht aber durch kollektiven Besitz definiert werden konnte: der Verzicht des als *universitas* beschriebenen Ordens auf das *ius dominii* schloß auch Erwerb und Alienationen ein[99]. Auch das Proku-

---

[96] Das, wie TIERNEY, Foundations S. 140, einmal formulierte, „very influential statement" (zu X 2.12.4, fol. 222a–b nr. 3: *Non praelatus sed Christus dominium et possessionem rerum ecclesiae habet ... vel ecclesia habet possessionem et proprietatem ... id est aggregatio fidelium quae est corpus Christi capitis*; vgl. hierzu: GIERKE III S. 351 Anm. 340) rekurriert letztlich auf den Vertretungsanspruch, den der Papst als Christusstellvertreter für die Kirche wahrnimmt. Eine andere Lösung bei: Jean Le Moine (zu VI 3.9.2 [= Lyon II. c. 22, COD S. 325 f.] fol. 303rb).

[97] Hostiensis, *Lectura* zu X 3.10.7 (fol. 46vb): *Nam quaecumque ecclesia specialis habeat hoc, proculdubio habet ecclesia generalis ... Et quaecumque ecclesia fructus percipiat, semper ecclesia* [scil. generalis] *percipit.*

[98] Die von Gregor IX. in *Quo elongati* (ed. GRUNDMANN S. 22 zu RB c. 6) entwickelte Vorstellung wurde durch Innozenz IV. in *Ordinem vestrum* von 1245 bestätigt und entspricht der von Bonaventura in der *Apologia pauperum* (c. 8, Opera VIII S. 273 f.) 1269 artikulierten Auffassung. Freilich bezieht sich *usus* zunächst nur auf die *proprietas mobilis*; bei der Alienation von Gütern ist die Zustimmung des Kardinalprotektors nötig (ed. GRUNDMANN S. 23). In *Quanto studiosius* (1247; BF I S. 498) schaffte Innozenz IV. dies ab und gab dem Orden das Recht, Prokuratoren einzusetzen, die im Auftrag ihrer Oberen, aber im Namen des Papstes handelten. Vgl. zum Gesamtproblem: LAMBERT, Franciscan Poverty S. 97 ff.

[99] So in Hugo von Dignes Traktat *De finibus paupertatis* (ed. FLOROWSKY S. 286) auf Grundlage eines besitzrechtlichen *dominium*-Begriffs (S. 281: *proprietas est ius dominii*) und eines wiederholt (S. 283, 286, 287) den Orden als *universitas* charakterisierenden Ordensbegriffs. Vgl. auch: GROSSI, Usus facti S. 329.

ratoreninstitut war als Grundlage für einen besitzrechtlichen Ordensbegriff ungeeignet[100]. Der Ordensbegriff der Franziskaner war von der kollektiven Armutsaskese her definiert[101].

Die Lösung der Frage nach der radikalen Armut der Franziskaner erscheint deshalb nur vordergründig als eine besitzrechtliche Angleichung der Franziskaner an die anderen Orden. Entsprechend der Verschiebung der besitzrechtlichen Selbstbestimmung auf die Seite des Papstes agitierten dessen Gegner gegen ein *dominium* des Franziskanerordens auch in Abgrenzung gegen die anderen Orden[102]. Dies ist nur dann verständlich, wenn die Verfügungsbereitschaft des Papstes über den Besitz der Orden stark eingeschränkt wird[103]: von einer *parva potestas* des Papstes sprach Ockham noch in seinem Traktat gegen Benedikt XII.[104] und stufte im Kontext der Frage nach der päpstlichen *potestas in temporalibus* die päpstliche Inanspruchnahme jeden Eigentumsrechts als häretisch ein[105].

Die Juxtaposition von *ius* und *proprietas* in der bonifazianischen Exemtionsdefinition *Si Papa*[106] läßt sich natürlich nicht mit der bei einem Autor wie Ockham anzutreffenden Parallelisierung von politischer Herrschaft und Sachherrschaft[107] in Verbindung bringen, wenn auch die Aufspaltung als solche durchaus vergleichbar erscheint. Ockham unterschied dabei zwischen der naturrechtlich gegebenen Disposition der *duplex potestas* und ihrer positivrechtlichen Realisierung unter Aussscheidung der päpstlichen Jurisdiktionsgewalt[108]. Zwar braucht man nur an Jacques de Thérines zu erinnern, um zu zeigen, daß die historische Genese der Exemtion weder von einem jurisdiktionsfreien Raum ausging, noch Eigentumslosigkeit voraussetzte, doch verbinden sich für den Zisterzienser beide Komponenten in ihrer historischen Herleitung aus der *de iure divino* wirkenden päpstlichen Allmacht. Ockham widerlegt diese, indem er die in

---

[100] Vgl. Olivi, *Quaestiones de perfectione evangelica* q. 16 oder 17 (ed. BURR/FLOOD, On Poverty and Revenue S. 39).

[101] Vgl. Alvarus Pelagius in DSPE II 60 (fol. 199va).

[102] Ockham OND c. 77 (OPol II S. 626).

[103] OND c. 77 (OPol II S. 634).

[104] TCB VI 4 (OPol III S. 275). Vgl. auch den von OFFLER in die zweite Hälfte des Jahres 1338 datierten Traktat *An princeps pro suo succursu ...* (c. 1, OPol I S. 231).

[105] TCB I 16 (OPol III S. 208).

[106] VI 5.7.10.

[107] In seinem 1342 entstandenem BDPT entwickelt Ockham eine Ekklesiologie, in der u.a. gerade die in der päpstlichen *plenitudo potestatis* enthaltene positivrechtliche Korrekturbefugnis zurückgewiesen wird (II 2, OPol IV S. 113). Der Gegenbeweis folgt in II 5–12 (S. 116–135). Die willkürliche Verfügung des Papstes über die Güter der Gläubigen gilt als eine der *absurditates* (II 14, S. 138).

[108] Vgl. BDPT III 9 (OPol IV S. 181). Vgl. auch: MIETHKE, Wilhelm von Ockham und die Institutionen S. 101; DERS., Ockhams Weg S. 549; MCKEON, Development S. 333.

sinnfälliger Abwandlung zitierte Lehre des Hlg. Augustin, *quod extra ecclesiam non potest esse verum dominium temporalium rerum* einer ausführlichen Interpretation unterwirft[109]. Wir brauchen dem nicht weiter zu folgen. Es soll nur deutlich werden, daß die unzulängliche Integration der Ordensgüter in die begriffliche Fassung der Exemtion bei Jacques de Thérines und Hervé Nédellec nicht mit der Trennung von *dominium* und *jurisdictio* vergleichbar ist, wie sie Exponenten des antikurialistischen Lagers praktizierten. Diese denken die Ordensgüter als solche des Papstes, und ihr Schutz ist letztlich in der Exemtion enthalten bzw. läuft der durch die Exemtion bestimmten Beziehung von Papst und Orden parallel, ohne eigens einer Erwähnung zu bedürfen. Wie weit sogar Bettelmönche bei der besitzrechtlichen Definition der Kirche und auch ihrer selbst gehen konnten, zeigt sich einige Jahre später bei dem Augustinereremiten Jordan von Sachsen, der der Augustinusregel eine mittlere Position zwischen Franziskus- und Benediktusregel zusprach[110], der beanspruchte, sein Orden werde zusammen mit den Dominikanern am meisten der Lebensform der Apostel gerecht[111], und der gleichzeitig die Kirche geschichtlich durch die Abfolge verschiedener Stadien beschrieb, welche durch Art und Umfang des Besitzes charakterisiert werden[112].

Kanonistisch-korporative Güterverfügung

Die Frage, wer über die Güter eines Ordens verfügen kann, ist immer auch eine Frage der ekklesiologischen Blickrichtung. Pierre de La Palu, der Ende 1328 in seinem Armutstraktat artikulierte, daß sich die Machtfülle des Papstes gerade auch in der Alienation der Kirchengüter konkretisiert[113], oder zwei Jahrzehnte früher Heinrich von Gent, für den eine Alienation einer korporativen Genehmigung bedarf[114], schauten aus verschiedenen Richtungen auf ein Institut, das rein verfahrenstechnisch gar nicht anders

---

[109] BDPT III 12 (ed. SCHOLZ S. 132 ff.). Vgl. C. 24 q. 1 c. 39 *dict. Gratiani*. Vgl. zur hier angeschnittenen Frage der Rechtsfähigkeit der Heiden: MULDOON, Pope, Lawyers and Infidels S. 3–28.
[110] Zum literarischen Genus des Regelvergleich: MELVILLE, Schriftlichkeit S. 391; allg. auch: DONDAINE, Commentateurs S. 121–157; die Vorzüge der RSA konkretisiert Jordan (zu ihm: GUTIERREZ, Los Agustinos S. 119) hier besitzrechtlich (LVF III 4, ed. ARBESMANN/HÜMPFER S. 332): *Regula beati Augustini tenet medium; concedit enim rerum possessionem in communi, vetat autem in speciali.*
[111] LVF III 5 f. (S. 335 f.).
[112] LVF III (S. 326 ff.).
[113] Vgl. *De Paupertate Christi et Apostolorum*, in Paris BN Ms lat. 4046 fol. 36–60; zur Interpretation: HORST, Armut und Lehrentscheidung S. 131–151. Zu Alienationen (fol. 46r; zit. nach DUNBABIN S. 82 Anm. 32): *sed dominus Papa in bonis ecclesie temporalibus habet plenitudinem potestatis in alienando et faciendo quidquid dominus de suo facere potest ... videtur habere verum et proprie dictum dominium in bonis ecclesie.*
[114] QL VIII 28; fol. 336v.

zu gestalten war, als es den kirchenrechtlichen Vorgaben entsprach; ihre
Positionen schließen sich dabei nicht gegenseitig aus, sondern können sich
sogar ergänzen. Für wie wichtig kurialistische Kanonisten die korporative
Mitwirkung hielten, zeigt sich bei Hostiensis, der gerade an der Alienation
den Unterschied von *consilium* und *consensus* erklärt[115] und auch den
Papst bei Alienationen von Kirchengütern an die Zustimmung seiner Kardinäle band[116]. Nur bei höheren Pfründen von Weltklerikern wird ein eidliches Alienationsverbot vorgeschrieben[117]. Bei der Vergabe von Ländereien oder Rechtstiteln an Laien ist neben dem Konsens des Kapitels eine
päpstliche *licentia specialis* nötig[118].

Im Ordensrecht der benediktinischen Verbände wurde die Verfügung
über das *dominium* eines Klosters zu einem Verfahren, bei dem nur vereinzelt, wie etwa bei der Gewährung von Pensionen, eine unmittelbare
Konsultation des Papstes vorgesehen war[119]; meistens wurde der Abt an
die Zustimmung seines *consilium* gebunden; bei Alienationen gilt nur ein
päpstlich verfügtes Verbot, nicht aber eine päpstliche Einzelfallerlaub-
nis[120]. Anders war es bei den Mendikanten, für die seit Bonifaz' VIII. Dekretale *Cum ex eo* der Erwerb neuer *domus vel loca* oder die Entäußerung
vorhandener an die Erlaubnis der *Sedes Apostolica* gebunden war[121]. Noch

---

[115] *Lectura* zu X 3.10.5 (fol. 45va); vgl. schon: *Summa* (fol. 143vb): *Et in quibus
consensus necessarius non est: in parvis terris et inutilibus alienandis et servis fugitivis.*

[116] Vgl. WATT, Hostiensis on *Per Venerabilem* S. 108: *Porro cum in quibuslibet arduis peragendis maxime in alienationibus rerum ecclesie, etiam verum pontifex cardinalium consilia petere et sequi consensus nichilominus consueverit et etiam teneatur.*
Vgl. X 4.17.13.

[117] X 3.13.8 von Coelestin III. sieht ein eidliches Alienationsverbot für erzbi-
schöfliche Mensalgüter vor; vgl. allg. HOFMEISTER, Bischof und Domkapitel S. 146. Kanonistische Theoretiker stellten dabei den Eid über die ihm widersprechende Alienation:
Bernard de Montmirat († 1296) schrieb in seinem Dekretalenkommentar zu X 2.24.33
(vgl. RIESENBERG S. 50 Anm. 5): *Quando quis iurat in sua promotione non alienare bona ecclesie: si postea alienet et iuret: alienatio non tenet.*

[118] VI 3.9.2 (= Lyon II, c. 22, COD S. 325); ausgenommen sind Erbpacht sowie die
zulässigen Formen der Alienationen. Auch Synoden richteten sich gegen Alienationen an
Laien und gestalteten das grundsätzliche Verbot konkret aus, natürlich ohne eine päpstliche Genehmigung zu postulieren, wie in Saumur 1315 (ed. AVRIL, Conciles S. 317 f.
nr. 1 nach Lyon II c. 22; ed. MANSI XXV Sp. 553 f.) oder Compiègne 1329 durch den
Erzbischof von Reims (MANSI XXV, Sp. 880 nr. 3). Gegen den Zugriff von Laien auf
Kirchengüter richtete sich schon Lat. IV. c. 44 (COD S. 254 = X 3.13.12).

[119] Reformstatuten für Bourgueil (PL 215, Sp. 1112). Alienationsverbote bezogen auf
redditus vel possessiones gelten hier bei der Vergabe von Ordensgütern an *parentes*
(ebd. Sp. 1111).

[120] Vgl. etwa die Reformstatuten Innozenz' III. für Montecassino (CCM VI, c. I 18,
S. 212). Vgl. auch PL 217, Sp. 252 vom 20.9.1215, wörtlich wdh. in den Reformstatuten
Honorius' III. vom 4.4.1219 (BRT III S. 358a).

[121] VI 5.6.1. Johannes Andreae (*Novella* zu VI 5.6.un., S. 268a–269b) verweist freilich auf ganz praktische Ursachen für diese Regelung (S. 268b): *acquirendo nova loca*

in den Reformen Benedikts XII. wird sich zeigen, daß die päpstliche Verfügung über das d*ominium* eines Ordens sich weniger im direkten Zugriff,
als in der legislativen Normierung der Verfahrensweise bei Alienationen,
Verpachtungen oder anderen Arten der Wertschöpfung konkretisiert; nur
bei besonders wichtigen Entscheidungen wird eine päpstliche Erlaubnis
nötig.

Man kann darüber spekulieren, was die Ursache für diese Zurückhaltung ist. Eine Erklärung, die ausgehend von dem in C. 12 q. 2 c. 41 des
Dekrets vorgesehenen bischöflichen Mitwirkungsrecht auf dessen exemti-
onsbedingten Ausfall und ein dadurch entstehendes normatives Vakuum
verweisen könnte, bleibt unbefriedigend, da es ja keine Schwierigkeiten
bereitet hätte, dieses Vakuum mit päpstlichen Ansprüchen zu füllen.
Wahrscheinlich sind die Ursachen hierfür verwaltungstechnischer Art und
tragen der schon bei der Betrachtung des Visitationswesens deutlich gewordenen Tatsache Rechnung, daß ein effizientes Kontrollsystem in
räumlicher Nähe verwurzelt sein sollte. Wichtiger als dies zu wiederholen
erscheint es, die mit diesem politischen Befund verbundene Theoriebildung zu untersuchen.

Dominikanische Theorie

Die Betrachtungen des Jean Quidort über das Verhältnis des Papstes zu
den *bona exteriora ecclesiastica quoad dominium* thematisieren freilich
Ordensgüter nicht direkt[122], und auch interpretatorische Versuche, seine
Theorien aus dem Ordensrecht seines Ordens abzuleiten, überzeugen nicht
immer[123]. Die Überlegungen des Dominikaners zeigen die Kirchengüter im
Gegensatz zu den durch individuellen Fleiß erworbenen weltlichen Gütern
als Gemeinschaftsbesitz, über den auch die Gemeinschaft mittels eines
dispensator zu verfügen hat[124]. Welcher ideengeschichtliche Stellenwert

---

*ad habitandum antiqua mutando vel alienando sine pape licentia facientem etc. homi-
num habitatio. hoc est quod solet inducere scandala.*

[122] TDRPP c. 6 (ed. LECLERCQ S. 185 ff.; ed. BLEIENSTEIN S. 90 ff.). Vgl. allg.
SCHOLZ, Publizistik S. 323–331; RIVIÈRE, Problème S. 290 ff.; DEMPF, Sacrum imperi-
um S. 426–430; LECLERCQ, ebd. [Einltg.] S. 94–97; MERZBACHER, Wandlungen des
Kirchenbegriffs S. 343–346; RENNA, Populus S. 243–268; BIELEFELD, Universal-
herrschaft S. 82–94; PODLECH, Herrschaftstheorie S. 465–492; ROENSCH, Thomistic
School S. 100 f., mit Schriftenverzeichnis.

[123] Wie etwa bei PODLECH, Herrschaftstheorie S. 489 f.; HOFMANN, Repräsentation
S. 254.

[124] TDRPP c. 3 (ed. LECLERCQ S. 181; ed. BLEIENSTEIN S. 82 f.). Zu der die *ad-
libitum*-Verfügung der Laien über ihre Güter erläuternden Stelle (c. 7, S. 189 bzw.
S. 96): vgl. auch BROCKER, Arbeit und Eigentum S. 119 mit Anm. 419, der, Bezug nehmend auf die zuletzt von COLEMAN, Dominium S. 94 ff. und DIES., Medieval Discussions on Property S. 209 ff., aber auch schon von MCKEON, Development S. 331, u.a.

diesen das Privateigentum legitimierenden Sätzen auch immer zukommen mag, auf die Orden übertragbar ist dies allein deshalb nicht, weil das Privateigentum eben eine Konzession an jene Sündhaftigkeit der menschlichen Existenz darstellt, deren Exstirpation der Mönch, zumal der Bettelmönch, zu seinem eigentlichen Ziel gemacht hat[125]. Während man für die Frage der weltlichen Eigentumsordnung hier bereits den neuzeitlichen Eigentumsbegriff antizipiert sah und in der Kirche der Papst zum *universalis dispositor et dispensator bonorum* erhöht wird[126], erscheinen die Mönche als nach der Eigentumsordnung des *ius naturale* lebende Fossilien[127], deren historisch gewachsener Güterbesitz lediglich eine dem *ius humanum* entsprechende Beifügung ist. Auch an einer Kathedralkirche partizipiert das Individuum nur als Teil der Korporation an dem Besitz der Gemeinschaft[128].

Bei allem Wissen um die grundsätzliche Andersartigkeit von Kloster und Welt sind für Jean Quidort parallele Strukturen gerade dort vorhanden, wo es um die Güterverwaltung geht[129]. Indirekt kann man dies als einen Hinweis auf die Parallelität von Jurisdiktionsstruktur und Eigentumsstruktur interpretieren, nicht nur zwischen Orden und Kirche, sondern auch innerhalb der Orden. Quidorts grundsätzliche Feststellung, *quod communitas ipsa habet immediatum et verum dominium in bonis ipsis, et non papa vel prelatus aliquis inferior* (c. 6), gilt insofern auch im Bereich einer exemten Körperschaft. Die damit gegebene Verschiebung der Verfügung über das *dominium* zurück auf den Orden ist primär eine Frage der Rechtsfähigkeit einer religiösen Körperschaft; hier verbinden sich Exemtion und *dominium* zumindest in dem Maße, in dem ein Orden selber jurisdiktionelle Rechte wahrnimmt. Die enge Bindung der Dominikaner an den Papst und die Exemtionsdiskussion des Vienner Konzils ließ die Brüder freilich eine Lösung finden, die von der des Jean Quidort spezifisch abweicht. Letztlich brach hier jener Widerspruch auf, der in der Symbiose

---

entwickelte These, Quidort nehme hier teilweise Locke vorweg, die thomistische Basis dieses Eigentumsbegriffs unterstreicht.

[125] Zur Okkupationstheorie: vgl. BROCKER, Arbeit und Eigentum S. 41–45; kritisch hierzu: MEYER, Soziales Handeln S. 108 f.; vgl. auch: GRUNEBAUM, Private Ownership S. 46–51; SCHILLING, Soziallehre S. 258; MCKEON S. 323 ff.

[126] TDRPP c. 6 (ed. LECLERCQ S. 186 ff.; ed. BLEIENSTEIN S. 92 f.). COLEMAN, Dominium S. 84, führt die Vorstellung vom Papst als *dispensator* auf Gottfried von Fontaines (QL 13 q. 5, 1295/96) zurück.

[127] Vgl. Thomas Aq.: STh I q. 98 a. 1 ad 3: *necesse est fieri divisionem possessionum, quia communitas possessionis est occasio discordiae, ...* Vgl. STh IIa IIae q. 66 a. 2 ad. 1; Ia IIae q. 94 a. 5.

[128] TDRPP c. 6 (ed. LECLERCQ S. 186; ed. BLEIENSTEIN S. 91).

[129] TDRPP c. 6 (ed. LECLERCQ S. 187; ed. BLEIENSTEIN S. 93 f.).

zwischen Bettelmönchen und einer sich immer weltlicher gebärdenen
hierarchischen Papst-Kirche schon im 13. Jahrhundert begründet liegt.

Pierre de La Palu ist ein gutes Beispiel für diese Bändigung der päpstlichen Ansprüche. Im ersten Artikel seines *Tractatus de Potestate Pape*[130]
geht er über die traditionelle Zweiteilung der kirchlichen Gewalt in Wei-
he- und Jurisdiktionsgewalt hinaus und optiert für eine *triplex potestas*, in
der als dritte Komponente die *potestas dominii rerum ecclesie* enthalten
ist[131]. Die wesensmäßige Selbständigkeit der beiden ersten Gewalten entspricht dem, was schon Jacques de Thérines und Hervé Nédellec in Vienne
vorbrachten, selbst wenn La Palu eine Stufe weiter distingiert und bei der
Weihegewalt zwischen Sakramenten und Sakramentalien bzw. bei der Jurisdiktionsgewalt zwischen *iurisdictio contentiosa* und *iurisdictio voluntaria* unterscheidet[132]. Die *potestas dominii* ist eine eigene Größe, deren
Objekt er zunächst durchaus zeittypisch einer ebensolchen Zergliederung
unterwirft und dabei drei grundlegende Positionen referiert: die *bona ecclesie* seien nicht Eigentum irgendwelcher Personen, sondern des Gekreu-
zigten[133]; sie seien Güter der Armen *quoad dominium* und nur *quoad
usum* solche der Kirche[134]; und schließlich, sie seien Güter der einzelnen
Kirchen und damit auch der diesen Kirchen angehörenden Personen.

Bei dieser letzten Meinung, der auch La Palu beipflichtet, unterscheidet
er nun zwischen *collegia secularia et regularia*, indem er die Eigentums-
unfähigkeit der individuellen *religiosi* unterstreicht und ähnlich wie Jean

---

[130] Vgl. allg.: SIKES, John de Pouilli and Peter de la Palu S. 219–240; KOCH, Der
Prozeß gegen den Magister Johannes de Polliaco, Kleine Schriften II S. 387–422;
PELSTER, Indirekte Gewalt S. 80 f.; ROENSCH, Thomistic School S. 124–131; DUN-
BABIN, A Hound of God; FOURNIER, Pierre de La Palu S. 70; MCCREADY, Papalists and
Antipapalists S. 247, der m.E. zu weit geht, wenn er La Palu neben Dante, Ockham und
Quidort zu den „major representatives of antipapalist thought" zählt. STELLA edierte den
Traktat nach Ms Toulouse, Bibl. Munic. 744; Beschreibung ebd. [Einltg. S. 6–15], wei-
tere zwei Ms verzeichnet MIETHKE, Traktate S. 209; zur Datierung: STELLA, ebd.
S. 20 ff.

[131] DPP I 1 (ed. STELLA S. 97). Bei der Trennung von *ordo* und *iurisdictio*, die La
Palu im ff. darlegt (S. 97–111), sind weniger praktische Erfahrungen maßgebend, wie sie
erst im Schlußteil des Traktates sporadisch zur Sprache kommen (II 5, 1; S. 269: *nec qui
consecrat calicem habet propter hoc ius aliquod dominii in calici ipso; nec episcopus
benedicens abbatem habet propter hoc temporalem iurisdictionem in ipsum*), als vielmehr eine Fülle kanonistischer und römisch-rechtlicher Argumente, die die juristische
Ausbildung des Dominikaners ebenso deutlich erkennen lassen wie die argumentativen
Unterschiede zu Hervé Nédellecs gleichzeitig entstandenem DPP.

[132] Für die Exemtion ergeben sich einige Präzisierungen: am Beispiel der von ihm der
bischöflichen Jurisdiktion zugerechneten Indulgenzen beweist er, daß die Exemtion von
der *iurisdictio contentiosa*, nicht aber der *iurisdictio voluntaria* befreit, unter die auch
die Buße subsumiert wird (ed. STELLA S. 108).

[133] DPP (S. 111 f.).

[134] DPP (S. 112).

Quidort den Besitz als einen der Körperschaft denkt[135]. Auch falls ein Mönch zum Pfarrer oder Bischof erhoben wird, verliert er nicht die Bindung an sein Armutsgelübde, noch erwirbt er damit Testierfähigkeit *de iure communi* oder irgendwelche Eigentumsrechte an den ihm zur Verwaltung übertragenen Gütern[136]. Einen Sonderfall macht er bei solchen Bischöfen und Kardinälen geltend, denen der Papst eine entsprechende Genehmigung erteilt hat[137]. Wir brauchen der Argumentation des Dominikaners nicht detailliert zu folgen; wo Bezüge zum Ordenswesen hergestellt werden, dienen diese meist der Abgrenzung von Kirche und Orden im Bereich der Eigentumsordnung. Die normsetzende Qualität der Urkirche als einer Kirche der Armen wird von ihrer historischen Genese überlagert. Die Verfügung über ihre Güter bleibt abhängig vom Erwerbsmodus: sei es, daß der Wille der Stifter weiterwirkt und der Kirche nur ein *dominium utile* zukommt, oder sei es, daß die Kirche Güter an Herrscher übertrug und an diesen ein *dominium directum* wahrnimmt; grundsätzlich aber wurde die Kirche von Christus nur mit geistlichen Gaben ausgestattet, so daß ihr *dominium* an Gütern eine Gabe oder Schenkung an die Kirche voraussetzt: *aliter omnes christiani essent monachi, si bona eorum essent ecclesie*[138].

Diese in partiellem Widerspruch zu der kurialistischen Theorie vom päpstlichen Obereigentum an allen Kirchengütern stehende Eigentumsordnung veranschaulicht, wie differenziert Pierre de La Palu die Repräsentation der Kirche im Papst und durch den Papst seinen Überlegungen zu Grunde legt. Dabei läßt er an der naturrechtlich begründeten Vorrangstellung des Papstes in der Kirche keine Zweifel aufkommen[139], wendet diese dann aber auf die *triplex potestas* an und kommt nach einer für den Leser etwas verwirrenden Abwägung von zahlreichen Argumenten und Gegenargumenten über die Tragweite der *potestas ordinis* und einer die päpstliche Vollmacht sowohl *quantum ad voluntariam iurisdictionem*[140] als auch im Bereich der *potestas iurisdictionis contentiose*[141] auffällig zurückhal-

---

[135] DPP (S. 113).

[136] DPP (S. 113).

[137] DPP I 1 (S. 113). Vgl. ausführlicher in: II 3 (S. 130 f.).

[138] DPP (S. 114).

[139] DPP (S. 123 f.), vgl. Dig. I 2,3; Aristoteles, *Metaphysik* XII c. 10; hier zeigt sich La Palu als typischer Bettelordensekklesiologe. Hieraus schließt er (S. 124): *qui preest toti ecclesie potest iudicare omnes personas ecclesiasticas et disponere de rebus ecclesie.*

[140] DPP (S. 128). Vgl. auch: HORST, Armut und Lehrentscheidung S. 140 ff.

[141] DPP (S. 130 f). Die nach der Dekretale Innozenz' III. *Per Venerabilem* (X 4.17.13) begründete päpstliche Suprematie gilt für La Palu nur *quantum ad terras ecclesie subiectas*, d.h.: *in aliis autem non habet plenariam potestatem, sed partialem et casualem ... Unde non est in temporalibus iudex ordinarius, sed casualis.* Vgl. zu der Dekretale: WALTHER, Imperiales Königtum S.14–19.

tend einstufenden Betrachtung ausführlich auf die *potestas dominii* zu sprechen.

Schon in den Ausführungen über die *potestas iurisdictionis contentiose in temporalibus* führt Pierre de La Palu aus, daß es für einen weltlichen Herrscher leichter ist, Statuten zu ändern als rechtens alienierten Besitz zurückzugewinnen[142]. Auch beim Papst wird die positivrechtliche Gesetzgebung kaum erwähnt, geradeso, als ob es hier nichts zu erörtern gäbe; umso mehr Mühe verwendet der Dominikaner auf die *preeminentia pape in potestate dominii*. Daß der Papst als *plenus dispensator rerum ecclesiasticarum* anders als die Bischöfe allein entscheiden kann, aber gleichzeitig bei einer Alienation an das Vorliegen einer *iusta causa* gebunden ist[143], veranschaulicht treffend das Abrücken von einer hochkurialistischen Ekklesiologie, ohne daß aber dem Papst institutionelle Schranken, etwa in Gestalt eines Konzils, wie es Guillaume Durand vorschwebte, errichtet würden. Wie der Bischof von Mende zitiert auch Pierre de La Palu die bekannten Briefe Gregors d. Gr., in denen der Papst aus persönlicher Demut verbot, ihn als *universalis* zu bezeichnen[144].

Bei diesen Überlegungen hat Pierre de La Palu stets die politische Realisierbarkeit seiner Ausführungen im Blick. Die von der göttlichen Weltordnung bestimmte Reduktion der Welt in die Universalität der Papstes ist für ihn ebenso Realität wie die Stellung der *rectores particulares*, die es allein aus verwaltungstechnischen Gründen in Kirche und Staat gibt und geben muß[145]. Diese zeittypische Projektion des normativen *ordo naturalis* in die politische Ordnung erklärt die Ambivalenz der Stellung des Papstes, der *in quantum papa* kein *dominium* an den Kirchengütern, sondern nur deren Verwaltung innehat, weil sein *status perfectissimus* mit Eigentum ebenso wenig vereinbar ist, wie einem Mönch Güterbesitz erlaubt[146].

Bei dieser Definition des *status papalis* ist deutlich der Bettelordenstheologe herauszuhören, selbst wenn La Palu unablässig Belegstellen aus dem Dekretalenrecht und dem römischen Recht anführt, die ihm ein Profil verleihen, das in dieser Hinsicht dem seines jüngeren Ordensbruders Johannes von Dambach ähnelt[147]. Bei der zu jener Zeit unverzichtbaren

---

[142] La Palu argumentiert hier mit den ihm gut vertrauten Verhältnissen im Königreich Frankreich (DPP S. 132). Vgl. Dig. 32.1.22.

[143] DPP (S. 135). Das Zitat: ebd. z. 32.

[144] DPP (S. 137 ff.). Vgl. Gregor d. G. *Epist.* V nr. 18 *Ad Johannem Episcopum*, PL 77, Sp. 740 B-C; nr. 20 *Ad Mauricium Augustum*, ebd. Sp. 747 A.

[145] DPP (S. 142).

[146] DPP (S. 144).

[147] Vgl. LÖHR, Mendikantenarmut S. 398–415, zu dem 1362 abgeschlossenen *Tractatus de proprietate mendicantium* des Johannes von Dambach. – Bei der Frage der Ordensgüter ist er zurückhaltender als Pierre de La Palu, indem er sich auf einen General-

Frage nach dem historischen Ursprung verwirft La Palu den Erwerb von
dominium durch Okkupation[148], unterscheidet bei der Zurückweisung einer
extensiven Deutung von Mt 16,19 zwischen einem *dominium* und einem
territorium und exemplifiziert diese an Jean Quidort erinnernde Abkop-
pelung von *dominium* und *iurisdictio* gerade wieder an Mönchen, die eine
iurisdictio ordinaria vel delegata ausüben, aber deswegen nicht als *iudices*
qualifizierbar sind[149].

Die Vorbildrolle der Mönche für das päpstliche Amt betrifft neben der
mehrfach argumentativ einbezogenen Möglichkeit, daß ein Mönch zum
Papst gewählt wird, die idealtypische Verfassung jener Kirche, die als ex-
emte Regularkirche gerade auf dem Vienner Konzil zur Debatte stand. Die
Geschlossenheit eines Ordens macht ihn zum Idealbild eines politischen
Körpers[150], und deshalb wäre es eine Verkürzung, in dem Papsttraktat des
Pierre de La Palu nur eine Nachwirkung des Vienner Konzils zu sehen: die
Einschränkung eines päpstlichen *dominium* an den Kirchengütern, *quia in
rebus universitatis nullus habet dominium, nisi ipsa*[151], gilt freilich nur insofern für die Mönche, als deren Güter Kirchengüter sind und dem Papst
eben der Zugriff auf diese Kirchengüter erschwert wird. Ob Pierre de La
Palu geschickter oder nur durchsichtiger argumentierte als Jacques de Thérines 1317 ist hier nicht zu entscheiden, wenn auch die Doppelstrategie,
d.h. enge Bindung der Orden an den Papst bei gleichzeitiger Relativierung
seiner Verfügung über den Ordensbesitz, dieselbe ist. Die in der Kanonistik gängige Trennung der akzidentiellen Güterfrage von der klassischen
Ekklesiologie und dem *ordo-iurisdictio*-Dualismus hat dies zweifellos erleichtert[152]. Dabei sollte man den erkennbaren Bezug auf den dominikanischen Armutsbegriff nicht übersehen, der in der hier niedergelegten Form
weitgehend dem entspricht, was Johannes XXII. den Franziskanern im
theoretischen Armutsstreit oktroyieren sollte[153]. Auch in den 30er Jahren,
als Pierre de La Palu in einem Brief an den Ordensgeneral Hugo de Vau-

---

kapitelsbeschluß von 1337 stützt, der festlegte (MOPH IV S. 244): *Per religiosos mendicantes non solum intelligit Constitutio illos religiosos mendicantes, qui possessiones
non habent nec in proprio nec in communi, sed etiam illos religiosos, qui etsi possessiones habeant, propter tamen earum exiguitatem consueverunt communiter mendicare.*
Vgl. LÖHR, ebd. S. 413.

[148] DPP (S. 150).
[149] DPP (S. 151).
[150] DPP (S. 156).
[151] DPP (S. 157).
[152] Vgl. zur Akzidentialität der Temporalia: DPP S. 226 und S. 227 zz. 18, 31.
[153] DPP q. 2 art. 2 (S. 229). Vgl. DUNBABIN S. 91–94; zur Frühzeit des Ordens:
HINNEBUSCH, Poverty S. 436 ff.; LÖHR, Mendikantenarmut S. 392 ff.; allg. auch:
LAMBERMOND, Armutsgedanke passim.

cemain *perpetua legata pro cultu divino* rechtfertigte, bezog er sich auf
ein diesbezügliches vom Papst erlangtes Privileg[154].

Die von Pierre de La Palu mit seinem Traktat verfolgte Absicht ist also
weniger in dem der Entstehung des Traktates vorangehenden Streit um
Pfarrechte oder die Gottunmittelbarkeit von Pfarrern und Bischöfen[155] zu
suchen als in der Entwicklung einer Ekklesiologie, die auch den Dominikanerorden vor überzogenen Ansprüchen des Papstes schützte. Wenn er
dies in das Gewand einer objektiv anmutenden Betrachtung kleidete, so
besagt dies nicht zwangsweise, daß es keinen akuten Handlungsbedarf
gab; es fällt nur schwer, ihn zu benennen, es sei denn, man deutet das
Vorgehen des Papstes gegenüber den Zisterziensern als Anlaß oder bedenkt, wie ausführlich sich die gelehrte Kanonistik mit Problemen wie der
Verfügung über die Ordensgüter oder mit den wirtschaftlichen Aktivitäten
von Mönchen auseinandersetzte[156]. Man könnte berücksichtigen, welchen
Raum das zu jener Zeit entstehende ökonomische Schrifttum der Schul-
denmisere der meisten Orden widmete, indem die zumeist mendikantischen Verfasser über Aufnahme oder Vergabe von Darlehen (*mutuum*)[157]
und die mögliche Wucherei (*usura*) dabei[158] oder die Verantwortung eines
Klosters für die Schulden seiner Novizen[159] nachdachten. Wenn La Palu in

---

[154] Vgl. LÖHR, Mendikantenarmut S. 389; Druck bei: MORTIER III S. 131 f.

[155] Nur vereinzelt wie in q. 1 art. 3 (DPP, S. 176 ff.) wird die Kirchenhierarchie zum
Problem; hier optiert er durchaus kurialistisch: die These „einiger Theologen" – man
kann an Jean de Pouilly und seine weltklerikalen Vorläufer denken –, *quod inter omnes
sacerdotes est equalitas, quantum est ex ordinatione Christi, et nulla preeminentia* widerlegt er ausführlich und deutet die für die weltklerikale Argumentation so wichtige
Stelle D. 21 c. 2 *In novo testamento* jurisdiktionell (S. 180): *Ergo illa potestas, quam
Christus eis concessit, fuit potestas iurisdictionis, qua poterant non solum predicare,
sed et precipere; ... .*

[156] Henri Bohic unterscheidet zu X 3.50.1 *Multa sunt* (fol. 582b–583a) die Anwendung dieses Verbotes von *negotia secularia* auf Kleriker oder auf Mönche (fol. 583a): *Si
quaeris de religiosis, dic quod tales debent omnino a negotiis secularibus abstinere, ut
hic in fi[ne] nisi abbate precipiente, et utilitate monasterii suadente,* bei den konkreten
Fällen folgt er Hostiensis.

[157] Remigio dei Girolami OP verfaßte um 1300 einen *Tractatus de peccato usure*; zur
Problematik eines *mutuum* als *dominium*-Transfer: c. 26, ed. CAPITANI S. 658. – Wuche-
rei verboten hatten c. 1 des II. Konzils von Lyon (COD S. 293 f.) bzw. c. 29 des Konzils
von Vienne (COD S. 384 = Clem. 5.5.1); vgl. MÜLLER, Konzil S. 618 ff. – Vgl.
GILCHRIST, The Church and economic activity S. 62–70; KNOLL, Zins in der Scholastik
S. 161 f.

[158] Alexander von Alexandrien erörterte das Problem einer *locatio*, die er als recht-
mäßige Form des Wirtschaftens gegen das wucherische *mutuum* abgrenzt II 23 (ed.
HAMELIN S. 129) und VII 69 (S. 151). Vgl. auch ebd. III 26 (S. 131). Vgl. auch schon
Heinrich von Gent QL 1 q. 39, fol. 25r–26r.

[159] Pierre de La Palu hat bereits in seinem Sentenzenkommentar den Fall durchdacht,
daß ein Schuldner in ein Kloster eintritt (in IV. Sent., d. 38 q. 4 a. 3, fol. 183rb): *Quarta
conclusio ... quia licet secundum ius civile heres teneatur solvere debita insolidum nisi*

seinem bereits zitierten Armutstraktat wieder zugunsten des Papstes votierte, so ist dies nicht nur aus den von Johannes XXII. dem Predigerorden
erwiesenen Wohltaten, sondern auch daraus leicht erklärbar, daß der Papst
seine Alienationsbefugnis bei Ordensgütern kaum in Anspruch genommen
hatte und personalpolitisch mittels *destitutio* und *institutio* in den Orden
hineinregierte. Pierre de La Palu hat in seinem Papsttraktat den Mut, die
Päpste ganz entgegen den Gepflogenheiten der Zeit nicht nur zu verpflichten, die von ihren Vorgängern unrechtens an Verwandte entfremde-
ten Kirchengüter wieder zurückzufordern, sondern nepotistische Päpste
auch mit dem Verräter des Herrn zu vergleichen[160].

Papstkritik in Gestalt einer kanonistisch argumentierenden Ekklesiologie erweist sich immer als eine verdichtete Form der Kirchenkritik. Dabei
spiegelt sich hier auch die Stellung jenes Ordens in der Kirche, der in den
20er Jahren des 14. Jahrhunderts dem Papst ein stets treuer Diener war.
Indem man Orden und Kirche besitzrechtlich beschrieb, wurde die kollegiale Verfassung des Ordens gefestigt und die Kirche in ihrer Einheit
kompartimentierbar[161]. Dadurch war es möglich, auch dem Papst gegenüber auf Distanz zu gehen, freilich nur wenn das *dominium* zur Diskussion
stand. Das heißt nicht, daß jede gegen den Orden gerichtete päpstliche
Aktivität sich auf Güterfrage oder Armut beziehen mußte; es heißt nur,
daß sich hiermit am leichtesten argumentieren ließ.

Wie bei Jacques de Thérines auf und nach dem Vienner Konzil, so war
auch der Gehorsam der Dominikaner kein unbedingter oder bedingungsloser. Wir wollen hier nicht der Rezeption der Reformmaßnahmen
Benedikts XII. bei den Dominikanern vorweggreifen, doch verdient es
zumindest der Beachtung, daß einer der erbittertsten Kritiker dieses Papstes, der Mailänder Chronist und Visconti-Vertraute Galvano Fiamma,
dessen Aphorismus, Benedikt habe schon die anderen Orden eher
‚deformiert' als reformiert, viel zu gerne zitiert wird[162], zugleich ein kom-

---

fecerit inventarium, tamen monasterium quod debitor intravit non tenetur ultra valorem
eorum quam recipit etiam si inventarium non fecit.

[160] In DPP wendet La Palu das allgemeine Verbot aus X 3.24.2 auf den Papst an, der
in *episcopus et quilibet prelatus* eingeschlossen sei (ed. STELLA S. 161 f.): *Unde si Ju-*
das, qui habebat loculos, furtum et sacrilegium commisit dando uxori sue et filiis; ...
Unde non licet pape tales donationes facere parentibus, plusquam licuerit Jude.

[161] La Palu verbindet normativen Ursprung, kollegiale Verfassung und Güterfrage in
einer zeitlosen Kirchendefinition (DPP S. 158): *Unde et ipsa ecclesia collegium est, ut si*
queretur cuius sunt res ecclesie parisiensis, dicatur quod clericorum connumeratis epis-
copo, curatis et collegiis, ut faciant unum corpus.

[162] Galvano Fiamma, Verfasser mehrerer Lokal- und Ordens-Chroniken (Verzeichnis
bei: HUNECKE, Kirchenpolitischen Exkurse S. 111 ff.), trat nach der 1333 erreichten
Aussöhnung seines Ordens mit den Visconti in enge Beziehungen zu diesen, vgl.
HUNECKE, ebd. S. 115. Das immer wieder zu lesende Zitat (vgl. ALTANER, Venturino
von Bergamo S. 165; BOEHM, Benedikt XII. S. 284; FELTEN, Benoît XII et les Frères

promißloser Vertreter der Lehre von der päpstlichen Machtvollkommenheit war. Man kann den Widerspruch zwar etwas mildern und darauf verweisen, daß Galvano dem Papst im Bereich einer *correctio* das Recht, nach eigenem Gutdünken vorzugehen, zubilligte[163]; außerdem mag seine politische Option sicher auch eine schlecht verdaute Frucht der Lektüre der kurialistischen Schriften von Jakob von Viterbo, Tholomäus von Lucca, Johannes Regina von Neapel oder Guido Vernani und Alexander von St. Elpidio sein, die er neben anderen wiederholt zitiert; doch bleibt diese antipäpstliche Option eines dem päpstlichen Absolutismus huldigenden Dominikaners erklärungsbedürftig.

Die enge Einheit von *dominium* und *proprietas*[164] ist freilich nur ein Aspekt einer dem göttlichen Vorbild entsprechend weiten Begriffsfassung des *dominus*, den Galvano durch die *actus sui dominii* definiert: *instituere, destituere, corrigere, punire et premiare*[165]; bei diesen jurisdiktionellen Vorgängen ist von *reformare* auffälligerweise nicht die Rede. Die von dem Dominikaner unter fragwürdiger Berufung auf ein Dekret des Vienner Konzils und auf Thomas von Aquin entwickelte Vorstellung, *quod papa Romanus temporalis et spiritualis appicem* [sic] *tenet*, ist auf die Identifizierung von *status papalis* und *status imperialis* ausgerichtet[166]. Bei einer so umfassend aus Naturrecht und positivem Recht gleichermaßen begründeten Allmacht des Papstes[167] werden die legislativen Ansprüche eines Ordens nicht insofern irrelevant, als der Papst Konstitutionen und Regel

---

Prêcheurs S. 333; u.a.) stammt aus der von ODETTO als *Chronica maior* in Auszügen edierten Ordenschronik (S. 367 f.).

[163] *Chronica maior* (ed. ODETTO S. 368): *... sed bene de iis que ad correctionem pertinent hoc papa potest pro libito suo.*

[164] Ebenso aufschlußreich für Galvanos päpstlichen Absolutismus wie die Exkurse in seinen Chroniken (vgl. auch die Exkurse der *Chronica Galvagnana* cc. 108–110, ed. HUNECKE S. 180–185: *Quod papa est dominus temporalis et imperator similiter*) ist eine von CREYTENS, Question disputé S. 119–133, unter dem Titel (*Utrum papa Romanus sit dominus in temporalibus et spiritualibus in toto orbe terrarum*) edierte *Quaestio*. Galvano argumentiert freilich nicht spezifisch mit Kirchengütern oder gar Ordensbesitz, sondern in der Tradition der Lehre der *potestas directa in temporalibus*.

[165] Ed. CREYTENS S. 123.

[166] Ed. CREYTENS S. 123. Vgl. Clem. 2.11.2 *Pastoralis cura* (ed. FRIEDBERG II Sp. 1153). Nicht weniger problematisch ist der hier angeführte Beleg von Thomas Aq. II. Sent. d. 49 q. 2 a. 3 *expos. text. ad* 4 (vgl. hierzu: GRABMANN, Einfluß aristotelischer Philosophie S. 14), mit dem bewiesen werden soll (ebd.): *quod papa Romanus temporalis et spiritualis appicem tenet illo disponente qui est rex et sacerdos, sacerdos siquidem secundum ordinem Melchisedech, et rex regum et dominus dominantium.* Vgl. allg. zur thomistischen Sozialphilosphie: BERGES, Fürstenspiegel S. 113–123 u. S. 195–211; GRABMANN, Einfluß der aristotelischen Philosophie S. 8–18, bes. S. 10; SCHILLING S. 233 interpretiert Thomas ähnlich einseitig wie Galvano; ESCHMANN, St. Thomas Aquinas on the Two Powers, S. 177.

[167] Ed. CREYTENS S. 127.

willkürlich brechen könnte; gerade die Heiligkeit des päpstlichen Wirkens macht einen Verstoß gegen die nicht minder heilige Regel unmöglich, und wenn es doch zum Konflikt kommt, so kann es nur an der Person des Papstes liegen, nicht aber am *status papalis*.

Die Dissonanz zwischen Papst und Papalist läßt sich nicht nur als eine Auseinandersetzung um die Intensität des päpstlichen Zugriffs interpretieren, sondern sie thematisiert auch den ‚Sitz im Leben‘ der kurialistischen Ekklesiologie. Dominikanern fiel es schwerer als selbst einem dominikanisch beeinflußten Franziskaner wie Wilhelm von Sarzano, den kollegialen Besitz mit dem päpstlichen Obereigentum zu vereinbaren[168]. Folgt man Alvarus Pelagius, der freilich in vielem ein Sonderfall war, so braucht die Affirmation der päpstlichen Machtfülle keine Folgen für die Besitzstruktur der Orden zu haben[169]. Nach dem wenigen, was Galvano über den Konflikt zwischen Benedikt XII. und den Dominikanern schreibt, ging es nicht um den päpstlichen Zugriff auf die Güter, sondern um den Gehorsam des Ordens durch eine Profeß des Generals in die Hände des Papstes und damit um die mögliche Änderung von Regel und Konstitutionen[170]. Die Selbstbestimmung des Ordens war ebenso deutlich legislativ definiert wie das Papsttum jurisdiktionell, und alle besitzrechtlichen Überlegungen sind, abgesehen von den spezifisch franziskanischen Problemen, letztlich akzidentiell; so überrascht es nicht, daß sich die Lehre des Pierre de La Palu von der *triplex potestas* nicht durchsetzen konnte. Immerhin reflektiert sie, daß hier in Theorie und Praxis akuter Klärungsbedarf bestand. Damit zeigt sich aber auch, daß es im Rahmen einer auf Benedikt XII. hinzielenden Untersuchung nötig ist, den Ansichten Jacques Fourniers über Kirche und Reform, Autorität und Wandel, Armut und Besitz mehr Aufmerksamkeit zu schenken, als es gemeinhin geschieht.

Das Konzil von Vienne hatte somit Nachwirkungen, die seine Bedeutung als Reformkonzil unterstreichen. Die in den Streitschriften zur Exemtionsdiskussion aufgeworfene Frage nach der Stellung der Mönche in der

---

[168] Der von Ende 1316 bis 1317/18 entstandene *Tractatus de potestate summi pontificis* des Wilhelm von Sarzano aus Genua (ed. DEL PONTE; vgl. zur Datierung: MIETHKE, Ein neuer Text zur Geschichte der politischen Theorie S. 537) behandelt die Güterfrage in c. 7 (S. 1040–1045): sein Ergebnis (S. 1044): *primo tamen et principaliter omnium proprietas, jus et dominium ad personam summi Pontificis pertinere videtur.*

[169] Alvarus Pelagius geht von der Rechtsunfähigkeit der Mönche in allen ökonomisch relevanten Fragen aus (DSPE II 54, fol. 178va), stellt aber in Rechnung, daß es zu seiner Zeit viele Mönche (*religiosi*, nicht *fratres* schreibt er!) gibt, die pharisäergleiche Heuchler sind (fol. 176rb), *quia sub honore dei terrena lucra sibi accumulare cupiebant*; zur Deutung: KÖLMEL, Paupertas und potestas S. 83; COCCI, Alvaro Pais e il Libero Spirito S. 287.

[170] *Chronica maior*, ed. ODETTO S. 368.

Kirche blieb trotz oder vielmehr gerade wegen der weitgehend dem *statuts-quo* verpflichteten Antwort des Konzils offen; ähnlich mußte sich das Papsttum nach Anagni in einer politisch grundlegend neu ausgerichteten Situation erst neu definieren.

Den Pontifikat Johannes' XXII. kennzeichnet eine vielfältige Beunruhigung der Kirche gerade als Ergebnis seines Bemühens, sie zu stabilisieren. Sein Versuch, die Zisterzienser zu reformieren, endete vorzeitig an deren Obstruktion, und seine Reformversuche der anderen monastischen Orden blieben unbedeutend; bei den Franziskanern, die schon auf dem Vienner Konzil nur in der Olivi-Angelegenheit in Erscheinung traten, führte seine Politik zur Spaltung des Ordens. In dem Widerstand gegen den Papst trat, wie bei den Dominikanern besonders deutlich wird, das Selbstbewußtsein der Orden in ein eigentümliches Spannungsverhältnis zur kurialistischen Ekklesiologie, die nur vereinzelt in einigen Aspekten, wie etwa bei der *potestas dominii*, erkennbar beschnitten wurde.

Johannes' XXII. geradezu tragisch anmutendes Scheitern mag teilweise in seiner Person begründet liegen, doch verkörpert seine Person eben auch den Geist seiner Zeit. Als in Hierarchien denkender Jurist mußte es ihm nach Ausbildung und Werdegang schwerfallen, die religiöse Dimension des Ordenslebens zu verstehen; überspitzt könnte man formulieren, daß die gerade mit der Juridifizierung des Ordenswesens entstandenen Probleme nicht durch eine Forcierung dieser Juridifizierung gelöst werden konnten. Wie sich Johannes in einer Glaubensfrage, nämlich in dem von ihm ausgelösten Streit um die selige Schau der Heiligen, verhielt, wird uns im übernächsten Kapitel beschäftigen. Wenden wir uns nun wieder Jacques Fournier zu. Die Verbindung des schonungslos-nüchternen Blicks eines Inquisitors mit dem analytischen Geist eines akademisch geschulten Theologen läßt einen neuen Anlauf in der überfälligen Reform erwarten.

Kapitel 6

Von Pamiers nach Avignon: Jacques Fourniers Aufstieg

6.1. Jacques Fournier als Bischof und Inquisitor

Bei Interpretationen, die das Zisterziensertum Benedikts XII. herausstellen und seine angeblich so asketischen Neigungen betonen, wird seine Zeit als Bischof eines kleinen, aber nicht unbedeutenden Bistums im Pyrenäenvorland meistens nur insofern erwähnt, als er sich als angeblich strenger, aber gerechter Inquisitor von Montaillou[1] von 1319 bis 1324 seine Sporen verdiente. Die Zeit, die er von 1317 bis 1326 in Pamiers und von 1326 bis 1327 in Mirepoix verbrachte, prägte jedoch darüber hinaus Fourniers Sicht der Kirche und schärfte seinen politischen Verstand. Unlängst wurde darauf hingewiesen, daß Jacques Fourniers so gut dokumentierte Aktivitäten als Ketzerverfolger keineswegs so viel über ihn besagen, wie es zunächst erscheint[2]. Bei aller in der Prozeßführung erkennbaren Ausdauer und Hartnäckigkeit des Bischofs von Pamiers sei zu bedenken, daß gerade erst das Vienner Konzil in einem umfangreichen Dekret die Verfahrensweise bei Inquisitionen geregelt und sich streng gegen jede Art von Vorteilsnahme durch Inquisitor oder Bischof gewandt hatte[3]. Diese für den Bi-

---

[1] Edition der Akten des Inquisitionstribunals in Montaillou durch DUVERNOY, vgl.: PAUL, Jacques Fournier inquisiteur S. 40 ff.; VIDAL, Le tribunal de l'inquisition de Pamiers. Die Prozesse begannen Mitte 1318; noch im April 1325 wurden Verhöre durchgeführt; die letzten Sentenzen erfolgten aber schon im August 1324.

[2] PAUL, Jacques Fournier inquisiteur S. 64. – Für den Stellenwert der immer wieder für den Aufstieg Jacques Fourniers verantwortlich gemachten Bekämpfung der Häresie (so noch KAUFHOLD S. 185) ist zu beachten, daß seine Kardinalskreation hiermit zumindest nicht begründet wurde; so schon SCHIMMELPFENNIG, Zisterzienserideal S. 15 Anm. 21; vgl. das auf Grundlage des für viele Kardinalskreationen Johannes' XXII. verwendeten Formulars stehende Ernennungsschreiben bei RAYNALDUS, Annales ecclesiastici XV (1691) S. 335b–336a § 55.

[3] COD S. 381 ff., c. 26 = Clem. 5.3.1; zu der „réforme capitale du siècle, en matière d'inquistion" (VIDAL, Bullaire S. XXIII): MÜLLER, Konzil S. 485–490; PAUL, Jacques Fournier inquisiteur S. 43. Die konkreten Mißstände, die Anlaß der Konzilsentscheidung waren (*Multorum querela sedis apostolicae pulsavit auditum*), lagen offenbar in Kompetenzüberschreitungen von Inquisitoren; während bei Zitation, Festnahme und Verwahrung Bischof und Inquisitor unabhängig voneinander vorgehen können, ist bei strengem Kerker, Folter und Verurteilung ein gemeinsames Vorgehen beider nötig, sonst droht die Nichtigkeit ihrer Maßnahmen (COD S. 381 z. 3–17).

schof mit der Androhung einer dreijährigen Suspension verbundene Vorschrift mag Jacques Fournier jene Objektivität seiner Untersuchungen erleichtert haben, die nur allzu kurzschlüssig mit seiner Gerechtigkeit in Verbindung zu bringen ist.

Durch die ebenfalls in Vienne angeordnete Kooperation zwischen Bischof und Inquisitor wurden die *inquisitores a sede apostolica deputatos*, wie es zumindest heißt, an die episkopale Zustimmung gebunden, was insofern verständlich ist, als die Ketzer durch den Zugriff des Inquisitors ja nicht exemt wurden, sondern jede Exemtion schon seit Lucius' III. Dekretale *Ad abolendam* bei Häresie als hinfällig galt. Berücksichtigt man diese Tragweite des Konzilsdekrets, so wird die Kooperation Jacques Fourniers mit einem Delegierten des dominikanischen Inquisitors von Carcassonne Jean de Beaune, dem Dominikanerprior Gaillard de Pomiès, verständlich[4]. Die Säuberung des dereinst von Bonifaz VIII. gegründeten Bistums Pamiers[5] von katharischen Ketzern war nur ein, wenn auch zentraler Aspekt der pastoralen Pflichten Jacques Fourniers. Dabei ist nichts weniger belegbar als die Vorstellung, Jacques Fournier habe den Konflikt mit den Ketzern geradezu als eine neue Herausforderung gesucht. Die zur Zeit seiner Übernahme des Bistums anstehenden bzw. von seinem Vorgänger im Bischofsamt, dem Augustiner Pelfort de Rabastans[6], geerbten Probleme betrafen vielmehr auch weit zurückreichende Zehntstreitigkeiten mit den Bauern des Sabarthès. Sie haben primär dadurch einen Bezug zu den späteren Vorgängen in Montaillou, daß Pelfort mit geistlichen Strafen gegen die Bauern vorging, nachdem bereits 1308/09 der Inquisitor Geoffroy d'Ablis[7] Montaillou heimgesucht hatte.

Auch Jacques Fournier hatte keine Hemmungen, die Verweigerung seiner Zehntansprüche mit Inquisitionsverfahren zu beantworten. Selbst wenn die Anklage auf katharische Ketzerei lautete und die Prozesse zumindest ein Jahr über die Einigung in der Zehntfrage im August 1323 hinaus weitergeführt wurden, sahen viele Zeitgenossen hier eine Verbindung, was sich in antiklerikalen Äußerungen Ausdruck verschaffte, die sich gegen

---

[4] Zu Jean de Beaune, ab 1316 Inquisitor von Carcassonne: PAUL, Narbonne et la querelle de la pauvreté S. 158 ff., mit irrtümlicher Datierung des Vienner Konzils auf 1305. Zur bischöflich-inquisitorialen Kooperation: DERS., Jacques Fournier inquisiteur S. 46. Zu Jean de Beaunes Rolle: VIDAL, Bullaire S. 47 nr. 21 Anm. 2. Gaillard de Pomiès wurde bereits 1318 zum Vertreter des Inquisitors von Carcassonne ernannt (vgl. VIDAL, Tribunal S. 72 f.) und blieb es über den Tod des Jean de Beaune (August 1324) hinaus.

[5] Bonifaz VIII. begründete diesen Schritt (BRT IV S. 132a–133a vom 23. Juli 1295) mit der Überforderung des Toulouser Bischofs bei Visitationen (§ 1).

[6] Vgl. zu ihm: VIDAL, Histoire des évêques de Pamiers S. 3–18.

[7] Sein Register ist erhalten in Paris BN Ms lat. 4269; vgl. DUVERNOY, L'acception: ,haereticus' S. 204; die Ausgabe des Registers von PALÈS-GOBILLARD 1984 war mir nicht zugänglich.

Papsttum und Ordenswesen gleichermaßen richteten[8]. In Fourniers energischer Amtsführung verbindet sich ein auf die materielle Konsolidierung des Bistums gerichtetes Streben mit der Sorge um die Rechtgläubigkeit seiner Untertanen, was mehr als eine zufällig vorgegebene Verbindung von ökonomischen und spirituellen Komponenten war[9]. Es deutet einiges darauf hin, daß auch hier der bald nach Fourniers Bischofspromotion und eine Woche vor seiner Weihe und Inmarschsetzung nach Pamiers verstorbene Arnaud Nouvel der Karriere seines Neffen noch einen letzten Impuls gegeben hatte und damit, absichtlich oder unabsichtlich, aber jedenfalls im Sinne von *Multorum querela* auch die im Toulousain zumeist Bischöfe und Inquisitoren stellenden Dominikaner getroffen hatte[10]. In Pamiers ist, anders als in Fontfroide, Jacques Fournier erstmals als authentisch handelndes Subjekt erkennbar.

Mit Jean de Beaunes Ordensbruder Bernard Gui, der zusammen mit ihm bei einigen Urteilsverkündigungen in Pamiers anwesend war[11], hatte Jacques Fournier schon im Prozeß gegen den Franziskaner Bernard Délicieux kooperiert, der zu Beginn des 14. Jahrhunderts mit Unterstützung der Einwohner von Carcassonne gegen die dominikanische Inquisition agitierte und dies schließlich mit seiner Vernichtung durch den Papst, die Dominikaner und die französische Krone bezahlte[12]. Als der mutige Fran-

---

[8] So wurde behauptet, ein guter Kleriker sei verbrannt worden, weil er die päpstliche Absolutionsgewalt in Frage gestellt habe (vgl. DUVERNOY [1978] I S. 248); auch wurde die Abschaffung der Kirchenhierarchie und des Mönchtums gefordert, da ein Priester je Diözese ausreichend sei (II S. 648–653); es wurde behauptet, durch die Tätigkeit der Kleriker seien zahlreiche Seelen verloren gegangen (III S. 1192), oder unterstellt, die Exkommunikation sei eine Erfindung des Klerus (III S. 1251).

[9] Auch die narrativen Quellen stellen die vielfältigen Leistungen Fourniers zu Pamiers positiv heraus: vgl. Gesta (ed. MELVILLE S. 176); 5. Vita (ed. BALUZE/MOLLAT I S. 226); 2. Vita (ebd. S. 210).

[10] Die im Reg. Johannes' XXII. bald nach dem der Provision am 19.3.1317 (Lettr. comm. nr. 3206; am 21.8.1317, nr. 4815, beauftragte er ihn, nach Pamiers zu gehen) einsetzenden und finanziell lukrativen Privilegien für den Neugewählten (nr. 4165 vom 24.6.1317; nr. 4176 vom 25.6.1317; nr. 4191 vom 27.6.1317; nr. 4170 vom 24.6.1317; nr. 4259 f. vom 4.7.1317) können durchaus den Einfluß des Onkels reflektieren.

[11] Registre de l'inquisition (ed. DUVERNOY) I S. 449 (1321), 517, 531; II S. 79, 231; III S. 12 (1323). – Zu dem Inquisitor von Toulouse (1307–1323): vgl. die Beiträge in CF 16 („Bernard Gui et son monde") von PALÈS-GOBILLARD, Bernard Gui S. 253 ff. u.a.; BORST, Katharer S. 32; THOMAS, Bernard Gui S. 139–232. Die *Practica Inquisitionis* von 1323/ 24 edierte zuletzt: MOLLAT, Le manuel de l'inquisiteur; hierzu: DERS., A propos de la ‚Practica inquisitionis' de Bernard Gui S. 643, datiert die endgültige Redaktion Ende 1324/Anfang 1325; vgl. auch DONDAINE, Le manuel de l'inquisiteur S. 115 ff.

[12] BIGET, Autour de B. Délicieux S. 80–89; DOSSAT, Origines de la querelle S. 351 ff.; DOUIE, Nature and Effect S. 18 f.; die Prozeßakten edierte kürzlich: FRIEDLANDER, Processus Bernardi Delitiosi. Zu den politischen Verwicklungen mit der französischen Krone: FRIEDLANDER, Jean XXII et les spirituels S. 224 f.; FAVIER, Philippe le Bel S. 316 ff.

ziskaner sich nach einigen ruhigen Jahren unter der Obhut des jüngeren
Bérengar Frédol in Béziers an der Spitze einer Gruppe südfranzösischer
Spiritualen 1317 an die Kurie begab[13], machte er die Erfahrung, daß sich
das dortige Klima im Gegensatz zur Zeit Clemens' V. spürbar gewandelt
hatte. Während er damals trotz der 1304 durch den Dominikanerpapst Benedikt XI. über ihn verhängten Exkommunikation unbehelligt geblieben
war, wies ihn Johannes XXII. am 13. Mai 1317 im Konsistorium für seinen Kampf gegen die Inquisition energisch zurecht, ließ ihn einkerkern
und befahl dem Erzbischof von Toulouse sowie den Bischöfen von Pamiers und Saint-Papoul, Jacques Fournier und Raymond de Mostuéjols,
die näheren Untersuchungen durchzuführen und am Ende auch das Urteil
zu fällen. Dieses erging am 8. Dezember 1319 nach einem Prozeß, der insofern die Handschrift Fourniers trägt, als nicht nur, wie in Theologenpro-
zessen üblich, auf Grundlage von Fehlerlisten, die wohl Bernard Gui und
Bernard de Castanet, der ehemalige Bischof von Albi, erstellt hatten, ver-
handelt wurde, sondern umfangreiche Vernehmungen in Carcassonne die
Wahrheitsfindung erleichtern sollten[14]. Als der französische König das in
seinen Augen zu milde Urteil ähnlich wie seinerzeit Philipp der Schöne im
Prozeß gegen Jacques de Molay anfechten und den Franziskaner verbrennen lassen wollte, lehnten die beiden Bischöfe seinen Widerspruch ab.
Bernard Délicieux verschwand darauf im Dunkel eines *carcer strictus* und
dürfte bald danach gestorben sein[15].

Es ist hier nicht nötig, in die meist an Darstellungen der Tätigkeit
Jacques Fourniers als Inquisitor und Bischof geknüpften Diskussionen
über die Tragweite seiner Maßnahmen einzusteigen und seinen Transfer
nach Mirepoix, die Ernennung eines früheren dominikanischen Mitarbei-
ters Bernard Guis zu seinem Nachfolger in Pamiers und das vorüberge-
hende Nachlassen inquisitorialer Tätigkeiten unter diesem Dominique
Grenier[16] miteinander zu kombinieren. Insofern die Predigerbrüder

---

[13] Quelle hierfür ist ein 1337 an Benedikt XII. gerichteter Text, der freilich von einem charakterlich so fragwürdigen Menschen wie dem dominikanischen Denunzianten
Raymond Barreau, einem Cousin des Guillaume Durand, stammt. Als *caput et rector
dyabolicus* der Spiritualen bezeichnet er Délicieux und unterstellt Frédol ähnliche Sym-
pathien (ed. BOTINEAU, Tribulations S. 504; vgl. auch: DOSSAT, Origines S. 349 f.).

[14] Vgl. 1. Vita Johannes' XXII. (ed. BALUZE/MOLLAT I S. 117). Die Übergabe Délicieux' an die drei Bischöfe erfolgte erst zwei Jahre nach der Festnahme an der Kurie,
genau am 16.7.1319; vgl. DMITREWSKI S. 9; DOSSAT, Origines S. 327 f.; er wurde zu
schwerem Kerker und Degradation verurteilt (ed. DMITREWSKI S. 25), später kam noch
die Abnahme der Kutte dazu; nach Cons. 1331 (XVIII 20,2, ed. MENCHERINI S. 588):
Omnis etiam carceri mancipandus habitu Ordinis spolietur.

[15] Vgl. DOSSAT, Origines S. 347, datiert nach Johannes von St-Viktor seinen Tod vor
den 8. April 1320.

[16] Auch Dominicus Grima genannt; bisher hervorgetreten im Armutsstreit (Vat. lat.
3740 fol. 228ra–vb: *Consilium de paupertate Christi et apostolorum datum rogatu Io-*

schon im 13. Jahrhundert die wenig erfolgreichen zisterziensischen Inquisitoren verdrängt hatten, ist es nur plausibel, daß ein erfolgreicher zisterziensischer Inquisitor dem Dominikanerorden ein Dorn im Auge war und es zu Spannungen kam. Wenn dieser Zisterzienser als Bischof und nicht als Exponent seines Ordens agierte, dabei aber, wie es nicht nur die fromme Überlieferung will, sondern auch das Kirchenrecht[17] ebenso wie das zisterziensische Ordensrecht[18] nahelegten, die weiße Kutte anbehielt[19], mag dies die Provokation noch erhöht haben. Insofern ist die zur Begründung des Transfers nach Mirepoix immer wieder gegebene Erklärung, Fournier habe auch dort die Ketzer bekämpfen sollen[20], unzutreffend. Mehr spricht dafür, daß der Dominikanerorden die Ausschaltung Jacques Fourniers als Bischof-Inquisitor zielgerichtet betrieb, vielleicht unter Ausnutzung der Tatsache, daß schon Johannes XXII. das Urteil gegen Bernard Délicieux zu milde war[21], aber auch stimuliert dadurch, daß der Zisterzienser durch die Erfolge der Inquisition in Montaillou in der Gunst des Papstes gewonnen hatte[22]. Treibende Kraft mag Jean de Beaune gewesen sein, der mit seiner Vorgehensweise gegen den franziskanischen Lektor Bérengar Talon 1321 einen erheblichen Beitrag zur Auslösung des theoretischen Armutsstreits und damit zum Konflikt der franziskanischen Konkurrenz mit dem Papst geleistet hatte. Als Koadiutor Jacques Fourniers war Jean de Beaune

---

annis XXII.) und im Ockhamprozeß (als Elekt von Pamiers, vgl. KOCH, Neue Aktenstükke S. 81; vgl. auch: KAEPPELI, Scriptores I S. 319 f.).

[17] *Glossa ordinaria* zu C. 16 q. 7 c. 22 (zit. nach OLIGER, Évêques réguliers S. 108): *Monachus factus episcopus, non abjeciat habitum; sed retento habitu, desuper ferat habitum in quo magis conveniat eis inter quos est.* Vgl. auch Lat. IV. c. 16 (COD S. 243) für Priestermönche; vgl. auch: Henri Bohic (zu X 5.9.1, fol. 141a, nr. 7). Noch Johannes von Imola meinte zum Vienner Dekret *Ne in agro dominico* lapidar (zu Clem. 3.10.1 = c. 14, COD S. 370 ff.; vgl. OLIGER, ebd. S. 174): *monachus factus episcopus remanet monachus.*

[18] Das Ordensrecht band schon sehr früh die Annahme einer Bischofswahl an die Zustimmung des jeweiligen Abtes und des Generalkapitels, *nisi forte a Domino papa cogatur* (vgl. *Instituta generalis capituli apud Cistercium* c. 40, ed. TURK, *Cistercii statuta antiquissima* S. 22; LEFÈVRE, A propos de la composition des instituta generalis capituli S. 158 ff.).

[19] Vgl. zur dominikanischen Lösung: Thomas von Aquin STh IIa IIae q. 88 a. 11 ad 4. Vgl. allg. zur Unablösbarkeit der *Vota*: IIa IIae q. 186 a. 6, was Pierre de La Palu auf die Situation *cum monachus sit episcopus* anwandte (in IV. Sent. d. 38 q. 4, fol. 184va), allerdings auch hier ohne Bezug zum Habit.

[20] So schon: FOURNIER, Jacques Fournier S. 180 unter Berufung auf Äußerungen von Johannes XXII. (VIDAL, Bullaire nr. 124 vom 6.10.32). Genauso: GUILLEMAIN, Benedetto XII, in: DBI VIII S. 379; SCHIMMELPFENNIG, Zisterzienserideal S. 15; KAUFHOLD S. 184.

[21] DOSSAT, Origines S. 347.

[22] VIDAL, Bullaire S. 105 nr. 64 vom 22.2.1326; MOLLAT, Lettr. comm. VI nr. 24465; ebd. nr. 24466; ebd. nr. 24464.

über die Erfolge dieses aufsteigenden Sternes gut informiert und beob-
achtete sie wahrscheinlich mit argwöhnischer Sorge. Vielleicht hat diese
Konstellation etwas mit dem an sich überraschenden Befund zu tun, daß
Jacques Fournier nicht zu den Gutachtern im theoretischen Armutsstreit
zählte[23]; ob man hier von einer dominikanischen Intrige sprechen kann,
bleibe dahingestellt, aber auch die letztlich erfolglose Legation des weder
vorher noch nachher für diplomatische Missionen eingesetzten Zisterziensers 1325 in den Dauphiné könnte in diese Richtung weisen[24].

Einen ebenso langen Atem wie die Dominikaner hatte allerdings auch
Jacques Fournier selber: es geht vielleicht nicht zu weit, hinter den Worten
der am 6.10.1332 an Dominique Grenier gerichteten Mahnung Johannes'
XXII. (*te a pigricie sompno nocivo ... excitans*)[25] den Einfluß des nunmehr
zum Weißen Kardinal avancierten Fournier zu vermuten, der mit süf-
fisanter Genugtuung zur Kenntnis nahm, wie wenig seine Ablösung durch
einen Dominikaner der Sache selbst gedient hatte – vielleicht hatte er dem
in ständiger Angst vor okkulten Verschwörungen lebenden Papst dabei geschickt souffliert, wie sehr die Ketzer in Pamiers ihr Unwesen noch trie-
ben, um seinen in der Statutengesetzgebung tatkräftigen Nachfolger[26] zu
desavouieren. Wenn Fournier zumindest indirekt seinen Feinden den Aufstieg zum Kardinal verdankte, erhöhte dies nur seinen Glauben an sich
selbst. Wie es im Wesen der Intrige liegt, daß nur ihre Auswirkungen ans
Tageslicht treten, so bleibt auch hier das meiste im Dunkeln. Dies gilt
auch für die Entscheidungsfindung eines Papstes wie Johannes XXII., dessen Handeln bisweilen mehr spontaner Eigensinn als rationales Kalkül zu
Grunde lag. Die rasche Beendigung des Gastspiels in Mirepoix[27] durch die
Kardinalserhebung Jacques Fourniers am 18. Dezember 1327 könnte in

---

[23] Vgl. negativer Befund bei: DUVAL-ARNOULD, Conseils.

[24] Vgl. VIDAL, Le pape Jean XXII, son intervention dans le conflit entre la Savoie et
le Dauphiné S. 374; FOURNIER, Jacques Fournier S. 180.

[25] VIDAL, Bullaire S. 184 nr. 124. Es ist auffällig, daß die Dokumente über die Unzu-
friedenheit des Papstes mit der Ketzerpolitik Greniers ab dem 8.8.1328 (VIDAL, Bullaire
S. 134 nr. 82) einsetzen und sich auch an den Bischof von Mirepoix, den Dominikaner
Pierre de Lapeyrarède, richteten (VIDAL, Bullaire nr. 116/117 S. 178 vom 21.10.1331),
d.h. zur selben Zeit, als Jacques Fourniers Einfluß als Kurientheologe und Sachverstän-
diger in Häresiefragen seinen Höhepunkt erreichte.

[26] Vgl. seine Statuten, erhalten in Toulouse, Bibl. munic. Ms 102, fol. 1–137 als *Ri-
tuale seu synodale ecclesie Appamiensis a Fr. Domenico Grenier ord. Predicatorum
episcopo ordinatum* (vgl. Répertoire des livres synodaux, ed. PONTAL S. 348); sie sind
undatiert und stehen auf Grundlage älterer Toulouser Statuten (ebd. S. 442, ed. Simon de
PEYRONET, *Jus sacrum ecclesie Tolosane ... Toulouse 1669).

[27] VIDAL, Histoire des évêques de Pamiers S. 37.

diese Richtung weisen[28]. Insofern ist nicht ausgeschlossen, daß alle Ursachenhypothesen am eigentlichen Problem vorbeigehen.

In Pamiers verdient Jacques Fourniers erfolgreicher Versuch, den von seinem Vorgänger 1315 nicht ganz beigelegten Konflikt mit den Kanonikern seiner Kathedrale[29] zu schlichten, zumindest kursorische Berücksichtigung, da dieser Vorgang den Bischof als einen umsichtigen Harmoniseur zeigt[30], was der moderne Betrachter von einem energischen Inquisitor kaum erwartet. Dabei versuchte er in dieser ersten, wenn auch noch bescheidenen Reformmaßnahme seines Lebens nicht etwa, die 1315 festgeschriebene Stellung des Bischofs gegenüber dem Kapitel[31] auszubauen oder deren bei der Rückgewinnug von veruntreuten Gütern[32] und in ökonomischen Fragen[33] geregelte Bindung aneinander[34], etwa ausgehend von

---

[28] Diese vierte Kardinalserhebung im Pontifikat Johannes XXII. am 20.12.1320, vgl. EUBEL I S. 15. Außer bei Fournier ist nur bei Raymond de Mostuéjols eine Beziehung zu inquisitorialen Tätigkeiten erkennbar.

[29] Zur Vorgeschichte des Konflikts: vgl. VIDAL, Histoire des évêques de Pamiers S. 4–9, ebd. S. 10 ff. eine Inhaltsangabe der nach einer dramatischen Eskalation des Konflikts, in dessen Verlauf Pelfort de Rabastans sogar gewaltsam bedroht wurde (vgl. die Schilderung in: Paris BN Ms Coll. Doat 94, fol. 190r–191r) und nach dem Scheitern eines ersten Schlichtungsversuchs im Oktober 1315 schließlich am 8.11.1315 durch neutrale Vermittler herbeigeführten Einigung. Vollständiger Text: Ms Doat 94, fol. 194–255.

[30] Fournier fügte dem zwischen Pelfort und den Kanonikern ausgehandelten Abkommen am 28.1.1320 eine, wie VIDAL, Histoire des évêques de Pamiers S. 13, es nannte, „entente aimable" hinzu, in der besonders das Präsentationsrecht in den 18 Pfarrkirchen oder Pfründen des Bistums geregelt wurde (Text: Ms Doat 94, fol. 256–263). Vgl. allg.: GAUDEMET, Évêque et chapitre S. 328; GIERKE III S. 268.

[31] Ein gemeinsames Handeln von Kapitel und Bischof wird in devolutionsartigen Verfahrensregeln festgelegt, wie sie später auch die Ordensreformen Benedikts XII. auszeichnen werden. So erfolgt die Wahl des Klaustralpriors (Ms Doat 94, fol. 222r) durch das Kapitel, seine Bestätigung durch den Bischof, der das Recht hat, einen *insufficiens* zurückzuweisen; selbst in diesem Fall bleibt das Wahlrecht beim Kapitel, geht jedoch, wenn innerhalb von 15 Tagen kein Vorschlag erfolgt, auf den Bischof über, der *per se ipso irrequisito capitulo* einen Prior auswählen kann; er kann auch einen unfähigen Prior *de consilio peritorum* absetzen; das Wahlrecht bleibt auch hier beim Kapitel. Auch die *creatio et institutio canonicorum* (fol. 223v) wird weiterhin von beiden gemeinsam vollzogen.

[32] Die Güter des Bistums gelten grundsätzlich als ungeteilt (Ms Doat 94, fol. 232r); es gibt nur wenige Ausnahmen: *eo vero casu quo aliquae res alienatae essent recuperatae, et divisae per Episcopum et capitulum, quemlibet dictarum partium rem suam ad expensas proprias tueretur.*

[33] Bei Finanzschwierigkeiten im Bistum (Ms Doat 94, fol. 232v) sollen die Kanoniker *ad mensam communem ... ipso capitulo* 700 l.t. jährlich oder 1/3 ihrer Benefizieneinnahmen abtreten. Amtsträger werden eidlich verpflichtet *super .... debitis et expensis* Bischof und Kapitel Rechenschaft abzulegen (fol. 231v).

[34] Dies gilt bei allen Entscheidungen von erheblicher Tragweite für das Bistum (Ms Doat 94, fol. 234r–v).

der dem Bischof allein zustehenden Gerichtshoheit[35], zu brechen. Statt
dessen begnügte er sich mit dem Präsentationsrecht in 7 oder 9 der gerade
18 Kirchen seiner Diözese, überließ die anderen den Kanonikern und hatte
offenbar auch nichts dagegen, daß der dem Bischof von diesen Kirchen
geschuldete, jährliche Zins an die Kanoniker gezahlt wurde, die über ein
eigenes Siegel verfügten und entsprechend selbstbewußt auftraten[36].

Dieses sich so deutlich von der Unerbittlichkeit des Bischofs im Streit
mit den Hirten des Sabarthès um ihre zweifelhaften Lämmerzehnten abweichende Verhalten erinnert entfernt bereits an einen Papst, der überall
sparte außer bei den immensen Zuwendungen an die Kardinäle. Allein daher sollte man dies nicht als Bescheidenheit feiern oder gar der angeblichen Austerität des Zisterziensers zuschreiben, der auch von seiner durch
den *prior claustralis* wahrzunehmenden Korrekturbefugnis gegenüber den
Kanonikern seiner Kathedrale[37] keinen nachweisbaren Gebrauch machte.
Man sollte dies eher aus dem Bedürfnis oder Kalkül erklären, sich in der
unmittelbaren persönlichen Umgebung kooperativ zu geben, ohne aber die
übergeordneten Interessen der eigenen Stellung aus dem Auge zu verlie-
ren. Diese Fähigkeit, Konflikte mit ungewissem Ausgang durch taktisches
Entgegenkommen zu entschärfen, war hier insofern nötig, als er für seine
Aktionen in Montaillou einen freien Rücken in Pamiers brauchte; damit
hatte er sichtlich Erfolg[38]. Wenden wir uns damit den intellektuellen Tätigkeiten Jacques Fourniers in seiner Zeit als Bischof zu.

6.2. Zur Mt-Postille Jacques Fourniers

Schon Jean de Garlande wußte, daß die Exstirpation der Ketzer die urei-
genste Aufgabe des *doctor* ist, der noch vor Feuer und Schwert zu walten

---

[35] Ms Doat 94, fol. 233v: *Item statuimus quod Episcopus solus ... iurisdictionem temporalem habeat, percipiat et obtineat in civitate et pertinentiis ...* Zu Prokurationen
vgl.: fol. 235r–v.

[36] VIDAL, Histoire des évêques de Pamiers S. 23. – Das Kapitelsiegel wurde neben
dem bischöflichen auf der in zweifacher Ausfertigung durch öffentliche Notare aus Carcassonne angelegten Urkunde angebracht (Ms Doat 94, fol. 261v); schon 1315 wurde geregelt, daß es zusammen mit Wertgegenständen und Privilegien in der *communis capituli
arca* aufbewahrt werden soll, über deren drei Schlüssel Sakristar, Zellerar und
Klaustralprior verfügen (fol. 225r–v).

[37] Bereits 1315 wurde festgelegt (Ms Doat 94, fol. 223r): *prior ... habeat potestatem
super omnes canonicos ipsius ecclesiae cognoscendi et corrigendi; ... quam potestatem
in praedictis Episcopus teneatur eidem priori concedere, dare et committere ...* Vgl.
auch X 1.31.13.

[38] Die Verbindung von Bischof und Kapitel erwies sich als dauerhaft: vgl. die nächste
überlieferte ‚transaction‘ vom 6.12.1336 (Ms Doat 94, fol. 264r–273r).

hat[39]. Insofern sind die theologischen Ansichten, die Fournier zu jener Zeit oder kurz danach zu Papier brachte, nicht irrelevant. Dabei ist keine Einheit von Handeln und Denken vorauszusetzen, aber in Rechnung zu stellen, daß es durchaus die Absicht Jacques Fourniers gewesen sein kann, sich über die Grundlagen seines Handelns Rechenschaft abzulegen. Textgrundlage hierfür ist der selbst für mittelalterliche Verhältnisse umfangreiche Kommentar des Zisterziensers zum Matthäus-Evangelium[40]. Allem Anschein nach handelt es sich hierbei um eine reine Privatarbeit[41].

---

[39] Zu dem unter dem mit der Entstehung der Universität Toulouse eng verbundenen Namen des Pariser Theologen Jean de Garlande überlieferten Aphorismus *pravos exstirpat et doctor et ignis et ensis*: DELARUELLE S. 369.

[40] Der unvollendete, in mehreren Handschriften überlieferte Kommentar (Troyes Bibl. Munic. Ms 549 [vier Bände] zu Mt 1–7; Bibl. Vat. Ms Barb. lat. 600–602 zu Mt 1–6; Barb. lat. 751, nach MAIER, Kommentar S. 401, vielleicht das Handexemplar Benedikts XII. und die Vorlage für Barb. lat. 602; Vat. Borgh. 32 zu Mt 9,18–10,16; zwei weitere, ebenfalls unvollständige Ms verzeichnet STEGMÜLLER, Repertorium biblicum III S. 16 nr. 5690) wird im ff. überwiegend nach dem durch Giorgio LAZARI OP aus Treviso 1603 für den Venezianer Verleger Damiano Zenari besorgten Teildruck (zu Mt 5,1–32) zitiert. Lazari entnahm den Text wahrscheinlich den Prachtkodizes der Bibl. Barb. (so bereits der mit einer Ankündigung weiterer Druckvorhaben Lazaris verbundene Hinweis von QUÉTIF/ECHARD SSOP I S. 447a: *Jacobus* [!] *citatus hoc opus MS se vedisse testatur Romae in Bibl. Barber.*), die im Auftrag Kard. Fourniers oder Benedikts XII. hergestellt wurden, schrieb sie aber seinem erst 1736 selig gesprochenen und aus seiner Heimatstadt stammenden Ordensbruder Benedikt XI. zu (Titel: *B. Beati Papae undecimi Tarvisini ex ordine praedicatorum assumpti viri supra ipsam dignitatem sanctissimi, atque doctissimi Evangelium D. Matthaei absolutissima commentaria*; in ff. abgekürzt als „PMt" nach der Katalogbezeichnung *Postilla super Mattheum*, vgl. etwa: JULLIEN DE POMMEROL/MONFRIN I S. 348, Pb [= Kat. von Peñiscola 1423] nr. 83; in Troyes Ms 549 fol. 6 findet sich die freilich auch nicht zeitgenössische Bezeichnung *lectura*). Diese wohl durch die Nicht-Mitzählung des Gegenpapstes von 1058 Benedikt X. begründete Verwechslung, für die sich im frühen Schrifttum mehrere Belege finden (vgl. etwa MANSI, Concilia XXV Sp. 986; Nicolaus Eymericus [† 1399], ed. Francisco Peña, *Directorium inquisitorum*, Venedig 1578, S. 80a u. S. 199a), wurde schon von STEGMÜLLER, ebd. u. III S. 107 nr. 3882, 2 korrigiert, findet sich aber auch noch in Beiträgen zu dem Dominikanerpapst (etwa: I. WALTHER, Benedikt XI., in: DBI VIII, Sp. 370–378).

[41] Die von MAIER, Kommentar S. 403, vorgeschlagene Datierung auf „nicht vor 1324/25" beruht auf einem in Borgh. 32, fol. 302v enthaltenen Passus (*opinio que nunc per ecclesiam est reprobata quod Christus et Apostoli nil in communi vel in proprio habuerunt*), den sie auf die Bullen *Cum inter nonnullos* oder *Quia quorundam* bezieht. Insofern dieser Satz Mt 10,9 kommentiert und *nunc* denkbar unspezifisch bleibt, ist über den Beginn von Fourniers Arbeit an PMt, die er nach MAIERs, ebd. S. 404, paläographischer Deutung des offenbar undatierten und auch nicht durch einen Papiervergleich mit den Papierexemplaren der späteren Gutachten lokalisierbaren Autorenexemplars diktierte und dabei oder später vielfältig korrigierte, nichts Näheres zu eruieren. Das Fehlen einer Widmung und das auch über den Tod Johannes' XXII. hinausgehende Interesse Fourniers an dem Text (s. f. Anm.) lassen es wenig sinnvoll erscheinen, hier auf eine Beziehung zu Johannes' XXII. ab 1321 erkennbaren „new and special affection for Biblical

Auf Grund der auf Jacques Fournier selber zurückgehenden Überlieferungsbedingungen der Mt-Postille kann sie als theologisches Hauptwerk
des späteren Papstes gelten[42] und bedarf zumindest einer stichprobenarti-
gen Auswertung[43].

Wir versuchen dabei nicht, seine individuelle Theologie zu entwickeln,
sondern orientieren uns an Äußerungen, die Korrekturvorgänge im Geiste
der Bergpredigt thematisieren, weil *correctio*[44] einer der schon wiederholt
eruierten Parameter von Reform im weiteren Sinne ist und sich damit eine
Verbindung sowohl zur Exemtionsproblematik wie auch zur späteren Ordensreform ergibt. Biographisch verifizierbar sind auch direkte Bezüge auf
Häretiker, die bisweilen konkret ausformuliert[45] werden, aber auch in der

---

experts" (so: DUNBABIN S. 132 f.; vgl. SOUTHERN, Changing Role S. 134) oder auf ein
zisterziensisches Konkurrenzprojekt zu spekulieren, was aber trotzdem eine karriereför-
dernde Wirkung der Postille jenseits eines platten Opportunismus nicht ausschließt. Vgl.
ein weniger bekannter Fall von anwendungsorientierter Bibel-Exegese im frühen 14.
Jhrdt.: GRILL, Leo Austriacus S. 59.

[42] Die in vielem den Gutachten des Kardinal Fournier über die Visio-Frage und Durand de Saint-Pourçain ähnliche Überlieferung der PMt (Anfertigung der Prachtkodizes
Barb. lat. 600–602; nach den frühen Katalogen der päpstlichen Bibl. ist eine gemeinsame
Aufstellung erkennbar: so in dem Katalog Gregors XI. von 1375, ed. EHRLE, Bibliotheca
S. 507: Gr. 790–797 und Gr. 800, 801) kann ihren Stellenwert für Benedikt XII. erhellen, wenn auch die gerade hier erkennbaren Gemeinsamkeiten einen Auftragscharakter
nicht ausschließen. Für die Annahme eines denkbaren zisterziensischen Konkurrenzpro-
jektes zu dem 1308 vom dominikanischen Generalkapitel (MOPH IV S. 34; vgl. auch
DUNBABIN S. 132 f.) an Dominique Grenier und Jacques de Lausanne erteilten Auftrag
zum Verfassen eines Schriftkommentars fehlt jeder Beleg; auch eine diesbezügliche Aufforderung Arnaud Nouvels an seinen Neffen ist nicht beweisbar, wenn auch zu denken
gibt, daß Jacques Fourniers Aufenthaltsort in den Jahren nach seiner Promotion unbekannt ist und es Gründe gegeben haben muß, die ihn von der Ausarbeitung eines Sentenzenkommentars abgelten haben. Ein so früher Beginn der Arbeit an der PMt ist auf
Grund der Länge der Schrift mit MAIERs Datierung vereinbar, setzt aber voraus, daß der
intellektuelle Habit Fourniers zu einer Aufblähung des Projekts führte, die in der ursprünglichen Konzeption nicht vorgesehen war.

[43] Fournier gab bisweilen selbst die theologischen, aber auch klassischen Autoritäten
an (am häufigsten werden Augustin, Hieronymus, Gregor d. Gr., Hilarius von Poitiers,
Rhabanus Maurus und Bernhard von Clairvaux, vereinzelt auch Aristoteles und Seneca
zitiert), auf die er sich stützt; häufig gab LAZARI im Marginalkommentar unpräzise Hinweise, die aber nur dann verifiziert wurden, sofern wirklich wörtliche Übereinstimmungen nachweisbar waren; zur Exegese der Bergpredigt: BEYSCHLAG S. 295 ff.

[44] Grundlegende Äußerungen wie PMt 5,11 (fol. 67vb): *Pertinet autem ad Doctores
et rectores populi Christiani, quod viriliter et sine timore alios corrigant et emendent; et
secundo quod ipsos instruant et informent* wiederholen sich zu häufig (PMt 5,14;
fol. 90vb; weitere Belege im ff.), als daß dies Zufall sein könnte.

[45] Häretiker definiert er einmal weniger nach dem Inhalt ihrer Lehre, als nach dem
prinzipiellen Widerstand gegen die Kirche (PMt 5,18; fol. 145vb): *manifestum est, quod
non ille, qui facit contra mandatum est haereticus censendus,... ; quia tamen non credit
Dei mandatum virtutem ligandi habere, propter quod divinae naturae resistit.*

fortschreitenden Verschärfung der Strafen für verstockte Sünder[46] inter-
pretatorisch faßbar sind, wobei er dies aus der Benediktus- wie der Augustinusregel begründet[47]. Es mag einem modernen Betrachter als fragwürdig erscheinen, mit einem Kommentar zur Bergpredigt die ideelle Haltung
gerade eines Inquisitors zu beschreiben, der mehrfach öffentlich Ketzer
auf dem Scheiterhaufen hinrichten ließ. Man sollte aber bedenken, daß
mittelalterliche Exegeten den seit der Aufklärung virulenten Gegensatz
von Bibelwissenschaft und Leben nicht kannten. Jacques Fourniers Werk,
das mit seiner Gliederung in Traktate, die einzelne Gruppen von Bibelver-
sen kommentieren, der üblichen akademischen Form des Wortkommentars
nicht entspricht und in eine Zeit fällt, für die schon De Lubac einen Niedergang der Bibelkommentierung konstatierte[48], bezieht auch immer die
eigene kirchliche Situation des Verfassers mit ein[49]; bei Jacques Fournier
könnte man an seine Auseinandersetzung mit den Katharern denken.
Schriftauslegung ist somit auch politisch von Relevanz[50].

Jacques Fournier verwendet das Bild einer virtuellen Gemeinschaft,
wenn er den Korrekturvorgang als den Sonderfall einer Beziehung zwischen Prälat und Untergebenem beschreibt, die durch verantwortungsvol-
les Regieren in Frieden und Gerechtigkeit stabilisiert ist[51]. Dieser Ansatz
erweist sich zunächst als eine Inpflichtnahme der Prälaten und Doktoren,
in denen er den eigentlichen Adressaten der Bergpredigt, d.h. auch die

---

(PMt 5,11; fol. 69ra): *Ille enim qui zelo iustitiae maledicit ut corrigat delinquentem, ...,*
non odit delinquentem, ut pereat homo delinquens, sed ut pereat in eo peccatum.

[46] PMt 5,7; fol. 39 [recte 35]va: *Si tamen poenae pro correctione culpae infligi debe-*
ant, quod mitiores debent imponi a principio (...) et si videantur quod per leves poenae
peccator corrigi non velit; graviores ... poenae procedant, quousque pertingatur ad cor-
rectionem eius. . ... Quod si nec per correctionem domesticam corrigi a peccato volue-
rit, excommunicandus per Ecclesiam, vel in foro seculari exteriori plectandus est, vel
mutilandus, quousque videatur eius incorrigibilitas; et tunc si corrigi non vult, est ex-
terminandus, ut eius poena multis proficiat ad exemplum; ... .
[47] Strafen gelten als *quaedam medicinae ... peccatorum* (PMt 5,7; fol. 35 [recte
36]va).
[48] Zu DE LUBAC bekräftigend: VERGER, Exégèse de l'université S. 224; vgl. zum Gesamtproblem neben den weiteren Beiträgen in dem Band „Le Moyen-Age et la Bible"
(ed. WOOD) grundlegend: SMALLEY, Study of the Bible S. 281–292. Jacques Fournier
wird in diesen Studien neben Namen wie Nicolas Trivet, Robert Holcot, Petrus Aureoli,
Franz von Meyronis oder Nikolaus von Lyra bezeichnenderweise nicht einmal erwähnt.
[49] Vgl. zur Auslegungsgeschichte: LUZ, Evangelisch-Katholischer Kommentar
S. 192 f., dort weitere Literatur.
[50] Vgl. LEFF, Bible and Rights S. 228; ULLMANN, Bible and Principles of Government S. 181.
[51] PMt 5,3; fol. 20vb: *Loquitur* [scil. Jesus] *ad praelatos, docens quomodo tractent*
subditos, scilicet leniter, quia fratres sunt, et si praelati sint superiores, ideo hos allo-
quitur, qui firmiores erant, ne inflatione bonae vitae eum, qui peccato circumventus est,
spernendum putent.

Nachfolger der Apostel, sieht[52]. Wie schon Christus selber sich zur Predigt niedergelassen und im Sitzen gepredigt habe, um seinen *praecepta* jeden strengen Charakter zu nehmen und seine Demut als Gesetzgeber zu betonen[53], so empfiehlt Jacques Fournier den Regenten, von Herzen demütig zu sein[54], sanft vorzugehen[55] und auch solche Untertanen, die in Bosheit verstockt sind, nicht wie Feinde, sondern wie Freunde zu behandeln: *pacifici ... non quaerunt mortem inimicorum, sed correctionem*[56].

Diese aus ihren augustinischen Wurzeln auch in die Kanonistik rezipierte politische Ethik[57] verpflichtet den Friedensprälaten auf eine Seelenhaltung, die seinem äußeren Handeln vorausgehen und ihm zu Grunde liegen soll. Jacques Fournier faßte dies in ein bernhardinisches Wortspiel, das die heuchlerischen *pacidici* den wahrhaftigen *pacifici* gegenüberstellte[58], in deren Leben sich Gott gewissermaßen selber begegnet[59]. Die normative Bedeutung der gottgeschaffenen Naturordnung für die Gesellschaftsstruktur erweist sich als ein Argumentationsmuster, dessen hoher Gebrauchswert schon bei Aegidius Romanus aufgefallen ist. Für Jacques Fournier ist dies aber nur eine Sinndimension der Wirklichkeit, deren Ordnungsstrukturen er vielfältig, u.a. auch an der Apostelgemeinde exemplifiziert: Kriterien wie Einheit, Eintracht, gemeinsames Streben zum Guten, Bildung eines *corpus* und dessen soziale Realisierung durch die Unterordnung unter einen *dominus*[60] beschreiben einen normativen Idealtypus, der

---

[52] Schon in der von Christus seiner Predigt zu Grunde gelegten Gliederung sieht Fournier einen Hinweis auf ihre Relevanz für die politische Ordnung (PMt 5,1; fol. 20va): *Quia vero Matth. posuit sermonem factum pro Doctoribus et rectoribus ideo in principio ... quia nihil sic timendum est rectoribus et doctoribus sicut superbia.*

[53] PMt 5,1; fol. 4rb–va.

[54] PMt 5,4; fol. 19vb: *Nihil autem magis necessarium est rectoribus, quam cordis humilitas, ne ... in tentationem diaboli incidant.* Vgl. Sir 32.

[55] PMt 5,5; fol. 20vb: *ergo maxime convenit rectoribus et doctoribus, quod cum lenitate et mansuetudines regant.* Vgl. *Glossa ordinaria*, PL 114 Sp. 89: *Qui autem peccata deposuit, mores mansuetudine correxit, ...*

[56] PMt 5,9; fol. 58ra.

[57] Vgl. C. 23 q. 4 c. 3, c. 4 [*Pro pace ecclesie mali sunt tolerandi*] und c. 5 [*Pacificus est qui corrigit quod potest, vel excludat a se, quod non potest*].

[58] PMt 5,9; fol. 56va–b: *Est enim simulata a parte mala, ... Simulata est, quando pax exterius fingitur, et odium in corde retinetur; ... hii tales non possunt dici pacifici, sed pacidici, de quibus dicit Ber. in sermone ad clericos*; vgl. Bernhard von Clairvaux, *Sermo ad clericos de Conversione* c. XXII (39.), Opera IV S. 114.

[59] PMt 5,9; fol. 58ra–b: *Recte autem pacifici Dei filii vocantur quia sunt imitatores Dei, filii autem debent patrem suum imitari, non solum in natura, sed magis in operibus ... .* Die Friedensordnung wird u.a. nach c. 12 der aristotelischen Metaphysik begründet: *Deus autem dicitur pacificus, quia naturas contrarias in hoc mundo sic constituit, quod una per aliam non totaliter corrumpatur, ...*

[60] PMt 5,13; fol. 100ra: *In Apostolis autem conditiones reperiuntur bonae Civitatis: propter quod recte Civitas sunt vocati: fuerunt enim unanimes ...* (fol. 100rb): *Secundo*

für einen Orden genauso maßgeblich sein kann wie für einen Staat oder die Kirche.

Jacques Fournier erfaßt die politische Ordnung nicht in institutionellen Kriterien der historischen Herrschaftsbildung oder gottgegebenen Unterwerfung und auch mit dem *ordo*-Begriff Augustins argumentierende Hinweise auf die hierarchische Struktur der Kirche sind eher selten[61]. Er denkt in den Kategorien einer zunächst das Individuum auf seine ethische Qualifikation hin befragenden Organisationsform, und gerade bei diesem anthropologischen Ansatz wird deutlich, daß zwischen Prälaten und Untergebenen primär ein funktionaler Unterschied besteht. Indem er die Führungsaufgaben der Prälaten bisweilen ganz konkret mit einem energisch wahrgenommenem bischöflichen Amt identifiziert und dabei sogar die nicht näher präzisierte, kraft eines Gelübdes erfolgende Hingabe an die Kontemplation als ein sündhaftes Versagen vor der Realität bezeichnet[62], optiert er für einen Aktivismus, der kaum spezifisch monastisch, aber auch nicht episkopalistisch im Sinne eines Guillaume Durand ist, sondern den Dienst am Nächsten als Kernbestand des christlichen Auftrags in der Apostelnachfolge deutet[63]. Die Einheit von Handeln und Denken[64] nimmt den Prälaten nicht nur in die Pflicht, sondern warnt ihn als einen wahren *doctor* auch vor den weltlichen Gefahren einer allein der *vita activa* verpflichteten Daseinsform[65]. Dem aus den Niederungen der Welt zur Spiritualität aufsteigenden *ordo*[66] entspricht die menschliche Or-

---

..., *quia eorum concordia et unitas non ad malum, sed ad bonum tendebat ...* (fol. 100va): *Tertio ... quia se iuraverunt ad mundi conversionem, ...* (fol.100vb): *Quarto dicti sunt Civitas, quia ab uno domino et principe gubernati et recti fuerunt.*

[61] PMt 5,1; fol. 4vb: *Propter quod quia Ecclesia est ordinata, ordo esse debeat in ministris; ut aliqui essent priores, a quibus doctrina, et ministratio sacramentorum debebat in alios derivari.* Vgl. Augustinus, *De Civitate Dei* XIX c. 13 (CCSL 48, S. 679).

[62] PMt 5,29; fol. 211ra: *Praecipitur episcopo. Praedica verbum, ... oportune, importune, argue, obsecra, increpa, in omni patientia, et doctrina. Unde cum haec Episcopo sint praecepta, si haec dimittens ex voto ut seipsum contemplatione pascat, contemplatio ei convertitur in peccatum, et efficitur ille de quo dicitur Ego suscitabo pastorem in terris.*

[63] Ebd. (PMt 5,29; fol. 211ra) zitiert er aus der berühmten *Epist.* 4 des Heiligen Bernhard, um die Aktivität des Regenten am Bsp. eines Abtes zu begründen (vgl. Opera VII S. 26): *Qua ratione ergo, multorum faciendo ruinam, te ruere non praesumis, qui in hoc videlicet positus eras, ut non quod tibi est utile, sed magis quod aliis, nec quae tua, sed quae Jesu Christi sunt quaerere debeas.*

[64] PMt 5,18; fol. 145va: *Sed quia non est perfectus Doctor mandatorum divinorum qui quod docet non facit, ideo Dominus dicit de bono Doctore, quod facit, et docet; ... .* Als Antityp gelten die *perversi magistri, quia alia docent, et alia faciunt.*

[65] PMt 5,29; fol. 212va: es drohen *scandala: ... propter seculi frequentiam; frequenter contingit quod peccent activi, videndo et audiendo facta et dicta vilium personarum ...* (fol. 212vb): *propter occupationis taedium: ...* (fol. 213ra): *per impatientiam, ...*

[66] PMt 5,13; fol. 87vb: *Ordo est, ut a carnalibus ad spiritualia surgamus, ...*

ganisationsform freilich nicht durchgehend, denn die Führungsqualifikation durch *scientia* ist kein stets und fraglos gegenwärtiges Element; noch weniger seine Umsetzung, denn das so fundamental wichtige *docere* unterliegt einer Willensentscheidung der Gelehrten, die daher eigens beauftragt werden, „ihr Licht nicht unter den Scheffel zu stellen"[67]. *Correctio peccatorum* und *informatio virtuosorum operum* sind weit mehr als die Sorge für das Lebensnotwendige die entscheidenden Kriterien dieses Dienstes an der Gemeinschaft[68]: im Sinne der alten Gleichsetzung von Bischof und *doctor* meint Reform an erster Stelle Bildungsreform; entsprechend ist die politische Idealordnung eine Bildungsaristokratie, bei der man sich fragen muß, wieweit ihre episkopale Basis auch kirchenpolitisch trägt.

Die Vorstellung vom Menschen als Mängelwesen, dessen Seelenheil zur politisch maßgebenden Größe wird, ist im Ansatz der thomistischen Sozialphilosophie vergleichbar. Dies gilt auch für die christliche Fassung der *justitia*, die eine politische Ordnung außerhalb des Glaubens schlechthin unmöglich macht[69]. Es bleibe dahingestellt, ob man es der spezifischen Lebenssituation Jacques Fourniers als eines als Inquisitor agierenden französischen Bischofs zuschreiben kann, daß er auf dieser Grundlage weder zu der bei Thomas-Schülern wie Aegidius Romanus oder Thomisten wie Hervé Nédellec entwickelten kurialistischen Ekklesiologie fand, noch zu einem wirklichen Episkopalisten wurde, der jenseits dieser allgemeinen Überlegungen den Bischöfen auch in der Kirchenverfassung größeren Stellenwert einräumte. Dagegen wird es kein Zufall sein, daß er bei der Umschreibung der Qualifikation zum *rector*, der, um andere zur *perfectio* führen zu können, selber *perfectus* sein muß[70], auf Schriften Bernhards von Clairvaux zurückgreift, somit dem idealtypischen Prälaten dieselben

---

[67] PMt 5,16; fol. 114vb: *Sed quia donum scientiae est donum spirituale, ... quoad diffusionem ad alios subiaceat voluntati, et libero arbitrio, quia doctus si vult, docet, si non vult, non docet; iccirco praecipitur illuminatis et lucidis quod luceant coram hominibus.*

[68] PMt 5,29; fol. 208ra–b: *Si quis enim suorum, et maxime domesticorum, curam non habet, fidem negavit, et est infideli deterior. ... Nomine autem curae non solum intelligitur provisio necessariorum, sed multo magis correctio peccatorum, et informatio virtuosorum operum, dicente Aug. 19 de civ. Dei cap. 16.* (vgl. CCSL 48, S. 683).

[69] PMt 5,5; fol. 27vb: *Si vero iustitia accipiatur pro iustitia legali, quae est omnis virtus moralis, quia talis iustitia praecipit omnem actum virtutis, et ordinat omnem actum virtutis particularis ad bonum commune (ut patet 5. Ethic.) ... .* (fol. 29rb): *Sed tunc iustus beatus est, quando attendit ad bonum commune per legem Dei ordinatam.*

[70] PMt 5,11; fol. 82vb: *Circa quod attendendum quod aliorum magister, et rector prius debet esse in se perfectus, quam alios ad perfectionem ducat; dicente Bernardo super Cantica serm. 18*; vgl. Bernhard von Clairvaux, Opera I S. 105.

Ratschläge gibt wie der Heilige seinerzeit Eugen III.[71] und in der Individualisierung eines umfassend gedachten *ordo* an Jacques de Thérines erinnert, wenn bei Fournier auch eine voluntaristische Komponente spürbar wird, die bei dem Zisterzienserabt fehlte.

Am Anfang jeder Willensregung und damit jeden Handelns steht der Glauben[72], denn schon von Augustinus war zu lernen, daß Sünde die Freiheit des Willens voraussetzt[73], also der Mensch die göttliche Gnade benötigt, wenn er nicht der Sünde verfallen will[74]. Die Sünde beginnt daher bereits in widergöttlichen Gedanken, genauer im willentlichen Erfassen des Unrechten, während die rein sinnliche Affektion noch wertfrei ist[75]. Die Exegese der Bergpredigt als Zeiger auf die Höhe des menschlichen Seins blieb freilich nicht bei dieser das menschliche Tun auf die ihm zu Grunde liegende Geisteshaltung zurückführenden Schuldpsychologie[76] stehen, sondern erfordert auch positiv formulierte *praecepta*. Jacques Fournier zeigt an Christus den Stellenwert der Intention für das Handeln, da dieser die Bergpredigt in zwei Teile gliederte: zunächst determinierte der Heiland *de fine operum secundum virtutem*, nämlich über die Seligkeit in ihren verschiedenen Formen, erst dann folgten die *praecepta*[77].

Was Jacques Fournier an erkenntnispsychologischen Überlegungen in seinen Schriftkommentar einstreute, ist im Rahmen einer Interpretation, die mögliche Faktoren politischen Handelns erhellen soll, nicht deswegen von Bedeutung, weil so die intensive Gewissenserforschung bei den Einwohnern von Montaillou eine Erklärung fände, sondern, weil deutlich

---

[71] PMt 5,23; fol. 200rb-va: *Et de mala societate, quae causa est multorum peccatorum, ... Nihil est enim perniciosius homini quam perniciosa societas.* Vgl. *De Consideratione* IV.9, Opera III S. 455.

[72] PMt 5,1; fol. 3ra: *... sine fide impossibile est placere Deo ... fides enim intentionem dirigit; non potest autem habere rectam intentionem quae est necessaria ad bonum opus, qui fidem non habet.*

[73] PMt 5,27; fol. 194va: *Nunc vero usque adeo peccatum voluntarium malum est, ut nullo modo sit peccatum, si non sit voluntarium. Quare aut negandum est committi, aut fatendum est voluntas committi. Unde quia peccatum est defectus voluntarius existens in potestate hominis, de peccato inculpari debet.* (vgl. Augustinus, *De vera religione* c. 14,27; CCSL 32 S. 204).

[74] PMt 5,2; fol. 7rb: *quia homo in peccato natus per se non potest legem implere, nisi liberum arbitrium gratia Dei adiuvetur.*

[75] PMt 5,27; fol. 194vb.

[76] PMt 5,9; fol. 62rb: *Oculum hinc accipere debemus intentionem qua facimus quicquid facimus; quae si munda fuerit, et recta et opera nostra, quae secundum eam operamur, necesse est, bona esse; non ergo quid quilibet faciat, sed quo animo faciat, considerandum est.*

[77] PMt 5,1; fol. 1 rb–2ra: *Et quia opera virtutum finaliter ad beatitudinem ordinantur; in omnibus autem, ubi igitur propter finem, finis debet esse prior in intentione; ... ; ideo primo hic Dominus determinat de fine operum secundum virtutem. Secundo dat praecepta de operibus virtutum.* Die Zäsur liegt bei Mt 5,13.

wird, daß der Ansatzpunkt für jede reformerische Veränderung der Welt im Habitus der reformierenden Subjekte und der zu reformierenden Objekte liegt. Wie Christus bei seiner Gesetzgebung entsprechend der gelehrten Differenzierung von *res* und *modus*[78] auch bei den Adressaten zwischen den Doktoren-Rektoren und der Masse der Gläubigen unterschied[79], so verwandte sein Stellvertreter Benedikt XII. später in seinen Ordensreformen viel Mühe darauf, nicht nur monastische Normen zu setzen, sondern auch deren praktische Ausführung detailliert zu regeln[80]. Es ist bezeichnend für den Ort von Jacques Fourniers Ekklesiologie, daß er aus den schon von Christus den Menschen gesetzten zwei Zielen: eines in der Gegenwart und eines in der Zukunft[81], keine politischen Konsequenzen im Sinne einer Abgrenzung der kaiserlichen von der päpstlichen Zuständigkeit zieht, sondern rein innerkirchlich denkt. Damit verschwimmen auch die Grenzen zwischen dem gegenwärtigen und dem zukünftigen Leben: tugendhafte Werke werden nicht erst im Jenseits belohnt, sondern zahlen sich bereits unmittelbar in der Gegenwart aus[82].

Man kann sich fragen, ob dies monastische Theologie in dem Sinne ist, daß die Mönche wie die Engel leben und in ihrer Askese zugleich den Lohn ihres Leidens finden. Dem widerspricht nicht nur das Bildungsethos Jacques Fourniers, für den *stultitia* zugleich ein moralisches Versagen bedeutet[83], der mit elementarem Abscheu von solchen kirchenrechtlich als Häretikern qualifizierten frühchristlichen Wandermönchen berichtet, die sich um des Himmelsreiches wegen selbst verstümmelten[84], und der ein

---

[78] PMt 5,1; fol. 1ra: *... ponit legislationem: et quia opus secundum virtutem de quo lex datur, principaliter duo debet habere; scilicet rem, et re modum; quia non sufficit facere bonum opus, nisi illud bene fiat; ideo Dominus duo facit: primo dat praecepta de operibus virtutum: secundo ponit praecepta de qualitate et modo, quae habere debent opera virtutum.*

[79] PMt 5,11; fol. 67vb: *prius posuit* [Christus] *praecepta convenientia Doctoribus et Rectoribus populi Christiani, et secundo posuit praecepta convenientia multitudini fidelium, et omnibus Christianis.*

[80] Vgl. SM c. 1, BRT IV S. 350b: *Sane quia supervacuum foret edere sanctiones, si praetermitteretur eorum executio, et non essent, qui tuerentur easdem.* – Vgl. ähnlich: Pierre Bohier (zu RSB 48,6; ed. ALLODI S. 578).

[81] PMt 5,1; fol. 9va–b: *Unde et Dominus ut moneret homines efficaciter ad virtutum opera, duos fines virtutum posuit; quorum unus haberetur in praesenti, ut ex preceptione praesentium munerum certa sit expectatio futurorum, cum operibus virtutum praeponit* [Beati] *et alium ponit in futuro, cum dicit* [ipsorum est regnum coelorum, vel terram possidebunt], *positis in aliis beatitudinibus.*

[82] PMt 5,1; fol. 9va: *maxime* [Dominus] *excitavit animos hominum ad virtutum opera, ut possent consequi praemia tam praesentia quam aeterna.*

[83] PMt 5,22; fol. 168va: *quia fatuitas est vitium naturale; stultitia vero est vitium morale; et naturalibus vitiis non vituperamur, sed voluntariis.*

[84] PMt 5,29; fol. 205va–b: *Non quidem quod ista membra corporalia, ... , nobismet abscidere, vel eruere debeamus, cum ex hoc homicidae et mutilatores nostri essemus,*

geradezu utilitaristisches Verhältnis zur Bildung erkennen läßt, wenn er eine im Verborgenen blühende Wissenschaft kurzerhand als nutzlos und ihre Verborgenheit für die Wissenschaft selbst als zerstörerisch einstuft[85].

Daneben finden sich natürlich auch bei ihm die patristischen Formeln vom einsamen, beständig weinenden Mönch[86], und sogar die plakativen Klagen des Hieronymus, der sich angeblich inmitten der römischen Üppigkeit nach seiner tränenerfüllten Einöde sehnte, zitiert er ausführlich[87]. Er weiß aber auch, daß zuviel fromme Betrachtung zu Überdruß, Sünde und körperlichem Verfall führen kann[88]. Kontemplation bedarf der *discretio*, was allerdings kaum unter Hinweis auf die Benediktusregel und Gregor d. Gr. als benediktinisch qualifizierbar ist, weil Jacques Fournier eben nicht mit der Regel oder gar deren Buchstaben argumentiert, sondern mit der Rechtfertigung des Menschen durch Werke, die er im Glauben vollbringt[89]. Diese theologisch verifizierten Erfahrungswerte Fourniers stehen hier über einer rigoristisch gedeuteten Tradition, und es sind solche, leicht in ihrer Zahl vermehrbaren Äußerungen, die es auch hier erschweren, von Austerität zu sprechen.

---

quod prohibitum cum dicitur, Non occides ... Unde et circumcelliones, qui semetipsos perimunt, ut post mortem martires nominentur, ab Ecclesia haeretici sunt iudicati, ut patet 24 q. 4 Ea [recte: C. 23 q. 3 c. 31].

[85] PMt 5,13; fol. 101vb: *Lucere sub modio est, quae ad nihil utilis est: et Dei (quantum in eo est) frustratur intentionem, qui eum ad hoc illuminaverat, ut eius luce caeteri illuminarentur.* – Fol. 102rb: *Eo modo qui scientiam, qua possunt multi erudi, abscondunt sub silentio, non solum reddunt eam inutilem, sed etiam destruunt eam.*

[86] PMt 5,23; fol. 177rb: *monachum, vel clericum, sollicitudo facit non publicum.* Jacques Fournier argumentiert nicht kanonistisch, sondern aus dem Original bei PMt 5,27; fol. 198rb: *Hieronymus in Epistola contra Vigilantium. Monachus (ait) non doctoris habet sed plangentis officium.* In C. 16 q. 1 c. 4 findet sich bei Gratian der Hinweis auf die *Epist. ad Riparium et Desiderium*; FRIEDBERG I Sp. 762 gibt als Anm. denselben Beleg wie Fournier, der also nach Hieronymus und nicht nach dem Dekret zitierte.

[87] PMt 5,5; fol. 25ra–b: *... putabam me romanis interesse delitiis, sedebam solus, quia amaritudine repletus eram.* Vgl. *Epist.* nr. 22 CSEL 54 S. 152 f.

[88] PMt 5,29; fol. 210rb: *Quae quidem contemplatio divinorum aliquando scandalizat et ad peccatum pertrahit hominem, et in reprobum ipsum sensum perducit, ... vel eum ab operibus necessariis divertit, ... vel cum sine discretione sic vacat contemplationi, quod animum ad taedium, et corpus ad intimam debilitatem perducit.* – Ebd. fol. 211rb: *credens sibi sufficere opera contemplationis sine operibus virtuosis, ex contemplatione scandalizatur.*

[89] PMt 5,13; fol. 91va: *quia nec fides sine operibus proficit ad salutem, nec aliquod opus bonum esse potest meritorium sine fide.* Im Zentrum seiner augustinischen Ethik steht das Liebesgebot (PMt 5,1; fol. 10ra): *ab habitu charitatis talia opera, quae dicuntur beatitudinis eliciuntur, vel imperantur: quae charitas est excellencior inter omnes morales vel intellectuales virtutes a philosophis positae.* Vgl. PMt 5,24; fol. 186rb: *sed adhuc ut satisfaciat homo Deo pro peccato, oportet quod Dei gratia adiuvetur.*

Gut handelt der Mensch nur dann, wenn er das Gute willentlich um Gottes wegen und aus Liebe zum Guten tut[90]; insofern ist es keineswegs ein Widerspruch zu der bei Korrekturvorgängen empfohlenen Milde, wenn Jacques Fournier mit dem antithetisch zur Sinai-Episode gedeuteten Aufstieg Christi auf den Berg seiner Predigt beweist, daß die vollkommene Gerechtigkeit der *praecepta* mit Konzessionen an die Schwäche der Kreatur unvereinbar ist[91]. Repression ist nicht nur deshalb ein ungeeigneter Weg der Reform, weil sie Christus als einem liebenden Gott unangemessen ist, sondern auch, weil zwischen dem Ziel als solchem, zu dem hier auch die Erfüllung der *praecepta* zählt, und den Mitteln zu seiner Erreichung, d.h. denen zur Aktivierung des guten Willens der *subditi*, zu differenzieren bleibt. Mit dem ihm eigenen Humor formulierte Jacques Fournier diesen Appell an die Einsicht in das Machbare bei gleichzeitigem geduldigen Festhalten am ursprünglichen Ziel in einem anschaulichen Bild: *sicut asinus tardus licet stimulari debeat ut vadat, tamen sic lente stimulari debet ne currat*[92].

Es ist freilich schwer zu beweisen, daß sich hier bereits konkrete Erfahrungen aus Pamiers oder Fontfroide niedergeschlagen haben; jedenfalls ist auffällig, daß er bei den *pauperes spiritu* aus Mt 5,3 und den *mites*, die nach Mt 5,4 „das Land" besitzen werden, ganz konkrete besitzrechtliche Fragen bespricht, die nicht in dem Maße in der exegetischen Tradition vorgegeben waren, wie dies bei Überlegungen zur Gefährdung des Seelenheils durch Reichtum der Fall ist[93]. Freilich setzt auch Jacques Fournier bei solchen traditionellen Überlegungen ein, deutet die Armut im Geiste als Prophylaxe gegen die *superbia*[94], und wenn aus ihm irgendwo der

---

[90] PMt 5,1; fol. 8ra: ... *etiam ex amore aliquod facit, voluntate ducitur, non necessitate cogitur. ... nec cogitur ad bonum, sed voluntate ducitur. Propter quod non solum bonum agit, sed et bene.* Dies gilt auch beim Widerstand gegen einen Feind (PMt 5,25; fol. 184ra): *Hinc autem adversario debemus consentire, id est facere quod iubet, et abstinere ab eis quae prohibet; sed non sufficit hoc, nisi de bona voluntate, id est ex amore fiat. propter quod iubemur ei esse benevoli.*
[91] PMt 5,1; fol. 8rb: *quia ergo Deus humanae infirmitati condescens praecepta non perfectae iustitiae, sed inchoatae veteri populo dedit; unde et sola illa quae ex se mala sunt, prohibuit eis. ... Ideo dicitur quod Dominus descendit, quando legem veterem dedit. ... Sed in novo Testamento Dominus ascendit in montem ...* (fol. 3ra): *Quia vero non condescendo humanae infirmitati, sed ut verae et plenae iustitiae Christus praecepta daturus erat, ideo ascendere in montem dictus est.*
[92] PMt 5,2; fol. 8rb. Die Frage nach der Herkunft dieses Bildes (vielleicht ein zeitgenössisches Sprichwort oder eine literarische Formel) muß hier offenbleiben.
[93] PMt 5,3; fol. 11rb, Bezug nehmend auf Mt 19,23 formuliert er: *Habere divitias crimen non est, sed modus in habendo retinendus est: .... Tutius est non habere divitias, nec amare, quam habere et non amare.*
[94] PMt 5,3; fol. 10vb: *donum enim timoris facit quod homo sit pauper spiritu, ... Pessimum enim malum est superbia, quae omnis peccati initium est, a qua liberatur qui pauper spiritu est quia talis de se alta non presumit, sed humilia de se sentit.*

strenge Zisterzienser spricht, dann dort, wo er reiche, nicht näher spezifizierte Mönche in zeitloser Polemik ihrer weltlichen Verstrickung bezichtigt[95].

Bei der von ihm präferierten Lösung einer allein *propter necessitatem* erstrebten Nutzung weltlicher Güter[96] liegt der Akzent auf der Überwindung der mentalen Bindung an sie; entsprechend ist für den Mönch der Wille, arm zu sein, nicht aber das Ertragen der Armut entscheidend[97]. Zur Zeit der mendikantischen Armutstreitigkeiten brauchte man kein monastischer Praktiker sein, um zu wissen, daß es nicht einfach ist, Güter nur zu nutzen, ohne innerlich an ihnen Anteil zu nehmen und ihre Mehrung und Sicherung zu erstreben[98]: deshalb ist es besser, auf Individualbesitz ganz zu verzichten[99]. Bei der Analyse der degenerierten Armut unterscheidet Jacques Fournier also zwischen der individuellen Verfügung über Güter, wie wenn sie Eigenbesitz wären, und der kollektiven Haftung für deren Verlust oder Mehrung, woraus sich die dem späteren Ordensreformer so wichtige kollegiale Güterverfügung fast von alleine ergibt. Bei dem vorliegenden Text ist es schwer zu beweisen, daß diese Überlegungen kanonistisch stimuliert wurden. Auch bei einem besitzenden Kollektiv spricht er nur von *possidere* nach Mt 5,4, grenzt also nicht *possessio* von *proprietas* oder *dominium* ab, wenn er die an die „Sanftmütigen" gerichtete Verheißung nur aus ihren himmlischen Freuden rechtfertigt und irdische Affekte

---

[95] PMt 5,2; fol. 11vb: *... quidam sunt qui licet professione se pauperes dicant, tamen actu se nolle esse pauperes ostendunt, dum omnia faciunt quae possunt, ut aliorum divitias habeant; adulando divitibus, negocias secularibus se ingerendo, et magis seculariter et laute vivendo, quam ante paupertatis professionem vixissent, vel vivere potuissent ...* ; (fol. 12ra) *vidi ego quosdam, qui postquam renuntiaverunt seculo, vestimentis dumtaxat, et vocis professiones, non rebus, nihil de pristina conversatione mutasse, res familiaris magis aucta, ...* Vgl. Hieronymus, *Epist.* 125 *ad Rusticum*; CSEL 56, S. 134 ff.

[96] PMt 5,3; fol. 17va: *quia vero illi qui sunt pauperes spiritu divitias vel bona terrena propter se non appetunt, sed solum eis propter necessitatem uti volunt.*

[97] Es ist nicht unwahrscheinlich, daß hier Franziskaner gemeint sind: PMt 5,3; fol. 12ra: *Alii sunt quidem pauperes, non solum rebus, sed et voluntate nihil volentes habere;... ; et hi non diligunt paupertatem, sed tolerant, quasi inviti. ... ideo tales pauperes non proprie dici possunt beati.*

[98] PMt 5,3; fol. 12ra–b: *Usus enim divitiarum est sola utilitas earum; sed sollicitudo congregandi, timor perdendi, desiderium ampliandi, sunt divitiarum incommoda,* [scil. pauperes] *volunt habere commodum divitiarum sine incommodis earum ... ideo tales qui sic pauperes esse volunt, in monasteriis multum abundantibus constitui volunt, in quibus vix patienter possunt tolerare quod aliqua indigentia eveniat.*

[99] PMt 5,3; fol. 11rb–va: *Quapropter, et licet possit esse in perfectis quod habeant divitias, et non sint affecti ad eas ... ; tamen quia hoc multum difficile est hominibus imperfectis magis convenienter expedit non habere divitias.*

ebenso ausschließt wie jede Art von Okkupation als Grundlage legitimen Besitzes[100].

Jacques Fournier sieht in der ethischen Qualität des Besitzenden eine Voraussetzung schlechthin für Besitz[101]. Die dahinter stehende göttliche Konditionierung jeden legitimen Besitzes in der Apostelnachfolge[102] hätte die Grundlage für einen hierokratischen Zugang zur Güterfrage im Sinne von Innozenz IV. oder Aegidius Romanus sein können, doch wie auch später als Ordensreformer optiert Jacques Fournier gemäßigt-konservativ, wenn er auf die gesetzlichen Möglichkeiten zur Besitzstandswahrung und zur Ahndung von Übertretungen verweist[103]. Dabei weiß er nicht nur, daß bei der Urteilsfindung die besonderen Lebens- und Tatumstände des Schuldigen einer Berücksichtigung bedürfen, sondern auch, daß es neben der Bestrafung nicht weniger wichtig ist, den Schaden zu begrenzen und verlorene Güter zurückzugewinnen[104]. Hierbei differenziert er, ob der Schuldner zahlungsfähig ist oder nicht, und empfiehlt eine milde Bestrafung zumindest in dem Fall, in dem eine Befähigung des Schuldigen zur Rückerstattung möglich ist[105]. Ganz ähnlich verfuhr er später als Ordensreformer, wobei natürlich offenbleiben muß, ob diese Konvergenzen Ergebnis der späteren Überarbeitung des Textes der Mt-Postille sind, oder ob man es mit einem Rückgriff auf die Kanonistik zu tun hat[106]. Ähnlich ver-

---

[100] PMt 5,4; fol. 18va: *Si vero accipiatur terra pro affectione terrenorum,... ; tunc mites et pauperes spiritu tales terras non possident. ... Et si accipiatur terra pro gaudio coelorum, tunc mites hanc terram possidebunt; ...* Zur Ablehnung der Okkupationstheorie (ebd; fol. 17ra): *Si etiam violenti et raptores aliorum bona occupant, non tamen in pace ipsa possident; et patet quod non in pace conscientiae, quia sciunt se hoc iniuste possidere.*

[101] PMt 5,3; fol. 17ra: *Et ut dicitur 4. Eth.: Qui sine virtute divitias habent, despectores, et iniuratores, et talia habentes mali efficiuntur.*

[102] PMt 5,3; fol. 17va–b: *Haec fuit gloria Apostolorum, nihil habere, et omnia possidere, sine sollicitudine esse, et non tam res quam dominos rerum possidere, quia omnia ad pedes Apostolorum mittebantur.*

[103] PMt 5,6; fol. 38va–b: *Caeterum si iniuriosa fuit acceptio, et nolente domino fuit facta, ut per furtum, rapinam, calumniam vel aliam oppressionem, non solum puniendus est, qui hoc fecit, quia non vult reddere: sed magis quia iniuste rem abstulit alienam.*

[104] PMt 5,6; fol. 38vb: *non enim debet* [scil. iudex] *iudicare de legibus, sed secundum eum* [sic; recte: eas] *debet hominem iudicare, consideratis et attentis partibus ac circumstantiis, quae non potuerunt attendi, quando lex promulgata fuit. ... sed ille, quia abstulit vel damnum dedit, non habet, unde restituat, et hoc certum sit, praecipiendum est ei, quod dimittat debi*[t]*um, si vult quod Deus ei sua peccata dimittat.*

[105] PMt 5,6; fol. 38vb: bei der eindeutigen Möglichkeit zur Rückgabe ist Zwang angebracht; sonst gilt: *Quod si dubium est, an habeat unde reddat, rogandus est, ut reum cruciet, sed modeste ..., non tantum deducatur, quod ultra possibile se facere promittat.*

[106] Vgl. zu den *circumstantiae* in der Dekretistik: KUTTNER, Kanonistische Schuldlehre S. 27 ff. – Vgl. etwa die *Regula iuris* (VI 5.12.) nr.4: *Peccatum non dimittitur, nisi restituatur ablatum,* hierzu: Guillaume de Montlauzun (fol.148vb): *quod illa restitutio debet fieri illis a quibus exortum est.* – Differenzierter: Pierre de La Palu (in IV. Sent.

hält es sich bei den für den Fall einer dem Richter nachgewiesenen Zahlungsunfähigkeit vorgesehenen Bestimmungen über eine Stundung der Schulden[107].

Bei allen Versuchen Fourniers, die Vielfalt des Möglichen durch formale Distinktionen zu erfassen, ist erkennbar, daß sein Denken in Kausalbeziehungen durch Erfahrungssätze erweitert und zugleich flexibilisiert wird. Konstruktionen wie: *Radix occisionis est ira; qui ergo radicem abscindit, multo magis destruit ramos* gab es schon in der *Glossa Ordinaria* und dementsprechend auch bei Jacques Fournier: *Tolle iram et homicidium non fit*[108]. Was der Theologe Jacques Fournier darüber hinaus über Ursache und Wirkung dachte und ob er hierbei, wie Christian Trottmann an den auf den Streit um die *visio beatifica Dei* bezogenen Schriften zeigte, skotistische Einflüsse[109] erkennen läßt, mag hier auf sich beruhen; wichtiger ist in unserem Zusammenhang, daß Jacques Fournier wesentlich differenzierter zu urteilen vermochte, als es der Glossator konnte. So weiß er bei der Schuldfrage zwischen Schuldigen und Mitläufern zu unterscheiden[110], verliert dabei aber nicht den Blick auf das den Einzelfall übersteigende Interesse der Gesamtkirche an Frieden und Einheit und sieht für den Fall einer nicht aus Einfalt oder Unwissenheit, sondern aus Bosheit begründeten Gefolgschaft der Mitläufer die Möglichkeit vor, auch gegen diese gewaltsam vorzugehen[111]. Als erfahrener Inquisitor weiß er freilich, daß die Bereitschaft zur Reue bisweilen geheuchelt ist[112]. So wenig wie einem wirklich Bereuenden eine Bewährungsmöglichkeit verweigert werden

---

d. 15; q. 2 a. 1; fol. 64vb): *restitutio semper est facienda, nisi sit excusatio. Primo propter impossibilitatem* ... Auch an Mönche hat er gedacht (fol. 65vb): ... *quando dilapidator: tunc domino non procuratori: ut si religiosus vel clericus bona monasterii vel ecclesiae dederit vel luserit reddantur non sibi sed ecclesiae.*

[107] PMt 5,6; fol. 38va: *Sed si omnino sit iudici certum quod non habeat reus unde restituat, inducere debet actorem, ut ei debitum dimittat; quod si facere non vult, reum a debito absolvere debet.*

[108] PMt 5,22; fol. 158vb. Die *Glossa Ordinaria* (zu Mt 5,22; PL 114, Sp. 93: *Tolle* ...) zitiert er fol. 160rb. PMt 5,18; fol. 144rb: *Radix* ...; vgl. auch: *Destructa enim causa, destruitur enim effectus*, fol. 159ra.

[109] Vgl. TROTTMANN, Vision béatifique S. 754 mit Anm. 23 (Gutachten über Durand de Saint-Pourçain).

[110] PMt 5,9; fol. 54rb–va: *quando magna multitudo est peccantium, in qua forte sunt multi, qui non animo malignandi, sed simplici quadam adhaerentia malis adhaerent, ...*

[111] PMt 5,9; fol. 54vb: *Quod si nec ita se volunt ab eis separere, contra omnes ferro agendum est, quia iam non ex simplicitate, vel ignorantia, sed ex malitia videntur malis adhaerere.*

[112] PMt 5,6; fol. 37ra: *Alioquin si ille, qui iniuriam vel damnum intulit proximo, cum possit satisfacere, non vult satisfacere, non facit poenitentiam, sed simulat: nec parcendum est eis, cum non poeniteat, et nulli impenitenti venia est concedenda; ... .*

kann, so wenig darf einem Reuelosen die Strafe gemildert werden[113]. Das dem Inquisitor von Montaillou häufig nachgesagte Nebeneinander von Gnade und Unerbittlichkeit sind daher keine zwei Seiten des Charakters Jacques Fourniers, sondern zeigen eine flexible Reaktion auf das Verhalten des Sünders.

Ekklesiologisch ist weniger bedeutsam, ob ein Bischof oder ein Ordensinquisitor, ein Papst oder ein Abt reformiert und emendiert, denn es mag nicht nur Fourniers episkopalem Selbstbewußtsein zuzuschreiben sein, daß er solche Zuständigkeitsfragen kaum besprach. Vielmehr artikuliert sich hier ein auf die ganze Kirche zielendes Denken, das im Stil der Zeit in organologischen Vergleichen argumentiert. So wie es in einem natürlichen Körper besser ist, wenn alle Glieder gleichermaßen nur wenig vollkommen sind, als wenn eines hochgradig vollkommen ist und alle anderen unvollkommen sind, so verhält es sich auch bei den verschiedenen Vermögen des Menschen[114]. Übertragen auf die Kirche bedeutet dies eine Absage an eiferndes Vollkommenheitsstreben, wie es Jacques Fournier zumindest dann in die Verborgenheit verbannt sehen wollte, wenn dadurch die öffentliche Ordnung gefährdet scheint[115]. Es ist bezeichnend für ihn, daß er dem in Mt 5,29 gegebenen organologischen Reformkonzept seine Radikalität nahm und auf Grundlage des Mt-Kommentars des Heiligen Hieronymus zu einer Lösung fand, die seiner vielfach bezeugten Vorliebe für nüchtern dosierte Korrekturen (*mediam inter austeram et dulcem*) entspricht: *membrum* [scil. insanum] *abscindendum non est, sed curandum*[116].

Es ist weniger die Apostelsukzession der episkopalen Rektoren und Doktoren nach Mt 5,13, die ihnen diese kirchenpolitische Sonderstellung einbringt, als ihre persönliche Qualifikation in der Lehre[117]. Jacques Four-

---

[113] PMt 5,6; fol. 33vb: *Tardius vindicant facile, si eandem vindictam pro necessitate regendae tuendaeque Reipublicae, non pro saturandis inimicitiarum odiis exercent; et veniam non ad impunitatem iniquitatis, sed ad spem correctionis indulgant; ...* [vgl. Augustinus, *De Civitate Dei*, V c. 24 CCSL 47 S. 160] *... Sic enim nulli poenitenti venia est deneganda ita nulli impoenitenti vindicata est relaxanda.*

[114] PMt 5,8; fol. 53va–b: *Sic melius est homini quod habeat virtutem motivam, sensitivam, et intellectivam aliquo modo imperfectas, quam si tantum excederet in virtute motiva, quod virtutes sensitive et intellective omnino in defectu essent.*

[115] PMt 5,9; fol. 55ra: *Sic ergo si in communitate in qua vivit homo scandalizantur homines propter perfectionis opera, ... , nullo modo huiusmodi opera sunt publice facienda ne scandalum oriatur; sed in secreto possunt fieri, ubi nullum ex hoc potest oriri scandalum.*

[116] PMt 5,29; fol. 204rb. Im sozialen Kontext gilt (fol. 204rb): *Unde quamdiu spes est, quod bonus habitans inter malos, eos bonos efficere possit, eos a se abscindere non debet.* Das Zitat *mediam ...* : PMt 5,13; fol. 81va.

[117] Durch ihre *vitae sanctitas et scientiae diviniae claritas* (PMt 5,13; fol. 91va) vertreten die Qualifizierten gleichsam Gott (PMt 5,16: fol. 112rb: *Sive* [scil. fideles] *autem*

niers Argumentation wirkt darüber hinaus geradezu wie eine Synthese aus
dem Anti-Episkopalismus des Jacques de Thérines und dem Traditionalismus Guillaume Durands, wenn er unter Berufung auf das Konzil von
Sardika (Sofia) im Jahre 343 neben der grundsätzlichen Vorbildlichkeit
der Bischöfe für die Kleriker klar herausstellt, daß ihre Kompetenz an der
Grenze ihrer Diözese endet[118]. Fournier zitiert die pseudo-dionysische
Deszendenztheorie, ohne sie aber im Sinne einer episkopalistischen oder
papalistischen Ekklesiologie auszulegen[119]. Seine Vorstellungen von der
Machtverteilung zwischen dem Haupt und den Gliedern des kirchlichen
Körpers, mit der er später als Kardinal in seinem Gutachten über die selige
Schau der Heiligen argumentierte, bleiben auf die allgemeine Lehre von
dem geistigen Einfluß Gottes auf die Engel und Heiligen beschränkt[120]. An
anderer Stelle in seiner Mt-Postille identifiziert er die Augen des Körpers
der Kirche mit den Priestern und benennt auch Entsprechungen anderer
kirchlicher Ämter, erwähnt aber die Mönche nicht[121]. Organologie steht
bei Jacques Fournier für die Einheit der Kirche, indem er die Zuständigkeit der einen Glieder für das Seelenheil und der anderen für den ökonomischen Lebensunterhalt begründet[122]. Wenn in dieser Ekklesiologie auch
ein antihierarchisches Element insofern spürbar ist, als ihr episkopale
Standesdünkel fremd sind, so gibt es neben der gelebten Lebensphiloso-
phie Jacques Fourniers und der Vorbildwirkung des himmlischen für den

accipiant doctrinam et doctores honorent, Deus honoratur; sive non accipiant, et Doctores contemnant, Deum contemnitur.

[118] PMt 5,13; fol. 90ra: *Quomodo alterum reprehendet, cum ipse qui accepit potestatem ut doceat, sit reprehensibilis? Ex episcopo gradu ceteri clericorum condiscunt,
quomodo debeant vivere.* C. 14 von Sardika, nach dem der Bischof nur in seiner Diözese
predigen darf, in einer anderen nur mit Erlaubnis des dortigen Bischofs, zit. Fournier in
PMt 5,6; fol. 42ra.

[119] PMt 5,9; fol. 59ra–b: *... omnis filiatio bona, que in celo et in terra nominatur, descendit ex filiatione divina, dicente Dionisii I. de divinis nominibus.*

[120] Gutachten zur *Visio beatifica Dei* (RAYNALDUS, Annales ecclesiastici VI, S. 64a):
*Sunt etiam sub Christi humanitate sicut membra sub capite: ipse enim caput est totius
ecclesiae, quae est in celo vel in terra, et ab eo sicut a capite suo omnes sancti sive angeli sive homines accipiunt influentiam donorum spiritualium.*

[121] PMt 5,29; fol. 208rb: *Sacerdotes rationabiliter oculus Ecclesiae dici possunt,
quoniam speculatores habentur; diaconi vero, caeterique ministri manus; quia per eos
spiritualia geruntur opera: populus autem sunt pedes corporis Ecclesiae, quibus omnibus parcere non oportet, si scandalum Ecclesiae fuerint factae.*

[122] PMt 5,1; fol. 4vb: *Quemadmodum enim in corpore animali Deus multa organa
sensuum fecit, ...; ita et in corpore mystico; ... et ideo ut melius omnia compleantur,
constituti sunt aliqui, qui habent aliis providere de iis, quae spectant ad animae salutem; sicut doctrina et sacramentorum administratio; et aliis, qui istis habet providere de
necessariis ad vitam, ut sic membra corporis mystici mutuo se iuvent; .. ut nullum scisma in corpore, mystico possit apparere.*

irdischen Gesetzgeber[123] keinen expliziten Hinweis darauf, daß er in der irdischen Kirchenverfassung dieselben Ordnungskriterien realisiert sehen wollte, die im Himmel unter den Engeln gelten[124]: *secundum diversam quantitatem meritorum dabitur diversa quantitas praemiorum.*

Jacques Fourniers Loslösung der *correctio* von jener autogen-episkopal definierten *iurisdictio*, die Guillaume Durand und seinen gallikanischen Vorläufern so teuer war, entspricht zwar Jacques de Thérines' Definition des episkopalen Amtes allein aus der Weihegewalt, doch ist Jacques Fournier auf dem Vienner Konzil nicht dokumentiert[125], und sein Ansatzpunkt war eben ein anderer. Seiner Position mag die Berufserfahrung eines Inquisitors zu Grunde liegen, der vielleicht schon als junger Mann mit dem Schicksal des am 14. Januar 1209 von Schergen des Grafen von Toulouse ermordeten Lokalseligen und Mönch von Fontfroide Pierre de Castelnau vertraut wurde, den Märtyrer verehrte und wußte, wie gefährlich das Korrigieren und Emendieren sein konnte[126]. Gerade in der Bereitschaft, diese Gefahren auf sich zu nehmen, sieht er offenbar mit Blick auf sich selbst die Qualität eines Menschen[127]. Was einige Jahre später Hermann von Schildesche in die einfache Formel brachte: *corrigere de peccato iurisdictionem requirat*[128], war für ihn einfach deswegen kein Thema, da es ihm nicht um Herrschaftsbegründung, sondern um das eigentliche Illuminieren im Sinne einer kirchlich approbierten Schriftdeutung ging[129], das erst in seinem episkopalen allein auf den Glauben gerichteten Vollzug[130] die Grundlage für eine jurisdiktionell definierte Herrschaft der Bischöfe

---

[123] PMt 5,9; fol. 58vb. – PMt 5,16; fol. 121rb.

[124] PMt 5,6; fol. 30vb. Dabei bescheiden sich die Heiligen in ihrem Stand (fol. 31ra): *nec erit desiderium si beatis et maxime post resurrectionem ad habendum quod non habebunt.*

[125] LERNER, Note on the University-Career S. 68 Anm. 11; auch MÜLLER, Konzil S. 80 ff., erwähnt keinen Abt von Fontfroide. Freilich kann er sich unauffällig in der Umgebung Arnaud Nouvels aufgehalten haben.

[126] PMt 5,10; fol. 68rb: *Sed nunc* [scil. Christus] *dirigit sermonem ad apostolos, eorumque successores; quibus praecipue convenit iniurias, et blasphemias sustinere ab illis quos corrigunt et emendare volunt, iuxta illud Apostolus ad Gal. 4* [29]. Ähnlich: Mt 5,13; fol. 81va.

[127] PMt 5,10; fol. 60ra: *perfectio ostendi non potest prosperitatis tempore, propter quod propter iustitiam persecutionem tolerare, signum est virtutis perfectae.* In seiner Qualifizierung des Widerstandes (fol. 68va: *delinquentes, ... quibus dum displicet correctio contra corrigentes bestiali more insurgent*) stand er nicht allein; vgl. Alvarus Pelagius, DSPE II 45; fol. 150ra: *qui odit correctionem vestigium est peccatoris. Habet enim character bestie, id est diaboli.*

[128] TCH I 4 (ed. ZUMKELLER S. 14). – Voraussetzung hierfür ist eine jurisdiktionelle Deutung der Einheit der Kirche als *unitas iurisdictionis*, die er in I 4 im Anschluß an den Aufweis der *unitas fidei, spei et caritatis* in I 3 (S. 11 ff.) entwickelt.

[129] PMt 5,13; fol. 84vb.

[130] PMt 5,13; fol. 115rb.

werden konnte. Ob man diese Bescheidenheit als Lauterkeit interpretiert oder in den frommen Worten des Inquisitors von Montaillou, der selbst nach der Zählung Vidals mindestens 5 Ketzer verbrennen und 26 zu *carcer strictus* verurteilen ließ[131], nur den kalten Zynismus der Macht sieht, braucht hier nicht entschieden werden. Selbst wenn die alte Weisheit stimmt, daß man den Charakter eines Menschen dann am besten erkennen kann, wenn er über Macht verfügt[132], so gilt dies nicht zwangsweise auch hier. Zumindest bezüglich der *humilitas* des Zisterziensers denkt man aber unweigerlich an Worte des Dulders Job, die Augustinus von Ancona einmal zitierte, als er die *prelatio* erörterte: *Regnare facit hominem ypocritam propter peccata populi*[133].

6.3. Das Gutachten Jacques Fourniers zur Apokalypse-Postille Olivis

1325/26 genoß Jacques Fournier vielleicht auch wegen seiner Erfolge in Montaillou das gesteigerte Vertrauen des Papstes, der ihn als theologischen Gutachter bei der Verurteilung der Apokalypse-Postille des Petrus Johannis Olivi († 1298) am 8. Februar 1326 heranzog, nachdem er ihn bei der Klärung der dogmatischen Fragen des theoretischen Armutsstreit 1322 nicht konsultiert hatte. Josef Koch, der Teile des verschollenen Gutachtens Fourniers aus Exzerpten rekonstruieren konnte, die der 1392 als Bischof von Lombez gestorbene Augustinereremit Johannes von Basel, gen. Hiltalingen, eigenen Schriften eingefügt hatte, zählt neben dem Bischof Franziskus von Florenz und dem dominikanischen Kardinal Guillaume Peyre de Godin auch den Bischof von Pamiers zu diesen von Johannes XXII. ausgewählten Männern seines besonderen Vertrauens[134].

---

[131] VIDAL, Tribunal S. 210–227; vier der zum Tode Verurteilten waren Waldenser aus Pamiers, nur einer ein rückfälliger Katharer aus Montaillou, vgl. LE ROY LADURIE, Montaillou S. 29; DUVERNOY, Registre S. 20. Fournier hatte zur Todesstrafe ein unverkrampftes Verhältnis: in PMt 5,13 formulierte (fol. 89rb): *Propter quod Ecclesia haereticos, qui sunt evanescentes per superbiam, post primam et secundam monitionem de Ecclesia projecit, vel etiam morti tradat.* Unverständlich ist es, wenn LE ROY LADURIE, ebd. S. 28, und TRUSEN, Anfänge des Inquisitionsprozesses S. 73, meinen, Fournier habe seine Gefangenen nicht foltern lassen.

[132] Vgl. etwa Aegidius Romanus, DRP I 2 c. 12 (ed. SAMARITANUS S. 81): *Ideo dicitur 5. Ethicorum principatus virum ostendit. Propter quod et proverbialiter dicitur. Si quis vult cognoscere virum ponat ipsum in aliquo principatu.*

[133] SDEP q. 1 d. 2, fol. 4rb; vgl. Job 34,30.

[134] KOCH, Kardinal Jacques Fournier S. 375. Vgl. zum letzten Olivi-Prozeß allg.: KOCH, Prozeß gegen die Postille Olivis, Kleine Schriften II S. 259–274, bes. S. 272; AMOROS, Series condemnationum S. 499 mit Edition (S. 502–512) einer zwischen 1326 und 1340 entstandenen Chronologie der Olivi-Prozesse nach Vat. Ottob. lat. 1816

Wenn sich Jacques Fournier deswegen an der Kurie aufgehalten hat, so fällt dies in die Zeit nach dem wie auch immer motivierten Abschluß seiner Inquisitorentätigkeit in Pamiers. Ein ursächlicher Zusammenhang zu seinem Transfer nach Mirepoix im Sinne einer Belohnung mit einer ertragreicheren Pfründe ist insofern unwahrscheinlich, als Mirepoix zumindest materiell nur unwesentlich ertragreicher war. Es ließe sich jedoch auf Grundlage der quantitativ ungleichmäßigen Überlieferung aus Pamiers und Mirepoix vermuten, daß es die Absicht Johannes' XXII. gewesen ist, den geschätzten Theologen mit einem Bistum auszustatten, das es selbst einem so gewissenhaften Menschen wie Jacques Fournier ermöglichte, nur wenig Zeit dort und damit umso mehr Zeit an der Kurie bzw. mit theologischen Arbeiten zu verbringen[135]. Die von Johannes von Basel überlieferten Fragmente beziehen sich nur auf die erste der vier von Johannes XXII. den Theologen vorgelegten Fragen, in der es um die von den spiritualen Epigonen Olivis gegen die Avignoneser Kirche ausgespielte Unterscheidung der fleischlichen von der wahren Kirche ging, d.h. konkret, ob es katholisch genannt werden könne zu glauben, daß der *pontificatus Christi* im ersten Ursprung des evangelischen und apostolischen Lebens Christi und der Apostel gegeben wurde und sich zu der über *temporalia* verfügenden Kirche der Gegenwart *utiliter ac rationabiliter* gewandelt habe[136]. Aus dem bisher zu Jacques Fournier Gesagten ist kaum zu erwarten, daß er bei einer Entscheidung zwischen Norm und Wirklichkeit sich für die antipäpstlich gedeutete Norm entschied, und ihr schon gar nicht zubilligen wollte, im zeitlosen Sinne apostolisch zu sein.

Fournier beginnt seine Analyse nicht etwa bei der päpstlichen Machtfülle, sondern mit einer Erörterung der *vita evangelica*, um die Fragestellung genauer zu fassen: eine Lebensform, die den üppigen Besitz weltlicher Güter mit der Erfüllung der evangelischen *praecepta* (Gebote), nicht aber der *consilia* (Räte), also Armut, Ehelosigkeit und Gehorsam, verbindet, scheidet für ihn aus. Anders ist dies bei der Lebensform von Mönchen, die sowohl *consilia* als auch *praecepta* erfüllen und nur

---

fol. 50r–52v: insofern fol. 60r–62v die Zitation des neapolitanischen Spiritualen Andrea da Gagliano enthält, stammt die Ms aus der Zeit Benedikts XII.: bei dem letzten Prozeß von 1326 vermerkt der der franziskanischen Kommunität angehörende und dem Inquisitor der Provence Michel Le Moine OFM nahestehende Kompilator zwar Jacques Fournier ebensowenig namentlich wie einen anderen der Gutachter, macht jedoch den Prozeß zu einem kurialen Ereignis (ebd. S. 510), was auch einen Aufenthalt Fourniers in Avignon nötig macht.

[135] Diese bisweilen für die Erhebung Fourniers zum Kardinal angeführte These (vgl. SCHMITT, Pape réformateur S. 151 f.) läßt sich nicht nur auf die für seine Zeit in Mirepoix nur unzulänglich dokumentierten Gutachtertätigkeiten beziehen, sondern auch an die Arbeit an der Mt-Postille ist zu denken.

[136] Vgl. KOCH, Jacques Fournier als Gutachter S. 375.

Gemeinschafts-, nicht aber Eigenbesitz haben. Nach dieser letztlich der thomistischen Position im Korrektorienstreit verpflichteten Lösung, nach der die evangelischen Räte nur Wege und Mittel zur christlichen Gottes- und Nächstenliebe sind, nicht aber mit der Vollkommenheit identifiziert werden können, qualifiziert er die Fragestellung im Sinne Olivis und seiner Anhänger, die behaupten, auf Eigen- und Gemeinschaftsbesitz zu verzichten, als häretisch[137].

Ab dem vierten *intellectus questionis* bespricht er die *plenitudo pontificalis officii* und wendet die Distinktion von Weihe- und Jurisdiktionsgewalt darauf an. „Falsch und häretisch" sei, so Hiltalingen, nach Fournier die Auffassung derjenigen, die *quantum ad ordinem et iurisdictionem* den päpstlichen Primat auf Christus und die Apostel zurückführen, „wahr und rechtgläubig" dagegen die Lehre, nur bezüglich der Weihe-, nicht aber der Jurisdiktionsgewalt sei der Pontifikat Christi Petrus und den Aposteln übergeben worden. Aus dieser Lehre, die der in kurialistischen Kreisen verbreiteten Vorstellung, die päpstliche Gewalt sei wesensmäßig christusunmittelbare Jurisdiktionsgewalt[138], eine so deutliche Absage erteilt, daß man geneigt sein könnte, an der Authentizität der Zitate zu zweifeln, wenn es nicht zumindest eine vergleichbare Aussage des späteren Papstes gäbe[139], stellt sich für Jacques Fournier die Frage, ob, um die von Hiltalingen referierte Terminologie der Olivi-Auslegung[140] aufzugreifen, der Wandel der Kirche *in se* oder *tantum quoad modum* erfolgt sei.

Insofern Fournier die zisterziensische Definition der *vita evangelica* als gegeben voraussetzt und einen Wandel des Pontifikats Christi – freilich nur bezüglich der Weihegewalt – ausschließt[141], überrascht etwas die Selbstverständlichkeit mit der er kanonistisch und theologisch beweist,

---

[137] Vgl. KOCH, Kardinal Jacques Fournier S. 375 f.; dort auch die im Text ff. Zitate. – Zu den evangelischen Räten, auch in Hinblick auf spätere Äußerungen Benedikts XII.: HÖDL, Evangelische Räte, in: LMA IV Sp. 131–134. Bei der Häretisierung Olivis folgte Fournier den päpstlichen Lehrentscheidung in *Cum inter nonnullos*. – Vgl. allg. zu Olivis Epigonen: DAVIS, Le pape Jean XXII et les spirituels: Ubertin de Casale S. 263–283, bes. S. 268; TABACCO, Papato avignonese nella crisi del francescanesimo S. 341.

[138] Vgl. Pierre de La Palu bzw. Guillaume Peyre de Godin (TDCIEP, ed. MCCREADY S. 215); Augustinus von Ancona SDEP q. 19 d. 5, fol. 73va; vgl. allg. WILKS, Papa est nomen jurisdictionis S. 257. Vgl. auch die Diskussion von *ordo* und *jurisdictio* in dem *Tractatus brevis de duplici potestate prelatorum* ... (ed. SCHOLZ, Publizistik bes. S. 480 ff. u. 495; vgl. auch MINISTERI S. 175 ff.).

[139] So habe Benedikt 1336 im Gespräch mit dem flämischen Kanzler Guillaume d'Auxonne spöttische Bemerkungen über seine *plenitudo potestatis* gemacht, vgl. GUILLEMAIN, Cour pontificale S. 136.

[140] Vgl. andere Aussagen Olivis zur Immutabilität der Kirche in seinem Regelkommentar, ed. BURR/FLOOD S. 38.

[141] KOCH, Kardinal Jacques Fournier S. 376.

daß einem Bischof das Recht auf Eigenbesitz durchaus zusteht[142]. Die von Koch mitgeteilten Exzerpte sind zu kurz, um den genauen Argumentationsgang des Bischofs von Pamiers nachzuvollziehen, aber es liegt nahe, daß Güter und Jurisdiktion für ihn ohnehin nur akzidentiellen Charakter haben, daher keiner eigenen Rechtfertigung und damit auch keiner Diskussion bedürfen. Auch für den Papst weiß Fournier, daß nicht die Armut, sondern die Christusnachfolge das entscheidende Kriterium ist[143]. Insofern konnte er die Thesen der Olivi-Anhänger von der Widergöttlichkeit der „fleischlichen" Kirche energisch zurückweisen, ohne gleichzeitig zu einem Kurialisten zu werden. Jacques Fourniers Episkopalismus bleibt kurz vor seinen Folgen für die päpstliche Universalgewalt stehen.

Die theologische Bildungsaristokratie im Herzen der Ekklesiologie Fourniers trat damit in ein Spannungsverhältnis zu dem jurisdiktionellen Verständnis des päpstlichen Amtes im Denken Johannes' XXII. Einen Lösungsansatz für dieses Problem zeigte schon Christus auf, als er sich am Beginn der Bergpredigt an die *rectores et doctores* wandte und ihnen als den eigentlichen *pauperes spiritu* die Demut einschärfte[144]. Diese Haltung war konsensfähig. Auch ein Hierokrat wie Augustinus von Ancona meinte, daß die Demut der Exegeten und Doktoren umso größer sei, je subtiler ihre Befähigung ist[145]. Ob dem auch die kuriale Realität entsprach und wieviel sich ein Jurist wie Johannes XXII. in einer theologischen Frage zutraute, allgemeiner gefragt: wieviel Autorität ein juridifiziertes Papsttum bei religiösen Auseinandersetzungen in die Waagschale werfen konnte, soll uns im nächsten Kapitel beschäftigen.

---

[142] KOCH, Kardinal Jacques Fournier S. 377: *primo, quia licet res proprias in speciali episcopo habere, sicut habetur... [C. 12 q. 1 cc. 21, 19, 20]; secundo, quia inter omnia posita a Paulo (1) ad Tim. 3 (2–7) nec alibi in sacra scriptura et precipue Novi Testamenti reperitur prohibitum quod episcopi non propria possint habere.*

[143] Vgl. KOCH, Kardinal Jacques Fournier S. 377.

[144] PMt 5,3; fol. 20ra: *Quia ergo rectoribus et Doctoribus paupertas spiritus, id est cordis humilitas est pernecissime, quae habent in se manifestam causam, vel occasione superbie dum vident se aliis suppositos et super aliis se instructos: ideo in principio eruditionis ponitur* [Beati pauperes spiritu]; dies obwohl die Apostel als Fischer etc. wenig Gelegenheit zur *superbia* hatten. In PMt 5,13 empfiehlt er (fol. 90rb): *Quod Doctor qui se per superbiam evanuerit, vel per avaritiam insatiatus fuerit, vel per luxuriam factus fuerit infulsus, debet ad tempus deijeci a suo honore et flatu ad penitentiam peragendam; quam si humiliter et patienter sustinuerit, ad pristinum statum et honorem reducendus erit.* Zur Korrektur der Doktoren: vgl. ebd. fol. 89ra.

[145] SDEP q. 100 d. 2; fol. 276rb–va.

Kapitel 7

Jacques Fournier als Kardinal und das päpstliche Amt

Die Wahl Benedikts XII. gilt häufig als Gradmesser nicht nur für die charakterliche Disposition, sondern auch für die fachliche Qualifikation, die er im positiven oder negativen Sinne für das höchste Amt der Christenheit mitbrachte. Dabei versucht man, dem spärlichen Quellenbefund bzw. der wenig befriedigenden Chronistennachricht von der Zufalls- oder Verlegenheitswahl durch Mutmaßungen über die möglichen Motive seiner Wähler Abhilfe zu schaffen; schließlich kannten ihn die Kardinäle besser als Matthias von Neuenburg oder Giovanni Villani, doch ersetzt man dadurch nur eine Unbekannte durch mehrere andere. Einige umkreisende Annäherungen an die Stellung Jacques Fourniers an der Kurie sind allerdings möglich.

Benedikt XII. berichtet in der seine Wahl und seine Krönung am 8. Januar 1335[1] in der Dominikanerkirche zu Avignon anzeigenden, freilich typisierten Bulle *Altitudo coelestis consilii* nicht nur von einer einstimmigen Entscheidung der Kardinäle, sondern auch von ausführlichen Beratungen, die der Wahl vorangingen[2]; über deren Inhalt schweigt er sich aus, aber die Behauptung, man hätte würdigere Kandidaten vorziehen wollen, deckt sich substantiell mit dem Villani-Bericht. Die Details von Villanis Bericht, der zwischen Talleyrand de Périgord und Napoleon Orsini bzw. Giovanni Colonna[3] ausgehandelte Kompromißkandidat Jean de Comminges, ein von Villani als *uomo valoroso e di buon vita* bezeichneter Kardinal, sei primär an dessen Weigerung gescheitert, eine Rückkehr der Kurie nach Rom kategorisch auszuschließen, verraten allerdings zu sehr den Italiener in ihm, als daß man dies ganz glauben kann[4]. Freilich könnte die von Matthias

---

[1] Vgl. zu den liturgischen Aspekten: SCHIMMELPFENNIG, Papstkrönung; zu Benedikt XII.: S. 252 ff.

[2] BRT IV S. 325a–326a, hier: 325a § 1 (vgl. auch: BF VI S. 1a–b nr.1) vom 9.1.1334. Vgl. GUTMANN, Wahlanzeigen S. 57, zu dem stereotypen Charakter von *unanimitas*-Bezeugungen und Demutsgesten und damit allgemein zu dem geringen Quellenwert der Wahlanzeigen; zu Benedikt XII.: S. 78.

[3] WILLEMSEN S. 130 sieht in ihm den eigentlichen Führer der italienischen Kardinäle und damit den Verhandlungsleiter. Napoleon Orsini krönte Benedikt XII. zum Papst.

[4] Es bleibe dahingestellt, ob der bei einem so deutlich französisch dominierten Kardinalskolleg (16 Franzosen, 7 Italiener und 1 Spanier; Verzeichnis bei: EUBEL, Hierarchia S. 16 Anm. 1) nicht völlig aus der Luft gegriffene Bericht Villanis (*Nuova Cronica* XII

von Neuenburg überlieferte 2/3-Mehrheit indirekt Villanis Vorstellung, die Frage der Rückkehr der Kurie nach Rom sei bei den Verhandlungen der entscheidende Punkt gewesen, bestätigen, da genau 16 der 24 Kardinäle Franzosen waren, doch wären in diesem Fall Verhandlungen überhaupt nicht nötig gewesen[5].

Beide Chronisten bezeichnen den Ausgang der Wahl als eine auch Jacques Fournier unerwartet treffende Überraschung; daran braucht man nicht notwendig zweifeln. So topisch die Behauptung klingt, man habe den Geringsten der Kardinäle zur höchsten Würde erhoben (vgl. Lc 18,4 und RSB 7,1), so auffällig ist, daß in der Akzentuierung der Demut Fourniers nicht nur die offizielle Mitteilungsbulle, sondern auch der Villani-Bericht und Matthias von Neuenburg übereinstimmen. Es überrascht wenig, daß die in der Königsaaler Chronik überlieferten Berichte des zisterziensischen Generalprokurators an der Kurie, Durand de La Ferté, und seines Notars, Jean de La Ferté[6], in ihrer mitteilsamen Freude über die Wahl eines der Ihren noch etwas weiter gehen: Jacques Fournier habe das angeblich einstimmige Votum der Kardinäle und damit die Wahl ablehnen wollen und sei nur durch die Hartnäckigkeit seiner Wähler hiervon abgehalten worden, habe sich gleichsam in den hier wirkenden göttlichen Willen ergeben[7]. Nach dem, was über die Persönlichkeit Fourniers zu ermitteln war, kann dies nur eine hagiographisch vorgebildete Pflichtübung gewesen sein, die bei einigen Beobachtern jene seinen Machtwillen unter-

---

c. 21, ed. PORTA III S. 64 f.) auf zutreffenden Informationen beruht oder ob er sich selber den Vorgang nur so dachte. Selbst wenn Villanis Gründe für das Scheitern des Johannes von Porto (1327 wurde der aus dem Grafenhaus von Comminges stammende Erzbischof von Toulouse zum Kardinal von S. Vitalis promoviert; 1329 nach Porto transferiert; vgl. EUBEL, ebd. S. 46 u. S. 35) zumindest nicht die ganze Wahrheit zu sein scheinen, soll hier auf weitere Spekulationen verzichtet werden.

[5] Zur Stellung der Kardinäle allg.: ALBERIGO, Cardinalato e Collegialità S. 97–109; vgl. auch zur traditionellen Stellung eines Kardinalpresbyters: FÜRST, Cardinalis S. 35–38; STEGMÜLLER, Stellung und Tätigkeit der Kardinäle S. 241 ff.; vgl. auch zum Begriff: KUTTNER, Cardinalis.

[6] Peter von Zittau, der Abt des böhmischen Zisterzienserklosters Königsaal (vgl. zu ihm: LOSERTH, Königsaaler Geschichtsquellen S. 472) hatte offenbar auf dem letzten Generalkapitel den Generalprokurator gebeten, ihm wichtige Neuigkeiten mitzuteilen, wie Durandus in der Einleitung seines Briefes vom 7.1.1335 schreibt (ed. LOSERTH S. 513). Da ein einfacher Abt gegenüber dem Generalprokurator nicht weisungsbefugt war, überrascht etwas die Ausführlichkeit, mit der Durandus und sein Notar über die beiden Konsistorien berichten, die Benedikt XII. kurz nach seiner Wahl hielt; dies umso mehr, als das erste Konsistorium *secretum* und das zweite *semipublicum* war. Man kann auf eine enge persönliche Bindung und eine Vertrauensstellung des Prokurators beim Papst schließen.

[7] Ed. LOSERTH S. 513. Jean de La Ferté lokalisiert eine mit *De stercore erigens pauperem ...* beginnende *collatio* des Papstes in das erste Konsistorium *in crastino beati Thome* (ebd. S. 516); zur Datierung: SCHIMMELPFENNIG, Papstkrönung S. 253.

schätzenden Vorurteile begründete, denen er vielleicht auch seinen Aufstieg verdankte. Der Vorgang legt eher die Vermutung nahe, es habe zu ihm aus welchen Gründen auch immer kaum eine Alternative gegeben; hierzu paßt auch die auffällige Kürze des Konklave, das am 13. Dezember 1334 zusammentrat und bereits am 20. Dezember den neuen Papst präsentierte.

Wenn Jacques Fournier wirklich der Mann der Stunde war, stellt sich die Frage nach seiner Stellung an der Kurie, d.h., ob die Wahl eines qualifizierten Theologen eine Reaktion auf die durch Benedikts XII. Vorgänger ausgelöste Debatte um die *visio beatifica Dei* ist[8]. Zu dieser die Christenheit von 1331 bis 1334 aufwühlenden und erst am 29. Januar 1336 von Benedikt XII. durch die dogmatische Konstitution *Benedictus Deus* in der bis heute in der katholischen Kirche gültigen Form entschiedenen Frage liegen zahlreiche Studien vor, so daß hier zur Sache selbst wenige Hinweise genügen[9]. Umso aufschlußreicher sind die Auseinandersetzungen für das Verständnis des Amtes, in das Fournier hinein gewählt wurde.

7.1. Johannes XXII. und die *visio beatifica Dei*

Es ist hinreichend bekannt, daß Johannes XXII., dem oft nicht ganz zu Unrecht theologische Inkompetenz[10] und ein tiefsitzendes Mißtrauen gegenüber der akademischen Theologie seiner Zeit[11] nachgesagt wird, in einer

---

[8] Vgl. MOLLAT, La papauté S. 70 f.; vgl. auch WILLEMSEN S. 130; MAHN, Benoît XII S. 12; GUILLEMAIN, in: DBI VIII S. 379b; BOEHM, Papst Benedikt XII. S. 282 f.; SCHIMMELPFENNIG, Zisterzienserideal S. 15; KAUFHOLD S. 184. Bereits MAHN, ebd., wandte sich entschieden gegen die Zufallsthese.

[9] *Benedictus Deus* ist kritisch ediert von TAUTU in: *Acta Benedicti ...* S. 10–13; auch in: BRT IV S. 345–347. Vgl. zur Interpretation schon: LE BACHELET, Benoît XII, in: DThCath II Sp. 657–696. Die ff. Ausführungen folgen den Studien von: HOFFMANN, KAEPPELI, DYKMANS, A. MAIER und TROTTMANN, dessen Monographie die ältere Arbeit von WICKI ersetzt und auf die für die hier nicht zu besprechenden theologischen Fragen verwiesen sei.

[10] In diesem Sinne: HEFT, John XXII and Papal Teaching Authority S. 57; WEAKLAND, John XXII. before his Pontificate S. 163 f.; DERS., John XXII. and the Beatific Vision Controversy S. 76; vgl. auch Johannes XXII.' Selbstaussage in: CUP II S. 235 nr. 783. Fraglich das Urteil von MANSELLI, Un papa S. 445.

[11] Vgl. seine Briefe an die Universität Paris: CUP II S. 234 f. nr. 783 vom 5.9.1316/19 oder CUP II S. 200 f. nr. 741 vom 8.5.1317, hierzu: EHRLE, Der Sentenzenkommentar Peters von Candia S. 114 f.; vgl. allg. PACQUÉ, Nominalistenstatut S. 17. Auch der Informant Peters von Zittau berichtet, der Papst habe im Konsistorium den *doctores moderni* vorgeworfen (ed. LOSERTH S. 510–512): *... non habent evangelia nec curant habere ...* . LEWALTER, S. 428 Anm. 42, bezieht dies auf Durand de Saint-Pourçain.

Predigt am Allerheiligenfest 1331, bei einigen späteren Anlässen[12] und in einem nur bruchstückhaft überlieferten Traktat[13] die Lehre vertrat, die Seelen der Heiligen würden erst am Jüngsten Tag der Schau Gottes *facie ad faciem* teilhaftig werden und nicht direkt nach dem Tod, wie es der *opinio communis* entsprach. Mehr als Thesen lassen sich kaum über die Handlungsmotivation des greisen Papstes formulieren[14], der sich in der folgenden Debatte als ebenso unbeugsam und konfliktfreudig[15] erwies wie in den zahllosen vorangehenden Auseinandersetzungen seines Pontifikats.

Erklärungsversuche

Mit dem Hinweis auf die psychologische Disposition des Papstes läßt sich freilich nicht erklären, wieso gerade die Gottesschau der Heiligen so wichtig wurde. Aber es wird deutlich, wie wenig eine problemimmanente Betrachtung im Sinne Trottmanns historisch befriedigt[16]. Allein der Stellenwert des Persönlichkeitsfaktors in dem folgenden Streit und die Bedeutung ekklesiologischer Fragen in dem durch ebendiese Persönlichkeit

---

[12] Die inkriminierenden Texte der ersten beiden Predigten vom 1.11.1331 und dem 15.12.1331 sind ediert in: DYKMANS, Les sermons de Jean XXII S. 85–143 und unzureichend schon von: PRADOS, Dos sermones S. 159–184, nach Ms Cambridge Universitätsbibliothek Ii, 3, 10, fol. 1r–10v. Zur Rekonstruktion weiterer Predigten vom 5.1.1332 und 2.2.1332 sowie drei weiterer: TROTTMANN, Vision S. 433–446; MAIER, Zwei unbekannte Streitschriften AMA III S. 391–394. Textrekonstruktion: DYKMANS, ebd. S. 144–161.

[13] DYKMANS, Fragments du Traité S. 233, mit Belegen für zwei, offenbar eine Autoritätensammlung enthaltender *maximi tractatus et prolixi*, daneben belegen weitere Hinweise bei Ockham ein *magnum opus* (*Compendium errorum*, OPol IV S. 57) des Papstes über die *visio*. Der anonyme aus dem Münchener Kreis stammende Traktat *Quoniam ut ait Leo papa* (vgl. MÜLLER, Einige Aktenstücke S. 76 nr. 37 und Textauszüge S. 98 f.; maßgebende Neuedition bei GÁL/FLOOD, Nikolaus Minorita, S. 1017–1092) präzisiert den Titel: *Quaeritur utrum animae sanctorum ab omnibus peccatis purgatae videant divinam essentiam*; vgl. auch: TROTTMANN, Vision S. 442–445.

[14] Vgl. den Überblick bei TROTTMANN, Interprétations contradictoires S. 328–339.

[15] Die meisten Chronisten betonen neben dem kleinen Körperwuchs, der schneidenden Stimme und der bleichen Gesichtsfarbe (vgl. Johannes von Winterthur, ed. BAETHGEN S. 73; Matthias von Neuenburg, ed. HOFMEISTER S. 137) des Papstes auch sein cholerisches Temperament; vgl. auch Marsilius von Padua (*Defensor Pacis* II 26 § 16; ed. SCHOLZ S. 510). Zusammenfassende Charakterisierungen bei: MANSELLI, Un papa; DUPRÉ-THESEIDER, Problemi S. 112 ff.

[16] TROTTMANN liefert keine Kausalerklärung. MAIER, Schriften, Daten und Personen AMA III S. 545 ff., verwies auf thematisch relevante Oxforder Spekulationen von Fitzralph, Adam Woodham, Robert Holcot; ablehnend hierzu: TROTTMANN, ebd. S. 378 und S. 449, und WALSH, A fourteenth-century scholar S. 94 f., vgl. die Darstellung des Streites, ebd. S. 86–106; vgl. auch die christologisch-ekklesiologische Ursachenhypothese von TABARRONI, Visio beatifica S. 142–149. Vgl. PASZTOR, Polemiche S. 410 ff. und S. 417–424 zu einer Predigt des Papstes vom 2.2.1325 oder 1326 über die durch Entrückung Paulus zuteil gewordene Schau.

in den vorausgehenden Jahren ausgelösten kirchenpolitischen Wirbel provoziert die Frage, ob, wie Andrea Tabarroni freilich nur im Ansatz über-
zeugend nachzuweisen vermochte, auch hier mehr zur Disposition stand
als eine dogmatische Entscheidung, deren Brisanz sich in dem Sinn von
Altarstiftungen erschöpfte[17]. Gerade bei einem Papst, der wie Johannes XXII. das Inquisitionsverfahren zu politischen Zwecken mißbrauchte[18]
und bei einem modernen Betrachter leicht den Verdacht erwecken kann, er
habe hier seinen Feinden eine ganz besonders perfide Falle gestellt, läßt
sich ein interesseloses Wohlgefallen an einer ausschließlich theologisch-
spekulativen Frage nur schwer annehmen. Stets gequält von einer geradezu obsessiven Angst vor Anschlägen gegen seine Person durch Zauberei[19]
und durch Irrlehren gegen die Kirche hatte er – zumal im Alter von 87
Jahren – durchaus Anlaß, über das Kommende nachzudenken und auch in
eigener Sache Klarheit zu schaffen[20].

Seine Argumentation mit den *originalia sanctorum* und der *scriptura
sacra*, wie er in seiner Predigt am 2. Februar 1332 formulierte[21], zeigt, wie
wichtig es ihm war, eine Ebene höchster Verbindlichkeit zu erreichen, die
eine noch so scharfsinnige akademische Theologie[22] verfehlte. Wenn in
der *Visio*-Debatte das Glaubensmotiv im Vordergrund stand, so tangierte
sie von Anfang an auch die Frage nach den wahren Grundlagen des Glaubens und deren Auslegung. Dies ist nicht Folge einer radikalen Suche nach
den letzten Gründen des Seins, sondern eines Verständnisses von Theologie als einer angewandten Wissenschaft. Gerade die juristische Ausbildung des Papstes verwies ihn dabei direkt auf die heilige Schrift, der auch

---

[17] TABARRONI, Visio beatifica passim; ablehnend: TROTTMANN, Vision S. 450–453.

[18] Vgl. BOCK, Studien zum politischen Inquisitionsprozeß; DERS., Este-Prozeß
S. 44 ff.

[19] Vgl. den Prozeß gegen den Bischof seiner Heimatstadt Cahors Hugues Géraud,
dem er den Versuch, mittels einer das Opfer vertretenden Wachsfigur ein Attentat auf
den Papst geplant zu haben, nachweisen ließ; hierzu: VALOIS, Jacques Duèse S. 408–
418. 1319 dehnte Johannes XXII. die Zuständigkeit der Inquisition auf Hexerei aus; die
von namhaften Theologen, unter ihnen Jacques Fournier, eingeholten Gutachten, ließ er
in einem Band (Borgh. 348) zusammenstellen, und hat sie, wie die von A. MAIER entzifferten Randbemerkungen zeigen, auch gewissenhaft durchgearbeitet, vgl. MAIER, Zuständigkeit der Inquisition S. 234; DIES., Borghese Handschriften AMA II S. 8.

[20] Vgl. BARTOLI, Jean XXII et les Joachimites S. 253; ablehnend: TROTTMANN, Interprétations contradictoires S. 335 f. Schon VALOIS, Jacques Duèse S. 606 f., zitierte die
Konsistorialerklärung des Papstes vom 3.1.1334 nach Nikolaus Minorita, in der Johannes auf das Schicksal seiner Eltern verwies (ed. GÁL/FLOOD S. 1031): *Item quomodo
posset aliquis credere quod si anima patris mei vel matris meae videret clare faciem Dei
quod ego vellem negare? Absit!*

[21] DYKMANS, Les sermons de Jean XXII S. 149 f.

[22] DYKMANS, Les sermons de Jean XXII S. 104.

nach Auffassung namhafter Kanonisten die höchste Autorität[23] noch vor
den Beschlüssen der Konzilien oder den päpstlichen Dekretalen zukommt[24]. Dabei ignorierte der Papst und theologische Autodidakt offenbar, was der von ihm so geschätzte Thomas von Aquin bei der Schriftauslegung zu bedenken gegeben hatte, nämlich die Notwendigkeit eines langen und gründlichen Studiums[25]. Hiermit bot der Papst seinen Feinden eine offene Flanke. Johannes XXII., dem sein Biograph Noël Valois unter
Ausblendung der Schattenseiten seines Charakters eine „aimable simpli-
cité" nachsagte[26], erscheint wenige Jahre nach seinem Tod in den polemischen Ausfällen eines seiner bittersten Feinde als ein Mensch ohne Kennt-
nisse und Vernunft, der selbst solche Schriftstellen, die er im Gedächtnis
hat, nicht versteht[27].

Allein solche, über die Person des Papstes hinauszielenden Äußerungen
lassen erkennen, wie wichtig es ist, die Besonderheit dieses Streites nicht
nur aus seinem Objekt und den Eigenarten der handelnden Subjekte, sondern auch aus den spezifischen Anforderungen des päpstlichen Amtes zu
verstehen, in diesem Fall: dem päpstlichen Anspruch auf Definitionsvollmacht in Glaubensfragen[28]. Eine Art der Glaubensdefinition war die Kanonisierung, und gerade der markanteste diesbezügliche Vorgang im Pontifikat Johannes' XXII., die Heiligsprechung des Thomas von Aquin, zeigt

---

[23] Zu dem legale wie sakrale Komponenten umfassenden Autoritätsbegriff der Kanonistik: KUTTNER, On ‚Auctoritas' in the Writing of Medieval Canonists S. 69, bes. zu
Gratian. Zur Unterscheidung zwischen einem auf Ansehen begründeten Geltungsanspruch (*auctoritas*) und einer rein-administrativen Befehlsgewalt: vgl. MOCCHI-ONORY,
Fonti canonistique S. 88; QUARITSCH S. 48.

[24] Huguccio, dessen Kommentar zu D. 20 c. 3 in die *Glossa ordinaria* Eingang fand
und in Guido de Baysios *Rosarium* (1337 abgeschl.) übernommen wurde, wird hierfür
gern zitiert; vgl. TIERNEY, Sola scriptura S. 359; DERS., Origins S. 25; vgl. MUNIER,
Sources patristiques S. 200. – In der Zeit Johannes' XXII. findet sich dieses Schema
leicht variiert bei Augustinus von Ancona (SDEP q. 100 d. 1, fol. 276ra); ähnlich schon
bei Jakob von Viterbo (ed. ARQUILLIÈRE S. 132).

[25] STh IIa IIae q. 1 a. 9 ad 1. Das Thomas-Studium Johannes' XXII. ist durch eigen-
händige Anmerkungen in einer 14-bändigen für den Papst hergestellten Thomas-
Handschrift dokumentiert, vgl. DONDAINE, Collection S. 128.

[26] VALOIS, Jacques Duèse S. 546.

[27] Ockham, TCB I 8 (OPol III S. 189 f. u.ö.). Die mangelhaften Bildungsvorausset-
zungen des Papstes (TCI c. 15, OPol III S. 74) erhöhen mit seiner Anmaßung seine
Schuld; die nach C. 6 q. 1 c. 21 mögliche Schuldminderung eines unwissenden Ketzers
entfällt durch dessen (nach Ockhams Meinung geheuchelte) *revocationes*; ähnlich argumentierte er schon in: OND c. 124 OPol II S. 847.

[28] Vgl. zu dem *totius orbis praecipuum ... magistratum* der römischen Kirche, wie es
Bonifaz VIII. in seiner Begleitbulle zum Liber Sextus *Sacrosanctae Romanae ecclesiae*
vom 3.3.1298 nannte (Text bei FRIEDBERG II Sp. 934 f.): CONGAR, Magisterium;
TIERNEY, Origins; MOYNIHAN, Papal Immunity; zu Johannes XXII. bes.: HEFT,
John XXII. and Papal Teaching Authority.

eine enge Verbindung von religiösen, politischen und ordenspolitischen Motiven[29]. Auch Johannes' Umgang mit den Franziskanerspiritualen unterstreicht sein Mißtrauen gegenüber einer an der Institution der römischen Kirche vorbeigehenden Heiligkeit. Für Johannes hatte die jurisdiktionelle Hierarchie Priorität vor jeder charismatischen Legitimation. Die fragwürdige theologische Stichhaltigkeit seiner Argumentation mit der Autorität der Heiligen Augustinus und Bernhard von Clairvaux[30], sein eigenwilliges Verhältnis zur Scholastik des 13. Jahrhunderts[31] und besonders seine fragwürdige Inanspruchnahme der Theologie des Thomas von Aquin[32] boten der theologischen Fachwelt hinreichend Anlaß, jenseits von opportunistischen Berechnungen zwiespältig auf die eigenartigen Ideen des sich seiner Sache offenbar sicheren Papstes zu reagieren.

Zustimmung und Ablehnung

Unterstützung fand Johannes XXII. seitens karrierebewußter Kurialer und wußte dies durchaus zu würdigen. Der ehemalige *provisor* der Sorbonne, Annibal Caetani di Ceccano, Großneffe von Jakob Stefaneschi und seit 1327 Kardinalpresbyter von S. Lorenzo in Lucina, ließ zunächst eine acht Thesen umfassende Schrift kursieren und verfaßte später zur Rechtfertigung des Papstes oder seiner selbst einen umfänglichen Traktat, der im Spätsommer 1333 fertig war[33]; Ceccano sollte bald zum Kardinalbischof

---

[29] Vgl. zur Kanonisierungsvollmacht kraft päpstlicher Jurisdiktion: KUTTNER, Réserve papale S. 172; KEMP, Canonization and Authority S. 104 und S. 151 ff.; zu Thomas, dessen Kanonisierung den in der Inquisition führenden Orden noch enger an den Papst binden sollte (Bulle: BRT IV S. 302b–308a vom 18.7.1323): GERULAITIS S. 27. Vgl. allg. zur Kanonisierung: Augustinus von Ancona (SDEP q. 14 d. 3, fol. 58ra–b).

[30] Zur Bernhardinterpretation des Papstes: TROTTMANN, Deux interprétations contradictoires passim; VALOIS, Jacques Duèse S. 551 ff.; LEWALTER S. 427 u. S. 433 Anm. 55. Zu den phantasievollen Versuchen von Durand de Saint Pourçain oder Nikolaus von Lyra, die Autorität des hlg. Bernhard (vgl. Opera V S. 349–353) zu umschiffen oder die Authentizität seiner Predigt in Frage zu stellen: MAIER, Schriften, Daten und Personen AMA III S. 545 Anm. 7.

[31] Problematisch erscheint die Nähe der Lehre Johannes' XXII. zu dem 1241 zu Paris verurteilten *error Graecorum*, nach dem die Seelen der Heiligen erst am Tag des Jüngsten Gerichts ins Paradies kämen; vgl. TABARRONI, Visio beatifica S. 133. WALSH, A fourteenth-century scholar S. 94 f., unterstellt ausgehend von der Armenien-Mission ihres Protagonisten Fitzralph dem Papst den Versuch einer dogmatischen Annäherung an die Ostkirche. Ähnlich fraglich erscheint die von DYKMANS, Les sermons de Jean XXII S. 16 f., angedeutete Nähe der päpstlichen Position zu katharischen Irrtümern.

[32] Die Aussagen des Thomas zur Sache waren freilich keineswegs eindeutig, worauf schon LEWALTER S. 409 ff. hinwies: vgl. IV. Sent. D. 49.2.2 und STh Ia IIae q. 4 a. 5, wo Thomas die 1336 kanonisierte Lehre vertritt; vgl. noch die Kontroverse zwischen PELSTER, L'accroissement S. 122, und GLORIEUX, Wachstum der Seligkeit S. 561 ff. über Frage nach dem intensiven oder extensiven Wachstum.

[33] DYKMANS, Annibal de Ceccano et la vision béatifique S. 345 f.

von Frascati aufsteigen[34]. Auch bei dem päpstlichen Pönitentiar Alvarus Pelagius ist ein Zusammenhang zwischen seiner Beförderung zum Bischof von Silvez und seiner pro-päpstlichen Haltung zu vermuten[35]; seine spiritualistische Neigung ließ Loyalität gegenüber dem Papst ratsam erscheinen, zumal er außer dem Kardinal von S. Praxedis Pedro Gomez offenbar keinen kurialen Protektor hatte[36]. Alvarus und Ceccano haben die theologische Problematik der päpstlichen Lehre mit Sicherheit erkannt. Auch die papsttreue Fraktion der Franziskaner um den 1329 auf dem Pariser Generalkapitel gewählten bzw. vom Papst dem Orden oktroyierten General Guiral Ot zeigte Johannes XXII. gegenüber jene Unterwürfigkeit, die ihre spezifische Situation erforderte.

Es gab aber auch ganz andere Reaktionen: während ein versierter Taktiker wie Napoleon Orsini oder ein kompetenter Theologe wie Guillaume Peyre de Godin sich zunächst in kluger Zurückhaltung übten, ganz schwiegen oder im Verborgenen wirkten, wie es sich sogar für einen Kirchenfürsten wie Kardinal Pierre de Chappes wahrscheinlich machen läßt[37],

---

[34] Es spricht nichts gegen die Annahme, daß dieser am 13.2.1333 vollzogene Transfer (MOLLAT, Lettr. comm. nr. 59614; vgl. EUBEL, Hierarchia I S. 37 u. S. 41) eine Folge der in der Visio-Debatte dem Papst gegenüber demonstrierten Anhänglichkeit des *dominus Napoletanus* ist, wie DYKMANS, Le cardinal Annibal de Ceccano et la vision béatifique S. 352, nahelegt; zusätzlich erhielt er Benefizien (MOLLAT, Lettr. comm. nr. 59478 u. 59818), die er bis zu seinem Tode 1350 behielt. – Auch sein treuer Gehilfe, der Cluniazenser François Christiani, wurde mit einer Expektanz belohnt.

[35] Erst am 1.4.1333 hat der seit 1329 oder 1330 (vgl. JUNG, Alvaro Pelayo S. 16 bzw. DOUIE, Nature and Effect S. 183) als päpstlicher Pönitentiar bezeugte, daneben am 16.6.1332 zum Titularbischof von Koron und am 9.6.1333 zum Bischof von Silvez erhobene Franziskaner mit einer nicht erhaltenen Predigt sich auf die Seite des Papstes gestellt, vgl. DYKMANS, Frères Mineurs S. 118 f. Anm. 47, unter Verweis auf WADDING, *Scriptores ordinis Minorum*, Rom 1650 ND Frankfurt S. 15b; sehr knapp: TROTTMANN, Vision S. 524 Anm. 3. Auch dem von 1330 bis 1332 verfaßten *De statu et planctu Ecclesiae* läßt sich erwartungsgemäßig wenig entnehmen (vgl. auch DYKMANS, Les sermons de Jean XXII S. 17), da alle Drucke auf eine 1340 und 1345 überarbeitete Version zurückgehen (vgl. JUNG, ebd. S. 37; DAMIATA, Alvaro Pelagio S. 22; MIETHKE, Alvaro Pelagio S. 283) und Alvarus auch in den zeitgenössischen Häresien gewidmeten Kapiteln (DSPE I 37, fol. 11va–b; II 52 fol. 169 [recte173]rb–174va, zur Gottesschau; zu II 52 allg.: COCCI) jeden papstkritischen Rückblick, der ihm nur schaden könnte, vermeidet. Knapp: DAMIATA, Alvaro Pelagio S. 16.

[36] Während DAMIATA, Alvaro Pelagio S. 21, nur auf die Widmung von DSPE an Pedro Gomez verweist, nimmt COCCI, Alvaro Pais S. 255 f. Anm. 2, eine verwandtschaftliche Bindung an den am 18.12.1327 zum Kardinal ernannten Spanier und Bischof von Cartagena an. Außer einem weiteren Brief anläßlich dessen Kardinalserhebung (vgl. DAMIATA, ebd. S. 25) sind freilich keine Belege bekannt, die die karriereförderende Wirkung dieser Bekanntschaft belegen.

[37] Der als Kreatur des französischen Königs am 18.12.1327 zusammen mit Ceccano promovierte Kardinal Pierre de Chappes (EUBEL, Hierarchia S. 45) scheint sich im antipäpstlichen Sinne aufmunitioniert zu haben; das einen langen und qualitätvollen gegen

blieb dem Papst nicht erspart, daß Theologen, die Mitglieder der Kurie waren oder dem von ihm besonders geförderten und theologisch führenden Dominikanerorden angehörten, gegen ihn Position bezogen – als verkehre sich die Konstellation des theoretischen Armutsstreites in ihr Gegenteil[38]: Armand de Belvézer, seit dem 3. März 1327 Nachfolger seines zum Bischof von Pamiers beförderten Ordensbruders Dominique Grenier im einflußreichen Amt des *magister curiae* und damit der eigentliche Kurientheologe[39], hielt eine vielbeachtete kuriale Disputation über die Visio, in der er offen dem Papst widersprach[40]. In der Tendenz ähnlich fiel der Visio-Traktat des Bischofs von Meaux Durand de Saint Pourçain[41] aus, der von 1313 bis 1317 einer der Vorgänger Armands gewesen war. Als Vertreter einer von der Ordensleitung unter dem 1323 verstorbenen Ordensgeneral Hervé Nédellec bekämpften Thomas-Interpretation zeigte der *doctor resolutissimus* jenes ihm eigene intellektuelle Format[42]; freilich ist

---

Johannes XXII. und Ceccano gerichteten Traktat *De visione beata* (ed. DYKMANS, Pour et contre Jean XXII S. 169–396; Interpretation: TROTTMANN, Vision S. 602–616) sowie den *Libellus partis negativae* enthaltende Ms Paris BN lat. 3170 (Beschreibung: DYKMANS, ebd. S. 40 ff.) stammt aus seinem Besitz, vgl. Catalogue général des manuscrits latins IV, Paris 1958 S. 277 f.; DYKMANS, Vision bienheureuse S. 87* Anm. 1. Die Rolle des Pierre de Chappes bei der Reaktion Philipps VI. gegen Johannes XXII. bleibt noch zu untersuchen.

[38] MAIER, Zu einigen Disputationen S. 126, sprach von einer dominikanischen Front gegenüber dem Papst; ähnlich TROTTMANN, Vision S. 602 ff., dem aber auch die individuelle theologische Option der beteiligten Dominikaner wichtig ist. Zu den Franziskanern: DYKMANS, Frères mineurs d'Avignon S. 105.

[39] Zum Amt des *lector sacri palatii*: CREYTENS, Le studium Romanae curiae et le maître du sacré palais S. 66 ff.; GUILLEMAIN, Cour pontificale S. 382 ff.; HEFT, John XII and Papal Teaching Authority S. 40 f.; HINNEBUSCH, History II S. 43 f. – Zur Biographie des Armand: TROTTMANN, Vision S. 554; vgl. schon THOMAS S. 265–295, bes. S. 274; MAIER, Zwei unbekannte Streitschriften AMA III S. 420 f. Schriftenverzeichnis: KAEPPELI, Scriptores I S. 120 und ROENSCH S. 118 ff. – Nach seiner in einer vor Sommer 1333 abgeschlossen *epistola sive tractatus de visione beatifica* niedergelegten Disputation (Cambridge Universitätsbibliothek Ii, 3, 10, fol. 95v–118v) wurde er von Johannes XXII. zur Rechenschaft gezogen und verfaßte eine *responsio* über die Waleys- und Durandus-Irrtümer, die er am 23.12.1333 beendete; vgl. auch KAEPPELI, Procès S. 29 ff.; am 1.11.1334 war er jedenfalls kein *magister curiae* mehr.

[40] MAIER, Zu einigen Disputationen AMA III S. 420, wies darauf hin, daß man den Text seiner *quaestio* schon im Sommer 1333 in München gekannt habe; Bonagrazia von Bergamo zitiert sie in seiner *Appellatio Treverensis*, die zwischen dem 14.7. und dem 12.8.1333 niedergeschrieben wurde.

[41] Sein Visio-Gutachten (ed. CREMASCOLI nach Vat. lat. 4006 fol. 307r–312r; hierzu: KOCH, Durandus S. 173–176), ist als individuelle Äußerung und nicht als Verlautbarung seines Ordens anzusprechen. Schriftenverzeichnis: KAEPPELI, Scriptores III S. 345 ff.; zu seinem 1322 zu datierenden Armutstraktat: vgl. KOCH, ebd. S. 168 ff.; FOURNIER, Durand de Saint Pourçain S. 26; ed. MIETHKE, Votum S. 169–194.

[42] Vgl. zu Armand: ROENSCH S. 120. Durands Ehrentitel ist freilich erst neuscholastisch, vgl. GRABMANN, Ehrentitel S. 26. – Hervé hat bereits 1308 und ab 1314, d.h. in

sehr wahrscheinlich, daß er nicht im Auftrag des Papstes schrieb[43]. Auch bei dem Lektor von S. Domenico Maggiore in Neapel, Johannes Regina[44], der ein ebenso entschiedener Papalist und Thomist wie sein Förderer Hervé Nédellec war, ist kein päpstlicher Auftrag dokumentierbar. Der Traktat zeigt ihn weniger als treuen Sohn des Heiligen Vaters denn als kompetenten Vertreter der *opinio communis*: so wie Durand de Saint-Pourçain in undiplomatischer Offenheit Johannes' XXII. Lehre in die Nähe zu katharischen Irrtümern rückte[45], so hatte Johannes Regina den Mut, in sachlichnüchterner Sprache und ohne den Papst beim Namen zu nennen, von Häresie zu sprechen[46].

Es bleibe dahingestellt, ob diese bei allen bereits lange vor Johannes XXII. virulenten Meinungsverschiedenheiten innerhalb des Dominikanerordens[47] nach außen dokumentierte Solidarität als ein später Versuch zu deuten ist, die durch die Umarmungstaktik des Papstes verlorene Selbstbestimmung des Ordens zumindest auf theologischem Gebiet zu bewahren. Dieser Gedanke ist insbesondere in Hinblick auf den späteren Widerstand des Ordens gegenüber den Reformbestrebungen Benedikts XII. durchaus

---

seiner Zeit als Pariser Regens (1307–1309) und als Provinzialprior der Francia Durand bekämpft (vgl. KOCH, Durandus S. 211 ff.; ROENSCH S. 106–110); in seinem Schriftenverzeichnis (ebd. S. 110–117) ist zu ergänzen, daß die *Correctiones super dicta Durandi in I° Quolibet Avenionensi* (1315) (nr. 31) inzwischen als Appendix zu der von STELLA besorgten Ausgabe der *Quolibeta avenionensia tria* des Durand (S. 293–326) vorliegen.

[43] Anders noch: DYKMANS, Annibal de Ceccano et la Vision béatifique S. 353. CREMASCOLI S. 397 ff. hat anknüpfend an gelegentlichen Zweifeln der früheren Forschung (KOCH, Durandus S. 175; VIDAL, Oeuvres S. 792) die Behauptung aufgestellt, der Traktat sei eine Privatarbeit, die Durand dem Papst schickte. Er belegt dies unzulänglich mit einem Satz aus dem Proömium des darüber erstellten Gutachten Jacques Fourniers (... *Durandus ... super dicta materia scribens et illud quod scripserat mittens dicto domino pape*, ..., vgl. ed. MAIER, Zwei Prooemien AMA S. 476 f). CREMASCOLI hätte geltend machen können, daß am Ende des *Libellus de visione Dei* ein Hinweis fehlt, wie ihn Durands Armutsgutachten abschließt (ed. MIETHKE S. 194): *Hec autem dicta sint sub examinatione et correctione Sanctitatis vestre, de cuius iussione hec pauca conscripsi.*

[44] Der Herausgeber STELLA seines früher als q. 41 in der Ausgabe seiner *quaestiones disputate* von GRAVINA (Neapel 1618) gedruckten Visio-Traktats datiert ihn nur pauschal auf 1332; so auch: TURLEY, Unnoticed Quaestio S. 281 Anm. 2; KAEPPELI, Scriptores II S. 495–498; MAIER, Zur handschriftlichen Überlieferung S. 6. Zur theologischen Interpretation: MERTA; vgl. allg. auch: KOCH, Durandus S. 285–314.

[45] Ed. CREMASCOLI S. 420 f.

[46] Ed. STELLA S. 76–79.

[47] Schon in seinem Sentenzenkommentar (1310–12 hatte er die Sentenzen gelesen, vgl. MAIERU, University teaching S. XV; HEYNCK S. 317 ff.) hat Pierre de La Palu sich mit unterschiedlichen Ansichten zur *Visio* auseinandergesetzt (IV Sent. D. 49 q. 6, fol. 238vb–ra; vgl. LEWALTER S. 414). Die Meinungsverschiedenheiten betrafen die Frage, wie die *beatitudo sanctorum* nach der Auferstehung des Leibes anwachse.

verlockend. Die Zuverlässigkeit des von 1318 bis zu seinem Tode wirkenden und meist papsttreuen Ordensgenerals Hervé Nédellec, der in Barnabas von Vercelli einen diesbezüglich würdigen und schon vor seinem Generalat als Inquisitor im Visconti-Prozeß bewährten Nachfolger fand, mag Johannes' Glauben an die intellektuelle Gefügigkeit der Dominikaner gefestigt haben.

Der Tod des Ordensgenerals Barnabas von Vercelli am 10. Januar 1332 und die lange Vakanz seines Amtes[48] lassen den Gedanken einer zentralen Steuerung des dominikanischen Widerstandes nur dann hinfällig werden, wenn man Barnabas für das Herz des Widerstandes hält; hierfür gibt es nur spärliche Belege[49]. Bei den zweifellos erheblichen theologischen Schwierigkeiten, die Johannes' Lehre bereitete, hätte Gehorsam gegenüber einem papsttreuen General die Obedienz in Frage gestellt; schlimmstenfalls wäre es zu einer Spaltung des Ordens gekommen, und eine der wichtigsten päpstlichen Hilfstruppen wäre bei einer wie auch immer motivierten weiteren Eskalation ähnlich paralysiert worden wie der Franziskanerorden im Armutsstreit. So gibt es auch vor der Wahl des neuen Ordensgenerals Hugo de Vaucemin Hinweise auf einen nicht unerheblichen ordensinternen Uniformitätsdruck gegen mögliche Abweichler[50]. Die von Durand de Saint Pourçain nur wenige Jahre früher vertretene Lehre, daß der Gehorsam gegenüber dem Ordensoberen letztlich dem Papst gelte, läßt

---

[48] GALBRAITH S. 260; DYKMANS, Les sermons de Jean XXII S. 166 datiert Barnabas' Tod auf den 8.1.1332. Sein Nachfolger Hugo de Vaucemin wurde erst auf dem Generalkapitel von Dijon 1333 gewählt; die Datierung der Wahl auf 1332 bei REICHERT, MOPH IV S. 216, und GUIMARAES S. 8, korrigiert GALBRAITH, ebd. Anm. 5, so auch HILLEBRAND S. 511. Das Generalkapitel von 1333 fiel offenbar aus; 1334 wurde das Verbot der Ordensgenerals von 1332 (MOPH IV S. 219), ohne *licentia specialis* die Kurie aufzusuchen, erneuert, ebd. S. 225; genauso auch 1335 (ebd. S. 233) und 1336 (S. 240).

[49] TROTTMANN, Vision S. 553, folgt einem so problematischen Gewährsmann wie MORTIER, Histoire des maîtres généraux III S. 70 ff., und deutet das November 1331 von Johannes XXII. gegenüber dem gerade aus Spanien zurückgekehrten Barnabas von Vercelli ergangene Verbot, Avignon in Richtung Italien zu verlassen (vgl. KAEPPELI, Procès S. 9 Anm. 12), aus dessen Widerstand gegen die päpstliche Theologie und als Versuch, eine Aufwiegelung der italienischen Dominikaner zu verhindern; thematisch relevante Schriften oder Äußerungen des Dominikaners sind allerdings nicht bekannt (vgl. KAEPPELI, Scriptores I S. 142); auch überrascht ein solches Verhalten des Papstes, der ja sonst kaum versuchte, den Visio-Streit innerkurial auszufechten und im November 1331 die Krise noch nicht so weit eskaliert war, daß eine solche Maßnahme naheläge. Zu Barnabas' Karriere: HILLENBRAND S. 512; BOCK, Beteiligung der Dominikaner S. 313.

[50] So berichtet Ceccano im ersten Teil seines Traktats (ed. DYKMANS, Pour et contre Jean XXII S. 69): ... *et tunc est sensus: ‚Hodie mecum eris in paradiso‘, id est in futuro iudicio eris, et ultra in perpetuum, in paradiso. Et sic scripsit et dixit quidam frater praedicator, magnus lector et probatus, sed publice loqui non ausus.* Dieser *lector* ist nicht identifizierbar.

sich nicht auf ihn übertragen, da er als Bischof nicht mehr der Obedienz seines Ordens unterlag[51]. Doch brauchte er dies auch nicht zu widerrufen; vielmehr hat er wohl ebenso wie Johannes Regina und Armand de Belvézer wörtlich genommen, was Johannes XXII. in seiner zweiten Predigt am 15. Dezember 1331 wohl ganz anders meinte, als er ein berühmtes Wort des heiligen Augustin zitierte: *Si decipior hic, corrigat qui melius sapit*[52].

Der Papst bezeichnet sich hier vordergründig als irrtumsfähig und korrekturwillig; seine Glaubwürdigkeit soll dies genauso wenig beeinträchtigen wie die des Heiligen Augustinus darunter litt, daß er seine bekannten *retractationes* verfaßte. Der Vorbehalt trennt einen möglichen Fehler des Papstes von seinem Amt und erschwert trotzdem den Widerspruch: dem Papst widersprechen heißt gerade dem Heiligen widersprechen, auf den er seine These primär stützt[53]. Die Autorität eines Heiligen steht aber ebenso wie die Definitionsvollmacht eines Papstes unter der einer *determinatio* der Kirche; selbst wenn sie sich irren, begründet dies keine Schuld[54]. Dieses Changieren zwischen verschiedenen Autoritätsebenen verleiht diesen Worten ihre bedeutungsträchtige Ambivalenz; sie überträgt sich auch auf das hier zu Grunde liegende ekklesiologische Konzept. Zum Problem wird hier das Verhältnis von Papst und Kirche, von theologischer Kompetenz und autoritärer Setzung.

Das Papsttum läßt sich hier gut in seinem institutionellen Charakter beschreiben: Institution heißt eben nicht eine einmal normierte Ordnung, die im Gewande der Hierarchie auftritt, sondern ist als Abfolge von ineinandergreifenden Handlungsprozessen zu verstehen, in denen intellektuelle und ereignisgeschichtliche Faktoren gleichermaßen Geltung haben. Institution ist hier da eigentliche Procedere, das Zusammenwirken von Papst und Gelehrten, das freilich auch einer normativen Idealordnung folgt.

---

[51] Q. 17a seines ersten Avignoneser Quodlibet (hierzu: allg. KOCH, Durandus S. 119–128), ed. STELLA, Quolibeta S. 159: *Talis autem est oboedientia, quam monachus et quicumque religiosus profitendo promittit praelato suo; et ideo obligat ipsum cuilibet superiori, et potissime papae, a quo auctoritas cuiuslibet legitimi collegii dependet*. Durand korrigierte damit, wie er selber anmerkt (ebd. S. 158), den Schlußteil seines Kommentars zum zweiten Sentenzenbuch, wo er geschrieben hatte: *potestas abbatis in nullo dependet a potestate pape*.

[52] DYKMANS, Les sermons de Jean XXII S. 120; vgl. Augustinus, *De Trinitate* XV 25, 44–45 (CCSL 50 A S. 523) und II 2, 18 (ebd. S. 85 z. 18). Vgl. leicht abweichend auch wiedergegeben von Ockham (TCI c. 2 OPol III S. 34 u.ö.); Durand de Saint-Pourçain (ed. CREMASCOLI S. 424).

[53] DYKMANS, Les sermons de Jean XXII S. 21; LEWALTER S. 427.

[54] Vgl. Johannes Regina (ed. STELLA S. 81 f.): *ante cuius determinationem non est damnabile credere absque pertinacia oppositum eius quod determinat postea, ...* Noch deutlicher unterscheidet er (ebd. S. 83): *Augustinus in verbis illis loquitur inquirendo, non determinando, ...*

7.2. Der Papst als *doctor privatus*

Johannes selbst hatte durch das Augustinuszitat jeden apriorischen Anspruch auf einen gesteigerten Wahrheitsgehalt seiner Worte zumindest verbal negiert. Als Haupt einer jurisdiktionell definierten Kirchenordnung, in der Korrekturvorgänge stets entlang ihrer hierarchischen Strukturen vorgenommen wurden, konnte er nur durch punktuellen Verzicht auf seine Jurisdiktionsvollmacht korrekturfähig sein, ohne zum Häretiker zu werden und damit seine Stellung als Papst zu gefährden[55].

Dabei war es nicht etwa die faktische Korrektur eines in Häresieanklagen verstrickten Papstes, sondern bereits seine letztlich weder beweisbare noch widerlegbare Bereitschaft zur Korrektur, die ihm Schutz vor einer Anklage gewährte. *Si enim paratus esset corrigi, non posset accusari* formulierte schon Johannes Teutonicus[56] unter Berufung auf Huguccios Kommentar zu D. 40 c. 6. Als Jurist wußte Johannes XXII., welchen rechtserheblichen Stellenwert auch nur der Anschein einer Verstockheit in Glaubensirrtümern bedeuten kann[57]. Eine durch die kanonistische Tradition gedeckte Lösung bestand darin, Amt und Person voneinander zu trennen[58]. In der theoretischen Aufarbeitung der Abdankung Coelestins V.[59] wie in den Debatten des Pariser Mendikantenstreites[60] und des Vienner

---

[55] Vgl. HAGENEDER, Häresiebegriff S. 58 ff. und S. 68 ff.; LANG, Bedeutungswandel S. 143 ff. Dabei ist wichtig, daß bereits ein Schwanken im Glauben als Häresie galt, vgl. X 5.7.1. – Johannes Verhalten legt freilich nahe, daß er es weniger theorielastig beschrieben hätte: nach D. 40 c. 6 resultierte der Jurisdiktionsverlust *ipso facto* aus der Häresie; hierzu: TIERNEY, Foundations S. 59 ff.; BUISSON, Potestas und caritas S. 182 ff.

[56] Zit. nach TIERNEY, Foundations S. 251. Vgl. auch: Alvarus Pelagius DSPE I 4, fol. 1va; Augustinus Triumphus SDEP q. 4 a. 8, hierzu: ALÈS S. 161. – Auch die *Glossa Ordinaria* zu X 1.1.2 v. *corrigenda* empfahl jedem Autor, am Ende einer Schrift durch eine *protestatio* die Bereitschaft zur Unterwerfung unter die Kirche zu beteuern, vgl. BECKER, Protestatio S. 392.

[57] Vgl. auch C. 24 q. 3 c. 29.

[58] TIERNEY, Religion, Law and the Growth of Constitutional Thought S. 31, zu *Quoniam Abbas* Alexanders III. (X 1.29.14); vgl. auch: KUTTNER, ‚Auctoritas‘ S. 75. Vgl. auch auf Grundlage überwiegend liturgischer Quellen: PARAVICINI BAGLIANI, Leib des Papstes, passim.

[59] Petrus Johannis Olivi rechtfertigte in seinem vor dem 14.9.1295 (dem Datum seines Briefes an Konrad von Offida) entstandenem Traktat *De renuntiatione pape* die zweifelhaften Vorgänge vom Dezember 1294, ohne gleichzeitig das päpstliche Amt zu diskreditieren, indem er Amt und Amtsinhaber unterscheidet; besonders deutlich in der Widerlegung des 5. Gegenarguments (ed. OLIGER S. 342 und S. 359; hierzu: TIERNEY, Origins S. 113). Vgl. auch Aegidius Romanus, *De renuntiatione Coelestini pape* (c. 10 p. 8, ed. EASTMAN S. 250), hierzu: TIERNEY, Foundations S. 161.

[60] Vgl. CONGAR, Aspects ecclésiologiques S. 85; HÖDL, Scholastisches Verständnis S. 1 ff.; DUFEIL, Hierarchia S. 67.

Exemtionsstreites hatte sich dieser Ansatz bewährt[61]. Seine Applikation im Visio-Streit war freilich so wenig durchdacht wie vieles, was der späte Johannes XXII. auf den Weg brachte. Trotzdem lohnt die Betrachtung der theoretischen Konstellation des Streites.

Definitionsvollmacht kraft Jurisdiktionsprimat

Nur drei Jahrzehnte früher, noch vor dem Attentat von Anagni zur Blütezeit des Kurialismus, hatte dessen wohl geschicktester Apologet, Aegidius Romanus, den Papst in eine mystische Einheit mit der Kirche projiziert[62] und damit dessen Tätigkeit als *doctor privatus* nahezu kategorisch ausgeschlossen[63]. Trotzdem findet sich auch hier die Idee einer Kompetenzteilung zwischen Papst und *doctores*. Aegidius Romanus stufte in seiner für Bonifaz VIII. maßgeschneiderten Theorie die Arbeit der Gelehrten zweifellos höher ein, als es das brüskierend-selbstherrliche Auftreten des Kardinallegaten Benedikt Gaetani auf dem Pariser Nationalkonzil 1290 nahegelegt hätte[64]; gleichzeitig verwehrte Aegidius den Gelehrten aber jede institutionelle Verknüpfung mit dem Heiligen Stuhl. Johannes dagegen praktizierte zumindest in der Phase der Wahrheitsfindung eine nominelle Gleichstellung, deren praktische Umsetzung freilich auf der gelehrten Seite starke Persönlichkeiten erforderte, wie sie in der konkreten historischen Situation nur vereinzelt, etwa bei den Dominikanern, anzutreffen waren. Belege für eine hochkurialistische Gleichsetzung von Papst und Kirche finden sich in Johannes' XXII. Umgebung nur in charakteristisch modifizierter Form.

---

[61] Vgl. allg. MELVILLE, *De gestis sive statutis* S. 399; DERS., Zugriff S. 190 f.

[62] Vgl. etwa Aegidius Romanus DEP III c. ult. (ed. SCHOLZ S. 209); vgl. auch: ebd. II 12 S. 109; hierzu: MERZBACHER, Kirchenauffassung des Aegidius Romanus S. 187.

[63] Vgl. Aegidius Romanus DEP I 2, ed. SCHOLZ S. 8: *perfectio ... secundum statum* heißt: *Nam decens est, quod qui est in statu sanctissimo et spiritualissimo, quod ipse secundum perfectionem personalem sit sanctissimus et spiritualissimus* (ebd.; vgl. auch hierzu: KUITERS S. 150 f.). Zur unmöglichen Betätigung des Papstes als *doctor privatus*: ebd. I 1, S. 5.

[64] In dieser geräuschvollen Beendigung des Pariser Mendikantenstreites ging es um die Frage einer akademischen Interpretation eines päpstlichen Privilegs. Heinrich von Gent, der seinen Widerspruch gegen den Kardinallegaten und späteren Papst mit seiner Suspension büßte (ed. ANZULEWICZ S. 289 f.), hatte bereits zehn Jahre früher in seiner *Summa quaestionum* sein Selbstverständnis auf den Punkt gebracht: *Sicut ergo apostoli exposuerunt scripturas non exposita a Christo ad exemplar eorum quae ipse exposuit; sic catholici doctores...debent usque in finem mundi exponere, nec antiquis expositionibus contenti esse*, vgl.: TIERNEY, Origins S. 132–139 bes. S. 135 Anm. 4. – Gottfried von Fontaines erhob 1286 den Anspruch (QL III, 10 ed. DE WULF/PELSTER S. 218; dat. nach ARWAY S. 197), auch über päpstliche Äußerungen determinieren zu dürfen, denn *ea quae condita sunt a papa possunt esse dubia*; vgl. CONGAR, Formes du ‚magistère‘ S. 104.

So wie bei Hervé Nédellec: er vertrat eine rationalistisch abgeschwächte Version, in der der Papst nur *quodammodo virtualiter* die Kirche ist[65]: dies ist nicht unbedingt Ergebnis einer kurialen Prägung oder gar der Einflußnahme Johannes' XXII., sondern Ausdruck eines bestimmten geistigen Habitus, dessen Duktus auch seine früheren Schriften durchzieht. Distinktionen von Amt und Person schärfen das Verständnis von Begriffen wie *iurisdictio*[66] oder auch *perfectio*[67]. Hervé kann so auf einer prinzipiellen Ebene argumentieren und seine Traktate der Situation entheben, der sie genetisch verpflichtet sind. Der *status* nimmt die *persona* in die Pflicht. Beide werden nach ihrem Institutionsmodus definiert; im Falle des Papstes betrifft dies den Hiatus zwischen seiner *ex electione humana* besetzten, aber von Christus eingesetzten *potestas*[68]. Seine Macht begründet sich nicht aus sich selbst oder aus ihrer einmaligen Stiftung; sie ist im Vollzug eingrenzbar und bedarf beständiger Begründung. Brian Tierney sprach hier sogar einmal von einer Vorstufe der Gewaltenteilung[69].

Für einen Streit wie den um die Schau Gottes wird wichtig, daß die jurisdiktionelle Definition des *status papalis*, der sich zwar *ad omnes casus pertinentes ad utrumque forum Ecclesiae militantis*[70] erstreckt, Glaubensfragen nur dort direkt mit einschließt, wo sie jurisdiktionellen Charakter erlangen, d.h. in der Buße. Hervés thomistisches Verständnis der *communitas Christiana* als teleologischer Heilsordnung[71] macht aber auch eindeutige Aussagen zu Glaubenszweifeln nötig; sie aktiviert die spirituelle Komponente der päpstlichen Vollmacht[72], die kraft ihrer *ineffabilis scientia* eine herausragende Stelle in der Christenheit einnimmt[73]. Bei zweifelhaften Glaubensfällen postuliert die evidente Notwendigkeit autoritativer

---

[65] Hervé Nédellec schrieb in seinem 1318/19 wohl an der Kurie entstandenen und gegen Jean de Pouilly gerichteten DPP (ed. MOREAU S. 394b): *illud quod Papa facit dicitur Ecclesia facere inquantum Papa quodammodo virtualiter est tota Ecclesia, sicut princeps virtualiter est totus populus.* Man beachte das vorsichtige *dicitur*.

[66] *De iurisdictione* (ed. HÖDL S. 16): *Ad evidentiam istius quaestionis sciendum est quod iurisdictio respicit duo, scilicet statum et personam.*

[67] Vgl. auch in Hervés Traktat *De paupertate Christi et Apostolorum* (ed. SIKES S. 247 u.ö.): *... sciendum quod, ..., duplex est perfectio, scilicet perfectio personae et perfectio status.*

[68] *De iurisdictione*, ed. HÖDL S. 21 f.

[69] TIERNEY, Religion S. 45, schränkt aber zugleich ein: „far from Montesquieu". Vgl. zum Problem auch: STICKLER, Kirchliche Regierungsgewalt in der klassischen Kanonistik S. 273 ff., 1983 geschrieben zum Beweis der Unvereinbarkeit von Kirche und Demokratie. Zum thomistischen Veständnis der verschiedenen Gewalten: SCHILLING S. 67.

[70] DPP (ed. MOREAU S. 367b).

[71] DPP (ed. MOREAU S. 367a).

[72] *De iurisdictione* (ed. HÖDL S. 20). Zur Thomasinterpretation: BERGES, Fürstenspiegel S. 206; SCHILLING S. 170.

[73] *De iurisdictione* (ed. HÖDL S. 22).

Setzung ein Ineinandergreifen von päpstlichem Primat und Lehrautorität[74]. Hervé Nédellec verbindet dies mit einer Akzentuierung der durch die Einheit des Glaubens begründeten Einheit der Kirche, die wiederum ein einheitliches Haupt erfordert[75]. Vielleicht waren es solche auf thomistischer Basis[76] stehende Äußerungen, deretwegen Johannes XXII. von seinen dominikanischen Sachverständigen besondere Zuverlässigkeit erwartete. Dabei verkannte er, daß sogar theoretisch vermeintlich eindeutige Positionen durchaus abweichende Optionen ermöglichten, wie man etwa bei Pierre de La Palu zeigen könnte[77]. Auch die kanonistische Tradition erwies sich als ungebrochen. Schon im 12. oder frühen 13. Jahrhundert hatte man bei Glaubensfragen eine kollegiale Einbindung des Papstes empfohlen, um die Gefahr möglicher Fehler zu minimieren[78]; in unserem Kontext erklären solche, auch bei Hervé Nédellec nachweisbaren Gedanken[79] aber nicht nur, weshalb der Papst so viel mutigen Widerspruch finden konnte, sondern auch, weshalb er als *doctor privatus* zu predigen vorgab.

Augustinus von Ancona hat genauso wenig wie Hervé Nédellec den Visio-Streit erlebt, so daß wir seiner 1326 fertiggestellten *Summa* ebenfalls nur Äußerungen entnehmen können, die theoretischer Natur sind[80]. Der Geltungsanspruch der *doctrina* der Päpste ist für ihn gleich dem Christi[81]:

---

[74] DPP (ed. MOREAU S. 365b).

[75] DPP S. 365b. – Problematisch: TURLEY, Infallibilists S. 88.

[76] Vgl. Thomas von Aquin STh IIa IIae q. 1 a. 10. Zu diesem grundlegenden Text: CONGAR, Infallibility S. 81 ff.; TURLEY, Infallibilists S. 87 f.

[77] La Palu äußerte im Streit um das mendikantische Beichtprivileg folgenden Huguccio nachempfundenen Grundsatz: *si tota ecclesia residua teneret unum et romana ecclesia oppositum ipsi est adhaerendum* (*De audientia confessionum*, Paris 1506, fol. 94vb; zit. nach TIERNEY, Origins S. 151 Anm. 3; vgl. ebd. S. 50), der in dieser Allgemeinheit die Frage offenläßt, wer konkret mit *ecclesia romana* gemeint ist: zur Zeit von *Inter cunctas* war dies gewiß der Papst, doch im Visio-Streit verhielt sich La Palu „not consistent", DUNBABIN S. 187. – TIERNEY, ebd. S. 153, spricht sich dagegen aus, ihm eine Infallibilitätsthese zu unterstellen; anders: TURLEY, Infallibilists S. 75a, der den Visio-Streit allerdings nicht untersuchte.

[78] Vgl. die zwischen 1210 und 1225 in Bologna entstandene *Glossa Palatina* ad D. 19 c. 9: *... periculosum erat fidem nostram committere arbitrio unius hominis*; vgl. TIERNEY, Foundations S. 50; DERS., Origins S. 32.

[79] DPP (ed. MOREAU S. 365b): *nec potest esse quod universalis Ecclesia tanquam unum accipiat aliquod erroneum, nec tamen si Papa ut singularis persona sententiat errorem teneat.*

[80] Vgl. MINISTERI, ebd. S. 208 f.; ZUMKELLER, Augustinerschule S. 201 f.; zum möglichen Bezug auf den Armutsstreit: HORST, Lehrtätigkeit des Papstes nach Augustinus von Ancona S. 299.

[81] SDEP q. 100 d. 1 (fol. 275va); vgl. auch q. 6 d. 1 (fol. 35ra): *sententia pape et sententia dei una sententia est.* – Augustinus setzt also nicht bei der Äußerung eines Papstes an, sondern bei der diese übergreifenden Wahrheit der Schrift, die ihn ebenso in die Pflicht nimmt wie die Gelehrten. Deutlicher in: ebd. ad 3: *dicta sanctorum comprobata sunt per summos pontifices, quae ideo semper probata tenentur, quia pertinent ad*

Lehrprimat bedeutet Stellvertretung. Der Papst ist weder Erfüllungsgehilfe der Theologen noch selbstherrlicher Glaubenslehrer. Seine Aufgabe wird autoritativ definiert, wobei seine Autorität nicht autogen ist. Der nur dem Buchstaben nach Gratian entlehnte Grundsatz: *In negociis namque diffiniendis non solum est necessaria scientia sed etiam potestas*[82] trennt intellektuelle Kompetenz und autoritative Einschärfung, die Gratian noch als Einheit sah[83]. Ergebnis ist ein Autoritätsdefizit des Papstes, das nur dadurch behoben werden kann, daß die Definitionsvollmacht aus der Jurisdiktionsgewalt abgeleitet wird.

Wie subtil der Augustiner vorging, erhellt seine verschränkt formulierte Aussage, die *dicta doctorum* seien nur *auctoritate Christi*, d.h. wenn sie vernunft- und schriftkonform sind, den päpstlichen vorzuziehen. Seine dem Stellenwert der mendikantischen Theologie angemessene und den kirchenpolitischen Interessen der Bettelmönche entsprechende Aufwertung theologischer Qualifikation richtet er freilich nicht gegen den Papst, sondern den Episkopat[84]: schließlich entspricht die Autorität Christi der des Papstes. Dem Papst spricht er die Befugnis zu, von allen Auslegungen der Schrift zu dispensieren[85], und durch sein Recht, exegetische Schriften zu sanktionieren nach dem Vorbild des Heiligen Augustinus zwischen wahr und falsch zu unterscheiden[86]. Ihm steht das alleinige Recht zu, *Canones* und apostolischen Privilegien ihre Rechtskraft zu verleihen und *auctoritative* die heilige Schrift zu deuten[87].

Die gegenüber einem Papst wie Johannes XXII. angebrachte Vorsicht bei der Frage, wie ein Papst zu verbessern sei, der sich nicht kriminell oder häretisch vergangen hat, sondern geirrt haben könnte, reflektiert sich

---

expositionem sacrae scripturae. Hierzu: HORST, Lehrautorität S. 184 Anm. 34; FROTSCHER S. 11.

[82] SDEP q. 100 d. 1 ad 2, fol. 276rb; vgl. D. 20 ante c. 1. Hierzu: TIERNEY, Sola scriptura S. 356.

[83] Vgl. VAN DER KERCKHOVE, La notion de juridiction chez les décrétistes S. 440 ff.

[84] SDEP q. 100 d. 1 ad 2, fol. 276ra. Ebd. fol. 276rb argumentiert Augustinus von Ancona gegen die Lehrbefugnis der Bischöfe.

[85] In SDEP q. 60 d. 6 (fol. 183ra): *auctoritate tamen pape qui est caput ecclesie potest in omnibus expositoribus sacre scripture dispensatio fieri quid tenendum sit de expositionibus eorum et quid non.* Hier sind zwar die Kirchenväter gemeint, doch gilt dies für spätere *doctores* umso mehr.

[86] SDEP q. 60 d. 6 (fol. 183ra) entwickelt Augustinus von Ancona auf Grundlage von Augustinus (*De vera religione* X. 20; CCSL 32 S. 200, z. 38–44), den er freilich gerade bei den *dubia* nicht genau zitiert, Grundsätze für den Umgang mit autoritativen Texten: *... dubia tamdiu credenda quamdiu non precipiat catholice ecclesie auctoritas. Dispensabilia ergo sunt dicta doctorum sacre scripture divina lectione inconcussa ratione et ecclesie determinatione.*

[87] SDEP q. 67 d. 1, fol. 200va. Entsprechend gilt: ebd. d. 2 (fol. 200vb): *Ad eum* [scil. papam] *ergo pertinet auctoritative sacram scripturam interpretari.* Vgl. allg. auch: RIVIÈRE, Première somme S. 181 f.

in der von dem Augustiner vorgeschlagenen Lösung: eine Korrektur des Papstes soll *per modum simplicis admonitionis* erfolgen, sie darf weder indiskret noch diffamierend sein[88] und soll am besten *secrete* stattfinden, wie er im Anschluß an Thomas von Aquin gerade am Beispiel der Kollission zwischen Petrus und Paulus zu Antiochia weitschweifig erläutert[89]. Eine ganz ähnliche Lösung findet sich schon einige Jahre früher bei Pierre de La Palu[90].

Die allgemeine Vorstellung, der Papst solle in Glaubensfragen *cum consilio* handeln[91], konkretisiert der Augustiner genau so, wie es Johannes XXII. mit dem Einholen von Gutachten praktizierte: akademisch ausgebildete Fachleute sollen Diskussionbeiträge zu zweifelhaften Glaubensfragen liefern, doch die abschließende Definition obliegt dem Papst[92]. Das *collegium* trägt also nicht, wie es an anderer Stelle heißt, *per modum determinationis* die Lehrentscheidung im Sinne einer Eingrenzung der päpstlichen *potestas* mit, sondern dient nur *per modum ministerii et consilii* rein instrumental der Wahrheitsfindung[93]. Das heißt auch, daß der Papst als Privatperson irren kann. Dies konzedierte ihm ebenso wie den Kardinälen sogar Johannes Regina[94].

Die Übereinstimmungen zwischen der *Summa* des Augustinus Triumphus und der Praxis Johannes XXII. sind nicht so eng, daß man das Ver-

[88] SDEP q. 7 d. 1, fol. 39rb. Fol. 39rb–va werden *discretio,... diligentia, ... subiectio et debita reverentia* vorgeschrieben und eine fragwürdige Motivation (*causa diffamationis seu detractationis*) wird ausgeschlossen.
[89] SDEP q. 7 d. 2, fol. 39vb–40ra. In q. 7. d. 3 (fol. 40rb) handelt er *de his que reprehenduntur in papa*: zwar stellt er fest, daß eine *secreta monitio* nur bei *occulta peccata* möglich ist und bei einem *peccatum heresis et subversio totius christianae fidei* öffentlich zu verfahren ist, *nisi firmiter crederetur quod a tali subversione per monitionem secretam vellet desistere.*
[90] Pierre de La Palu wandte thomistische Gedanken (STh IIa IIae q. 33 besonders a. 4 ad 3) zur *correctio* eines Prälaten durch seine *subditi* hypothetisch auf den Papst an, als er 1314 schrieb (IV. Sent. D. 19 q. 4 a. 3, fol. 107vb): *Subditus autem debet et potest prelatum corrigere: sed cum debita moderatione .... Unde si papa predicaret errorem coram populo: surgendum esset et ei coram populo contradicendum. Sic enim dicit paulus de petro. In faciem ei restiti etc. In aliis autem secreto et cum reverentia corrigendus est: et tanto reverentius quanto maior prelatus.* Allg. zur *correctio fraterna*: LEFEBVRE, Denuntiatio evangelica S. 61 ff.
[91] Augustinus Triumphus, SDEP q. 14 d. 3, fol. 58rb.
[92] SDEP q. 10 d. 1, fol. 46vb; hierzu: RIVIÈRE, Première somme S. 166.
[93] SDEP q. 14 a. 3, fol. 58ra im Kontext der Kanonisierung.
[94] Antonin von Florenz (*Summa theol.* p. III tit. XII. c. 8 § 2, Verona 1740, ND Graz 1959, T. III S. 541 f.) überliefert einen von ihm als Autorität für die päpstliche Unfehlbarkeit gedeuteten Text des Johannes Regina, dessen Datierung allerdings offenbleibt; darin heißt es: ... *pensatis solis personis papae et cardinalium, papa cum ipsis possit errare, supposita tamen divina providentia et Spiritum Sanctum loqui per ecclesiam, credendum est papam non posse errare,* zit. nach HORST, Lehrautorität S. 289.

halten des Papstes durchgängig erklären könnte. In einer Predigt am Tag Mariä Verkündigung 1333 sah Johannes in sich selber nur ein Medium, durch das die Heilige Schrift spricht[95]. Dies war höchstens eine lippenbekenntnishafte Unterordnung des Papstes unter die Schrift, wie sie mit ganz anderer Stoßrichtung seine Feinde forderten[96]. Johannes eliminierte die Notwendigkeit einer Schriftauslegung, indem er Auslegung und Schrift in eins setzte und damit seine eigene Einzigartigkeit proklamierte. Seine mehrfach und explizit geäußerte Verweigerung eines Positionswechsels[97] resultiert nicht nur aus störrischem Eigensinn, sondern gerade aus dem dilettantischen Ernst, der ihm im Umgang mit Glaubensfragen eigen war. Dies verbietet es, in dem *Si decipior hic*, ... blanken Zynismus zu sehen, was nicht heißt, daß Zeitgenossen den Augustinussatz nicht so verstanden.

Tatsächlich mußte diese pontifikale Unbeugsamkeit eines angeblich korrekturwilligen *doctor privatus*, der öffentlich, aber *non determinando* in der Kathedrale von Avignon gepredigt hatte und dennoch eine gelehrte Debatte vom Zaun brach, hochgradig widersprüchlich wirken. In diesem erkennbaren Mangel an methodischer Energie unterscheidet sich der Johannes XXII. des Visio-Streits von dem des theoretischen Armutsstreits, in dem Johannes nicht in diesem Maße an die Öffentlichkeit ging[98]. Man

---

[95] Vgl. in einer nach Paris Ms BN lat. 3290, fol. 65ra–70va edierten Predigt des Papstes (ed. RANDI, Rasoio S. 194): *Dico ergo non ego, sed Scriptura sacra, quod Dei prescientia est infallibilis.* Ähnlich argumentierte er gegenüber dem französischen König, CUP II S. 427 nr. 978 vom 18.11.1333. – In der zitierten Predigt handelt der Papst über das ihn schon früher interessierende Verhältnis von *potentia ordinata* und *potentia absoluta* (vgl. auch Ockhams Bericht in OND c. 95 OPol II S. 719; hierzu: COURTENAY, Capacity and Volition S. 122 und zu Johannes S. 151–154; RANDI, Vergine S. 429). Ein direkter Bezug zur Visio ist nicht erkennbar, wenn auch schon Pierre de La Palu (zu IV. Sent. D. 49 q. 1. a. 3) 20 Jahre früher schrieb: *quod ad videndum deum clare requiritur lumen de potentia ordinata et sic est de facto: non autem de potentia dei absoluta.* Zum Verhältnis des Papstes zur Hlg. Schrift: TIERNEY, Origins S. 193.

[96] Nur ein Bsp.: Ockham TCB II 5 (OPol III S. 218). Zum Problem theologisch unqualifizierter Päpste: vgl. OQ (OPol I S. 45; entstanden 1340–1342) auf Innozenz IV. bezogen; in I *Dialogus* 1 c. 5 (ed. GOLDAST S. 403) setzt er sich mit der thomistischen Zuweisung des *symbolum ordinare* an den Papst, aber *praecipue cum consilio et consensu concilii generalis*, auseinander und kommt zu dem Schluß: *Et ideo ex illa ratione concludi potest, quod ad theologos principaliter spectat diffinire docendo vel legem aliis imponendo quae assertio inter catholicos, et quae inter hereticos debeat numerari.*

[97] Vorbehalte wie in seiner zweiten Predigt finden sich auch in der dritten (ed. DYKMANS, Les sermons de Jean XXII S. 148): *... qui melius intelligit, melius dicat; nos non possumus sentire aliud, nec intendimus mutare propositum, nisi forte ostenderetur nobis determinatio Ecclesiae super hoc.* Vgl. auch in der (rekonstruierten) vierten Predigt ebd. S. 156.

[98] Im theoretischen Armutsstreit hatte Johannes XXII. zunächst die durch die Appellation des franziskanischen Lektors Bérengar Talon gegen Jean de Beaune aufgeworfene Frage nach der Armut Christi und der Apostel in einem Konsistorium am 6.3.1322 zur Diskussion gestellt (vgl. DOUIE, Nature and Effect S. 154 f.; LAMBERT, Franciscan Po-

wird diesen Mangel auf seine starke persönliche Anteilnahme an der Sachfrage und seinen umfassenden Herrschaftsanspruch[99] zurückführen können, durch den er sich selber in die Enge getrieben hatte.

Es handelt sich hier also weniger um eine Diskrepanz von Theorie und Praxis als um methodische Inkonsequenz[100]. Es ist fraglich, ob Johannes XXII. diese Problematik seines Verhaltens bewußt war. Jedenfalls fand er Helfer, die ihn in allen Aspekten seines Taktierens unterstützten[101]. Lehrautorität und päpstliche Vollgewalt blieben nur nominell genauso getrennt wie 1327, als Johannes die erste Fassung eines in der Glosse des Jesselin de Cassagnes zu den Extraganten Dekretalen des Papstes enthaltenen Kommentars zur Bulle *Cum inter nonullos* durch den Verfasser überarbeiten ließ[102]. Johannes hätte seine Vorgehensweise im Visio-Streit wahrscheinlich selber im Einklang zu der dort gefundenen Lösung einer Definition bisher nicht definierten, aber praktizierten Glaubens gesehen[103],

verty S. 223–228). Die Veröffentlichung war ein Werk der Betroffenen, d.h. des franziskanischen Generalkapitels von Perugia vom 30.5.–7.6.1322 unter Michael von Cesena, das zwei Briefe an alle Gläubigen richtete: eine Kurzversion (BF V S. 234b–235a) und eine Langversion (BALUZE/MANSI, Miscellanea III S. 208b–211b); vgl. zu dieser „Flucht an die Öffentlichkeit" (HORST, Evangelische Armut und päpstliches Lehramt S. 30): LANGELI, Manifesto S. 208–215; BIHL, Documenta S. 123; auch an Johannes richtete man ein Schreiben (ed. DELORME, Descriptio codicis S. 100 ff.). Die in Vat. lat. 3740 in päpstlichem Auftrag zusammengestellten 66 Voten (hierzu: DUVAL-ARNOULD, Conseils S. 121–201) dienten der Vorbereitung seiner Entscheidung; seine intensive Lektüre bezeugen die von MAIER, Annotazioni autografe S. 320 ff., entzifferten Randbemerkungen. Im Visio-Streit ist die Vorgehensweise weniger kohärent; insofern zu undifferenziert: HEFT, John XXII. and Papal Teaching Authority S. 97 ff.

[99] Vgl. eine Papst-Predigt einige Jahre früher (ed. PASZTOR, Raccolta dei sermoni S. 286 ff.).

[100] Vgl. zur Problematik des Praxisbezugs des politischen Denkens: SCHREINER, Correctio principis S. 207.

[101] Walter von Chatton hat in seiner pro-päpstlichen Predigt vom 13.12.1332 (ed. DYKMANS, Frères mineurs d'Avignon S. 135–148; vgl. auch COURTENAY, Capacity and Volition S. 149) auffällig deutlich darauf hingewiesen, daß sein päpstlicher Herr (ebd. S. 137) *cum protestatione correctionis et salvo iudicio meliori* gesprochen habe, *non ... diffiniendo, sed tantum ... inquirendo veritatem.*

[102] Extravag. Johannes XXII. 14.4. TARRANT, Life and Works S. 56–62, macht von der zugehörigen Glosse Jesselins 31 vollständige und 17 fragmentarische Mss namhaft. Zur Biographie des *doctor utriusque iuris*: TARRANT, ebd. S. 37 ff.; FOURNIER, Jesselin S. 348 ff.

[103] Die entscheidende Passage thematisiert das Recht des Papstes, neuen Glauben zu definieren; Jesselin griff auf die ihm durch Guido de Baysios *Rosarium* bekannte Glosse des Alanus ab Insulis (zu ihm: TIERNEY, Origins S. 24) zu Alexanders III. Dekretale *Cum Christus* (X 5.7.7) zurück und wagte am Beispiel der zwei Naturen Christi die Behauptung, der Papst könne als Glauben definieren, was vorher kein Glauben war. In der auf Veranlassung des Papstes, so vermutet TARRANT, Life and Works S. 45, abgeänderten Fassung, heißt es: *Potest etiam articulum fidei facere, si sumatur articulus non proprie sed large, pro illo quod credere oporteat, cum prius ex preceptis ecclesie credere*

doch korrespondierte dem eben nicht sein Vorgehen. Auf der theoretischen Ebene lehnte er bekanntlich auch eine *clavis scientiae* des Papstes ab, wie sie die Franziskaner unter Michael von Cesena forderten[104], um ihn auf die Armutsdefinition seiner Vorgänger Clemens V. und Nikolaus III. festzulegen[105]; allgemeiner formuliert, um *in hiis, quae ad fidem et mores pertinent* die Kirche in dem für sie günstigeren *status quo* zu fixieren. Für ein Medium der Heiligen Schrift wie Johannes XXII. war die Wahrheit ebenso zeitlos und unwandelbar wie seine *protestatio* de facto hinfällig. Insofern überrascht es nicht, daß seine Gegner letztlich der korrigierten Glosse näher standen als Johannes selbst und dann sogar zu einer Überordnung der in diesem Sinne definierten Kirche über die Schrift gelangen konnten[106]. In dieser Antithese von Papst und Kirche wird dann der Begriff der *determinatio Ecclesie* entsprechend vielschichtig[107]. Weil Johannes aber *non determinando* predigte, schlug er einen anderen Weg ein. Die Glaubensdefinition, die schon als rein institutionelle Zuständigkeitsfrage umstritten

---

non oporteat (Textgegenüberstellung bei FOURNIER, Jesselin S. 359 f.). Jesselin fand übrigens die Gnade des Papstes, vgl. MOLLAT, Lettr. comm. VI nr. 28199 vom 18.3.1327. – Zu diesem meist im Kontext des Armutsstreites dargestellten Vorgang: TIERNEY, Origins S. 194 f.; HEFT, John XXII S. 157 ff.; TARRANT, Life and Works S. 44 f.; MIETHKE, Ockhams Weg S. 410.

[104] Vgl. den Armutsexkurs der Sachsenhäuser Appellation Ludwigs des Bayern vom 24.5.1324 (MGH Leges Sectio IV. Const. et Acta, ed. SCHWALM, Hannover 1911, S. 722–744; zur Verfasserfrage, bes. zur Olivi-These: DOLCINI, Pensiero politico S. 35; allg. HORST, Armut und päpstliches Lehramt S. 51–57); die Argumentationsweise, die die Widerspruchsfreiheit der Kirche in der Verpflichtung der einzelnen Päpste sah, nicht gegen frühere Glaubensdefinitionen zu entscheiden (ebd. S. 737), sollte freilich nur selten auf die Visio-Debatte angewendet werden: Ockham (I *Dialogus* V 2, ed. GOLDAST S. 469 f.; entstanden noch zu Lebzeiten Johannes' XXII.) konfrontiert Johannes XXII. mit Innozenz III. (nach X 3.41.6 *Cum Marthae* bzgl. der Seelen im Himmel und dessen Schrift *De contemptu mundi* bzgl. der Seelen in der Hölle), um zu beweisen, daß ein Papst irren kann.

[105] Johannes XXII. hat deutlicher als in *Quia quorundam* vom 10.11.1324 (Extravag. Joh. tit. XIV 5; ed. FRIEDBERG II Sp. 1231; ed. TARRANT S. 258 f.), wo er die *clavis sciencie* durch eine gelehrte Distinktion auf die *auctoritas cognoscendi* begrenzen und von der Definitionsvollmacht trennen wollte (S. 263 f.), im Schlußteil seiner gegen Michael von Cesena gerichteten Bulle *Quia vir reprobus* vom 16.9.1329 (BF V S. 408a–449b) versucht, sie ganz aus der Argumentationskontext zu lösen: *clavis scientie dominicae est Christi humilitas* (S. 448b) bzw.: *clavis scientiae potest dici fides* (S. 449a). – Dagegen: Ockham (OND c. 121 OPol II S. 830 f.). – Vgl. auch: DOLCINI, Pensiero politico di Michele da Cesena S. 32–38; TIERNEY, Origins S. 211.

[106] Ockhams bekannte Idee, falls die Schrift der Kirche widerspreche, sei zu prüfen, ob nicht der Text fälschlich überliefert oder die Interpretation falsch sei; im Zweifelsfall sei der Kirche Vorrang einzuräumen, findet sich in TCJ c. 15 OPol III S. 73; hierzu: TIERNEY, Origins S. 223.

[107] TCI c. 15 OPol III S. 71.

war[108], überließ er wohl nicht zufällig seinem Nachfolger. Er beschwor eine inexistente *determinatio Ecclesiae*, um alle möglichen Versuche seiner Feinde, ihn in Opposition zur Kirche zu manövrieren, ins Leere laufen zu lassen. Der allgemein akzeptierte Grundsatz, daß die römische Kirche nicht irren kann, den man bei Kurialisten[109] ebenso findet wie bei ihren Gegnern[110], mündet hier in die Frage, wer die Kirche repräsentiert.

Ein Konzil als Glaubenshüter?

Die Gegner des Papstes besannen sich wieder auf das Konzil. Ein vielleicht im Auftrag des Kardinals von S. Martino in Monte und Erzbischofs von Chartres Pierre de Chappes[111] schreibender Anonymus stellte die *determinationes sacrorum conciliorum* in einer einzelnen Formulierung noch vor die Bekenntnisse der universalen römischen Kirche, die Heilige Schrift und die Glaubenssätze der Kirchenlehrer[112], blieb aber von einem kirchenpolitischen Entwurf, der noch zu entscheidende Lehrfragen in die Kompetenz eines Konzils gelegt hätte, weit entfernt. Aber selbst in dieser reduzierten Form, die der gerade im interessantesten Teil verstümmelt überlieferte Text abermals zu erkennen erschwert, wird deutlich, daß nach Auffassung des Anonymus Konzilsdekrete nicht nur auf die unfehlbare Autorität der Schrift hinweisen[113], sondern damit selber jene Autorität in

---

[108] Vgl.: Marsilius von Padua, der meinte, nur *quidam sompniantes* könnten dem Papst eine Definitionsvollmacht *de plenitudine potestatis* zusprechen (DP II 16 § 5, ed. SCHOLZ S. 341) und Hermann von Schildesche, der schrieb (TCH II 9, ed. ZUMKELLER S. 77): *quod ad Romanum pontificem prae omnibus aliis pontificibus pertinet determinare dubia circa articulos fidei et circa sacram Scripturam.*

[109] Pierre de La Palu, DPP II 3 (ed. STELLA S. 251): *quia ecclesia Romana numquam in fide errat, ... , quia ipsa est mater et caput et magistra omnium ecclesiarum.* Vgl. ders. bzw. Guillaume Peyre de Godin: TDCIEP IV 3, ed. McCREADY S. 211.

[110] Als Beispiel: Ockham OQ VII 4 (OPol I S. 177); vgl. auch I *Dialogus* II 3 (ed. GOLDAST S. 413 f.).

[111] Vgl. LALOU, Pierre de Chappes, in: LMA II Sp. 1715; vgl. GUILLEMAIN, Cour pontificale S. 193 u. 239; JUGIE, Cardinaux S. 176.

[112] Der anonyme, antipäpstliche Traktat aus dem Ms des Pierre de Chappes (Paris BN lat. 3170; ed. DYKMANS, Pour et contre Jean XXII S. 169–396) argumentiert mit der *universalis Ecclesia* gegen die päpstliche Lehre: den Grundsatz (S. 182): *Prima ratio talis est: Nulli licet opinari contra illa, quae universalis Ecclesia credit et publice confitendo asserit* wiederholt er mehrfach, auch abgewandelt (ebd. S. 190, 201, 210, 225 f.). Zur Rolle des Konzils: ebd. S. 205.

[113] Die *tertia conclusio* des ersten Teils ist als Text nicht erhalten, wie DYKMANS in der Edition S. 180 (zu fol. 6v [nur zur Hälfte beschrieben]–7r) vermerkt; ihr Inhalt kann aus der Exposition des Trakats erschlossen werden (ed. DYKMANS S. 170); insofern als in dem Ms scheinbar keine Seiten fehlen (sofern die Foliierung zeitgenössisch ist), handelt es sich bei BN lat. 3170 offenbar nicht um das Autograph. Wieso Pierre de Chappes dieser kapitale Abschreibfehler am Beginn der Handschrift nicht aufgefallen sind, bleibt rätselhaft; sind vielleicht gerade die konziliaristisch brisanten Textteile herausgefallen oder bewußt eliminiert worden? Die Frage muß offenbleiben.

der Schriftauslegung einnehmen, die Johannes XXII. in der Gegenwart für sich beanspruchte. Das Verbot, die alten Weisheiten neu zu glossieren, und die Beobachtung, daß nur die Häretiker eine individuelle Neudeutung *secundum corticem literae* versuchen[114], zeigt hinreichend, was der Verfasser von den exegetischen Bestrebungen des Papstes hielt. Der von Johannes XXII. eingeforderte Primat der Schrift mündet hier in eine nicht nur aus diplomatischer Umsicht praktizierte, sondern immanent konsequente Ausblendung des Papstes, nicht nur als Person, sondern auch als Institution; die damit verbundene Aufwertung des Konzils ist im dominikanischen Denken dieser Zeit[115] kaum anzutreffen, was Trottmann bei seiner Zuschreibung des Textes an einen Dominikaner wenig bedachte[116]. Eher ist an einen französischen und in der Tradition des Pariser Mendikantenstreites stehenden Weltkleriker, der vielleicht der Familia des Pierre de Chappes angehörte, als Verfasser zu denken[117]; vielleicht handelt es sich auch um eine Gemeinschaftsproduktion verschiedener Autoren[118]. Jedenfalls war der Unbekannte nur bedingt ein Erbe des Guillaume Durand, der auf dem Vienner Konzil, das sich immerhin mit Irrlehren Olivis beschäftigte, keinen Anlaß sah, über die Zuständigkeit des Konzils für Glaubensfragen nachzudenken.

---

[114] Ed. DYKMANS, Pour et contre Jean XXII S. 170.

[115] Die bekannte Unterzeichnung der Konzilsappellation von 1303 (ed. DONDAINE, Documents) war auf Druck der französischen Krone zurückzuführen. – Der von Bernard Gui stammende Traktat *De temporibus ... conciliorum* (wir zitieren nach Ms Paris BN lat. 4988 fol. 76ra–85ra [vgl. KAEPPELI, Scriptores I S. 214]; enthalten auch in der Sammelhandschrift Ms BN lat. 4989 [hierzu: DELISLE, Notice S. 237 Anm. 1 und 3; zu dem Traktat: ebd. S. 300–303] fol. 110r–132v, dort auch fol. 299r–307r eine zweite Redaktion von *De temporibus ... conciliorum*; vgl. DELISLE, ebd. zur Datierung der 2. Red.: nach der Publikation der *Clementinen* November 1317) ist eine während der Sedisvakanz nach Clemens V.' Tod (fol. 84ra: *sede Romana vacante*; am Ende des Ms lat. 4988 fol. 95ra wird sie auf 1313 datiert) entstandene und aus Kirchenrecht (bes. D. 15–17) und Chronisten (Isidor, Eusebius u.a.) schöpfende Kompilation, die Generalkonzile und Partikularsynoden zwischen Nicaea und Vienne behandelt, aber keine spezifische Affinität zum Konzil als Institution erkennen läßt, sich über die von Bonifaz VIII. 1302 in Rom anberaumte Veranstaltung sogar abschätzig äußert (fol. 84va).

[116] TROTTMANN, Vision S. 603.

[117] Schon 1255/56 wurde dem Wortführer der Pariser Magister im Bettelordensstreit, Guillaume de Saint-Amour, von seinen dominikanischen Feinden vorgeworfen, er habe an ein Generalkonzil appelliert; Wilhelm stritt dies nur insofern energisch ab, als man ihn damit der Verachtung des Papstes überführen wollte (ed. FARAL, Responsiones nr. 37 S. 353 und nr. 42 S. 355). Hierzu allg.: DUFEIL, Guillaume de Saint-Amour S. 197 ff.; vgl. MARRONE, Ecclesiology S. 88 f., der gegen RATZINGER, Einfluß des Bettelordensstreites S. 708, bei Guillaume de Saint-Amour eine „absence of conciliar theories" konstatiert.

[118] Vgl. zu der Schrift *Rex pacificus*; hierzu zuletzt: SAENGER, John of Paris, principal author S. 41 ff.

Weitere Reaktionen

Bei dieser potentiellen ekklesiologischen und kirchenpolitischen Brisanz der Lehre von der Visio überrascht wenig, daß auch andere abweichende Stellungnahmen den eigensinnigen Greis nicht überzeugen konnten. Der gerade 30-jährige, aber hochgebildete Patriarch von Alexandrien, Johannes von Aragona, schrieb bereits 1332 ein Gutachten, freilich ohne den gewünschten Erfolg[119]. Vielleicht versuchte sogar der König von Jerusalem und Sizilen Robert von Anjou, ein Fürst von großer Bildung und religiösem Eifer, noch zu Lebzeiten des Papstes, ihn von seiner Lehre abzubringen[120]. Auch führende Vertreter des Karmeliterordens sprachen sich für die unmittelbare Schau der Heiligen aus[121]; der Ordensgeneral Pierre Desmaisons wurde durch die Einsetzung eines für Avignon zuständigen Vikars freilich umgehend entmachtet. Entschieden ablehnend votierte im Oktober 1333 auch der Toulousaner Kanonist und Theologe Géraud du Peschier, ein an sich papsttreuer Franziskaner, dem Guiral Ot eine Liste der von Johannes ins Feld geführten Autoritäten hatte zukommen lassen[122]. Klug zurückhaltend verhielten sich in diesem Stadium der Ausein-

---

[119] Ed. DYKMANS, Lettre de Jean d'Aragon S. 14–26; zur Interpretation: ebd. S. 7–13; zur Datierung: MAIER, Schriften, Daten und Personen S. 148.

[120] Dieses Johannes Regina nahestehende, vielleicht einer gemeinsamen Quelle verpflichtete Gutachten im weiteren Sinne (MAIER, Schriften, Daten und Personen S. 148; ed. DYKMANS, Traité envoyé), blieb unvollendet und hat, wie MAIER, ebd., gegen DYKMANS, ebd. S. 2*, zeigen konnte, wohl erst Benedikt XII. vorgelegen; vielleicht wollte der durch sein Wohlwollen gegenüber den Fraticellen (vgl. LÉONARD, Les Angevins de Naples S. 256 f.) diskreditierte Anjou dadurch seine Rechtgläubigkeit unter Beweis stellen.

[121] Die papstfeindliche Position des Ordensgenerals Pierre Desmaisons, der sich nicht an der Kurie aufhielt, sondern im Reich, später in Paris nachzuweisen ist, ist nur aus indirekten Zeugnissen wie Randnotizen in dem Traktat des Annibal di Ceccano erschließbar (ed. DYKMANS, Pour et contre Jean XXII S. 119 f., 149), vgl. DYKMANS, Jean XXII et les Carmes S. 154. Guido Terreni zog es vor zu schweigen; der so geflissentliche Apologet päpstlicher Infallibilität hätte freilich leicht einen Ausweg finden können: in seiner *Quaestio de magisterio infallibili* (ed. XIBERTA S. 30) schrieb er: ... *error concernens personam potest inesse pape, non autem error concernens totam ecclesiam*; vgl. TIERNEY, Origins S. 238–272. Erst unter Benedikt XII. bezog er Position, vgl. DYKMANS, Jean XXII et les Carmes S. 158 f.

[122] Seine *Expositio super Quadripertitum Joannis pape* interpretiert TROTTMANN, Vision S. 680–690; vgl. DYKMANS, Frères mineurs d'Avignon S. 119; Schriftenverzeichnis: LANGLOIS, Géraud du Pescher S. 614–616, bes. S. 615 nr. 2. – Noch im April 1333 hatte er die auch von Walter von Chatton (ed. DYKMANS ebd. S. 147) und Ockham unterschiedlich gedeutete Dekretale Innozenz' III. *Cum Marthae* (X 3.41.6) im Sinne des Papstes interpretiert. – Ob dieser wie auch immer motivierte Gesinnungswandel Gérauds in Zusammenhang zu dem durch einen Brief Benedikts XII. vom 12.8.1335 bezeugten päpstlichen Widerstand gegen seine *nescimus quo ducta consilio*, wie der Papst schrieb (FOURNIER, Statuts III S. 522 nr. 1902; vgl. BF VI S. 11a nr. 14), erfolgte theologische

andersetzung die sonst besonders papstergebenen Augustinereremiten, deren Loyalität gegenüber Johannes XXII. durch dessen wohlwollende Entscheidung ihres Streites mit den Augustinerchorherren um S. Pietro in Ciel d'Oro zu Pavia und das dortige Augustinusgrab[123] abermals gefestigt worden war. Ihr in der Bekämpfung minoritischer und marsilianischer Irrlehren erprobter Ordensgeneral Wilhelm von Cremona[124] sah sich zu keiner Stellungnahme genötigt, hatte offenbar aber auch keinen päpstlichen Auftrag erhalten. Ähnliches gilt für den ebenfalls einschlägig erfahrenen Johannes Pagnotta. Nur Thomas von Straßburg und Bernard Olivier sind in gewissem Sinne eine Ausnahme[125].

7.3. Ordenspolitische und politische Eskalation

Der Prozeß gegen Thomas Waleys

Selbst wenn die meisten dieser Gutachten im weitesten Sinne, deren genaue Zahl unbekannt ist[126], nur für den innerkurialen Gebrauch bestimmt

---

Promotion steht, ist schwer zu eruieren. Zum weiteren Verlauf des Streites: VERGER, Jean XXII et Benoît XII et les universités du Midi S. 205 und 211.

[123] Der entscheidende Brief an Wilhelm von Cremona vom 20.1.1327 (MOLLAT, Lettr. comm. VI nr. 27619; Text in: *Codex diplomaticus ordinis eremitorum sancti Augustini Papiae*, ed. MAIOCCHI, Pavia 1905, I S. 13–19) zeigt, wie sorgfältig es Johannes XXII. vermied, die Augustinerchorherren vor den Kopf zu stoßen. Für diese kam die Entscheidung offenbar überraschend: vgl. Heinrich von Friemar in seinem 1334 kompilierten Traktat *De origine et progressu ordinis fratrum eremitorum sancti Augustini* (ed. AAug IV S. 327).

[124] Der 1320 in Paris zum Magister promovierte, bald danach durch einen gegen die Fratizellen gerichteten Armutstraktat (vgl. PIOLANTI S. 9) hervorgetretene Theologe richtete 1327 eine *Reprobatio sex errorum* gegen Marsilius von Padua, die von PIOLANTI als *De Primatu Petri et de origine potestatis episcoporum* publiziert wurde: vgl. allg. SCHOLZ, Streitschriften I S. 13–22; GUTIERREZ, Los Agustinos S. 103 f.; ZUMKELLER, Augustinerschule S. 174 u. 205.

[125] Zu Thomas von Straßburg: GUTIERREZ, Los Agustinos S. 107 f.; er verbarg seine Überlegungen zur Visio in seinem Sentenzenkommentar, den er (vgl. MAIER, Schriften, Daten und Personen S. 183 Anm. 123) erst 1335 veröffentlichte; vgl. bereits: LEWALTER S. 458 ff. – Bernard Olivier (zu ihm: ZUMKELLER, Augustinerschule S. 174), der wie auch Andrea von Perugia (zu ihm: SCHOLZ, Streitschriften I S. 30 ff.) der zur Beurteilung der Thesen von Waleys und Durand eingesetzten Kommission angehörte (CUP II S. 419 nr. 975; zu Oliviers Sonderrolle: ebd. S. 423 und auch KAEPPELI, Procès S. 28), findet sich erst bei der Vorbereitung von *Benedictus Deus* wieder, vgl. SCHÄFER, Ausgaben ... unter Benedikt XII. S. 22.

[126] Anders als die zum Armutsstreit im Franziskanerorden eingeholten Gutachten wurden die zur Visio-Debatte nicht in einem Band zusammengestellt; freilich ist nicht auszuschließen, daß ein solcher Band geplant war oder verloren ging; vielleicht stellt der heutige Vat. lat. 4005, aus dem meistens nur die polemisch gegen Johannes gerichtete Stellungnahme des Deutschordensgeistlichen und Pfarrers von Gumpoldskirchen Ulrich

waren, zog die Affäre immer weitere Kreise. Nicht zuletzt eine mutige Predigt des englischen Dominikaners Thomas Waleys[127] am 3. Januar 1333 in der Dominikanerkirche zu Avignon trug dazu bei[128]. Er widersprach nicht nur dem Papst, sondern provozierte auch die Franziskaner und konnte sich der rücksichtslosen Vorgehensweise des franziskanischen

---

interpretiert wird (fol. 139 f.; hierzu: TROTTMANN, Vision S. 679 ff.), den Ansatz einer Sammlung dar, die freilich erst nach dem Tode Johannes' XXII. angelegt worden sein kann. Im Katalog der Vat. Bibl. Gregors XI. von 1375 wird (ed. EHRLE, Historia Bibliothecae S. 507; Gr. 799) *quidam liber, in quo sunt quatuor libri de visione deitatis cum revocatione et retractatione oppinionis domini Iohannis pape XXII.* genannt; der Band befindet sich zwischen Bänden, die alle in persönlichem Auftrag Benedikts XII. hergestellt wurden (Gr. 790–797 u. 800–802: PMt; Gr. 789: Vat. lat. 4006: Fourniers Visio-Gutachten und Durands Visio-Traktat); dies kann man auch bei diesem Band annehmen, der 1566 von Avignon in die Vaticana gelangte; vgl. MAIER, Handschriftentransport AMA III S. 177 nr. 21. Für eine Säuberung des kurialen Archivs unter Benedikt XII. gibt es keine konkreten Anhaltspunkte, selbst wenn Benedikt XII. die Erinnerung an diesen Fehlgriff seines Vorgängers zu minimieren versuchte und immerhin auffällig ist, daß im Gegensatz zu Johannes' XXII. anderen Predigten (vgl. nur PASZTOR, Raccolta dei sermoni zu BN lat. 3290) für die Visio-Predigten keine kuriale Überlieferung vorliegt. Gerade diese Intention hätte eine Sammlung der gegen den Papst gerichteten Schriften nötig gemacht, um sie der Öffentlichkeit zu entziehen.

[127] Der Text der Predigt wurde ebenso wie die Inquisitionsakten, Waleys Traktat *De instantibus et momentis*, der gegen diesen gerichtete anonyme *libellus famosus* und die Akten der Kardinalskommission, die sich unter der Leitung Jacques Fourniers des Falles annahm, sowie ein wahrscheinlich an Pariser Freunde des Dominikaners gerichteter Brief von KAEPPELI auf Grundlage des Cambridger Visio-Kodex ediert; Beschreibung der Ms: KAEPPELI, Procès S. 91 f. Zu Waleys allg.: SMALLEY, Thomas Waleys, S. 52 ff.; DIES., English Friars and Antiquity S. 75–108; zu einer (zugeschriebenen) kanonistischen Schrift des Dominikaners: KAEPPELI, Campus florum S. 85 ff.

[128] Die in mindestens 10 Ms, davon allein 9 aus dem 14. Jahrhundert, überlieferte Predigt (Verzeichnis bei KAEPPELI, Procès S. 11 f.), für die es offenbar keine kuriale Überlieferung gibt, obwohl Waleys als Kaplan des dominikanischen Kardinals – einen Protektor hatten die Dominikaner erst seit 1367 – Matteo Orsini (vgl. FORTE, Matteo Orsini S. 201 f., und zum Amt: DERS., The Cardinal Protector S. 10–14; HOFMEISTER, Kardinalprotektoren S. 436) dort einen freilich zurückhaltenden Beschützer hatte, greift die Polemik des theoretischen Armutsstreites wieder auf (ed. KAEPPELI, ebd. S. 93–108, bes. S. 96 f.), indem der intellektuell überhebliche Papst mit den selbstgerechten Franziskanern verglichen und dabei dessen eigene Argumentation mit der *caritas* ins Feld geführt wird. Der gerade am Namenspatron des Papstes Johannes Ev. exemplifizierte Grundsatz *ubi humilitas, ibi sapientia* (Prv 11,2) zielt direkt auf ihn. Nur der Visio-Traktat des Nikolaus von Lyra liegt in einer breiteren Überlieferung vor, wohl wegen der Berühmtheit des Verfassers (14 Ms nach DYKMANS, Annibal de Ceccano et la vision béatifique S. 364 Anm. 72; TROTTMANN, Vision S. 734). Die noch breitere Überlieferung von Ockhams Visio-Schrift *De dogmatibus pape Joannis XXII* mit mindestens 25 Handschriften erklärt sich daraus, daß sie sehr früh und wohl nicht von Ockham als 2. Teil in den *Dialogus* (ed. GOLDAST II S. 740–770) eingefügt wurde, vgl. MIETHKE, Ockhams Weg S. 87 ff.; nur zwei Handschriften überliefern den Visio-Traktat isoliert. – Der Verf. bereitet eine kritische Edition von *De dogmatibus* vor.

Inquisitors von Avignon Guillaume de Montrond[129], hinter dem vielleicht Walter von Chatton stand[130], nur durch eine Appellation an den Papst[131] entziehen. Darüber kam es auch zur Verwicklung der französischen Krone in den Visio-Streit.

An Jacques Fournier und Raymond de Mostuéjols[132] habe er nach der Appellation das Verfahren übergeben, weil sie als Theologe bzw. Jurist erprobt seien und in der Gegend von Toulouse als Inquisitoren Erfahrung gesammelt hätten, schrieb Johannes XXII. am 20. März 1334 dem französischen König[133]; möglicherweise dachte er an den Fall des Bernard Délicieux, in dem die beiden damaligen Bischöfe von Pamiers bzw. St-Papoul tätig waren. Es mag darüber hinaus kein Zufall sein, daß der Papst gerade die einzigen dem Benediktiner- bzw. Zisterzienserorden angehörenden Kardinäle ausgewählt hatte; ob Johannes auf eine Art von ordenspolitischer Neutralität hoffte, eine weitere Eskalation verhindern und den von ihm trotz ihrer durchsichtig motivierten Loyalität so wenig geliebten Franziskanern[134] ihren Triumph über die dominikanische Konkurrenz nicht gönnen wollte, bleibe dahingestellt. Jedenfalls bestätigte sich Jacques Fournier wieder einmal als unbestechlicher Charakter, das Verhör wurde spürbar versachlicht, und Waleys selbst wußte dies zu schätzen, wie er of-

---

[129] Waleys beklagt sich, wie die Inquisitionsakten bezeugen, immer wieder, daß er *als juris ignarum, propter defectum consilii juris peritorum* (KAEPPELI, Procès S. 142; vgl. ähnlich S. 111) der Willkür des Franziskaners ausgeliefert sei, der offenbar seine Aussagen manipulierte, ihm die Einsichtnahme seiner Untersuchungsakten verwehrte und seine Verteidigung erschwerte (ed. KAEPPELI S. 245).

[130] Erst am 13.12.1332 hatte Walter von Chatton sich in einer Predigt für die päpstliche Position ausgesprochen; Waleys berichtet dies etwas entstellend und begründet daraus, daß dieser nicht an seinem Prozeß hätte teilnehmen dürfen (*Epistola* ed. KAEPPELI S. 246).

[131] Offenbar versuchten Waleys Feinde die am 12.10.1333 (vgl. KAEPPELI, Procès S. 34 ff.) ausgesprochene Appellation als Beweis für seine Verstocktheit zu werten; vgl. die von Petrus de Fractis, dem Notar Jacques Fourniers, aufgezeichneten Protokolle des Verhörs durch die beiden Kardinäle (ed. KAEPPELI S. 239).

[132] Der am 18.12.1327, also zusammen mit Jacques Fournier, zum Kardinalpresbyter von S. Eusebius promovierte Bischof von St-Papoul, einer Nachbardiözese von Mirepoix, starb bereits am 12.11.1335 (EUBEL, Hierarchia S. 40); in dem Prozeß wurde er vertreten. Als Zeugen des Verfahrens vor den Kardinälen fungierten Mönche aus dem Benediktinerkloster S. Aegidius (Diöz. Nîmes) und Fontfroide (KAEPPELI, Procès S. 196).

[133] CUP II S. 440 nr. 986.

[134] Freilich gehörten der Kommission, die in der ersten Phase des Waleys-Prozesses agierte, nicht nur Franziskaner an: neben Walter von Chatton und dem franziskanischen Erzbischof Elia von Nikosia trifft man teils auf dasselbe Personal, das im Prozeß gegen Durand de Saint Pourçain tätig war; dies ist kein Zufall: am 6., 7. und 15.9.1333 wurden von einer Theologenkommission, der auch Pierre Roger, Guiral Ot, Johannes Lutterell u.a. angehörten (vgl. CUP II S. 419 nr. 975), Irrtümer des Durand zusammen mit solchen von Waleys verurteilt.

fenbar nach Abschluß seines Prozesses an Pariser Gesinnungsgenossen schrieb[135].

Der Eingriff der französischen Krone und der Pariser Universität

Wie eine Bestätigung alter Vorurteile mußte es der Papst empfinden, als König Philipp VI. von Frankreich am 19. Dezember 1333 in seinem Schloß im Wald von Vincennes 29 *magistri* der Pariser Universität versammelte und sie ein ablehnendes Votum in der Visio-Frage ablegen ließ. Unter ihnen finden sich der Patriarch von Jerusalem Pierre de La Palu, der in Paris und in Avignon gleichermaßen stets mäßigend einwirkende Erzbischof von Rouen Pierre Roger[136], aber auch Nikolaus von Lyra. Dieser Vorgang, bei dem sich der politische Wille des Valois mit dem Selbstbewußtsein der Pariser Universität als dem Gralshüter des Glaubens verband[137], folgte auf die Pariser Disputation des an sich papsttreuen, wahrscheinlich in seinem Auftrag handelnden, hier vielleicht schon das sinkende Schiff verlassenden Franziskanergenerals Guiral Ot[138]: von großem

---

[135] In diesem Brief, den Waleys kaum in Freiheit verfaßt haben kann (vgl. KAEPPELI, Procès S. 38; zur Problematik seines Freilassungstermins: DYKMANS, Libération S. 130, datiert auf August 1334 gegen SMALLEY, Walleys S. 52) kündigt er die Versendung seiner Verteidigungsschrift gegen den vielleicht von Walter von Chatton oder aus seinem Umkreis stammenden *Libellus famosus* nach Paris an und bittet um ihre Veröffentlichung (ed. KAEPPELI S. 246 f.); über Jacques Fourniers Versuch, die Verfahrensfehler des Guillaume de Montrond zu korrigieren, heißt es (ebd. S. 245): *Scio eciam, quod cum magna difficultate potui copiam processuum obtinere, et nisi causa fuisset dominis commissa, forsitan numquam copiam habuissem.* Vgl. die Inquisitionsunterlagen hierzu: ebd. S. 196.

[136] Johannes XXII. hatte ihn nach Paris entsandt, um die Ergebnisse der kurialen Theologenversammlung vom 7.9.1333 zu Durand und Waleys nach Paris zu übermitteln (CUP II S. 425 nr. 976); vgl. auch später: CUP II S. 428 nr. 980 vom 18.11.1333; zu seiner Rolle insgesamt: KAEPPELI, Procès S. 31; MAIER, Zu einigen Disputationen AMA III S. 429; WOOD, Clement VI S. 11 f. – Unzutreffend skizziert HEFT, John XXII. and Papal Teaching Authority S. 97, die Rolle des Pierre Roger.

[137] Vgl. KIBRE, Privileges S. 260; SOUTHERN, Changing Role S. 140. Jenseits der theologischen Sachfrage wurde hier der mit der Entstehung der Jurisprudenz als Wissenschaft seit dem 12. Jahrhundert einsetzende Fakultätenstreit zwischen Theologen und den Juristen gleichsam auf eine kirchenpolitische Ebene transponiert: vgl. POSTHUMUS MEYJES, Canonists as seen by Theologians S. 300 f.

[138] MAIER, Schriften, Daten und Personen S. 160, hat die denkwürdige öffentliche Disputation des Franziskaners im Advent 1333 (vgl. DIES., Pariser Disputation AMA III S. 325) in dem Sinne interpretiert, daß auch hier die Lehre des Papstes abgelehnt wird, aber der König glaubte, Guiral Ot vertrete genau diese; offenbar blieb ihm das Verständnis der subtilen Unterschiede verborgen. Vielleicht war es auch der Guiral Ot vorausgehende Ruf eines theoretisch begabten Opportunisten, der den König voreingenommen hatte, und den auch seine Vorladung vor den König nicht ausräumen konnte (vgl. LANGLOIS, Guiral Ot S. 208 f.; vgl. auch LEWALTER S. 423 Anm. 32). Die Überlieferung der Disputation Guiral Ots in Vat. Ottob. lat. 208 schließt ein doppeltes Spiel des Fran-

Murren unter Guiral Ots Zuhörerschaft wird berichtet. Giovanni Villani will sogar wissen, Philipp VI. habe beabsichtigt, den Franziskaner und alle, die so wie er predigten, als Patarener zu verbrennen[139]. *Fere omnes doctores et magistri*, so schrieb einige Jahre später ein antikurialer Anonymus, der mit Bonagrazia von Bergamo zu identifizieren ist, über die Vorgänge in Paris, hätten sich gegen die Lehre Guirals als gegen die päpstliche promulgierte Auffassung gewandt[140], was allerdings auch die Frage nach weiteren Sympathisanten des Papstes aufwirft[141].

Der über die Pariser Vorgänge gut informierte Johannes XXII. konnte dieses einstimmige Votum, das ihm am 2. Januar 1334 mitgeteilt wurde[142], nur einen Tag später mit einer Erklärung unterlaufen, die das seit dem 28. Dezember dauernde und ausschließlich der Visio gewidmete öffentliche Konsistorium abschloß: der Papst schwelgte dabei in seinen Entdeckerfreuden beim Lesen Augustins und anderer *originalia sanctorum*, denen er Erkenntnisse abzuringen vermochte, die den Magistern der Theologie verschlossen blieben, *quia in illis non studuerant, vel quia ea in memoria non habebant*. Anschließend bekräftige er, ... *ne quis sinistre interpretari possit, nos sensisse in talibus aliquid aut sentire quod sacre Scripture obviet aut fidei orthodoxe*, im Beisein der meisten Kardinäle sowie einiger geistlicher und weltlicher Herren seine offenbar ungebrochene Bereitschaft, sich von jedermann belehren zu lassen, *etiamsi puer esset vel mulier*, und Irrtümer zu widerrufen; anschließend forderte er abermals und unter Exkommunikationsdrohung die anwesenden Theologen auf, sich zur Sache

---

ziskaners weitgehend aus, es sei denn man deutet die im Explizit (fol. 53v: *tractatus de multiformi visione dei ... parisius in quadam determinacione prolatus*) erwähnte Übereinstimmung des Textes mit dem in Paris vorgetragenen als pure Heuchelei; dies wäre nur möglich, wenn der Text erst unter Benedikt XII. geschrieben worden wäre; dann wären aber seine Angriffe auf Durand de Saint Pourçain (gest. Sept. 1334) nicht erklärbar.

[139] *Nuova Cronica* XI c. 227, ed. PORTA II S. 797. – Freilich tat Philipp mit der Versammlung von Vincennes genau das, was ihm Johannes XXII. in einem Brief vom 18.11.1333 als Methode der Wahrheitsfindung empfohlen hatte (CUP II S. 426 nr. 978): *ut veritas possit melius aperiri, ... , immo publice prelatis ac magistris in theologia presentibus est in curia pluries questio hujusmodi, ...*

[140] SCHOLZ, Streitschriften II S. 560. Die Verfasserfrage des in Vat. Pal. lat. 378 überlieferten Textes entschied SCHOLZ, ebd. I S. 249, nach inhaltlichen Kriterien.

[141] Der Franziskaner Arnaud de Clermont, der nach Intervention Johannes' XXII. zum Baccalarius promoviert worden war (CUP II, S. 401 nr. 947 vom 3.11.1332: Sentenzenvorlesung; ebd. S. 409 nr. 959 vom 11.9.1333: Promotion; zu seiner Position: TROTTMANN, Vision S. 617–625), verspürte ebenso wie der spätere Ordensgeneral Fortanier Vassal, der seine Magisterpromotion ebenfalls dem Papst verdanken sollte (vgl. DYKMANS, Frères mineurs d'Avignon S. 121; CUP II nr. 968 S. 412 f.), offenbar eine persönliche Loyalitätspflicht gegenüber dem Papst.

[142] DYKMANS, Les Sermons de Jean XXII S. 186.

zu äußern, und befahl, dies alles in Notariatsinstrumenten festzuhalten[143]. Am 12. März 1334 erneuerte er den offenbar nur unzulänglich erfüllten Auftrag, über die Visio zu forschen, verschärfte die Exkommunikationsdrohung, indem er eine Absolution sich bzw. seinem Nachfolger vorbehielt, und ließ den Betroffenen seine Autoritätenliste zukommen[144].

Die Reaktion der Münchener Franziskaner

Für die franziskanischen Dissidenten in München, die über die Vorgänge in Avignon stets gut informiert waren, war die Visio-These Johannes' XXII. nur eine neue neben vielen alten Ketzereien dieses Pseudo-Papstes; freilich eine wohlwillkommene, die die Möglichkeit bot, den Kampf um die eigene Stellung im Orden[145] und gegen Johannes mit neuer Kraft wieder aufzunehmen.

Johannes' fragwürdige Versuche, seine Stellung als Papst aus der Diskussion herauszuhalten, mußten hier vergeblich bleiben. Obwohl der Wortführer seiner Gegner, Wilhelm von Ockham, gelernter Theologe und nicht Jurist war, erfaßte er die rechtliche Bedeutung des augustinischen *Si decipior hic ...* vollständig[146] und hielt diese *protestatio* nicht nur für unaufrichtig, weil sie *conditionaliter* formuliert worden war, sondern sah darin auch einen Beweis für das Ketzertum des Papstes[147]. Dieses dreiste Verhältnis des Papstes zur Wahrheit ist darüber hinaus dem Glauben, der fest und über alle Zweifel erhaben sein soll, grundsätzlich unangemessen[148]; schließlich könne, wie Ockham schon im Armutsstreit artikulierte,

---

[143] Zur *protestatio*: vgl. MAIER, Zwei unbekannte Streitschriften AMA III S. 394 f.; DIES., Zwei Prooemien S. 154; DYKMANS, Les sermons de Jean XXII S. 186 f.; Text bei CUP II S. 434–437 nr. 983, hier S. 435.

[144] CUP II S. 438 nr. 985.

[145] Vgl. Ockhams Brief an das an Pfingsten 1334 in Assisi tagende Generalkapitel (OPol III S. 5–17), in dem neben den *destitutiones hereticales* Johannes' XXII. aus dem Armutsstreit auch das Los der *animae sanctorum* (S. 14) erwähnt wird; der Brief blieb ohne Resonanz. Weitere Schriften dieser zweiten gegen die unzulängliche *protestatio* Johannes' gerichteten, aber noch zu dessen Lebzeiten entstandenen Publizistik sind die zweite Münchner Appellation von 1334 sowie die in den 2. Teil des *Dialogus* aufgenommene Schrift *De dogmatibus pape Joannis XXII*.

[146] Vgl. OND c. 124 OPol II S. 846 ff. Vgl. die Argumentation in TCI c. 8 OPol III S. 50–54.

[147] Schon in c. 1 von TCI (OPol III S. 34) spricht Ockham deutlich aus, daß Johannes das Substantielle seiner Visio-Lehre gerade nicht *solummodo recitando* vorgetragen habe; wir können der im Anschluß (c. 2 ff.) daran gegen die Applikation des Augustinuszitats gerichteten Argumentation nicht detailliert folgen; besonders in c. 15 (S. 68 ff.) wird dessen Interpretation vertieft; schon Augustinus habe beim Verfassen der *retractationes* mehrere Fehler *pure, simpliciter, absolute, et non conditionaliter* widerrufen, ebd. c. 31 S. 124; vgl. allg.: c. 31–52, S. 123–153.

[148] TCI c. 11 OPol III S. 58; nach Bernhard von Clairvaux, *De Consideratione* V iii.6, Opera III S. 470 f.

der Papst keinen neuen Glauben schaffen[149]. Allgemein heißt dies, daß die Theologie, nicht aber Juristen wie Johannes XXII. für die Definition von Glauben und damit auch für die von Ketzerei zuständig sei[150]. Zusätzlich bot sich die billige Möglichkeit, auch Guiral Ot weitere Häresien nachzuweisen: nicht nur, daß er die ketzerische Visio-Lehre des Papstes unterstütze, sondern hierzu habe er auch eigens eine neue Ketzerei erfunden, nämlich die, daß ein rechtmäßiger Papst im Glauben unfehlbar sei[151]. Angesichts solcher Folgen des päpstlichen Wirkens war es völlig unmöglich, die öffentliche *protestatio* des Papstes vom 3. Januar 1334 als Rechtfertigung zu akzeptieren.

Einem gelehrten Kenner beider Rechte wie Bonagrazia von Bergamo war natürlich bekannt, daß neben dem Inhalt gerade die Öffentlichkeit der Predigten Johannes' XXII. die Möglichkeit bot, eine Häresieanklage zu begründen[152]. In seinen Appellationen gegen den Papst fand dieser Punkt entsprechend an exponierter Stelle Berücksichtigung[153]. Freilich wäre ein okkulter Ketzerpapst nicht weniger gefährlich als ein notorischer; entsprechend argumentierte Bonagrazia nur subsidiär mit der rechtlich unerheblichen Reaktion der Öffentlichkeit. Während sich gegen Guiral Ot die öffentliche Meinung in Frankreich und insbesondere die ehrwürdige Pariser

---

[149] Vgl. I *Dialogus* 1, 12, ed. GOLDAST II S. 418. Zu dieser Stelle: TIERNEY, Origins S. 225.

[150] Vgl. die Theologen-Polemik Ockhams gegen die *canonistas, ... non intelligentes, praesumptuosos temerarios, fallaces, deceptores, cavillatores, et ignaros, ...* in I *Dialogus* 3 (ed. GOLDAST II S. 401; hierzu: POSTHUMUS MEYJES, Canonists as seen by Theologians S. 305 ff.). Ockhams Folgerung (ebd.): *approbatio veritatum catholicarum et reprobatio seu damnatio haeresum principaliter ad theologiam pertinet.*

[151] OND c. 124 OPol II S. 856. – Die weiteren Ketzereien Guiral Ots (*a papa de iure appellari non potest* und *papa in causa fidei non habet superiorem in terris*) entnahm Ockham dem Brief *Quid niteris* (ed. HEYSSE, Duo documenta S. 149); zu Ockhams Haltung zur Unfehlbarkeit des Papstes: TIERNEY, Origins S. 205–236.

[152] Vgl. schon bei Hostiensis: *De crimine heresis potest papa accusari, si heresim publice predicat*, vgl. TIERNEY, Foundations S. 49 Anm. 4; BUISSON S. 166 ff.; MOYNIHAN, Papal Immunity S. 75 f.; BECKER, Zwei unbekannte kanonistische Schriften S. 245. – Vgl. auch X 5.40.26: manifeste Häretiker sind, *qui contra fidem catholicam praedicant*, zit. in TCI c. 11 OPol III S. 55.

[153] Die berühmte Appellation Bonagrazias vom 10.4.1332 gegen die päpstliche Visio-Predigt vom 15.12.1331 (ed. OLIGER, Bonagratia de Bergamo nr. 12 S. 309 [Teiledition]; vgl. Vat. lat. 4009 fol. 207r–213r) betont überdeutlich, daß Johannes XXII. zwar als – wegen Ketzerei des Papsttums verlustigter – Privatmann, aber doch mit höchster Verbindlichkeit gepredigt hat; ebenso in der gegen die Konsistorialerklärung vom 3.1.1334 gerichteten Appellation (zu dat. vor dem 15.6.1334, ed. OLIGER, ebd. S. 311 nr. 13 [Teiledition], Vat. lat. 4009 fol. 164r–168r). Einen Überblick über die zahlreichen Appellationen der Münchener Gruppe zwischen 1323 und 1338 gibt BECKER, Zwei unbekannte kanonistische Schriften S. 238 ff.

Universität zitieren ließen[154], erforderte ein häretischer Papst schwereres Geschütz. Zwar hat Bonagrazia auch anläßlich der verschiedenen Protestationen ganz ähnlich argumentiert und noch nach dem Tode des Papstes darauf hingewiesen, daß so ein verbaler Vorbehalt doch geradezu ein Freibrief für die Verbreitung von Ketzereien sei[155], doch die naheliegende Idee, die öffentliche Meinung der Kirche und damit die Kirche selber institutionalisiere sich im Generalkonzil, vollzog er nicht. Vielmehr postulierte er unter Rückgriff auf die seit den Anfängen der Kanonistik eingebürgerte Vorstellung, ein häretischer Papst sei durch das Konzil zu richten, dessen Zuständigkeit für Fragen des Glaubens und Überlegenheit gegenüber dem Papst[156]. Hier wurde zu konkreter Politik, was der Anonymus aus BN lat. 3170 nur als Autoritätenhierarchie angedacht hatte. Das bereits im Theoretischen Armutsstreit von Michael von Cesena und den Seinen entwickelte Instrumentarium stammte zwar aus derselben Quelle[157], war jedoch von Anfang an politisiert; dadurch wurde, bildhaft gesprochen, die Autorität der Konzilien hierarchisch realisiert; nicht zuletzt die päpstliche *protestatio* und die damit indirekt erwiesene fachliche Insuffizienz des Papstes hatten hierzu beigetragen[158].

Wie oft dargestellt wurde, verbanden sich nun die Wühlarbeit der Münchener Gruppe nicht nur mit undurchsichtigen diplomatischen Aktionen Ludwigs des Bayern[159], sondern auch mit den politischen Ambitionen des kurialen Erzfeindes des Papstes, Napoleon Orsini, der schon längere Zeit eine eigenständige gegen Johannes XXII. gerichtete Außenpolitik betrie-

---

[154] SCHOLZ, Streitschriften II S. 559. – Der anonyme Text richtet sich gegen Benedikt XII., dessen Visio-Traktat dem Verfasser ebenso unbekannt war wie dessen Proömium (vgl. MAIER, Zwei Prooemien S. 149) und sich nur auf *Benedictus Deus* bezieht.

[155] SCHOLZ, Streitschriften II S. 561: bezogen auf Johannes' XXII. Widerruf auf dem Totenbett.

[156] Besonders deutlich entwickelt Bonagrazia diesen Gedanken in einem von BECKER, Unbekannte kanonistische Schriften S. 257–263 nach Vat. lat. 4009 fol. 178r–178v, edierten Appellationsformular, das Bonagrazia wahrscheinlich für die Anhänger Balduins von Trier aufgesetzt hat, vgl. ebd. S. 244. Hier (S. 257): *quando causa sive questio ... dubia circa fidem movetur sive agitur contra papam, cognitio et determinatio ipsius cause sive questionis spectat pertinet precipue ad concilium generale, ...* Vgl. auch: ebd. S. 258.

[157] Schon das auf den 26.3.1330 datierte Appellationsinstrument Michaels von Cesena gegen *Quia vir reprobus* (Version bei STENGEL, Nova Alemanniae I S. 121–127 nr. 218) stellt fest (S. 124): *quod papa in hiis, que ad fidem catholicam pertinent, subest conciliis (prout) legitur...* [D. 19 c. 9]. Hierzu auch: BECKER, Appellation S. 79 ff.

[158] Am 29.6.1334 forderte Ludwig der Bayer in Überlingen (STENGEL, Nova Alemanniae I S. 181 nr. 338 f.) die Berufung eines allgemeinen Konzils. Als Verfasser nahm RIEZLER nr. 1663 Bonagrazia an.

[159] Zu dem rätselhaften Abdankungsplan des Kaisers, der meist als politisches Täuschungsmanöver gedeutet wird: KAUFHOLD S. 180 f., dort ältere Literatur.

ben hatte[160]. Selbst wenn der eigentliche Anlaß für das Entstehen dieser Kardinalsopposition weniger der theologische Fehlgriff des Papstes als die Verweigerung der wieder einmal fadenscheinig angekündigten Rückkehr der Kurie nach Italien[161] gewesen sein sollte, bot die Visio-Frage doch eine willkommene Gelegenheit, diese offene Rechnung zu begleichen. Da es gerade eine Glaubensfrage war, in der der Papst geirrt hatte, ergab sich die über Balduin von Trier betriebene Konspiration Napoleon Orsinis mit Ludwig dem Bayern[162] geradezu mit immanenter Konsequenz.

7.4. Die Involvierung Jacques Fourniers

Der Weiße Kardinal als kurialer Theologe

Jacques Fournier fand in diesen Andeutungen zum Visio-Streit bisher nur kursorisch Erwähnung, obwohl Johannes XXII. seinen angeblichen theologischen Ratgeber[163] frühzeitig konsultierte: wie Armand de Belvézer und die anderen offenbar aber auch erst nach und nicht vor den entscheidenden Predigten. Eine Sonderstellung läßt sich aus seiner Befragung und dem päpstlichen Auftrag zur Verfassung eines Gutachtens[164] nicht erschließen, und auch seine Tätigkeit im Waleys-Prozeß verdankte er wohl mehr seiner Stellung als Kardinal als seiner unbestreitbaren Qualifikation als Theologe[165]. Es ist auch angesichts der allgemeinen Ablehnung, auf die Johannes XXII. stieß, wenig sinnvoll, Jacques Fourniers ebenfalls gegen die Lehre des Papstes gerichtete Äußerungen mit seinem *durus et justus* - Charakter zu verbinden und als intellektuelle Unbeugsamkeit zu feiern[166]. Die Sonderrolle Jacques Fourniers ergibt sich aus den spezifischen Überlieferungsbedingungen seiner Gutachten, die ihrerseits eine Folge seiner Wahl zum Papst waren.

---

[160] FINKE, Acta Aragonensia I S. XVI.; vgl. KAUFHOLD S. 181 f.

[161] Vgl. JUGIE, Un Quércynois S. 73–78. Das Wahlversprechen bei FINKE, Acta Aragonensia I nr. 142.

[162] Kontaktperson zwischen Orsini und Ludwig war ein Franziskaner namens Walter (vgl. RIEZLER, Vat. Akten nr. 1671). Eine Antwort Ludwigs war die Überlinger Appellation; Bonagrazia verfaßte auch eine Antwort an die Kardinäle: RIEZLER, Vat. Akten nr. 1883; vgl. auch BECKER, Appellation S. 96 f. oder schon: EUBEL, Nikolaus Minorita S. 379 ff.

[163] MAHN, Benoît XII et les cisterciens S. 12; BOEHM, Papst Benedikt XII. S. 282.

[164] Hierzu: MAIER, Zwei Prooemien S. 159 Anm. 91.

[165] Man kann hier natürlich keine Entweder-oder-Position vertreten; schon seine Stellung als ‚Obergutachter‘ im Ockhamprozeß (vgl. MIETHKE, Ockhams Weg S. 72) läßt keine Differenzierung seiner Position in der Kirchenhierarchie von seiner theologischen Qualifikation zu. Vgl. auch KOCH, Gutachter S. 440.

[166] Tendenziell bei: VIDAL, Oeuvres S. 788.

Die erste nach Anneliese Maier bereits 1332 fertiggestellte Teil-Redaktion seines umfangreichen Traktates *De statu animarum ante generale iudicium*[167] bleibt freilich nur rekonstruierbar, da die einzige ihn enthaltende Handschrift (Vat. lat. 4006) erst unter Benedikts XII. Pontifikat und in seinem Auftrag geschrieben, illuminiert und mit zwei Proömien zu den beiden darin enthaltenen Traktaten aus der Feder des Papstes versehen wurde[168]; ältere Vorlagen auf Papier[169] für diesen im Juli 1338 abgeschlossenen Prachtkodex[170] sind nicht erhalten; sie sind nur schlecht in alten Katalogen der päpstlichen Bibliothek[171] dokumentiert, so daß ihr Ver-

---

[167] MAIER, Schriften, Daten und Personen S. 148 Anm. 17. – VIDAL, Oeuvres S. 788, datiert den Traktat ohne die Annahme von verschiedenen Redaktionen als im Jahr 1334 fertiggestellt.

[168] Beschreibung des Ms bei VIDAL, Oeuvres S. 786 f.; MAIER, Zwei Prooemien S. 144 Anm. 46; CREMASCOLI S. 414 ff. – Inhalt gem. Folierung des 19. Jhrdt.: fol. 1r–15r: Index von Predigten des Papstes, vgl. hierzu: FOURNIER, Jacques Fournier S. 199 ff.; fol. 16r–225v: *De statu animarum...*; fol. 225v–307r: Jacques Fourniers Gutachten über Durand de Saint-Pourçain; dieses folgt auf fol. 307r–312r: *Libellus Durandi episcopi Meldensis de Visione Dei*; fol. 316r–475r: die Predigten des Papstes. – MAIER, Prooemien S. 143 Anm. 41 hat aus einer Rechnung der apostolischen Kammer vom 29.1.1342 auf die Anfertigung eines zweiten Kodex *super questione de visione et xii* [!] *questionibus et sermonibus domini nostri pape* geschlossen, der bei Benedikts Tod unvollendet blieb; in späteren Katalogen fehlt allerdings jeder Hinweis auf ihn.

[169] Wie Jacques Fournier selber im Proömium zu seinem Gutachten zu den Irrtümern des Durand schreibt, hatte er den angeblich von ihm fast vergessenen Text zunächst auf Papier geschrieben und unter offenbar ähnlichen Schriften abgelegt (*inter scripturas meas in papiro scriptas*, vgl. ed. MAIER, Zwei Prooemien S. 159), bevor er ihn prüfen und abschreiben ließ; zur Fertigstellung ebd. S. 145.

[170] Am 31.7.1338 wird der kuriale Illuminator Andrea de Belnaco für Illuminationen bezahlt; einer der bearbeiteten Bände war ein *liber sermonum pape cum volumine de Visione*, vgl. SCHÄFER, Ausgaben ... unter Benedikt XII S. 85. – Da Vat. lat. 4006 auch *sermones* des Papstes enthält und kein anderes Ms mit Predigten Jacques Fourniers bekannt ist, dürfte er hier gemeint sein, obwohl die Wendung *liber ... cum volumine* nicht ganz zu passen scheint. Der in der Kathedrale von Valence (Ms 215 aus dem 15. Jhrdt.; vgl. JULLIEN DE POMMEROL/MONFRIN I S. 173.) überlieferte Band mit Predigten, die zur Zeit Johannes XXII. am päpstlichen Hof gehalten wurden (vgl. KAEPPELI, Predigten S. 388–393), enthält keine von Jacques Fournier. Reproduktionen von Vat. lat. 4006 fol. 60v und 61r bei TROTTMANN, Vision Tafel 2 u. 3.

[171] In den von KOCH, Jacques Fournier S. 368 ff., und MAIER, Prooemien S. 141 Anm. 34 u.ö., diskutierten Notizen der ältesten Kataloge der päpstlichen Bibliothek findet sich nur ein expliziter Hinweis auf einen Visio-Text: im Katalog Gregors XI. um 1375 (EHRLE, Historia Bibliothecae I S. 499) heißt es (ed. EHRLE nr. 655 [= Gr. 655]): *... dicta et responsiones Iacobi ... cardinalis ad articulos datos per dominum Iohannem papam XXII ex dictis fratris Ekardi, Michaelis, Guillelmi de Ocham et Petri Iohannis de ordine minorum,* [et] *de animabus sanctorum executis de corpore an videant deum ante diem iudicii, secunda pars.* Das eingefügte *et* vertritt neben KOCH, S. 369, auch MAIER, ebd. S. 140 f., die verdeutlicht, daß man nicht einmal entnehmen kann, ob hier der Visio-Traktat Fourniers oder sein Durand-Gutachten gemeint ist. – Die Zusammenstellung mit anderen Prozeß-Gutachten über suspekte Theologen macht m.E. letzteres

schwinden sehr frühen Datums sein muß[172], ohne daß freilich über Zeit-
punkt und Ursache Klarheit zu gewinnen wäre[173]. Benedikts in dieser
Form nur bei seinem monumentalen Kommentar zum Matthäus-
Evangelium[174] und seinen Predigten (in Vat. lat. 4006)[175] nachweisbares
Bemühen, seine Schriften inhaltlich korrekt und in überzeugender Form

---

wahrscheinlicher. Auffällig ist aber, daß alle anderen Erwähnungen dieser von Jacques
Fournier als Kardinal in Auftrag gegebenen und heute verlorenen Handschrift (im Kat.
Urbans V. von 1369, ed. EHRLE, ebd. nr. 382 oder in dem von Peñiscola 1423, ed.
JULLIEN DE POMMEROL/MONFRIN I S. 386 nr. 93 = Pb. 93 [die ebd. I S. 599 nr. 1263
vorgeschlagene Identifizierung von Pb. 1263 mit Ur. 382 und Gr. 655 überzeugt nicht];
beide ohne Autorennennung) das Visio-Gutachten nicht erwähnen. Eine Datierung von
Gr. 655 wäre nur auf das Jahr 1334 möglich. Der *magnus liber* (Ur. 382) war eine Per-
gamenthandschrift (Pb. 93) mit rotem Ledereinband (Ur. 382 u. Pb. 93), also sicher nicht
das gesuchte Papierexemplar des Visio-Traktate.
[172] Die offenkundigen inhaltlichen und formalen Übereinstimmungen zwischen Pb. 93
und Ur. 382 werfen die Frage auf, ob Gr. 655 entweder ein ganz anderes Ms meint, oder
aus einem älteren, nicht mehr erhaltenen Katalog abgeschrieben wurde, der aus einer
Zeit stammte, als das Ms noch das Visio-Gutachten enthielt. Die alte Signatur (*Item in
volumine signato per CLV dicta ...*), die in Ur. 382 und Pb. 93 nicht erwähnt wird, ist die
der Katalogisierung durch Gregor XI. – Die Katalogisierung der in Assisi gelagerten Be-
stände der päpstlichen Bibliothek durch Benedikt XII. im Jahre 1339 (433 Titel, ed.
EHRLE, Geschichte des Schatzes, der Bibliothek und des Archivs, ALKG I S. 324–364,
vgl. JULLIEN DE POMMEROL/MONFRIN I S. 3–5) verzeichnet erwartungsgemäß keine
Schriften, die hier von Relevanz sind; die auf S. 336 nr. 18 erwähnten *sermones domini-
cales magistri Jacobi cardinalis* lassen sich nicht identifizieren.
[173] Der 1423 angefertigte Katalog von Peñiscola (JULLIEN DE POMMEROL/MONFRIN I
S. 613) vermerkt (Pb. 1353) ein Papierexemplar eines Gutachtens Fourniers, das freilich
nicht näher bestimmbar ist: *Item, aliqua Dicta fratris Jacobi, tituli sancte Prisce presbyteri cardinalis, super articulis per dominum nostrum papam traditis ad examinandum,
in papiro antiquo cum copertis de simplici pergameno, et incipiunt // protestatio pri-
mitus.* – Ein ähnlich aussehender *tractatus Jacobi cardinalis Albi Ad articulos Guillelmi
de Ocam ... cum simplici copertura pergameni* ist als Pb. 1263 (ebd. I S. 599) bezeugt;
weitere solche Abschriften in anderen Katalogen verzeichnet MAIER, Prooemien S. 141
Anm. 36. – Wir müssen die Frage nach der Urfassung der Visio-Gutachten offenlassen.
[174] Der päpstliche *cubicularius* Engilbert, ein Zisterzienser (vgl. EHRLE, Bibliotheca
S. 176), war offenbar nur für das Abschreiben, nicht aber die inhaltliche Kontrolle der
Mt-Postille verantwortlich: vom 27.4.1336 bis zum 20.2.1337 kosteten die Dienste der
Schreiber 228 fl., die neben der Mt-Postille Jacques Fourniers auch den Mt-Kommentar
des Rhabanus Maurus, vier Bücher Sentenzenkommentar des Alexander (von Hales) u.a.
kopierten; vgl. SCHÄFER, Ausgaben ... unter Benedikt XII. S. 70. – Vgl. auch unbestimmte Zahlungen an Engilbert: ebd. S. 71 (6.1.38: 350 fl), S. 85 (23.1.38: 100 fl.). –
Die Arbeit an der Mt-Postille zog sich noch in die folgenden Jahre hin, vgl. ebd. S. 132
(20.1.1340) und S. 151 (10.2.1341); sie war bei Benedikts Tode weit von einem Abschluß entfernt.
[175] Vat. lat. 4006 findet sich als Gr. 798 mit der Signatur 257 (EHRLE, Bibliotheca
S. 507; MAIER, Handschriftentransport AMA III S. 181 nr. 95); die naheliegende Identifizierung mit Ur. 925 hat EHRLE nicht vollzogen; vgl. ebd. S. 583.

der Nachwelt zu erhalten[176], zeigt den besonderen Stellenwert, den er diesen drei Texten beimaß, von denen der erste wahrscheinlich eine reine Privatarbeit war und die beiden anderen Auftragsarbeiten waren. Es bleibe dahingestellt, ob er nur dem Willen anderer folgte und die Traktate zum Nutzen der Kirche veröffentlichte, namentlich, damit die *simplices* nicht durch Zweifel der Kirche getäuscht werden, wie er selber im Proömium des Visio-Traktates schrieb[177]. Obwohl man bei Benedikt XII. durchaus bibliophile Züge erkennen kann, muß man seinen Umgang mit den eigenen theologischen und literarischen Produkten nicht unbedingt auf „das Bekenntnis eines der regularen, religiösen Lebensform verpflichteten Menschen zur geistigen Lebensgestaltung"[178] zurückführen. Vielmehr ging es ihm um die Darstellung seiner Rechtgläubigkeit.

Die wörtlichen Übereinstimmungen des in Auszügen in den *Annales ecclesiastici* des Raynaldus abgedruckten Traktates *De statu animarum ante iudicium generale* mit der Bulle *Benedictus Deus*[179] vom 29. Januar 1336 bestätigen indirekt, daß die von Benedikt XII. ab Juli 1336 angeordnete Korrektur seiner früheren Schriften nicht nur Schreib- und Formfehler[180] betraf. Wie Benedikt XII. im Proömium seines Viso-Traktats selber erläutert, wurde der dort etwas bescheiden als *libellus* bezeichnete Traktat vollständig vor vielen Kardinälen, Prälaten, Magistern der Theologie und Jurisprudenz sowie einsichtigen Männern, wie es heißt, verlesen, geprüft

---

[176] Bei der Mt-Postille blieben die Urschriften auf Papier als Gr. 801–802 erhalten, EHRLE, Bibliotheca S. 507.

[177] Ed. MAIER, Prooemien S. 156 f. – Vgl. bei Johannes XXII. in CUP II S. 438 f. nr. 984 (10.3.1334).

[178] BOEHM S. 310. Vgl. FAUCON, Librairie, ... ses catalogues 1316–1340 I S. 40 charakterisiert Benedikt XII. als „de tous les papes d'Avignon le plus ami des livres de luxe". Die jährlichen Ausgaben für die päpstliche Bibliothek liegen mit durchschnittlich 345 fl. prozentual zum Gesamthaushalt (0,35 %) über denen seines Vorgängers (370 fl; 0,16 %, vgl. SCHÄFER, Ausgaben ... unter Benedikt XII. S. 27*).

[179] RAYNALDUS VI S. 53a: ...*ante resumptionem suorum corporum et iudicium generale post ascensionem salvatoris* [erg. in *Benedictus Deus*, ed. TAUTU S. 12: domini] *nostri Jesu Christi in coelo* [ebd.: caelum,] *fuerunt, sunt et erunt in coelo, coelorum regno, ..., ac post domini Jesu Christi passionem et mortem viderunt, vident* [erg. ebd. et videbunt] *divinam essentiam visione intuitiva et etiam faciali, nulla mediante creatura in ratione objecti visi se habente, sed divina essentia immediate se nude, clare, et aperte eis ostendente, quodque sic videntes eadem divina essentia perfruuntur, ...* .

[180] Ein Textvergleich ist aus chronologischen Gründen nur ausgehend von *Benedictus Deus* sinnvoll, nicht aber in umgekehrte Richtung. Dies bedeutet, daß die Nicht-Eliminierung von 1336 nicht dogmatisierter Thesen aus dem Traktat Jacques Fourniers (wie die 1336 völlig ausgeklammerte Frage nach dem intensiven oder extensiven Wachstum der Seligkeit) sich nicht als Beweis gegen die Überarbeitung des Traktates verwenden läßt. In diesem Fall gab es auch keinen Grund, den Traktat zu glätten, da die fraglichen Thesen ja nirgends als gefährlich oder gar häretisch bezeichnet wurden.

und korrigiert[181], was im Anschluß an den zeitgenössischen Bericht Heinrichs von Diessenhofen in der 3. Vita Benedikts[182] in der Regel auf die Vorbereitung der Bulle *Benedictus Deus* bezogen wird. Dieser aus Gegnern wie Anhängern Johannes' XXII. besetzten Kommission[183] lag also auch ein Exemplar des Traktats Jacques Fourniers vor, wie übrigens auch Äußerungen anderer am Streit beteiligter Parteien den Mitgliedern der Kommission vorgelegen hätten[184]. Das einzige Dokument, das aus der Vorbereitungsphase der Bulle stammt, ist jene undatierte Auflistung von 12 Fragen, auf die die anwesenden 19 *magistri* unter Vorsitz des Pierre de La Palu und im Beisein des Papstes sowie zahlreicher Kardinäle zumeist einstimmig und affirmativ antworteten[185]. In der sechsten Frage, die sich auf die ausreichende Entkräftung der zur Begründung der Visio-Lehre Johannes' XXII. angeführten Autoritäten bezog, wird angedeutet, daß ein Teil der Anwesenden bei dem Verlesen eines *totus liber* anwesend gewesen sei; dies läßt sich hypothetisch auf Jacques Fourniers Gutachten beziehen[186]; aber auch an eine Schrift wie die Autoritätensammlung[187] des alten Papstes könnte man denken.

Insofern seit dem 29. Januar 1336 eine *determinatio Ecclesiae* vorlag, galten widersprechende Meinungen nun als häretisch[188]. Unter den Korrektoren von Benedikts Schriften sind ab Juli 1336 mit dem Franziskaner Pasteur de Sarrats[189], dem Augustinereremiten Bernard Olivier und dem

---

[181] Ed. MAIER, Prooemien S. 156.

[182] BALUZE/MOLLAT I S. 218 f. Ähnlich detaillierte Aussagen finden sich in keiner späteren Vita.

[183] SCHÄFER, Ausgabe ... unter Benedikt XII. S. 22, verzeichnet am 4.10.1335 für den Unterhalt von 13 mit der beratenden Vorbereitung der Bulle beschäftigten Personen vom 4.7.–4.9.1335 insges. 409 fl., zuzüglich 100 fl. für Pierre de La Palu. – Vollständiger verzeichnet CUP II S. 453 f. nr. 995 vom 4.10.1335 namentlich 16 Teilnehmer, unter denen freilich die „vielen Kardinäle" nicht erscheinen, auch nicht La Palu. Auffällig ist, daß in der teils wechselnd besetzten Kommission nur zwei Dominikaner (neben La Palu Johannes Aufredi, der *inquisitor Pictavie*) gegen sechs Franziskaner (u.a. Ot, Pasteur, Chatton, Henri de Senons) und sechs Augustinereremiten (u.a. Olivier) standen.

[184] Vgl. *Benedictus Deus*, ed. TAUTU S. 11.

[185] Der nach Wolfenbüttel Ms 81.5 Aug.2°, fol. 6r–7r bereits von KAEPPELI, Procès S. 85–87, edierte Text ist eine Momentaufnahme in einem späten Stadium der Beschlußfassung, wie KAEPPELI, bes. S. 85, zeigen konnte; ähnlich: TROTTMANN, Vision S. 779.

[186] KAEPPELI, Procès S. 86 nr. 6 und S. 85.

[187] Vielleicht handelte es sich um jene *auctoritates*, die Johannes XXII. in seinem Konsistorium vom 3.1.1334 verlesen und jedem der anwesenden Theologen, auch Jacques Fournier, in einer Abschrift aushändigen ließ.

[188] Die vorbereitende Kommission war sich in diesem Punkt einig, ed. KAEPPELI, Procès S. 86.

[189] Der am 17.1.1333 auf Veranlassung Johannes XXII. zum Magister promovierte Theologe (CUP II S. 403 nr. 950) könnte sich im Sinne seines späteren Förderers Benedikt XII. über die Visio artikuliert haben; zwar fehlen direkte Belege, aber es ist auffäl-

Zisterzienser Guillaume de Ripoll aus dem Kloster Poblet drei Theologen dokumentiert[190], die wie Pasteur zum engsten Beraterkreis Benedikts gehörten oder wie Olivier in den Visio-Streit involviert waren, wenn auch bezeichnenderweise gerade nicht in vorderster Front[191]. Der Umfang dieser zeit- und kostspieligen Korrekturen kann durch das Fehlen der Vorlage höchstens mittels einer inhaltlichen oder stilistischen Analyse näher untersucht werden; dies wäre Aufgabe einer kritischen Ausgabe des Traktats[192]. Mit Überraschungen dürfte dabei aber kaum zu rechnen sein. Auch eine Betrachtung dessen, was Jacques Fournier in seinem Matthäus-Kommentars zu dem Themenkreis schrieb[193], der ab 1331 relevant werden sollte, zeigt Jacques Fournier als einen Theologen von umsichtiger Beständigkeit[194].

---

lig, daß Johannes den Pariser Kanzler am 27.3.1333 beauftragte, statt seiner solle gerade der besonders papsttreue Arnaud de Clermont – er stieg bald zum Bischof von Tulle auf – die Sentenzen lesen (CUP II S. 402 nota ad nr. 947); vgl. DYKMANS, Annibal de Ceccano et la vision béatifique S. 355. – Pasteur gehörte zusammen mit dem Bischof von Albi und Papst-Vertrauten Guillaume Court auch zu den Korrektoren der Mt-Postille Jacques Fourniers, vgl. SCHÄFER, Ausgaben ... unter Benedikt XII. S. 74.

[190] SCHÄFER, Ausgaben ... unter Benedikt XII. S. 54, für die Zeit vom 25.6. bis zum 22.7 und vom 13.8. bis zum 1.10.1336; wie auch die Zahlungen vom 23.12.36 (ebd. für die Zeit vom 11.9. bis zum 23.12.1336) und vom 25.4.,7.8. und 8.10.1337 (ebd. S. 70), die nur an Pasteur gingen, bezeugen, ließ sich Benedikt die Korrektur ½ fl. pro Tag und Korrektor kosten; bei insgesamt etwa 270 Arbeitstagen liegt diese Bezahlung etwas über der Höhe eines in Benedikts Ordensreform vorgesehenen Theologen-Gehaltes von 100–120 fl./Jahr.

[191] Guillaume de Ripoll oder Rivopullo (diese Namensform verwendet CUP II nr. 981 S. 431 n. 8; vgl. auch ebd. S. 453 nr. 995 vom 4.10.1335) wurde 1335 ebenso wie sein Ordensbruder Johannes de Caricampo von Benedikt XII. zum Lektor am Ordensstudium in Toulouse bzw. Montpellier bestimmt.

[192] Die Edition von *Benedictus Deus* durch TAUTU verzichtet auf einen Vergleich mit *De statu animarum*.

[193] Besonders die Märtyrer vollziehen eine unmittelbare Gottesschau (PMt 5,10; fol. 64rb): *Martyrum enim proprie regnum coelorum est, quia statim post mortem peccatis omnibus dimissis, cum iustitia cumulata ad regnum pervenerunt.* Vgl. auch: PMt 5,10; fol. 66rb: *perfectio ultima, et perfecta consistit in visione Dei clara per intellectum.* Zu vergleichbaren Stellen in *De statu animarum* ...: TROTTMANN, Vision S. 776.

[194] Auch die Vorstellung von einem Wachstum der Seligkeit nach dem Jüngsten Gericht findet sich (PMt 5,8; fol. 47vb–48ra): *Sed sancti, qui Deum mente cernent post generalem resurrectionem per apertam visionem, videntes etiam corporalibus oculis Christi humanitatem, et revelata mente eius divinam maiestatem faciliter videntes, oportet quod mundissime sint corde ... .* Die Unfaßbarkeit Gottes schließt dessen visuelle Erfassung aus (PMt 5,20; fol. 149vb–150ra): *quando anima a Deo impletur per apertam visionem, et fruitionem, et tamen non comprehendit totaliter Deum, dicitur intrare in regnum, quia intrat in illud, quod eam implet totaliter, et adhuc in infinitum superexcedit eam: quia plus est Deus in infinitum amabilis, et intelligibilis, quam ab anima humana, vel intellectu angelico amari, vel intelligi possit.*

Wir brauchen die in der Postille entwickelte Vorstellung von der *correctio* durch den Doktorenstand, dem übergeordneten Wert der *pax* und dem zu vermeidenden *scandalum* nicht zu wiederholen, da die Übereinstimmungen zwischen theoretischer Disposition und praktischem Handeln evident sind. Sogar die episkopalistische Komponente seiner Ekklesiologie findet sich wieder, zwar sehr allgemein formuliert, doch im Kontext des Visio-Streites leicht auf Johannes beziehbar. Bei dem dort entwickelten Grundsatz, *errores pontificum abscondi non possent*, beruft sich Jacques Fournier auf Johannes Chrysostomus[195]. Wie er im Proömium des Visio-Gutachtens ausführt, ergebe sich daraus die Pflicht der Bischöfe und Presbyter, Ungläubige, d.h. Heiden, Juden und Ketzer, zum wahren Glauben zu führen[196]. Neben seinem Gehorsam gegenüber dem Papst und dem eigenen Gewissen sei dies der Grund für seine Intervention, die er in direktem Auftrag der Apostelfürsten vollzogen haben will[197]. Demselben diplomatischen Kalkül, das Amt des Papstes ebenso wie die Person seines Vorgängers zu schonen, aber trotzdem die eigene Rechtgläubigkeit deutlich zu artikulieren, entspricht es, wenn er seine Erfolglosigkeit darauf zurückführt, daß er, wie er demütig bekennt, unzulänglich und überarbeitet sei[198].

Wann genau und in welcher Weise Johannes XXII. das Gutachten des angeblich so vielbeschäftigten Theologen kennengelernt hat, ist kaum eruierbar. Als der Kardinal von S. Prisca den Auftrag erhielt, sich über die Ansichten des Durand de Saint-Pourçain zu äußern, dessen Gutachten wohl im Spätsommer 1333 in Avignon eingetroffen war[199], kannte Johan-

---

[195] PMt 5,13; fol. 88rb: *Errores Pontificum abscondi non possent, etiam exigua eorum sceleriter innotescunt; et per apparentes motus, quasi nudas animas, suas sistunt oculis intuentium. Horum igitur ut virtutes multos saepe ad simile studium provocant; ita etiam vicio ignaros alios circa sanctitatis studium reddiderunt; ...* Vgl. die sinnentsprechende Position von Johannes Chrysostomus, *De dignitate sacerdotali* III 16; PL 16 Sp. 654–656.

[196] Ed. MAIER, Prooemien S. 147.

[197] Ed. MAIER, Prooemien S. 148.

[198] Ed. MAIER, Prooemien S. 149. Abgesehen von seiner Tätigkeit im Durand-Waleys-Prozeß und dem Inquisitionsprozeß gegen Adhémar de Mosset, der sich von 1332 bis 1334 hinzog, vgl. VIDAL, Procès d'inquisition contre Adhémar de Mosset S. 555 ff., mit Aktenedition S. 572 ff., sind seine verschiedenen Verpflichtungen kaum näher bestimmbar. Eine Zusammenstellung weiterer Prozesse: ebd. S. 566 Anm. 1. – Zu denken ist auch an kuriale Verwaltungsroutine, die er im Interesse seines Ordens wahrnahm.

[199] DYKMANS, Pour et contre Jean XXII S. 13, unter Bezug auf den Brief Johannes' XXII. an Königin Johanna vom 15.9.1333 (CUP II S. 425 nr. 976 nota 3); auch CREMASCOLI S. 399 datiert mit demselben Beleg kurz vor September 1333: seine leider nicht näher begründete Beobachtung, der Traktat wirke provisorisch und wie in Eile geschrieben (ebd. S. 400; KOCH ist dies nicht aufgefallen; andere mögliche Ursachen wie Altersmüdigkeit oder Krankheit diskutiert CREMASCOLI nicht) wirft die Frage auf, wann

nes XXII. Fourniers Haltung zur Visio substantiell sicher längst. Das tat
seiner abermaligen Berufung ebensowenig Abbruch, wie dies bei dem offenbar aus Furcht unwilligen Armand de Belvézer[200] der Fall war. Der
Vorgang erhellt, daß an Fournier in einem Theologenprozeß offenbar kein
Weg vorbeiführte[201]. Auch Ceccano, der jene Kommission leitete, die die
angeblichen Irrtümer des Bischofs von Meaux zusammen mit denen von
Waleys beurteilte, agitierte in seinem gegen Durand, Johannes von Aragona *et alii* gerichteten, aber offenkundig vor der mündlichen Verurteilung
der Thesen des Durand durch die genannte Kommission am 6., 7. und 15.
September 1333 abgeschlossenen Traktat nicht gegen Jacques Fournier,
obwohl er dessen Gutachten sicher kannte[202].

Die Stellung des *summus theologorum* der Kirche war also nicht unan-
fechtbar, sondern gründete auf dem Vertrauen, das Johannes in seine Fä-
higkeiten hatte. Das Durand-Gutachten verfaßte Fournier nach eigenen
Aussagen nur auf nachdrücklichen Befehl des Papstes, nachdem dieser die
ihm wohl allzu fadenscheinig erscheinende Ausrede des Kardinals, er verfüge über kein Exemplar des Textes, nicht hatte gelten lassen[203]. Dabei ist

---

er begonnen worden sein mag; vor Januar 1333 ist dies kaum möglich. TROTTMANN, Vision S. 592, datiert in das Frühjahr 1333.

[200] Sein auf den 23.12.1333 datiertes Gutachten (ed. VAN LIERE S. 20–134) ist wie
sein Visio-Traktat erhalten in Ms Cambridge Ii 3,10, fol. 10–38; vgl. THOMAS, Armand
de Belvézer S. 274; schon VALOIS, Jacques Duèse S. 195 Anm. 5, zitierte einen Brief
Ceccanos an Armand vom 1.12.1333, in dem dieser ermahnt wird, *fraude et timore post-
positis*, zu schreiben, was er für wahr halte; die aus Durand exzerpierten *articuli* wurden
beigefügt.

[201] Ed. MAIER, Prooemien S. 159.

[202] Den umfangreichen, anonym in Vat. lat. 4007 überlieferten Traktat Ceccanos gab
DYKMANS, Pour et contre Jean XXII S. 61–166, heraus. Ceccano wendet sich darin gegen die von den Gegnern des Papstes betriebene Interpretation des Aquinaten und dann
direkt gegen diese: Durand de Saint-Pourçain und Johannes von Aragona werden konkret
genannt; von Jacques Fournier verlautet nichts; höchstens unspezifisch kann er in den
alii (S. 141) mit gemeint sein, was angesichts des Stellenwerts des Weißen Kardinals an
der Kurie unwahrscheinlich ist.

[203] Diese schon seit SCHOLZ (Streitschriften I S. 2 Anm. 3) bekannte Stelle aus dem
Prolog seines Gutachtens über 10 der 11 von einer Theologenkommission unter Vorsitz
Ceccanos aus dem Traktat des Durand exzerpierten Irrtümer (ed. MAIER, Prooemien
S. 159 AMA III S. 476 f.) wird bisweilen als Hinweis auf Jacques Fourniers praktische
Klugheit gedeutet; weil der intellektuell unbestechliche Fournier hier als Sympathisant
des Durand hätte erkennbar werden müssen, sei sein akzentuierter Widerwillen (*licet re-
nitenti*), mit dem er die Exzerpte entgegengenommen und sein Gutachten angefertigt habe, der letzte Versuch, das Unvermeidliche zu vermeiden. Wahrscheinlicher ist, daß er
das Andenken des vielgeprüften *bone memorie Durandus ... famosus et antiquus magister in theologia* schonen und seinen eigenen Anteil an dessen Verurteilung abwiegeln
wollte. So läßt sich auch die eigenartige Bemerkung verstehen, er habe sein Gutachten
über Durand schon fast vergessen (ed. MAIER, Prooemien S. 159). Auch in der (überarbeiteten) Version von *De statu animarum ...* bemühte er sich punktuell um eine Rehabi-

Fourniers Begründung mehr als eine Ausrede. In seinem späteren Proömium äußerte er konkrete Zweifel an der üblichen und auch hier praktizierten Methode, auf Grundlage von Exzerpten theologische Äußerungen
zu bewerten[204], und betont, ihm habe, als er zu schreiben anfing, eine Abschrift des Durand-Trakats vorgelegen, die es ihm ermöglichte, die Exzerpte zu überprüfen[205]. Nicht zuletzt der Waleys-Prozeß hatte deutlich
vor Augen geführt, welche Fehlerquellen und Mißbrauchsmöglichkeiten
hier gegeben waren[206].

Jacques Fournier verbrachte offensichtlich über zwei Jahre mit der Abfassung von *De statu animarum*. Freilich nahm er in dieser Zeit noch andere Pflichten wahr, wie etwa den Adligen Adhémar de Mosset aus dem
Roussillon seiner begardischen Irrtümer zu überführen[207], doch liegt die
Vermutung nahe, Fournier habe angesichts des hohen Lebensalters Johannes XXII. bei der Fertigstellung seines Traktats auf Zeit gespielt. Damit
wird man dem Charakter seines Gutachtens freilich nicht gerecht. Wenn
er, wie er selber glaubhaft angibt, alle Autoritäten seiner Gegner Wort für
Wort überprüft hat[208], und ihnen auf diese Weise Zitatmanipulationen
nachweisen konnte, so tat er dies nicht nur, weil er ein gründlicher Arbeiter war, sondern auch, weil die Stellung seines Gegners und päpstlichen
Herrn ihn zur Genauigkeit zwang. Freilich stimmt laut Anneliese Maier
auch bei ihm selber nicht alles[209].

Eine Entpersonalisierung der Debatte versuchte freilich schon Johannes
XXII., als er beanspruchte, nur die Auffassung der Heiligen Augustin und
Bernhard wiederzugeben. Fournier machte es im Stil der Zeit ganz ähnlich, doch vermied er es, sich dabei in Widersprüche zu verstricken. Als er
nach Abschluß des Manuskripts bzw. beim Verfassen des Proömiums, einen neuen Titel für sein Werk wählte, glaubte er dies dadurch legitimieren
zu müssen, daß es der heilige Augustinus nach Abschluß seines
Hauptwerkes genauso getan habe[210]. Aufschlußreicher ist es, wie er die
notwendige Vorsicht mit eigenen Glaubensäußerungen sprachlich faßte.
Alles, was nicht in seine dogmatische Konstitution *Benedictus Deus* ein-

---

litation des Durand, vgl. TROTTMANN, Vision S. 792; allg. DYKMANS, Annibal de Ceccano et la vision béatifique S. 363.

[204] KOCH, Kardinal Jacques Fournier S. 385; TRUSEN, Prozeß gegen Meister Eckhart
S. 119.

[205] Ed. MAIER, Prooemien S. 160 f.

[206] Vgl. Waleys Klagen über Guillaume de Montrond (*Epist.*, ed. KAEPPELI
S. 241 f.).

[207] Der Ausgang des Prozesses ist freilich unbekannt; vor Jacques Fournier erschien
Adhémar gegen Ende Februar 1334 (ed. VIDAL, Procès d'inquisition S. 572).

[208] Ed. MAIER, Prooemien S. 153 ff.

[209] So ohne näheren Nachweis: MAIER, Prooemien S. 155 Anm. 71.

[210] Ed. MAIER, Prooemien S. 155.

gegangen ist, sei nur Privatmeinung: *non per modum determinationis ecclesiae, nec ut papaliter dicta aestimentur, sed ut scholastice et magistraliter dicta habeantur*[211]. Er unterwirft die eigenen Schriften, die ja gerade durch Männer seines Vertrauens korrigiert worden waren, der Zensur der Kirche[212].

Wenn Fournier die Schwachheit seines Verstandes betont und der Schwierigkeit der Materie und ihrer sinnlichen Unerfahrbarkeit wegen allein auf die Schrift, eine *determinatio ecclesiae* oder die Worte der Heiligen vertrauen möchte, erfährt das theologische Sachproblem auch bei ihm eine ekklesiologische Komponente und mündet in einen Gehorsam gegenüber dem Heiligen Stuhl, der eigene Gedanken nichtig werden läßt[213]. Man braucht dies nicht als taktische motivierte Vorsicht, als demütige Bescheidenheit oder als stilistische Floskel interpretieren. Schon wesentlich früher führte er aus, wie leicht ein zu sehr dem eigenen Verstand vertrauender Mensch zum Häretiker werden kann[214]. Wahrheitsfindung war für Fournier zumindest im Bereich spekulativer Glaubenswahrheiten ein Vorgang der Approximation an die überzeitlich gültigen *dicta sanctorum*[215].

Dieser objektbezogene Wahrheitsbegriff, der die Möglichkeit bietet, das Sachproblem wissenschaftlich zu erfassen, läßt eine unzureichend reflektierte Autoritätenrezeption im Stil Johannes' XXII. nicht zu[216]; hier unterscheidet sich der akademisch geschulte Theologe vom theologischen Autodidakten. Daneben verleiht diese Formalisierung dem Erkenntnisprozeß eine Flexibilität, die auch den Stellenwert der *auctoritates* betreffen kann. Wie schon der Bischof von Pamiers die Wahrheit aus ihrer formalen Klarheit definierte[217], so räumt Benedikt XII. im Proömium seines Du-

---

[211] MAIER, Prooemien S. 157, zitiert von: VIDAL, Oeuvres S. 790; WETTER S. 15. Fast wortgleich, aber mit Ergänzung auch am Ende des Durand-Proömium, ed. MAIER, ebd. S. 161. – Vgl. auch TROTTMANN, Vision S. 780, zu einer ähnlichen Aussage im 2. Kapitel des ersten Buches von *De statu animarum*.

[212] RAYNALDUS, Annales Ecclesiastici VI S. 30b.

[213] RAYNALDUS, Annales Ecclesiastici VI S. 64b–65a.

[214] In PMt 5,3; fol. 19rb gibt Jacques Fournier einige interpretatorische Grundlagen zu verstehen: *Intellectus enim pie adhaerens scripturis divinis, si quid invenit quod intellegere omnino non possit, vel sine absurditate, non lacerat scripturam divinam, dicendo ipsam esse falsam, nec fingit adinventiones suas, volendo ad hoc scripturam occultam trahere, sed veneratur mysterium, suam infirmitatem considerans.*

[215] Zu der in *Benedictus Deus* ausgeklammerten Frage nach dem intensiven oder extensiven Wachstum der Seligkeit akzentuierte er sein theologisches Selbstbewußtsein gerade als den Anspruch, die Äußerungen der Heiligen richtig zu deuten (ed. MAIER, Prooemien S. 151): *... et quod earum beatitudo essentialis post generale judicium magnum acciperet augmentum: quae opinio visa fuit mihi tunc verior et magis consona dictis sanctorum,... .*

[216] Zur theologisch-methodischen Kompetenz Fourniers: TROTTMANN, Vision S. 722.

[217] PMt 5,16; fol. 113va: *Hoc enim interest inter falsam doctrinam et veram, quod falsa doctrina multis obscuritatibus involvitur, ut eius falsitas, vel vix, vel numquam*

rand-Gutachtens der *ratio* einen Stellenwert ein, neben der die *dicta sanctorum* wie freilich unverzichtbare Orientierungshilfen im Nebel der Spekulation erscheinen[218]: in der Protestation unterwirft er sich nicht nur der Heiligen Römischen Kirche und seinen Nachfolgern, sondern auch jeder beliebigen Meinung, die vernünftiger und wahrheitsgemäßer zu sein scheint[219].

Die Herstellung von Vat. lat. 4006 war deshalb nicht nur eine exemplarische Demonstration intellektueller Redlichkeit, die noch so scharfsinnige Versuche, ihm Fehler oder Häresien nicht nur in der Visio-Problematik nachzuweisen, unterlaufen sollte. Sie zeigt auch, wie dünn das Eis war, auf dem ein Papst stand, wenn Glaubensfragen tangiert wurden. Jacques Fournier hatte es, soweit wir wissen, kaum nötig, seine Rolle im Visio-Streit und im letzten Prozeß gegen Durand de Saint-Pourçain ins rechte Licht zu rücken oder gar schönzufärben. Der glimpfliche Ausgang des Durand-Prozesses und Thomas Waleys frühe Freilassung am 14. August 1334[220] zeigen die Handschrift eines Mannes, dem die Visio-Debatte überflüssig erschien. Kuriale Gönner aus dem Predigerorden, der zwei Männer im Heiligen Kollegium hatte, übten sicherlich ihren Einfluß aus: ein passionierter Pfründenjäger wie Matteo Orsini[221] naturgemäß weniger, aber Guillaume Peyre de Godin, seit 1317 Kardinal von S. Sabina, setzte sich schon im Prozeß gegen Meister Eckhart für eine Milderung des Urteils ein; damals hatte Jacques Fournier das Nachsehen[222]. Wie dem auch sei,

---

perpendatur; quia quam cito perpenditur, statim deseritur; nullus enim sanae mentis decipi vult. Sed doctrina veritatis quia per se sustinet se, non timet labefactari ab aliquo; iccirco clara et aperta vult esse, quia quanto plus impugnatur, et arguitur, tanto plus fortificatur, et roboratur, ac amabilis efficitur; et ideo non quaerit tenebrositatem, et celationem, sed claritatem et propalationem.

[218] Ed. MAIER, Prooemien S. 160.

[219] Ed. MAIER, Prooemien S. 161.

[220] Vgl. DYKMANS, Libération S. 130.

[221] Schon KAEPPELI, Procès S. 50 Anm. 23, vermutete in ihm einen Gegner des Papstes; zu der intensiven Pfründenwirtschaft des 1327 zum Kardinal von SS. Giovanni e Paolo erhobenen und neben Napoleon und Giangaetano dritten Orsini-Kardinals: FORTE, Matteo Orsini S. 193 ff.

[222] Vgl. KOCH, Jacques Fournier als Gutachter S. 385; ihm folgt TRUSEN, Prozeß S. 120. Die Sentenz gegen Meister Eckhart vom 27.3.1329 (*In agro dominico*) steht nicht auf Grundlage des – wie bei dem Olivi-Gutachten – nur aus Zitaten im Sentenzenkommentar und den *Decem Responsiones* des Johannes von Basel rekonstruierten Gutachten des Jacques Fournier, sondern fiel wesentlich milder aus. Die Vermutung von KOCH, Guillaume Peyre de Godin sei hierfür verantwortlich, begründet TRUSEN mit dem Hinweis darauf, daß dieser 1293/94 zu Paris die Sentenzenvorlesung Eckharts gehört habe. Freilich erfolgte die Beschlußfassung durch Johannes XXII., der den Sachverhalt gründlich prüfte und mit seinen Kardinälen beraten habe; auch habe Eckhart widerrufen. Eine Personalisierung der Einflußgröße ist eine reine, wenn auch naheliegende Vermutung.

die Stimme dieser erfahrenen und einflußreichen Kardinäle dürfte bei der Papstwahl jedenfalls gewichtig gewesen sein, und die Sympathie, die Benedikt XII. kurz nach seiner Wahl für die Dominikaner bekundete[223], bedarf einer Erklärung.

... pacem reformare in tota ecclesia

Als Benedikt XII. in seinem zweiten Konsistorium wenige Tage nach seiner Wahl den von Guiral Ot im Namen der vier Bettelorden vorgebrachten Wunsch nach Aufhebung der Bulle *Super Cathedram* zurückwies, aber in einem berühmten Bild des Propheten Zacharias die Orden weiterhin zum Kampf gegen die Feinde der Kirche aufforderte, sprach er nach dem Bericht eines zuverlässigen Augenzeugen rückblickend auf die Visio-Debatte und den theoretischen Armutsstreit nur noch von *quaestiones supervacuas, ... quas vento similes iudicavit*[224]. Dabei verwies er darauf, daß hier bereits durch die heiligen Kirchenväter hinreichend Definitionsarbeit geleistet worden ist und nichts anderes gedacht werden dürfe als das, was die Römische Kirche für den wahren Glauben halte[225].

In dieser Äußerung wird die Frage, wie die Römische Kirche institutionell zu konkretisieren ist, im Sinne des *status quo* entschieden und den Bettelorden eine rein ausführende Rolle in der Verteidigung des Glaubens zuerkannt. Benedikt XII. verkannte damit nicht die realen Gefahren, denen sich das Papsttum durch die Manöver seines Vorgängers ausgesetzt hatte, und zog die Konsequenzen aus dem verhängnisvollen Anspruch der Mendikanten, theologisch mitzureden oder sogar über den Glauben zu entscheiden; sein Axiom des *pacem reformare in tota ecclesia* machte eine umgehende Beilegung von Konflikten nötig, die, wie er sagte, *plus generant scandalum quam doctrinam*; freilich muß auch diese Beilegung möglichst geräuschlos und ohne *scandalum* erfolgen. Unterschwellig spricht hier ein gesunder Menschenverstand, der Theologengezänk für überflüssig hält, wenn es praktisch nutzlos ist und politisch nur Verwirrung stiftet.

Die hier eingeschlagene Linie ist noch über ein Jahr später in *Benedictus Deus* spürbar[226] und verbindet dort die in einem wortreichen Prolog auf Grundlage von Mt 16,18 eingeschärfte Gehorsamspflicht aller Gläubigen gegenüber dem für ihren rechten Wandel (*disciplina et correctio*) ver-

---

[223] *Cont. Chron. S. Petri Erford.* (ed. HOLDER-EGGER S. 367).
[224] Vgl. den Bericht des Durand de La Ferté (ed. LOSERTH S. 515); nach Za 1,18–21.
[225] Ed. LOSERTH S. 515.
[226] Sogar TROTTMANN, Vision S. 808, räumt ein, daß die den Visio-Streit beendende Bulle „une décision pacificatrice et non un traité de théologie" ist. DERS., Interprétations contradictoires S. 374 f., stellt sogar eine (fragliche) Verbindung zwischen dem Inhalt der Bulle und dem Persönlichkeitsbild Benedikts XII. her.

antwortlichen *magisterium* des römischen Stuhls[227] mit schonender Rücksichtnahme gegenüber allen Teilnehmern der Debatte[228]. Benedikt stellt sich in direkte Kontinuität zu seinem Vorgänger, der nur durch seinen Tod von einer abschließenden Determination abgehalten worden sei[229], deren Vorbereitung ein öffentliches Konsistorium gedient habe; offenbar denkt er an jenes von Dezember 1333 bis zum 3. Januar 1334[230]. Die dortige *protestatio* Johannes' XXII. erwähnt er mit keiner Silbe, auch nicht die darin enthaltene Bekundung des Papstes, er selber sei beim Studium des Heiligen Augustinus auf seine Visio-Lehre gestoßen; nur der Hinweis auf die drohenden *scandala* und die Gefahren für das Seelenheil der Gläubigen läßt erahnen, welche Dimension der Lehrstreit hatte[231]. Dem entspricht auch die im Epilog der Konstitution formulierte Drohung, er werde jeden, der von jetzt an, wissentlich und hartnäckig eine der *determinatio* widersprechende Lehre vertrete, wie einen Häretiker verfolgen[232].

Als Benedikt XII. im Kontext seiner dogmatischen Konstitution diese offizielle Darstellung des Visio-Streites absegnete, dachte er höchstens noch indirekt an Johannes XXII. Dieser hatte kurz vor seinem Tode am 4. Dezember 1334 die ihm so am Herzen liegende Visio-Frage wiederbelebt, indem er eine offenbar vorbereitete Erklärung verlesen ließ, deren Interpretation nicht erst späteren Chronisten Schwierigkeiten bereitete[233]: sein Schwanken in der Sache ist weniger ein Widerruf als eine Folge davon, daß er die in allen früheren Erklärungen angewandte Denkfigur des bedingten Vorbehalts (*Si decipior hic ...*) nur noch futurisch verwenden konnte, da in Kürze eine Korrektur nur noch posthum möglich sein würde: hier ging es an die Substanz seines Seelenheils. Wenn er nun seine frühe-

---

[227] Acta Benedicti nr. 7 (ed. TAUTU S. 10–13, hier: S. 10 f.).

[228] Ed. TAUTU S. 11.

[229] So berichtet auch die 1. Vita Benedikts, deren Wohlwollen gegenüber Benedikt sich auch auf seinen Vorgänger übertrug (BALUZE/MOLLAT I S. 196): ... *predecessor suus, morte preventus, non determinaverat, licet hoc facere disposuisset. Unde declaravit idem Benedictus papa, quod ...* .

[230] Ed. TAUTU S. 11. Der Bericht deckt sich teilweise mit dem von dem Notar Jean d'Amiel aufgezeichnetem Bericht (CUP II nr. 983 S. 436).

[231] Ed. TAUTU S. 11 f.

[232] Ed. TAUTU S. 13.

[233] LEWALTER S. 431 ff. hat entgegen der traditionellen Meinung (vgl. LE BACHELET, Sp. 668 f.; HOFFMANN, Streit S. 92; KAEPPELI, Procès S. 84) den Widerruf Johannes XXII. als einen schon länger vorbereiteten Versuch gedeutet, seine Position definitiv verbindlich zu machen (vgl. MIETHKE, Ockhams Weg S. 95). – Der zentrale Passus lautet (CUP II S. 440 f. nr. 987): *Fatemur siquidem et credemus quod anime purgate et separate a corporibus sunt in celo, celorum regno et paradiso et cum Christo in consortio angelorum congregate et vident deum ac divinam essentiam facie ad faciem in quantum status et condicio compatitur anime separate.* Die Deutung von TROTTMANN, Interprétations S. 373 u. Anm. 119, kehrt zu der traditionellen Sicht zurück und sieht hier einen Widerruf; vgl. MOLLAT, Jean XXII, in: DThCath VIII, 1947, Sp. 640.

ren Äußerungen im Lichte des Glaubens interpretiert sehen wollte, ihm Widersprechendes zurücknahm und sich einer *determinatio* der Kirche und seiner Nachfolger unterwarf[234], blieb er doch bis zuletzt unbeugsam. Erst am 17. März 1335 hat Benedikt XII. diese, wie er interpretierend formulierte, *confessio, revocatio et summissio* seines Vorgängers auf dem Sterbebett publiziert[235], nachdem er bereits am 2. Februar in einer öffentlichen Predigt die *opinio communis* vertreten[236] und nur zwei Tage später in seinem dritten Konsistorium die Anhänger des alten Papstes zur Rechenschaft gezogen hatte, bezeichnenderweise mehr aus Interesse an dem Motiv ihrer Option als an der Sachfrage als solcher[237]. Allein dieses Verhalten und die konkrete Aussage von *Benedictus Deus* zeigen deutlich, daß Benedikt XII. in der letztwilligen Erklärung Johannes' XXII. eine persönliche Äußerung sah[238], die nur für die Person des Papstes, nicht aber als Dogma für die Kirche verbindlichen Charakter hatte.

Es bleibe dahingestellt, ob die Widerruf-Legende wirklich auf einer antipäpstlich motivierten Fehlinterpretation des theologischen Testaments Johannes' XXII. beruht[239]. Evident ist jedenfalls, daß Benedikt XII. ihm schon bald den Widerruf-Charakter dadurch absprach, daß er alle vorangehenden Äußerungen seines Vorgängers ganz in dessen Sinne ausblendete: so behauptete er, Johannes habe keine andere als die Lehre vertreten, die 1336 dogmatisiert worden ist[240]. Dem entspricht die offizielle Version vom Verlauf des Visio-Streits, die Johannes' XXII. Urheberschaft nicht kannte und in *Benedictus Deus* sanktioniert wurde. Auch in seinen Erklä-

---

[234] CUP II S. 441 nr. 987.

[235] VIDAL, Lettr. comm. I nr. 2430. Der Text des Briefes Benedikts: CUP II S. 441 nr. 987 nota.

[236] Die von Heinrich von Diessenhofen (3. Vita; BALUZE/MOLLAT I S. 217) kurz referierte Predigt (... *et erat suum thema: Ecce sponsus venit* [Mt 25,5] ... ist überliefert in Vat. lat. 4006 fol. 347r–350v; so bereits VIDAL, Oeuvres S. 796 f., der, ebd. Anm. 2, kurze Auszüge abdruckte, die erkennen lassen, daß es sich wirklich nur um „allusions" auf die Visio-Problematik handelt.

[237] 3. Vita, ed. BALUZE/MOLLAT I S. 217 f.

[238] DYKMANS, Annibal de Ceccano et la vision S. 374, wies auf einen bereits 1903 von ALBE entdecktes Notariatsinstrument der Notare Guillaume de Bos und Jean d'Amiel, in dem es unmißverständlich heißt: ... *quaecumque ... retractavit expresse ... Dicta ac scripta, circa dictam materiam visionis, vel aliam quamcumque submisit determinationi Ecclesie et successorum suorum. ..., ut praedicta clarius ad notitiam fidelium deducantur* (zit. nach DYKMANS ebd.).

[239] Wie bei LEWALTER S. 433 ff. – Ockham hat offenbar nicht nur das Testament gekannt, das er fast wörtlich zitiert (TCI c. 1 u. c. 22; OPol III S. 30 u. S. 85), auch seine schon im Prolog (ebd. S. 29) vollzogene Qualifizierung als *revocatio et submissio* entspricht der Formulierung im Brief Benedikts XII. vom 17.3.1335, dem das Testament angehängt wurde (vgl. CUP II S. 441 nr. 987 n.).

[240] Ed. MAIER, Prooemien S. 156.

rungen gegenüber dem französischen König verfuhr Benedikt XII. ähnlich[241].

Diese offenbar im Verlauf des Jahres 1335 vollzogene Kurspräzisierung mag daraus erklärbar sein, daß Benedikt XII. bewußt geworden war, wie sehr ein Widerruf, der häresieverdächtige Zweifel im Glauben indizierte, auch die eigene Position gefährden mußte. Es bedarf kaum einer Erwähnung, daß er seine Feinde hiermit kaum überzeugen konnte. Für diese war es wenig opportun, so schnell die Visio-Lehre Johannes' XXII. zu vergessen[242]. Da sie eine andere Vorstellung von Glauben hatten, standen sie auch der von den beiden Päpsten praktizierten Verfahrensweise im Fall von Glaubenszweifeln ablehnend gegenüber[243]. Für den angeblichen Widerruf heißt dies: *similis protestatio et submissio ab heresi protestantem non potest aliquatenus excusare, immo potius accusare*[244].

Es war also besser, den erklärungsbedürftigen Wandel des Papsttums in der Visio-Frage einfach zu übergehen. Ganz ähnlich verfuhr Benedikt XII. schon früher in seinem problematischen Armutstraktat[245] und später in der Franziskanerreform bei der heiklen Frage nach der apostolischen Armut.

---

[241] DAUMET nr. 142 vom 11.2.1336; Text auch: Acta Benedicti nr. 8, ed. TAUTU S. 14.

[242] Bonagrazia von Bergamo hat besonders deutlich die Position herausgearbeitet, daß die von Benedikt XII. in *Benedictus Deus* artikulierte Vorstellung (ed. SCHOLZ, Streitschriften II S. 556), *quod contrarium asserere ante dictum suum rescriptum sive statutum non erat hereticum, sed licitum, catholicum et fidele*, die er dann auf Johannes und seine *sequaces* anwendet, an sich schon häretisch sei. – *Benedictus Deus* wird wörtlich inseriert (ebd. f.).

[243] Ed. SCHOLZ, Streitschriften II S. 557 f.

[244] Ed. SCHOLZ, Streitschriften II S. 561.

[245] Die Problematik besteht in der zweifelhaften Authentizität, vgl. SCHMITT, Pape réformateur S. 164. Mss sind nicht bekannt; der Druck bei BZOVIUS, Annales Ecclesiastici XIV 1618, Sp. 724–729 folgt, wie vermerkt wird (Sp. 724), dem *Directorium Inquisitorum* des Nikolaus Eymericus. Als Widerlegung der ersten 15 von 54 Fraticellen-Irrtümern angelegt, zielt er auf eine Relativierung des Stellenwerts von *Exiit qui seminat* (Sp. 730 ad 4.): *propterea Nicolaus Pontifex, simpliciter non erravit in Fide; quia non putavit, vel putabat se scire quod nesciebat, sed putabat se nescire, quod non sciebat. ... quia sub declaratione et correctione auctoritatis Apostolicae Sedis, illa quae dixit, enarravit.* Auch das Vienner Konzil habe *Exiit* nicht approbiert (Sp. 731 ad 5.), so daß sich die Kirche auch nicht im Irrtum befunden habe (ad 6.). Ganz anders dagegen Johannes XXII. (Sp. 730): *diligenti deliberatione cum multis peritis in theologia et in utroque iure habita, seu revocaverit seu declaraverit ea, quae Nicolaus, de Christi et Apostolorum paupertate incidenter narraverat, non autem decreverat*, ähnlich auch: Sp. 731 ad 8. und Sp. 732 ad 13.; zur Datierung: SCHMITT, ebd. Anm. 9: zwischen Dezember 1327 und März 1328. – Vgl. auch HEFT, Popes in contradiction S. 252–254. DUNBABIN S. 163 Anm. 100, sieht eine beträchtliche Nähe zu dem Traktat *De paupertate Christi et apostolorum ...* des Pierre de La Palu in Paris BN Ms lat. 4046 fol. 36v–60r, was freilich nur eine Geistesverwandtschaft meint. Zu La Palus Rolle im theoretischen Armutsstreit: vgl. auch Alvarus Pelagius DSPE II 59, fol. 198va.

Man mag dies als Verweigerungsstrategie interpretieren; jedenfalls war es politisch zweckmäßig. Eine solche Problemlösung wurde auch dadurch möglich, daß die früheren Apologeten Johannes' XXII. allesamt umgekippt waren und niemand außer den Feinden dieses Papstes noch etwas von dessen Visio-Lehre wissen wollte[246]. So konnte Benedikt XII. das Andenken seines Vorgängers auch dadurch schonen, daß dessen frühere Sympathisanten jetzt als Stellvertreter herhalten mußten. Insbesondere Guiral Ot[247] war hierfür wie geschaffen. Nur wenige Jahre später meinte der in Avignon pfründensuchende Konrad von Megenberg, an dem Verlauf der Debatte sei der Franziskanergeneral schuld[248].

Vor diesem Hintergrund ist zu lesen, was Jean de La Ferté über Benedikts XII. zweites Konsistorium berichtet. Der Papst habe sich energisch gegen diejenigen gewendet, die *cum quadam partialitate* über die *visio beatorum* predigten[249], und zwar *turpis lucri gracia, scilicet propter affectum seu potenciam talia predicantis*, wie sich mit dem Fortsetzer der Chronik aus St. Petrus in Erfurt konkretisieren läßt[250]. Solche Vorwürfe waren keineswegs neu und verständlich allemal: schon Thomas Waleys soll im Anschluß an seine folgenreiche Predigt vom 3. Januar 1333 opportunistischen Anhängern des Papstes vorgeworfen haben, *propter temporales promotiones, quas ab eo sperabant* dessen Lehre schönzureden[251]. Zu Lebzeiten Johannes XXII. erforderte dies von einem Kaplan, selbst wenn er einem Kardinalshaushalt angehörte, zweifellos mehr Mut, als ihn ein Kardinal wie Jacques Fournier aufbrachte, der den Spagat zwischen Gehorsam und Gewissen übte. Leichter fiel es ihm dann als Papst, die für einen Mönch und Theologen allerdings etwas befremdenden Worte zu sprechen, Verrat am Gewissen sei schlimmer als Frevel gegen Gott, das päpstliche Amt, die guten Sitten, die Satzungen der Heiligen oder die hei-

---

[246] Auch der zeitgenössische Autor der 5. Vita (BALUZE/MOLLAT I S. 227) folgt der offiziellen Linie.

[247] Wie aus Ockhams TCI c. 3 (OPol III S. 41 f.) hervorgeht, hatte dieser angeblich öffentlich zu Paris seine Visio-Lehre widerrufen, was ihm freilich kaum die Häresievorwürfe ersparte: *Licet autem erranti contra fidem, qui non haereticus est, sufficiat revocare suum errorem, hoc tamen haeretico non sufficit.* Dies gilt nicht zuletzt deswegen, weil der Widerruf von dem französischen König erzwungen worden sei: ebd. c. 13 S. 62.

[248] *De planctu ecclesiae in Germaniam* II 7, ed. KUSCH S. 112; ed. SCHOLZ S. 75; zur Polemik gegen die Bettelorden im zweiten Buch, vgl. GRAUERT S. 637.

[249] Ed. LOSERTH S. 517.

[250] Ed. HOLDER-EGGER S. 367.

[251] So zumindest berichtet Heinrich von Herford (ed. POTTHAST S. 252; vgl. auch CUP II S. 426; vgl. auch Guillaume de Nangis, ed. GUÉRARD III S. 136). Die von KAEPPELI edierte Predigt läßt eine Verifizierung ebensowenig zu wie die ebd. publizierten Inquisitionsakten irgendwelche Reflexe darauf zeigen; allerdings betont Waleys – genauso wie Benedikt – wie sehr ihn sein Gewissen zum Handeln gezwungen habe (KAEPPELI, Procès S. 108): *quia urgente me consciencia, talia predicavi.*

lige Schrift, wie der Chronist durchaus glaubwürdig dem Papst in den Mund legt[252].

Objekt der Invektive war, so hätten die Umstehenden gleich erfaßt, Guiral Ot, der freilich bei der Verteilung von Kardinalshüten, Bistümern und anderen Vergünstigungen leer ausgegangen war. Selbst wenn Anneliese Maier mit der Deutung seiner Visio-Disputation recht hat, war zumindest auch Jacques Fournier der feine Unterschied zwischen der Position des Franziskanergenerals und der Johannes' XXII.[253] entgangen; freilich ist nicht sicher, daß er ihren Wortlaut kannte, und wir wissen auch nicht detailliert, wie sich der Franziskaner an der Kurie mündlich zur Sache geäußert hatte[254]. Wer neben Guiral Ot noch gemeint war, liegt auf der Hand: Walter von Chatton, dessen Intrigen gegen Thomas Waleys Jacques Fournier bekannt waren[255], der Ordensprokurator Raymond de Lados, der bald durch Petrus de Strata abgelöst wurde[256], und wenn die Rolle des päpstlichen Pönitentiars Alvarus Pelagius nicht ganz durchsichtig ist, so ist bei dem Bischof von Giovinazzo, William of Alnwick, die propäpstliche Position eindeutig bezeugt; er starb freilich bereits 1333[257]. Außerdem natürlich Kardinal Annibal Caetani di Ceccano, in dem Maier den offiziellen Vertreter der päpstlichen Visio-Lehre[258] sieht, der ehemalige Oxforder Kanzler, und Ockhamankläger John Lutterell[259], der 1335 in Avignon starb, sicher auch der zisterziensische Abt Bartholomäus aus Casamari[260],

---

[252] *Cont. Chron. S. Petri Erford.* (ed. HOLDER-EGGER S. 367).

[253] TROTTMANN, Vision S. 791; anders: MAIER Pariser Disputation AMA II S. 371 f.; MIETHKE, Ockhams Weg S. 91 Anm. 341a.

[254] Vgl. den Bericht Bonagrazias über Guiral Ots Auftritt im öffentlichen Konsistorium vor Johannes XXII. (ed. SCHOLZ, Streitschriften II S. 559).

[255] Waleys berichtet in seiner *Epistola* (ed. KAEPPELI S. 245), daß Chatton offenbar sogar Hoffungen auf ein Bistum hegen konnte. Allerdings erst 1344 ging dieser Wunsch in Erfüllung.

[256] Man kann über die Gründe hierfür nur spekulieren: ob Guiral Ot hier eine Art Bauernopfer vollzog, um seine eigene Position zu retten, ob Benedikt XII. hier wie auch bei Géraud du Peschier einen Widersacher aus der zweiten Reihe züchtigen wollte, oder ob seine Ablösung routinemäßig erfolgte, bleibt hier offen; bis 1336 wurden die Generalprokuratoren meist direkt vom General ernannt, vgl. BIHL, RN S. 369 Anm. 1. – Nach Randnotizen auf Ms Paris BN lat. 3290 und den Analysen von PASZTOR, Raccolta dei sermoni S. 276, war er der *reportator* von 11 der päpstlichen Predigten in diesem Kodex.

[257] DYKMANS, Dernier sermon S. 265 ff., publizierte dessen Predigt vom 7.3.1333; er starb vor dem 29.3.1333.

[258] MAIER, Zu einigen Disputationen AMA III S. 422.

[259] Vgl. DYKMANS, Annibal de Ceccano S. 368; HOFFMANN, Schriften des Kanzlers John Lutterell; der Text seiner *Epistola*: S. 103–119.

[260] VIDAL I S. 216 nr. 2451 vom 21.1.1335; Bartholomäus, ein Familiare Ceccanos, erhielt sein Amt kraft päpstlicher Provision, durch die Ceccano ermächtigt wurde, eine geeignete Person zu bestimmen (MOLLAT, Lettr. comm. XIII nr. 63827 vom 27.8.1334),

den Benedikt XII. kurz danach zur Rechenschaft zog, und einige uns unbekannt bleibende andere[261].

Nur mit großer Vorsicht lassen sich daraus, wie der Papst seine neu
gewonnene Macht einsetzte, Schlüsse ziehen. Benedikts erbitterter Haß
auf den Franziskaner, wenn wir sein Poltern mit dem Chronisten so deuten, ist kaum die späte Genugtuung eines Affekts, der sich bisher nur in
Gelehrtenarbeit entladen konnte und nun in den bornierten Stolz verfällt,
recht behalten zu haben; daß Guiral Ot und den anderen das, wie Benedikt
in zynischer Offenheit unterstellt, ersehnte *turpe lucrum*[262] durch den Tod
des alten Papstes entging, befriedigt ihn bzw. den Chronisten, sichtlich
mehr. Die Berechnung kurialer Karrieristen, für die es hinreichend Belege
gibt[263], interessierte mehr als die Frage nach der seligen Schau. Selbst bei
kurienkritischen Beobachtern verlautet nichts darüber, daß Benedikt XII.
dem Urheber der Visio-Debatte nur entfernt so affektgeladen gegenüber-
gestanden habe wie Guiral Ot; ähnliches gilt für Ceccano, Chatton und die

---

offenkundig seiner treuen Dienste wegen. Auch hier zog Benedikt XII. eine untergeord-
nete Persönlichkeit zur Rechenschaft; der Hinweis von VIDAL *qui antiquitus dicitur
scholaris P.P. Benedicti* gilt der Überlieferung, Bartholomäus sei an Saint-Bernard zu
Paris ein Student Jacques Fourniers gewesen. Vgl. DYKMANS, Annibal de Ceccano et la
vision béatifique S. 375 f.

[261] Bonagrazia erwähnt noch weitere, teils übereifrige Helfer Johannes' XXII. (ed.
SCHOLZ, Streitschriften II S. 559): der *N. de Caritate*, der in der Franziskanerkirche von
Avignon gepredigt habe, *quod quicumque de cetero teneret firmiter, quod anime sanc-
torum viderent facialiter Deum, erant heretici iudicandi*, dürfte François Christiani sein;
RIEZLER, Vat. Akten nr. 1663, nennt einen Adam *de Caritate*; weiter genannt werden von
Bonagrazia (ebd.) ein dominikanischer Bischof Egislus Bigheri und ein anderer Bruder
aus Acerra, dem seine Haltung eine Stellung als päpstlicher Kaplan eingebracht habe.

[262] Benedikt lehnt sich bei dieser Abgrenzung des Guten vom Bösen an eine Formulierung Bernhards von Clairvaux (*De consideratione* I 4.5, Opera III S. 398: ... *turpis
quaestus* ...) an. Freilich schwingt auch die abgründige Kennzeichnung der *turpia lucra*
nach der Nikomachischen Ethik 4,1 mit; zitiert etwa von Aegidius Romanus, DRP II 1
(ed. SAMARITANUS S. 100), zur Kennzeichnung der für *usurarios, lenones, ..., expoliato-
res mortuorum et aleatores* kennzeichnenden Habsucht. Gemäßigter ist die Verwendung
dieses Begriffs durch Benedikt in FSS zum Verbot des *peculium occultum* (CANIVEZ
S. 428). In seinem Visio-Traktat formulierte er (RAYNALDUS, Annales Ecclesiastici VI
S. 56b): *Ubi dicit Aymo: Lucrum est mihi mori, quia si mortuus fuero, maximum lucrum
percepturus sum, id est vitam aeternam ... Vita autem aeterna, quam perceptus erat, si
mortuus esset, non est nisi Dei visio, quam statim post mortem carnis consecutus est.*
Vgl. ähnlich auch Durand (ed. CREMASCOLI S. 429 f.). – Vgl. aber auch die gemäßigte
kanonistische Sprachregelung in X 3.50.1; hierzu allg. auch: MCLAUGHLIN S. 96.

[263] DYKMANS, La libération de Thomas Waleys S. 124, zitiert einen Bonagrazia zuzu-
schreibenden Text aus d. J. 1334: [Joannes] ... *indignos promovit, solum quia dicto suo
errori consenciebant, ...* . – Vgl. auch zu dem Brief des Stephen of Kettleburgh an John
Lutterell (ed. SALTER, Snappe's Formulary S. 303 ff.) von ca. 1319: SOUTHERN, Changing Role of Universities S. 134; MIETHKE, Konsistorialmemorandum S. 446 Anm. 122.

anderen, so daß er mit seinem Verhalten gegenüber Guiral Ot vielleicht eine noch offene Rechnung beglich.

Es ist offenkundig, daß auch Jacques Fournier bei aller gründlichen Erledigung seiner Gutachterpflichten die Visio-Debatte für überfüssig, ja für schädlich hielt und sich soweit heraushalten wollte wie möglich. Entsprechend leicht fiel ihm seine spätere Zusammenarbeit mit Guiral Ot bei der Vorbereitung der Bulle *Benedictus Deus* und bei der Franziskanerreform; dabei gibt es keinen Grund zu der Annahme, dessen Positionswechsel in der Visio-Frage sei hierfür verantwortlich. Ähnlich war es bei Walter von Chatton, und auch Fortanier Vassal sollte zu seinen Mitarbeitern bei der Ordensreform zählen[264]. Benedikts Beziehungen zu Annibal di Ceccano sollen gut gewesen sein[265]. Die *lectio horribilis*, von der die Vorlage des Fortsetzers der Chronik von St. Petrus in Erfurt schrieb, war eine Art, die Kurie zu disziplinieren, ohne damit langfristige Feindschaften zu stimulieren, mithin ein Indiz dafür, daß Benedikt im Umgang selbst mit solchen, die sich in einer Glaubensfrage opportunistisch verhalten hatten, weniger rigoros vorging, als man es von einem strengen Inquisitor erwarten würde. Dieses Harmoniebedürfnis ist grundlegend zum Verständnis seiner Politik.

7.5. Benedikt XII. und das Erbe Johannes' XXII.

Friedenspolitik in Iberien und Italien

Unlängst wurde die zentrale Stellung Jacques Fourniers an der Kurie unter Johannes XXII. betont[266]. Es liegt nahe, diese Einschätzung nicht nur in Hinsicht auf seine Stellung als Kurientheologe, sondern auch bezüglich der Politik im profanen Sinne zu überprüfen. Gleichzeitig sollen mögliche Kontinuitäten zu seinen Pontifikat untersucht werden.

Wenn Fournier nur einmal eine politische Legationsreise wie 1325 in den Dauphiné unternahm, so belegt dies nicht politische Unfähigkeit, sondern höchstens, daß ihm jener hocharistokratische Zuschnitt fehlte, der seinen späteren Nachfolger Pierre Roger zu zahlreichen diplomatischen

---

[264] Einleitung zu RN (ed. BIHL S. 324). Seine weitere Karriere verdankte er überwiegend Clemens VI. (1342–1352): 1347–51 Erzbischof von Ravenna; 1351–61: Partriarch von Grado; seine Kardinalspromotion überlebte er nur kurz († 1361); vgl. auch BALUZE/MOLLAT II S. 467–469.

[265] Vgl. allg. DYKMANS, Annibal de Ceccano et la Vision S. 378. – 1337 wurde Ceccano neben den Kardinälen Pierre de Prés und Bertrand du Pouget mit der Überprüfung der Unterlagen der Visconti-Häresie beauftragt; vgl. MOLLAT, Papes d'Avignon S. 202; JUGIE, Un Quércynois ... Bertrand du Pouget S. 80.

[266] DUNBABIN S. 188.

Missionen, zumal nach Paris, prädestinierte[267]. Dies läßt sich zwanglos mit dem verbinden, was wir über Jacques Fourniers oft als derb empfundenen Humor, seine geringe soziale Herkunft und seine pedantische Genauigkeit wissen, mit der er sich nicht nur Freunde gemacht haben dürfte. Die Annahme, Jacques Fournier habe über seine Tätigkeit als theologischer Gutachter hinaus im Konsistorium politisches Profil gezeigt, ist mangels Quellen nur sporadisch verifizierbar[268]. Der autokratische Regierungsstil Johannes' XXII. macht es darüber hinaus unwahrscheinlich, daß Jacques Fournier viele Möglichkeiten hierzu gegeben waren. Trotzdem ist nicht auszuschließen, daß Benedikt XII. schon kurz nach seiner Wahl in seinem ersten Konsistorium am 22. Dezember 1334[269] an erster Stelle genannte Axiom: *quod vellet pacem reformare in tota ecclesia*[270] als Hinweis darauf zu sehen ist, daß die Kardinäle mit seiner Wahl einen politischen Kurswechsel beabsichtigten, den die zuletzt verfahrene, in Italien zusammengebrochene Politik Johannes' XXII. unausweichlich machte[271].

---

[267] Vgl. WOOD, Pope Clement VI. S. 10 f.

[268] Die *Acta Aragonensia* reichen nur bis in das Jahr, in dem er Kardinal wurde, lassen ihn also unerwähnt. Vereinzelte Belege für seine Teilnahme an Konsistorialverhandlungen betreffen in zwei Fällen die Unterwerfung von reuewilligen Franziskaner-Dissidenten (ed. SCHRÖDER, Protokollbücher S. 195 nr. 9 vom 20.9.1330 und S. 198 nr. 17 vom 1.8.31), und nur einmal erscheint er als Zeuge, als der Papst in Gegenwart der Prokuratoren des französischen Königs verspricht, das Kreuzzugsbudget seines Vorgängers einhalten zu wollen (ebd. S. 204 nr. 28 f. vom 6.8.1333).

[269] Die Problematik der Datierung dieses von zeitgenössischen Chronisten entweder auf den Thomastag (21.12. vgl.: *Cont. Chron S. Petri Erford.* [ed. HOLDER-EGGER S. 365 f.]; Heinrich von Herford [ed. POTTHAST S. 256]) oder den Donnerstag (22.12. vgl.: Peter von Zittau [ed. LOSERTH S. 514: *tertia die electionis suae*]) datierten ersten Konsitorium Benedikts XII., dem nur ein Tag später ein zweites folgte (vgl. HALLER, Papsttum und Kirchenreform S. 122), ergibt sich daraus, daß beide Tage nach den üblichen Zeremonialbestimmungen konsistoriumsfrei sein sollten; vgl. SCHIMMELPFENNIG, Zisterzienserideal S. 20 f. Daß sich Benedikt über die Terminvorschriften hinwegsetzte, wird meist auf die Dringlichkeit seiner Reformabsicht zurückgeführt (vgl. zuletzt: KAUFHOLD S. 185); mit dem dritten Konsistorium ließ er sich freilich bis zum 7. Januar Zeit, vgl. dessen Datierung bei SCHIMMELPFENNIG, ebd. S. 20 Anm. 35.

[270] Diese reichlich unpräzise Formulierung aus der 3. Vita (BALUZE/MOLLAT I S. 217) läßt sich durch weitere Quellen konkretisieren: *Chron. S. Petri Erford.* (ed. HOLDER-EGGER) S. 365 f.: ... [papa] *statuit et decrevit: Primo quod non vult toto tempore suo Romanam ecclesiam vel aliquam aliam contra aliquem hominem materiale gladium exercere vel facere gwerras, sed curare de pace,* vgl. allg.: HOLDER-EGGER, Studien zu den thüringischen Geschichtsquellen S. 465–469). Auch Heinrich von Herford betont (ed. POTTHAST S. 256), daß Benedikt die Wiederherstellung des Friedens als erste Reformpriorität nannte; ebenso Jean de La Ferté in der Königsaaler Chronik (ed. LOSERTH S. 516), wo sich eine Einschränkung findet: *nisi cum ad hoc extrema necessitas secundum iustitiae tramitem provocaret*; zur Lehre vom gerechten Krieg in der Kanonistik: RUSSEL, Just War S. 127–212.

[271] Zeitgenössische Chronisten legen eine politische Deutung der Konsistorialerklärung nahe wie etwa: *Cont. Chron. S. Petri Erford.* (ed. HOLDER-EGGER S. 365 f.). Frei-

Dies läßt den Schluß zu, die Sofortmaßnahmen, die er in seinen ersten
beiden Konsistorien noch kurz vor den Weihnachtsfeierlichkeiten verkündete, um seiner Friedensbotschaft den passenden feierlichen Rahmen und
damit größtmögliche Wirkung zu verschaffen, seien weniger ein spontanes
Produkt als eine den Konsitoriumsteilnehmern schon länger bekannte Alternative zur Machtpolitik Johannes' XXII. gewesen.

Freilich entzieht es sich unserer Kenntnis, ob und in welchem Maße
Benedikt XII. mit den im ersten Konsistorium angekündigten Repara-
turmaßnahmen an den römischen Hauptkirchen im Volumen von angeblich 100.000 fl.[272] eine Wahlabsprache gegenüber den italienischen Kardinälen einlösen mußte, die er nach seiner erfolgten Wahl nicht mehr als
bindend ansah. Der Befund, daß die tatsächlichen Zahlungen für die römischen Kirchen wesentlich niedriger ausfielen[273], und Benedikt XII. bald
nach seiner Wahl den Papstpalast zu Avignon durch den aus Mirepoix
stammenden Pierre Peyssou erweitern ließ[274], legt diese Vermutung zumindest nahe. Am 31.7.1337 erklärte er schließlich, daß die politische Lage den weiteren Verbleib in Avignon nötig mache[275].

Benedikts XII. Maßnahmen auf verschiedenen Schauplätzen zeigen
frappierende Ähnlichkeiten, die kaum Zufall sein können. Er entsandte zur
Beilegung des englisch-französischen Krieges zwei Legaten, den Toulouser Juristen Bertrand de Montfavez und den Kardinal von S. Praxedis

---

lich referiert er erst an 10. Stelle das Verbot der Bezeichnungen Guelfen und Ghibellinen
(ebd.): *Decimo vult, quod nomina Guelphini et Gebelini sint anathema nec ab aliquo
nominentur, cum non sint pacis sed discordie incitamentum.*

[272] So zumindest berichtet Durand de La Ferté (ed. LOSERTH S. 514): *... pro repara-
tione sanctorum Petri et Pauli et beati Johannis in Laterano ecclesiarum Romae centum
millia florenorum deputamus;* übernommen von SCHIMMELPFENNIG, Zisterzienserideal
S. 21. Die wesentlich sachlichere 3. Vita nennt einen Betrag von 50.000 fl. für S. Peter,
Lateran *et alias ecclesias, et palatia ibidem desolata* (BALUZE/MOLLAT I S. 216); dieselbe Zahl findet sich auch bei Johannes von Winterthur S. 137, während die *Annales
Reinhardbrunenses* (ed. WEGELE S. 308) von 100.000 fl. für S. Peter und den Lateran
berichten. – Die 1. Vita weiß nur etwas von einer Reparatur des Dachs von S. Peter
(*miro et sumptuoso opere*, ebd. S. 198), ganz ähnlich auch die 2. Vita (ebd. S. 213), beide bringen dies aber nicht mit dem 1. Konsistorium in Verbindung. Die 5. Vita berichtet
auch von der Reparatur der *hospitia principalia* (ebd. S. 229). – Vgl. OTTO, Der Altar
von St. Peter S. 470–490.

[273] Vgl. SCHÄFER, Ausgaben ... unter Benedikt XII. S. 23 ff., vermerkt am 25.7.1335:
2000 fl., am 9.9.35: 1500 fl., am 4.11.35: 500 fl.; ebd. S. 41: am 18.11.36: 5000 fl., am
14.3.36: 1500 fl, am 10.8.36: 5000 fl. usw.

[274] Vgl. SCHÄFER, Ausgaben ... unter Benedikt XII., S. 33, 38. Ab dem 1.8.1337 war
B. Canelle für den Bau zuständig, vgl. ebd. S. 65. Vgl. LENTSCH, Le palais de Benoît XII S. 346 f.

[275] Vgl. GUILLEMAIN, Cour pontificale S. 136.

Pedro Gomez[276], deren Bemühungen allerdings der Erfolg versagt blieb; die Ursachen hierfür sind im Rahmen dieser Studie ebensowenig relevant wie die Chronologie der Ereignisse darzustellen ist. L. Carolus-Barré hält Benedikt XII. wegen seines Versuchs, mittels eines durch den päpstlichen Kaplan Pierre Arquier und den Erzdiakon Bertrand Carit in den vom Krieg verwüsteten Diözesen Laon, Reims, Noyon und Cambrai zu verteilenden *subsidium caritativum* in Höhe von 6000 fl. zumindest humanitär zu helfen, für den zweifellos „besten der Päpste von Avignon"[277]. Um die Höhe dieser Zuwendung zu verdeutlichen, sei auf das Jahreseinkommen von 2000 fl., das Benedikt XII. vor seinem Pontifikat als zisterziensischer Kardinalprotektor bezog[278], verwiesen oder auf das Wahlgeschenk von 100.000 fl., das er nach seiner Wahl zum Papst den Kardinälen zukommen ließ[279].

Eine Analyse der Missionen seiner „Friedensengel"[280], des Bischofs von Rodez Bernard d'Albia auf der Iberischen Halbinsel bzw. des Erzbischofs von Embrun Bertrand de Déaulx im Kirchenstaat, legt einen ähnlichen Befund nahe: M.-C. Mahaut, für die die „rôle pacificateur" des Papstes ein fundamentaler Aspekt seines Pontifikats ist[281], attestiert dem verspätet in den Konflikt zwischen Portugal und Kastilien eingreifenden

---

[276] DAUMET nr. 305 f.; vgl. SCHÄFER, Ausgaben ... unter Benedikt XII. S. 75 vom 8.4.1338: 100 fl. Reisekosten. – Zu Bertrand: GILLES, Juristes languedociens S. 115 f.; BALUZE/MOLLAT, Vitae II S. 226.

[277] Vgl. CAROLUS-BARRÉ S. 94. Vgl. SCHÄFER, Ausgaben ... unter Benedikt XII. S. 114: 6000 fl.; am 19.7.1338 erfolgte in Avignon eine Prozession für den Frieden zwischen England und Frankreich. – Schon im April 1329 trieb Bertrand Carit eine Kollekte in Schottland ein; vgl. GÖLLER, Einnahmen I S. 60.

[278] MAHN, Benoît XII et les cisterciens S. 29 f.; MOLLAT, Sacré collège S. 67. Letztlich realisierten die Zisterzienser mit der *contributio moderata pro subveniendo domino cardinali Albo*, die das Generalkapitel von 1314 beschloß (CANIVEZ III S. 329 nr. 7), die auf dem Konzil von Vienne vorgeschlagene Einführung eines festen Einkommens für Kardinäle, das diese von der Pfründenjagd abhalten sollte (MÜLLER, Konzil S. 629 ff.); man könnte eine Idee Arnaud Nouvels vermuten, zumal auch Clemens V. zustimmte.

[279] Vgl. 3. Vita (BALUZE/MOLLAT I S. 216). Zur Tradition: BAUMGARTEN, Wahlgeschenke S. 37, hat errechnet, daß schon Johannes XXII. eine Summe gleicher Höhe den Kardinälen geschenkt hat; wie bei Benedikt erhielt das Kollegium geschlossen diese Summe; ob Wähler und Nicht-Wähler dabei gleichbehandelt wurden, läßt sich kaum sagen, da der Aufteilungsmodus des Geldes unbekannt ist. Noch Clemens VI. verteilte fast denselben Betrag (108.000 fl.; vgl. BAUMGARTEN S. 38; 6000 fl. je Kardinal, vgl. MOLLAT, Sacré collège S. 69); unverständlich daher: KAUFHOLD S. 273.

[280] Vgl. MAHAUT S. 229. – Für Italien: VIDAL, Lettr. comm. nr. 2433 vom 4.1.1335; hierzu: MERCATI, Nell'Urbe S. 11. – Den Terminus *pacis Angelum* verwendete freilich schon Johannes XXII. 1318 bei der Gesandtschaft von Bernard Gui und Bertrand de La Torre, vgl. BOCK, Studien zum politischen Inquisitionsprozeß S. 27.

[281] Vgl. MAHAUT S. 226. – Vgl. auch schon die 2. Vita (BALUZE/MOLLAT I S. 211): *Inter reges Castelle et Navarre, tunc emulos, pacem et concordiam reformavit. Similiter etiam in multis provinciis idem fecit.*

Papst allerdings Naivität und politische Unbeholfenheit, motiviert sein Handeln aus der zur Verteidigung des Glaubens gegen den Islam notwendigen Bündelung der lokalen Kräfte und konzediert ihm in diesem Sinne immerhin einen verdienstvollen Anteil an dem Sieg des Christentums in der Schlacht am Salado am 30. Oktober 1340. Ex post bestätigte sich jenes von Benedikt XII. zur Rechtfertigung seiner Intervention am 16. Juni 1336 vorgebrachte ideologische Element, daß die Aufkündigung der Eintracht der Christenheit ein Angriff auf Gott sei. Der Papst begründete seine Intervention *inter cunctos ecclesie filios tanquam pater universalis eorum* und sah sich darin als der irdische Vertreter des Friedens-Gottes[282]. Er äußerte sich kaum zu den juristischen Aspekten, verpflichtete aber die Fürsten auf die *caritas*[283], suchte also den Frieden zunächst in den Seelen der Beteiligten, natürlich nur der Christen. Mahaut spricht von einem „pape augustinien d'esprit"[284]. Alphons IV. übersandte ihm auch das Banner der besiegten Sarazenen[285]. Ob sich aus den leerformelhaften Begründungen der päpstlichen Briefe[286] eine Handlungsmotivation ablesen läßt, wenn hier überhaupt die persönliche Überzeugung des Papstes zu Tage treten sollte, sei dahingestellt. Evidente politische Zurückhaltung wie in dem Versuch des Papstes, beiden Parteien seine Schiedsrichterrolle dadurch akzeptabel zu machen, daß er sie an ihre Zustimmung band, ist keineswegs Weltenferne[287], sondern jener idealistisch abgefederte Realismus, der schon mehrfach bei Benedikt XII. zu erkennen war. Auf jeden Fall wird deutlich, daß hier kein politischer Dilettant am Werk war. Die Bernard d'Albia von Benedikt XII. ans Herz gelegte Handlungsmaxime entspricht der seiner eigenen Politik: *age mature prudenter et provide*[288].

Mehr Klugheit als unbeholfenen Idealismus läßt auch die Politik Benedikts XII. in Italien und im Kirchenstaat erkennen, der sich in einem Zustand offener Anarchie befand. Trotz seiner Vergangenheit verzichtete er auf das von Johannes XXII., vielleicht nach einer Anregung durch Bernard

---

[282] VIDAL/MOLLAT, Lettr. ... autres pays que la France nr. 1368 vom 16.6.1337; Text bei MAHAUT S. 236 f.

[283] VIDAL/MOLLAT nr. 1364 vom 16.1.1337; MAHAUT S. 229.

[284] MAHAUT S. 234. – Vgl. auch zum möglichen ideellen Hintergrund: PMt 5,9; fol. 56ra: *Propterea et Hier. hinc dicit. Pacifici dicuntur beati qui primum in corde suo, deinde inter fratres dissidentes pacem faciunt,* ... Vgl. auch ebd. fol. 56va.

[285] Vgl. auch 4. Vita (ed. BALUZE/MOLLAT I S. 225).

[286] Am 31.5.1340 schrieb er an Alphons IV. von Portugal (VIDAL/MOLLAT nr. 2779): ... *non solum tibi et regi prefa[t]o ac tuo et ejusdem regis Castelle regnis et subditis sed etiam toti Christianitati est periculosa plurium et nociva, quodque tali discordia preter alia innumeralia et immensa discrimina, que possunt exinde verisimiliter provenire.*

[287] VIDAL/MOLLAT nr. 1620 vom 30.12.1337 an Alphons IV. von Portugal; vgl.auch: VIDAL/MOLLAT nr. 2006 vom 4.10.1338. Zur angeblichen Weltenferne des Papstes: MAHAUT S. 234.

[288] VIDAL/MOLLAT nr. 1622 vom 30.12.1337, vgl. MAHAUT S. 239.

Gui entwickelte und hinlänglich erprobte Instrument des politischen Inquisitionsprozesses[289] und entsandte statt dessen auch hier einen Friedensengel, der freilich schon unter seinem Vorgänger diplomatische Erfahrungen hatte sammeln können. Bertrand de Déaulx[290] gehörte bei der Belage-
rung und Flucht des Kardinallegaten Bertrand du Pouget[291] aus dem als
päpstlicher Machtpfeiler zwischen Avignon und Rom vorgesehenen Bologna am 28. März 1334 zu dessen Begleitern. Er mag aus diesen Erfahrungen gelernt haben, aber es stellt sich auch die Frage, ob überhaupt eine
andere Möglichkeit bestand, als durch eine bewußte Kehrtwende der Politik, also auch durch eine erkennbare Distanzierung von Bertrand du
Pougets Überheblichkeit, Akzeptanz bei seinen politischen Kontrahenten
zu suchen. Mit dieser, wie Benedikt XII. einmal an Bertrand de Déaulx
schrieb, *via mansuetudinis*, vermied er kostspielige militärische Experimente. Er hatte es in Italien freilich mit Potentaten zu tun, die die Sprache
geschriebener Gesetze nur sehr schlecht verstanden[292].

Insofern sollte man in der Friedensmission des Bertrand de Déaulx weniger eine prinzipielle Kehrtwende als eine taktische Variante sehen, die in
der Sache keine Kompromisse machte. Bertrand de Déaulx und Benedikt
XII. sicherten den Kirchenbesitz durch administrative Erfassung, stärkten
die provinziale Gerichtsbarkeit und drohten Rebellen, Gebannten oder deren Helfern und potentiellen Tyrannen mit Geldstrafen in genau festge-
legter Höhe bzw. den Städten mit dem Verlust ihrer Autonomierechte,

---

[289] Vgl. zum Einfluß Bernard Guis: DUPRÉ-THESEIDER, Problemi S. 165; vgl. auch:
BOCK, Este-Prozeß S. 47; OTTO, Zur italienischen Politik Johanns XXII. S. 150 ff.

[290] Vgl. allg.: MOLLAT, Bertrand de Déaulx S. 393 f.; BALUZE/MOLLAT, Vitae (Kommentar) II S. 315–320; MOLLAT, Papes d'Avignon S. 142 ff.; SCHMITT, Un pape réformateur S. 170 f., 273, 331, 350 ff.; MERCATI, Nell'Urbe S. 11; MOLLAT, Sacré collège
S. 574 ff. – Der Jurist und Neffe des Kardinals und Kanonisten Guillaume de Man-
dagout, Erzbischof von Embrun seit dem 26.8.1323, war 1333 bei Robert von Neapel,
um zusammen mit diesem und dem Dogen von Venedig, Francesco Dandolo, über die
Abwehr der Türkengefahr zu beraten, als er aufgefordert wurde, du Pouget beizustehen.
Vgl. VIDAL, Lettr. comm. nr. 2432–2446 vom 4.4.–7.5.1335. Seine durch das dokumentierte
Register gut dokumentierte italienische Mission endete spätestens am 7.7.1337 (VIDAL,
Lettr. closes nr. 1387), als Bertrand wieder an der Kurie erscheint. Vgl. zur Sippe de
Déaulx: GOURON, Enseignement du droit S. 13 Anm. 141; zu seiner akademischen Tä-
tigkeit in Toulouse und Montpellier: GILLES, Juristes languedociens S. 116; VERGER,
Jean XXII ... et les universités S. 209 f.; zu seiner Rolle als Kunstmäzen: CASSEE, The
Missal of Cardinal Bertrand de Deux.

[291] Vgl. zu der von 1319 bis 1334 dauernden Gesandtschaft des Kardinallegaten du
Pouget in die Lombardei (1320–1326) sowie in die Romagna und die Emilia (1327–
1334): JUGIE, Un Quércynois S. 73–78; DUPRÉ-THESEIDER, Problemi S. 194–198.

[292] Vgl. PARTNER, Lands of St. Peter S. 328; vgl. auch: TABACCO, Tradizione guelfa
S. 97–148. Das Zitat bei: OTTO, Benedikt XII. als Reformator des Kirchenstaates S. 66
mit Beilage nr. 9 und 10.

falls sie sich widersetzen[293]. Man kann hier trotz der Lokaltradition, in der diese Gesetzgebung steht[294], denselben ordnenden Geist am Werke sehen, der zur gleichen Zeit die Orden der Kirche reformierte, und insofern überrascht kaum, daß auch hier die Wirkung gering blieb: *pro magna parte non utilia, sed nociva*, so kennzeichnete ein freilich 1338 in Ungnade gefallener Zeitgenosse diesen Normierungsversuch, der auf die Kraft des Gesetzes vertraute, dem aber die Autorität zu seiner Durchsetzung fehlte[295].

Über Benedikts XII. Amtsverständnis besagt dies sicher mehr als alle diffusen Hinweise auf seinen Pazifismus. Wenn sich irgendwo die angebliche Weltenferne des Papstes zeigt, dann in dieser wie im luftleeren Raum vollzogenen Gesetzgebung und nicht etwa in seiner Friedenspolitik. Das Urteil Heinrich Ottos, Benedikt XII. habe nur „die Fäden der Politik Johannes' XXII. weitergesponnen"[296], behält, in diesem Sinne modifiziert, seine Gültigkeit. Als Benedikt XII. von den Römern zum Senator auf Lebenszeit gewählt wurde, war dies eine taktische Maßnahme, die ihn zur Rückkehr an den Tiber bewegen sollte; es gelang freilich nicht, in Rom Frieden zu stiften[297]. Sogar die Bologneser, die sich unter Taddeo Pepoli

---

[293] Die von Bertrand de Déaulx für die Mark Ancona und das Herzogtum Spoleto in April und Juni 1336 erlassenen und 1357 in Fano veröffentlichten *Aegidianae constitutiones Marchiae anconitanae* (vgl. MOLLAT, Bertrand de Déaulx S. 396 f. mit Inhaltsangabe, ediert von P. SELLA, Costituzioni Egidiane del anno MCCCLXVII, Rom 1912; vgl. A. DIVIZIANI, Fonti delle costituzioni Egidiane. Le constituzioni di Bertrando di Deux nel 1336 per la Marca e per il ducato di Spoleto, Savone 1923) erstreben eine Sicherung des mobilen und immobilen Besitzes der römischen Kirche mittels der Einsetzung von Prokuratoren, die alle sechs Monate über ihre Zahlungsvorgänge Rechenschaft ablegen müssen; sie verbieten unter Exkommunikationsdrohung und angedrohtem Autonomieverlust der Städte bzw. bei Personen einer Strafe von 1000 fl. eine Appellation gegen die Provinzialkammer, auch ein direkt an den Papst gerichteter Appell gilt als nichtig; sie verbieten die Errichtung von Türmen und Befestigungen außerhalb der Städte (Strafe: 300 fl.), die Unterstützung von Gebannten (5000 fl. bzw. bei Personen: 1000 fl.) und Rebellen (2000 fl. zusätzlich: Verlust von Privilegien und Autonomierechten); sie verpflichten zur Ablösung eines nicht ortsfremden Podestà oder eines anderen Amtsträgers innerhalb eines Monats; auch Ämterhäufung wird verboten.

[294] Vgl. SCHMIDT, FSI 113 S. 33 verweist auf ältere Statuten für die Mark Ancona von 1272, 1301 und 1317; auch die Legatenkonstitutionen für Tuszien von 1336 setzen die Statuten von 1312 voraus; die für Spoleto von 1336 und 1339 (fragm. ed. ebd. S. 193 ff.) beruhen auf den von Pierre de Castanet 1333 erlassenen Statuten (ed. SCHMIDT, ebd. S. 89–181), die jene von 1324 ergänzten.

[295] Canhard de Sabalhan, ab dem 13.9.1335 Rektor der Mark Ancona, ab 1338 in Ungnade Benedikts und am 27.2.1339 suspendiert (vgl. GILLES, Juristes languedociens S. 118 ff.), war offenbar mit der lokalen Umsetzung der *Constitutiones* betraut, kannte also ihre Schwierigkeiten und führte in Avignon Klage gegen Bertrand de Déaulx; vgl. SCHMIDT, FSI 113 S. 49.

[296] OTTO, Benedikt XII. als Reformator des Kirchenstaates S. 60.

[297] Vgl. PARTNER, Lands of St. Peter S. 329. OTTO, Zur politischen Einstellung Papst Benedikts XII. S. 106 ff., führt Benedikts als terminlich unbestimmte Zusage getarnte

gegen Bertrand de Déaulx erhoben hatten, schickten 1338 eine Gesandtschaft nach Avignon, um einen Ausgleich zu suchen. Hier, wie in der Politik gegenüber den wahren Herren des Landes, den Visconti in Mailand
oder den Este in Ferrara, suchte der Papst den direkten Kontakt zwischen
Kurie und Potentat[298].

Benedikts XII. in Italien bzw. in Rom als Stellvertreter agierende Legaten Jean d'Amiel, der Nachfolger des am 10. April 1337 abberufenen
Bertrand de Déaulx[299], und Johannes Pagnotta, der *vicarius in Urbe* und
Bischof von Anagni[300], konnten ein nahezu unregierbares Land selbst
durch eine mit dem Papst abgestimmte Statutengesetzgebung bzw. durch
die Wahrnehmung umfassender Korrektur- und Reformvollmachten kaum
regierbar machen[301]. Wessen es hierzu bedurfte, zeigte sich letztlich erst,
als Gil Albornoz durch den rücksichtslosen Einsatz militärischer Gewalt
erreichte, was Bertrand de Déaulx noch nicht einmal anzustreben gewagt
hatte.

Man kann darüber streiten, ob die von Benedikt XII. verfolgte Strategie
der Situation adäquat war. Sie war es insofern, als der Papst wußte, daß
man nur dann Gesetzesübertretungen ahnden kann, wenn es Gesetze gibt,
die in Kraft sind. Mehr noch als bei den zahlreichen Aufträgen, die Benedikt XII. an Bertrand de Déaulx, andere kirchliche Herrschaftsträger oder

---

Weigerung (vgl. 2. Vita, BALUZE/MOLLAT I S. 218) auf den Druck des französischen
Königs Philipp VI. zurück.

[298] Benedikt hielt den Bolognesern am 22.10.1336 (VIDAL/MOLLAT nr. 1124 Sp. 306–
308) ihre *graves excessus et culpas* vor, fordert sie auf, dem römischen Stuhl wieder zu
gehorchen und kündigt die Ankunft des Bertrand de Déaulx an.

[299] PARTNER S. 329 beurteilt das politische Ergebnis der Mission des Jean d'Amiel
noch vernichtender als das der Mission seines Vorgängers. – Jean d'Amiel wurde am
27.11.1338 nach Assisi geschickt, wo Archiv und Bibliothek der Päpste bis zu ihrer
Überführung nach Avignon untergebracht waren (vgl. EHRLE, Geschichte des Schatzes,
der Bibliothek und des Archivs S. 295–303), und erhält für einige Geschäfte in Spoleto
600 fl., vgl. SCHÄFER, Ausgaben ... unter Benedikt XII. S. 75; inges. OTTO, Benedikt
XII. als Reformator des Kirchenstaates S. 80.

[300] Die Ernennung zum *Vicarius in urbe* erfolgte am 6.3.1335 (VIDAL, Lettr. comm.
nr. 2427, clos. nr. 80), die zum Bischof von Anagni bereits 1330 (vgl. ARAMBURU, De
fratre Ioanne Pagnotta S. 144); am 15.4.1341 wird Bischof Nikolaus von Assisi OFM
Nachfolger des verstorbenen Pagnotta als Vicarius, ebd. S. 150 und BF VI S. 81a–b
nr. 130. Zu Pagnotta vgl.: GUTIERREZ, Los Agustinos S. 212–215.

[301] Wenn man von Erfolgen sprechen will, so liegen diese im Bereich von Einzelmaßnahmen wie der Inhaftierung eines häretischen Pseudo-Bischofs namens Athanasius
(VIDAL, Lettr. comm. nr. 6430), der Festnahme des dominikanischen Eiferers Venturino
von Bergamo (vgl. ALTANER, Venturino S. 114), der Erkundung geeigneter Kandidaten
für vakante Benefizien in Anagni und Rom oder der Visitation von Kirchen und Klöstern
(VIDAL, ebd. nr. 4944 f. vom 23.8.1337; nr. 5089 vom 31.8.1337). Die Pagnotta in Auftrag gegebene Reform eines Klosters (VIDAL, ebd. nr. 8267 vom 5.10.1340) blieb offenbar stecken, vgl. allg. ARAMBURU S. 146–149. – Zu den Kompetenzen des *vicarius in
Urbe*: vgl. die Ernennungsurkunde des Nikolaus von Assisi (BF VI S. 81a–b, nr. 130).

Inquistitoren des Franziskanerordens zur Bekämpfung der in Italien, zumal in der Mark Ancona und in dem Herzogtum Spoleto, noch grassierenden spiritualistischen Häresie erteilte[302], ist bei seinen politischen Maßnahmen offenkundig, daß sie ein Ergebnis des Lernens an eigenen Fehlern und an solchen seines Vorgängers waren.

So wenig der Historiker in das Innere Benedikts XII. hineinzublicken vermag, so wenig läßt sich sagen, was neben der realen Einsicht in das militärische und finanzielle Kräfteverhältnis noch sein Handeln prägte. Die Annahme, er habe auf eine gegenseitige Zerfleischung der lokalen Tyrannen gehofft, findet in den Quellen begreiflicherweise keine Stütze[303]. Ein maßgebendes Vorbild bot dem Exegeten Jacques Fournier vielleicht schon das Verhalten des Apostels Paulus, der Pharisäer und Sadduzäer in Zwietracht stürzte und damit ihre teuflischen Pläne blockierte[304]. Inwie-

---

[302] BF VI S. 8a–b nr. 8 vom 13.5.1335: Befehl an Rieti, einen Spiritualen an den Inquisitor Philipp von Spoleto OFM zu übergeben; ebd. S. 9b nr. 11 vom 9.7.35: Inquisitoren der Mark Ancona sollen gegen dortige Fraticellen vorgehen; ebd. S. 16b nr. 26 vom 31.5.36 an Bertrand de Déaulx zur Unterbindung des Übereifers franziskanischer Inquisitoren; ebd. S. 17b–18a nr. 29 vom 13.6.36 an Déaulx und Pagnotta, im Kirchenstaat gegen Fraticellen vorzugehen; ebd. S. 19b–20a nr. 34 f. vom 31.7.36 dasselbe für die Mark Ancona; ebd. S. 20a nr. 36 vom 31.7.36: Zitierung zweier Bischöfe, die Benedikt für Begünstiger der Fraticellen hält; ebd. S. 23a nr. 41 vom 9.9.36: Ermahnung an Hugo Augerii, einen als Rektor von Tuszien tätigen Kanoniker aus Narbonne, in der Inquisition nicht nachlässig zu sein; S. 23 nr. 43 vom 7.10.36: Ermahnung an Déaulx, die franziskanische Ordensinquisition zu beschleunigen; ebd. S. 50a nr. 69 vom 7.6.37: Auftrag an Canhard de Sabalhan, einen die Fraticellen begünstigenden *nobilis vir* nach Avignon zu zitieren; ebd. S. 50b nr. 70 vom 7.7.37: eine ähnlicher, aber allgemein formulierter Auftrag an Johannes de Burgo, den OFM-Inquisitor der Mark Ancona; ebd. S. 51a nr. 73 vom 8.8.37: Zitierung des OFM-Inquisitors Symon von Spoleto nach Avignon, der über ‚versickerte' Gelder der Kurie Rechenschaft ablegen sollte; ebd. S. 57b nr. 87 vom 1.5.38: Auftrag an Guiral Ot, den ehem. Inquisitor von Ancona, Laurentius, einzufangen und an die Kurie zu schicken; ebd. S. 71a nr. 114 vom 28.7.39: Wiedereinsetzung des von Guiral Ot abgesetzten Johannes de Burgo als Inquisitor von Ancona; ebd. S. 74b nr. 119 vom 31.1.40: Ermahnung an den OFM-Inquisitor der Toskana, seine Aufgabe *cum maturitate, puritate ac fidelitate* auszuführen. – Vgl. allg.: SCHMITT, Un pape réformateur S. 168–196.

[303] Benedikt XII. bzw. Johannes Pagnotta und Hugo Augerii erließen am 26.1.1337 einen Waffenstillstand zwischen den verfeindeten Orsini und Colonna (ed. MERCATI, Nell'Urbe S. 51–54). Benedikt beschreibt in der in den wichtigsten römischen Kirchen veröffentlichten *Tregua di Campidoglio* (ebd. S. 55–63; vom 1., 5. und 6.10.1337; hierzu: ebd. [Einltg.] S. 37) seine eigene Rolle wie gewohnt (S. 58): *ad nos, qui ... vices Regis pacifici, ...* . Von dem Erfolg seiner Friedensstiftung berichten die Gesta (ed. MELVILLE S. 180 z. 155–160).

[304] PMt 5,23; fol. 177rb: *aliquando inter homines melius est esse discordiam, quam amorem, quia dum sunt concordes, in malo concordant, per discordiam autem a malo desistunt, ... Et ideo Paulus dissensiones fecit inter Phariseos et Saduceos, ubi convenerunt ad occidendum, dicens Act. 23[,7].* – Vgl. aber auch: Thomas von Aquin: *De*

weit man mit einer solchen zynischen Unterstellung dem Papst Unrecht
tut, den Pazifismus des Zisterziensers als päpstlichen Machiavellismus
deuten und seine mit dem Verbot einer Verwendung der Bezeichnungen
‚Guelfen‘ und ‚Ghibellinen‘ verbundene Absichtserklärung im ersten Konsitorium (*pacem reformare in tota ecclesia*) als mehrdeutig entlarven
kann[305], bleibe dahingestellt. Benedikt XII. war sowohl Idealist wie
machtbewußter Realpolitiker. Dabei mag es Zufall gewesen sein, daß in
Italien oder Iberien sein theologisch fundierter Friedenswille mit der aus
einer realistischen Analyse des Machbaren sich ergebenden Strategie konvergierte, und die von Benedikt verwendeten rhetorischen Formeln deshalb leicht als Hinweis auf die eigentlichen Triebfedern seiner Politik gedeutet werden konnten. Für seine Politik gegenüber dem französischen
König und dem deutschen Kaiser gilt dies freilich nur bedingt[306].

Außenpolitik gegenüber dem Reich und Frankreich

Es ist schon lange bekannt, daß Ludwig der Bayer bereits im Frühjahr
1335 eine Gesandtschaft unter dem Grafen Ludwig von Oettingen nach
Avignon sandte, um eine Aussöhnung mit dem neuen Papst herbeizufüh-
ren[307]. Diese Gesandtschaft wurde mit einem Oberhirten konfrontiert, der
sich einerseits aufrichtig um das Seelenheil der Untertanen des Reichs
sorgte und eine Normalisierung der Beziehungen zu dem von seinem Vorgänger exkommunizierten Kaiser Ludwig[308] erstrebte, andererseits sich
diese Aussöhnung nur im juristisch korrekten Verfahren eines Absolutionsprozesses[309] vorstellen konnte. Darin erwies er sich als treuer Erbe Jo-

---

regno I 3, (ed. DONDAINE S. 452b): *quod si a iustitia declinat regimen, expedit magis
quod sit multorum, ut sit debilius et se invicem impediant.*
[305] *Cont. Chron. St. Petri Erford.* (ed. HOLDER-EGGER S. 367); vgl. Peter von Zittau
(ed. LOSERTH S. 516).
[306] Vgl. aus dem umfangreichen Schrifttum: zu den Beziehungen zwischen der Kurie und Paris demnächst: FELTEN, Avignon und Paris; MENACHE, Faillure S. 423 ff.; ablehnend zur
Frankreichhörigkeit des Papstes: TABACCO, Programmi di politica italiana in età avigonese
S. 56. – Zum Reich: KAUFHOLD, Gladius spiritualis, bes. S. 97–246; OFFLER, Empire and Papacy S. 21–47 (für die Zeit unter Johannes XXII.); DERS., Emperor Lewis IV S. 79 ff.;
RUSSEL, L'ultima lotta S. 175–184; BOCK, Prokuratorien S. 251 ff.; THOMAS, Ludwig der
Bayer S. 176–225.
[307] Vgl. 3. Vita (BALUZE/MOLLAT I S. 218). – Vgl. allg. KAUFHOLD S. 185 f., dort
Anm. 27 auch zu dem dornigen Problem der Aktenlage der Gesandtschaften, vgl.
OFFLER, Emperor Lewis IV. S. 86 ff.
[308] Vgl. nur seinen bekannten Brief vom 1.4.1335 an Albrecht von Österreich
(RIEZLER, Vat. Akten nr. 1716, S. 583 f.). Ebd. auch zur Aussöhnung und der auch hier
Benedikt so wichtigen Verfahrensweise (*viis et modis debitis*): vgl. KAUFHOLD S. 187;
OFFLER, Emperor Lewis IV S. 86; RUSSO S. 176 f.
[309] Vgl. zu dem Absolutionsprozeß an der Kurie: SCHÜTZ, Die Prokurationen und In-
struktionen Ludwigs d. B. für die Kurie; SCHWÖBEL, Der diplomatische Kampf zwischen

hannes' XXII., stellte damit Ludwig letztlich inakzeptable Bedingungen und machte das Scheitern des Projekts nahezu unausweichlich[310]. Insofern ist es unnötig, mit Johannes von Winterthur französische Pressionen oder Machenschaften Johanns von Böhmen für das Scheitern des Ausgleichs verantwortlich zu machen[311], selbst wenn Benedikt wußte, daß eine Absolution Ludwigs der Politik Frankreichs gegenüber England schaden würde und er Paris über den Stand der Dinge auf dem Laufenden hielt[312]. 1338 wechselten die Reichsfürsten und dann auch Ludwig auf die staatsrechtliche Ebene, versuchten, reichsrechtlich den Papst in die Schranken zu weisen, und führten damit, wie oft vielleicht etwas überzeichnet dargestellt wurde, eine dreihundertjährige Entwicklung im Sinne der Loslösung des Reichs vom Papst zu ihrem konsequenten Ende[313].

Ludwig dem Bayern und der römischen Kurie; BECKER, Das Mandat „Fidem catholicam", S. 454–512; SCHIMMELPFENNIG, Benedikt XII. und Ludwig der Bayer S. 213 ff.

[310] Die zweite Gesandtschaft Ludwigs erreichte Avignon im September 1335 *cum pleno mandato omnia faciendi que papa petiit pro concordia* (3. Vita, BALUZE/MOLLAT I S. 219; vgl. allg. und zu den päpstlichen Forderungen: BOCK, Prokuratorien S. 263 f.). Das der Verhandlungen gewidmete öffentliche Konsistorium am 9.10.35 endete ohne Ergebnis, obwohl sich der Papst nach einer entgegenkommenden Rede Marquards von Randeck (ed. RIEZLER, Vat. Akten nr. 1759, S. 597–600) mit seinen Kardinälen beraten und, zumindest nach dem Augenzeugenbericht des Matthias von Neuenburg (ed. HOFMEISTER S. 140 f.), sich wohlwollend über Ludwig geäußert hatte. Ob Benedikt für die Schmeicheleien „im Ton" von Ludwigs Gesandtem wirklich zugänglich war, ist keineswegs so sicher, wie KAUFHOLD S. 194 meint, selbst wenn Neuenburg berichtet, er habe *graciosissime* geantwortet (S. 140); schon BOCK, Prokuratorien S. 264 Anm. 1, verwies auf den entgegenstehenden urkundlichen Bestand (RIEZLER nr. 1762) und lehnte die Benedikt gegenüber wohlwollende Interpretation von GLASSCHRÖDER, Markward von Randeck S. 28 f., ab. Nach dem Persönlichkeitsbild Benedikts, seinem bereits in Pamiers geschulten Mißtrauen und der an der Kurie unter Beweis gestellten Verachtung für alle Arten von Heuchelei ist eher anzunehmen, daß die Schmeicheleien, sofern der stilisiert überlieferte Text (vgl. BOCK, ebd.) eine solche Qualifizierung zuläßt, seinen inneren Widerwillen gegen den Wittelsbacher gemehrt haben; wir verzichten hier auf ein abschließendes Urteil.

[311] Johannes von Winterthur (ed. BAETHGEN S. 154 [Paris], S. 142 f. [Johann von Böhmen]). – Das Pariser Deutungsschema wurde oft übernommen, nicht nur von deutsch-patriotischen Historikern, vgl. auch: RUSSO S. 178; zu Johann von Böhmen: OFFLER, Emperor Lewis IV. S. 90. – Vgl. allg. zur Bündnispolitik der beteiligten Mächte: TRAUTZ, Könige von England S. 217 ff. Benedikt selber führte seine französische Herkunft als Loyalitätskriterium in die Diskussion ein (DAUMET, Lettr. closes nr. 178; RIEZLER Vat. Akt. nr. 1803 S. 614); vgl. allg. KAUFHOLD S. 188–200.

[312] RIEZLER, Vat. Akten nr. 1762 S. 601–603 (DAUMET, Lettr. closes nr. 112 Sp. 70–73) vom 28.10.1335; dabei versuchte er, den Vorgang geheimzuhalten, vgl. RIEZLER S. 602; vgl. KAUFHOLD S. 196.

[313] Vgl. zuletzt KAUFHOLD S. 210–229. Das schon von Johannes von Winterthur (S. 156) Bonagrazia von Bergamo zugeschriebene Mandat *Fidem catholicam* vom 17.5.1338, publiziert am 6.8.1338 (vgl. ed. BECKER, Mandat S. 496–512), widerlegte in der Begründung des Verbots, das über das Reich verhängte Interdikt weiter zu beachten,

Wir brauchen hier die politischen Schachzüge beider Seiten in diesem, wie Benedikt XII. formulierte, *negocium altum utique multum et arduum*[314] und die teilweise auf Grund der Quellenlage unaufhellbaren Probleme nicht näher darstellen, da sich im Rahmen unserer Untersuchung primär die Frage nach den Grundlagen dieser vielfältig, auch an wesentlich bescheideneren Vorgängen dokumentierbaren politischen Präferenz[315] im Denken Benedikts XII. stellt. Dabei ist wichtig, daß weniger seine angebliche Friedfertigkeit, sondern seine zurückhaltende Einstufung der päpstlichen Jurisdiktionsgewalt in Verbindung mit einem realistischen Blick für das Mögliche die Grundlage dieser Option war. Der ihm geistesverwandte Pierre de La Palu begründete die Friedensvermittlung des Papstes mit den durch die sonst unvermeidlichen Kriege bedingten Zerstörungen und dem dadurch verursachten Niedergang der Spiritualität[316]. Benedikts erboste Reaktion gegen die auf dem Koblenzer Reichstag vom 2. bis 5. September 1338 verkündeten Reichsgesetzte *Fidem catholicam* und *Licet iuris* galt mehr dem dreisten Verhalten der deutschen Kirchenfürsten als dem Reichsrecht als solchem[317]. *Cum iurisdictiones sint distincte*: so umschrieb Matthias von Neuenburg, der die Reichsgesetze dem Papst überbrachte, ihre ekklesiologischen Folgen treffend[318].

Insofern bedarf es kaum einer Erwähnung, daß das von den Münchener Minoriten artikulierte Ideal der Gewaltfreiheit Benedikt XII. nur insofern treffen konnte, als er die Prozesse Johannes' XXII. nicht annullierte, sondern bestätigte[319]. Selbst ein polemisch so begabter Mensch wie

---

die kuriale Anschauung: *quod potestas et auctoritas imperialis est a Papa* und proklamierte: *potestas et auctoritas Imperatorum a solo Deo et non a Papa*. Es ist bezeichnend, entspricht aber der Strategie der Münchener Minoriten, daß dies weniger gegen die Politik Benedikts XII. als gegen die Prozesse Johannes' XXII. zielte.

[314] DAUMET, Lettr. closes nr. 112 Sp. 71; RIEZLER, Vat. Akten nr. 1762 S. 601, 28.10.35; dort im Genetiv.

[315] Am 2.5.1337 erließ Benedikt eine Reihe von Bullen (DAUMET nr. 290–294) zur Beilegung des Streites zwischen Bischof, Kapitel und Bürgern von Vienne auf der einen sowie einem Vasall des Grafen von Sabaudun auf der anderen Seite. – Am 13.6.1339 beauftragte Benedikt (ebd. nr. 607) den Bischof von Sitten Philippe de Gaston einen Streit zwischen Haymo von Sabaudun und Humbert, dem Dauphin von Vienne, zu schlichten. – Vgl. auch der Schlichtungsauftrag an den Bischof von Pamiers vom 28.7.1335 (VIDAL I nr. 2349) in einem Streit zwischen den Augustinern aus Mirepoix und *operarii* der Kirche aus Toulouse.

[316] DPP q. 2 a. 1 (ed. STELLA S. 217 f.).

[317] Vgl. Nova Alemanniae nr. 540 S. 357; das *negotium* könne nur *apud Sedem apostolicam coram nobis et fratribus nostris* gelöst werden (S. 358).

[318] Matthias von Neuenburg (S. 158); weitere Nachweise für die von hellsichtigen Zeitgenossen wie etwa Lupold von Bebenburg bereits erkannte Trennung der beiden Jurisdiktionen bei KAUFHOLD S. 230 ff.

[319] TCB VI c. 12 (OPol III S. 300).

Ockham wußte nicht genau, worauf er bei Benedikt zielen sollte[320]. Gerade die so maßvolle Haltung Jacques Fourniers zur Kurialistik hatte seinen Aufstieg begünstigt, wurde nach seiner Wahl zum Papst aber von den Anforderungen des Amtes und dem Erbe seines Vorgängers überlagert. Die im Visio-Streit noch vergleichsweise einfache Lösung der Fehler Johannes' XXII. war im Streit mit dem *Bavarus* wesentlich komplizierter, da es hier nicht um ein theoretisches Problem ging, dessen politische Folgen mit der theologischen Lösung als erledigt gelten konnten, sondern um ein politisches Problem, das aus kurialer Sicht nicht lösbar war.

Esel oder Melchisedek: Benedikt XII. zwischen Dichtung und Wahrheit

Vielleicht war es diese Situation, die der von Giovanni Villani berichtete und gern zitierte Aphorismus des frischgewählten Papstes reflektiert: *Avete eletto un'asino*[321]. Die in der Scholastik dominierende negative Deutung des Esels als Bild für die Laster *stultitia* und *accedia* liegt auch der aus Jacques Fourniers Mt-Postille zitierten Eselmetapher von dem *subditus* zu Grunde, der wohldosiert stimuliert werden soll[322]. Hier nun beschreibt sich Benedikt in diesem Bilde selber, sei es, um seine widerstrebende Passivität bei der Wahl zu begründen, sei es im Wissen, daß er ein politisches Erbe antritt, dessen politische Verfahrenheit geistig nicht zu fassen ist. Der Franziskaner Alvarus Pelagius verlangte wenige Jahre vorher von einem idealtypischen Papst Weisheit, Wissen und Fleiß, wobei nicht einmal die Heiligkeit eines Coelestin V. von *scientia* und *industria* entbinden kann: klug, lernfähig, maßvoll und hellwach, aber auch demütig, freundlich und barmherzig soll ein Papst sein, ohne aber jene *simplicitas asinina* zu zeigen, durch die er untragbar würde[323].

---

[320] Unpassend ist auch die Belehrung: TCB VII c. 8 (OPol III S. 312): *Amplius, quilibet episcopus tenetur diocesim suam de haeretica pravitate purgare.*

[321] Villani, *Nuova Cronica* XII c. 21 (ed. PORTA III S. 64 f.), zit. von SCHIMMELPFENNIG, Zisterzienserideal S. 11, der unbestimmte Zweifel an der Authentizität erkennt; ähnlich: KAUFHOLD S. 183. Es gibt keinen Grund, den Aphorismus nicht für authentisch zu halten, selbst wenn Villani der einzige Chronist ist, der ihn berichtet. Knapp: BOEHM, Benedikt XII. S. 283.

[322] Die *accedia* des Esels betont: Ps-Hugo von St.Viktor, *De bestiis* III 22 (PL 177 S. 91); freilich kann er auch die *stultitia gentium* meinen, konkret die Synagoge: Rhabanus Maurus, *De universo* VII 8 (PL 111 Sp. 212); Rupert von Deutz, *De Trinitate* c. 5 (PL 167, Sp. 1028). – Eine neutrale Deutung findet sich im Kontext der Epiphanie bei Ubertino da Casale, *Arbor vitae* I 11 (ed. DAVIS S. 64b); vgl. auch den Bezug auf die Eselin und ihr Füllen nach Mt 21,2–3 in den *Allegationes de potestate imperiali* (OFFLER, Meinungsverschiedenheiten S. 42).

[323] DSPE II 10; fol. 110vb–111ra. Zu Coelestin V. schreibt er (ebd.): *Unde et summus pontifex se cognoscens si non renuniaret papatui, credo quod graviter peccaret quia vult preesse et non prodesse ... sicut fecit papa Celestinus sanctus Petrus de moron, in*

Es wurde bereits hinreichend deutlich, daß Jacques Fournier kein in diesem Sinne einfältiger Esel war. Die *claritas legis*, die Alvarus ebenfalls verlangte, war bei einem Theologen naturgemäß wenig entwickelt, wurde aber vielleicht gerade deshalb zum Objekt pedantischen Übereifers. Vor dem Hintergrund dieses kurz umrissenen Papstideals zeigt sich auch die von einigen Wahlbeobachtern wie von ihm selber schon in der Mt-Postille herausgestellte *humilitas* des Papstes und der Doktoren-Rektoren in etwas anderem Licht. Benedikts bisweilen polterndes Selbstbewußtsein ist ohnehin aus der monastischen *humilitas* nach c. 7 der Benediktusregel[324] nicht erklärbar. Die von dem Kanonisten Henri Bohic zur selben Zeit vorgenommene Distinktion zwischen einer *humilitas interior* und einer *humilitas exterior*[325] wird Jacques Fourniers politischem Ideal, das auf einer Deutung der *humilitas* als kognitiver Voraussetzung für erhöhte Schriftgläubigkeit beruhte, ebenso gerecht wie der politischen Klugheit Benedikts XII., der natürlich auch wußte, daß zuviel Demut die *regendi auctoritas* gefährdet[326]. Man erinnert sich hier an die für einen Mönch grundlegende Koinzidenz von Seelenhaltung und äußerem Habitus[327] und die m.W. durch zeitgenössische Belege nicht abzusichernde Überlieferung,

---

quo etsi esset sanctitas deerat scientia et industria. – Eine negative Zeichnung des Esels in DSPE II 69; fol. 224vb; hierzu: DAMIATA, Alvaro Pelagio S. 276 ff.

[324] Die *humilitas* findet sich mit spezifisch monastischer Bedeutung: unter wörtlichem Bezug auf RSB c. 7,51 (PMt 5,3; fol. 18vb–19rb) als *recta causa mansuetudinis*; unter Sinnbezug auf RSB 7,68 f. (PMt 5,3; fol. 24va: *His gradibus humilitatis accessis, Monachus mox ad illam Dei charitatem perveniet, quae foras mittet timorem*). Insbesondere bei der Lektüre der Schrift empfiehlt er, sich der *humilitas* anzuvertrauen (PMt 5,3; fol. 15rb).

[325] Zu X 1.33.17, fol. 144b. Die *humilitas interior* exemplifiziert er u.a. an Mt 5,4; dann fährt er fort: *Quaedam vero est humilitas exterior: et tunc aut dat seu dare potest verisimiliter proximo occasionem delinquendi, ut quando praelatus est nimis humilis erga subditos et quod regendi frangitur authoritas* [D. 86 c. 8] *vel quando qui propter suam humilitatem nimiam spernetur. et illa non est sequenda.* Vgl. schon Yvo von Chartres, *Decretum* VI c. 384 (PL 161 Sp. 526) nach Augustinus, *Epist.* 109. – Zur monastischen Tradition: RSA-*Praeceptum* VI 3 (ed. VERHEIJEN, Règle de Saint Augustin S. 434 f.).

[326] Zur Tradition der *humilitas* als Herrschertugend: Johannes von Salisbury, *Policraticus* IV 7 (ed. WEBB I S. 260). Zur Rezeption des *Policraticus* im 14. Jahrhundert: LINDER, S. 881 ff.; ULLMANN, Policraticus; KERNER, Johann von Salisbury S. 33. – Aegidius Romanus DRP I 2 c. 25 (ed. SAMARITANUS S. 122) und bes. c. 26 (S. 125–128, S. 126 f.). – Alvarus Pelagius DSPE II 13; fol. 114rb. – Konrad von Megenberg, *Monastica* II 3 c. 23 (ed. KRÜGER S. 206): zur *humilitas* als *virtus moralis*.

[327] Zu diesem Allgemeinplatz: PMt 5,23; fol. 172vb. Vgl.: Augustinus, *De civitate dei* X c. 5 CCSL 47 S. 276 ff. Diesen allg. Gedanken wandten die Minoriten bes. auf die Armut an: Ubertino da Casale, *Arbor vitae* V 5 (ed. DAVIS S. 446a) inseriert hierzu unspezifisch Hugo von Digne, *De finibus paupertatis* (ed. FLOROVSKY S. 281); vgl. allg. auch Bonaventura, *Determinationes quaestionum* q. 20 (Opera VIII S. 351a).

daß Benedikt XII. die Kutte auch als Papst trug[328], oder gar, wie immer wieder erbaulich zu lesen ist, ein asketischer Mönch blieb, der sich nur widerwillig und mit bitteren Worten von der Kutte trennte[329].

Hier wird deutlich, wie schwierig es ist, einem Papst nahezukommen, der die Unpersönlichkeit zum politischen Prinzip erhob. Gerade das gestelzte Pathos, mit dem der sonst so bodenständige Benedikt seine Verwandten auf Distanz hielt, zeigt jene menschliche Kälte[330], für deren typisierende Umschreibung vielleicht erst seit Aegidius von Viterbo das Bild des Priesterkönigs von Salem auf Benedikt XII. übertragen wurde[331]. Abgesehen von der fragwürdigen Quellenlage ist die hiermit vollzogene Typisierung Benedikts mehr als ein rezeptionsgeschichtlich interessanter Befund, da mit diesem in der politischen Theorie verbreiteten Bild mehr ausgesagt wird als die Verleugnung der genealogischen Bindung. Als deren tiefere Bestimmung stellte schon Johannes von Salisbury heraus, daß der König von Salem das Idealbild einer auf das Wohl der Untertanen hin orientierten Herrschaftsform[332] war, doch als wirkungsmächtiger erwies sich die Übertragung der Melchisedek-Christus-Typologie auf den Christus-Stellvertreter. Ähnlich wie die Juristenpäpste des 13. Jahrhunderts faßte schon Thomas von Aquin hiermit in dem berühmten Schlußpassus seines Kommentars zum 2. Sentenzenbuch die zweifache Vollmacht des Papstes[333]. Mit dem Melchisedek-Vergleich ließ sich die Überordnung der

---

[328] Diese Vorstellung von Benedikt prägte u.a. HALLER, Papsttum und Kirchenreform S. 123 mit Anm. 1, unter Berufung auf den um 1400 schreibenden Zisterzienser Thomas Burton.

[329] SCHIMMELPFENNIG, Papsttum im hohen Mittelalter S. 209, unter Hinweis auf die Vorschriften des *Tractatus de funeribus et exequiis* des päpstlichen Zeremonienmeisters Paris de Grassis von 1511.

[330] Die, wie MAHN, Benoît XII et les cisterciens S. 81, formulierte „froide impartialité" Benedikts XII., sogar gegenüber seinem eigenen Orden, wird von vielen Interpreten mit Benedikts Ablehnung des Nepotismus in Verbindung gebracht, exemplarisch: BOEHM, Benedikt XII. S. 283; GUILLEMAIN, in: DBI VIII S. 380b; allg.: KÖLMEL, Typik und Atypik S. 294 f. Zum Nepotismus: REINHARD, Nepotismus S. 167.

[331] Vgl. SABBIDINI S. 29 Anm. 27; zu Aegidius von Viterbo: O'MALLEY S. 139 ff.; zur theologischen Deutung: WUTTKE S. 58–63.

[332] Johannes von Salisbury, *Policraticus* IV 3 (ed. WEBB I S. 241).

[333] In II. Sent. d. 44 q. 2 a 3 *expos. textus ad* 4. – Für die politische Applikation wurde freilich eher die Kanonistik im Anschluß an Innozenz III. (vgl. PL 215 Sp. 767; PL 214 Sp. 1133) und Innozenz IV. prägend: (*Eger cui lenia*, ed. WINKELMANN, Acta imperii II S. 698 z. 14; ed. HERDE S. 520). Zu Interpretation und Autorenfrage: bes. HERDE, Pamphlet S. 481; andere Interpretationen bei: CANTINI, De autonomia judicis saecularis S. 407 ff.; DOLCINI, Eger cui lenia S. 148; fragwürdig: PACAUT, Autorité pontificale S. 87 und S. 108 ff.; vgl. auch: X 4.17.13; X 1.33.6 § 2. Vgl. allg. BUISSON, Potestas und caritas S. 59; TIERNEY, Continuity S. 238; LECLERCQ Jean de Paris et l'ecclésiologie S. 99; MIETHKE, Geschichtsprozeß S. 585.

geistlichen über die weltliche Gewalt ebenso begründen[334] wie die weltliche Gewalt des Papstes in Abrede stellen[335]. Zieht man den Vergleich mit der Politik Benedikts XII. gegenüber den weltlichen Gewalten, so sind hier einige Abstriche nötig. Benedikts mutmaßliches Melchisedek-Bild entspräche wohl dem des 12. Jahrhunderts[336], angereichert durch die Herrschaftsqualitäten *pax* und *justitia* gemäß Hebr 7,2, wie sie der Augustinereremit Jakob von Viterbo seiner gemäßigten Spielart des kurialistischen Melchisedek-Bildes einverleibte[337]. Dies könnte auch dessen jüngerer Ordensbruder Aegidius von Viterbo gemeint haben, zumal es der in einer Fortsetzung des *Liber Pontificalis* kanonisierten Vorstellung von Benedikt XII. als einem energischen Ordnungspolitiker[338] entspricht, dem jene politische Naivität völlig fehlte, die ihm später oft nachgesagt wurde.

Insgesamt fällt es schwer, zu glauben, die Wahl einer Persönlichkeit wie Benedikt XII. hätte Zufall sein können. Die Verbindung seiner Charaktermerkmale mit seinen theologischen und ekklesiologischen Positionen machten ihn in mehr als einer Hinsicht zu einer Idealbesetzung des Heiligen Stuhles. Dies heißt aber auch, die Kardinäle hätten mit ihm eine Neuorientierung beabsichtigt, um die unter Johannes XXII. evident gewordene Spannung zwischen Anspruch und Wirklichkeit des Papsttums zu mildern: *qui totum vult, totum perdit*, so warnte schon Guillaume Durand mit Blick auf den Sturz Bonifaz' VIII. Als Kirchenreformer forderte Durand nicht

---

[334] Aegidius Romanus (DEP, ed. SCHOLZ S. 15, 18, 21, 24, 25) bewies mit Melchisedek die höhere Dignität der geistlichen Gewalt als Folge historischer Priorität. Vgl. Alexander von St. Elpidio: DEP II 3 (ed. BARBIER fol. 15ra). Pierre de la Palu blieb bei Melchisedek etwas unbestimmt (DPP I 2, ed. STELLA S. 143).

[335] Vgl. etwa in der als proköniglicher Streitschrift in der Auseinandersetzung zwischen Philippe le Bel und Bonifaz VIII. entstandenen *Quaestio in utramque partem* (ed. VINAY, S. 125).

[336] Die bei Bernhard von Clairvaux, *De consideratione* II viii.15 (Opera III S. 423; vgl. Ps 109,4) durch die Weihekomponente Melchisedeks akzentuierte priesterliche Definition des päpstlichen Amtes deckt sich mit Fourniers Vorstellung der *potestas pontificum*. Zur Rezeption und potentiellen politischen Brisanz dieser Bernhard-Stelle: Marsilius von Padua, *Defensor pacis* II 27 § 11 (ed. SCHOLZ S. 526).

[337] *De regimine christiano* II 1 (ed. ARQUILLIÈRE S. 161). Zur Interpretation: GRABMANN, Jakob von Viterbo S. 205. Vgl. auch Alvarus Pelagius DSPE I 51; fol. 33ra, unter Bezug auf Hebr 7,2.

[338] Ed. DUCHESNE II S. 487: *Iste vero non timebat quemquam, quando jus et justitia non servaretur per universum*; der Passus stammt aus der 6. Vita (BALUZE/MOLLAT I S. 232), fast wörtlich übernommen von GUILLEMAIN, Cour pontificale S. 135. – Ähnlich auch das Bild Benedikts in der humanistischen Chronistik, etwa Schedels Weltchronik von 1493, fol. 224v: *Diser babst ... was ein solcher bestendiger man das er weder mit gewalt ... noch ... von der gerechtigkeit nymmer abgewendet mocht. er liebet die frummen und verfolget die boshaftigen offenlich.*

nur *docere*, sondern auch *facere*[339]. Die aus der hierarchischen Überforderung eines Systems sich ergebende Gefahr seiner Destabilisierung mündet
in die Notwendigkeit zu seiner zentral gesteuerten Umgestaltung mittels
einer Reform. Freilich ist in Rechnung zu stellen, daß das Papsttum nur
bedingt an einer Reform Interesse haben kann, wenn es selber davon betroffen wäre[340]. Von der Basis ausgehende Reformimpulse sind im frühen
14. Jahrhundert freilich ebenso wenig zu erwarten wie Rückwirkungen auf
das Papsttum, die die Hierarchie gefährden könnten.

Die Visio-Frage zeigte an einem theologischen Sachproblem von erheblicher ekklesiologischer Tragweite, wie begrenzt die Innovationsfähig-
keit eines Papstes ist, der nach der Theorie weitgehende Definitionsvoll-
machten besitzt, aber im konkreten Vollzug seiner Politik erheblichen
Einschränkungen unterliegt. Dabei ist die Sachlösung hier insofern von
Interesse, als eine tradierte Lösung, ohne daß diese jemals vorher zum
Dogma erhoben worden wäre, die päpstliche Lehre mühelos dominierte.
Wahrheit heißt hier die Auslegung überkommener Autoritäten, nicht aber
die Ermittlung von grundlegend Neuem: dies gilt für alle an der Diskussion Beteiligten, wenn auch in unterschiedlichem Maße. Dieser eng gefaßte
Wahrheitsbegriff, der bei Johannes in taktisch motivierter Gebrochenheit
auftritt, ist grundlegend für das hier zu Tage tretende Problemlösungsver-
halten. Dessen Übertragung auf die Problematik der Ordensreform ist daher möglich, weil auch im Ordenswesen das Überkommene nicht nur Vergangenheit, sondern auch normsetzendes Maß der Dinge war und weil Johannes Glaubensfragen genauso wie die Reform der Orden kraft Jurisdiktionsgewalt lösen wollte. In beidem sollte er scheitern.

Kirchenreform ist wesensmäßig konservative Reform: ein Reformpapst
mußte diese konservative Wertorientierung in seiner Person glaubhaft zum
Ausdruck bringen. Konservativ heißt hier, den goldenen Mittelweg zwischen Bewahrung und Aufbruch zu finden; das Überlieferte erhalten, sofern es erhaltenswert ist, und gleichzeitig auf die Erfordernisse der Zeit
reagieren. Ein Fundament fester Prinzipien politischen Handelns ist hier
ebenso gefragt wie die Fähigkeit, ohne ideologische Verbohrtheit pragmatisch zu entscheiden.

Kirchenreform bedeutet deshalb zunächst personelle Erneuerung der
Kirchenspitze durch Wahl eines Papstes, dessen reformerische Neigung
seinen Wählern bekannt ist; institutionelle Umgestaltungen der Hierarchie

---

[339] TDMGCC TMA II 7, fol. 17ra: *Proverbium vulgare est, qui totum vult, totum
perdit. Ecclesia romana sibi vendicat universa ... Unde timendum est, quod universa
perdat.* Wie für Fournier ist auch für Durand die Einheit von Handeln und Denken Christusnachfolge: TMA II 96, fol. 68va.

[340] Vgl. FRECH, Reformatio S. 254; ähnlich: SCHIMMELPFENNIG, Zisterzienserideal
S. 14. Vgl. auch MELVILLE, Reformatio S. 287.

werden damit zweitrangig. Man kann sogar behaupten, daß gerade das Funktionieren der Hierarchie die wichtigste Voraussetzung für das ist, was man im Preußen des frühen 19. Jahrhundert eine „Reform von oben" nannte. In welchem Umfang Benedikts Reform eine solche Qualifizierung verdient, wird der weitere Fortgang der Untersuchung zeigen. Als Ansatzpunkt bietet sich das von Benedikt kurz nach seiner Wahl verkündete Reformprogramm an, das Bernhard Schimmelpfennig aus den verschiedenen Berichten über Wahl und Regierungsbeginn synthetisierte[341].

Wir fragen damit einerseits nach Benedikts Verständnis des päpstlichen Gesetzgebungsvorgangs und damit nach institutionellen Kontinuitäten und Diskontinuitäten zu seinen Vorgängern im Amt, über Johannes XXII. und Bonifaz VIII. bis zurück zu Gregor IX. und Innozenz III. Andererseits bedarf die inhaltliche Konkretisierung seiner Reformbemühungen einer Darstellung, die gerade das Eigene an Benedikts XII. Beitrag und das vielleicht auch Einzigartige an seiner Reform beschreibt, nämlich eine bis dahin zumindest im päpstlich dekretierten Ordensrecht ungewöhnliche Detailfreudigkeit. In Benedikts Neigung zur Konstruktion von vielfältig verschränkten und über verschiedene Hierarchiestufen devolvierender Entscheidungsprozesse, in denen die Orden gleichsam als lebende Organismen erscheinen, deren Glieder nur in Einklang zueinander handeln können, ist eine Institutionalisierungsintention beschreibbar, deren Umsetzung zu untersuchen bleibt.

---

[341] Vgl. SCHIMMELPFENNIG, Zisterzienserideal S. 18 f.; vgl. MIETHKE, Kaiser und Papst im Spätmittelalter S. 429.

Kapitel 8

Benedikt XII. als Kirchenreformer

Der Ruf Benedikts XII. als Kirchenreformer gründet sich auf eine Vielfalt von strukturell verwandten Maßnahmen in unterschiedlichen Politikbereichen: neben den bekannten Grundsatzerklärungen zur Außenpolitik und der erläuterten dogmatischen Entscheidung stehen Maßnahmen im Bereich der kurialen Verwaltungsreform, der Benefizienvergabe und der Ordensreform, deren Wirkung langfristig konzipiert war. Dabei liegen die konkreten Maßnahmen in diesen Feldern teilweise zeitlich auseinander und belegen, daß Benedikt eine mehr oder weniger kohärente Zielsetzung sukzessive umsetzte.

8.1. Kuriale Verwaltung und Benefizienwesen

Im Rahmen dieser Arbeit ist es nicht möglich, die Reformpolitik Benedikts XII. vollständig darzustellen; insbesondere im Bereich der Verwaltungsgeschichte müssen knappe Hinweise genügen. So zügelte Benedikt den schon unter Johannes XXII. willkürlich seine weltliche Macht mißbrauchenden kurialen Justizmarschall[1] und ließ in einer cholerischen Aufwallung 1340 sogar den Amtsinhaber hinrichten[2]. Er verbesserte die Chancen armer Kleriker bei der Benefizienvergabe[3] und intensivierte die

---

[1] Die Einzelbestimmungen zur Neugestaltung des Amtes (vgl. hier: GUILLEMAIN, Cour pontificale S. 434 f.; RUSCH S. 58 ff.; HALLER, Aufzeichnungen S. 16 f.) überliefert Peter von Zittau (S. 516): das Amt soll für jeweils sechs Monate von einem der drei Inhaber verwaltet werden, die nach Ablauf dieser Zeit Rechenschaft ablegen müssen und gegen die innerhalb einer gewissen Frist Beschwerde geführt werden darf.

[2] Die in der Praxis schnell aufgeweichten Bestimmungen reichten ebensowenig aus, wie der ab 1335 Amtsführung und Moral des Justizmarschalls überwachende Kontrolleur eine wirksame Besserung herbeiführen konnte (vgl. GUILLEMAIN, Cour pontificale S. 435). Die Hinrichtung des Marschalls und einiger seiner Diener war durch ihre Beteiligung an der (vgl. 1. Vita, BALUZE/MOLLAT I S. 205) Entführung des englischen Botschafters durch Offiziale des französischen Königs begründet, *cum curia romana debeat esse omnibus communis et secura* (ebd.), erfolgte *pro honore sui* [scil. pape] *ac jurisdictionis romane Ecclesie conservatione* und zeigt damit auch die Neutralität des Papstes im englisch-französischen Krieg.

[3] MEYER, Forma pauperum S. 8 f. im Vergleich zu Clemens VI. und dessen Nachfolgern, unter denen die Zahlen der Bittsteller und gewährten *littere* teilweise das Zehn-

Almosenvergabe an Arme[4], gab den an der Kurie erkrankten Klerikern an Stelle der päpstlichen Reservierung ihrer Güter das Recht, ein Testament zu machen[5] und verbot den für ihre Bestechlichkeit bekannten Kammerherrn, Türhütern und anderen Kurialen über ihr Gehalt hinaus die Entgegennahme irgendwelcher Gelder, um die reibungslose Bearbeitung von Suppliken und Petitionen zu gewährleisten[6]. Daneben erneuerte er die päpstliche Kapelle, damit die Kurie durch heilige Gesänge auch spirituell zu neuem Leben erwacht[7]. Er reformierte die für das Dispensationswesen zuständige päpstliche Pönitentiarie[8] durch die Bulle *Ne in agro dominico* vom 8. April 1338. Diese Bulle wirft nicht nur ein situationsspezifisches

---

fache betrugen wie unter Benedikt; GUILLEMAIN, Politique bénéficiale du pape Benoît XII S. 144 Anm. 3; SCHIMMELPFENNIG, Zisterzienserideal S. 25 f.

[4] Obwohl die Almosenausgaben von 7 % des kurialen Haushalts unter Johannes XXII. auf 20 % unter Benedikt XII. nachweislich anstiegen, besagt die Ankündigung im ersten Konsitorium (*Cont. Chron. S. Petri Erford.* S. 366: *elemosinam mense papalis restituit pauperibus, que ante per familiares diripiebatur*) die Abstellung eines Mißstandes, nicht aber eine prinzipielle Kehrtwende; im jährlichen Mittel lagen Benedikts Ausgaben für Almosen nur um 2536 fl. über denen seines Vorgängers; die für Bauten stiegen um 11261 fl.; vgl. SCHÄFER, Ausgaben ... unter Benedikt XII S. 4–13.

[5] Der *Cont. Chron. S. Petri Erford.* gibt die Absicht des Papstes wieder (S. 366: *ne bona ab eis relicta indebite per aliquem occupantur*), was sich primär gegen Kuriale richtete, die offenbar sogar die Güter an der Kurie verstorbener Laien sich aneigneten (vgl. Peter von Zittau S. 516). – Zur Grundlage des Testierrechts: X 3.26.1; bzw. der Reservationen: VI 3.4.2; VI 3.4.34; Extravag. comm. 1.3.4; vgl. hierzu: CAILLET S. 22–25, S. 464 ff.; MOLLAT, Collation des bénéfices S. 37.

[6] Peter von Zittau (S. 516). – Wenn auch nicht auszuschließen ist, daß der Mißstand der Korruption schon dem Kardinal Fournier Ärger bereitete, so liefert er den konkreten Anlaß mit, nämlich das Auffinden einer größeren Zahl von Petitionen, die sein Vorgänger abgezeichnet hatte, die aber den Petenten nicht zugekommen waren, *quia manus cubiculariorum, qui tradere debuerant, auro non ungebantur*. Die vorgeschlagene Lösung sieht eine Registrierung der Suppliken und deren geschlossene Verbringung in einem versiegelten Sack in die Kanzlei vor (vgl. Gesta, ed. MELVILLE S. 177; 5. Vita BALUZE/MOLLAT I S. 228). Die Durchführung dieser Bestimmung ist jedoch fraglich, vgl. SCHIMMELPFENNIG, Zisterzienserideal S. 23 f.

[7] Die Verlagerung des kurialen Gottesdienstes von der Avignoneser Kathedrale in den Papstpalast war neben der schon im ersten Konsistorium angekündigten Regulierung der Lebensweise der Kapläne (*Cont. Chron. S. Petri Erford.*, S. 367: *vult, quod omnes capellani sui horas canonicas dicant cum nota, et quod omnes dormiant in uno dormitorio ac eciam comedant coram eo*) eine Maßnahme, die sich aus der Religiosität Benedikts begründen läßt, vgl. allg.: SCHIMMELPFENNIG, Organisation der päpstlichen Kapelle S. 91–94.

[8] Vgl. allg.: MAJIC, Die Apostolische Pönitentiarie im 14. Jahrhundert S. 129; vgl. zu Benedikts Taxliste: GÖLLER, Poenitentiarie I S. 132–145. – Unter Benedikt XII. gab es zwischen 12 und 14 Pönitentiare, vgl. MAJIC S. 143 f., die nach regional gegliederten Zuständigkeiten unter einem Großpönitentiar standen. Ab 1339 war ein Zisterzienser namens Johannes Engelberti aus Fontfroide Pönitentiar für Frankreich, Languedoc und Bretagne, ebd. S. 168.

Schlaglicht auf die seelsorgerische Komponente in Benedikts Verständnis des päpstlichen Amtes, sondern zeigt auch in ihren Bestimmungen zur Kontrolle der von den Pönitentiaren erstellten Schriften durch einen *corrector*, ihrer in zweifelhaften Fällen vorgesehenen Beratung durch einen *doctor* des kanonischen Rechts und ihrer Verpflichtung auf zahllose Formalia, bis hin zur genauen Regelung von Randbreite und Zeilenabstand in den von ihnen verwendeten Formularen, was Benedikt XII. wirklich für wichtig hielt[9].

Bei der Bekämpfung konkreter Mißstände führten immer dieselben Maximen Benedikt die Feder: rationale Amtsführung, Sicherstellung korrekter Behandlung, Hebung des sittlichen und religiösen Niveaus. Diese insgesamt auf die Wiederherstellung von Recht und Ordnung ausgerichteten Maßnahmen werden überinterpretiert, wenn man in ihnen den Versuch sieht, die Kirche in einen Zustand bescheidener Demut und die Kurialen gar zu „einer lauteren Praxis frommer Werke"[10] zu führen. Benedikt trennte Privilegien und Pfründen streng von Korruption und Amtsmißbrauch. Er wollte Mißstände in der Seelsorge als Folge der Kumulierung von Pfründen vermeiden[11] und die persönliche Würdigkeit von Pfründenbewerbern *de idoneitate ac scientia* sicherstellen[12]. Soweit er sich damit in

---

[9] BRT IV Sp. 416a–424a. Wiederholt verweist Benedikt hier wie später darauf, daß das Amt *in omni puritate et sinceritate ... nitide, pure ac sincere* (ebd.; vgl. § 6 S. 417b: *cum diligentia*; § 9 S. 418a: *non minis ... sed ... patienter*; § 13 S. 418b: *pacisque bonum, et concordiae unitatem teneant*) ausgeübt werden soll. Dem dienen neben dem *doctor* (§ 2 S. 416b) und dem *corrector ... literarum dictae Poenitentiariae* (§ 4 S. 417a), die bei besonders schwierigen Fällen sogar gemeinsam agieren (§ 5 S. 417a), Regelungen zur Schlüsselordnung (§ 4), Frauenbeichte (§ 11 S. 418b), zum Verbot der Kompetenzdelegation (§ 15 S. 418a), zum Siegelgebrauch (§§ 17 f. ebd. f.), zur Arbeitsverteilung (§ 19 S. 419b), die genannten Skriptorienanweisungen (§ 20 S. 420a), die Sicherung der den Pönitentiaren zustehenden Prokurationen (§ 23 S. 421) sowie die von Offizialen, Doktoren und Pönitentiaren zu leistenden Eide (§§ 24–27 S. 422a–b).

[10] So erbaulich formuliert KAUFHOLD S. 185 unter Berufung auf Peter von Zittau S. 516: vielleicht ist mit den frommen Werken die angeordnete Rückkehr der Bischöfe in ihre Heimatdiözesen gemeint; man kann in diesem Sinne auch die Gedächtnislücken des Jean de La Ferté füllen (S. 516 f.): *Multa enim alia bona salubria, quae iam in memoria non habeo, ordinavit.*

[11] Benedikt XII. praktizierte freilich auch die päpstliche Reservierung von durch Resignation vakanter Benefizien gem. *Execrabilis* (Extravag. Joh. XXII. 3 c. un.; ed. TARRANT S. 190–198; vgl. CAILLET S. 25): am 19.12.1337 beauftragte er Bernard Vaquerii ein Priorat in der Diözese Xanten gemäß *Execrabilis* unter apostolischen Schutz zu stellen und die Erträge zu reservieren (DAUMET nr. 388 Sp. 246). Beispiele für die Einschränkung der Pfründenkumulation verzeichnet: FIERENS S. XLIV. – Zur Verbotstradition der Pfründenhäufung vgl. schon: Lat. IV. c. 29 COD S. 248 (= X 3.5.28), hierzu: BUISSON, Potestas und caritas S. 94; BARRACLOUGH, Papal provisions S. 72; zur Lehre der Kanonisten: PENNINGTON, Canonists and pluralism S. 38–48.

[12] Vgl. zur Pfründenpolitik: GUILLEMAIN, Politique bénéficiale du pape Benoît XII. S. 29–33 und S. 129–156. Der Ausschluß von *inhabiles et indigni* von Pfründen durch

mißtrauischem Zweifeln nicht selbst blockierte[13] und abgesehen von dem
nachweisbaren zahlenmäßigen Rückgang seiner Vergabe von Pfründen[14],
hielt er aber an der grundsätzlichen Berechtigung des Pfründensystems
fest, ja er habe sogar, wie die 5. Vita hervorhebt, Benefizien gerne vergeben, zumindest sofern sie *viris literatis, etiam absentibus a curia* zuka-
men[15]. Dies ist leicht verifizierbar[16].

Neben diesem bei Benedikt wenig überraschenden bildungsaristokrati-
schem Element würde man heute von einer ‚schlanken' Kurie als dem Ziel
seiner Reform sprechen. Durch die Steigerung der Verwaltungseffizienz
der Kurie und die Mehrung ihres religiösen Ansehens in der Öffentlichkeit
sollte sie jene Glaubwürdigkeit zurückgewinnen, die Johannes XXII. teilweise verspielt hatte. Dieses Reformkonzept, das bei jeder Maßnahme seine Akzeptanz durch die Betroffenen mitdachte, bisweilen, wie bei der
spektakulären Generalamnestie aller an der Kurie Inhaftierten[17] oder bei
der Revokation aller Kommenden und Exspektanzen Johannes' XXII.[18],
die Suche nach einem Neuanfang ostentativer artikulierte, als es politisch
nötig gewesen wäre, verleiht Benedikts Reform ihre interpretatorische

---

eine Prüfung ihrer Eignung und Bildung war zwar *ante ipsum non ... consuetum* (5. Vita,
BALUZE/MOLLAT I S. 228), jedoch eine alte Forderung, wie sie auch schon auf dem Vienner Konzil vorgebracht wurde. Ausführlicher berichten die Gesta von einer Prüfung
*secundum conditionem ipsorum beneficiorum in scientia, lectura et cantu per unum de
domo sua ad hoc specialiter deputatum* (ed. MELVILLE S. 177). Vgl. auch der modifi-
zierte Bericht der 2. Vita (ebd. S. 217).

[13] Galvano Fiamma meinte, Benedikt XII. habe 330 Abteien ohne Hirten gelassen, um
deren Erträge für den Hlg. Stuhl zu reservieren (MURATORI RIS XII S. 1009). – Die 4.
Vita begründet dies etwas anders (BALUZE/MOLLAT I S. 223): *Beneficia que dispositioni
Sedis apostolice reservavit vix conferre voluit, timens, ut dicebatur, ne conferrentur indignis.*

[14] Als Fallstudie zur Vergabe von Exspektanzen und Kommenden für die Diözesen
Cambrai, Liège, Thérouanne und Tournai: FIERENS S. XLIV: insgesamt 48 Vakanzen
sowie 124 Kanonikats- und 23 weitere Benefizien-Exspektanzen, deren Zahl von zusammen 79 im ersten, 35 im zweiten, 12 im dritten, 9 im vierten, 6 im fünften, 4 im
sechsten bis zu 2 im letzten Pontifikatsjahr stark zurückging.

[15] BALUZE/MOLLAT I S. 228. Vgl. die Gesta (S. 178).

[16] Als Bsp. hier nur die am Beginn seines Pontifikats, als die Studienfinanzierung für
studierende Benediktiner noch nicht einheitlich geregelt war, häufig anzutreffenden
Überweisungen von Geld für Studenten oder Dozenten der Jurisprudenz: VIDAL I
nr. 1391b; nr. 1394b (beide 6.4.35); nr. 1397 (12.4.35); nr. 1504, nr. 1508 (3.2.35);
nr. 1512 (23.2.35); nr. 1520 (21.3.35); nr. 1532 (31.7.35); nr. 1533 (9.8.35).

[17] *Cont. Chron. S. Petri Erford.* S. 366: *quemlibet hominem arestatum in curia solvit.*
Freilich wissen wir nicht, in welchem Umfang diese Ankündigung umgesetzt wurde.

[18] Vgl. 1. Vita (BALUZE/MOLLAT S. 196). Die 2. Vita (ebd. S. 211) fügt hinzu, dies
sei *secundum formam juris canonici* geschehen, und wertet Benedikts Qualitäten: *et fu-
gavit realiter symoniam, et aures ad posse mendacibus obturavit.* Die 3. Vita präzisiert
(ebd. S. 220): *revocavit omnes gratias factas a suis predecessoribus illis qui nondum jus
in re habebant.* Vgl. auch den Bericht der Gesta (S. 178 f.).

Ambivalenz. So begründete Konrad von Halberstadt in einer Anekdote die vergleichsweise niedrige Zahl von sieben Kardinalskreationen Benedikts mit der Sparsamkeit des Papstes[19]. Gleichzeitig konnte der Eindruck entstehen, Benedikt verspürte eine aus asketischer Gesinnung gespeiste Abneigung gegenüber Kirchenfürsten, die ihre Aufgabe primär im Pfründensammeln sahen. Ähnlich vielfältig läßt sich die Delegation von Kompetenzen in die Verantwortlichkeit der Betroffenen interpretieren, wie etwa bei der Gewährung der freien Bischofs- und Abtswahl[20]. Wie schon berichtet wurde, versuchten die Bettelorden durch Guiral Ot, die Gunst der Stunde zu nutzen und eine Aufhebung von *Super Cathedram* zu erreichen. Im beleidigten Zorn des Wohlmeinenden erteilte Benedikt XII. ihnen aber die bekannte überdeutliche Absage[21].

Es ist hier wie bei der Außenpolitik Benedikts nicht ganz einfach zu ermitteln, wo genau die Trennungslinie verläuft zwischen dem, was Benedikt aus Einsicht in die Notwendigkeit tat und dem, was er seiner innersten Überzeugung gemäß wollte. Es bedarf keiner Erwähnung mehr, daß sein oft als prägender wie stimulierender Faktor angeführtes Zisterziensertum in der Kurienreform kaum zu konkretisieren ist, es sei denn, man dechiffriert in Benedikts Bekämpfung der Korruption[22] jene bernhardini-

---

[19] Zit. nach WENCK, Die Chronographie Konrads von Halberstadt S. 292: *Cum requiretur, ut plures cardinales crearet, ait: Si plures fieri debent cardinales, necesse est novum mundum fieri, quia pro cardinalibus iam existentibus vix sufficit mundus iam creatus.* Diese Grundtendenz bestätigen auch die von Benedikt XII. geführten Prozesse um das Erbe von verstorbenen Kardinälen, vgl. zu dem Prozeß um den Nachlaß des Guillaume Peyre de Godin OP: LAURENT, Le testament et la succession S. 101 ff. – Vgl. auch die 8. Vita (BALUZE/MOLLAT 1 S. 236): *Omnes etiam dominos cardinales fore deceptores sui credebat.*

[20] Diese nicht unter den Ankündigungen im ersten Konsistorium, sondern im Anschluß an das geräuschvolle zweite Konsitorium genannte Maßnahme (*Cont. Chron. S. Petri Erford.* S. 367 f.) steht sehr isoliert und wird sonst nur noch von den *Anonymus Leobiensis* (ed. PEZ Sp. 937 f.) berichtet. Auch Benedikts eigene Politik wurde dem nicht gerecht, vgl. GUILLEMAIN, Politique bénéficiale du pape Benoît XII S. 32 und S. 154. Zur Abtwahl allg.: HALLINGER, Wahlrecht der Benediktusregel S. 234–241.

[21] Benedikt schärfte auch später wiederholt mit expliziter Parteinahme gegen die vier Mendikantenorden *Super Cathedram* ein: VIDAL I nr. 3251 (11.4.1336), nrs. 3257, 3260, 3268, 3270; ebd. I nr. 4607 (11.2.37) nrs. 4618 (12.6.37), 4624, 4626, 4635; ebd. I nr. 5033 (18.4.37); nr. 6941 (= FIERENS S. 273 nr. 552, 15.2.39). – Vgl. auch BF VI S. 2b nr. 2 (10.3.35) an Weltklerus und Mendikanten in Nürnberg; S. 46a nr. 60 (28.4.37) an den Erzbischof von Drontheim. – Vgl. auch in RN XII 4 (ed. BIHL S. 359) wird ihre Geltung bekräftigt.

[22] Vgl. auch die an seine Amtsträger in Italien gerichteten Bullen *Desiderantes in terris* (BRT IV S. 388a–389a) und *Habe fide* (ebd. S. 388a–b), beide vom 23.6.1336, durch die Benedikt verbot, ein *officium* an Verwandte zu übertragen bzw. ihre *stipendia* zweckzuentfremden.

sche Kurienkritik, die sich in je spezifischer Intensität bei Kirchenkriti-
kern aller Couleur nachweisen läßt.

Näher kommt man der Wirklichkeit, wenn man mit Bernhard Schimmelpfennig darauf verweist, daß Fournier offenbar nicht unvorbereitet das
höchste Amt der Kirche übernahm. Aus der Art der Darbietung des Regie-
rungsprogramms[23] ist allerdings zu erschließen, daß diese Vorbereitung
weniger auf der systematischen Erarbeitung von Reformmaximen als auf
der kurialen Erfahrung eines Kardinals beruhte, der über ein Verantwor-
tungsgefühl verfügte, das über die engeren Grenzen der Zuständigkeit des
Kardinaltheologen hinausging. Die wahrscheinlich ziemlich aufreibenden
Tage zwischen seiner Wahl zum Papst und dem zweithöchsten Kirchenfest
ließen nur wenig Zeit zur Vorbereitung einer Konsistorialansprache, deren
psychologische Wirkung sicher die politische deutlich übertraf. Nach dem
nicht zuletzt auch für Jacques Fournier schwer zu ertragenden Johannes
XXII. mußte seine Ansprache wie ein geradezu erlösendes Wort wirken,
und es ist nicht ausgeschlossen, daß er dies so berechnet hatte.

Bezeichnend ist, daß die umfangreichsten Reformen seines Pontifikats,
die der religiösen Orden, aber auch die der Pönitentiarie, in diesen frühen
Erklärungen nur sehr embryonal oder gar nicht zur Sprache kommen. Bei
den Mönchen dachte er jetzt offenbar nur an das unmittelbar allen Kurialen vor Augen stehende und aus Sicht der Orden drängende Problem des
unkontrollierten Vagierens von pfründensuchenden, gegen ihre Oberen
appellierenden oder ihren Klöstern entflohenen Brüdern[24]; er ordnete deren Entfernung von der Kurie und Unterstellung unter ihre Oberen an[25].

---

[23] Formulierung von SCHIMMELPFENNIG, Zisterzienserideal S. 16. Die umfangreichste
Wiedergabe findet sich bei dem *Cont. Chron. S. Petri Erford.* (S. 366), der für die erste
Konsistorialansprache elf Gliederungspunkte referiert; unterstellt man Benedikt eine
Neigung zu sinnfälliger Zahlensymbolik, so ist nicht auszuschließen, daß hier nur ein
Gliederungspunkt fehlt.

[24] Das franziskanische Generalkapitel von Perpignan 1331 hatte in VII 7 (ed.
MENCHERINI S. 291) den Ordensprokurator an der Kurie angewiesen, alle dort unzulässig sich Aufhaltenden zu entfernen. – Bei den Zisterziensern sah LAD X 1 (ed. SEJALON
S. 441 ff.) außer, falls der Bruder seinen Bischof begleitet, eine Genehmigung durch das
Generalkapitel oder den Abt von Cîteaux und die vier Primaräbte oder, falls man nicht
das Generalkapitel abwarten kann, zumindest durch den Abt von Cîteaux und mindestens
einen oder zwei weitere Primaräbte vor. – Bei den Dominikanern verboten die Generalkapitel von 1331 und 1332 (MOPH IV S. 208 und S. 218) das unerlaubte Vagieren.

[25] Gesta und 5. Vita berichten in bezug auf Mendikanten (ed. MELVILLE S. 178; vgl.
BALUZE/MOLLAT I S. 229), was der *Cont. Chron. S. Petri Erford.* in der ordensrechtlich
korrekten Terminologie und allgemein wiedergibt (S. 366): *Quarto non vult* [scil. papa]
*religiosorum appellaciones et fugas venire ad curiam, sed correctionibus suorum prela-
torum dimittere*; vgl. auch in der 5. Vita, dort gegen die Folgen der *ambitio monachorum
et canonicorum regularium* gerichtet; vgl. auch Heinrich von Herford (ed. POTTHAST
S. 256). Der Papst verlieh am 2.6.1335, d.h. noch vor der eigentlichen Zisterzienserre-

Vielleicht war es nicht nur psychologisches Kalkül, welches ihn davon abhielt, schon jetzt alle Karten auf den Tisch zu legen. Durch seine persönliche Kenntnis des Ordenswesens wußte er, daß eine wirkliche Reform eine gründliche Vorbereitung und die Maßnahmen eine gewisse Reifung benötigen. Wenn Durand de La Ferté nach Königsaal berichtete, in diesem Papst werde der Orden einen *gratiosissimus amator* haben, so war dies eine unter Rückblick auf seine Tätigkeit als Kardinalprotektor verständliche Annahme. Es ist nicht auszuschließen, daß dieser Eindruck von Jacques Fournier beabsichtigt oder zumindest verursacht wurde, als er bei der Wahl seines Papstnamens erklärte[26]: *Hoc nomen Benedictus libenter accipio, quia sub regula Benedicti in ordine Cisterciensi ab infantia mea vixi.*

8.2. Benedikt XII. als Ordensreformer

Die Ordensreform zählte nicht zu den Maßnahmen höchster Dringlichkeit, die Benedikt XII. in den beiden Konsistorien kurz nach seiner Wahl ankündigte, und die zeitgenössische 3. Vita hält sie nicht einmal einer Erwähnung für wert. Freilich ist auffällig, daß die erste seiner berühmten Reformbullen, *Pastor bonus* vom 17. Juni 1335, die das Vagieren der Mönche außerhalb ihrer Klöster verbietet[27], aber nicht nur eine Ahndung des Vergehens vorsieht, sondern auch eine Rückkehr der Apostaten in ihre Klöster erleichtern möchte[28], in allgemeinerer Form dieselbe Thematik

---

form, dem Abt von Cîteaux auf zwei Jahre das Recht (VIDAL, Lettr. comm. nr. 2269), an der Kurie sich aufhaltende *apostatos et vagabundos* zu entfernen.

[26] Durand de La Ferté begründet seine Einschätzung aus Fourniers kurialem Engagement für den Orden wie aus dem sonst nirgends überlieferten Spruch Benedikts (Peter von Zittau S. 513).

[27] VIDAL I nr. 2449 erlassen in Avignon; BRT IV S. 327b–328b. Nach einem Prolog, der die pastorale Verpflichtung des Papstes mit dem Einhalten der *norma rectitudinis* gleichsetzt, werden in § 1 die an der Kurie befindlichen Apostaten in ihre Heimatklöster zurückgeschickt, ihre Oberen ermahnt, sie durch Befragung in ihre *religio* zurückzuführen (§ 2), und rückkehrunwillige Apostaten durch die Ordinarien bzw., falls sie exempt sind, durch die *auctoritas apostolica* einzufangen (§ 3). Solche, die unerlaubt den Orden gewechselt haben, haben drei Monate Zeit, in den Orden ihrer ersten Profeß zurückzukehren (§ 4); dieser wird zur Wiederaufnahme der Apostaten verpflichtet (§ 5), wobei für Mendikanten auch ein Ausweichen auf ein anderes Haus desselben Ordens oder einen anderen Bettelorden möglich ist (§ 6). Die Warnung vor *nimia rigoris vel poenitentialis asperitas* (§ 7) bei der Bestrafung der Apostaten und die Befugnis der Oberen, von der Exkommunikation zu absolvieren (§ 8), schließen sich an.

[28] Wenn Benedikt in *Pastor bonus* (§ 9) *statuta* und *consuetudines* der Klöster und Orden relativierte, sofern sie nicht seiner Bulle explizit inseriert seien, bezog er sich damit auf die bisweilen sehr strenge Ausgestaltung von RSB c. 29 wie etwa: LAD XI 3 (ed. SEJALON S. 450 ff.), wo ein Einfangen des *tam a generali capitulo quam a canone ... etiam in audientia saecularium* exkommunizierten Apostaten mit Hilfe der weltlichen

behandelt, die schon kurz nach der Wahl zur Sprache kam. *Regularem vitam* vom 4. Juli 1335, durch die der Übertritt von Bettelmönchen in monastische Orden an eine ausdrückliche päpstliche Erlaubnis gebunden wird[29], greift ein hier angeschnittenes Problem an einem konkreten Beispiel wieder auf und festigt die Stellung des Papstes als des gesetzgebenden Vermittlers zwischen den Orden der Kirche. Wenige Tage später, am 12. Juli 1335, folgte *Fulgens sicut stella*, die Reformbulle für die Zisterzienser[30]; erst neun Monate später, am 20. Juni 1336, erging *Summi magistri* für die Benediktiner[31], was auch die Cluniazenser mit einschließt[32]; abermals fünf

---

Gewalt (vgl. X 5.7.9), die dreijährige Wegnahme der Kutte oder die Verschließung austrittswilliger Brüder *in catenis vel vinculis* vorgeschrieben wird; Bsp. für umherschweifende Mönche bzw. deren Bestrafung: Generalkapitel 1261 CANIVEZ II S. 476 nr. 6; 1275, ebd. III S. 140 nr. 8; 1281, ebd. III S. 206 nr. 4; 1315, ebd. III S. 331 nr. 7, wo sogar eine fünfjährige Wegnahme der Kutte vorgesehen war. 1337, ebd. III S. 446 nr. 5: ein Mönch aus Morimond, *se gerens pro espicopo*, soll gefangen und auf Kosten des Ordens dem Papst überstellt werden, *vocato ad hoc, si necesse fuerit, auxilio brachii saecularis*. Für Cluny: Generalkapitel von 1274, CHARVIN I S. 347; 1284, ebd. I S. 423; 1303, ebd. II S. 193; 1305, ebd. II S. 235 f.; 1306, ebd. II S. 248.

[29] BRT IV S. 328b–329a. Zur Tradition dieses päpstlichen Reservatrechts: HOFMEISTER, Übertritt S. 430 f.

[30] VIDAL, Lettr. comm. I nr. 2344, erlassen in Pont-à-Sorgue; Text: bei BRT IV S. 329b–345a; CANIVEZ III S. 410–436.

[31] BRT IV S. 347b–397a. – Nicht ganz einheitlich wird die seit Johannes Trithemius übliche Bezeichnung *Benedictina*, die in Anlehnung an die *Clementina* Clemens' IV. von 1264 meist FSS meint (vgl. etwa: LUCET, L'ère des grandes codifications S. 258; RÖSENER, Spiritualität S. 265), in der benediktinischen Literatur auch auf SM bezogen: so schon POTTHAST in einer verwirrenden Anm. zu Heinrich von Herford (S. 263: *papa Benedictus novas constitutiones religiosis omnibus ordinat. Monachis ordinis sui, quod monasteria habeant sigilla*): hierzu: Anm.1.: „Constitutio, quam pro ordinis Benedict. reformatione edidit et quae Benedictina (sec. *Thrithemii Chron. Hirsaug.* II S. 180) appellatur, incipit Summi magistri ...", ähnlich: GUILLEMAIN, in: DBI VIII S. 380a; BOEHM, Papst Benedikt XII. S. 284. Seit HOLZAPFEL S. 80 wird auch RN bisweilen *Benedictina* genannt, wie bei: NIMMO, Reform and Division S. 226.

[32] Dieser an sich selbstverständliche Hinweis ist insofern nötig, als erst kürzlich wieder behauptet wurde, Benedikts XII. Reform habe Cluny ausgespart, vgl. PINKL, Neuorganisation S. 345 Anm. 14, unter nicht verifizierbarer Berufung auf GUILLEMAIN, in: DBI VIII S. 380, und FELTEN, Ordensreformen [keine nähere Referenz], genauso, aber auch ohne Beleg: HOURLIER, Les religieux S. 89; richtig aber schon: FOURNIER, Guillaume de Montlauzun S. 480. – Allein der Befund, daß Abt Petrus von Cluny unter den im Prolog genannten Mitarbeitern genannt ist und sich das Cluniazenser Generalkapitel ab 1338 (CHARVIN III S. 263; für 1339: ebd. S. 288–290; für 1340: S. 311; für 1341: S. 312 f.; für 1342: S. 324) intensiv mit der Rezeption von Benedikts Reform beschäftigte, läßt diese Fehleinschätzung rätselhaft erscheinen. Daß das aus d. J. 1680 stammende *Bullarium Cluniacense* S. 173 von Johannes XXII. zu Clemens VI. springt, könnte hierzu beigetragen haben. Schon bei RAYNALDUS, Annales ecclesiastici VI S. 50b, ist aber zu lesen: *Pontifex ... Benedictinos, praecipue, Augustinianos, Cluniacenses, Praemonstratenses, ad sanctiorem vitam revocaret.*

Monate später, am 28.11.1336, wurde *Redemptor noster*[33] für die Franziskaner promulgiert, aber bis zum Erlaß von *Ad decorem Ecclesiae* für die Regularkanoniker ließ er sich bis zum 15. Mai 1339 Zeit[34]. In die Zwischenzeit fällt die gescheiterte Reform der Dominikaner, um die sich Benedikt seit Dezember 1337 bemühte[35]. Noch schlechter ist die Quellenlage zu einer nur aus einem knappen Hinweis erschließbaren Reform der Hospitaliter, von denen Benedikt mehrere Präzeptoren zu sich rief und deren Regel er durch einige Kardinäle überprüfen ließ[36]. Eine für die Serviten ausgearbeitete, im Vergleich zu den anderen auffallend kurze Bulle, wurde erst unter Clemens VI. promulgiert[37]. Zweifelhaft sind die bisweilen anzutreffenden Behauptungen, *Ad decorem* sei von Clemens VI. auch auf Grandmont und Prémontré angewendet worden[38].

Den Stellenwert der Ordensreform für Benedikts XII. Pontifikat erfaßten schon die zeitgenössischen Chronisten. Die bald nach Benedikts Tod entstandenen Gesta werden hier ziemlich ausführlich, geben Hinweise auf die nicht zuletzt auch monastische Stoßrichtung seiner gegen die Kommenden gerichteten Benefizienpolitik[39] und besprechen ausführlich die Reform der einzelnen Orden. Auch ein so kurienkritischer Chronist wie Johannes von Winterthur stellt heraus, daß Benedikt XII. „korrigierend

---

[33] Maßgebliche kritische Edition von BIHL, die ordensvergleichende Erläuterungen nur auf Grundlage der anderen Reformbullen Benedikts XII. gibt. Ergänzende Analyse bei: SCHMITT, Pape réformateur S. 6–60.

[34] BRT IV S. 424b–459a; vgl. auch in: SALTER, Chapters of the Augustinian Canons S. 214–267.

[35] Von einer Reformbulle oder Vorentwürfen hat sich nichts erhalten, so daß man nur erschließen kann, wie die *iuga importabilia* beschaffen waren, von denen Galvano Fiamma berichtet (*Chronica maior*, ed. ODETTO S. 368). Auch die Gesta (ed. MELVILLE S. 181) berichten nur davon, daß Benedikt den Ordensgeneral und *plures magistros ordinis* zu sich gerufen habe; vgl. allg.: ALTANER, Venturino [Exkurs] S. 157–168; FELTEN, Benoît XII et les Prêcheurs S. 307–333, bes. S. 312.

[36] Gesta (ed. MELVILLE S. 181).

[37] BRT IV S. 481a–484a: *Dudum siquidem* vom 23.3.1346.

[38] Die Geltung von AD für Prémontré betraf nur die Studienbestimmungen, worauf schon DENIFLE (CUP II nr. 1148a S. 615) hinwies. Insofern sind die geteilten Meinungen bzgl. der Geltung von SM für die Mönche von Prémontré, die erst 1322 ihren Statuten eine *Quinta distinctio* (ed. LEPAIGE, Bibliotheca Praemonstratensis Paris 1644) beigefügt hatten, verständlich: HOURLIER, Les religieux S. 89, lehnt sie ab; SCHIMMELPFENNIG, Zisterzienserideal S. 30, stimmt zu. Die Frage ist nicht einfach zu beantworten, da die Generalkapitelsakten der Prämonstratenser nur in einer aus heterogener Überlieferung kompilierten Zusammenstellung (ed. VALVEKENS) bekannt sind. Die dürftigen, teils aus LEPAIGE entnommenen Dokumente für die Zeit Clemens' VI. (ebd. S. 86–89, nr. 65–67) lassen keine päpstlichen Reformbemühungen erkennen. – Für den analogen Fall Grandmont: CUP II nr. 1148a S. 615 vom 11.2.1348 und BECQUET, Bullaire de Grandmont RevMab 53 (1963) S. 123 nr. 160 b*.

[39] Zur Kommende: vgl. etwa SALMON, Abbé S. 111; MOLITOR I S. 207; CHAMARD S. 79. Vgl. Gesta (ed. MELVILLE S. 179).

und emendierend den *status* seines Ordens veränderte"[40]. Umgekehrt ist es
bezeichnend, daß die so haßerfüllte 8. Vita dem Papst seinen persönlichen
Anteil an der Ordensreform abspricht und sie als ein Werk bezeichnet, das
ausgerechnet gerade Kardinal Pierre de Chappes, die als Pfründensammler
und nicht ihres Reformeifers wegen bekannte Kreatur des französischen
Königs, schon unter Johannes XXII. begonnen habe[41].

Die Mitarbeit der Orden bei der Vorbereitung der Reform

Es gibt abgesehen von den versandeten Versuchen um die Zisterzienser,
nur schemenhaft erkennbaren Ansätzen bei den Benediktinern wie in der
Provinz York[42] und in St-Viktor bei Marseille[43], der Reform von Grandmont, der ,Franziskanerreform'[44] und der Observierung der sogleich ihre
besondere Treue zum Papst herausstellenden Augustinereremiten[45] nur

---

[40] Johannes von Winterthur (ed. BAETHGEN S. 124).
[41] BALUZE/MOLLAT I S. 236. Allein der Tod des Kardinals am 4.3.36 schließt eine
Beteiligung an SM (20.6.36) aus. – Im Kommentar (ebd. II S. 334) löst MOLLAT das
Problem, daß Pierre de Chappes, anders als es in der Vita heißt, kein Benediktiner war,
dadurch, daß er eine Verwechslung mit Raymond de Mostuéjols annimmt, dem einzigen
Benediktiner-Kardinal zu dieser Zeit, der auch unter den im Prolog von SM freilich nicht
namentlich genannten Kardinälen gemeint sei. Den dadurch bedingten Widerspruch zu
der Sachinformation, daß die Reform schon unter Johannes XXII. begonnen worden sei,
läßt MOLLAT auf sich beruhen, wahrscheinlich, weil derartige Aktivitäten nicht belegbar
sind; er verweist aber bezüglich der *reformationes* auf die Lebensbeschreibung Benedikts XII. im *Catalogus testium veritatis* des Flacius Illyricus (S. 447), die dieser *ex ap-
pendice Martini penitentiarii papae* entnommen habe; im Heidelberger Exemplar des
catalogus ... (Frankfurt 1666, nach dem Druck Straßburg 1562) war der Beleg nicht
weiter verfolgbar. Vielleicht hatte auch Flacius Illyricus auf die Vorstufen der 8. Vita
zurückgegriffen.
[42] Die gute Überlieferung der Provinzialkapitelsakten der Benediktiner der englischen
Provinz York läßt Befürchtungen erkennen, die in eine ähnliche Richtung wie bei den
Zisterziensern verweisen: PANTIN I S. 211 f., vgl. FELTEN, Ordensreformen S. 379. Reformbedarf artikulierte das Provinzialkapitel von 1319 zu Oxford: es beklagte sich nicht
nur über die geringe Teilnahmedisziplin, sondern resümierte auch die Folgen (ebd. I
S. 195): *sic ea que communi consilio et deliberatione capituli corrigi poterant in meli-
usque reformari, ... per eorum incuriam remanent incorrecta, ... religionis integritas ...
nimis sit dissoluta.* Vgl. auch 1321 (ebd. I S. 236–240).
[43] Am 31.5.1324 befahl Johannes XXII. einem Kurialen die Teilnahme am Generalkapitel von St-Viktor in Marseille (COULON, Lettr. secrètes II nr. 2078), offenbar um
sich über den Reformbedarf zu informieren.
[44] Davon spricht LAMBERT, Franciscan Crisis S. 137.
[45] Am 31.5.1324 befahl er (COULON, Lettr. secrètes II nr. 2079) dem päpstlichen Pönitentiar und Augustinereremiten Bernard de Appamiis die Teilnahme am Generalkapitel
der Augustinereremiten zu Pfingsten in Montpellier, um das Befinden des Ordens zu
eruieren; die Akten des Kapitels zeigen die Wirkung (AAug III S. 466–472). Nach vielfältigen Warnungen vor Rebellion und Ungehorsam, die vor dem Hintergund der fast
gleichzeitigen franziskanischen Verlautbarungen von Perugia und deren Folgen leicht
verständlich sind, folgen Statuten über das Stimmrecht der Lektoren in Provinzi-

wenig Hinweise darauf, daß Johannes XXII. sich um eine Reform der Orden in einer Benedikt XII. vergleichbaren Weise bemüht hätte. Gewiß ging es Johannes nicht nur darum, die Orden durch den Zugriff auf ihre legislativen Organe und die Einsetzung einer papsthörigen Ordensleitung der eigenen Politik zu unterwerfen, wie es bei den Dominikanern[46] gut dokumentiert ist, doch fehlte seinen Maßnahmen das zielgerichtete Moment einer umfassenden Konzeption. Die von Benedikt in den Prologen seiner Reformbullen für Zisterzienser, Benediktiner und Franziskaner akzentuierte diskursive Erarbeitung der Reformmaßnahmen mit führenden Vertretern der Orden und einigen Kardinälen[47] entspricht der von Johan-

---

alkapiteln, die Bestrafung von Apostaten, die Form des Habits etc., bei denen ein päpstlicher Einfluß nur vermutet werden kann.

[46] Zu den Dominikanern: vgl. HILLENBRAND, Kurie und Generalkapitel S. 501 ff.; bereits Nikolaus IV. hatte 1290 zwei Dominikanerkardinälen umfassende Vollmachten erteilt (MORTIER, Histoire II S. 376 nr. 1; vgl. auch FELTEN, Benoît XII et les Prêcheurs S. 330): *Circa personas ipsius ordinis cuiuscumque conditionis existerent ordinandi, disponendi, corrigendi et reformandi et quedam alia faciendi ...*, um den General Munio von Zamorra abzusetzen; den anfänglichen Widerstand des Ordens konnte der Papst nur durch zwei Absetzungsbullen sowie schließlich durch die Auswechslung der dominikanischen Ordensleitung erreichen. – Johannes ging weiter und gab den Generalkapiteln von 1318, 1325, 1328, 1329 und 1333 direkte Anweisungen, Belege: HILLENBRAND, S. 508–515.

[47] Erkennbar ist bei den sogenannten Mitarbeitern zunächst eine quantitative Zunahme von vier Äbten in FSS (CANIVEZ S. 411: Wilhelm von Cîteaux, Johannes von La Ferté [nicht identisch mit dem Notar des Prokurators], Johannes von Clairvaux, Raynald von Morimond), über „einige der Kardinäle" und sechs Äbte in SM (BRT IV S. 348a: Petrus von Cluny, Johannes von La Chaise-Dieu, Gilbert von St-Viktor bei Marseille, Raymund von Psalmody, Wilhelm von Montolieu und Gregor von Issoire) bis zu den 24 namentlich genannten Personen in RN (BIHL S. 333 f.: Kardinäle: Pierre Desprès [Praeneste], Gaucelme de Jean [Albano], Pedro Gomez [S. Praxedis], Gaillard de Lamotte [S. Lucia in Orthea (Silice)], Bertrand de Montfavès [S. Maria in Aquiro]; Bischöfe: Gozio Battaglia von Rimini [Patriarch von Konstantinopel, seit 18.12.38 Kard. von S. Prisca], der Bischof von Brixen, Äbte: Gilbert von St-Viktor bei Marseille und Wilhelm von Montolieu; erst dann folgen die Franziskaner: Guiral Ot, 6 aktive Provinziale: Henri de Senons [Francia], Johannes [Burgund], Pasteur de Sarrats [Provence], Petrus [Tuszien], Pontius Carboneli [Aragon], Petrus von Sassoferrato [Mark Ancona, ab 1.12.41: Pöniteniar *in Urbe*, BF VI nr. 136]; 2 ehem. Provinziale: Philipp [Mailand], Laurentius [Terra di Lavoro]; 5 Ordenstheologen: Nikolaus von Huy, Walter of Chatton, Guillaume Bernard de Podio, Antonius de Aribaldis de Valentia (Lombardei; ab 25.5.41 Bischof von Gaeta, BF VI nr. 131), Fortanier Vasall; der Ordensprokurator: Petrus de Strata. – AD nennt keine Mitarbeiter, jedoch erhob das Provinzialkapitel von Newstead, auf dem 1341 AD promulgiert wurde, 200 fl. für die *doctoribus* [ein Ms erg.: *in Curia Romana*] *qui dicta statuta ad mandatum domini pape predicti compilarunt* (SALTER, Chapters S. 49 nr. 30 mit Anm. 1). Daneben erfolgte die (kuriale) Publikation in Anwesenheit von Autoritätspersonen: bei den Bestimmungen zum Benefizialwesen heißt es (BRT IV S. 445 § 39): *Presentium auctoritate statuimus...*; Rückschlüsse auf die Rolle der Mitarbeiter in den anderen Bullen zu ziehen ist hieraus höchstens im diplomati-

nes XXII. und seinen Vorgängern praktizierten Methode kollegialer Entscheidungsfindung bei wichtigen Sachfragen, die dieser teilweise auch im Ungang mit den Orden anwandte. Da es zu wenige Detailinformationen über den konkreten Verlauf der Planungsphase gibt[48], ist nur zu erkennen, daß Benedikt dieses Verfahren ähnlich wie bei der Lösung des Visio-Streites praktizierte: wahrscheinlich wurde ein von der kurialen Kanzlei ausgearbeiter Entwurf in einer Art Klausurtagung verlesen und nur in Detailfragen besprochen[49]. Welche Funktion genau die Vertreter der Orden dabei hatten und ob die Orden unterschiedlich behandelt wurden, etwa die Zisterzienseräbte in der Vorbereitung von *Fulgens* ein größeres Mitspracherecht hatten als die Vertreter des Franziskanerordens bei der Vorbereitung von *Redemptor noster*, läßt sich nur mutmaßen. Eine Art von rundem Tisch, an dem Papst und Ordensvertreter gleichberechtigt zusammenwirkten, sich vorzustellen ist sicher ebenso falsch wie anzunehmen, die Ordensvertreter seien nur eine Art von Zeugen bei der Verkündung der Bullen gewesen.

Die Entsendung von Legaten als Exekutoren oder Lokalreformer, die die 1. Vita in das Vorfeld der Reformbullen einordnet, erfolgte freilich oft erst nach der Promulgation der Bullen[50] im Rahmen von Provinzial- oder

---

kischen Sinne möglich. – Zur Tradition von Zeugenlisten in den Orden am Bsp. *Exiit*: Alvarus Pelagius DSPE II 62, fol. 206rb; *Chron. 24 Gen.* (AnalFr III S. 369).

[48] Die ausführlichste Zusammenstellung findet sich in der 1. Vita (BALUZE/MOLLAT I S. 202 f.), die für Benediktiner und Zisterzienser mehrere Stadien unterscheidet, gerade in dieser Systematisierung aber über den zumindest für das erste Stadium sonst dokumentierten Bestand hinausgeht: die Entsendung von Visitatoren, *religiosos tam abbates quam alios in theologia et jure canonico doctores*; deren dem Papst erstatteten Bericht über den Zustand der Klöster (*in quibus ... reformatione indigebant*); nach einer anschließenden *deliberatio* habe der Papst seine Statuten erlassen. Zeitlich näher an den Ereignissen formulieren die Gesta (S. 179): *vocatis pluribus viris religiosis, scilicet doctoribus eiusdem ordinis, ipsum ordinem iustis et piis ordinationibus reformavit*. Auch Benedikt selber berichtet im Prolog von SM (BRT IV S. 348a–b) nicht von Erkundungen, sondern nur: *diligenti tractatu praehabito et super eo digesta deliberatione secuta.*

[49] Vgl. SCHÄFER, Ausgaben ... unter Benedikt XII S. 21, belegt die Verköstigung von sechs Zisterzienseräbten vom 6. bis 13.5.1335, sowie vom 1. bis 8.7.35 in Pont-à-Sorgue nun zusammen mit vielen Kardinälen, vom 8. bis 15.7.35 des Abtes von Cîteaux und vieler Magistri der Theologie. – Zu den Franziskanern (ebd. S. 21): am 11.12.35 erhielt Petrus de Strata 200 fl. als Auslagenersatz für die Minister und Magistri des Ordens, die zwecks Reform vorgeladen worden waren; am 26.6.36 waren es abermals 100 fl. für 10 Franziskaner (ebd. S. 41). – Am 26.2.39 werden 200 fl. für die zur Reform der Dominikaner an die Kurie gerufenen drei Brüder erstattet, am 20.12.39 ist auch General Hugo de Vaucemain anwesend (ebd. S. 91).

[50] Bereits am 13.5.1335 entsandte er seinen Kaplan Guillaume Audebert zu einer Erforschung des Zustands der augustininischen Klöster und Pfarreien in den Diözesen Sisteron und Avignon (DAUMET nr. 53 Sp. 30 f.); gut erforscht sind Visitation und Reform der dekadenten Kanoniker in Albi durch Arnaud de Verdale: vgl. FELTEN, Arnaud de

Generalkapiteln[51], denen Benedikt meistens auch eine materielle Bestandsaufnahme des Besitzes der nach Provinzen und nicht nach Kongregationen erfaßten Klöster in Auftrag gab, geradeso, als ob er der reformerischen Eigendynamik der Provinzialkapitel nicht ganz traute[52]. Insgesamt

---

Verdale et la réforme de chanoines S. 311 ff. – Für die Benediktiner hat bereits DELISLE, Enquête sur la fortune S. 364 ff., Beispiele für die Durchführung jener mit einem Brief vom 13.12.36 angeordneten Untersuchung in Saint-Ouen in Rouen, Saint-Saveur-Le-Vicomte, Marmoutier, St-Victor bei Marseille und Mont-Saint-Michel zusammengestellt, die zwischen September 1337 und Mai 1338 datieren, also erheblich nach SM. – Bei den zentralisierten Orden nutzte er die vorhandenen Strukturen: am 30.7.35, d.h. zwei Wochen nach FSS, beauftragte er die Äbte von Cîteaux, La Ferté, Pontigny, Clairvaux und Morimond, ihm Bericht zu erstatten über die ihnen unterstellten Klöster, ihre Wirtschaftskraft und die Zahl ihrer Mönche. – Kardinal Gozio von Rimini wurde am 6.7.38 damit beauftragt, die Befolgung von FSS, RN und SM zu kontrollieren (BF VI S. 60b nr. 94); vgl. auch SCHMITT, Pape réformateur S. 7 und S. 85.

[51] Am 31.12.1336 (VIDAL I nr. 3952) befiehlt Benedikt den Äbten aus Tours und Saumur, in den Provinzen von Rouen und Tours Provinzialkapitel abzuhalten, um SM zu promulgieren; ebd. nr. 3953: ders. Befehl an viele andere Provinzen. Am 13.1.1337 (ebd. I nr. 4981, FIERENS S. 160 nr. 360) für die Provinzen Reims und Sens; VIDAL nr. 4982, FIERENS nr. 361 für die Provinzen Köln und Trier (hierzu: BERLIÈRE, Chapitres généraux de l'ordre de S. Benoît S. 371 f.). Am 26./27.6.1337 fand unter den Äbten von Marmoutier (Diözese Tours) und St-Sorge (Angers) ein „General chapter" für die Klöster der Provinzen Rouen und Tours statt, vgl. SULLIVAN, Studia monastica [Ph.D.Thesis Fassung] S. 12. Am 12.1.1338 (VIDAL nr. 6242, FIERENS S. 203 nr. 443) erneuert für die Provinzen Sens und Auxerre. Im Februar 1338 wurde unter Simon von Marmoutier ein Kapitel auf dem Mont-Saint-Michel veranstaltet, vgl. SULLIVAN, ebd. S. 13. Vgl. auch SCHMIEDER, Durchführung S. 278 zu dem Salzburger Kapitel von 1338; hierzu auch ZELLER, Provinzialkapitel S. 8. – Bei den Zisterziensern erfolgte die Einschärfung von FSS über das Generalkapitel, das Benedikt XII. jährlich zur Einhaltung der Statuten ermahnte: DAUMET nr. 93 (12.8.1335), nr. 211 (15.8.1336), nr. 359 (28.8.1337, durch den Abt von Boulbonne), nr. 484 (19.8.1338); nr. 631 (21.8.1339); nr. 747 (19.8.1340), nr. 875 (17.8.1341). – Zu den Augustinerchorherren: VIDAL II nr. 7519 (15.2.1339: Promulgation von AD); nr. 7524 (1.7.1339: Geltung in Köln, Mainz und Trier sowie zahlreichen französischen Provinzen); nr. 8315 (7.8.1340: Konsultation des Papstes über einige Bestimmungen in AD); nr. 9112 (1.9.1341: Einschärfung von AD). In England fungierten die Äbte von Thornton und Kirkham als Exekutoren von AD auf dem Provinzialkapitel der nun vereinigten Provinzen von York und Canterbury, vgl. SALTER, Chapters of the Austin Canons S. 49 nr. 30.

[52] Zu dieser Art von *inquisitio* beauftragte Benedikt die Äbte Gilbert von St-Viktor bei Marseille und Raimund von Mont-Majeur (Diözese Arles) in einem Schreiben vom 13.12.1336 (ed. GUÉRARD, Cartulaire de l'abbaye de Saint-Victor S. 606 ff.), das die Äbte zur Bekräftigung der ihnen zur Ermittlung *de ... membrorum suorum facultatibus ac quot monachi esse consueverint in eisdem* der Klöster in den Provinzen Vienne, Arles, Aix und Embrun verliehenen apostolischen Autorität ihrer eigenen Urkunde vom 17.12.1337 (ebd. S. 605–608) inserierten; die *per inquisitionen* ermittelten Ergebnisse (ebd. S. 608–627) zeigen freilich, daß man sich auf die zahlreichen Priorate von Saint-Viktor beschränkte; vgl. auch hierzu: der für das 12. Jahrhundert angelegte, aber cum grano salis auch im 14. Jahrhundert noch gültige Überblick von BARATIER, La fondation

erweckt dieser Verlauf den Eindruck, der Papst habe bei der Umsetzung seiner Maßnahmen die Betroffenen stärker bedacht als bei ihrer Vorbereitung. Darüber hinaus läßt Benedikt zumindest im Umgang mit den widerspenstigen Dominikanern sogar eine gewisse Ansprechbarkeit für unlautere Mittel zur Vorbereitung der Reform erkennen[53].

Widerstände

Man sollte also das von Benedikt XII. ostentativ herausgestellte Verfahren der kollegialen Beschlußfassung nicht überbewerten oder in Benedikts Reform nur die Fortsetzung der ordensinternen Reformtätigkeit der vorangehenden Generalkapitel sehen. Benedikt knüpfte zwar an dieser an, hob gegenüber den Zisterziensern seine eigene *experientia* hervor[54] und handelte in Einklang zu den kanonischen Vorschriften über die Promulgation von Gesetzen[55], indem er seine Eingriffe mit den Orden abstimmte. Ein schon bald nachweisbarer längerer Aufenthalt des Petrus von Cluny an der Kurie läßt sich aber als Versuch des Ordens deuten, Nachbesserungen zu erreichen[56]. Bei den Franziskanern wurden die Bestimmungen von *Redemptor noster* nach der Promulgation auf dem Generalkapitel von 1337 zu Cahors weitgehend ignoriert[57]. An bald unterdrückten Ansätzen ist

---

et l'étendu du temporel S. 406–441 mit Karte S. 417 f.; vgl. auch knapp: AMARGIER, Relations S. 235.

[53] Zwar stellt die 5. Vita heraus (BALUZE/MOLLAT I S. 228): *Portitores novarum, mendacia confingentes, ab ipsorum vesania refrenavit*, doch hatte Benedikt, zumindest wenn man dem Denunzianten Raymond Barreau glaubt, gegenüber solchen Menschen weniger Berührungsängste, als es solche Äußerungen vorgeben; der Dominikaner wandte sich 1338 an Benedikt XII. (ed. BOTINEAU, Tribulations S. 517–526; hierzu auch: FELTEN, Benoît XII et les Prêcheurs S. 328), da ihn seine Mitbrüder angeblich verfolgten, weil die *secreta ordinis et inquisitionis* an den Papst verraten und damit Orden und Inquisition gefährdet habe (S. 518 f.).

[54] FSS (CANIVEZ S. 411).

[55] Grundlage für den Bezug auf die Benutzer des Gesetzes: dict. *Gratiani post* D. 4 c. 3: *Leges instituuntur, cum promulgantur, firmantur, cum moribus utentium approbantur*. Vgl. allg. GAGNÉR, Studien S. 274 f.; LEFEBVRE, in: LE BRAS/RAMBAUD/LEFEBVRE S. 433 f.

[56] Abt Petrus von Cluny weilte schon im Dezember 1335 an der Kurie, da ihn der Papst am 22.12.35 bei dem französischen König für sein Fernbleiben vom Pariser Parlament entschuldigte (DAUMET nr. 131, Sp. 89 f.): *ut ... posset reformatio ad Dei laudem et gloriam ac animarum profectum et ordinum utilitatem ipsorum fieri*. 1336 beklagt sich das Generalkapitel, wegen des in päpstlichem Auftrag *pro reformatione et bono statu Ordinis* zu lange an der Kurie weilenden Abtes seien dem Orden *importabiles ... expensas* entstanden, CHARVIN III S. 237.

[57] Eine anschauliche Schilderung der Promulgation wurde im Prozeß um Andrea da Gagliano, also etwa 10 Jahre später, formuliert (PASZTOR, Processo S. 286): *quod dicta constitutio sive statutum fuit solempniter editum et promulgatum in dicto capitulo inter ministros, custodes, discretos, visitatores congregatos pariter et convocatos ad capitulandum et capitulum facientes, receptum et approbatum in dicto Ordine et in conventi-*

auch bei den Zisterziensern ein gewisser Widerwille gegen das Reformwerk zu erkennen[58], der zeigt, daß entweder die von Benedikt ausgewählten Mitarbeiter ihre Orden nur unzulänglich repräsentierten oder sie dem Papst gegenüber ihren Willen nicht deutlich genug artikulierten; ja es heißt sogar, er habe bewußt in den Orden Zwietracht gesät, indem er bei den Mendikanten das Aufbegehren der Brüder gegen ihre Leitung gefördert, aber bei den monastischen Verbänden deren Macht gemehrt hätte[59].

Auch die Terminologie verweist in eine bestimmte Richtung, denn der von Benedikt XII. nur in der Pönformel gebrauchte Begriff *constitutio*[60] meint zumindest aus kurialer Perspektive ein, um den Hostiensis zu zitieren, Gesetz, das der Papst *proprio motu ... et in scriptis ... sine consilio fratrum, et nulla consultatione facta* erlassen habe[61]. Im Prolog der Bullen spricht Benedikt daher von *statuta* bzw. *ordinationes*, was den Benediktiner-Abt und Toulousaner Kanonisten Guillaume de Montlauzun allerdings nicht davon abhielt, einen Kommentar *super constitutiones domini Benedicti pape* zu verfassen[62].

---

bus dicti Ordinis et per fratres eiusdem, iam sunt anni decem et ultra. Zum Verschweigen der Reformbullen: SCHIMMELPFENNIG, Zisterzienserideal S. 31; SCHMITT, Pape réformateur S. 61 ff. und S. 88 ff.

[58] Das Generalkapitel von 1336 (CANIVEZ III S. 441 nr. 4) kritisierte, daß zahlreiche Äbte noch keine Kopien der Statuten haben und forderte dazu auf, solche anzufertigen. 1337 (ebd. III S. 448 nr. 11) wurde die Interpretation der Statuten unter schwerster Strafe verboten; offenbar mit Erfolg, denn das Generalkapitel mußte nicht mehr darauf zurückkommen, sieht man von einer Maßnahme gegen Äbtissinnen ab, die sich eigene Siegel herstellten und damit gegen FSS verstießen (ebd. III S. 461 nr. 2).

[59] Die 8. Vita unterscheidet (BALUZE/MOLLAT S. 237): während Benedikt bzw. Pierre de Chappes bei den Benediktinern das *dominium* der Äbte gemehrt und die *subditi* unterdrückt habe, habe sein Haß auf die Bettelmönche sich dort gerade anders ausgewirkt: *Dissensiones eorum libenter audiebat, et subditis contra prelatos favere mirabiliter videbatur.*

[60] FSS (CANIVEZ III S. 436). Vgl. ähnlich schon in *Parvus fons* (ebd. II S. 30); die *Protestatio* von 1317/18 bezeichnete die normativen Texte des Ordens nach der CC als *constituciones* (ed. MAHN S. 87). – Auch die Dominikaner nannten ihre Statuten *constitutio* (THOMAS S. 309, 311; GALBRAITH S. 253), ebenso die Augustinereremiten (Regensburger Konstitutionen von 1290/92, fol. 17r).

[61] *Summa aurea* fol. 3ra; dabei gilt fol. 4vb: *Et quidem generaliter potest dici constitucio ius humanum* [est] *nam ius aliud divinum.* Dieser Charakter als wandelbares, im Idealfall fürstlich zu dekretierendes Recht (fol. 5ra) spricht den von ihm betroffenen Gemeinwesen kein Mitbestimmungsrecht zu (fol. 5ra). Zu *constitutio* vgl. auch COSTA, Jurisdictio S. 191, sowie MOHNHAUPT, Verfassung, in: GG VI S. 838 f.

[62] FSS (CANIVEZ III S. 411) und SM (BRT IV S. 348b): *statuta et ordinationes*; RN (BIHL S. 333 nr. 3): *Ordinationes*; AD vermeidet im Prolog eine solche Charakterisierung, spricht aber im Epilog (BRT IV S. 459a § 64) von *statuta*. – Guillaume de Montlauzun verfaßte seinen in Paris BN Ms lat. 4121 fol. 3ra–44ra freilich nicht im Autograph (das Ms scheint vom Ende 14./frühes 15. Jhrdt. zu stammen) erhaltenen Kommentar zu SM nach der Promulgation von AD (fol. 14va: *papa concessisset de novo*

Diese schwankende Terminologie kann man durchaus so interpretierten, daß Benedikt das kollegiale Moment zumindest in der Beschlußfassung stärker herausstellte, als es dem wirklichen Ablauf der Gesetzgebung entsprach. Diese Sprache war einem Orden angemessen, dessen seinerzeit von Jacques de Thérines gegenüber Clemens V. und Johannes XXII. herausgestellter bedingungsloser Gehorsam sich als ein Lippenbekenntnis erwiesen hatte. Als Ordensmitglied wußte Benedikt besser als Johannes XXII., woran er war, versuchte aber trotzdem, seine Reform für den Orden erträglich zu gestalten, vordergründig also auch hier eine *via mansuetudinis*. Er bezeichnete seine *ordinationes* selber als eine das partikuläre oder lokale Ordensrecht ergänzende Rechtsart[63], was freilich nicht ganz stimmte, wie schon die Reaktion der Betroffenen zeigt; aufschlußreich ist das Verhalten der Dominikaner.

Es ist dabei nicht Benedikts ohnehin fragwürdige zisterziensische Austerität, sondern die Diskrepanz von Erwartung und Wirklichkeit, die eine für den Betrachter etwas verwirrende Konstellation verursachte, d.h. dazu führte, daß die Dominikaner dem Papst Absichten unterstellten, die er in dieser Form gar nicht hatte. Allein deshalb sind die in der Ordenschronistik schon sehr früh anzutreffenden Mutmaßungen, er habe den Dominikanern ihre Armut nehmen[64] und die Franziskaner zu Zisterzien-

---

canonicis regularibus et eorum presidentibus similem potestatem in suis novis constitutionibus ...). Dem Titel (fol. 3ra): *Incipit apparatus ... super constitutiones domini Benedicti pape* folgt dann *Quoniam de clementissimo papa nostro et eius statutis pro monachis nigris editis ...* . Von *construciones* spricht auch das Generalkapitel von Cluny in Jahre 1342 (CHARVIN III S. 335), *institutiones pape Benedicti XII.* nennen die Statuten von St-Croix in Bordeaux SM (ed. CHAULIAC S. 466).

[63] Am Ende des Prologs von SM (BRT IV S. 348b) stellte er das Verhältnis von päpstlichem Recht und Ordensrecht dar: *Per editionem ... ordinationum praedictorum, non intendimus aliis iuribus institutis (quatenus eisdem statutis et ordinationibus expresse non obviant) aliquatenus derogare, sed illa potius approbare.* Noch zurückhaltender war er im Prolog von AD, in dem er auf die lange Tradition der Augustiner verweist (ebd. S. 425b). Bei den Franziskanern ordnete das Generalkapitel von Cahors 1337 an, die von den *ordinationes* Benedikts nicht außer Kraft gesetzten *Statuta* des Ordens *cum quibusdam addicionibus et correctionibus et cum aliquibus declaracionum Regule nostre et privilegiorum Ordini nostro a Sede apostolica indultorum capitulis* in einem *novum volumen* zusammenzustellen (ed. BIHL 1337-1357 S. 128). Zur Relation der päpstlichen und der Ordens-Statuten: SCHMITT, Pape réformateur S. 66–71.

[64] Seit MORTIER, Histoire des Maîtres généraux III S. 95–138 von 1907, wurde die Vorstellung vom Minoritenhasser Benedikt XII. (vgl. noch GREGOROVIUS, Geschichte der Stadt Rom II, 2; S. 666) zum Dominikanerhasser erweitert, wofür es freilich bei Zeitgenossen wie Galvano Fiamma oder dem dominikanischen Verfasser der 8. Vita (BALUZE/MOLLAT I S. 236: *Ordines mendicantium per facti evidentiam exodiosos habebat*) nur indirekte Zeugnisse gibt. Die Studien von ALTANER, Venturino [Exkurs] S. 157–167, bes. S. 163, und FELTEN, Benoît XII et les Prêcheurs S. 309 f. u. S. 313, zeigen die ‚Armutsthese‘ als Erfindung von Dominikanerchronisten des 17. Jahrhunderts; zur Armut, die gerade auf dem Generalkapitel von 1337 in Valence in einer wenig rigo-

sern machen wollen[65], in Hinsicht auf Benedikts Reformintention unzutreffend. Er wußte nicht nur, daß die individuelle *abdicatio proprietatis* so sehr der Regel verbunden ist, daß nicht einmal der Papst davon dispensieren kann[66], sondern man würde Papst und Dominikaner gleichermaßen völlig falsch einschätzen, wenn man unterstellt, dieser habe aus dem theoretischen Armutsstreit unter Johannes XXII. nichts gelernt. Wenn man mit Pierre de La Palu die Regel an sich zugunsten einer Obedienz *secundum regulam* relativiert und die kollektive Armut auf die *constitutiones* des Ordens, nicht aber auf die Regel gründet[67], die die Dominikaner ja mit anderen Orden gemeinsam hatten, so wird deutlich, daß Benedikt XII. und die Dominikaner bei allen Unterschieden in der Sache über den politischen Stellenwert der Armut offenbar ganz ähnlich dachten. Aus Sicht der Dominikaner war eine so weitgehende Reform nur durch ein *capitulum generalissimum* zu leisten, dem außerordentliche legislative Vollmachten zu-

---

ristischen Weise (vgl. auch Extravag. Joh. XXII 14,4; ed. FRIEDBERG II Sp. 1233; ed. TARRANT S. 255 ff.) definiert worden war (MOPH IV S. 244): vgl. allg. LÖHR, Mendikantenarmut S. 413; LAMBERMOND; HINNEBUSCH, Poverty S. 449; FELTEN, ebd. S. 318–322.

[65] Nikolaus Glassberger (AnalFr II S. 166): *Et quia ipse Papa prius monachus fuit, multa in ipsis Statutis servanda tradidit, quae dictorum monachorum potius quam pauperum Fratrum Minorum statui convenire videntur.* Anschließend fügt er einen älteren Ausspruch des Gilbert von Tournai hinzu: *Fiant Constitutiones iuxta Regulam Fratrum Minorum, non secundum statum monachorum.* Vgl. hierzu: MOORMAN, History S. 326; BIHL (1337-1351, S. 87). Glassberger folgen: HOLZAPFEL, Handbuch S. 83 f., 195, 198; ALTANER, Venturino S. 161; JASSMEIER S. 175; WAGNER, Historia constitutionum S. 55.

[66] Vgl. X 3.35.6; vgl. FSS c. 29 (CANIVEZ S. 428 f.): meint Individualbesitz, hier unter Ausnahme der *administratores*; vgl. in SM c. 16 (BRT IV S. 373a) werden *regulares et canonicas institutiones*, aber ohne Sonderregelung angeführt; genauso: AD § 60 (BRT IV S. 458a). Sogar den Franziskanern ließ er ihre Armut, freilich nur in dem von Johannes XXII. definierten Sinne und angewendet auf den Habit (RN c. 5, BIHL S. 340 ff.). – Auch die von Alvarus Pelagius in DSPE I 46 (fol. 21rb–22rb) gegen X 3.35.6 vorgebrachten indivuellen Dispensationsgründe treffen nicht die innermonastische Praxis, um die es hier geht.

[67] So schrieb La Palu 1338 in einem Gutachten für Hugo de Vaucemain (zit. bei LAMBERMOND S. 86 Anm. 2, der darin „die Auffassung weiter Kreise" wiedergespiegelt sieht, vgl. auch die Überlieferung durch den Traktat *De formatione et reformatione...* des Heinrich von Bitterfeld, vgl. LÖHR, Mendikantenarmut S. 392); er folgert: *Sed tamen propter hoc non est contra votum nostrum, quia non vovemus servare constitutiones sed promittimus obedire secundum illas. Unde non transgrediamur votum nisi contra preceptum obedientie ... .* Dieses Gehorsamsverständnis vertrat La Palu schon um 1314 (in IV. Sent. d. 38 q. 3 a. 4; fol. 180va): [religiosi] *non voverunt regulam, sed conversionem vel obedientiam secundum regulam. ... tutior est modus profitendi quo promittitur obedientia secundum regulam quam ille quo conversio morum secundum regulam.* Vgl. auch noch DPP (ed. STELLA S. 215). – Zum Passus *secundum regulam* vgl. auch: Bernhard von Clairvaux, *De praecepto et dispensatione* IV.10 (Opera III S. 260).

standen[68]. Dies alles zeigt, daß die Dominikaner über Benedikts Absichten informiert waren, sie sehr ernst nahmen und Vorbereitungen zur Sicherung ihrer legislativen Autonomie trafen.

Diese politische Deutung des dominikanischen Widerstandes kann auf eine schon in den ältesten Ordensstatuten enthaltene Unterscheidung zurückgreifen, nach der die Annahme von Besitztümern und Einkünften *inviolabiliter et immutabiliter in perpetuum* verboten ist[69]. Die Antwort des Pierre de La Palu und der Ausfall dieses Passus in späteren Statutenkodifikationen[70] lassen es allerdings als fraglich erscheinen, ob dies auch für die Dominikaner des 14. Jahrhunderts noch Geltung hatte, selbst wenn Galvano Fiamma darauf verwies, daß nicht einmal Gott *de potentia ordinaria* oder der Papst eine neue *professio* erzwingen können[71]. Benedikt verzichtete darauf, den ungehorsamen, aber rhetorisch wesentlich zurückhaltender als seinerzeit Michael von Cesena agierenden Dominikanergeneral[72] abzusetzen. Eine solche autoritäre Geste hätte seinem Grundsatz einer

---

[68] Wie das Generalkapitel von Paris 1236 beschlossen hatte (MOPH III S. 7), darf ein *generalissimum capitulum* nur zusammentreten, wenn eine Mehrheit der Provinzen es fordert und es dem General für nötig erscheint. Vgl. hierzu in den Statuten Raymunds von Peñaforte II 10 (ed. CREYTENS S. 61). Das einzige derartige Kapitel hatte 1228 unter General Jordan von Sachsen stattgefunden, vgl. HINNEBUSCH, History S. 83, 171.

[69] Freilich wird die Rolle des Papstes nicht thematisiert, sondern nur den Definitoren und Prioren ein Änderungsrecht verweigert (1228, ed. DENIFLE S. 194; ed. THOMAS S. 309 f.). Mutabel, wenn auch nur durch drei Generalkapitel, sind Konstitutionen wie *de non equitando, de expensis non portandis, de carnibus ... non comedendis*. Schon der Heilige Dominikus selber verzichtete aber auf eine päpstliche Approbation der Statuten, vgl. HINNEBUSCH, History I S. 171. – Die Generalkapitel des 13. und 14. Jhrdts. sprachen sich wiederholt gegen Besitztümer aus (1239: MOPH III S. 11; 1261, ebd. S. 108; 1312, ebd. IV S. 59), ordneten deren Verkauf an (1274; MOPH III S. 174) und warnten vor dem Verwicklung in weltliche und Geld-Geschäfte (1290, ebd. III S. 258; 1323, ebd. IV S. 146; 1328, ebd. IV S. 181 f.). Ausnahmen gab es etwa, wenn ein Visitator befugt wurde, Mängel *per modum doni vel mutui* (1321, ebd. IV S. 129) abzustellen.

[70] Vgl. die Statuten von 1241 (ed. CREYTENS S. 29); 1256 (ed. MOTHON S. 31); 1358–1363 (ed. GALBRAITH S. 203 f.).

[71] *Chronica maior* (ed. ODETTO S. 368); vgl. auch FELTEN, Benoît XII et les Prêcheurs S. 314 mit Anm. 21.

[72] Zwar finden sich in den Enzykliken, die der General an seinen Orden richtete, nach 1337 nicht mehr solche Lobeshymnen auf den Papst wie noch 1336 (MOPH V, S. 260 z. 11–19), doch gibt es abgesehen von Galvano Fiamma keine Hinweise darauf, daß Hugo öffentlich darauf abhob, wie er dem Papst die Stirn geboten habe. Statt dessen forderte er 1337 spirituelle Qualitäten der Brüder ein: (MOPH V S. 263). Freilich konnte er im Krisenjahr 1338 keine Enzyklika veröffentlichen, weil das Generalkapitel ausfiel, doch danach ging es ähnlich wie 1337 weiter (ebd. S. 265 z. 17 ff.). In seinem Gehorsamsappell (1339, ebd. S. 266: *Ecclesiarum prelatis ac rectoribus animarum reverenciam devotam in omnibus exhibete, ab hiis, quae in ipsorum vergere possunt offensam precaventes*) bleibt der Papst unerwähnt, sofern man die Warnung in der zweiten Satzhälfte nicht auf ihn bezieht; genauso 1341 (ebd. S. 273), als das Generalkapitel in Avignon stattfand.

einvernehmlichen Konfliktbereinigung diametral widersprochen und schlimmstenfalls zu einer Spaltung des Ordens geführt. Benedikts Vorstellung vom Zugriff auf die Orden bedarf einer Vertiefung.

Normativer Wandel und päpstlicher Zugriff

Jacques Fourniers augustinisch geprägten Vorstellung vom normativen Wandel[73] ist weit von der zisterzienisch-dominikanischen Auffassung des Jacques de Thérines entfernt, nach der der Papst *de iure divino* verfügt. So wie das ‚Illuminieren‘ *secundum capacitatem audientium* vorgenommen werden soll, so ist die Ausführung von Gesetzen eine Adaption ihrer ursprünglichen *intentio* an die Umstände der Zeit[74]. Schon Christus machte dies nicht anders, als er in der Bergpredigt seinen Zuhörern die *congruentem suis temporibus humani generi ... medicinam* darlegte[75]. Insofern fiel es auch Benedikt XII. nicht schwer, den Wünschen einer 1340 von Cluny an die Kurie geschickten Gesandtschaft zu entsprechen, die einige *dubia* über so zentrale Aspekte von *Summi magistri* wie Ordensvisitatoren, Generalkapitel, Studienpensionen, Gütervergabe und Eide klären lassen wollte[76], oder schon 1339 den Franziskanern eine angeblich aus Kosten-

---

[73] Am Beispiel des Volkes Israel zeigte schon Jacques Fournier: PMt 5,17; fol. 131ra: *Et sic statu populi mutato, opportuit quod et leges iudiciales mutarentur, quae populi statum ordinabant.* Auf fol. 127rb differenzierte er bei Gesetzesergänzungen und kam zu dem Ergebnis (ebd.): *Alio modo potest intelligi additio, quod exprimatur, et declaretur intentio, et addatur illud, sine cuius observantia, numquam praeceptum plene et perfecte potuit adimpleri; et hoc modo prohibitum non erat in fieri additionem in preceptis divinis, cum haec proprie additio non vocetur, sed expositio, et doctrina, ... qualiter praeceptum debeat intelligi, et possit impleri.*

[74] PMt 5,13; fol. 111ra: *... ; quia si simplicibus, et idiotis alta mysteria divinae scripturae revelentur ... non illuminarentur; sed obcecarentur, et frequenter in errorem ducerentur.* Ein Gesetzeswandel obliegt dabei nicht der individuellen Willkür (PMt 5,17; fol. 140ra): *quia illa, quae Dominus videtur mutasse in lege, in ipsa lege praedicta erant esse mutanda; unde cum ipsa mutaverit legem implevit, quae praedixerat ipsa esse mutanda.* Wie vorsichtig dabei zu verfahren ist, zeigt, daß schon ein *erronee intelligere legis praeceptum* einem Gesetzesbruch gleichkommt (PMt 5,18; fol. 141rb).

[75] PMt 5,2; fol. 7ra: *Cum autem minora minoribus, maiora maioribus dentur, ab eo dantur qui solus novit congruentem ... generi exhibere medicinam.* Vgl. Augustinus, *De sermone domini in monte* I 1,2, CCSL 35 S. 2. Daß die Gesetzgebung in schriftlicher Form erfolgt, begründet er zweckmäßig (fol. 42rb): *Si ergo quia scripta doctrina plures potest pertingere, quam doctrina verbalis, et per eam recurritur habilitati memoriae; ideo, qui docent scripto plures possunt docere, et per longius tempus ac securius, quam illi, qui solum docent verbo; nisi eorum dicta per alios scribantur.* Zum Christus Medicus: ARBESMANN, Christus medicus S. 1–28; ANGENENDT, Geschichte der Religiösität S. 129–131.

[76] *Dudum pro bono* vom 5.12.1340 (DAUMET nr. 795; Text: BRT IV S.462b–467a) reflektiert insofern die Erfolge der vom Generalkapitel von 1339 (CHARVIN III S. 287) *pro declarandis quibusdam que predictis abbatibus, prioribus, decanis et administratoribus dubia videbantur in predictis constitutionibus papalibus editis pro nigrorum mo-*

gründen nötige Einschränkung ihrer Verpflichtung zur ordensinternen Zensur neuer Schriften zu genehmigen[77].

Der päpstliche Zugriff auf das Ordenswesen erfolgte aber nicht nur durch diese insgesamt zurückhaltende Normierung der Askese, sondern durch Maßnahmen von jurisdiktioneller Tragweite, und man unterschätzt Benedikt XII., wenn man diese seine Ordensreform flankierenden Maßnahmen übersieht. Neben der Reformbulle *Fulgens sicut stella* stehen bei den Zisterziensern deshalb die letztlich erfolgreichen Versuche des Papstes, die Erlassung eines neuen *Libellus Definitionum* zumindest dann zu blockieren, wenn er nicht das päpstliche Placet findet[78]. Wie wichtig ihm dies war, zeigt die Tatsache, daß er hierfür einen seiner engsten Vertrauten, Kardinal Guillaume Court, auch er ein Zisterzienser mit Insider-Kenntnissen, heranzog. Dies ist eine konsequent zu Ende gedachte Antwort des Papstes auf die mit der Förderung der General- und Provinzialkapitel von den Päpsten herangezüchtete jurisdiktionelle Autonomie der Orden, die in Verbindung mit ihrem exemten Status sehr leicht zu einer legislativen Loslösung vom Papst führen konnte. Insofern handelt es sich hier um das notwendige Korrelat zu der auch in *Summi magistri* und *Ad decorem* wieder aufgegriffenen und fortentwickelten Tradition aus c. 12 des IV. Lateranum. Soweit es die spärliche Überlieferung zu beurteilen erlaubt, waren bei den französischen Benediktinern deswegen keine flankierenden Maßnahmen erforderlich, weil es schon als Erfolg zu gelten

---

nachorum Ordine reformando an die Kurie entsandten drei Äbte. Wie so oft hatte der Orden Schwierigkeiten, die Kosten hierfür zu decken: so beklagte sich das Generalkapitel von 1340 (ebd. S. 299) über die schlechte Zahlungsmoral *pro parte Ordinis destinatorum ad Sedem apostolicam super facto constitutionum ... noviter editarum.*

[77] Am 25.1.1339 (BF VI S. 67a nr. 104) richteten die Franziskaner an den Papst die Bitte, die in RN IX 35 (BIHL S. 352) vorgesehene Korrektur eines neuen theologischen, juristischen oder philosophischen *opus* durch vier vom Generalkapitel bestimmte Magister der Theologie *ad parcendum gravaminibus et expensis ordinis* nur durch drei Theologen vornehmen zu lassen. Zum Korrekturwesen: MAIERU, University training S. 24.

[78] Das Generalkapitel von 1335 beschloß (CANIVEZ III S. 438 nr. 8): *Item, reformationem et renovationen Libelli diffinitionum Ordinis in quo plurima sunt diffusa, magistro de Bolbona committit Capitulum ... in plenaria Ordinis potestate*; 1338 (ebd. III S. 453 nr. 11) erging der Auftrag an zwei Äbte, *salvis tamen in omnibus papalibus institutis*, den *Libellus Diffinitionum* zu reformieren; 1339 (ebd. III S. 456 nr. 5) wurde die Neufassung durch das Generalkapitel approbiert; 1340 (ebd. III S. 461 nr. 3) wurde diese auf Verlangen des *pater dominus cardinalis albus* zurückgewiesen, mit der Begründung: *nonnulla sunt obscura*; damit blieb der LAD in Kraft. Zu Guillaume Court, seit 1316 Abt von Boulbonne, seit 1337 Bischof von Nîmes, dann von Albi und ab dem 18.12.1338 Kardinal von SS. Quattro Coronati: SCHIMMELPFENNIG, Zisterzienserideal S. 41. – Eine andere Interpretation der Vorgänge um den *Libellus* bei FELTEN, Ordensreformen S. 383. – Handschriften dieser Kodifikation sind nicht bekannt. Vgl. auch: LUCET, L'ère des grandes codifications S. 258 f.

hatte, daß diese Provinzialkapitel überhaupt stattfanden[79]. Neben der Benedictusregel wurden in der Folgezeit nach Auffassung der im Namen der *Benedictina* veranstalteten Provinzialkapitel die von Pierre Bohier kommentierten Konstitutionen des Papstes zur wichtigsten Grundlage des Ordenslebens[80].

Der *Summi magistri* - Kommentar des Guillaume de Montlauzun spielte zwar keine nachweislich vergleichbare Rolle, doch bei aller bereits im Prolog herausgestellten Papsttreue seines Verfassers ist auch hier erkennbar, daß sich führende Vertreter des Ordens selbständig mit den päpstlichen Konstitutionen auseinandersetzten, ohne einen Konflikt mit dem Papst zu riskieren[81]. Bei den quellenmäßig besser dokumentierten englischen Benediktinern läßt sich im Anschluß an die Publikation von *Summi magistri* 1338 im Cluniazenserkloster St. Andrew zu Northampton ein an die Definitoren des Provinzialkapitels ergangener Befehl nachweisen, die überkommenen Konstitutionen des Ordens auf mögliche Unvereinbarkeiten mit den päpstlichen Statuten zu überprüfen, da einige ihrer Bestim-

---

[79] Vgl. BESSE, Provincial Chapters, hat geringe Überreste der Provinzialkapitelsakten vor (S. 54–56) und nach SM publiziert: am 20.7.1337 tagte das Provinzialkapitel der Provinz Burgund und verfügte (S. 62) den Widerruf aller bisherigen *constitutiones, diffinitiones et statuta* zugunsten der gegenwärtigen, affimierte aber die *iurisdictionem, potestatem, dispositionem seu absolutionem* umfassenden Befugnisse seiner Präsidenten. Die *Constitutiones dicti Domini ... Benedicti* und die *ordinationes et statuta per nos facta* sollen jährlich verlesen werden. Eine Verselbständigung der Ordensjurisdiktion war hier nicht zu befürchten.

[80] Vgl. die Beschlüsse des 1368 im Minoritenkloster zu Lavaure veranstalteten Provinzialkapitels (ed. BESSE S. 13). – Der 1519 als *Benedictina, seu Benedicti XII Pontificis Maximi constitutio cum commentario Petri Boherii* gedruckte Kommentar erwies sich auch für mich als „introvabile" (so: PETRUCCI, Bohier, in: DBI XI, S. 202b); dies gilt auch für seinen ungedruckten Kommentar zu *Pastor bonus*. In seinem gedruckten Regelkommentar nimmt Bohier nur einmal explizit auf SM Bezug (zu RSB 39 § 5 v. *Quadrupedum*, ed. ALLODI S. 510): bezüglich der Fastenbestimmungen in SM c. 26 (BRT IV S. 381a) läßt er erkennen, daß von einer allgemeinen Umsetzung der Bestimmung, während des ganzen Jahres donnerstags und samstags, im Advent und zwischen Septuagesima und Ostern kein Fleisch zu essen, keine Rede sein kann.

[81] Guillaume de Montlauzun entwickelt im Prolog seines *Apparatus* zu SM, wie sehr dessen Werk nach Ps 48,19 gesegnet sei (Paris BN Ms lat. 4121, fol. 3ra), aber dennoch *pro huiusmodi benedictione captanda* (ebd. z. 17) einer Erklärung bedürfe. Ob er von seinem Orden dazu beauftragt wurde, ist nicht erkennbar; die sinnfälligen Wortspiele mit dem Papstnamen (ebd. z. 24–28), die Affirmation von dessen Stellung als *perpetuus iudex ac ordinarius* (ebd. z. 33), sein Glauben an den Ursprung des Guten in der Hierarchie (fol. 3rb z. 2 f.) und die dem Prolog von FSS nachempfundene Beschreibung des monastischen Ideals im Bild von Maria und Martha (ebd. z. 4–11, z. 21 f.) lassen vermuten, daß der Text Benedikt XII. überreicht werden sollte, was vielleicht durch die Krankheit und den baldigen Tod des Papstes unterblieb; das Explizit (fol. 46rb) *datum Avinioni nonas decembris pontificatus sui anno sexto* läßt eine Entstehung an der Kurie als möglich erscheinen. Auf einem päpstlichen Auftrag deutet aber nichts hin.

mungen für *graves et difficiles* gehalten würden[82]. 1340 wurde dann eine
Gesandtschaft an die Kurie geschickt, die, ähnlich wie die aus Cluny, sich
um eine Auslegung und Milderung der päpstlichen Konstitutionen bemühen sollte[83]. Die Reaktion des Papstes entspricht der in *Dudum pro bono*
formulierten, doch erst 1343 war das 1338 in Auftrag gegebene Werk fertig und fand die Billigung Clemens' VI.[84], der sich gegenüber dem Normierungsdrang seines Vorgängers ebenso großzügig zeigte wie gegenüber
der monastischen Strenge distanziert[85]. Auch das einzige in Italien als Reaktion auf die *Benedictina* dokumentierte Provinzialkapitel, das 1337 für
die Provinz Ravenna in Bologna stattfand[86], beanspruchte nur dort eine

[82] PANTIN II S. 10: den Auftrag erteilten die Präsidenten auf Ersuchen der Definitoren.
[83] PANTIN II S. 15: *Item electi fuerunt nuncii ad curiam Romanam dirigendi pro reformacione ordinis, et novellarum constitucionum interpretacione sive mitigacione seu declaracione, quoad plures articulos contentos in eisdem, ...* Die Anfrage betraf u.a.
das Studium in Oxford, während § 5 von *Dudum pro bono* (BRT IV S. 464a–465b) nur
auf das Pariser Studium Bezug nimmt; eine Transferleistung ist möglich, zumal sich Benedikt im Prolog (ebd. S. 463a) auf vielfache Klagen (*multorum supplicum*) bezieht, die
ihm offenbar gebündelt vorgelegt wurden. Insofern St. Andrew in Northampton zu Cluny
gehörte (vgl. KNOWLES/HADCOCK, Medieval Religious Houses S. 101) ist eine Zusammenarbeit mit den Benediktinern aus Westminster, St. Albans und Abingdon evident.
Am 2.5.1337 wurde SM bereits von einem Benediktiner und einem Cluniazenser zusammen promulgiert (PANTIN III S. 4 nr. 184).
[84] Auf dem Provinzialkapitel von 1343 wurde eigens die Bulle vorgezeigt (PANTIN II
S. 23), um den normativen Wandel päpstlich abzusegnen: Text: ebd. II S. 28–62. Bzgl.
der Liturgie blieb SM in Kraft (ebd. S. 32); explizite Änderungen betrafen die Definitorenauswahl (S. 60), eine Verschärfung der Aufsicht im Dormitorium (S. 47 f.) u.a. Wie
die Regel sollte die päpstliche Konstitution täglich verlesen werden, insgesamt zweimal
pro Jahr (S. 40).
[85] WOOD, Clement VI. S. 5 ff., zu seiner Jugend in La-Chaise-Dieu. Zur Namensdeutung, etwa: 8. Vita (BALUZE/MOLLAT I S. 240). – Im Anschluß an Guillaume de
Montlauzuns Kommentar folgt in Ms lat. 4121 fol. 46rb die Bulle Clemens' VI. *Sacrosancta Romana Ecclesia* von 1342, durch die alle durch den Verstoß gegen FSS, SM,
RN und AD begründeten Kirchenstrafen aufgehoben wurden.
[86] Ed. NOVELLI, La provincia ecclesiastica Ravennate S. 312–327. Bereits im Statutenprolog wird das Ziel des reformerischen Eingriffs (S. 312) in einer Weise beschrieben, die keinen Widerstand gegen den bereits im ersten Kapitel (ebd. f.) als *zelator* und
reformator ordinis mit Messen bedachten Papst erwarten läßt. Die Anordnung der Verlesung der päpstlichen wie der kapitularen Konstitutionen auf den zukünftigen Provinzialkapiteln (S. 314) intendiert deren Harmonisierung. Neben dem Bezug auf SM c. 22
(Novizenaufnahme; S. 316 f.) wird auch *Regularem vitam* (S. 317 f.) wörtlich inseriert
(anstelle des abgemilderten c. 36 aus SM [BRT IV S. 385a–b], in dem das Amts- und
Stimmrecht übergetretener Mendikanten an eine päpstliche Erlaubnis gebunden wurde),
durch eine Exkommunikations- bzw. Suspensionsdrohung (bei einen *collegium*) ergänzt
und damit artikuliert, daß auch in Italien erhebliche Observanzdefizite bestanden. Mehrfach richtet sich das Provinzialkapitel gegen Apostaten (S. 317 f., 320, 324), die in Italien offenbar eines der drängendsten Probleme darstellten.

über den Buchstaben von *Summi magistri* hinausgehende Jurisdiktion, wo
Benedikt auf Grund seiner durch die Auswahl ausschließlich französischer
Berater bedingten Unkenntnis der italienischen Situation eine Antwort auf
wesentliche Probleme schuldig bleiben mußte[87]: *aliqua prout locis, tempore et patrie convenire et expedire putavimus, decernimus annectenda.*
Ganz ähnlich war es bei den englischen Augustinerchorherren, die 1341
auf dem Provizialkapitel zu Newstead die im Auftrag des Papstes kompilierten Statuten zusammen mit den Konstitutionen der Provinzialkapitel
einschärften[88].

Der Kampf der Dominikaner um legislative Autonomie

Der vordergründige Befund, daß die Intensität des Widerstandes mit dem
legislativen Selbstbewußtsein eines Ordens zunahm, bestätigt sich bei den
Dominikanern, denen einst der große Mendikantenförderer Alexander IV.
in der Bulle *Sanctis desideriis* vom 3. Februar 1255 weitgehende Selbstbestimmung bei der Redaktion ihres *Liber Constitutionum Ordinis* gewährt
hatte[89]. Ihre prinzipielle Weigerung gegenüber Benedikt XII. ließ die Lage
eskalieren, und wie so oft, wenn dieser auf Unverständnis stieß, erzürnte
er und verlangte nun die Verlegung des Generalkapitels von Metz nach
Avignon[90]. Da sich die Ordensleitung offenbar nicht sicher war, eine Ein-

---

[87] Das gegen *monachos malefactores*, die Brüdern, Äbten, Provinzialkapitelpräsi-
denten u.a. sogar nach dem Leben trachten, gerichtete Kapitel (ed. NOVELLI, S. 319–
323) geht über c. 38 von SM (BRT IV S. 386a–b) deutlich hinaus, adaptiert dieses
(*aliqua prout...* S. 319) den lokalen Gegebenheiten, unterwirft die Übeltäter der eigenen
Jurisdiktion des Kapitels (S. 320: *in quem vel quos nostra jurisdictio se extendit*), fügt
den *penas a iure statutas* eine *ipso facto* eintretende Exkommunikation hinzu, befiehlt
die Arrestierung der Verbrecher und vermittelt hierfür die notwendigen Vollmachten
(ebd.: *auctoritate nostra et totius capituli plenam concedimus bayliam et potestatem
cuilibet presidencium, ut de pecunia et avere* (!) *prefati capituli expendere possint ad
exequendum premissa*). In SM hatte Benedikt zwar konzediert (S. 386a): *per superiorem
aut visitatores etiam poenae aliae, prout expedire videbitur, generaliter statuantur*, aber
nur durch eine sehr expansive Deutung lassen sich hieraus so weitgehende Vollmachten
ableiten. Von einer mäßigenden Reaktion Benedikts ist freilich nichts bekannt. Im selben
Kapitel (S. 322) werden daneben noch Anklagen und Denunziationen von Äbten *sub di-
stricto precepto* verboten, obwohl SM c. 37 (BRT IV S. 385b–386a) gemäß den kanonistischen Vorgaben (*poena congrua* für den Denunzianten, falls der Vorwurf nicht beweisbar ist; vgl. hierzu: LEFEBVRE, Denuntiatio evangelica S. 72 f.) dies erlaubt hatte.
Auch bei den Bestimmungen zum Gütertransfer (ebd.) wird die in c. 11 (S. 370b) vorgesehene päpstliche Konsultationspflicht nicht erwähnt.
[88] SALTER, Chapters of the Austin Canons S. 49 nr. 30 (Kurzversion) bzw. ebd. S. 51
nr. 31 (Langversion).
[89] BOP I S. 271; zu der Bulle, in der der Dominikanerkardinal Hugo von St-Cher beauftragt wurde, die Konstitutionen des Ordens zu überprüfen: LOUIS, Histoire du texte
des Constitutions S. 336.
[90] Am 17.4.1338 (DAUMET nr. 431) schrieb Benedikt an den Provinzial der Francia,
er habe *de consilio et assensu dilectorum filiorum ... magistri et multorum fratrum ejus-*

flußnahme des Papstes auf die Teilnehmer des Generalkapitels ausschließen zu können, zog sie die von Benedikt gebotene Alternative vor, ließ das
Generalkapitel von 1338 ausfallen und die legislative Tätigkeit des Ordens
ruhen[91]. Selbst wenn Galvano Fiamma von Benedikts Reformintention eine falsche Vorstellung hatte, so zeigte er darin eine bemerkenswerte politische Sensibilität, daß er die Selbstbestimmung seines Ordens über seine
legislative Autonomie definierte und ihren Verlust damit umschrieb, *ordinem ... et constitutiones et professionem* in die Hände des Papstes zu legen[92]. Doch wird für ihn Reform höchstens negativ zum Gradmesser der
Selbstbestimmung. Mit dem von Galvano berichteten selbstgefälligen
Hinweis darauf, daß seit den Aposteln die Dominikaner der am besten organisierte *ordo* seien, ihre Verfassung überzeitliche Geltung habe und der
Orden folglich keine Reform benötige, ist die Besonderheit in ihrer Reaktion allerdings nicht hinreichend erklärt.

Es mag sein, daß der Dominikaner in Benedikts Zusammenarbeit mit
den Orden mehr Heuchelei sah, als wirklich daran war. Dieser Irrtum war
zwar mehr der eigene als der Benedikts, aber gerade deshalb bestimmte er
Galvanos Denken. Gleichsam radikalisiert wurde diese Fehleinschätzung
möglicherweise noch dadurch, daß Galvano mutmaßlich wie sein Ordensbruder Hervé Nédellec *dominium* und *iurisdictio* getrennt dachte. Damit
wurde der Widerstand gegen die alle anderen Jurisdiktionen in der Kirche
absorbierende päpstliche Jurisdiktion zu einer Frage von Sein und Nicht-
Sein. In diesem Sinne mag es kein Zufall sein, daß die Anfrage Hugos de
Vaucemain über die Armut mit der Reform Benedikts XII. zeitlich zu-
sammenfällt. Gewiß hätte der abgeklärte Kurialismus des Pierre de La
Palu in Verbindung mit seinem realistischen Armutsbegriff die Situation
wesentlich entschärft. Daß Pierre de La Palu bald darauf in Ungnade fiel[93],

---

dem ordinis in curia romana existentium das Kapitel von 1338 suspendiert. Dieses Verhalten hatte Tradition: schon 1292 hatte der Orden auf Wunsch Nikolaus' IV. das Generalkapitel von Köln nach Rom verlegt, wo mit Stephan von Besançon ein papstgefälliger
General eingesetzt wurde; 1318 tagte es auf Wunsch Johannes' XXII. nicht in Wien,
sondern in Lyon (MOPH IV S. 106–113), vgl. HILLENBRAND S. 504 und S. 510.

[91] Galvano Fiamma, *Chronica maior* (ed. ODETTO S. 368); die Provinzialkapitel fanden jedoch statt. Die Behauptung von ALTANER, Venturino S. 159, die gesetzgebende
Tätigkeit habe von 1339 bis 1341 „vollständig" geruht, entspricht nicht dem Befund in
MOPH IV S. 252–260 (1339), S. 260–268 (1340) und S. 269–279 (1341); etwas undifferenziert die Deutung des Gesamtvorgangs bei: HINNEBUSCH, History I S. 177.

[92] MURATORI RIS XII S. 1044, vgl. ALTANER, Venturino S. 165.

[93] DUNBABIN S. 190 f. sieht zunächst in der Geistesverwandtschaft La Palus und
Fourniers („austere reforming temperament") die Grundlage für eine Kooperation zwischen beiden. Der Verlust seiner Kommende in Limassol, die Verweigerung der Bestätigung seiner einstimmigen Wahl zum Bischof von Cambrai (vgl. FIERENS S. XLII f.) und
seine Ausstattung mit dem unbedeutenden spanischen Bistum Couserans (DUNBABIN
S. 188 und 191) werden meist als Hinweis darauf gedeutet, daß La Palu die Gunst des

könnte, sofern ein Zusammenhang bestünde, bedeuten, Benedikt XII. hätte an einer Entspannung der Situation kein Interesse gehabt. Doch läßt sich genauso gut die Verantwortung hierfür auf der Seite des Ordens suchen.

Galvano Fiamma definiert durch seinen Hinweis auf die anderen Orden, die von Benedikt legislativ überrumpelt worden seien, die Gefahr für den eigenen Orden nämlich auch als eine Angleichung an diese; genau in diese Richtung wies auch La Palus Armutskonzeption. Mit dem Zisterziensertum des Papstes hat dies nichts zu tun, und Galvano bringt dieses auch nirgends zur Sprache. Man kann hier an den Hostiensis erinnern, der freilich ohne Bezug auf unser Problem ein Sprichwort zitierte: *habitus non facit monachum sed professio*[94]. Den Zugriff auf einzelne Dominikanerklöster vollzog Benedikt unter Umgehung der Ordensleitung im Zuge seiner gegen das Kommendeninstitut gerichteten Politik: wie im Jahre 1340, als er nach dem Tod des Matteo Orsini dessen zahlreiche Kommenden durch den jeweiligen Ordinarius einer gründlichen Inspektion unterwerfen ließ[95]. In diesem Sinne machte er nicht nur mit der Armut des Ordens Ernst, sondern stellte auch dessen Exemtion und korporative Verfassung gleichermaßen bei besitzrechtlichen Fragen in Abrede, behandelte die Dominikaner letztlich wie unprivilegierte Benediktiner.

Territorialisierung der Reform

Vor dem Papst werden alle Orden aber nicht nur gleich, wenn sie zum Objekt seiner expansiv gedeuteten Gesetzgebung werden, sondern auch dann, wenn Legaten gegenüber den exemten und nicht-exemten Körperschaften einer Provinz mit apostolischer Autorität als Lokalreformer auftreten. So sollte Arnaud de Verdale in der Provinz Narbonne Mönche und Kanoniker, Benediktiner und Augustiner, Cluniazenser und Prämonstratenser reformieren; nur Zisterzienser und Franziskaner blieben ausgeklammert[96]. Das Territorialitätskriterium ersetzt das Ordenskriterium. Dies

---

Papstes verloren habe (vgl.: FOURNIER, Pierre de La Palu S. 51 f.). Bereits QUÉTIF/ÉCHARD SSOP I S. 580 u. S. 606 meinten auf Grundlage von Laurentius Pignon, Hugo de Vaucemain habe mit Hilfe La Palus die Reform erfolgreich blockiert; vgl. CUP II S. 481 nr. 1019. DUNBABIN, ebd., datiert die Entfremdung beider nicht vor Dezember 1338 und fügt m.E. zu Recht hinzu: „I doubt if this explanation does justice to either man".

[94] *Summa aurea* fol. 174a. Vgl. auch: Johannes Monachus, zu VI 1.1, fol. 11rb. Zu dem daraus entwickelten, bis in die Gegenwart tradierten Sprichwort (nach X 3.31.22): HOURLIER, Les Religieux S. 178.

[95] Als Bsp. vgl. FORTE, Il cardinale Matteo Orsini S. 198–201, ebd. auch die aus der Untersuchung resultierende Bestandsaufnahme zu S. Lorenzo in Trient, das seit 1234 zu den Dominikanern gehörte.

[96] VIDAL/MOLLAT nr. 493 f.; Sp. 122–125 vom 20.8.1335. Die einzelnen Reformgegenstände betrafen in Farbe und Form unangemessene Kleidung, weltlichen Lebensstil und Keuschheitsdelikte. Der Erzbischof von Narbonne sollte Arnaud 3 fl. pro Tag für

gilt auch, wenn der zuständige Bischof zum ‚Korrigieren und Emendieren‘ aufgefordert wird, sofern, wie im Fall des Kathedralkapitels von Narbonne, ein Appell an das Gewissen der Betroffenen[97] nicht ausreicht. Wie Arnaud de Verdale in der Provinz Narbonne, so bemühte sich Kardinal Gozio von Rimini in Sizilien um eine Reform der ‚kollabierten‘ Nonnen-Klöster und um entfremdetes Kirchengut [98].

Insbesondere dort, wo an den Heiligen Stuhl gerichtete Klagen über das tyrannische Regiment von Äbten untersucht werden sollten, lag eine episkopale Intervention nahe[99], blieb aber häufig wirkungslos, wie auch im Fall des perfiden Abts Arnaud-Bernard von Bonnefont, welcher seine Mönche zu Kritik aufgefordert hatte und dann den mutigsten Mönch im Kerker eines grausamen Todes hatte sterben lassen[100]. Der mit der Unter-

---

seine Tätigkeit bezahlen, DAUMET nr. 110 (17.10.1335). Am 4.1.1336 (ebd. nr. 133) verbot Benedikt XII. Arnaud, sich *sine Papae speciali mandato* in die Reform der Cluniazenser und Benediktiner einzumischen.

[97] Bereits am 3.4.1335 wandte sich Benedikt XII. an die übelbeleumundeten Kanoniker der Kathedralkirche von Narbonne, vgl. FELTEN, Benoît XII, Arnaud de Verdale S. 314 f.; insofern als Fontfroide nicht weit von Narbonne entfernt liegt, können hier auch persönliche Erinnerungen anregend gewirkt haben, doch argumentierte Benedikt (DAUMET nr. 37 Sp. 18 ff.) mit der Vorbildwirkung der Kathedralkirche für die anderen Kirchen der Provinz sowie mit den *indomitas voluntates* der Kanoniker, d.h. ihren Schwierigkeiten mit der Keuschheit; Benedikt verlangte die Einhaltung der Gottesdienste und drohte den Kanonikern mit Ausstoß aus dem Kapitel bei Nicht-Beachtung seiner Anordnungen. Offenbar appellierte er an die Einsicht der Betroffenen, doch unter demselben Datum richtete er ein Mahnschreiben an den Erzbischof von Narbonne Bernard de Farges (ebd. nr. 38, Sp. 20 f.), in dem er diesen aufforderte, die Mißstände abzustellen und ein Vorbild an Tugend zu sein.

[98] VIDAL nr. 6396 vom 14.7.1338; Text: Acta Benedicti nr. 26 S. 48 f.: Reformgegenstand sind die *monasteria monialium Ordinum quorumcumque, quae immediate Sedi Apostlicae sunt subiecta* im ganzen Königreich Sizilien. – Am selben Tag richtete er sich in zwei weiteren Schreiben an Gozio auch gegen sizilianische *magnates et nobiles*, die Kirchen bedrängen (VIDAL nr. 6397 [reg.]*, Text: Acta Benedicti nr. 27 S. 49) sowie gegen Erzbischöfe, Bischöfe und Äbte, die Kirchengüter verschleudern (nr. 6402 [reg]* bzw. nr. 28 S. 50).

[99] Vgl. zur Abtanklage: Bohic (zu X 5.1.11; fol. 86b): *Cavet tamen iudex ne monachum admittat, ad accusandum Abbatem, nisi petita venia et licentia ab Episcopo, sicut obtinet in filio, quando vult agere contra patrem ... Hoc tamen fallit in denuntiatione evangelica; quam potest facere sine aliqua venia, vel licentia petita et obtenta, cum nemo a regula evangelica excludatur ...* [C. 24 q. 3 c. 14; C. 2 q. 1 c. 19].

[100] Vgl. CLERGEAC, Les abbayes de Gascogne S. 15–18: Benedikt zitierte am 27.3.1339 den Abt an die Kurie, nachdem ein Mönch namens Arnaud de Saint-Hilaire gegen diesen Klage geführt hatte. Arnaud-Bernard ließ ihn einkerkern, ihm die Kutte wegnehmen, verweigerte dem Verhungernden die Sterbesakramente und dessen an der Zellenwand festgefrorenem Leichnam das kirchliche Begräbnis, um das seine Mutter ersuchte. Einer Zitierung des Abtes nach Avignon durch den Bischof von Comminges hielt dieser entgegen, die Exzesse des Mönchs seien nicht in der Bulle erwähnt; Benedikt bestimmte darauf seinen Kaplan Durand de Saint-Saveur mit einer Untersuchung, erneuerte

suchung des Vorgangs beauftragte Bischof von Comminges rückte
schließlich wieder ab, als der Abt die Tore seines Klosters verschlossen
hielt. Es ist in diesem Fall nicht bekannt, daß Benedikt versuchte, das zisterziensische Generalkapitel einzuschalten oder einen Ordensvisitator zu
aktivieren, so daß man nur mutmaßen kann, er habe diese Art von Aufbegehren selber abgelehnt und höchstens die unkanonische Mißachtung der
Zitierung, nicht aber den Tod des mutigen Mönchs bedauert. Belege für
eine solche, die Ordensjurisdiktion übergehende Verfahrensweise des Papstes gibt es in seinem gesamten Pontifikat[101], aber doch auffällig häufig
fand er in seinen letzten Jahren zu einer direkt auf die Korrektur lokaler
Mißstände gerichteten Politik zurück[102], vielleicht auch deshalb, weil er an
den Gehorsam der Orden nicht mehr ganz so sehr glauben wollte wie früher und sich auf andere Möglichkeiten zur Reform besann[103].

---

aber auch den Auftrag an den Bischof von Comminges (VIDAL, Lettr. comm. nr. 8188
vom 13.8.1340). Auch eine am 13.12.1340 erlassene Zitierung nach Avignon (VIDAL
nr. 8282, DAUMET nr. 797) mißachtete der Abt, blieb aber offenbar bis 1364 im Amt.

[101] Den Abt Fridianus des Vallombrosaner-Klosters S. Paolo ad ripam Arni in Pisa,
der zusammen mit dem *oeconomus* des Klosters nach dem Tod Johannes' XXII. die
Mönche aus dem Kloster vertrieben und die Güter verschleudert haben soll, läßt Benedikt am 22.4.1336 durch den Erzbischof Simon von Pisa und zwei Äbte an die Kurie zitieren (VIDAL, Lettr. comm. nr. 3828), da er *per vitium falsitatis* sich liturgische Rechte
anmaße. Am 26.7.36 (ebd. nr. 3889) ergeht der Befehl, der Erzbischof solle einen *miles*
vertreiben, der sich in dem Kloster eingenistet habe bzw. Fridianus Schutz biete. Nach
weiteren Aufträgen (ebd. nr. 3940; nr. 3992) beauftragt er den Erzbischof am 25.10.36,
über den Zustand der Abtei bei Amtsübernahme des Fridianus zu berichten (nr. 3993),
und läßt den ehemaligen Abt durch den franziskanischen Inquisitor der Toskana an die
Kurie zitieren (nr. 3992; BF VI S. 24b nr. 46). – Vgl. die Zitierung des Abtes von
Stablo, der mit einer größeren Zahl von Bewaffneten eine Gewaltherrschaft ausgeübt habe, durch den Erzbischof von Embrun (VIDAL nr. 5117 vom 6.11.37).

[102] FELTEN, Benoît XII, Arnaud de Verdale S. 326 mit Anm. 43.

[103] Bsp. für solche Einzelkorrekturen, bei denen ein vom Papst bestimmter Mann,
meist ein Dekan oder Kanoniker, sich um entfremdete Güter oder andere eng umrissene
Aufgaben kümmert: DAUMET nr. 508 (18.10.1338): Auftrag an den Erzbischof von Ta-
rantaise und Johannes Ogerii, notfalls auch mit Hilfe des *brachium seculare* die Erträge
eines Erzdiakonats für den Hlg. Stuhl zu reservieren. – Ebd. nr. 849 (10.6.41) an Johannes Ogerii gegen den Abt Petrus des Benediktinerkloster St-Basoli (Diözese Reims), die
Verwaltung des Klosters *plenarie in spiritualibus et temporalibus absque tamen alienatione bonorum immobilium ... auctoritate nostra* zu übernehmen. Die Appellation des
Abtes, er habe nicht freiwillig resigniert, wurde offenbar aus formalen Gründen verwor-
fen (*non extitit infra tempus a iure statutum*). Als auch die beiden von Ogerii mit den
Verwaltung der Klostergüter beauftragten Mönche ihre Aufgabe *negligenter vel malitiose* ausführten, wird dieser beauftragt, dem Papst geeignete Kandidaten vorzu-
schlagen, auch aus anderen Klöstern. – Vgl. weitere ähnliche Bsp.: DAUMET nr. 862
(16.7.41). FIERENS nr. 677 (VIDAL nr. 8695; 16.4.1341): Einsetzung von *iudices et con-
servatores* auf zwei Jahre für das Prämonstratenserkloster Saint-Martin (Diözese Laon).
Weitere Aufträge Benedikts zur Rückerlangung entfremdeter Klostergüter durch Einzel-

Benedikts Reform und sein Zisterziensertum

Die Frage, wo Benedikt XII. in seinem Reformwerk persönlich greifbar
wird, läßt sich mit einer solchen Aufzählung von Momentaufnahmen insofern beantworten, als das sich hier ergebende Bild mit der politischen und
geistigen Biographie Benedikts XII. gut vereinbar ist. In der flexiblen
Nutzung der dem päpstlichen Amt gegebenen Möglichkeiten erweist er
sich als ein in der Wahl seiner Mittel vorurteilsfrei und lernfähig, aber im
Rahmen des Tradierten agierender Papst. Neben der Aktivierung episkopaler Amtsträger zeigt sich dies auch darin, daß er Persönlichkeiten einsetzte, die er persönlich kannte und schätzte, bisweilen auch und gerade
Zisterzienseräbten ein besonderes Vertrauen entgegenbrachte[104]. Abt Pontius aus Bonnecombe, der in Narbonne Kanoniker[105] und in Grandselve
zusammen mit dem Abt von Boulbonne Durand de Marcilly Zisterzienser
reformierte[106], ist hierfür ein ebenso gutes Beispiel wie der apostolische
Kämmerer und Erzbischof von Arles Gasbert du Val, dem er das Erzbi-

---

aufträge verzeichnet FACHINGER S. 63: etwa am 7.3.42 für Fontfroide, woraus offenbar
das Inventar von 1342 resultierte (Gallia Christiana VI Sp. 212).
[104] Bsp. für den Einsatz von Zisterzienseräbten gegen andere Orden: VIDAL, Lettr.
comm. nr. 3799 (28.1.36); DAUMET nr. 391 (1.1.38); VIDAL, Lettr. comm. nr. 7478
(1.10.39); ebd. nr. 7501 (24.11.39).
[105] Abt Pontius aus Bonnecombe im Languedoc wurde am 8.4.1335 (DAUMET nr. 43)
die *sine strepitu et figura iudicii* durchzuführende *reformatio et correctio* der barttra-
genden, unangemessen gekleideten und sittenlos lebenden Kanoniker von Albi übertragen, nachdem sich eine ähnliche und fast zeitgleiche Reforminitiative wie gegenüber
dem Kapitel in Narbonne als wirkungslos erwiesen hatte; freilich ist für die Wahl eines
Abtes auch die Jugend des erst 1334 von Johannes XXII. ernannten Bischof Pierre de
Via (vgl. FELTEN, Benoît XII, Arnaud de Verdale S. 320) maßgeblich, so daß mehr die
Person als ihre Ordenszugehörigkeit die Zuweisung der umfassenden, *auctoritate apo-*
stolica wahrzunehmenden Korrektur- und Reformtätigkeit begründet haben mag. Wenige Wochen später wurde Pontius auch die Reform des Kapitels von Saint-Salvi übertragen, das schon seit dem 29.12.1297 säkularisiert war (vgl. BIGET, Sainte-Cécile et
Saint-Salvi S. 91); Benedikt XII. bestätigte dies am 11.7.1335, oktroyierte dann aber an
der Kurie ausgearbeitete Reformstatuten (Lettr. comm. nr. 3916); vgl. knapp auch:
MAHN, Benoît XII S. 77.
[106] Bereits seit dem 15.2.1335 war der Abt von Grandselve exkommuniziert (VIDAL,
Lettr. comm. nr. 2426); die Reformbemühungen begannen am 14.5.1337 durch den Abt
von Boulbonne (VIDAL nr. 4071); am 28.5.38 (DAUMET nr. 444) erging ein Auftrag an
den Abt von Boulbonne und Pontius von Bonnecombe; am 28.6. (ebd. nr. 454) wurden
ihre Kompetenzen auf Konverse ausgedehnt; am 1.9.38 (VIDAL nr. 6330 f.) wurde ein
neuer Auftrag formuliert und die Unterstützung der Reformer durch die Äbte der Provinzen Bourges, Narbonne, Auch und Toulouse angeordnet, die die schuldigen Mönche einkerkern sollten (ebd. nr. 6331); am 24.2.39 (ebd. nr. 7411) wird der Abt von Bonnecombe durch den von Berdoués ersetzt, vielleicht wegen seiner Verwicklung in einen Streit
mit dem Seigneur von Calmont (vgl. FACHINGER S. 63 f.); 1340 (VIDAL nr. 8220) wurde
die Angelegenheit auf das Generalkapitel übertragen. Vgl. ausführlicher: MAHN, Benoît
XII et les Cisterciens S. 43 f.

stum Narbonne übertrug und mehrere Reformen in Auftrag gab[107]. Wenn sich hier Benedikts Zisterziensertum dadurch auszahlte, daß der Orden ihm treu und loyal zu Diensten stand, so hat dies mehr damit zu tun, daß er herrschaftspsychologisch die Möglichkeit erfaßte, den Gehorsam des Ordens gegenüber seiner Ordensleitung auch auf den Papst zu übertragen und politisch zu verwerten, als mit einer in der Austerität dieser Zisterzienser begründeten Sympathie, für die es auf beiden Seiten nur spärliche Hinweise gibt. Benedikt XII. hatte daneben keine Hemmungen, die bischöfliche Gewalt zur Kontrolle oder zum Schutz von Zisterzienserklöstern[108] oder zur Festnahme von straffällig gewordenen Mönchen zu aktivieren[109].

Allein dieser Befund macht es unwahrscheinlich, daß die bei der Lektüre der großen Reformbullen auffallenden, teilweise wörtlichen Übereinstimmungen immer aus persönlichen Vorzügen des Papstes zu erklären sind. Laetitia Boehm hat gewiß Recht, wenn sie aus der Deckungsgleichheit der die Graduierung von studierenden Mönchen fördernden Bestimmungen auf den besonderen Stellenwert der akademischen Bildung im Denken dieses Papstes schließt[110], selbst wenn sie ihn insgesamt etwas zu

---

[107] Zu Gasbert: FELTEN, Benoît XII, Arnaud de Verdale S. 327 mit Anm. 52; SCHRÖDER, Protokollbücher der päpstlichen Kammerkleriker S. 177 ff. Aufträge: DAUMET nr. 901 (15.11.1341): Reform *tam in capite quam in membris* des Augustinerinnenkonvents Bethléem in Narbonne und Überprüfung der Familiare und Offizialen seines Vorgängers Bernard de Farges, die der Äbtissin dieses Konvents Unrecht zugefügt hatten. – Ebd. nr. 906 f. vom 30.11.41 = VIDAL nr. 9154, 9155: Reform von St-Affrodise in Béziers; dabei sollen der Dekan von St-Vincent in Montréal (Aude) und ein Kanoniker aus Mirepoix Rechnungsprüfungen vornehmen und dem Papst schriftlich Bericht erstatten.

[108] VIDAL, Lettr. comm. nr. 2325 (30.5.1335): Auftrag an Bischof und Dekan von Lincoln über die Rechtsgrundlage für die Zehntverweigerung des Zisterzienserklosters Louthpark (vgl. KNOWLES/HADCOCK S. 113) dem Papst zu berichten. Ebd. nr. 2330 (6.6.35): der Bischof von Perugia soll über *gravamina* berichten, die dem Abt des Benediktinerklosters S. Stefan de Manzano vom Rektor des Herzogtums Spoleto zugefügt wurden. – Ebd. nr. 3842 (7.5.36): Auftrag an den Bischof von Tournai, Abt und Konvent des Zisterzienserklosters Laude in seiner Diözese gegen Wucherer beizustehen. Ebd. nr. 3864 (12.6.36) dasselbe für den Bischof von Thérouanne und das Kloster Dunes. Ebd. nr. 5094 (13.9.37): Auftrag an die Erzbischöfe von Mailand und Pisa, den an Provinzialkapiteln teilnehmenden Benediktineräbten sicheres Geleit zu gewähren. Ebd. nr. 5101 (1.10.37): Auftrag an den Erzbischof von Nikosia, das dortige Zisterzienserinnennenkloster zu visitieren und *tam in capite quam in membris* zu reformieren.

[109] VIDAL, Lettr. comm. nr. 5081 (13.8.37): Arrestierung eines falschen Abtes und Legaten bzw. (ebd. nr. 5087 vom 29.8.37) eines Mönchs aus Morimond, der sich als Bischof ausgibt. Zwei vagabundierende Karmeliter, die als Bischöfe auftreten, läßt er durch den Ordensgeneral arrestieren, vgl. OLIGER, Évêques réguliers S. 198. Daneben zitiert er auch direkt an die Kurie: VIDAL nr. 3821 (23.3.36), wiederholt am 28.6.36.

[110] BOEHM, Papst Benedikt XII. S. 286 ff. isoliert aus FSS c. 31–41 (ed. CANIVEZ S. 429–435), SM c. 6–8 (BRT IV S. 357a–366a) und AD §§ 22–29 (ebd. S. 434b–442b)

frühhumanistisch deutet und berücksichtigen sollte, daß die persönliche Reformintention Benedikts auch hier mit den Erfordernissen der Klerikalisierung von Kirche und Orden konvergierte[111]. Auch bei der Bestimmung, daß die Visitatoren unter Strafe nicht die Namen derer bekanntgeben dürfen, die ihnen *secreta* der visitierten Häuser verraten haben, was eine Denunziation von Abt oder Prior beim Visitator bedeutet[112], kann man auf die inquisitoriale Vergangenheit des Papstes verweisen, aber auch zur Kenntnis nehmen, daß eine Ahndung abbatialer Willkür kaum anders zu erreichen war[113]. Das den Franziskanern auferlegte Verbot, Fleisch zu essen[114], das der Erlaubnis, die der Heilige Franziskus seinen Jüngern ausgesprochen haben soll, diametral gegenüberzustehen scheint, wurde als Übertragung zisterziensischer Askese auf die Minoriten gedeutet[115]. Bene-

---

die weitgehend identischen Bestimmungen zur Graduierung (FSS c. 37 S. 432; SM c. 8 S. 362b; AD c. 26 S. 439b); ihre Folgerung: ebd. S. 288.

[111] HOURLIER, Les religieux S. 472 f., schon das Vienner Konzil (c. 14 *Ne in agro dominico* COD bes. S. 372 f. z. 41) ist in dieser Entwicklung zu sehen; zur Klerikalisierung der Mönche: BOEHM, Benedikt XII. S. 291–296.

[112] FSS c. 14, S. 418. Vgl. fast wörtlich in: SM c. 2, S. 352a–b; AD § 20 S. 433b. Die Verbotstradition, *secreta ordinis* zu verraten, ist zwar lang, doch meinte sie Verrat gegenüber ordensexternen Instanzen, wie etwa im zisterziensischen LD X 8 (1237–57, ed. LUCET S. 317).

[113] Vgl. RN c. 26 (S. 374 ff.) nr. 1. Die Eintragung der *excessus enormes* in einen *liber ordinis* (vgl. schon Vorstufen: Const. 1316 VII 37 [S. 301]; erweitert um die Eintragung in ein Buch: 1325 VII 37 [S. 534]; 1331 XVII 36 [S. 592]) dient ebenso der Objektivierung des Denunziationsverfahrens wie die Verpflichtung des Denunzianten (RN nr. 3), bei okkulten Verstößen in Gegenwart des Oberen, bei dem er denunziert hat, des Bruders, den er denunziert hat, und eines Zeugen einen Eid auf die Aussage zu leisten; schon Const. 1316 VIII 28 [S. 512] sah bereits bei einer Anschuldigung gegenüber einem Visitator zwei oder drei Zeugen vor. Zeugen sind auch in RN die Voraussetzung für die Eintragung in den *liber ordinis* (nr. 4).

[114] RN c. 4 (BIHL S. 338 ff.): die Bestimmung (nr. 1), daß in General- und Provinzialkapiteln sowie *ubique* im Refektorium kein Fleisch gegessen werden dürfe und eine *magna pars* der Brüder dort auch speisen soll, läßt vermuten, daß bei den Franziskanern ähnliche Zustände herrschten wie bei den Benediktinern.

[115] Vgl. SCHIMMELPFENNIG, Zisterzienserideal S. 35 im Anschluß an SCHMITT, Pape réformateur S. 14–16; BIHL gibt im Kommentar zu RN S. 338 Anm. 6 die Übertragung von c. 29–31, ed. CANIVEZ c. 22, auf RN an, verweist aber auch auf die franziskanische Tradition (Bonaventura bzw. Peckham, Regelkommentar III 15, Opera VIII S. 411b). – Tatsächlich galt der ja nirgends explizit positiv formulierte Fleischverzehr schon der frühen Franziskanerchronistik neben der Armut als Kriterium der Franziskusnähe (vgl. bereits etwas abgeschwächt in: RB c. 3): die *Chron. 24 Generalium* (AnalFr II S. 31) führt das Gebot, *ut nullus frater de cetero carnes manducaret* (zu Unrecht) auf Elias von Cortona zurück und betont, daß Franziskus dies 1220 sofort widerrufen habe. Aber sogar Olivi machte in seinem Regelkommentar ähnlich wie Bonaventura (ebd.) Vorbehalte gegen die expansive Deutung der Erlaubnis (ed. FLOOD S. 140). Vgl. auch schon in dem Kommentar der *Quatuor Magistri* (ed. OLIGER S. 138 f.), hierzu: LAPSANSKY, Evangelical Perfection S. 174.

dikt XII. hielt freilich nichts von dem spiritualistischen Kult um das Franziskuserbe, und es ist evident, daß *Fulgens sicut stella* die durch das kanonische Recht, das zisterziensische Ordensrecht oder durch päpstliche Sondergenehmigungen vorgesehenen Möglichkeiten zur Dispensation radikal beschneidet[116]. Doch die hinter der asketisch zurechtgestutzten zisterziensischen Praxis stehende alt-benediktinische Tradition war spätestens zur Zeit Bonaventuras auf die Franziskaner übertragen worden. Dabei kamen freilich Lektoren in den Genuß besonderer Vorrechte[117].

Bleiben wir noch etwas bei der für die Askese so fundamentalen Fleischproblematik, die gut geeignet ist, das schwer systematisierbare Ineinander von normativer Tradition und persönlichen Vorzügen des Papstes darzustellen: in *Summi magistri* und *Ad decorem* ließ Benedikt XII. das päpstliche Dekretalenrecht[118] und die von ihm bestimmte Ordensrechts-

---

[116] FSS c. 22 (S. 423 ff.) zeigt eine „abstentation totale du viande" (vgl. SCHMITT, Pape réformateur S. 339): Benedikt hebt alle, auch päpstliche Einzelgenehmigungen auf, *cum tales licentiae redundent in scandalum aliorum*, die schon das zisterziensische Generalkapitel von 1262 (CANIVEZ III S. 10 nr. 5) verbot. Zur Diskussion: 1323, ebd. S. 365 nr. 11; 1325, S. 369 nr. 11; 1326, S. 372 nr. 2; 1328, S. 380 nr. 6; 1331, S. 394 nr. 9; 1332, S. 399 nr. 4: Verpflichtung zur Vorlage der Urkunden, teilweise unter Androhung der Exkommunikation; während sonst nur 1–3 Tage Fasten drohten, vgl. schon: LD XIII 1 (1257, ed. LUCET S. 332 f.); mit Exkommunikationsdrohung: LAD XIII 12 (ed. SEJALON S. 456), wie schon 1306 (CANIVEZ III S. 315 nr. 1); FSS sieht nur gem. RSB 36,9 für Kranke eine Ausnahme vor. Unter die Kategorie *abusus* fallen Ausnahmen für verdient scheidende Äbte, die nach X 3.35.6 gegebene Möglichkeit, daß der Abt einzelne Brüder, *prout necessitas postulaverit*, in seiner Zelle mit Fleisch beköstigen könnte, die Bewirtungen reisender Äbte oder Sonderansprüche von Mönchen in einigen Klöstern oder Studienhäusern.

[117] Deutlicher als Peckhams Regelkommentar (Bonaventura, Opera VIII S. 411b) setzt sich ein von DELORME als *Explanationes constitutionum generalium Narbonensium* herausgegebener Text mit der klärungsbedürftigen Anwendung der sinngemäß aus RSB 36,9 in Const. 1260 IV 4 (ed. BIHL S. 55: *In locis fratrum fratres carnes non comedant ullo tempore, exceptis debilibus et infirmis*) übernommenen Ausnahmeregelung auf Lektoren und am Bau beschäftigte Brüder – letzteren wird Fleischnahrung verweigert – auseinander (S. 519 nr. 27). Die Statuten von 1316 IV 4 (ed. CARLINI S. 282 f.) nahmen Prediger und *pro communi utilitate* tätige Handarbeiter und Almosensammler von dem Verbot aus.

[118] SM c. 26 (S. 381a–b) folgt sinngemäß RSB bei einer Dispensation, die *nisi necessitate infirmitatis non fictae* möglich ist, orientiert sich bei der Festlegung der Fastenzeit im Kirchenjahr an spätcluniazensischen Vorgaben (vgl. Statuten Bertrands und Heinrichs I., CHARVIN I S. 80 c. 78 bzw. S. 105 c. 26: die *dies mercurii* heißt in SM *quarta feria*, wie übrigens schon in den Statuten Hugos V., ebd. S. 45 c. 26, und fehlt in der zisterziensischen Tradition), allegiert dann aber X 3.35.6: an den Tagen, an denen im Infirmitorium Fleisch gegessen wird, soll zumindest die Hälfte der Mönche im Refektorium bleiben; der Abt kann nach Belieben einen Mönch zum Verzehr von Fleisch in seine *camera* holen, was bei den Zisterziensern verboten wurde. Die normative Tradition (etwa: Petrus Venerabilis, Statuten für Cluny, CCM VI S. 51 nr. 12; Innozenz III. für Montecassino, PL 217 nr. 211, Sp. 249 f.; Gregor IX.: *Statuta ordinis nigri*, Reg.

tradition in Kraft[119]. Dieser Befund ist aufschlußreich für das Verhältnis
beider Rechtsarten zueinander. Es überrascht wenig, daß sich schon bei
Hostiensis eine plastische Schilderung aller Möglichkeiten zur Umgehung
des bis in die Väterzeit zurückreichenden Verbots findet. Er zielte dabei
primär gegen die Dispensationsgewalt der Äbte und optierte damit für die
päpstliche Jurisdiktion[120]. Auch bei Heinrich von Gent erscheint Ordensreform gerade am Beispiel der Fleischproblematik als eine mit dem
Dispensationsrecht des Abtes konkurrierende und diese überwölbende

---

Greg. IX., ed. AUVRAY II, nr. 18 f. Sp. 323 f.; ders. *Cum pro reformatione* BRT III
S. 436b–437a c. 14 f. unter Bezug auf X 3.35.6, aber, anders als in SM, unter Abwandlung auf einen schwachen oder kranken Abt; Statuten für die Benediktiner der Provinz
Normandie von etwa 1234, ed. LAPORTE S. 133 nr. 5 unter Berufung auf *Cum ad monasterium*) ist ebenso lange wie die Liste der Übertretungen; die Statuten Yvos II.
(1276) schweigen zur Fleischproblematik und 1277 vermerkt ein Visitationsbericht un-
verblümt (CHARVIN I S. 368): *domus ... habet vinum et carnes* [statt blada] *sufficienter
usque ad novos fructus.*

[119] AD § 48 (BRT IV S. 455a) verbietet Fleischkonsum in der Fastenzeit vor Ostern
und im Advent sowie an einzelnen Tagen (vgl. auch D. 5 c. 31), unterscheidet dann aber
die verschiedenen Observanzen der Chorherren: *Illis tamen qui ad maiorem abstinen-
tiam sunt adstricti, per hoc esum carnium non intendimus indulgere.* – Die nur sehr allg.
Bestimmungen der RSA (*Praeceptum* III 1, ed. VERHEIJEN, Règle S. 421) wurden bekanntlich weniger streng (als Bsp. für den *ordo antiquus*: in St-Ruf in Avignon [vgl.
hierzu: BOSL, Regularkanoniker S. 25; DICKINSON, Origins S. 42 f.] gab es eine Erlaubnis teilweise sogar für gesunde Kanoniker, relevanter Textauszug des *Ordo canonicorum*
von 1039 bei MISONNE S. 479 f.; zu den schon zeitgenössischen Bemerkungen zu den
„obskuren" Aussagen der RSA: DEREINE, St-Ruf et ses coutumes S. 171 ff.; vgl. auch:
St-Quentin de Beauvais, ed. MILIS S. 463) oder unter zisterziensischem Einfluß strenger
gehandhabt (vgl. allg. GIROUD, Chanoines réguliers S. 137): als Bsp. für den *ordo novus*:
Prémontré (ed. LEFÈVRE/GRAUWEN, IV 12 S. 49 f.) sieht Ausnahmen *propter mercena-
rios et artifices* vor und räumt dem Abt das Recht ein, *aliquid superaddere, prout opus
esse iudicaverit et facultas permiserit*; zur späteren Entwicklung: Statuten Gregors IX.,
ed. LEFÈVRE, I 18 S. 33; erg. LEPAIGE, V 11 S. 863b; Generalkapitelstatuten von 1289
[Privileg Nikolaus IV.] und 1298, ed. VALVEKENS nr. 31 und nr. 38. – Vgl. auch: Springiersbach, Consuetudines § 198, ed. WEINFURTER S. 106. – In Arrouaise wurden die anfangs nicht weniger strengen Bestimmungen (ed. MILIS S. 223, c. 251) durch Alexander
IV. (Reg. nr. 543, 2056, 2114) aufgeweicht, entsprechende Texte den Konstitutionen eingefügt (ebd. S. 200, c. 210, vgl. ebd. S. 244).

[120] Hostiensis hält in seinem Kommentar zu X 3.35.6 (*Lectura* fol. 133rb) die bei den
Benediktinern übliche Umgehung des Fleischverbots durch das Ausweichen auf zweifü-
ßige Vögel (vgl. hierzu: Ulrich von Cluny, PL 149 Sp. 703 f.; Benediktiner der Provinz
Canterbury 1279: PANTIN I S. 116 f.; Pierre Bohier zu RSB 39,5, ed. ALLODI S. 507;
Gilbert de Tournai, *Collectio de scandalis ecclesiae*, ed. STROIK S. 54) für einen *abusus.*
Er folgert: *Unde et dicunt alii, quod numquam licet monacho vesci carnibus, nec abbati
licet in hoc dispensare, et hoc verius est.* Ein Verbot, das auch Vögel umfaßt und Ge-
sunde und Kranke betrifft, findet sich in der Regel von Grandmont c. 57 (ed. BECQUET
S. 95); vgl. auch im Coutumier c. 22 (ed. DERS., L'Institution S. 20).

Funktion des päpstlichen Dispensationsrechts[121]. Wenn er auch zu einer anderen Sachlösung gelangte als der Hostiensis, so wird doch deutlich, daß entprechend den unterschiedlichen Vorgaben in der monastischen Tradition[122] und den divergierenden Auffassungen unter den maßgebenden Autoritäten des Kirchenrechts[123] allen Beteiligten die Dimension des Problems bewußt war. Hinzu kam noch die persönliche Interessenlage der Betroffenen: so sah ein Benediktiner wie Pierre Bohier eine Vielzahl von Fällen vor, in denen ein Abt *secundum regulam* dispensieren kann, wohingegen ein Franziskaner wie Alvarus Pelagius die *communis opinio* über die Mönche referierte und sie damit gleichzeitig gegen die mendikantischen „Brüder" abgrenzte: *non comedere carnes non est de substantia monachatus sicut custodia castitatis et abdicatio proprietatis*[124].

Benedikt XII. übertrug in *Fulgens* die ordensrechtliche Sachlösung in eine päpstliche Anordnung, ohne daß sich dieses Verfahren in seinem Reformwerk generalisieren oder daß sich dies gar als eine starre Anwendung zisterziensischer Prinzipien deuten ließe; hierzu war er sich zu sehr bewußt, daß jede Dispensation durch ihre spezifische Situation bedingt und von ihr abhängig ist[125]. Vielleicht hatte das Vienner Konzil Benedikt XII.

---

[121] In dem Weihnachten 1285 entstandenen QL 1 q. 38 (zur Datierung: GLORIEUX, Littérature quodlibétique S. 149–151) unterscheidet er beim Fleischessen zwei Arten von Dispens (I fol. 28r): *Dispensationis est illa que posita est secundum regulam in dispensatione abbatis: vel que indulgetur a praelato superiori universalis ecclesie.* Während die erste nur Kranken oder denen, die dafür gelten, zukommt, gilt für die zweite Dispensationsmöglichkeit: *quoniam (ut dicitur) in regula nigrorum monachorum scribitur quod beatus Benedictus finaliter omnia, de quibus regula non expressit reliquit in dispositione abbatis, et si non erat dimissum in dispositione abbatis, tamen dimissum fuit in dispositione summi pontificis. Unde si monachi nigri comedant carnes sani, non credo quod sit abusus, salva pace eius qui opposuit: sed magis dispensatio superioris.*

[122] Vgl. schon Yvo von Chartres (?) in dem (rekonstruierten) Coutumier von St-Quentin de Beauvais, ed. MILIS S. 461–463, der auf Noah verweist (S. 461), dem Fleischverzehr erlaubt wurde (vgl. Augustinus, *Confessiones* VII 9 CSEL 33, S. 156, z. 11–16 und X 31, S. 262 z. 1); dagegen etwa die *Consuetudines* von Springiersbach § 199 S. 106: *si omnia licent, non omnia expediunt.* Vgl. allg. D. 35 c. 2 mit Rm 14,21.

[123] Vgl. schon im 13. Jahrhundert: Guillaume Durand *Speculator* billigte dem Abt beim Verzehr eine weitgehende Dispensationsbefugnis zu (*Speculum iuris* I 1 § 8 nr. 6; S. 84b): *Abbas dispensat in ieiuniis, cibis et esu carnium, et in operibus manualibus, ad quae monachus tenetur.* Anders schon Hostiensis (*Lectura* zu X 3.35.6; fol. 134rb): *Dicunt etiam quidam, et forte non male, quod sicut in his, quae sunt contra votum tacitum, vel expressum, vel contra evangelicum, non prodest Pape dispensatio, nisi ex causa facta .... Hoc tamen non est verum in his dispensationibus, quae fiunt tantum contra ius positivum, sicut apparet in statutis editis de ordinibus intra certa intersticia temporum ....* Vgl. auch: *Summa aurea* fol. 178vb.

[124] Alvarus Pelagius DSPE II 20; fol. 124rb; Bezug: X 3.35.6. – Bohier, zu RSB 41 § 4 v. *In abbatis sit providentia* S. 525.

[125] Die, wie schon Jacques Fournier vom Heiligen Bernhard lernte, gegebene Möglichkeit (PMt 5,9; fol. 55ra–va), *pro causis, personis, locis et temporibus* zu dispensie-

den Rückgriff auf Innozenz III. erleichtert, selbst wenn er sich direkt auf
seinen großen Vorgänger und nicht auf das für das Papsttum ja so demüti-
gende Konzil beruft. Im Schlußteil des für „schwarze Mönche", nicht aber
für Zisterzienser geltenden Dekrets *Ne in agro dominico* wurden dessen
auf Askese und Verfassung der Orden Bezug nehmenden Verfügungen
*quoad usum camisiarum, abdicationem proprietatis, silentium et esum
carnium ac de eorum capitulis de triennio in triennium celebrandis, et
etiam quoad quaelibet alia statuit,* d.h. die Dekretale *Cum ad monasterium,* abermals eingeschärft[126]. Auch die Dominikaner und die Augustinereremiten mußten auf ihren Generalkapiteln wiederholt ihre Verbote zum
Fleischkonsum erneuern, da sie dieselben Probleme hatten wie die anderen
Orden, aber vielleicht auch um einen reformerischen Zugriff des Papstes
abzufangen[127]. Bei den weiten Teilen, die aus *Summi magistri* in *Ad decorem* wörtlich übernommen wurden, hat man es eher mit einer Folge der in
der Kanonistik schon lange und im Wissen um ihre Tragweite geleisteten
Angleichung der beiden Orden als mit persönlichen Vorzügen des Papstes
zu tun, die sich hier niedergeschlagen hätten: *quia diversa sunt monasteria
et diversas habent institutiones et ideo ad ipsas est recurrendum,* hatte

---

ren (vgl. *De praecepto et dispensatione* II 4, Opera III S. 257), übertrug Fournier auf
den Richter (PMt 5,6; fol. 38vb): [iudex] *non debet iudicare de legibus, ... , consideratis
et attentis partibus ac circumstantiis, quae non potuerunt attendi, quando lex promulgata fuit.* Die damit gegebene verinnerlichende Flexibilisierung der normativen Vorgabe
exemplifizierte er, auch hier Bernhard folgend, an der Dekadenz in Cluny (PMt 5,9;
fol. 55va; vgl. *Apologia* VI.12, Opera III S. 91): *Dicunt enim Cistercienses contra
Cluniacenses quomodo regulam tenent, qui pelliceis induuntur sani carnibus, seu carnium pinguedine vexantur, tria, vel quatuor pulmentaria, una die (quod Regula prohibet)
admittunt, opus manuum, quod iubet, non faciunt ? ... Attendite in regulam, cui non dis-
sonat institutio Sancti Benedicti, Regnum inquam Dei intra vos est, hoc est, non exterius
in vestimentiis, aut alimentis corporis, sed in virtutibus interioris hominis.*
[126] C. 14, COD S. 373 (= Clem. 3.10.1), vgl. MÜLLER, Konzil S. 564–567 und
S. 569–573. Zur Rezeption bei den englischen Benediktinern, die darin die Folge einer
mendikantischen Intrige sahen: PANTIN I S. 173 nr. 91.
[127] Verbote in den Ordenskonstitutionen (I 8, ed. THOMAS S. 319; I 5, ed. CREYTENS
S. 35) wurden, zumal beim Speisen zusammen mit Weltlichen (vgl. Generalkapitel von
1294, 1315 und 1341, MOPH III S. 273, IV S. 78 und S. 269), oft übertreten; entsprechend schärfte der Orden die Nicht-Dispensierbarkeit ein, außer bei Krankheit: 1321,
1322, 1334 und 1337 (MOPH IV S. 132, S. 141, S. 225 und S. 247), weil ein *magnum
scandalum nostri ordinis* drohe, vielleicht ein Hinweis auf die diesbezügliche Sensibilität Benedikts XII. – Bei den Augustinereremiten sahen die Statuten (c. 22; fol. 24v) das
übliche Verbot und den Dispens bei Krankheit und Schwäche vor; vgl. aber die Generalkapitel von Viterbo 1312 (AAug III S. 151), Rimini 1317 (ebd. S. 223: *nostra non mo-
dicum dehonestatur Religio*) oder den Rundbrief Wilhelms von Cremona von 1330, in
dem er den am Pariser Ordensstudium tätigen Magistern, Bakkalaren und Lektoren verbietet, *pitantia de carnibus* zu essen, ebd. IV S. 107.

schon der Hostiensis unter Bezug auf die *Carnes-* und Dispensationsproblematik in *Cum ad monasterium* gelehrt[128].

Das eine schließt das andere freilich nicht aus. Das Pendant zu der ,Benediktinisierung' der Augustinerchorherren[129], trat uns mit der ,Zisterziensierung' der Benediktiner in der Ordensgesetzgebung Gregors IX. entgegen, doch fiel es bereits dort sehr schwer, die Etikette *secundum morem cisterciensem* ordensrechtlich zu konkretisieren. Diesen auf jeden Fall unbefriedigenden Schlagworten könnte man das der ,Monastisierung' der Franziskaner hinzufügen[130], das zumindest für die von Guiral Ot auf dem Generalkapitel von 1331 vorgelegten Statuten eine gewisse Berechtigung hat; sofern diese wirklich, wie Clément Schmitt meint, eine „influence considérable" auf Benedikts Bulle *Redemptor noster*[131] hatten, könnte sie dessen Franziskanerreform geprägt haben. Diese

---

[128] *Summa aurea, De statu monachorum et canonicorum regularium, Qualiter monachi vivere debeant,* fol. 178vb: *non tamen posset de facili status vite ipsorum a iure comprehendi: quia ... recurrendum, ad hoc xii di, illa. ff.* [D. 12 c. 1]. – Schon Heinrich von Gent schrieb in der Endphase des Pariser Mendikantenstreits unter Bezug auf die Dispensationsfrage in X 3.35.6 (QL 5, q. 28; fol. 208r): *Ad illud quod dicit decretalis quod summus pontifex possit licentiam indulgere. ... Et dico tales dispensationes debent rarissime fieri et cum difficultate: nec in consuetudinem conduci.* – Zur Rezeption von X 3.35.6 in der monastischen Praxis: vgl. auch Bernard Aygler, RSB-Kommentar, ed. CAPLET S. 253 (*proprietas*) und S. 285 (*carnes*).

[129] Eine instruktive Zusammenstellung der Unterschiede und Gemeinsamkeiten, d.h. der Ergebnisse der „osmose institutionelle ... entre l'ordre canonical et celui du monachisme" (AVRIL, Gouvernement II S. 793), gibt Hostiensis (*Summa aurea* fol. 179va): die Gemeinsamkeiten bestehen neben den *tria substantialia* im Verbot das Kloster zu verlassen *nisi ex causa abbate imperante et necessitate monasterii exigente* (C. 16 q. 1 c. 8; X 1.37.2), dem Verbot, *leges vel physica* zu studieren (X 3.50.10), der Verpflichtung zum Schlafen in einem Dormitorium, zu einheitlicher Kleidung und zum Abhalten von Provinzialkapiteln (X 3.35.7); der osmotische Druck hatte seinen Ursprung im Papst (vgl. allg.: MELVILLE, Abgrenzung zwischen *Vita canonica* und *Vita monastica* S. 205 ff.) und nicht im Dichtegradienten der beiden Substanzen; insofern ist das Bild nicht ganz treffend. – Unterschiede nach Hostiensis: *monachi per ullas villas et oppida singuli non ponantur ... facilius conceditur cura canonico regulari quam monacho regulari et quod canonici regulares inserviunt regule laxiori, nam et in esu carnium et in habitu differunt et in quibusdam aliis sicut notorie cunctis patet.* Vgl. auch Hostiensis: *Lectura* zu X 3.35.5 *Quod Dei timorem.*

[130] ERICKSON, Fourteenth Century Franciscans S. 138, datiert die Monastisierung der Franziskaner in einem vielfach fehlerhaften Argumentationsgang in das 14. Jahrhundert; fundierter sind die Ausführungen von LANDINI S. 130, der die Klerikalisierung der Franziskaner schon 1260 für abgeschlossen hält.

[131] SCHMITT, Pape réformateur S. 8 mit Anm. 13. – Freilich läßt die hochgradige Polyvalenz der Statuten von 1331 viele Deutungen zu. Um noch einmal auf die Fleischproblematik zurückzukommen; es finden sich neben der Erlaubnis des Ordensgründers (VII 1, S. 289) und einer nach Cassian berichteten allg. Ermahnung des Abbas Moyses (VI 4, S. 288) auch eine Ausweitung der Verbots, auf den General- und Provinzialkapiteln Fleisch zu essen, auf Fisch (IX 15-2). Wie aktuell die Problematik im frühen 14. Jahr-

verwirrende Vielfalt von Abhängigkeiten und Übernahmen erschwert bisweilen die Beurteilung, ob Benedikt an einer Entwicklung partizipiert oder sie selber prägt. Über den hier nur angedeuteten philologischen Befund hinaus kommt im Fall Benedikts XII. hinzu, daß die Durchdringung der päpstlichen und der ordensinternen Reformtradition seit Innozenz III. eine eindeutige Einordnung Benedikts XII. unterbindet, der ja auch noch in die episkopale Überlieferung eingeordnet werden kann[132]. Ob die Reform an lokale Institutionen delegiert oder legislativ zentralistisch normiert wird, ist letztlich eine Frage von ekklesiologischer Tragweite. Wie Benedikt XII. hier seine Präferenzen verteilte, ist nicht nur aus dem sachlichen Gehalt seiner Maßnahmen, sondern auch aus dem in den Statuten entwickelten Verfassungsansatz zu erhellen.

8.3. Zum Reformkonzept Benedikts XII.

Lehrmeinung ist schon lange, mit Benedikts Ordensreform habe sich in der Verfassung der Orden sehr wenig geändert[133], und häufig kann man lesen, gerade die Detailfreude seiner Bestimmungen habe ihre Umsetzung erschwert[134]. Wie wenig solche Pauschalisierungen den von Benedikt XII. intendierten Veränderungen gerecht werden, erhellt nicht nur die Vielfältigkeit der thematisierten Reformgegenstände, die sich kaum in diesem Sinne auf einen Nenner bringen lassen, sondern auch der durch die mißliche Quellenlage zumindest mitbedingte Befund, daß man trotz der verord-

---

hundert war, zeigt auch der Kommissionsentwurf für die Vorbereitung der carnes nicht thematisierenden Vienner Konstituiton *Exivi de paradiso*; er richtete sich gegen (ed. FUSSENEGGER S. 164) *excessus conviviorum in pitantiis excessivis et variis lautis ferculis et aliis superfluitatibus ciborum et vinorum, unde etiam proveniunt scandala.*

[132] Exemplarische Belege für eine Überwachung des Fleischverbots seitens des Episkopats: für Mönche *in domibus laycorum* (Synode von Bordeaux 1255, ed. PONTAL II S. 84), für Laien (Vallemoniti 1322, MANSI XXV Sp. 711) oder für Priester (Synodal de l'Ouest, ed. PONTAL I S. 176 nr. 61).

[133] Dieses einfache Schema (vgl. zu RN: HOLZAPFEL, Handbuch S. 83; BIHL, Einltg. zu Const. 1337-51 S. 87; DAUMET [Einltg.] S. XXIX zu SM und AD) wird in neuerer Zeit stärker differenziert: zu FSS und allg.: HOURLIER, Les religieux S. 67; WAGNER, Historia S. 55; JASSMEIER S. 67; zu SM: NOVELLI S. 171; SABBADINI S. 26. Grundlegend zur Rezeption von SM: FELTEN, Ordensreformen S. 411–435.

[134] So schon FOURNIER, Jacques Fournier S. 189; LEFEBVRE in: LE BRAS/RAMBAUD/LEFEBVRE S. 156; HOURLIER, Chapitre général S. 97; GIROUD, L'ordre des chanoines réguliers S. 43 und S. 166 f. Zweifel an solchen Deutungen bei SCHIMMELPFENNIG, Zisterzienserideal S. 31 und S. 34 im Anschluß an die ausgewogene Formulierung von GUILLEMAIN, in: DBI VIII S. 381a; vgl. auch AMARGIER, Benoît XII, in: DHP S. 206b–208a.

neten weiten Verbreitung der Bullen[135] noch am ehesten von einer Teilrezeption sprechen muß. So hatten, soweit erkennbar, bei den Benediktinern die Erneuerung und Fortentwicklung der Provinzialkapitel[136] einen höheren Stellenwert für die Rezeption von *Summi magistri* als etwa die Bestimmungen über die Alienation von Klostergütern. In der Förderung des Studienwesens partizipierte Benedikt an einer Entwicklung, die neben der Entscheidungsbefugnis der Ordensleitung den theologischen Erkenntnisdrang oder kirchlichen Karrierewunsch der einzelnen Mönche erforderte. Da es hier nicht um die Nachwirkung der Reform, sondern um ihre Konzeption geht, kann die Frage der ohnehin nur schwer verifizierbaren Ausfilterung der unanwendbaren, weil angeblich zu komplizierten Verfahrensregeln in der monastischen Praxis unberücksichtigt bleiben. Wenn die Geschichte hier dem Historiker entgegenkommt und vermeintlich Wesentliches von Unwesentlichem trennt, bleibt es seine Aufgabe, die Genese auch und gerade des Unwesentlichen zu rekonstruieren.

Die Gliederung der Reformbullen

Die bereits in der Gliederung der jeweiligen Bullen erkennbaren Unterschiede zwischen den monastischen Orden und den Franziskanern zeigen, daß sich Benedikt XII. zwar der Eigenart der Mendikanten durchaus bewußt war, aber auch bereits im formalen Aufbau deutlich machte, wie wenig er sich verpflichtet sah, in seinen Statuten der üblicherweise an die

---

[135] Vgl. die Verfügung des Provinzialkapitels in Narbonne von 1337 (BESSE S. 3): *quod liber ordinationum ... Benedicti Pape XII, factus et compositus super reformatione Ordinis nostri, ponatur et custodiatur in monasterio Crassensi dioecesis Carcassonensis.* Die englischen Benediktiner verwahrten ihr authentisches Exemplar von SM in Westminster (PANTIN II S. 8 f.) und forderten zur Anfertigung von Kopien auf, vielleicht eine Reaktion auf SM c. 39 (S. 386b). Eine befriedigende Antwort kann hier nur eine kritische Edition geben, wie sie nur für RN vorliegt: BIHL, Einltg. zu RN S. 322, handelt darüber nur sehr kurz, so daß seine Liste von 10 Ms außerhalb der kurialen Überlieferung (4 für RN, 6 für SM) gewiß nicht vollständig ist (vgl. nur Paris BN Ms lat. 4121); jedoch ist dieser für Reformstatuten nicht ungewöhnliche Ms-Befund (vgl. SCHREINER, Verschriftlichung S. 53, unter Hinweis auf die Anordnung des zisterziensischen *Libellus definitionum* von 1350 [zit. ebd. nach Kloster Lichtenthal Ms 46, fol. 53v und 58r], daß die Äbte die *fryhungen des ordens* und die *ordenung Herrn benedictes des babstes von der reformirung unsers ordens sich flissen zu haben vnd abzuschriben*; allg. zu ordensinternen Texten: MELVILLE, Schriftlichkeit bes. S. 405–410) an sich bereits aussagekräftig.

[136] Vgl. etwa die langfristige Rezeption in Montolieu, einem Kloster der Provinz Narbonne, dessen Abt zu den Mitarbeitern in SM gehörte: im *Monasticon Benedictinum* (Paris BN Ms lat. 12686, fol. 303–337) findet sich ein Text, der von Prärogativen des Klosters wie der freien Abtwahl handelt, die Ludwig d. Fr., Pippin und Karl d. Gr. ihm verliehen hatten; unmittelbar daran folgt (fol. 308r): *... ac nulli congregationi aggregatum esse ante Benedictum papam duodecimum nomine pro certo habeatur. Solus enim Episcopus carcassonensis ad monasterium visitationis causa accessisse ante ... legitur.*

Regula Bullata angelehnten Gliederung der Ordenskonstitutionen zu folgen. Während *Fulgens sicut stella* mit vielfältigen Bestimmungen zur Sicherung des Ordensbesitzes einsetzt, denen auch *Summi magistri* und *Ad decorem* große Aufmerksamkeit, wenn auch nicht an so exponierter Stelle, widmen[137], beschränkt sich *Redemptor noster* bei der heiklen Frage der Armut der Minderbrüder auf eine eher kursorische Erwähnung der einschlägigen Entscheidungen Johannes' XXII., ungeachtet der auch bei den Franziskanern erkennbaren Erfassung des Ordensbesitzes durch die Erstellung von Inventaren[138]. Die Kapitelabfolge in *Redemptor noster* veranschaulicht den Stellenwert, den Benedikt XII. Liturgie, Schweigsamkeit und solchen Bestimmungen zuwendet, die die individuelle Qualifikation der Mönche heben. Provinzial- und Generalkapitel, Visitationen oder die Bestellung von wichtigen Amtsträgern, die in *Summi magistri* in den ersten Kapiteln abgehandelt werden und in *Fulgens sicut stella* im Anschluß an die Güterfrage, aber vor den Bestimmungen zur *vita communis* in den Klöstern zur Sprache kommen, finden sich im Schlußteil der Franziskanerbulle.

Man kann freilich diese inhaltliche Differenzierung zwischen Maßnahmen *de modo vivendi et de regimine et de multis aliis*, wie die 8. Vita formulierte[139], nicht mit letzter Stringenz in den Reformbullen nachweisen, doch selbst wenn es sich nur um eine mehr oder weniger nach dem Zufallsprinzip oder der Dringlichkeit der Maßnahmen gegliederte Zusammenstellung von aktuellen Reformgegenständen handeln sollte, ist schon in den Proömien der Reformbullen erkennbar, daß bei den Franziskanern der Weg vom einzelnen Bruder zum korporativen Orden führt, während bei den Zisterziensern der *ordo* und seine segensreiche Wirkung auf die Kirche am Anfang stehen[140]. Dieser ordensrechtliche und zugleich ekklesiologische Ansatz verrät, daß Benedikt XII. vom Mendikantentum mehr verstand, als es seine Politik gegenüber den Spiritualen in Mittelitalien,

---

[137] Besitzstandssicherung: FSS cc. 2–12 (S. 411–416); SM cc. 9–17 (S. 366a–374b); AD §§ 42–50 (S. 448b–456a).

[138] Das älteste Inventar von Assisi aus dem Jahr 1338 (ed. PINACCHI S. 89) erfaßt überwiegend liturgische Gegenstände und Bücher, nicht aber Immobilien und Grundbesitz.

[139] BALUZE/MOLLAT I S. 236.

[140] Das Proömium von FSS (S. 410) verwendet allein neunmal *ordo* im Gegensatz zu SM (S. 348a–b) und AD (S. 425a–b), wo von *religio* die Rede ist; dagegen bevorzugt Benedikt in RN (S. 332 f. u.ö.) auch *ordo*, allerdings nur zweimal, davon einmal sehr pauschal (*... et ordinibus in divinis obsequiis militantium personarum, quae viventes sub Regula, ab ipsa iter recte vivendi recipiunt ...*). – Die Wirkung für die Kirche (FSS ebd.: *sedulus, ut sibi et aliis proficiat ad salutem*) findet sich bei den seit jeher in besonderer Weise auf Seelsorge spezialisierten Franziskanern nur im allg. Sinne einer Vorbildfunktion (S. 333: *ut sint etiam aliis in recte vivendi speculum et imitandae sanctitatis exemplum*).

das schon im ersten Konsistorium angekündigte Desinteresse an der Armutsfrage oder das jenseits der franziskanischen Tradition stehende Proömium vom *Redemptor noster* zunächst erwarten lassen[141]. Die verfassungsrechtliche Definition des Ordens korrespondiert dabei zugleich der jurisdiktionellen Konzeption des päpstlichen Zugriffs; die weitgehende Ausklammerung dogmatischer Fragen ist damit nicht nur Ausdruck des gesunden Menschenverstands Benedikts XII., sondern auch in dem spezifischen Verständnis des päpstlichen Gesetzgebungsvorgangs mitbegründet. Vielleicht kann man in der unterschiedlichen Behandlung der Franziskaner bzw. der monastischen Verbände in besitzrechtlichen Fragen zugleich einen Reflex auf die Trennung von *iurisdictio* und *dominium* in der mendikantischen Ekklesiologie bzw. deren Verbindung in ihrem zisterziensischen Pendant sehen.

Die Einzelmaßnahmen in den verschiedenen Reformbereichen wurden wiederholt dargestellt, so daß wir hier auf eine Inhaltsangabe der Bullen verzichten können[142]. Auch eine ordensrechtliche Herleitung der einzelnen Bestimmungen ist nur insofern sinnvoll, als Benedikts begrenzte Innovationsfreudigkeit damit beschrieben, wenn auch nicht gedeutet oder gar begründet werden kann. Es ist eine Binsenweisheit, daß in der Zuständigkeit des Papstes für die Reform der Orden sich deren historisch gewachsene Funktion in der Kirche mit der Absorption dieser Kirche in der Fülle des päpstlichen Amtes verbindet, doch zeigt sich gerade im Reformwerk Benedikts XII., wie wichtig es ist, zu untersuchen, inwieweit die den Orden vom Papst zugedachte Rolle mit deren eigener Vorstellung übereinstimmt. Insofern ist es nicht nur die schon am Beispiel Galvano Fiammas dargelegte immanente Ambivalenz der mendikantischen Ekklesiologie, sondern auch die Eigenart der Positionen Jacques Fourniers bzw. Benedikts XII., die hier ihre Folgen zeitigte.

---

[141] Das Proömium von RN weicht erheblich von den zwischen 1260 und 1325 (Const. 1260-1279-1292, ed. BIHL S. 37; Const. 1316-1325, ed. CARLINI S. 276 und S. 526) konstant bleibenden Statutenproömien ab. Während die franziskanische Tradition mit Sir 36,27 (*ubi non est sepis diripitur possessio, in quam per spiritum paupertatis intratur*) die Bedeutung der Ordensstatuten für die substantielle Regelerfüllung betonen (ebd.: *Oportet ... sepem, circumdatam per honestatem regularium Statutorum, a viris perfectis non destrui, sed servari, ...*), argumentiert RN mit der *caritas Dei ex qua virtutes ceterae generantur, regnet et ferveat in cordibus eorumdem*, S. 333, relativiert damit die Armut, wohl eher im Sinne der Lehrentscheidungen Johannes' XXII. (*Ad conditorem canonum*, Extravag. Joh XXII. 14.3, ed. FRIEDBERG Sp. 1225; ed. TARRANT S. 232, oder noch: *Quia vir reprobus* BF V S. 437a), als durch eine Übernahme aus dem Proömium von SM (*vigeatque inter coenobitas suos caritatis soliditas*), wie BIHL, ebd. S. 333 Anm. 10, meint.

[142] Grundlegend: FELTEN, Ordensreformen; als Überblick: SCHIMMELPFENNIG, Zisterzienserideal S. 32 f.; für FSS: MAHN, Benoît XII S. 35 ff.; für AD: GIROUD, L'ordre des chanoines réguliers S. 150–165.

Die Proömien der Reformbullen

In den Proömien der Bullen verbinden sich noch am auffälligsten beide Wurzeln der Reform, da sich der Papst damit an die Orden wandte, um deren Verständnis warb und zugleich den eigenen Reformeingriff begründete. Bei den Zisterziensern stellte Benedikt mit der Metapher des inmitten des Nebels erstrahlenden Morgensterns[143] eine *captatio benevolentiae* an den Anfang, die schon mit der Tatsache einer umfassenden Reform an sich in eigentümlichem Widerspruch steht[144], und verwies auf seine eigene Zugehörigkeit zu dem Orden, gleichsam, als ob hier einer der Ihren spräche. Das eigene, dominikanisch beeinflußte Ideal einer Verbindung von Aktion und Kontemplation unterstreicht diese Sonderstellung der Zisterzienser[145]. Die Alt-Benediktiner und Cluniazenser, die sich ihrerseits als kontemplative Mönche verstanden[146], stellte er zumindest in der im Licht der göttlichen und päpstlichen Gnade vollzogenen Ausbreitung *a mari usque ad*

---

[143] Sir 50,6. – Einen direkten Verbalvergleich provoziert freilich *Parvus fons* von 1265 (CANIVEZ II S. 22: *quasi stella matutina resplendet in medio nebulae mundi huius*), dessen Wassermetapher freilich in FSS keine Entsprechung findet. Auch Fourniers lichtmetaphorische Umschreibung der Gelehrsamkeit (PMt 5,18; fol. 147rb: *docti ... fulgebunt quasi splendor firmamentis, et qui ad iustitiam erudiunt multos, quasi stellae in perpetuas aeternitates*, vgl. auch PMt 5,14; fol. 94va) entspricht weitverbreiteter akademischer Rhetorik (X 5.5.5; oder auch: Reformstatuten Bertrands de Déaulx für Montpellier vom 20.7.1339, FOURNIER, Statuts II S. 44b nr. 947; oder Johannes' XXII. für Orléans vom 18.3.1332, ebd. I S. 81 f. nr. 91), verwendet zwar nicht das Bild *stella matutina*, ist ihm aber eng verwandt. – Auch die Franziskaner wählten die Sternmetapher: etwa Bonaventura (*Collationes in Hexaemeron* XII 16, Opera V S. 386b): *omnis substantia spiritualis lumen est*. Noch Alvarus Pelagius wandte die Sternmetapher auf Mönche an, meinte nun aber fallende Sterne als Sinnbild der Dekadenz (DSPE II 53; fol. 177rb); ähnlich: Ubertino da Casale, *Arbor Vitae* V 7 (S. 454b–455a).

[144] Als Benedikt am 12.8.1335 das zisterziensische Generalkapitel zur Befolgung von FSS aufforderte, verwendete er dasselbe Bild in konventioneller Form (DAUMET nr. 93): *ut splendor ipsius in dicta refulgens Ecclesia per mixturam fermenti non obfuscetur alicujus, sed lucidius ad Dei honorem et gloriam ... clareat ...*, rügt dann aber die Nachlässigkeit des Ordens.

[145] FSS (S. 410). Vgl. ähnlich SM (S. 348a). Zu den dominikanischen Wurzeln: Thomas Aq. STh IIa IIae qq. 180–184. Das weitverbreitete patristische Bild von Martha und Maria (zu seiner zisterziensischen Tradition: MEYER, Soziales Handeln S. 307) gebrauchte Jacques Fournier auch in seinem Visio-Gutachten (RAYNALDUS, Annales ecclesiastici VI S. 57b) zur Beschreibung eines kontemplativen, d.h. gottsichtigen, aber zukünftigen Lebens: *In praesenti autem vita miseriis erroribusque plenissima Deum sicuti est videri non posse, dubium non est. In futura igitur, quae ab hoc appellatur contemplativa, videndus est, nec immerito.*

[146] Vgl. die Wortwahl des Generalkapitels von 1321 (CHARVIN II S. 466); vgl. auch: 1324 (ebd. II S. 538).

mare[147] mit den Zisterziensern gleich, lobte ihre Tugenden und beschrieb ihr normatives Fundament mit den *regulares institutiones almorum Patrum* und den nicht näher präzisierten *iuridicas sanctiones*[148]; wahrscheinlich dachte er an die Reformen seiner großen Vorgänger im 13. Jahrhundert. Mit sicherem Griff sprach Benedikt damit das einzige an, was den Alt-Benediktinern gegenüber ihren Reformzweigen oder den Mendikanten noch geblieben war, nämlich ihren von einigen Ordensschriftstellern sogar phantasievoll in die nachösterliche Trauergemeinde der Apostel zurückverlegten und mit der Schwärze ihrer Kutte begründeten Ursprung[149]; ganz ähnlich machte er es bei den Augustinerchorherren, indem er, vielleicht angeregt durch die von den Augustinereremiten auf Grundlage von gefälschten Augustinus-Briefen entwickelte Legende von der Gründung ihres Ordens durch den Bischof von Hippo, die Begründung dieses Ordens in der *ecclesia primitiva* wie eine feststehende Tatsache referierte[150].

Diese rhetorische Verschmelzung von Askese und Verfassung, von Tradition und Gegenwart hob den Orden aus der Gegenwart heraus und begrenzte zugleich den reformerischen Zugriff. Am Ende des Proömiums von *Ad decorem* unterschied Benedikt zwischen den *tam a prima ipsius institutione, quam a sacris canonibus ... salubriter instituta*, das gänzlich unwandelbar ist, sowie dem, das erfahrungsgemäß darin fehlt und zum Nutzen des Ordens, ja sogar notwendigerweise zu ergänzen ist[151]. Viel-

---

[147] Ps 71,8. – FSS (S. 410); SM (S. 348a). – Zur politischen Deutung dieses Passus im Lichte der päpstlichen Universalgewalt: Aegidius Romanus, DEP II 11 (ed. SCHOLZ S. 99): *Tota enim terra est circumdata maribus: dominari ergo a mari usque ad mare est dominari super universam terram ...* . Vgl. Alvarus Pelagius DSPE I 13; fol. 3ra; negativ konnotiert auch bei Ubertino da Casale, *Arbor vitae* V 13 (S. 488a).

[148] SM (S. 348a).

[149] Guillaume de Montlauzun schrieb in seinem SM-Kommentar (fol. 4vb): *Item in suis locis per incrementa temporum, quo tempore incepit iste ordo, non bene reperitur, sed creditur quod in primitiva ecclesia cito post mortem Christi et ideo assumpserunt sibi vestes nigras et lugubres ad instar viduarum ...* . Genauso schon Bernard Aygler (zu RSB 55,7, S. 349). – Vgl. auch: die wörtliche Wdh. von SM durch die englischen Benediktiner 1338 (PANTIN II S. 6) und sinngemäß 1343 (ebd. S. 54); unter Bezug auf den Habit: Provinzialkapitel in St-Quentin in Gent 1299 (ed. BERLIÈRE, Documents inédits S. 64).

[150] AD (S. 425b). Zu der mit den sog. *Epistolae ad fratres in eremo* begründeten augustinereremitischen Ursprungslegende, die ähnlich wie die genannten benediktinischen Apologeten mit dem Habit des Heiligen argumentierte: Heinrich von Friemar, *De origine et progressu ordinis fratrum eremitarum S. Augustini* (AAug IV S. 300 ff.); Jordan von Sachsen, *Liber vitasfratrum* I 15 (ed. ARBESMANN/HÜMPFNER S. 49).

[151] AD (S. 425b). Vgl. auch analog in FSS (S. 411). – Vgl. zur ‚Erfahrung‘: RSB 1,6; hierzu: Bernard Aygler ed. CAPLET S. 48. Zur Begründung des normativen Wandels, der *per experientiam* erfolgt und zur Optimierung der Gesetze dient: Thomas Aq. STh Ia IIae q. 97 a. 2.; vgl. zur Begründungsformel *evidens necessitas et utilitas*: X 3.5.33, C. 7 q. 1 c. 19 und c. 34, umfassender: BRYS S. 83 ff.

leicht sollte diese Differenzierung die theoretische Begründung möglichen Widerstandes erschweren[152]. Bei dieser angesichts der weitgehenden Möglichkeiten des päpstlichen Jurisdiktionsprimats keineswegs selbstverständlichen Begründung des reformerischen Eingriffs unterschied sich Benedikts Argumentation mit Notwendigkeit und Nutzen kaum von der der Orden seit Petrus Venerabilis[153]. Die auf einen Wandel des Gesetzes zielende traditionelle Idee von einer Reform im Namen des Notstandsrechts[154] verliert etwas von ihrer Dramatik, wenn man sich vergegenwärtigt, daß Benedikt XII. ja nicht den substantiellen Kern, sondern die zeitliche Ausgestaltung des mönchischen Lebens thematisierte. Auf den dahinterstehenden Wandel des Zeitbegriffs sei hier nur kurz verwiesen[155]. Die Subjektivierung der Wahrnehmung relativierte die Überzeitlichkeit des Ordensrechts und damit die Voraussetzung dafür, daß das Dispensationsrecht spezifisch päpstliches Recht war.

Benedikt XII. begründete in den Proömien seinen Eingriff aber nicht nur aus historischer Perspektive, die er im Proömium von *Redemptor noster* sogar bis an den Anfang der Menschheit zurückverlängerte und damit der eigenen Gottesstellvertretung einen deutlichen Akzent verlieh[156], sondern argumentierte direkt mit dem sich daraus für den Orden ergebenden Vorteil. In *Summi magistri* beschrieb er diesen mit dem Erblühen von

---

[152] Vgl. allg. SCHREINER, Diversitas temporum S. 401–404. Zu Mutabilität und Immutabiliät: Bernhard von Clairvaux, *De praecepto et dispensatione* II.4–III.7 (Opera III S. 256 ff.); hierzu: SCHREINER, Verschriftlichung S. 58. Das zisterziensische Generalkapitel von 1295 hatte mit den Worten des Heiligen argumentiert (CANIVEZ III S. 278 nr. 2). Vgl. auch schon Yvo von Chartres, PL 161 Sp. 50, hierzu: GAGNÉR, Studien S. 284.

[153] Vgl. seine Reformstatuten, Prolog, CCM VI S. 39 f., hierzu: KNOWLES, Reforming Decrees S. 1 f. und S. 5.

[154] Vgl. den von Papst Leo I. stammenden Grundsatz *Ex necessitate enim fit mutatio legis*, den auch der Heilige Bernhard zitierte (*De praecepto et dispensatione* II.5, Opera III S. 257).

[155] Hier ist nur ein kursorischer Hinweis möglich: MAIER, Subjektivierung der Zeit S. 365; SCHREINER, Dauer S. 332; allg. auch LECLERCQ, Zeiterfahrung S. 1–20.

[156] Benedikt löst die Besonderheit der Franziskaner in einer allgemeinen anthropologischen Betrachtung auf (RN S. 332): Gott habe den Menschen *ad imaginem suam* geschaffen, *ut in bonis et sanctis operibus sui sit imitator auctoris*; so sollte, kann man ergänzen, auch der Papst seine Statuten im Verhalten der Brüder wiedererkennen. Auch bei der Kirchengründung geht der Weg vom allgemeinen zum besonderen: *fundans militatem Ecclesiam eamque insigniens diversis conditionibus hominum in Christo credentium et ordinibus in divinis obsequiis militantium personarum, quae viventes sub Regula, ab ipsa iter recte vivendi recipiunt et transigendi praesentis militiae cursum per divinorum semitam mandatorum, normam sanctam suscipiunt et laudabilem disciplinam.* Den Ursprung der Regel in Gott als Hinweis auf den päpstlichen Auslegungsprimat vertrat auch Alvarus Pelagius, der anders als sein Förderer Kardinal Pedro Gomez nicht als Mitarbeiter genannt wird; auch für ihn korrespondieren *status ordinis* und *status ecclesie*, DSPE II 60; fol. 200ra.

Gottesdienst, Obedienz, Weisheit und Wissenschaft und mit der Bewahrung und Mehrung der *substantia temporalis* des Ordens[157]. Hier sprach
ein Praktiker, der aus seinem Glauben an einen heilsgeschichtlichen Optimismus und aus dem Wissen um die von ihm erkannte Notwendigkeit des
Eingriffs dessen organische Verwurzelung in der jeweiligen Tradition begründete: letztlich sah sich Benedikt nur als Medium der göttlichen Provi-
denz, wenn er *cooperante superna Omnipotentia* reformierte[158].

Es bedurfte zweifellos eines gesunden Selbstbewußtseins, um angesichts der realen Zustände im Ordenswesen des 14. Jahrhunderts einen
solchen Optimismus zu rechtfertigen. Deshalb ist es unwahrscheinlich,
daß es sich bei den Proömien nur um den Versuch handelt, die Orden
durch schöne Worte für sich zu gewinnen, oder um jenen Zweckoptimis-
mus, durch den Hindernisse kleiner werden, als sie in Wirklichkeit sind.
Indem Benedikt XII. die historische Genese der Orden anerkannte, verwies
er zugleich darauf, daß ihre Selbstbestimmung in der Heiligkeit ihres Ur-
sprungs begründet liegt. Daraus ergibt sich, daß gewachsenes Gewohnheitsrecht nur dort eine Berechtigung hat, wo es dem dekretierten Recht
nicht widerspricht. Dies steht damit in Einklang, daß Jacques Fournier
consuetudo in die Nähe der Sünde rückte[159], und korrespondiert dem Kirchenrecht der Zeit[160]. Der charismatisch legitimierte Ursprung der Orden
und ihr institutionelles Werden treten in jene Spannung, die, wie im Streit
um die normsetzende Armut Christi und der Apostel sich zeigte, nur durch
päpstliche Entscheidung zu entschärfen war, was freilich auch eine Ver-

---

[157] SM (S. 348b). – Zum Begriff: RSB 2,35. Auch in FSS (S. 410) bekundet er die
Einheit von spiritueller und ökonomischer Reform: *eumdem tamen Cisterciensem Ordinem acie internae devotionis et caritatis aspicimus, et ea quae ipsius salutem et prospe-
ritatem respiciunt, quatinus eterni Patris beneplacitis gratificari credimus, favorabiliter
promovemus.*

[158] SM (S. 348b).

[159] PMt 5,8; fol. 50vb: *Omne peccatum consuetudine vilescit, et fit quasi nullum, si
obduruit, dolorem perdidit, quod valde putre est, nec dolet, quod non pro sano habendum, sed pro mortuo est computandum.*

[160] Zur *consuetudo* im monastischen Sinne: vgl. HALLINGER, Einltg. In: CCM I
S. XIII–XXXV; DERS., Consuetudo S. 149. Schon für die Dekretisten des 12. Jahrhunderts setzte eine *consuetudo* den *tacitus consensus* des Papstes voraus, vgl. WOLTER,
Consuetudo S. 104 f. Zur Einschränkung des Gewohnheitsrechts seit Gratian: LANDAU,
Durchsetzung neuen Rechts S. 143. Die Dominanz des positiven Rechts belegt exemplarisch Jean Le Moine (zu VI 1.12.1; fol. 138vb): *Non valet consuetudo ubicumque a iure
prohibetur.* Zur Zeit Benedikts XII. differenzierte Henri Bohic (zu X 3.11.1; fol. 418a–
b) über die Gültigkeit einer *consuetudo* dreifach: *scilicet contra ius naturale, ... et haec
nullo cursu temporis confirmatur ... contra ius positivum inductum tantum in favorem
utentium, et haec praescribitur cum possit suo renunciare favori ...*; in unserem Fall gilt
eher: *Tertia quando ius introductum est in favorem ecclesiarum, et contra illud non
praescribitur consuetudo, nisi per Papam, vel aliud ius approbetur.* Vgl. auch allg.:
GAGNÉR, Studien S. 296, 354; WEHRLÉ, Coutume S. 135 f. und passim.

schärfung des Konflikts bewirken konnte, wenn es dem Papst an Sensibilität mangelte.

Im Proömium von *Ad decorem* spricht Benedikt explizit von *reformatio*, was eine Adaption des substantiell der Intention seines Gründers verpflichteten und damit immutablen Ordens an die Erfordernisse der Zeit bedeutet[161]. Insofern als die eigentlich heilsrelevante Askese der Mönche sich als Imitation des Lebens des Gründungsheiligen charismatisch legitimiert, ist hier eine rückwärtsgewandte Normierung zu erwarten, die Mißstände korrigiert. Progressiv, aber auch hier der Tradition verpflichtet kann der Papst nur in Bereichen vorgehen, die institutionell definiert sind und einer jurisdiktionell begründeten Einflußnahme offenstehen[162]. Bei der Diskussion der Autonomie der Orden ist deshalb immer diese Ambivalenz im Zugriff des Papstes zu beachten, der bei der ‚Askese‘ korrigiert und bei der ‚Verfassung‘ reformiert, damit zwar die Ordensjurisdiktion mediatisiert, aber nicht von der Regel derogiert[163]. Die zunehmende Intensität des Widerstandes reflektiert den abnehmenden Stellenwert, den die Askese im ideologischen Selbstverständnis eines Ordens hatte. Folglich überrascht es wenig, daß es die von Anfang an auf ein praktisches Ziel, nämlich Predigt und Ketzerverfolgung, hin ausgerichteten Dominikaner[164] waren, welche dem Papst die meisten Schwierigkeiten machten.

Päpstliches Recht und Ordensrecht

Benedikt XII. hat sich wiederholt zu dem Verhältnis seines päpstlich verfügten Rechts zu dem überkommenen Recht der Orden geäußert. In *Summi magistri* verfügt er, die Teilnehmer der alle drei Jahre stattfindenden Provinzialkapitel ebenso wie die der jährlichen Generalkapitel sollten die Kosten für ihren Aufenthalt sowie für ihre Begleiter selber übernehmen, *qua-*

---

[161] AD (S. 425b): *ac nolentes, quae in eadem religione reformanda cognovimus, absque reformationis remedio praeterire.*

[162] Es ist ein Allgemeinplatz, daß im frühen 14. Jahrhundert die ekklesiologische Antithese zwischen Charisma und Institution auf die Seite der juridisch faßbaren Komponente verschoben wurde, vgl. COSTA, Jurisdictio S. 294, der freilich etwas zu weit geht, wenn er die spirituelle Komponente auf eine „fede trasformata in legittimazione ... una fede ... secolarizzata" (ebd. S. 274) reduziert. Vgl. allg.: DÖRING S. 81–86, dessen Ausführungen zu dem „Kanonisten" Aegidius Romanus freilich Skepsis verdienen. Zurückhaltend zur Papst-Kirche als Institution bis zur Zeit Bonifaz' VIII.: SCHIMMELPFENNIG, Das Papsttum im hohen Mittelalter. Eine Institution? S. 227 f.

[163] Eine Definition von Reform durch die drei Komponenten Regel, Askese und Verfassung findet sich schon bei MOLITOR I S. 28, der aber keinen Bezug auf die päpstliche Machtfülle herstellt.

[164] Vgl. etwa das Generalkapitel von 1308 zu Padua (MOPH IV S. 34): *Cum ordo noster ob predicationis officium et proximorum salutem sit ab inicio principaliter institutus, illa debemus diligenter et sollicite procurare, que noscuntur ad promotionem studii et profectum sacre sciencie pertinere.*

vis constitutione seu consuetudine contrariis non obstantibus[165]. Die gegen bestehendes Ordensrecht gerichtete *non-obstante*-Formel findet sich auch bei der durch die Präsidenten der Provinzialkapitel auf Veranlassung des Visitators anzuordnenden Verlegung von Mönchen aus solchen Klöstern, die materiell und spirituell ‚kollabiert' sind; dabei hebt Benedikt jene Bestimmungen auf, die es erschweren, die Mönche ihren Äbten zu entziehen, läßt aber solche in Kraft, die eine freie Aufnahme in anderen Klöstern erlauben[166]. In den die Studienlänge des Jurisprudenz- und Theologiestudiums der Benediktiner regelnden Anordnungen relativiert er nicht nur die Statuten des *Studium parisiense*, sondern auch die der Pariser Universität, alle Arten von Indulgenzen oder Privilegien und sogar apostolische *literae*, sofern sie seinen Anordnungen widerprechen und nicht explizit bekräftigt werden[167]. Am Ende der Bulle wird noch einmal langwierig erläutert, daß alle persönlichen oder korporativen Rechte, Privilegien und Gunsterweise sowohl bei exemten wie bei nicht-exemten Inhabern dann als hinfällig gelten, wenn sie zu den päpstlichen Statuten in Widerspruch stehen oder ein gegen diese gerichtetes Indult sie nicht *de verbo ad verbum* erwähnt[168].

Die damit intendierte Vereinheitlichung des regional und durch das Kongregationsprinzip zergliederten Ordens wird auf der normativen Ebene nur dort durchbrochen, wo es um die Weitergeltung von solchen *canonicas sanctiones* geht, die bereits ins Ordensrecht rezipiert waren. Benedikt XII. läßt bei den Bestimmungen gegen *proprietarii* bestehendes Ordens- und Kirchenrecht ausdrücklich in Kraft und konkretisiert sie zu Maßnahmen, die genau auf mit Klosterbesitz allzu selbstherrlich umgehende Mönche zugeschnitten sind und seinem Verständnis von Schadensbegrenzung dienen, d.h. dem Abt oder Vorsteher des Klosters ein Recht einräumen, nach eigenem Ermessen von Strafen zu dispensieren[169]. Bene-

---

[165] SM c. 3 (BRT IV S. 353b).
[166] SM c. 38 (S. 385a).
[167] SM c. 8 (S. 365b–366a).
[168] In dem Druck des Textes von SM in BRT IV folgen diese Bestimmungen ohne Kapitel- oder auch nur Absatztrennung auf die gegen *conspiratores* gerichteten Strafen als Teil des c. 38 (S. 386a–b; vgl. RN c. 28 nr. 3; FSS c. 42), obwohl der Wortlaut deutlich den Beginn eines neuen Kapitels markiert und sie sich allein auf Grund ihrer Länge auf die gesamte Bulle beziehen: *Statuta namque et ordinationes suprascripta, ...* Dabei werden die *universitatibus magistrorum vel scholarium* gewährten Privilegien ausgenommen.
[169] SM c. 16 (BRT IV S. 373a–b): *... licet contra monacos proprietarios sit plene provisum per canonicas sanctiones: tamen specialius providere volentes contra illos monacos et conversos..., qui suae salutis obliti, contra regulares et canonicas institutiones pecuniam congregant, iura, possessiones, redditus seu census annuos et alia bona emunt, seu emi faciunt aliquando proprio et saepe nomine alieno, multis super his figmentis adhibitis. ... .* Die Dispensationsklausel (S. 373b: *quando ei videbitur expedire*)

dikt verbietet bei der Bestrafung von solchen Äbten, Prioren, Verwaltern, Weltklerikern und Laien, die Abgaben in Geld oder Naturalien nicht oder nicht fristgerecht leisten, jede Mäßigung der *auctoritate apostolica* verfügten Zwangsmaßnahmen und läßt das in diesem Sinne geeignete Ordensrecht in Kraft[170]. Bei der in *Ne in agro dominico* verfügten und von Benedikt mit peinlicher Genauigkeit präzisierten Kleidungsordnung beläßt er lokalen Vorschriften, die die dort in Form und Größe genau beschriebenen Kapuzen und Schuhe gar nicht kennen, ihre Geltung, da sie offenbar strenger sind[171]. Ähnlich verhält es sich bei den Strafbestimmungen gegen die Benefizienvergabe an Mönche, wo sichergestellt werden soll, daß keine Benefizienhäufungen vorkommen[172], und bei den päpstlichen Anordnungen im Bereich des Gottesdienstes, wo eine Redundanz allein deswegen nicht schadet, da die an sich ausreichenden Bestimmungen in der Benediktusregel und im kanonischen Recht offenbar nur unzulänglich beachtet werden[173].

Benediktregel und päpstliches Dekretalenrecht sind für Benedikt XII. gleichermaßen Tradition, jedoch von unterschiedlicher Verbindlichkeit und normativer Tragweite. Dort, wo er Bezug auf jene Regel nimmt, unter deren süßem Joch er seit seiner Kindheit lebte, gilt dies ihrer offenbar unzureichenden Kenntnis in den Klöstern; um diese zu verbessern, ordnet er an, daß immer dann, wenn in den *secundum regulam monasticam et Ecclesiarum monasteriorum conventualium et aliorum locorum praefatorum consuetudines approbatas* stattfindenden Konventskapiteln der Lektor die Regel erwähnt, den Brüdern durch den Vorsitzenden des Kapitels die Regelsentenz in der Volkssprache erläutert werden soll[174]. Es dient der Hebung des religiösen Niveaus, wenn Benedikt verfügt, in solchen Klöstern und Prioraten, die Personen verliehen werden, die selber nicht zu reguliertem Lebenswandel verpflichtet sind und nicht in dem Kloster residieren, solle ein *administrator monachus* die anderen Mönche in ihrer Regeltreue überwachen[175]. Daß sich Regel und päpstliches Dekretalenrecht überschneiden und ergänzen, wurde bereits am Beispiel von Fleischverzehr und Refektoriumsdisziplin deutlich. Auch dort bedurfte die Regel einer Präzisierung und das die Regel bisweilen unterlaufende Ordensrecht einer Vereinheitlichung durch die päpstliche Gesetzgebung.

---

zielt auf eine Enthüllung dieser dunklen Vorgänge und eine Restitution der verlorenen Güter; fast wörtlich in FSS c. 29 (S. 428).
[170] SM c. 21 (S. 376a–377a; bes. S. 377b).
[171] SM c. 23 (S. 378b–379a).
[172] SM c. 25 (S. 380a).
[173] SM c. 27 (S. 382a–b).
[174] SM c. 3 (S. 356b).
[175] SM c. 33 (S. 384a–b).

Wesentlich häufiger als auf die Regel verweist Benedikt auf Dekretalen seiner Vorgänger oder relevante Konzilsdekrete: die Beschlüsse des IV. Lateranum über die Schaffung der Provinzialkapitel und die Kompetenzen ihrer Präsidenten und Visitatoren[176], die Fastenbestimmungen in *Cum ad monasterium* von Innozenz III.[177], die Vorschriften über den Umgang mit Klostergut in *Ea que* von Honorius III.[178], zwei gegen die Entfremdung von Immobilien aus Klosterbesitz bzw. die Häufung von Benefizien gerichtete Dekretalen von Bonifaz VIII.[179] und das ein Mindestalter für monastische Benefizien, die besagte Kleidungsordnung der Mönche sowie die Mindestbelegung kleinerer Priorate mit mindestens einem Mönch und einem Prior[180] festlegende Vienner Dekret *Ne in agro dominico* werden zur Untermauerung der päpstlichen Normierung direkt ange-

---

[176] SM c. 1 (fol. 348b) spricht in direktem Rückgriff auf c. 12 des Lat. IV., bzw. X 3.35.7 (im f. sind wörtliche Übernahmen verkleinert), aber unter Ergänzung von einem *commune seu provinciale capitulum abbatum et priorum abbates proprios non habentium, aliorumque priorum Ecclesiarum cathedralium ipsius ordinis seu religionis vel aliorum maiorum in ipsis Ecclesiis post antistites eorum existentium, quocumque nomine nuncupentur, caeterorumque praelatorum abbates proprios non habentium, ut praefertur, exemptorum ordinis seu religionis eiusdem. Ad quod quidem capitulum (iusto impedimento cessante) praedicti abbates, priores et praelati alii conveniant universi.* Unter Bezug auf Honorius' III. (X 3.35.8) Anordnungen *circa praesidentes namque ac visitatores in eisdem capitulis deputandos* (S. 384b) bleibt er auch jetzt bei der korrekten Bezeichnung *capitulum provinciale* statt *capitulum generale.*

[177] SM c. 26 (S. 381a).

[178] SM c. 13 (S. 370a–b): gegen pflichtvergessene Verwalter von Klöstern: *procedatur contra eum, prout iura et statuta, necnon ordinationes nostrae superiores requirunt, et presertim supradicta constitutio Honorii super hoc exacte servetur.* Vgl. X 3.35.8, ebenfalls zitiert in SM c. 22 (S. 378a: *Licet autem praecipiatur in supradicta constitutione saepedicti Honorii ..., ut in nullo monasterio ad praebendas ex tunc recipiant abbates vel monaci clericos saeculares*) oder auch in c. 9 (S. 368b), wo die Vorgehensweise der Visitatoren gegenüber einem nicht-exemten, d.h. durch den Diözesan zu strafenden Abt beschrieben wird.

[179] SM c. 12 (S. 370b): *Quodque in apprehendendis bonis aliis, formam constitutionis ... Bonifacii Papae VIII. ... diligenter observent*; gemeint ist offenbar die von Innozenz IV. stammende Dekretale VI 3.9.1, die bei Alienationsvorgängen einen *tractatus solennis et diligens* verlangt. Vgl. auch: VI 1.6.42 von Bonifaz VIII. und VI 2.5.1 zur Spolienrestitution. – SM c. 31 (S. 383b–384a) thematisiert den rechtlichen Status von Mönchen, die Benefizien in anderen als ihren Heimatklöstern erhalten und sich zwischen einem von beiden entscheiden müssen. Bei der Strafandrohung verweist Benedikt auf *Cum singula capitula* [recte: *officia*, VI 3.4.32].

[180] SM c. 29 (S. 383a): die in c. 14 des Vienner Konzils (COD S. 372 z. 27 ff.) vorgeschriebenen 25 Jahre für Priorate dehnt Benedikt *ad decanos, praepositos et quoscumque alios praesidentes locis conventualibus ordinis seu religionis* aus. – SM c. 25 (S. 379b) regelt unter Berufung auf c. 14 sowie das dort (COD S. 372 z. 15) angeführte Lat. III. c. 10 (COD S. 217 = X 3.35.2), *ne ipsi singuli monaci in singulis sibi commissis administrationibus vel prioratibus habitare presumant ... . Statuimus insuper quod absque personarum delectu trasmittantur ... .*

führt, aber zumeist umfangreich ergänzt. Das den päpstlichen Anordnungen zu Grunde liegende Dekretalengerüst[181] war einem in der Jurisprudenz kundigen, zeitgenössischen Rezipienten gewiß sofort erkennbar, wodurch das Statutenwerk eine Transparenz erhielt, die solchen Mönchen entging, denen eine hinreichende Vorbildung fehlte.

Das vorliegende, von den im Prolog der Bulle genannten *doctores decretorum* offenbar gutgeheißene Statutenwerk fügt sich damit in eine Traditionslinie ein, an der Benedikt auch dann nicht vorbeigekommen wäre, wenn er es gewollt hätte, etwa im Sinne einer rigorosen Anwendung zisterziensischer Prinzipien auf die schwarzen Mönche. Nicht einmal bei den Provizialkapiteln hat er aber wie seinerzeit Innozenz III. und seine Nachfolger den *mos cisterciensis* eingeschärft. Jurisdiktionskonflikte zwischen der päpstlichen Gesetzgebung und der der Orden finden sich nur im Falle von studierenden Mönchen und betreffen dort dann auch weniger die Ordensjurisdiktion als die universitäre Exemtion der Studenten, die offenbar bisweilen auch auf studierende Mönche ausgedehnt wurde[182].

Das in den Proömien unter Bezug auf den Gesamtcharakter der Reform akzentuierte *necessitas*-Motiv kehrt in den Detailbestimmungen nur dort wieder, wo, wie etwa bei der Aufnahme eines Darlehens, eine pragmatische Handlungsweise in Anwendung kommt, die zu einer *absque solemnitatibus et poenis* vollzogenen Verkürzung ursprünglich langwieriger und komplizierter Verfahren dient[183]. Im päpstlichen Zugriff auf das Ordenswesen war das Ausnahmerecht längst normalisiert, jedoch war es weder technisch möglich, noch politisch sinnvoll, mit den kurialen Positionen bis an die Grenze des Möglichen zu gehen.

Es hat deshalb nichts mit einer kämpferischen Bewährung der Autonomie des Ordens durch die Ordensvertreter zu tun, wenn Benedikt XII. eine direkte Involvierung der *Sedes apostolica* in die Geschicke der Benediktiner nur selten vorsieht. Der exemte Status ist dort von Belang, wo die Suspension von Benefizien als Strafe gegen die unberechtigte Aufnahme von Darlehen sowie der Leumund und Regierungsstil des Betroffenen an die übergeordnete Instanz zu berichten sind[184]. Auch bei den an Umfang

---

[181] BOEHM, Benedikt XII. S. 303.

[182] SM c. 8 (S. 364a): *Per praedicta vero dicti monaci studentes a potestate antistitis vel alterius praelati sui exempti aliquatenus non existant.* Die umfassende Kompetenz der Prioren der Studienhäuser erstreckte sich u.a. auch auf eine kraft apostolischer Autorität mögliche Absolution der Studenten von *ex causis minoribus* erfolgten Sentenzen.

[183] SM c. 9 (S. 366a–367b). Auch für den Fall, daß ein *casus aliquis evidenter utilis seu necessarius occurreret*, d.h., falls der Abt zu weit vom Kloster entfernt ist, um eine Genehmigung der zuständigen Stellen einholen zu können, ist eine Kreditaufnahme *absque solemnitatibus et poenis huiusmodi* möglich. Die Genehmigung muß freilich innerhalb von acht Tagen eingeholt werden.

[184] SM c. 9 (S. 368a). Vgl. X 3.35.8.

und Detailfreudigkeit weit über die ordensrechtlichen Vorgaben hinausgehenden Bestimmungen zur Entscheidungsdevolution bei der Alienation von Ordensgütern ist eine Konsultation des Papstes explizit nur dort vorgeschrieben, wo es um feudale Herrschaften oder größere Immobilien geht[185]. Alle Äbte, die durch den Heiligen Stuhl befördert wurden oder zukünftig werden, müssen vor ihren unmittelbaren Oberen oder den Exekutoren, Provisoren oder Legaten des Papstes einen Eid gegen die Alienation von Ordensgütern leisten[186].

Es ist nicht nötig, hier abermals nach Erklärungen für diese, sowohl den kirchenrechtlichen Vorgaben über die Alienation von Ordensgütern als auch dem Befund über die Tragweite der *potestas dominii* nahekommende Lösung zu suchen. Der persönliche Anteil Benedikts XII. einerseits und der Ordensvertreter andererseits an diesen Regelungen bleibt ohnehin schwer zu ermitteln. Der Befund, daß Benedikt, die interne Jurisdiktion des Ordens fördern, aber gleichzeitig seine Bindung an den Papst intensivieren will, zeigt sich darin, daß er auffällig häufig die *auctoritas apostolica* an Ordensinstanzen, zumeist an die Vorsitzenden der Provinzial- und Generalkapitel oder an die auf diesen Kapiteln ausgewählten Visitatoren, delegiert[187]. Freilich bestand bei den nur selten tagenden benediktinischen

---

[185] SM c. 11 (S. 370a–b).
[186] SM c. 11 (S. 369b–370a): *iurabunt, quod possessiones vel iura ad mensam sui monasterii sive loci spectantia non vendent vel alienabunt, ...* Mit Ausfall von *mensa* auch in FSS c. 2 (S. 411). – Vgl. zum Eidverbot für Mönche nach RSB 4,27, das bereits in der Väterzeit relativiert wurde (vgl. etwa: Hieronymus, Mt-Kommentar CCSL 77 S. 32 f.), aber noch Jacques Fournier einige Überlegungen Wert war (PMt 5,17; fol. 139va): *ad maiorem tamen certitudinem, et confirmationem sermonum, ut omnino credatur verbum assertive dictum ... ponitur Dei iuramentum, et in quocumque loco ponitur, significatur quod omnino verbum Domini implebitur, ...* Weitere Erörterungen über Möglichkeit und Tragweite des Eides finden sich in den Statuten Hugos V. von Cluny (CHARVIN I S. 50 nr. 56 und S. 59 nr. 22), bei Innozenz III. (X 2.24.26), bei Bernard Aygler (ed. CAPLET S. 85) und sogar noch bei Pierre Bohier (ed. ALLODI S. 152); vgl. allg. PRODI, Sacramento del potere S. 134 ff.; RIESENBERG S. 50; KUTTNER, Schuldlehre S. 317.
[187] SM c. 1 (S. 349a–b): Ermächtigung der Präsidenten der Provinzialkapitel, Fernbleibende durch Kirchenstrafen *auctoritate apostolica* (im f.: „*a. a.*") zum Zahlen des Doppelten ihres finanziellen Beitrags zum Provinzkapitel zu zwingen; c. 3 (S. 353a): der Abt oder Vorsteher des Klosters, in dem das Generalkapitel stattfindet, erhält *a. a.* dieselbe Zwangsgewalt wie die Präsidenten der Provinzialkapitel; c. 3 (S. 354b): Absolution von *turbatores* s.o.; c. 3 (S. 355a): Publikation der Exkommunikation von Saboteuren der Provinzial- oder Generalkapitel [durch Festhalten der Teilnehmer; Verweigerung der Kontribution o.ä.] *a. a.* durch die Präsidenten und deren Absolution; c. 4 (S. 355b): Erhebung der Kollekten zur Finanzierung der Provinzialkapitel *a. a.*; c. 6 (S. 357b): Visitatoren kontrollieren das Studienwesen *a. a.*; c. 7 (S. 359b): Ermächtigung der Präsidenten der Provinzialkapitel, bei der Verschickung von Mönchen zum Studium nachlässige Äbte *a. a.* zu zwingen; c. 8 (S. 361b): dasselbe gegenüber Äbten, die keine Studentenpensionen bezahlen, durch die Visitatoren; c. 8 (S. 363b): Vollmacht der Präsidenten,

Provinzialkapiteln kaum die Gefahr, daß sie ein ähnliches legislatives Selbstbewußtsein entwickeln wie das dominikanische Generalkapitel, so daß der Delegationsprozeß mehr der Institutionalisierung als der Bändigung der Provinzialkapitel diente[188]. Hier zeigt sich aber überdeutlich, daß ein spürbarer Eingriff in die Verfassung des Ordens zugleich dessen Anbindung an den Heiligen Stuhl dauerhaft festschreiben sollte und daß letztlich der Papst den Vorsitzenden der Provinzialkapitel ihre Autorität verleiht.

Man könnte dies ‚zisterziensisch' nennen, wenn man sich an Jacques de Thérines erinnert und es mit seinem Verständnis der Folgen der Exemtion in Verbindung bringt, doch war es schon dort mehr dominikanisch beeinflußte Kurialistik als zisterziensisches Traditionsgut, das für die Ausbildung seiner ekklesiologischen Position maßgeblich war. Die Stellung dieser Präsidenten der Provinzialkapitel, denen neben der Vorbereitung und Durchführung der Provinzialkapitel auch und gerade im Bereich der Benedikt besonders am Herzen liegenden Studienförderung sowie des Visitationswesens wichtige Aufgaben[189] zukommen, lassen sich zwar nicht aus

---

a. a. gegen *rebelles* am Studienwesen vorzugehen; c. 8 (S. 364a): Vollmacht des Priors des Studienhauses, die studierenden Mönche von *ex causis minoribus* eingetretenen Strafen zu dispensieren, sowie (S. 364b) die Studenten zum Zahlen ihrer Kontribution zu zwingen; c. 11 (S. 370a): Androhung einer *a. a.* vollzogenen Strafe gegenüber Äbten und Prioren, die sich weigern, den Nicht-Alienationseid zu leisten; c. 21 (S. 376b): *a. a.* sollen Sentenzen gegenüber solchen Äbten publiziert werden, die bei den Ausgaben für die Ernährung ihrer Mönche säumig sind; c. 26 (S. 381): Vollmacht der Visitatoren, *a. a.* mit Strafen gegen Äbte vorzugehen, die die Zellen im Dormitorium nicht zerstören; c. 31 (S. 383b): *a. a.* eingeschärfte Verpflichtung solcher Mönche, die zwei Benefizien besitzen, zum Verzicht auf eines; c. 34 (S. 384b): falls das Provinzialkapitel bei der Auswahl solcher Mönche, die in ein *monasterium lapsum* versetzt werden sollen, säumig ist, sollen die Präsidenten der Provinzialkapitel *a. a.* selber Mönche aus einem blühenden Kloster dorthin versetzen; c. 6 (S. 385b): *a. a.* sollen zu den Benediktinern übergetretenen Mendikanten gezwungen werden, ihre päpstlichen Privilegien hierfür vorzuzeigen.

[188] So wurden auch die ersten Amtsträger direkt vom Papst eingesetzt: SM c. 1 (S. 350b) legt für die Festlegung der kommenden Tagungsorte fest: *providebunt illi, qui super hoc per Sedem Apostolicam fuerint deputati prima vice.*

[189] Neben den *auctoritate apostolica* zustehenden Befugnissen obliegt ihnen: SM c. 1 (S. 350b): zusammen mit der Mehrheit der Kapitelteilnehmer die Bestimmung derer, die auf dem nächsten Kapitel predigen, Messe feiern und Präsidenten sein werden, sowie welche Äbte wieviele Klöster und wie oft visitieren sollen; c. 2 (S. 352a–b): die Bestrafung der Denunzianten denunzierenden Visitatoren, *prout facti qualitas exiget*; c. 6 (S. 357b): die Entgegennahme der Visitationsberichte; c. 7 (S. 360a): die Befugnis zur Absolution derer, die wegen Verweigerung ihrer Zahlungspflichten für studierende Mönche einer Exkommunikation verfielen; c. 8 (S. 362b): die Festlegung der Lebensform der studierenden Brüder und ob und wann einer von ihnen zurückgerufen werden soll, außerdem kann er dessen Oberen anweisen, einen fähigen und für Bakkalareat und Magisterpromotion geeigneten Studenten nicht zurückzurufen; c. 8 (S. 363a): die Kontrolle des Lebenswandels der Studenten, denen maximal vier Diener erlaubt werden; c. 8

der kanonistischen Norm seit Innozenz III. oder der akademischen Tradition seit Johannes Teutonicus herleiten, doch liegen Benedikts Maßnahmen
durchaus im Bereich jener ‚Provinzialisierung' des Ordenswesens, die eine
Zusammenfassung der bisherigen Einzelklöster zur Verbesserung der kon-
gregationsübergreifenden Observanz erstrebte.

8.4. Reformgrundsätze

Provinzialisierung

Es wurde schon erwähnt, daß Benedikt XII. die Vorsitzenden der Provinzialkapitel zu einer Dauereinrichtung machte: sie sollen auch dann über
Kompetenz verfügen, wenn die Kapitel nicht tagen[190]. Damit vollzog er
eine institutionelle Veränderung, die darauf angelegt war, mehr als nur eine neue Sollbestimmung einzuführen. Den dabei nahezu unvermeidbaren
Konflikt mit den Generalkapiteln der Kongregationen, der sich im Fall einer vollständigen Umsetzung von *Summi magistri* in einer doppelten Visitation der Klöster, d.h. auch in doppelten Prokurationen[191], und weiterer
Kompetenzüberschneidungen wie bei der Auswahl von Mönchen zum

---

(S. 363b): die Auswahl je eines Abtes zum Prior der Studienhäuser; c. 15 (S. 372b): die
Bestrafung von Äbten, Prioren und anderer *administratores superiores,* die mobilen Ordensbesitz veruntreut haben; c. 17 (S. 374b): die Bestrafung von Äbten, die sich weigern, in ihrem Kloster einen mit 10 l.t. besoldeten Lehrer zu unterhalten; c. 19 (S. 375a):
die Bestrafung von Äbten, die Frauen, d.h. auch Mütter und Schwestern, im Kloster dulden, dies (cc. 15, 17, 19) jeweils zusammen mit dem Visitator; in c. 20 (S. 376a) treten
sie bei der Ahndung des üppigen Lebenstils solcher Mönche, die keinen unmittelbaren
Oberen haben, an dessen Stelle; c. 22 (S. 377b): die Bestrafung von Verstößen gegen die
Novizenaufnahmeordnung; c. 22 (S. 378a): die Bestrafung von solchen Äbten, die Or-
denspräbenden an Weltkleriker verkaufen; c. 23 (S. 378b): die Überwachung der Kleidungsordnung aus *Ne in agro dominico*; c. 26 (S. 381b): die Bestrafung von Äbten, die
dagegen verstoßen und etwa leinene Hemden tragen. Benedikt hat freilich kein blindes
Vertrauen: c. 10 (S. 368b) richtet sich gegen *quidam abbates et priores, ac nonnulli alii
administratores, praesidentes, seu monaci et conversi,* die durch fingierte Verträge Ordensbesitz zugunsten von Verwandten veruntreuen.
[190] SM c. 1 (S. 349a).
[191] Dies war gewiß nicht die Absicht Benedikts XII., da sie der 1336 erlassenen Bulle
Vas electionis, aufgenommen in die *Extravagantes communes* (3.10. c.un) diametral ent-
gegenliefe; diese Bulle versuchte jede Art persönlicher Willkür der visitierenden Prälaten (Erzbischöfe, Bischöfe etc.) zu unterbinden, indem sie *pro diversitate conditionum
visitantium praelatorum et provinciarum* (FRIEDBERG II Sp. 1280) genau Höhe und Art
der Prokurationen in Zahlenwerten angab und sie bei der Klostervisitation in Relation zu
der Insassenzahl setzte; die Bestimmungen gelten nicht für die Zisterzienser, für die er
im Schlußteil der Bulle eine eigene Konstitution ankündigt (ebd. Sp. 1283). – Zur Tradition der Prokurationsregelung: X 3.39.6 und c. 23; VI 3.20.3; zur Diskussion in Vienne: MÜLLER, Konzil S. 556–562.

Studium hätte bemerkbar machen müssen, will Benedikt vermeiden, wenn
er erklärt, daß sich Provinzial- und Generalkapitel keine gegenseitige
Konkurrenz leisten sollen[192]. In dieser an die konkurrierende Jurisdiktion
zwischen Diözesansynode und Generalkapitel erinnernden Konstellation
wird das päpstlich innervierte Amt der Präsidenten der Provinzialkonzilien
zu einer Institution, in der die Exemtion der Kongregationen zugunsten
des Ordens aufgehoben ist. Benedikt steht hier in der Tradition von c. 12
des IV. Lateranum, das ebenso wie die nachfolgende Gesetzgebung sowohl exemte als auch nicht-exemte Abteien gleichermaßen zur Teilnahme
an den Provinzialkapiteln verpflichtet hatte[193]. Dies relativiert freilich nur
vordergründig den Stellenwert der Exemtion für den reformerischen Zugriff des Papsttums auf das Ordenswesen. Vielmehr ändert sich der Blickwinkel. Die Exemtion wird nicht mehr vom einzelnen Kloster als vom Orden her gedacht.

Zisterziensische Vorbilder hierfür sind höchstens in dem Sinne nachweisbar, daß der bisher eher virtuelle, primär durch die gemeinsame Regel
zusammengehaltene Benediktinerorden ein höheres Maß an Geschlossenheit findet als bisher, insofern zu einem Orden im zisterziensischen Sinne
werden soll[194]. Doch findet der Vorsitzende der alle drei Jahre tagenden
Provinzialkapitel bei den Zisterziensern mit ihrem jährlichen Generalkapitel kaum eine Entsprechung. *Fulgens sicut stella* spricht nur einmal und
ohne institutionelle Konkretisierung von *praesidentes*, deren Aufgabe

---

[192] SM c. 3 (S. 354a): *proviso, quod praedicta provincialia et alia Ecclesiarum et
monasteriorum praedictorum capitula non concurrant ad invicem; ne valeat unum per
alium impediri.* – Es darf freilich nicht der Eindruck entstehen, Benedikt habe die Generalkapitel stiefmütterlich behandelt oder gar versucht, die Kongregationen aufzubrechen.
In SM c. 3 (S. 352b) stellt er in einer organologischen Metapher heraus, wie wichtig das
Funktionieren der Generalkapitel für die Reform des Ordens und die Korrektur von Mißständen ist. Insofern fragwürdig: FRECH S. 224, der behauptet, Benedikt spreche in seinem Reformprogramm nicht von einer Reform an Haupt und Gliedern. – Benedikt verfügt strenge Strafen gegen Fernbleibende und deren *calliditatis ingenium* (SM c. 3,
S. 353a–b), ergreift Maßnahmen gegen Störer aller Art und solche, die die Ausführung
ihrer Beschlüsse zu unterbinden versuchen (S. 354b).
[193] Ähnlich: FELTEN, Ordensreformen S. 373; vgl. auch: SCHREINER, Dauer S. 309,
der die Territorialisierung des Ordenswesens in der Nachfolge der prämonstratensischen
Cicarie sieht; für die frühe Zeit mag dies stimmen. Dagegen hat Benedikt in SM c. 1
(S. 350b–351b) eine Provinzeinteilung mitgeliefert, die meistens mehrere Kirchenpro-
vinzen zusammenfaßt (wie Reims und Sens; Narbonne, Toulouse und Aix) und bisweilen
ihnen noch einzelne exemte Klöster zusammen mit ihren *membra* zuordnet; so kommt zu
der aus Rouen und Tours gebildeten Provinz St-Florent-le-Vieil.
[194] Vgl. hierzu und bes. zu der Abgrenzung gegenüber Cluny: WOLLASCH, Mönchtum
zwischen Kirche und Welt S. 175–180; MELVILLE, Reformatio S. 292; ANGERER, Regel-
Consuetudo-Observanz S. 314; LECLERCQ, Die Intentionen der Gründer des Zisterzienserordens S. 3–32; HOURLIER, Cluny und der Begriff des religiösen Ordens S. 52 u. 59.
Einschränkungen macht: KNOWLES, Régime de gouvernement S. 183.

darin besteht, auf dem Generalkapitel die Vertreter abwesender Äbte zu vereidigen und über die Entschuldigungsgründe der fernbleibenden Äbte zu befinden[195]. Umgekehrt ist es auch schwer zu ermitteln, ob und in welchem Maße sich die Äbte von so mächtigen Abteien wie St-Viktor bei Marseille, La Chaise-Dieu, Marmoutier, St.-Albans oder Cluny zur Teilnahme an einer solchen Veranstaltung bereitfanden, selbst wenn ihnen *auctoritate apostolica* verfügte Strafen drohten und einige von ihnen immerhin ihre, wie auch immer konkret zu denkende Mitarbeit in die Reformbulle eingebracht hatten[196]. Wie wenig aber auch die mendikantische Tradition für diesen Ordensbegriff maßgeblich zu machen ist, erhellt daraus, daß gerade im Umgang mit den Ordensgütern und den Maßnahmen gegen die *proprietarii* die Übereinstimmungen zwischen *Fulgens sicut stella* und *Summi magistri* noch am engsten sind[197]. Letztlich greift aber

---

[195] FSS c. 16 (S. 420). Zur interpretatorischen Relativierung dieses Passus: vgl. DE GANCK S. 28, der in diesen *praesidentes* „des abbés en charge de l'*audientia* du chapitre général ... non compris dans le définitoire" sieht. – LAD VI 3 (SEJALON S. 408) kündigt dem Generalkapitel fernbleibenden Äbten die Absetzung an, kennt jedoch keinen Eid. Die Verpflichtung zur Entschuldigung sah bereits die CC c. 12 (ed. BOUTOM/VAN DAMME S. 135) vor; fast jedes Jahr enthalten die Generalkapitelsakten mindestens ein solches Schriftstück; ein für die Diskussion der Verschriftlichung bemerkenswerter Befund ist, daß die schriftliche Entschuldigung Benedikt XII. nicht mehr reichte.

[196] Die spärliche Überlieferung dieser Provinzialkapitel läßt kaum konkrete Aussagen über die Präsidenten der Provinzialkapitel zu: die von BESSE edierten Akten erwähnen erst ab der Zeit Urbans V. die präsidierenden drei oder vier Äbte namentlich (1337, S. 57, wird der Abt von Cluny als mit Publikation und Exekution von SM auf dem Provinzialkapitel in Burgund beauftragt erwähnt; Präsidenten erwähnen die Provinzialkapitel von: 1367, S. 88; 1368, S. 12; 1371, S. 14; 1376, S. 15; 1393, S. 17; 1401, S. 19; 1410, S. 20) und lassen sie auch erst erheblich später gehäuft, aber nicht immer in Einklang mit SM als direkt Handelnde erkennen: 1337 (Narbonne; S. 3) wird durch sie ein Mönch oder ein Weltlicher bestimmt, der die *definitiones* des Kapitels abschreiben soll; 1337 (Burgund; S. 62: Promulgation von Statuten; S. 65: Absolutionsgewalt von wegen Gütervergehen Exkommunizierter); 1357 (Carcassonne; S. 11 f.) obliegt ihnen die Kleidungskontrolle und die Absolution exkommunizierter *rebelles*, die Entgegennahme von Beschwerden (!), die Kommunikation mit Bischöfen und Papst. – Vgl. auch das Kapitel von 1348 (Reims, BERLIÈRE, Chapitres généraux S. 66). – Insbesondere fehlen Quellen, die ein Agieren der Präsidenten zwischen den Provinzialkapiteln erkennen lassen; erst 1410 (S. 20) ist so etwas wie eine Dauereinrichtung erkennbar.

[197] FSS c. 29 (S. 428) und SM c. 16 (S. 373a–b) entsprechen sich, abgesehen von Ergänzungen in SM (im f. klein gesetzt), fast wörtlich (SM): *Nos ... figmentis adhibitis, aliisque tradunt animalia nutrienda et cum augmento vel lucro sibi vel alteri reddenda eorum nomine, seu pro ipsis; et alios multos contractus diversimode tamquam negotiatores exercent; necnon appetentes et sectantes lucra turpia, peculium occultant et illicite detinent in suarum periculo animarum.* Die Delikte entsprechen sich genau. Unterschiede liegen bei den Gegenmaßnahmen vor (SM): *auctoritate* apostolica praedicta *decernimus, omnia praemissa (quae tamen non restitutioni subiaceant aliorum)* nedum post obitum, sed etiam in vita ipsorum monacorum et conversorum *fore per antistites, abbates* seu alios praelatos eorum *proprios, cum consilio proborum monacorum seniorum Ecclesiae, monasterii vel loci*

jede auf direkten Textvergleichen zwischen Benedikts Bullen basierende Interpretation zu kurz; dies nicht nur, weil es sich nur um gleiche Antworten auf gleiche Probleme handelt, sondern auch, weil die Provinzialisierung letztlich ebenso wie der Aufstieg des Definitoreninstituts im 13. Jahrhundert die Aufwertung der genossenschaftlichen Komponente im Ordenswesen erkennen läßt[198].

Rationalisierung

Diese in einem früheren Kapitel am Beispiel Clunys bereits dargelegte Entwicklung braucht nicht wiederholt werden, doch ist es wichtig zu erkennen, daß die Eindämmung der ehemals allmächtigen benediktinischen Äbte nicht nur durch klosterexterne, d.h. provinziale Instanzen erfolgte, sondern auch klosterintern. Merkmale der Rationalisierung der Amtsführung wie die regelmäßige Rechenschaftspflicht von Amtsträgern[199], die kollegiale Entscheidung bei schwierigen Angelegenheiten[200], Eideslei-

---

cuiuslibet eorum, eiusmodi Ecclesiis, monasteriis seu locis *propriis applicanda, et in eorum utilitatem totaliter convertenda, usu (immo potius abusu) quocumque contrario non obstante: quodque ipsi* antistites, *abbates seu alii praelati proprii, alicui monaco vel converso talia faciendi licentiam nequeant impartiri.* FSS (CANIVEZ S. 428 und BRT IV S. 340b § 38) liest *impertiri.* Der gegen fingierte Schulden gerichteten Schlußteil von FSS c. 29 entspricht ausführlicher SM c. 10 (S. 368b–369b).

[198] HOURLIER, Les religieux S. 384, sieht im 14. Jahrhundert deren Bedeutung allerdings wieder schwinden.

[199] SM c. 3 (S. 352b): schriftliche und unaufgefordert im Generalkapitel zu leistende Rechenschaftspflicht der Äbte und Prioren der *monasteria principalia* sowie der *administratores* der Kathedralkirchen des Ordens über Einnahmen, Ausgaben, Gewinn und Höhe der Schulden, Gründe für ihre Aufnahme und Gläubiger; c. 3 (S. 353a): *cellararii, camerarii, hospitalarii, eleemosynarii, infirmarii et alii officiales quicumque, infirmarii et alii officiales quicumque* sollen unaufgefordert am Ende jeden vierten Monats, also mindestens dreimal im Jahr (*computata ratione quam reddiderint in generali capitulo*) über Einnahmen und Ausgaben vor dem Konventskapitel Rechenschaft ablegen; c. 8 (S. 363a): Visitatoren, denen die Prioren der Studienhäuser auskunftspflichtig sind, berichten den Provinzialkapiteln; c. 13 (S. 371b): bei der Übernahme einer Abtei, eines Priorats oder Amts müssen die neuen Amtsträger innerhalb von sechs Monaten vor ihren Oberen gemäß der angefertigten Bestandsinventare Rechenschaft ablegen. – Die Präsidenten der Provinzialkapitel unterliegen offenbar keiner Rechenschaftspflicht.

[200] Die schon in RSB c. 3 gegebene und in Kanonistik und Ordensrecht vielfach weiterentwickelte (vgl. GIERKE III S. 259; HOFMEISTER, Ordensrat passim; JASSMEIER, Mitbestimmungsrecht passim) Verpflichtung des Abtes oder anderer Amtsträger zum Handeln *consilio et assensu capituli seu conventus* hat in einer Zeit, in der Äbte nur sporadisch ihr Kloster betraten, eine besondere Bedeutung; Benedikt sieht dies vor bei Entscheidungen über: SM c. 8 (S. 361a): Umlage der Studentenpensionen; c. 8 (S. 362b): Verteilung der Bücher der studierten Mönche; ebd.: der Prior des Studienhauses schreibt *cum consilio aliquorum proborum studentium* dem Präsidenten, der beim Abt die Nicht-Rückrufung eines fähigen Studenten erwirken soll; c. 14 (S. 372b): eine *traditio ad firmam* oder ein Verkauf setzt eine *deliberatio cum capitulo*, die gemeinsame Abfassung eines *tractatus* darüber sowie die offenbar nur konsultative Hinzuziehung (*consilium ad-*

stungen[201], die Erstellung von Inventaren oder Niederschriften, bisweilen mit Hilfe von öffentlichen Notaren[202], und die Verwahrung der Urkunden zusammen mit dem Konventsiegel[203] in einer mit mehreren auf verschiedene Amtsträger verteilten Schlüsseln zu sichernden Truhe[204] sind schon lange vor Benedikt XII. bei den Benediktinern bezeugt[205]; teilweise han-

---

hibere) des Konventskapitels bzw. seiner Mehrheit voraus; c. 22 (S. 377a): Novizenaufnahme *cum consilio seniorum, proborum et discretorum*. *Seniores*, die die Äbte beraten, sieht Benedikt wiederholt vor: c. 2 (S. 351b): bei der Entscheidung über die Genehmigung eines über zwei Tage dauernden Aufenthalts des Visitators in einem Kloster; c. 6 (S. 357b): die Auswahl für die Studien in den Klöstern erfolgt *cum consilio proborum et seniorum*; c. 7 (S. 358b) ebenso die Auswahl für die Generalstudien durch acht vom Kapitel gewählte *seniores* (in Kathedralkirchen) bzw. durch vier vom Abt ernannte (in Klöstern), s.u.; c. 13 (S. 371a): als Zeugen bei der Erstellung von Klosterinventaren durch öffentlichen Notare.

[201] SM c. 4 (S. 356a): *corporaliter* zu leistende Eide der Treuhänder bei der Verwaltung der Kollekte; c. 7 (S. 358b): ebenso die bei der Auswahl der an die Generalstudien zu verschickenden Mönche tätigen *seniores*, daß sie *reiectis gratio, odio vel timore* tätig sind; c. 8 (S. 364b–365a): Eid der Promovenden in Gegenwart des Priors und 12 redlicher Studenten, bei den Examensfeiern nicht mehr als 2000 l.t. auszugeben bzw. der Bakkalare, gar keine Feier zu geben; ebd.: eidliche Erklärung der Bakkalare jur. can. über erbrachte Studienleistungen; c. 9 (S. 367a): Inpflichtnahme der drei das Geld eines aufgenommene Darlehens verwaltenden Brüder; c. 11 (S. 369b–370a): Eid gegen mögliche Alienationen, der alle anderen und entgegengesetzten, auch unter Drohung der Exkommunikation abgelegten Eide hinfällig werden läßt.

[202] Vgl.: SM c. 3 (S. 353a): in zwei Niederschriften sollen die Entschuldigungsgründe der dem Generalkapitel Fernbleibenden festgehalten werden; c. 9 (S. 366b–367a): bei Alienationen sollen in einer *scriptura authentica* die Namen der Verhandelnden, Zustimmenden und Autorisierenden festgehalten sowie die Siegel von Abt und Konvent an ihr befestigt werden, vgl. JL 13162 von Alexander III.; c. 9 (S. 379b): Fixierung der Gründe einer Darlehensaufnahme; c. 13 (S. 371a): Inventarisierung des „mobilen, immobilen und sich selbst bewegenden" Klosterbesitzes, der Zahl der Mönche, des Zustands von Kirche, Kloster etc., der Vorräte an Getreide und Wein, Bargeld, Edelmetall, Außenstände, Schulden, Gefäße, liturgische Geräte etc., bei Übernahme einer Abtei unter Mitwirkung von zwei öffentlichen Notaren.

[203] Die in SM c. 3 (S. 353a) und c. 13 (S. 371a) vorgesehenen zwei Ausfertigungen der Urkunden werden beiden Parteien ausgehändigt; die des Klosters jeweils in der *arca pro sigillo capituli* deponiert. Vgl. zur rechtlichen Bedeutung des Konventsiegels: MICHAUD-QUANTIN, Universitas S. 299 ff.; zur cluniazensischen Tradition im 13. Jahrhundert: MELVILLE, Siegel S. 673 u. S. 676; BERLIÈRE, Scéau conventuel S. 305 f.

[204] SM c. 4 (S. 356a): die Kollekten des Ordens für die Provinzial- und Generalkapitel sollen von drei Mönchen in einem sicheren Kloster verwahrt werden in *una arca serata tribus diversificatis clavibus*; je einen der drei Mönche ernennen Abt, Prior und Kapitel. Zur Rezeption: 1343 bei den englischen Benediktinern: PANTIN II S. 42. – Schon Innozenz III. ordnete für Bourgueil an (PL 215 Sp. 1112): *Sigillum capituli statuimus et praecipimus ut custodiatur sub tribus clavibus*. Zur Rezeption in Cluny: MELVILLE, Siegel S. 685.

[205] Neben den von zwei Zisterzienseräbten ausgearbeiteten Statuten Innozenz' III. für Bourgueil (PL 215, Sp. 1111 ff.), die die meisten genannten Elemente enthalten, vgl. auch die an der Kurie ausgearbeiteten Reformstatuten für La Chaise-Dieu von 1303 (ed.

delt es sich dabei um Erfindungen der Zisterzienser; man findet sie aber auch bei Mendikanten[206] oder in ganz anderen, nur mittelbar von der Kanonistik bestimmten Lebensbereichen[207], so daß man kaum von einer direkten Rezeption sprechen kann.

In *Summi magistri* korrespondieren diesen Korrektiven institutionelle Veränderungen. Die direkte, im Zweifelsfall wohl auch gegen die Äbte ge-

---

GAUSSIN, La Chaise-Dieu S. 683 f.), die eine geschwächte Position des Abtes erkennen lassen: (nr. 10) *abbas in arduis et gravibus uti debeat consilio sapientium dicti ordinis seniorum...*; (nr. 14): *fiat registrum in quo scribantur quod* [sic, statt des in diesem Kontext üblichen: quot] *monachi in quolibet prioratu juxta ipsius facultates possint et debeant commorari*; (nr. 15): *sigillum conventus ... in arca bene clavata ...*; (nr. 17): keine Vergaben von Pensionen, Präbenden etc. an Weltliche und keine Alienation *absque abbatis consensu vel prioris et conventus sui consilio et assensu*; (nr. 19): gegen *nova vel falsa ... debita*. – Vgl. auch die Statuten des Guillaume de Sabran für St-Viktor bei Marseille (ed. GUILLOREAU) von 1294 (nr. 12, S. 314 f.: Rechenschaft) oder 1297 (nr. 5, S. 325: u.a. Inventare; nr. 7, S. 326: Schuldenkontrolle). – Benedikt XII. steht Innozenz III. erheblich näher als den Statuten aus St-Viktor; auffällig sind auch die Gemeinsamkeiten mit *Cum pro reformatione* (BRT III S. 435a nr. 1: Rechenschaftspflicht im Generalkapitel; S. 436b nr. 11: Schuldenaufnahme; S. 437b nr. 19: Konventssiegel). Auch in Cluniazenserklöstern gab es ein *sigillum conventus* (Generalkapitel von 1285 und 1280; CHARVIN I S. 430 und II S. 12), das gegen Mißbrauch (Bsp. 1259, ebd. I S. 233; 1282, ebd. S. 413; 1331, ebd. III S. 122) gesichert werden sollte, aber ein eigenes Siegel wurde allen Prioren außer den Konventualprioren verboten (1261, ebd. I S. 261).
[206] Bei den Augustinereremiten ordnete das Generalkapitel von Rom 1292 (AAug II S. 337) die Zentralisierung der Vermögensverwaltung im Generalkapitel durch die Einführung einer schriftlichen Berichtspflicht der Prioren über Schulden, Güter, Besitz (Bücher, Gewänder, Geld) an; Inventare sollen angefertigt und in den Provinzialkapiteln vorgelegt werden (Provinzialkapitel in Rom 1327, 1335, 1337; ebd. IV S. 36, 157, 161). Priore werden beim Umgang mit Geld reglementiert, zweifache Buchführung über Schulden wird angeordnet und die *quaterni* werden in einer *archa communis* deponiert (Generalkapitel von Siena 1338, ebd. IV S. 181 f.), Darlehen werden streng zweckgebunden, wie 1335 durch das römische Provinzialkapitel für die *fabrica* der lokalen Kirche (ebd. IV S. 157); 1323 (ebd. III S. 317) wurden *vendere, donare, vel alienare* von *possessiones* an die schriftliche Genehmigung des Provinzial gebunden.
[207] Vgl. die Inventarisierungsbestimmungen in den Reformstatuten des Arnaud de Verdale für sein Bistum Maguelonne von 1336 (ed. GERMAIN S. 280 nr. 66) oder schon in seiner testamentarischen Kollegstiftung (ed. FOURNIER, Statuts I S. 543 nr. 593 § 15), wo die Führung von vier nach Gegenständen getrennter Register angeordnet wird. Ähnliche Bestimmungen in Synodalstatuten (Bergamo 1311, MANSI XXV, Sp. 510 rubr. 32; St-Ruf 1326, ebd. Sp. 772 rubr. 53, erneuert 1337, Sp. 1104 c. 63) oder bei direkten Streitigkeiten um den Kirchenbesitz (vgl. die 1329 gegen den französischen Klerus von königlicher Seite vorgebrachten *Gravamina*: GOLDAST II S. 1365 nr. 64, die Antwort hierzu: S. 1390) stehen in einer langen Tradition: vgl. C. 12 q. 2 c. 45; Lyon I c. 2,1 (COD S. 293: Inventarisierung innerhalb eines Monats nach Übernahme einer Abtei etc.; vgl. D. 8 c. 3). – Spätestens ab 1289 (*Regis pacifici*, BClun S. 155b) wurde die Inventarisierung bei einer *institutio Abbatum* in Cluny üblich; vgl. zur Tradition: MELVILLE, Siegel S. 683; zu dem 1340 angelegten Register der Cluniazenser in St-Martin-des-Champs: VALOUS, Temporel S. 132.

richtete Entscheidungsbefugnis der Präsidenten der Provinzialkapitel über die Fortsetzung des Studiums einzelner Mönche, veranschaulicht, wie die Äbte in eine Hierarchie eingebaut werden und ihre Willkür spürbar beschnitten wird. Äbte werden allerdings weniger streng bestraft, als dies bei Prioren oder Verwaltern der Fall ist, die ebenfalls bei Zahlungspflichten säumig waren[208]. Es entspricht aber geradezu dem Wesen von Benedikts Reform, daß *Summi magistri* die Äbte dort, wo sie zum Segen des Ordens wirken und ihr Amt nicht mißbrauchen, ungestört agieren läßt, ihnen sogar apostolische Autorität verleiht, damit die Generalkapitel ihrer Verbände funktionieren[209]. Appellationen, welche die Hierarchie substantiell in Frage stellen, läßt Benedikt nicht zu[210]. Gegenüber *conspiratores* bleibt er un-

---

[208] SM c. 21 (S. 376a–b): exemplarisch für Benedikts stets umfangreiche Strafanweisungen sei hier deren Detailfreudigkeit kurz dargestellt: *priores et administratores* sowie Äbte, die den Zahlungstermin überschreiten, haben 15 Tage Zeit, ihre Schuld zu begleichen: danach mehrt sie sich um 1/3 bzw. bei Äbten um 1/4 des Betrages, *loco poenae*. Es folgt für beide Gruppen eine Dreimonatsfrist, die bei weiterer Weigerung Prioren und Verwaltern im ersten Monat die Suspendierung von ihren Benefizien, im zweiten die von ihren Ämtern und im dritten Monat die Exkommunikation einbringt; Äbte werden nach drei Monaten vom *stallus chori et locus capituli abbatialis* suspendiert. Nach weiteren drei Monaten droht Prioren und Verwaltern der Amtsentzug und die Bestellung von Nachfolgern, Äbten wird das Betreten der Kirche verboten und die Haftung für alle *damna et expensas* als Folgen der verspäteten Begleichung der Schuld aufgebürdet; von einer Absetzung verlautet nichts. – Zeitlich gestaffelte Strafen sind freilich nicht ungewöhnlich; vgl. als Bsp.: Synode von Ravenna 1311 (MANSI XXV Sp. 468, rubr. 26) ebenfalls mit sechs Monaten Dauer; PONTAL II S. 92 nr. 112; Nîmes 1252 (ebd. II S. 400 nr. 182). Zur 6-Monate-Frist: vgl. schon im römischen Recht: *Novella* 123 (hierzu: EBERS, Devolutionsrecht S. 17). – Vgl. auch allg. zur Strafungleichheit: Hostiensis, *Lectura* zu X 3.35.8; fol. 135va nr. 9.
[209] SM c. 2 (S. 353a): es handelt sich dabei um eine Zwangsgewalt (*compulsio*) des Abtes desjenigen Klosters, in dem das Kapitel stattfindet. – Darüber hinaus werden drei Äbte mit der Einziehung der in den Provinzialkapiteln erhobenen Kollekten beauftragt (c. 4; S. 356a); sie können vom Fleischverbot u.U. dispensieren (c. 26; S. 381a), entscheiden über die *honestas* der Kleidung der Brüder (c. 23; S. 378b), *quod sit omnibus monacis tam intrinsecus quam extrinsecus uniformis*.
[210] SM c. 1 (S. 349a) verbietet eine „frivole" Appellation gegen die Einrichtung der Provinzialkapitel und die Stellung ihrer Präsidenten. Verboten wird auch eine Appellation derer, die den Visitatoren *per se vel alium, preces, minas, literas, auxilia potentium saecularium vel laicorum, seu quaecumque alia impedimenta malitiose* Widerstand leisten (c. 3, S. 355a) und dafür exkommuniziert wurden; ebenso bei der Verweigerung der Kollekte (c. 4, S. 356a), bei der Bestrafung von *rebelles* an den Studienhäusern durch die Präsidenten der Provinzialkapitel (c. 8, S. 363b) bzw. der die Kontribution verweigernden Studenten durch den Prior (S. 365b) oder bei Äbten, die sich weigern, einen Elementarlehrer im Kloster einzustellen und zu besolden (c. 16, S. 374a). Häufig findet sich der Passus *appellatione remota* in Verbindung mit der Delegation apostolischer Autorität. Wie in der Inquisitionsgerichtsbarkeit ordnet SM c. 37 (S. 385b–386a) als Bedingung einer ordensinternen Anklage an, *nisi* [scil. der Ankläger] *se prius obligaverit*

erbittlich und erteilt zusätzlich zu bestehendem Recht den jeweiligen Oberen und den Visitatoren sogar eine diskreditionäre Strafvollmacht[211].

Hierarchie und Kollegialität

Die für Benedikts Reformwerk charakteristische ausgewogene Verbindung hierarchischer und kollegialer Verfassungselemente verstärkt die Kohärenz des Ordens und zeigt sich darin als Abgrenzung gegen die ‚Welt‘[212]. Dahinter steht die nicht zuletzt auch in der Karriere des Jacques Fournier erkennbare Entfremdung von Abt und Kloster, die sich aus Sicht eines Reformers in so problematischen Phänomenen wie der Mensenteilung, der Kommende oder auch dem Lebensstil vieler Äbte zeigte[213]. Benedikt XII. hat bei der Aufteilung der innerklösterlichen Entscheidungsbefugnis durch komplizierte Entscheidungsdevolutionen bei den Benediktinern Abt und Konventskapitel bzw. Prior und Abt des Mutterklosters, bei den Zisterzi-

---

ad poenam congruam, si deficeret in probatione propositorum, genauso aber auch LAD VIII 8 (S. 424).

[211] SM c. 38 (S. 386a) verfügt gegen Verschwörer (die Übersetzung mit „Geschworene" wie bei SCHREINER, Verschriftlichung S. 60, zu einen Passus aus dem LD von 1202 und 1220 [VI 12, ed. LUCET S. 79] ist mißverständlich; zum Begriff: MICHAUD-QUANTIN, Universitas S. 131; vgl. zeitgenössische Definitionen: 1220, ed. PROU, Statuts S. 356: *confederati ... ad subversionem ordinis vel saluberium statutorum vel ... ad persecutionem alicujus prelati ...;* genauso noch 1343, PANTIN II S. 44) neben den *a iure* vorgesehenen Strafen den Verlust von Benefizien und Prioraten; dabei gilt auch: *Contra conspiratores autem et coniuratos occultos ... per superiorem aut visitatores etiam poenae aliae, prout expedire videbitur, generaliter statuantur.* Zu den rechtlichen Grundlagen: TRUSEN, Von den Anfängen des Inquisitionsprozesses S. 49. – Auch bei der Bestrafung von Mönchen, die gegen die Ausgehordnung verstoßen haben (c. 24; S. 379b), obliegt dem Abt die Bestrafung *secundum morem cuiuslibet Ecclesiae, monasterii seu loci laudabiliter observatum, proviso attentius quod modum peccati modus correctionis nequaquam excedat.*

[212] SM leistet vielfach eine deutliche Abgrenzung von Kloster und Welt, allerdings überwiegend dort, wo die Gefahr einer Kontamination einfacher Mönche besteht: so etwa bei dem Verbot einer gemeinsamen Unterrichtung von Mönchen und Weltlichen in den Klosterschulen (c. 6, S. 357a), während bei den Studenten der Jurisprudenz eine Vermengung mit *clerici saeculares* durchaus erlaubt ist (c. 8, S. 365a). Vgl. auch die Bestimmungen im Bereich des Benefizienwesens (c. 8, S. 361a; c. 22, S. 378a; c. 29, S. 383a). Die traditionelle Warnung, außerhalb des Klosters nur mit ehrbaren Menschen zusammen zu essen (c. 25, S. 380b), das Verbot, beim Essen im Kloster Laien, Säkularkleriker oder auch nur Mönche eines anderen Ordens als Diener (c. 18, S. 374b) und *saeculares* an die Tafel des Abtes zuzulassen (c. 26, S. 380a), lassen sich als ein Versuch interpretieren, die Äbte wieder stärker in die monastische Welt einzubinden.

[213] SM c. 12 (S. 370b–371a) verweigert den Äbten bei einer Vakanz untergeordneter Benefizien den Zugriff auf deren Spolien; HOURLIER, Les religieux S. 330, sieht hierin „un indice symptomatique de la scission entre le prélat et la communauté". Zur Mensenteilung bzw. Gütertrennung nach X 1.3.21: GILLET, Personnalité juridique S. 119. Vgl. zur Distanz des Abtes zum Kloster: HOURLIER, ebd. S. 350; OLIGER, Évêques réguliers S. 103.

ensern Abt und Vaterabt mit dem Generalkapitel gleichsam verzahnt und ein System gegenseitiger Überwachung geschaffen, das menschliches Versagen mininieren soll[214]. Über die praktische Anwendung dieser Bestimmungen läßt sich wegen der vielleicht nicht zufällig fehlenden zeitgenössischen Quellen zumindest für das 14. Jahrhundert kaum Näheres sagen. Selbst wenn die Kanonistik einen Teil des hierfür nötigen Instrumentariums zur Verfügung stellte[215] und die ordensrechtlichen Vorgaben bei den Zisterziensern[216] oder bei den Benediktinern[217] viele Elemente enthalten,

---

[214] Die Alienationsordnung in SM c. 9 (S. 366a–370b) folgt teilweise der in FSS c. 4 (S. 412 f.), die bei der Veräußerung von Immobilien, Rechten, Einkünften etc. ein mehrstufiges Verfahren vorsieht: eine mindestens zwei Tage lange Beratung (*tractatus*) zwischen Abt und Konvent sowie dessen zumindest mehrheitliche Zustimmung, die in einer *scriptura authentica* mitsamt Siegeln festzuhalten ist (vgl. eine Vorstufe: Generalkapitel von 1328 und 1330, CANIVEZ S. 379 nr. 2 und S. 391 nr. 9); das Generalkapitel beauftragt zwei vereidigte Nachbaräbte mit einer *discussio super alienatione*; auch der Vaterabt (vgl. LAD VIII 4, S. 432) wird vereidigt, *omni dolo et affectione inordinata remotis* vorzugehen; die mit den Siegeln aller vier beteiligten Äbte ausgestattete Urkunde wird dem Generalkapitel vorgelegt; bei einer *res ... multum notabilis* darf das Generalkapitel nur nach Genehmigung des Papstes das Verfahren einleiten. Vgl. auch DONNELLY, Changes S. 422 f. In SM wird der (S. 366b) *tractatus duorum dierum (ad minus) interpolatorum diligens et maturus* teils wörtlich übernommen, aber auch ergänzt; die Gutachten der Nachbaräbte entfallen ebenso wie die zweimalige Befragung des Generalkapitels; statt dessen erfolgt in Prioraten nach der Übereinkunft zwischen Prior und Konvent eine solche zwischen Abt und Konvent. In SM c. 11 (S. 370a) wird bei größeren Besitzständen eine Alienation nur erlaubt, *nisi etiam prius consulto Romano Pontifice ... ac eius super his petita licentia et obtenta*.

[215] Vgl. den allg. Grundsatz: *devolutio fit ad superiorem proximum* (Glossa ad C. 9 q. 3 c. 3 v. *episcopis*; vgl. EBERS S. 27 f.), der, wie im Benefizialwesen (vgl. X 3.8.2 = Lat. III c. 8, COD S. 215; vgl. EBERS S. 171–178), bei einem länger als 6 Monate säumigen Bischof das Domkapitel, bei einem entscheidungsunfähigen Domkapitel wiederum den Bischof *secundum Deum cum virorum religiosorum consilio* bzw., falls auch dieser unschlüssig ist, den Metropoliten in die Pflicht nimmt. Die episkopale Erlaubnis kehrt in synodalrechtlichen Alienationsverboten immer wieder (etwa: Pariser Statuten des Eudes de Sully nr. 52 [PONTAL I S. 72]; Bordeaux 1255 [ebd. II S. 80 nr. 81]; Sisteron 1248, d.h. als Hostiensis dort Bischof war [ebd. II S. 226 nr. 100]; St-Ruf 1337 [MANSI XXV Sp. 1091 f. nr. 15]), vgl. allg. HOFMEISTER, Bischof und Domkapitel S. 199. Benedikts XII. Lösung steht auf allg. Grundlagen wie: *praelatus non potest alienare sine consensu capituli* (Guillaume Durand Spec., *Speculum iuris* S. 883a ff. § 1 nr. 22) oder *praelati alienatio ... post interveniat capituli consensus tenet* (Guillaume de Montlauzun, zu VI 5.12 *De regulis iuris*, reg. 29: *Quod omnes tangit ...*; fol. 154rb–va.). Zur Distinktion zwischen solchen Vorgängen, bei denen die Kanoniker *tamquam singuli segregatim* oder *ut collegium* abstimmen sollen oder für die Frage, wann ein der Alienation vorangehender *tractatus debitus ... in capitulo* nötig ist: Bohic zu X 3.10.8 (fol. 417a).

[216] Bei den Zisterziensern zeigt sich die Zuständigkeit des Generalkapitels (grundlegend in LAD VIII 4; S. 432) neben der des Vaterabtes für Güterfragen in den zahlreichen Beschlüssen zur Sache: 1312 (CANIVEZ III S. 326 nr. 9): Verbot, eine Grangie *ad vitam vel perpetuitatem* an Personen außerhalb des Ordens zu vergeben; 1313 (ebd. S. 327 nr. 1): Verbot, Immobilien *ad vitam* zu verpachten *sine consilio conventus*;

die in Benedikts XII. Lösung verarbeitet wurden, so ist es doch eine von ihm bewußt gewählte Option, das Material in einer zusammenhängenden Ordnung darzubieten und die wesentlichen Entscheidungsträger zu einem zeitlich versetzten, aber doch integrierten Handeln zu zwingen. Auch die Einführung des schon 1317/18 bei den Zisterziensern umstrittenen Konventssiegels im ersten Kapitel von *Fulgens* läßt sich aus diesem Ansatz verstehen[218]. Daß die Provinzialkapitel hier eine geringe Rolle spielen,

---

die Strafe erfolgt dann nach Ermessen des Vorsitzenden des Generalkapitels; 1314 (ebd. S. 329 nr. 5): Erlaubnis, Besitztümer zum Erwerb nützlicherer Einkunftsquellen zu verkaufen (vgl. X 3.13.8 [*de ... capituli consilio et assensu*]; LAD VIII 4 [S. 432] und FSS c. 5 [S. 413]); 1318 (ebd. S. 339 nr. 6): Verbot, Immobilien zu vergeben oder Pensionen zu gewähren *absque consilio patris abbatis et consensu maioris partis conventus, quorum nomina in scripto ponantur sigillata patri abbati in visitatione proxima ostendenda*; 1319 (ebd. S. 344 nr. 2): Wiederholung von 1318 unter Ausdehnung auf die Kommissäre der Vateräbte; 1320 (ebd. S. 350 nr. 11): gegen solche Ordensmitglieder, die *sub nomine proprio vel alieno* sich oder ihren Verwandten Einkünfte aus Ordensgut verschaffen; 1322 (ebd. S. 361 nr. 14): Verwahrung der aus dem Verkauf von Immobilien stammenden Gelder an einem sicheren Ort, an dem sie dem Zugriff des unmittelbar verkaufenden Abtes entzogen sind; 1325 (ebd. S. 370 nr. 3): wdh. von 1318 unter Eingrenzung auf *maiores et particulares possessiones*; 1328 (ebd. S. 379 nr. 2): Alienationsverbot *sine causa rationabili ... absque consensu sanioris et maioris partis conventus* mit Festhaltung der Namen der Zustimmenden.

[217] Das Verbot der Aufnahme eines Darlehens (auch in: SM c. 9; vgl. die Grundform: X 3.22.4 = Lat. IV. c. 59, COD S. 262), in den Statuten Gregors IX. für die schwarzen Mönche (Reg. ed. AUVRAY II nr. 5, Sp. 319 f. und nr. 32, Sp. 327) an eine *licentia specialis* von Abt und Konvent „in den vom Recht vorgesehenen Fällen" gebunden, wurde in der zweiten Redaktion auf eine durch Abt und Kapitel zu bestimmende *quantitas moderata* begrenzt. Eine Schuldenregistrierung gab es spätestens seit 1289 in Cluny (*Regis pacifici*, BClun S. 155b); Kreditkontingentierungen (SM c. 9, S. 367b ohne konkrete Zahlenangabe, während FSS c. 8 [S. 415] 100 l.t. als Obergrenze für einen Notkredit angab) sah schon Heinrich I. vor (CHARVIN I S. 115 nr. 56: 200 l. für Äbte, 100 l. für Priore von Klöstern mit mehr als 20 Mönchen, 50 l. bei mehr als 12, 20 l. bei mehr als 6 und 10 l. bei weniger Mönchen). Gegen Äbte, die stille Reserven anhäufen, während ihr Kloster in Schulden versinkt, wandten sich Yvo II., Bertrand I. und Heinrich I. in ihren Reformstatuten (CHARVIN I S. 62 nr. 7; S. 71 nr. 14; S. 122 nr. 73). Auch Bestimmungen gegen Alienationen, die die Erlaubnis des Abtes von Cluny und anfangs auch des Kapitels vorsehen, lassen sich problemlos nachweisen: Hugo V. (CHARVIN I S. 58 nr. 17), Bertrand I. (ebd. S. 76 f. nr. 45 und 50), Heinrich I. (S. 118 nr. 62).

[218] FSS c. 2 (S. 411); verwendet wird ein solches Siegel bei Aufnahme eines Darlehens (c. 8, S. 415) und bei gemeinsamen Handeln von Abt und Konvent (c. 9, ebd.). – Die Verbotstradition eines eigenen Siegels von Konvent oder Prior reicht weit zurück: LAD IX 1 (SEJALON S. 436); fast wörtlich schon in: LD 1237-1257 VIII 1 (LUCET S. 298); LD 1220 XV 12 (LUCET S. 173); Generalkapitel von 1218 (CANIVEZ I S. 489 nr. 17). – In LAD IX 1 wurde aber auch zwischen Siegeln für wichtige und weniger wichtige Angelegenheiten unterschieden; 1218 wurde ein *sigillum speciale pro sigillandis tantummodo suffragiis* (CANIVEZ III S. 343 nr. 20) beschlossen. Nicht weniger Tradition haben Warnungen vor Siegelfälschungen (1247, CANIVEZ II S. 317 nr. 15 und nr. 20; 1273, ebd. III S. 120 nr. 26; 1288, ebd. S. 240 nr. 18. LAD (ebd.) droht Äbten,

dürfte damit zusammenhängen, daß sie nur alle drei Jahre tagten, das Verfahren deshalb zu langwierig geworden wäre[219]; vielleicht auch damit, daß die Voraussetzung für eine Alienation ein Besitzrecht war, welches zwar Konvent und Abt, nicht aber dem Provinzialkapitel zukam. Nicht ganz so komplizierte Entscheidungsverfahren verordnet Benedikt XII. bei der Novizenaufnahme[220] und bei der Auswahl von Mönchen für das Studium von

---

die *scienter* ihr Siegel mißbrauchen, die Absetzung an; schon 1257 (ebd. S. 297) wurde sorgfältige Bewachung des Siegels angeordnet, *quod nullum inde periculum possit evenire.*

[219] Bei den englischen Benediktinern sind freilich schon für das 13. Jahrhundert vielfältige Aktivitäten der Provinzialkapitel auch im Bereich der Güterverwaltung dokumentiert: die Verpflichtung der Prälaten, mindestens einmal im Jahr über Einnahmen und Ausgaben vor dem Konvent in Gegenwart des Abtes Bericht zu erstatten (1249, Southwark, Prov. Canterbury; genauso in den Statuten von 1277, die 1278 und 1279 überarbeitet wurden und noch die Grundlage für den Kodex von 1343 bildeten, PANTIN I S. 36 und S. 85; zu den Redaktionen: S. 60); bei der Aufnahme eines Darlehens wird schon 1249 die genaue Erfassung von Höhe, Konditionen, Verwendungszweck etc. angeordnet (ebd. I S. 36). Bei einem Angriff auf einzelne Klöster oder bei Streit zwischen Abt und Konvent obliegt die Verteidigung bzw. Schlichtung den Präsidenten der Provinzialkapitel bzw. den Visitatoren (1249 und 1277; ebd. I S. 54 und S. 85 f.; 1343: II S. 54 f.: hier können die Präsidenten des letzten Kapitels Nachbaräbte als Schlichter bestellen; bei deren Mißerfolg entscheidet das nächste *generale capitulum*). – Was durch die vom Provinzialkapitel bestellten Visitatoren nicht korrigierbar ist, devolviert an den Präsidenten der Provinzialkapitel (1273, Whitby, Prov. York; ebd. I S. 249); grundlegend heißt es für die Zuständigkeitsfrage (1273; ebd.): *maiora monasteriorum negocia, utpote collaciones beneficiorum, recepcione monachorum, et huiusmodi, tocius conventus aut sanioris partis consilio terminentur*; Bsp. für Alienationsregulierungen: 1221 (ebd. S. 233) und 1310 (S. 269).

[220] Die knappen Bestimmungen in FSS c. 19 (S. 422 f.), wo der Abt cum *consilio seniorum de conventu, seu maioris vel sanioris partis eorum monasterii* die Entscheidung, ob die Bewerber *idoneae* [sunt] *ad ea quae conveniunt monachis vel conversis*, treffen soll, werden in SM c. 22 (S. 377a–378a) wesentlich fortentwickelt: widerspricht das *proborum consilium*, so kann es der Abt *in virtute obedientie* auf die Dauer von 10 Tagen ermahnen, ihm zuzustimmen; weigert es sich dann immer noch und läßt sich der Abt in der Zwischenzeit keine Verfehlung zu Schulden kommen, so hat er das freie Recht zu *creatio seu receptio.* – Die Konsensbindung ist zumal bei den Cluniazensern ungewöhnlich: vgl. nur die auf Petrus Venerabilis (CCM VI S. 69 f. nr. 35) zurückgreifenden Statuten Heinrichs I. (CHARVIN I S. 121 f. nr. 71), die genauso wie SM c. 22 gegen die *indiscreta et frequentissima susceptio personarum inutilium* gerichtet sind, aber die Entscheidung ausschließlich beim Abt von Cluny zentralisieren; dessen Maßnahmen gegen die Anmaßung anderer Äbte und Prioren (Bsp.: Generalkapitel von 1234, 1286, 1328; CHARVIN I S. 197, 438; III S. 77 f.) wurden von zahlreichen Kapitelbeschlüssen und Statuten im 13. Jahrhundert bestätigt; vgl. Belege bei VALOUS, Monachisme clunisien I S. 35, zu erg.: Yvo II. (1277, CHARVIN I S. 67 nr. 7). *Dudum pro bono* (BRT IV S. 466 § 10) präzisiert daher die Geltung von SM c. 22: *intelligi volumus in locis dumtaxat, in quibus de consuetudine, privilegio vel statuto requiri debet proborum consilium praedictorum.*

Theologie oder Kanonistik in *Summi magistri*[221] bzw. nur von Theologie
in *Fulgens sicut stella*[222].

Bildungsreform

Traditionell sieht man in der Studienreform Benedikts XII. jenen Teil seines Reformwerks, in dem sich noch am deutlichsten die Konkurrenz zwischen den monastischen Orden und den Mendikanten zeigt. Bekanntlich
versuchten Zisterzienser und Benediktiner gegen erhebliche Widerstände
in den eigenen Reihen, aber mit päpstlicher Rückendeckung schon im 13.
Jahrhundert, den Vorsprung der Mendikanten aufzuholen[223]. Benedikt XII.

---

[221] SM cc. 6–8 (S. 357a–366a). – Die Studentenauswahl für die Provinzialstudien erfolgt durch die Oberen des entsendenden Klosters *cum consilio proborum et seniorum*
(c. 6; S. 357b); komplizierter soll bei den für die *generalia seu solemnia studia* Bestimmten verfahren werden (c. 7, S. 358b–359b): nach der Auswahl und Vereidigung der
acht in einer Kathedralkirche des Ordens (*inter quos* [scil. antistes] *non ut praelatus, sed
ut monacus dumtaxat vocem habeat*) bzw. der vier in einem Kloster beratenden *seniores
(cum consilio instructoris, si monacus fuerit)*, werden die geeigneten Mönche nach
Mehrheitsentscheidung vom Abt in die Generalstudien geschickt; unterbleibt eine Entscheidung innerhalb von 10 Tagen (vor Mariä Himmelfahrt), so devolviert das Ernen-
nungsrecht an den nächstunteren Prior oder Abt, der mit vier Mönchen zusammen entscheiden soll; ist dieser nachlässig, soll der Präsident des Provinzialkapitels die *seniores*
durch ein Konklave dazu zwingen, die Namen der in Frage kommenden Mönche zu nennen; unterbleibt dies, so haben Äbte und Prioren innerhalb von drei Tagen die Vollmacht, die *docibiles et aptiores* zu ernennen; weigern sie sich, so folgt ein ganzes Stra-
fenregister, das von einer Verdoppelung der zu zahlenden Studentenpension bis hin zu
Exkommunikation und Benefizienverlust reichen kann.
[222] Die in FSS dem Studium gewidmeten Kapitel (cc. 31–41; S. 429–435) zeigen allein durch ihren Umfang den Stellenwert, den Benedikt XII. der materiellen Basis des
Lehrbetriebs (cc. 33–36) und der Lebens- und Arbeitsweise von Magistern und Studenten (cc. 37–41) widmete. Das zweistufige Bildungssystem einer dezentralen Grundaus-
bildung der Mönche im Heimatkloster (*quod sint competentis aetatis, et honeste conversationis, et in primis litterarum rudimentis sufficienter fundati, ita quod de profectu ipsorum merito sit sperandum*, LAD IX 4, S. 440; vgl. auch die Bestimmungen zur Unter-
haltung eines Lektors in Klöstern mit mehr als 40 Mönchen auf dem Generalkapitel von
1331, CANIVEZ III S. 392 f. nr. 2, in Analogie zu X 5.5.1 [= Lat. III. c. 18, COD S. 220]
und X 5.5.4 [= Lat. IV. c. 11, COD S. 240]) und der Versendung der fähigsten unter ihnen an die zentralen Ordensstudien in Paris, Toulouse, Montpellier, Oxford und Cambridge war freilich schon lange vor Benedikt XII. üblich, wenn er auch neben Vaterabt
und Visitator (vgl. Generalkapitel von 1287, CANIVEZ III S. 238 nr. 6) noch den entsendenden Konvent oder zumindest seine *sanior pars* bei der Auswahl mitwirken lassen
wollte (c. 32; S. 430). Die oft dargestellte Kontingentierung (FSS c. 33: Klöster mit
mehr als 40 Mönchen entsenden zwei, mit mehr als 30 Mönchen einen Studenten nach
Paris etc.; vgl. KWANTEN S. 463; BARONE S. 243 f.) ist auch schon 1317 (LAD IX 4,
S. 441) vorgesehen.
[223] Vgl. zu den Anfängen von Saint Bernard zu Paris (vgl. Generalkapitel von 1245,
CANIVEZ II S. 290 nr. 4) und der Rolle des Abtes von Clairvaux, Stephen of Lexington,
der in seiner Auseinandersetzung mit konservativen Gruppen in seinem Orden die Unterstützung des zisterziensischen Kardinals Johannes von S. Lorenzo in Lucina, ab 1261

blieb den Wurzeln seines Ordens dabei verbunden, indem auch er den weißen Mönchen das Studium des Kirchenrechts streng untersagte[224]. Bereits in den 20er Jahren des 14. Jahrhunderts hatte das zisterziensische Generalkapitel die Studienhäuser des Ordens in Paris, Montpellier und Toulouse reformieren lassen[225]. Der hierfür ausgewiesene Experte, Jacques Fourniers Weggefährte Guillaume Court, setzte seine Bemühungen auch unter Benedikt XII. fort. An dem päpstlichen Reformkonzept, das bei den

---

Kardinalbischof von Porto, fand: LAWRENCE S. 169 ff.; KWANTEN S. 448 ff. – Das Konkurrenzmotiv war bereits im Denken der Zeitgenossen präsent: das Generalkapitel von Cluny verwies 1302 (CHARVIN II S. 184) auf die besser ausgestatteten Studienhäuser anderer Orden; 1314 (ebd. II S. 373 f.) wurde die Einsetzung des Studiums mit dem durch das Studium erhöhten Ansehen der anderen Orden begründet.

[224] FSS c. 38 (S. 433). – Obwohl die Abneigung gegenüber der Jurisprudenz im Zisterzienserorden eine bis in seine Anfänge zurückreichende, wenn auch oft übertretenen normative Tradition hatte (vgl. Belege bei: BOCK, Les cisterciens et l'étude du droit S. 12 ff.; SCHNEIDER, Studium und Zisterzienserorden S. 342 ff.), wurde sie erst im LAD zu einem konkreten Verbot (IX 4, S. 441), das noch 1331 (CANIVEZ III S. 393 nr. 3) eingeschärft wurde; Ansätze zu dessen Aufweichung in der Beschlußfassung des Generalkapitels von 1333 (ebd. S. 401 nr. 2: *infra tamen septa dictorum studiorum, audire vel legere dicta studia poterunt, hora et tempore, et non aliter, quibus theologiae lectio non poterit impediri;* ...) erwiesen sich als sporadisch und noch 1343 stellte das Generalkapitel klar, daß in den päpstlichen Statuten Lehren und Hören des kanonischen Rechts gänzlich verboten sei (ebd. III S. 474 nr. 5). – Die Vorstellung von der päpstlichen Dispensationsgewalt beim Studium verbotener Fächer (vgl. Alvarus Pelagius DSPE I 45; fol. 21ra) war für Benedikt XII. also hier offenbar kein Thema, wenn es auch bemerkenswert ist, daß er ein neues Ordensstudium gerade in der juristischen Hochburg Bologna vorsah (FSS c. 31, S. 429, vgl. BOCK S. 18), vielleicht am dominikanischen Vorbild orientiert.

[225] Das Pariser Studienhaus, ursprünglich Clairvaux unterstellt (vgl. LD 1257 IV 5, S. 256; schon im LAD fiel diese Bestimmung heraus), 1321 *in manibus Ordinis, ac totius Capituli generalis* verkauft (CANIVEZ III S. 353 nr. 9), sollte 1322 durch die fünf Primaräbte reformiert werden (ebd. S. 359 nr. 8), was das Generalkapitel 1323 bestätigte (ebd. S. 363 nr. 6). 1334 wurden ihm durch die Äbte von Clairvaux, Boulbonne und Fontfroide neue Statuten gegeben (ebd. S. 407 nr. 5). Vgl. auch: MAHN, Benoît XII et les cisterciens S. 55 Anm. 5; KWANTEN S. 461. – 1322 sollte auch das Ordensstudium in Montpellier durch die Äbte von Fontfroide, Mazan und Valmagne reformiert werden (ebd. S. 359 nr. 8); 1328 erfolgte ein neuer Auftrag (ebd. S. 381 nr. 9). Einen ähnlichen Verlauf hatten die Reformversuche des Toulouser Ordensstudiums: 1322 wurden die fünf Primaräbte mit der Reform beauftragt (ebd. S. 359 nr. 8), deren Ergebnisse 1324 (ebd. S. 367 nr. 4) bestätigt wurden; bereits 1328 war ein neuer Anlauf nötig (ebd. S. 381 nr. 9). – Über eine direkte Beteiligung Jacques Fourniers an den Reformen von 1328 in Montpellier und Toulouse ist nichts bekannt, doch dürfte sie wohl zumindest mit Billigung des zisterziensischen Kardinalprotektors erfolgt sein; auch die konkreten Maßnahmen (ebd.: Gehorsampflicht der Mönche *sicut in monasteriis*; mindestens wöchentliches Zelebrieren der Messe; Ausstattung von Provisor, Lektor und Sakristar *de bursa communi*; Einzelzellen für Studenten; Relegierung nachlässiger Studenten; Anwesenheitspflicht *ad lectionem lectoris theologiae integram*) sind zu allgemein gehalten, um die Handschrift Fourniers erkennen zu lassen.

regionalen Ordensstudien einige Veränderungen vornahm und bei der stets umstrittenen Finanzierung der Studien eine die Lasten möglichst gerecht verteilende Lösung anstrebte[226], zeigt sich Benedikt als konservativer Reformer, der das Funktionieren des Bestehenden sicherstellen, aber nichts grundlegend Neues schaffen wollte.

Dies gilt auch für die Bilanz seiner Universitätspolitik, die eher bescheiden ausfällt: eine Universität in Verona kam nie über das Planungsstadium hinaus[227]; eine landesherrliche Gründung in Grenoble, der Benedikt XII. das Studium der Theologie verwehrte, ging trotz großzügiger Privilegienausstattung bald wieder ein[228]. Eine Reform der Universität Paris hat er, anders als in Toulouse, Montpellier und Cahors[229], nicht unternommen. Statt dessen verwahrte er sich gegen den Mißbrauch der Univer-

---

[226] Die minutiösen Besoldungsvorschriften für studierende oder dozierende Mönche (FSS c. 34, S. 430 f.) sehen vor (in Anteilen von Orden und Heimatkonvent) für: *magister regens* in Paris (80 + 25 l.t.), *baccallarius regens* in Paris (25 + 25 l.t.), *lector bibliae* (10 + 20 l.t.), *Magister regens in actu* eines anderen Studiums (40 l.t., aufzubringen vom Vaterabt), *baccallarius* eines anderen Studiums, *ubi non reperitur magister* (30 l.t., ebenfalls vom Vaterabt), sowie in den Generalstudien: *unus, qui Bibliam biblice seu textualiter continue legat* (15 l.t. vom Heimatkloster sowie 100 solidi vom *cellerarius de bursis scolarium*), Normalstudent an Generalstudien außer Paris (wo 20 l.t. gezahlt werden) und in Metz (15 l.t. vom Heimatkloster). – Die korrespondierenden Bestimmungen in SM c. 8 (S. 360b) sehen 60 l.t. für einen *magister in theologia*, 40 l.t. für einen Bakkalar und einen Scholar der Theologie, 50 l.t. für einen *doctor decretorum*, 35 l.t. für einen Bakkalar oder Scholar der Kanonistik vor. Vgl. auch die Übersichten bei: BOEHM, Benedikt XII. S. 289; MAHN, Benoît XII et les cisterciens S. 57. – Diese unterschiedliche Behandlung verschiedener Fächer und Orden läßt sich als Vorteilsnahme zugunsten seines Ordens interpretieren. Der Benediktiner Guillaume de Montlauzun schrieb zu VI 5.7.2 (fol. 126va–b): *Item hoc intelligere debes de illis qui student de licentia suorum prelatorum ... tales tali habita licentia debent percipere redditus in scolis Theologie, iuris canonici aut civilis: que tria hec quo ad hoc equiparantur.*
[227] Die Gründungsurkunde für Verona spricht vom einem *studium generale ... in iure canonico et civili et medicina et artibus*, BRT IV S. 459b; vgl. BORST, Krise der Universitäten S. 61; VERGER, Jean XXII et Benoît XII et les universités du Midi S. 206; anders: KNOLL, The papacy at Avignon S. 193.
[228] Gründungsurkunde: BRT IV S. 460a–461a; FOURNIER, Statuts II nr. 1546 vom 12.5.1339; vgl. LATOUCHE S. 12; zur Privilegienausstattung: ebd. nr. 1547: Residenzdispens auf fünf Jahre für studierende Benefizieninhaber; nr. 1548 und nr. 1550: Privilegien seitens Humbert II.; vgl. allg. schon DENIFLE, Entstehung der Universitäten S. 365–367, S. 634 und S. 705.
[229] In Cahors, einer Gründung Johannes' XXII. aus d. J. 1332 (BRT IV S. 324a–b), die er mit denselben Privilegien ausstattete, die die Universität von Toulouse hatte (vgl. FOURNIER, Statuts II S. 542 nr. 1426), institutionalisierte er 1340 zusätzlich zu den schon bestehenden vier juristischen Lehrstühlen *duo alii doctores regentes in utroque jure ... ad instar ipsius universitatis Tholosane* (ebd. II S. 543 f. nr. 1428); vgl. auch EDWARDS, Université de Cahors S. 270.

sitätsprivilegien[230], verteidigte Pariser Kanoniker, von denen auch einige studierten, gegen finanzielle Forderungen seitens der Universität, indem er auf ihre Exemtion verwies[231], und nahm seine Lehraufsicht dadurch wahr, daß er mehrere nominalistische Theologen, neben Nikolaus von Autrecourt auch zwei Zisterzienser, Jean de Mirecourt und Richard von Lincoln, als Häretiker anklagen bzw. nach Avignon zitieren ließ[232].

---

[230] Am 1.7.1339 (CUP II S. 482 nr. 1021) verlangte Benedikt unter Bezug auf die „schweren Klagen Vieler" über einen Mißbrauch von Privilegien durch solche, die sich *per litteras* als Stellvertreter des *conservator privilegiorum* der Universität, d.h. des Bischofs von Senlis Robert de Plailly, bezeichnten, namentlich des Magister Stephan von Langres, die Vorlage der Urkunden in Avignon. Stephan, Kanoniker und Offizial aus Senlis, hatte sich am 30.5.1338 gegen einige namentlich genannte Personen gewendet, die unrechtens die Güter von Studenten besetzten und dadurch das Studium behinderten; er forderte sie zur Rückerstattung der Güter auf (CUP II S. 476 f. nr. 1014). Der Zusammenhang zu Benedikts Maßnahme besteht darin, daß Stephan von Langres offenbar seine Kompetenzen überschritten und, sofern die Verteidigung der *bona* nicht bereits nur vorgeschoben war, eigene materielle Interessen verfolgt hatte; Benedikt zitierte ihn durch Gasbert du Val, den Erzbischof von Arles, an die Kurie. Letztlich ahndete er hier, wie häufig auch in seiner Kurienreform, den Amtsmißbrauch eines untergeordneten Amtsträgers (zum *conversator privilegiorum*: vgl. KIBRE, Scholarly Privileges S. 119 f.). Die päpstliche Entscheidung zugunsten der Universität erfolgte am 31.7.1341 (CUP II S. 521 f. nr. 1055); darin ermahnte Benedikt XII. *nonnulli episcopi Silvanectensis* und damit indirekt auch den Bischof als den politisch für die Aktionen seiner Offizialen Verantwortlichen, zur Achtung der Privilegien, die er in ihrer Fassung durch Innozenz III. inserierte, vgl. CUP I nr. 142 (S. 181: *Privilegium fori*), nr. 208 (S. 235 f.: Einsetzung des *Conservator* ...), nr. 211 (S. 237: Abgabenfreiheit) und nr. 212 (S. 237 f.: Erneuerung von nr. 208).

[231] Am 6.10.1339 (CUP II S. 487 f. nr. 1026) verbot Benedikt dem Rektor und der Universität, nicht näher präzisierten Kanonikern unter Drohung mit Ausschluß aus der Universität Abgaben und Kollekten aufzuerlegen, die jene als *immunes, liberi et exempti ac per habentes super hoc specialem per litteras sedis apostolice potestatem* nicht zu leisten verpflichtet sind; ihre Appellation an den Heiligen Stuhl war insofern erfolgreich: vgl. zum Ausgang des Vorgangs: CUP II nr. 1046–1049 S. 510–514. CUP II S. 488 Anm. zu nr. 1023 identifiziert die Kanoniker (*aliqui ex dictis canonicis et ministris insisterent studio*) auf Grund des Kontextes der kurialen Überlieferung dieses Briefes mit denen von St-Viktor *extra muros* und St-Magloire; zu den Zuständen und Reformbemühungen in St-Viktor im frühen 14. Jahrhundert: GIROUD, L'ordre des chanoines S. 42.

[232] Ein gewisses Interesse fand der spätere Papst schon als Kardinal an den Irrtümern des Richard von Lincoln; die frühen Kataloge der päpstlichen Bibliothek verzeichnen ein nicht überliefertes Gutachten des Kardinals Fournier (JULLIEN DE POMMEROL/MONFRIN I S. 139 nr. 45; Katalog von 1405): *Item dicta fratris Jacobi tituli Sancte Prisce presbyteri cardinalis super articulis traditis per dominum papam fratris Ricardi magistri in theologia ad examinandum, in papiro, copertus de pergameno.* OFFLER bezieht den in TCB I 5 (OPol III S. 182) von Ockham gegen Benedikt erhobenen Vorwurf der *ignorantia philosophiae naturalis* im Anschluß an FOURNIER, Jacques Fournier S. 183, auf den an Saint-Bernard zu Paris studierenden englischen Zisterzienser. Auch das Nominalistenstatut der Pariser Artes-Fakultät vom 25.9.1339 (vgl. CUP II S. 485 f. nr. 1023; hierzu allg., aber ohne historische Bezüge: PACQUÉ) dürfte kaum ohne Wissen und Billi-

Da Bildungsreform traditionell ein Kernbereich von Kirchenreform ist und schon Zeitgenossen wie Guillaume Durand und Jacques de Thérines die Bedeutung der Bildungskomponente für die Integrität eines Ordens unterstrichen, ist es müßig zu fragen, wieso sie bei Benedikt XII. einen solchen Stellenwert einnimmt. Die Klerikalisierung der Mönche erforderte eine vermehrte Zahl an Graduierungen, und die Orden nahmen hierfür beträchtliche Kosten auf sich[233]. Diese zahlten sich aus, denn die Hebung des Bildungsstandes war eine Voraussetzung für die von Benedikt XII. angestrebte Rationalisierung der Führung wichtiger Ämter und damit auch unverzichtbar, wenn der Orden die Verantwortung für das Funktionieren ordensinterner Kontrollen übernehmen sollte[234]. Die damit verbundene Förderung der monastischen Autonomie läßt wieder jene Ambivalenz des päpstlichen Zugriffs auf die Orden erkennen, die schon bei der Aktivierung der Provinzialkapitel aufgefallen war. Der von Benedikt XII. mit der Studienförderung, zumal der Kanonistik, intendierte Zweck, den er im Prolog von *Summi magistri* praktisch und geradezu dies-

---

gung des Papstes erlassen worden sein. Nikolaus von Autrecourt, der Lehrer des Jean de Mirecourt (zu seinem Prozeß 1347: STEGMÜLLER, Die zwei Apologien des Jean de Mirecourt S. 40 ff.; knapp: MAHN, Benoît XII S. 67), war kein Zisterzienser; Benedikt ließ ihn am 21.11.1340 zusammen mit anderen binnen eines Monats nach Avignon zitieren (CUP II S. 505 nr. 1041); der Prozeß fand erst 1347 seinen Abschluß (vgl. LAPPE S. 2 f.; PACQUÉ S. 171).

[233] Englische Benediktiner mußten, wie auf ihrem Provinzialkapitel von 1343 (PANTIN II S. 56) festgehalten wurde, *ad evitandas expensas que in magistrorum inceptionibus esse solent* einige ihrer Theologie- und Jurastudenten zurückrufen, *in tocius ordinis nostri verecundiam generalem.* Man beschloß, dies in Zukunft zu vermeiden. Anders als von Benedikt XII. vorgesehen, wurden die Zuwendungen an Oxforder *inceptores* der Theologie für den Fall, daß zwei Studenten finanziert werden müssen, geteilt (je 10 l.t.); finanzielle Schwierigkeiten mit der Studienfinanzierung betonte schon das Provinzialkapitel der Provinz Canterbury von 1277 (ebd. I S. 75); 1288 (ebd. I S. 126) wurden sogar die Zisterzienser zum bewunderten, aber erreichten Vorbild: *videte quomodo per illos universitas decoratur in multitudine graciosa, et nostrorum paucitas, communibus auxiliis mediantibus, crescere poterit in immensum; ... .* Das Provinzialkapitel von 1343 beanspruchte, einen für den Orden reservierten Lehrstuhl in Oxford nach eigenem Gutdünken zu besetzen (ebd. II S. 23 und S. 55 f.). – Eine zurückhaltend positive Würdigung des benediktinischen Bildungswesens in England: COURTENAY, Schools and Scholars S. 77–81. – Auch die Cluniazenser riefen 1306 *propter deteriorationem monete* die Hälfte ihrer Pariser Studenten zurück (CHARVIN II S. 255).

[234] Die Anforderungen an Visitatoren beschrieb schon das Provinzialkonzil von 1218–19 der Provinz Canterbury (PANTIN I S. 13): *Visitator enim ita se habere debet, ut aliis sit forma vivendi, ... Excessus monasterii diligenter inquirat; ...et ipse modeste corrigat: qui tamen non credat omni spiritui; set que audierit, diligenter discutiat, et secundum quod rei veritatem cognovit approbet vel reprobet audita.* 1343 ging das Provinzialkapitel zur Erhöhung der Attraktivität des Ordens soweit, eintrittswillige *viri literati ..., magistri arcium, alieve persone multum habiles ad proficiendum in studio* nach Ermessen ihres Prälaten von ihrer Residenzpflicht zu dispensieren.

seitig umschrieb[235], entsprach dem sozialen Status von Äbten und Prioren und kam damit ihrer Stellung im Orden zugute. Deshalb überrascht wenig, daß sich neben Belegen für einen abwesenden *prior in scholis*[236] solche finden, die eine unzulängliche Umsetzung der das Studium einfacher Mönche regelnden Bestimmungen von *Summi magistri* erkennen lassen[237]. Die auch von Benedikt XII. bekräftigten Vorgaben über den konkreten Ablauf eines Studiums der Jurisprudenz[238] ermöglichte auch eine Dispensation von den alten Verboten, daß ein *religiosus* nicht mit dem römischen

---

[235] SM Prolog (S. 348b): *... ut eadem religio ... sapientiae ac scientiae divinae pariter et humanae (sine quibus mortalium vita non regitur) fulgoribus rutilet, nec decrescat in profectu substantiae temporalis, sed potius augeatur, ...*. Am Beginn von SM c. 8 umschreibt er die praktische Zielrichtung der Jurisprudenz noch deutlicher (S. 357a): *per agnitionem humani iuris animus rationabilior efficitur, et ad iustitiam certius informatur: ...*. Auch die theologische Bildung, noch 1314 in Cluny *ad illuminationem salubrem totius ordinis* konzipiert (CHARVIN II S. 372 f.), wurde von den Benediktinern immer mehr praktisch, geradezu dominikanisch begründet (vgl. das Provinzialkapitel von 1363, PANTIN III S. 75); vgl. zur Konkurrenz zwischen Mönchen, Brüdern und Weltklerus: SMALLEY, Friars S. 33.

[236] Vgl. die Visitationsberichte der Cluniazenser: 1273 und 1275 (CHARVIN I S. 330 u. S. 357); 1303 (ebd. II S. 216); 1318 (ebd. II S. 430 u. S. 445); 1325 (ebd. III S. 7); 1337 (ebd. III S. 256). – Schon in den Statuten Heinrichs I. wurde das Gebot, zum Hören von Logik, Philosophie und Theologie eine *licentia specialis* des Abtes von Cluny einzuholen, entsprechend formuliert (ebd. I S. 135 nr. 104): *Denique statuentes inhibemus, quod nullus prior aut beneficiatus ...*.

[237] Obwohl 1339 gerade auch die Befolgung der päpstlichen Bestimmungen zum Studienwesen und die hierfür nötigen Pensionen beschlossen wurden (CHARVIN III S. 289), stellte das Generalkapitel von 1342 eine verbreitete Nachlässigkeit von Prioren bei der Auswahl von Mönchen zum Studium fest (ebd. S. 336). Freilich lag ein Grund hierfür wohl auch in der finanziellen Belastung; schon vor Benedikt stellten Visitatoren immer wieder Säumigkeiten bei der Leistung der am Bartholomäustag fälligen Abgabe (Generalkapitel von 1283; ebd. I S. 424; so noch Heinrich I., ebd. I S. 136 nr. 106) fest: 1282 in baskischen (ebd. I S. 415), 1293 in spanischen (ebd. II S. 61), 1294 in lombardischen (ebd. II S. 75) und 1321 in englischen Häusern (ebd. II S. 573). – Noch *Dudum pro bono* (BRT IV S. 464a–465b § 5) nimmt auf *difficultates et nonnulla dispendia* bei den Studentenpensionen Bezug und sieht bei Zahlungsunfähigkeit eine Leistung in Naturalien vor (S. 464b). – Wie 1341 die Visitatoren der Provence zahlreiche Verstöße gegen die Fasten- und Kleidungsbestimmungen in SM auch durch Lektoren konstatierten (CHARVIN III S. 311), so stellten 1342 die Visitatoren des Pariser Ordensstudiums Verteilungskämpfe um Pensionen und vielfältige Verstöße gegen die *regularia instituta* fest (ebd. III S. 336); sie wurden verpflichtet, einmal jährlich das Collegium Clunys zu visitieren. – Nicht viel besser sah es in St-Bernard aus: vgl. Generalkapitel von 1341 (CANIVEZ III S. 466 nr. 3).

[238] SM c. 8 (S. 365b) gibt detaillierte Bestimmungen zum Ablauf eines Jurastudiums, die für eine Promotion zum *doctor Decretorum* in Paris fünf Jahre Studium des kanonischen Rechts und drei Jahre der *iura civilia* in einem anderen Generalstudium voraussetzen, *et prout sic vel aliter in statutis ipsius Studii Parisiensis dicitur contineri*. – Benedikt XII. dispensierte allerdings selber hiervon: am 23.8.1336 (VIDAL, Lettr. comm. I nr. 3767; vgl. CUP II S. 465 f., nr. 1003) einen Kanoniker aus Beauvais.

Recht in Berührung kommen dürfe[239]. In *Fulgens sicut stella* läßt der
Papst, der sonst auf korrekte Verfahrensweisen so großen Wert legte, sogar zu, daß auf Grund des offenbar immer noch bei den Zisterziensern
akuten Mangels an Lektoren das Generalkapitel befugt sein soll, auch
noch nicht zum Bakkalar oder Magister promovierte Brüder als Lektoren
der Theologie zu beschäftigen[240].

Die Verbindung der Studienförderung zur Verfassungsfrage ist zu offenkundig, um übersehen zu werden. Die nicht zuletzt auch an der Aufwertung des Pariser Priors erkennbare Provinzialisierung des Studienwesens bei den Cluniazensern[241] wurde dadurch erleichtert, daß schon Heinrich I. von Cluny seine Vollmacht über den Orden ebenso vom Papst her
begründete wie dieser die Präsidenten der Provinzialkapitel mit apostolischer Autorität ausstattete. Damit wurde letztlich das Argument des
Jacques de Thérines, daß ein hoher Ausbildungsstand gegen die Sünde
schütze und die Exemtion rechtfertige, gleichermaßen bestätigt und widerlegt. Ein die Korrektureffizienz erhöhendes Verfassungsmodell, das die

---

[239] Vgl. X 3.50.3 und 10; vgl. auch Bernhard von Clairvaux, *De consideratione* I iv.5,
Opera III S. 399. – Vgl. zu den Bildungsanforderungen an Kleriker: MERZBACHER,
„Scientia" und „ignorantia" S. 329 ff.; für Mönche: ebd. S. 333 ff.

[240] FSS c. 37 (S. 433), betroffen hiervon sind die Generalstudien, die der Orden in
Paris, Toulouse, Oxford, Montpellier und Stella (durch c. 31 nach Salamanca transferiert) sowie Metz (durch c. 31 für die *Alamanni ... pro dictis scientiis primitivis* begründet) unterhielt. Ein Lektor *in grammaticalibus et logicalibus pro iuvenibus instruendis*
war für Klöster bereits ab 40 Mönchen vorgeschrieben (Generalkapitel von 1331,
CANIVEZ III S. 392 f. nr. 2; 1341, ebd. S. 467 nr. 4), während noch das Generalkapitel
von 1300 (ebd. S. 299 nr. 2) erst ab 60 Mönchen einen solchen vorgesehen hatte. – Die
Zuständigkeit des Generalkapitels für die Auswahl des Personals von St-Bernard, d.h.
magistri, baccallarii et lectores Bibliae, ac provisores, cellerarii et alii officiales, regelt
grundsätzlich FSS c. 39 (ebd. f.). Sententiare unterhielten die Zisterzienser offenbar
nicht, was auch in Hinblick auf Jacques Fourniers fehlenden Sentenzenkommentar inter-
essant ist; wir müssen die Frage offenlassen.

[241] Heinrich I. von Cluny sah 1310 eine Aufnahmeprüfung am Collège de Cluny vor,
die der Abt von Cluny selber und der Prior des Studienhauses oder ein von ihm beauf-
tragter anderer Mönch an seiner Stelle vorzunehmen hatten (CHARVIN I S. 131 nr. 94).
Auch für die Rückrufung von versagenden Studenten sah Heinrich I. eine Erlaubnis des
Abtes von Cluny vor (ebd. I S. 134 nr. 104). Die starke Stellung des vom Provinzialkapitel ausgewählten Priors des Pariser Studienhauses zeigt auch seine Befugnis, über die
ihm ohnehin zustehende Pension hinaus von den ihm disziplinarisch und dispensations-
rechtlich unterstellten Studenten (SM c. 8, S. 363b) eine Abgabe in Höhe von bis zu
25 l.t. parv. zu erheben; analog gilt dies bei Studien in der Provinz für eine Pension in
Höhe von 20 l.t. parv. bei Klöstern mit mehr als 60 Insassen bzw. einer Pro-Kopf-
Abgabe von 5 solidi zuzüglich einer allg. Kontribution bei weniger als 60 Insassen (ebd.
S. 364a–b). Schon das Generalkapitel in Cluny hatte 1294 dem Pariser *prior scholarium*
eine zweifache Pension zugebilligt (CHARVIN II S. 76).

Führungsorgane des Ordens unter dem Papst mediatisiert[242], zeigt, daß bei aller Detailfreudigkeit Benedikts das konstitutionelle Moment in den innovativen Bereichen der Reform dominiert. Wir haben uns bisher auf die Benediktiner und Cluniazenser konzentriert, da sie anders als die Zisterzienser vom Papst aus objektiver Distanz betrachtet werden konnten. Es ist indes nötig, aufzuzeigen, daß für Benedikt auch schon in *der Bulle Fulgens sicut stella* dieselben Reformgrundsätze maßgeblich waren.

Die Zisterzienserreform

Auch hier interessieren weniger Einzelbestimmungen über bestimmte Reformgegenstände, als vielmehr der Gesamtansatz. Benedikt XII. delegiert wesentlich seltener als in *Summi magistri* seine apostolische Autorität an Ordensinstanzen, aber immer noch häufiger, als er eine unmittelbare Konsultation des Papstes vorsieht[243]. Auch in *Fulgens sicut stella* versteht er es, die Willkür exponierter Entscheidungsträger durch die Leistung von Eiden[244], die Verteilung der Schlüssel der Truhe[245] oder die Verpflichtung

---

[242] Das Generalkapitel von Cluny versuchte verschiedentlich, die eigene Stellung unter Hinweis auf den Papst gegenüber inneren und äußeren Gegnern zu festigen: 1339 bedrohte es alle Amtsträger, die ihrer *juxta nova papalia* [scil. statuta] zu leistenden Rechenschaftspflicht nicht nachkommen, mit einer durch die Provinzialkämmerer zu publizierenden Exkommunikation, von der sie nur durch den Abt von Cluny absolviert werden können (CHARVIN III S. 288); 1341 erbat es direkte Hilfe des Papstes im Kampf gegen weltliche und geistliche Widersacher des Klosters (ebd. III S. 311 f.).

[243] Ähnlich wie in SM delegiert Benedikt *auctoritas apostolica* in FSS c. 16 (S. 420) an die Definitoren zur Bestrafung der dem Generalkapitel fernbleibenden Äbte; in c. 17 (S. 421) an den Abt von Cîteaux und die vier Primaräbte zur Durchsetzung der Kontribution zum allg. Nutzen des Ordens; in c. 24 (S. 426) an den Visitator zur Zerstörung der Einzelzellen im Dormitorium, falls der jeweilige Abt nachlässig ist; in c. 39 (S. 434) an das Generalkapitel, um Äbte zu zwingen, geeignete Studenten nicht ins Kloster zurückzurufen. – Eine direkte Genehmigungspflicht des Papstes sieht FSS c. 4 (S. 413; s.o.) bei bedeutenden Alienationen sowie in c. 6 (S. 414) bei der Verpachtung von Einkünften für mehr als fünf Jahre vor.

[244] FSS grenzt sogar die Befugnisse des Abtes von Cîteaux ein: in c. 3 (S. 411) wird auch ihm der dem Vaterabt gegenüber zu leistende Nicht-Alienationseid verbindlich gemacht; c. 4 (S. 414) und c. 7 (S. 414): Vereidigung der bei Alienationen Beteiligten; c. 10 (S. 415): Amtseid von *cellerarii, bursarii* und anderer Amtsträger gegenüber dem Abt, *fideliter* zu wirken und über Einnahmen und Ausgaben Rechenschaft abzulegen; c. 16 (S. 429): ein Prokurator muß die Wahrheit der Gründe für das Fernbleiben seines Abtes vom Generalkapitel beschwören; c. 18 (S. 421): drei Äbte, die die *contributio* des Orden einziehen, müssen schwören, *fideliter* damit umzugehen; c. 35 (S. 431): Schwur des *cellerarius* der Studienhäuser, monatlich in Anwesenheit der Magistri, Lektoren, Bakkalare und von sieben Scholaren über Einnahmen und Ausgaben Rechenschaft abzulegen; c. 40 (S. 434 f.): Eid der Promovenden bzgl. ihrer Examensfeiern, die nicht mehr als 1000 l.t. kosten dürfen.

[245] FSS c. 5 (S. 413) legt fest, daß die aus dem Verkauf von Gütern gewonnenen Gelder ausschließlich zum Kauf anderer Güter oder zur Tilgung von Schulden verwendet

zum Ablegen von Rechenschaft[246] zu zügeln. Der Stellenwert der *seniores*[247] und des den Abt beratenden *consilium*[248] entspricht *cum grano salis* dem bei den Alt-Benediktinern und Cluniazensern, denen sich die Zisterzienser zumindest in Gebetsverbrüderungen[249] ebenso verbunden fühlten wie Franziskanern und Dominikanern.

---

werden dürfen; zur Sicherung dient die Bestimmung, daß die Gelder *in aliquo securo loco, sub quatuor seraturis et diversificatis clavibus* verwahrt werden sollen; die Schlüssel werden auf Abt, Bursarius, Klaustralprior und einen Mönch verteilt; c. 18 (S. 421) verteilt die drei Schlüssel, mit denen die Kontribution der Generalkapitel gesichert wird, auf die drei verantwortlichen Äbte; ebenso das *speciale sigillum*, mit dem die Leistung der *contributio* bestätigt wird. – Schon das Generalkapitel von 1279 (CANIVEZ III S. 159 nr. 32) verteilte vier Schlüssel an die vier Primaräbte anläßlich einer Kontribution *pro defensione libertatum Ordinis*; ähnlich 1317 (ebd. S. 334 nr. 7).

[246] Die Amtsträger der Klöster werden in FSS c. 10 (S. 415 f.) eidlich *in manibus eorum abbatis* zu Rechenschaft verpflichtet; c. 11 (S. 416) ordnet an, daß die *bursarii* viermal jährlich, alle anderen Amtsträger mindestens einmal jährlich vor den *seniores* Rechenschaft ablegen müssen; die drei Äbte, welche die vom Generalkapitel erhobene Kontribution verwalten, müssen nach c. 18 (S. 421) den Definitoren des Generalkapitels Rechenschaft ablegen; die von den drei Äbten *cum consilio* des Abtes von Cîteaux und der vier Primaräbte zur Entgegennahme der im Generalkapitel nicht geleisteten Zahlungen eingesetzten Stellvertreter werden nur eidlich auf ihre Zuverlässigkeit verpflichtet.

[247] FSS c. 11 (S. 416) bestimmt, daß der Abt *de seniorum sui conventus consilio* die beiden *bursarii* einsetzt, denen nach c. 12 (ebd.) auch die Äbte für ihre Einnahmen und Ausgaben rechenschaftspflichtig sind; c. 19 (S. 423) regelt deren Mitwirkung bei der Novizenaufnahme; c. 27 (S. 427) ihre Beratung des zuständigen Vaterabtes bei der Festlegung einer *congrua provisio* für freiwillig aus dem Amt scheidende Äbte, die sich um den Orden verdient gemacht haben.

[248] FSS c. 32 (S. 430) bestimmt, daß die Auswahl der Mönche zum Studium durch den Abt *de consilio patris abbatis vel visitatoris et conventus proprii, aut sanioris partis eiusdem* erfolgen soll. Der Vaterabt hatte bei den Zisterziensern schon im 13. Jahrhundert eine zentrale Stellung bei der Studienüberwachung; schon 1262 beschloß das Generalkapitel, daß der Abt von Valmagne dieselbe *iurisdictionem et auctoritatem* über das Generalstudium in Montpellier haben soll wie der Abt von Clairvaux über das in Paris (CANIVEZ III S. 2 nr. 6). Der Pariser Provisor brauchte auch die Erlaubnis des Abtes von Clairvaux zur Rückschickung eines unfähigen Studenten in sein Heimatkloster (vgl. Generalkapitel von 1284, ebd. III S. 236 nr. 5; LAD IX 4, S. 439).

[249] LAD VI 7 (S. 414) ordnet vor Abschluß eines Generalkapitels eine *commemoratio* nicht nur für den Papst, die Kardinäle, den Kaiser und den König von Frankreich, sondern u.a. auch für den Abt von Cluny und seinen ganzen Orden, den Abt von St. Albans in England *et pro ceteris universis tam vivis quam defunctis qui in rotulo Cisterciensi sunt conscripti*. Schon das Generalkapitel von 1280 (CANIVEZ III S. 196 nr.9) beschloß die Verbrüderung mit Cluny und St. Albans und die Anlage des *rotulus*. – Heinrich I. von Cluny bedachte in seinen Statuten nicht nur die anderen benediktinischen Verbände, sondern auch Dominikaner und Franziskaner (CHARVIN I S. 102 nr. 17), obwohl es auf den Generalkapiteln immer wieder Klagen über diese gab (1290, ebd. II S. 9; 1312, ebd. II S. 332; 1335, ebd. III S. 185 f.). Die Dominikaner ihrerseits wollten 1315 und 1330 nicht nur für die Franziskaner, sondern 1340 sogar für die Zisterzienser beten (MOPH IV S. 85, 189, 265).

Es ist nur bedingt möglich, etwa aus unterschiedlichen Strafandrohungen[250] und Bestimmungen über die Absetzung von Ordensprälaten[251] zu rekonstruieren, welche Kräfte im Orden Benedikt XII. besonders fördern oder schonen wollte. Gerade ein Vergleich mit dem *Libellus Definitionum* von 1317 kann hier instruktiv sein. So ist erkennbar, daß 1317 den Äbten wesentlich häufiger die Absetzung angedroht wurde[252] als in der Reformbulle Benedikts XII. Bei der Frage nach der höchsten Autorität im Orden kann eine vom Orden selbst in Auftrag gegebenen Gesetzessammlung naturgemäß den Papst nur in allgemeinen Referenzbekundungen oder bei Bestimmungen einbeziehen, die über die Zuständigkeitsgrenzen des Ordens hinausgehen[253], nicht aber dessen Autorität delegieren. Die höchste

---

[250] FSS c. 13 (S. 417) regelt die Bestrafung von Visitatoren, die *absque necessitate vel utilitate* länger als drei Tage sich in einem Kloster aufhalten und dadurch zu hohe Kosten verursachen, gegen die Visitationsbestimmungen in *Parvus Fons* von 1264 verstoßen oder suspekte Geschenke annehmen: ein Abt wird für ein Jahr von seinem Platz in Chor und Kapitel suspendiert, was bei nicht-residierenden Äbten freilich kaum ins Gewicht fiel; ein Mönch dagegen wird ein Jahr unfähig, irgendein Amt zu bekleiden, und muß ein halbes Jahr lang jede *sexta feria* bei Wasser und Brot fasten. – Ähnlich ist es, falls Abt und Mönche bei der Aufteilung des Klostervermögens gemeinsame Sache machen (c. 26; S. 426 f.): dem Abt droht Absetzung, dem Mönch Kerker, u.U. sogar *carcer perpetuus*.

[251] Eine Absetzung droht einem Abt bei Formfehlern in einem Alienationsverfahren (FSS c. 4, S. 413); falls er die beim Verkauf von Ordensbesitz gewonnenen Gelder zweckentfremdet verwendet (c. 5, ebd. f.); falls er bei der jährlich zinspflichtigen Verpachtung von wenig ertragreichen Besitzständen anders verfährt als in c. 7 (S. 414) angeordnet; und nach c. 26 (S. 426 f.): s. letzte Anm. Bei der Absetzung eines Abtes darf der Visitator sogar weitere Äbte als Begleiter mitnehmen (c. 14, S. 418).

[252] Die Absetzung eines Abtes wird im LAD oft als finale Strafe nach vorangehender Suspension etc. verfügt: II 2 (ed. SEJALON S. 377): bei Verweigerung der Kontribution zur Verteidigung der Privilegien des Ordens; III 3 (S. 395): bei Gründung einer Abtei *sine consensu capituli generalis*; IV 1 (S. 398): bei einem *ingressus mulierum*; IV 2 (ebd.): bei einer Weihe von Novizen vor Ende des Noviziats; IV 4 (S. 399): bei Leistung eines anderen Gehorsamseides gegenüber dem Diözesan als hier vorgeschrieben; VI 3 (S. 408 f.): bei wiederholtem Fernbleiben vom Generalkapitel trotz Zitierung; VI 5 (S. 411): bei Störungen des Generalkapitels; VII 2 (S. 416 f.): falls Äbte Privilegien gegen den Orden erlangen oder gegen Korrekturen appellieren und ein Schisma im Orden provozieren; VII 6 (S. 422): falls sich ein Abt der Korrektur durch Visitator und Vaterabt widersetzt, was auch für *officiales* gilt, die *percussores* verteidigen; VII 7 (S. 424): falls der Abt der Hexerei verfallen ist; VIII 3 (S. 433): bei Überschuldung eines Klosters, falls keine *causa legitima* nachweisbar ist; VIII 5 (S. 435): falls ein Abt einer Vorladung in das Mutterkloster seiner Filiation nicht nachkommt; IX 1 (S. 436): bei Verwendung eines falschen Siegels oder mißbräuchlicher Verwendung eines richtigen Siegels; XII 1 (S. 454): bei Aufnahme eines ungenehmigten Darlehens über mehr als 20 l.t.; XIII 2 (S. 456): bei Verstößen gegen das Fleischkonsumverbot.

[253] LAD IX 4 (S. 439) erweist Papst und Kardinälen Ehrerbietung als den *praecipui promotores studiorum*; bei Alienationen kennt LAD VIII 4 (S. 432 f.) keine Konsultation des Papstes, sondern nur das *consilium dictae domus* sowie die Erlaubnis des Generalka-

Repräsentation des Ordens ruht nach dem *Libellus* von 1317 im Generalkapitel, dessen Autorität bisweilen delegiert wird[254] und das neben seiner
legislativen Funktion umfangreiche Kompetenzen wahrnimmt: so obliegt
ihm als höchster Devolutionsstufe die alleinige Absolution und Dispensation bei besonders schweren Delikten[255].

Benedikt XII. ging es nicht darum, Primaräbte, Äbte oder einfache
Mönche auf- oder abzuwerten. Mit dieser Politik steht er in Kontinuität zu
den Kompilatoren des *Libellus definitionum* von 1317 und nimmt innerhalb des Zisterzienserordens eine gemäßigte mittlere Position ein, weder
so reaktionär wie die Verfasser der *protestatio* von 1317 noch so innovativ

---

pitels; die Verwendung der Gelder zur Schuldentilgung kontrolliert der Vaterabt (ebd.);
nur bei der Wahl eines Mönchs zum Bischof ist nach LAD VIII 5 (S. 435) eine Mitwirkung des Papstes vorgesehen, der sich über die Genehmigungspflicht des Abtes von
Cîteaux und des Abtes des Gewählten hinwegsetzen kann; der Papst kann nach LAD VII
6 (S. 422) von der *sententia conspiratorum* dispensieren, der solche unterliegen, die gegen ihren Abt die Hand erhoben haben; LAD XII 2 (S. 454) sieht vor, daß ein Abt, der
per se vel per interpositam personam ein Darlehen aufnimmt *ipso facto auctoritate
Summi Pontificis* von allen Spiritualien und Temporalium suspendiert werden soll; LAD
X 1 (S. 441 ff.) restringiert den Zugang zur Kurie.

[254] Delegationen erfolgen: in LAD II 2 (S. 377) an die *tres primi Abbates cujuslibet
provinciae*, um die anderen Äbte zum Zahlen der Kontribution zur Verteidigung der Privilegien des Ordens gegen bischöfliche Übergriffe zu zwingen; in VI 1 (S. 416) an die
Vateräbte zur Eintreibung der Kollekte; in VII 6 (S. 422) tritt die *poena conspiratorum*
gegen „Verräter des Ordens" *auctoritate Capituli generalis* in Kraft; VIII 4 (S. 432) gibt
den Vateräbten das Recht, *auctoritate dicti Capituli* die Äbte zur Schuldentilgung zu
zwingen; IX 4 (S. 441) ermächtigt Vateräbte und Visitatoren im Namen des Generalkapitels, Äbte zur Einhaltung der Studienbestimmungen zu zwingen.

[255] LAD VII 3 (S. 418) reserviert die Absolution und Dispensation bei Simonie, Bi-
gamie, Totschlag, Fälschung von Papstbriefen und Gewaltanwendung gegen Bischof,
Abt oder einen Weltpriester, bei Verstümmelung oder Blutvergießen dem Generalkapitel
an Stelle des Abtes; das Generalkapitel als höchste Korrekturinstanz tritt nach VII 1
(S. 415) in Kraft, wenn Abt und Nachbaräbte Mißstände nicht korrigieren, d.h. sie werden dem Visitator reserviert (VII 5, S. 420), wenn der Abt trotz Ermahnung der *seniores*
säumig ist; *ad arbitrium abbatis* werden nur weniger bedeutende Vergehen bestraft (VII
7, S. 423 f.), *auctoritate propria* nur gegenüber Kriminellen (VII 6, S. 423) bzw. Untergebenen (VIII 3 S. 432), und schon bei einem *conspirator* erfolgt deren Bestrafung unter
den Argusaugen des Generalkapitels (VII 8, S. 425); die Immunität der Äbte (VI 5,
S. 411: keine Anklagen ohne Zustimmung des Abtes von Cîteaux und der vier Primaräbte) gilt nur unter Vorbehalt; zur Verfolgung von schweren Delikten kann das Generalkapitel *judices* einsetzen (VII 1, S. 414), denen eine bis zur Lösung der *querela*
terminierte Zwangsgewalt *tam in capite quam in membris* verliehen wird, die aber die
Jurisdiktion der Vateräbte nicht beeinträchtigen soll. – In besitzrechtlichen Fragen liegt
dieselbe Tendenz vor (auch hier ohne Vollständigkeit): XII 1 (S. 453) erfordert die Zustimmung des Generalkapitels bei einer Vergabe von Ländereien an Rechtskundige und
Weltliche; VII 1 (S. 415) sieht bei einer Besiegelung *nomine Capituli generalis* die
Verlesung der Urkunde vor den Definitoren vor.

wie die der Johannes XXII. vorgelegten *articuli*[256]. Insofern ist es zumindest hier in gewissem Sinne richtig, in Bendikt XII. einen Nachfolger des Jacques de Thérines zu sehen. Dies stimmt damit überein, daß in *Fulgens sicut stella* ein wesentlich konservativerer Tenor erkennbar ist als in *Summi magistri*. Die angestrebte Idealstruktur, d.h. ein System von hoher Korrektureffizienz, in dem sich hierarchische Sicherungsmechanismen mit rationaler Amtsführung verbinden sollten, war freilich bei den weißen Mönchen in höherem Maße vorgegeben als bei den Benediktinern.

Die Franziskaner: ein Sonderfall?

Die Politik eines Papstes gegenüber den Minoriten ist selten so kohärent dokumentierbar wie in Benedikts XII. Bulle *Redemptor noster*, die nahezu alle Bereiche franziskanischen Lebens anspricht. Dabei stellte sich Benedikt XII. in direkte Kontinuität zu seinen Vorgängern und ließ die Bestimmungen von *Exiit qui seminat*, *Exivi de paradiso* und *Quorundam exigit* ausdrücklich in Kraft, entfernte sich damit allerdings auch stillschweigend von Johannes' XXII. Bulle *Ad conditorem canonum*[257]. Die Armut der Franziskaner sah der Zisterzienser hier in ihrer ganz realen Bedeutung[258], ohne theologische oder ordenspolitische Überfrachtung. Es spricht

---

[256] Wie schon SM so verbietet auch FSS Appellationen gegen eine *auctoritate apostolica* verhängte Anweisung, wie etwa in c. 16 (S. 420) bei der durch die Definitoren des Generalkapitels als Strafe verfügten Verdoppelung der Kontribution für Äbte, die dem Generalkapitel fernbleiben. – In der Sache ebenso entschieden verlangte schon LAD VI 6 (S. 412) die Kerkerstrafe für solche Mönche, die sich gegen ihre Äbte auflehnen und *litteras diffamatorias* an das Generalkapitel oder die Vateräbte schicken. *Conspiratores* werden nach VII 8 (S. 425) durch Ausweisung aus dem Kloster bestraft; vgl. schon das Generalkapitel von 1189 (CANIVEZ I S. 112 f. nr. 14); ein Dispens obliegt dem Generalkapitel. Der *poena conspiratorum* soll auch ein Mönch unterworfen werden, der sich seiner Korrektur dadurch entzieht, daß er bei ordensexternen Personen um Hilfe ersucht (VIII 5, S. 434).

[257] RN c. 10 (S. 353 ff.) richtete sich in allgemeiner Form und ohne namentliche Nennung der Fraticellen gegen die Ketzerei solcher, die von der „Reinheit und Gemeinschaft des Ordens" abgefallen sind und „unter dem Anschein der Heiligkeit" von der römischen Kirche verurteilte Häresien „dogmatisieren, predigen, verteidigen und vertreten". – Vgl. die Beschlußfassung des Generalkapitels von 1282 (S. 137 nr. 16): Verpflichtung der Provinziale, solche Brüder, die *non sanas opiniones* verteidigen, an den General zu melden; ähnlich, jeweils die Provinziale zu besonderer Aufsicht ermahnend: Generalkapitel von 1285 (S. 287 nr. 14); 1316 (VI 28, S. 292 und VII 9, S. 295); 1331 (XXI 2, S. 596). – RN c. 5, nr. 1–2 (S. 340) inseriert explizit die den Habit betreffenden Bestimmungen von *Quorundam exigit* vom 7.10.1317 in einer Version, deren Vorlage nach BIHL (ebd. Anm. 6) auf die Kompilation von Perpignan (IV 3; S. 282 f.) von 1331 und nicht auf die Originalbulle oder das päpstliche Register zurückgeht. – Umfassend erklärt Benedikt in RN c. 28 nr. 3 (S. 380), daß er weder von der Regel noch den Konstitutionen und Erklärungen seiner Vorgänger derogieren möchte.

[258] RN wendet sich gegen überhöhte Ausgaben für Kranke, Gebrechliche und solche Brüder, die durch Reisen oder Verwaltungstätigkeiten erschöpft sind (c. 4 nr. 5, S. 339)

für seine mit Sensibilität verbundene praktische Veranlagung, daß er zwar ganz ähnlich wie bei den benediktinischen Verbänden die Amtsträger des Ordens zu Rechenschaft über Einnahmen und Ausgaben verpflichtete und dabei fast regelmäßig zum Sparen aufforderte[259], aber die Frage nach der Herkunft dieses Geldes unberücksichtigt bleibt[260]. Auch bei den ausführlichen Anweisungen für die Durchführung von Visitationen fällt auf, daß neben der Periodizität der Visitationen und der Zuständigkeit des Generalkapitels der Schuldenstand selbst dort kein Thema zu sein scheint, wo ein gesteigerter Visitationsbedarf den Schluß auf bedenkliche Zustände erlaubt[261]. Allein die Tradition im franziskanischen Ordensrecht zeigt[262], daß

---

bzw. für Studenten (c. 19 nr. 9, S. 355); gegen *equitaturas eorum usui applicatas ultra usum expletum, lectisternia eorum Ordini non congruentia seu alias excessiva aut argentea vel aurea vasa seu alia iocalia pretiosa teneant* (c. 12 nr. 5, S. 359; klein gesetzt sind Entsprechungen zu FSS c. 20, S. 423; vgl. aber auch *Exivi de paradiso*, COD S. 399 f. z. 43–24); gegen die unbedachte Errichtung oder Zerstörung von aufwendigen Bauten (c. 28 nr. 1, S. 380).

[259] Der Generalminister (RN c. 15 nr. 5–6, S. 362) soll sich und seinen Begleitern *excessivas expensas* verbieten und durch einen seiner *socii* dem Generalkapitel Rechenschaft ablegen; c. 19 nr. 3 (S. 365) verbietet dasselbe auch dem Provinzial; c. 22 nr. 8 (S. 369) verpflichtet den Ordensprokurator für die Zuwendungen seitens General und Provinzialen zu Rechenschaft vor dem Generalkapitel und mahnt zu *moderatas expensas*; c. 22 nr. 11 (S. 370) verpflichtet die Custoden zu jährlicher Rechenschaft vor dem Provinzialkapitel.

[260] Das Wort *pecunia* kommt in RN genau einmal vor: c. 11 nr. 17 (S. 358) bestimmt, daß das einem Bruder *pro necessitatibus* mit auf die Reise an die Kurie gegebene Geld im Fall seines dortigen Todes, sofern es den Wert von 4 fl. übersteigt und nicht vom Abt des Verstorbenen zurückgefordert wird, einem *amicus spiritualis* des Konvents, aus dem der Verstorbene stammte, zurückgeschickt werden soll; alle anderen Hinterlassenschaften sollen der Prokurator und der Guardian in einem Inventar zusammenstellen (c. 11 nr. 19, ebd.); c. 28 nr. 2 (S. 380) warnt bei der Errichtung von Bauten: *caveant diligenter ..., quod propter ipsa seu occasione ipsorum, conventus victus necessaria non amittant, nec loca ipsa debitis aggraventur, Constitutione Clementis praedecessoris nostri super hoc edita in suo robore duratura*, vgl. *Exivi de paradiso*, COD S. 398 z. 10 ff. und S. 399 z. 42 ff.

[261] RN c. 16 nr. 1 (S. 362) verpflichtet den General, innerhalb von zehn Jahren alle Provinzen seines Ordens persönlich zu visitieren, wobei er an einen vom Generalkapitel vorgegebenen *ordo* gebunden ist, der ihm verbietet, eine Provinz ein zweites Mal zu visitieren, bevor er alle anderen visitiert hat (nr. 2). Nur bei einem nicht näher präzisierten *casus arduus* (nr. 3, ebd. f.) ist eine Ausnahme möglich. Auch bei den Visitationen der Provinziale, die alle drei Jahre stattfinden sollen (c. 17 nr. 1, S. 363) und deren Befund dem Generalkapitel zu melden ist (nr. 2), fehlen konkrete Anweisungen.

[262] Schon die Konstitutionen von 1260 und 1279 kannten das Verbot, ein Darlehen (*mutuum*) aufzunehmen (III 11, ed. BIHL S. 47 u. S. 51), und verfügten eine Rechenschaftspflicht der Minister, Custoden, Prokuratoren und anderer Amtsträger *de collatis et expensis* (III 12, ebd.); genauso: *Exiit qui seminat* (X 5.12.3, FRIEDBERG II Sp. 1115), aber schon 1282 ordnete das Generalkapitel an, *mutuum* durch *debitum* zu ersetzten (ed. FUSSENEGGER S. 137 nr. 15); 1292 wurde das *mutuum*-Verbot nicht wiederholt (ed. BIHL ebd. S. 51), die Zustimmungspflicht des Provinzialkapitels für eine *obligatio onerosa*

Benedikt XII. ein durchaus vorhandenes Problem mit Schweigen überging. Ganz anders verfuhr er in *Redemptor noster* bei den für die Klarissen, das weibliche Pendant der Franziskaner, geltenden Bestimmungen[263].

Die Aufkündigung des päpstlichen *dominium* am franziskanischen Eigentum durch Johannes XXII. läßt eine direkte Mitwirkung des Heiligen Stuhls bei der Güterverwaltung des Ordens kaum erwarten[264]. *Redemptor noster* verhält sich ähnlich wie *Fulgens* oder *Summi magistri*, die eine direkte päpstliche Involvierung nur bei wichtigen Entscheidungen vorsehen. Dem korrespondiert, daß die auf besitzrechtliche Fragen Bezug nehmende Gesetzgebung des Generalkapitels zu Cahors 1337 umfassend auf die

---

(1260-1279 III 13, S. 47) in *debita onerosa* umformuliert (1292, ebd. S. 51), was auch noch 1316 (III 5, ed. CARLINI S. 280) so blieb, und die Rechenschaftspflicht auch auf Inquisitoren ausgedehnt (III 12a, ebd. S. 51). Eine Dispensation für *debitum* oder *mutuum*, die aber nur *ex causa necessaria*, d.h. etwa für Gebäude oder Bücher, durch den Provinzial erfolgen soll, sah schon Bonaventura vor (III 14, S. 47); noch die Statuten von 1316 banden eine Verpfändung nicht nur an Notwendigkeit und Nutzen, sondern auch an den *maioris partis fratrum suorum et maxime seniorum ... assensus* (III 4, S. 280); damit verbunden ist die Aufforderung (ebd.): *et in omni visitatione tam publica quam secreta minister et custodes de supradictis inquirere teneantur*; ähnlich gegen *appropriatores locorum* (ebd. III 15, S. 282). 1316 findet sich als Reaktion auf *Exivi de paradiso* eine Warnung vor „exzessiven" Gebäuden, deren Errichtung die Genehmigung des Ministers erfordert (ebd. III 9, S. 281); RN c. 28 nr. 1 (S. 380) präzisiert dies, indem eine Beratung mit dem General oder dem Provinzial sowie mit dem Guardian und den Diskreten des betroffenen Konvents vorgeschrieben wird.

[263] RN c. 29 (S. 381 f.) läßt eine weitgehende Dominanz benediktinischer Prinzipien erkennen; etwa bei der Ermittlung der maximalen Aufnahmekapazität eines Konvents aus den *obventiones* und *facultates* (nr. 4), simonistischen Aufnahmepraktiken (nr. 6), bei Gaben von Verwandten oder bei Pensionen, die dem Kloster zugeführt werden sollen (nr. 7), oder bei der jährlichen Rechenschaftspflicht der Äbtissin oder derjenigen, welche die *bona* et *obventiones* des Klosters verwaltet, vor General, Provinzial oder Visitator über Ausgaben und Einnahmen, Schulden und Außenstände sowie über den Zustand, in dem sich das Kloster befindet (nr. 10). Die Bestimmungen über ein zu Beginn der Amtszeit einer Äbtissin zu erstellendes und im Konventskapitel zu verlesendes Inventar über Immobilien, Mobilien und Vieh (nr. 11) entsprechen fast wörtlich SM c. 13 (S. 371a); bei der Auflistung des Klosterinventars fallen freilich Edelmetalle und Bargeld ebenso heraus wie die Mitwirkung öffentlicher Notare oder dunkle Geschäfte (nr. 12); einer Äbtissin, die ihren Konvent überschuldet, droht aber ebenfalls die Absetzung (nr. 13). – Die Benediktinisierung der Klarissen reicht freilich weiter zurück: die Statuten Urbans IV. von 1264 (BRT III S. 709) verherrlichen zwar im Prolog noch die güterlose Weltflucht, erneuern aber nicht die in der 1254 von Innozenz IV. erlassenen Bestätigung der Klarissen-Regel enthaltenen Eigentumsverbote (BRT III S. 574b–575a, cc. 6 und 8).

[264] Noch die Statuten von 1316 und 1325 (III 4, S. 530) sahen bei Verkauf, Vertauschung, Verpfändung o.ä. von Paramenten und liturgischen Geräten vor, *hoc nullo modo frater possit absque domini pape licentia speciali, ad quem pertinet dominium predictorum*. Schon *Exivi de paradiso* (COD S. 398 z. 27 ff.) stellte an Hand des *dominium*-Transfers bei einer Erbschaft die *dominium*-Unfähigkeit des Ordens heraus, welcher auch bei beständigen Einkünften gilt, da diese als Immobilien gelten (ebd. z. 36 ff.).

Statuten von Assisi 1316 zurückgriff und parallel zu *Redemptor noster* die Tradition aus *Exiit qui seminat* und *Exivi de paradiso* bekräftigte[265].

Man sollte diesen Befund nicht so werten, daß Benedikt XII. den Minderbrüdern mehr Selbstbestimmung gewährte als den anderen Orden. Schließlich hatte der Ordensbesitz für die Mendikanten generell nicht dieselbe Bedeutung wie für die monastischen Verbände, doch *Redemptor noster* sieht eine direkte päpstliche Mitwirkung sonst nur bei der Aburteilung von in Reservatfälle verwickelten Brüdern oder bei zweifelhaften Glaubensentscheidungen vor[266]. Dies ist *ius commune*, das dann in Kraft tritt, wenn die Zuständigkeitsgrenzen des Ordens überschritten sind. Anders als bei den Benediktinern und Zisterziensern vermeidet Benedikt bei den Minoriten nahezu vollständig eine Delegation seiner apostolischen Autorität an Ordensinstanzen. Die Mediatisierung der Ordensjurisdiktion durch die päpstliche läßt dem Orden Freiräume, innerhalb derer er wirksam Eigenkorrekturbefugnisse wahrnehmen kann[267].

---

[265] Während 1316 nur die Verlesung der auf die Armut bezogenen Kapitel mindestens einmal in zwei Monaten angeordnet wurde (III 1, S. 279), verfügte das Generalkapitel von 1337, diese viermal im Jahr und die ganze Bulle mindestens zweimal im Jahr zu verlesen (III 1, ed. BIHL 1337-1357 S. 131). Auch die Bestimmungen von 1316 (III 2–7 und 11, S. 279) zu Gelddepots der Brüder bei Verwandten oder Bekannten, zu eigenen Schulden eines Bruders oder solchen in anderer Namen, zu Verpfändungen von Klosterbesitz, Schulden des Klosters, Edelmetall- oder Schmuckeinlagen im Kloster, zur Rechenschaftspflicht von Amtsträgern für Ausgaben und Einnahmen sowie das Verbot eines als beständiger Almose getarnten Einkommens einzelner Brüder kehren 1337 (ebd. III 2–9; S. 132 f.) wieder.

[266] RN c. 23 nr. 5 (S. 371) erfordert, daß die als Beichtväter vorgesehenen Brüder hinreichend über die Fälle informiert sind, deren Absolution Papst oder Bischof vorbehalten ist (X 5.39.1), sowie den Strafen bei Übertretung (Clem. 5.7.1); traditionell obliegt die Ahndung von Reservatfällen (*lapsus carnis, inobedientia, receptio pecunie, furtum, iniectio manuum violenta*) dem Provinzial, vgl. Const. 1310 VII 1 S. 435, Const. 1316 ebd. S. 294; RN c. 10 nr. 1 (S. 353) verweist auf *iuridicas sanctiones* zur Bestrafung der Häretiker (vgl. C. 24 qq. 1–3; X 5.7.1–6; VI 5.2.1–20, vgl. BIHL, ebd. Anm. 2); c. 10 nr. 7 (S. 354) bestimmt, daß in einer *fidei quaestio seu dubitatio* die Entscheidung des römischen Stuhles abzuwarten ist. – Der päpstliche Stuhl wird noch bei dem möglichen Privileg, Personen außerhalb des Ordens Geschenke zu machen (c. 7 nr. 2, S. 345) und bei betrügerischen Promotionen (c. 9 nr. 13, S. 348) peripher erwähnt; *in virtute sancte obedientie* schärft der Papst bei der Studentenauswahl den hierfür zuständigen Amtsträgern ein, daß Fähige den Unfähigen vorgezogen werden (c. 9 nr. 23, S. 350). – Nur bei den Klarissen ist der Zugriff intensiver: so ist *nisi de apostolica Sedis auctoritate seu licentia speciali* ein Überschreiten der maximalen Aufnahmekapazität der Klöster möglich (c. 29 nr. 3, S. 381); auch das Betreten eines Nonnenkonvents durch Geistliche oder Weltliche erfordert eine *licentia specialis* des Papstes (c. 29 nr. 17, S. 384).

[267] RN c. 14 nr. 2 (S. 361) verpflichtet General, Provinziale und alle anderen Amtsträger zu Beginn ihrer Amtszeit einen Eid abzulegen, daß sie bei allen hoheitlichen Aufgaben (*in correctionibus iudicialibus gravium criminum, et in provisionibus, promotionibus, confirmationibus, destitutionibus et repulsionibus faciendis de personis dicti or-*

Mit der auch hier durch Eide und interne Kontrollen gezügelten Willkür der Prälaten kann Benedikt noch deutlicher als in *Fulgens* einen verfassungsmäßigen *Status-quo* vereinbaren, da die provinziale Idealstruktur bei den Franziskanern in größerem Maße vorgegeben war, als bei den monastischen Verbänden. Benedikt fügte dem franziskanischen Ordensrecht Maßnahmen zur ordensinternen Devolution bei Wahl- und Entscheidungsvorgängen ein, die den Stellenwert der hierarchischen Komponente in seinem Reformkonzept unterstreichen[268]. Auch hierdurch läßt er trotz der umfangreichen Anordnungen von *Redemptor noster* zur Bestellung der Lehrkräfte und Auswahl der Studenten des Ordens erkennen[269], daß gerade

---

dinis) gemäß Gott, der Regel und ihrem Gewissen verfahren; c. 25 nr. 1 (S. 373) erfordert von dem General oder Provinzial *super iudiciale correctione gravium criminum* den Rat von zehn oder mindestens sechs Diskreten, deren Mehrheitsentscheidung bindend ist; auch die in c. 26 nr. 1 (S. 374) vorgeschriebene Registrierung der *excessus enormes fratrum* in einem *Liber Ordinis* (Vorstufen: Const. 1316, VII 34, S. 300; ausführlicher: Const. 1325 VII 37, S. 534; wesentlich ausführlicher zur *correctio fratrum*, aber nicht als direkte Vorlage für RN anzusprechen: Const. 1331 XVIII, S. 583–594) soll die Strafgewalt der Ordensleitung rationalisieren: geheime Denunziationen sind ungültig (nr. 3), außer wenn Zeugen vorhanden sind (nr. 4); eine geheime Ermahnung des Denunzierten (nr. 5) soll seiner Zitation innerhalb von zwei Jahren vorangehen (nr. 7); falls die Anschuldigungen unhaltbar sind, erfolgt eine *purgatio* (nr. 12); der Gesamtvorgang soll in den gen. *Libri* festgehalten werden, die nur mit Erlaubnis des Generals verbrannt werden dürfen.

[268] RN c. 16 nr. 18 (S. 377): bei einer *turbatio et divisio inter fratres*, die der Provinzial nicht schlichten kann, devolviert die Entscheidung an den General, der die betroffene Provinz selbst oder durch einen Visitator visitieren und die Schuldigen *de consilio discretorum* aus ihren Ämtern entfernen bzw. der Provinz verweisen soll; c. 20 nr. 9 (S. 367) bestimmt in Ergänzung von *Exivi*, daß bei der Wahl der Guardiane und Kustoden im Fall der Wahl eines Unwürdigen in vierter Instanz die Entscheidung an den Provinzial devolviert; c. 25, das die Heranziehung der Brüder zum Rat behandelt, normiert in nr. 3 (S. 373) für den Fall, daß bei einer Mehrheitsentscheidung der Mehrheitswille dem Gewissen des *praesidens* widerspricht, eine Konsultation des Oberen bzw. je nach Stellenwert der Angelegenheit, eine Entscheidung durch Provinzial- oder Generalkapitel.

[269] RN c. 9 (S. 346–353); vgl. SCHMITT, Pape réformateur S. 22 f. Anders als in FSS und SM geht RN nur sekundär auf das Studienwesen der einfachen Mönche ein (RN c. 9 nr. 25–29, S. 351 zur Auswahl der Studenten durch das Provinzialkapitel mit Erlaubnis des Generals nach Festlegung ihrer Anzahl durch das Generalkapitel; c. 1 nr. 4, S. 335 zum Chordispens; c. 9 nr. 37, S. 353 zur Kostenbegrenzung), sondern regelt primär die Auswahl der Lektoren in einem komplizierten Verfahren (nr. 4–12), für das Einzelbestimmungen des Generalkapitels von 1316 (VI 13–15, S. 290), wo der General die Auswahl der für die Sentenzenvorlesung bestimmten Brüder vorzunehmen hatte, zugunsten der kollegialen Organe modifiziert werden. Für den Fall, daß die Wünsche von General und Kapitel divergieren, sind devolutionsrechtliche Schritte vorgesehen, die formal FSS und SM vergleichbar sind: der *sentenciarius* für Paris soll nach c. 9 nr. 1–4 im dreijährigen Turnus aus der Francia (durch das Provinzialkapitel), und aus cismontanen und transmontanen Gebieten (durch das Generalkapitel) ausgewählt werden (vgl. zur dieser letzten innovativen Bestimmung, die ohne Vorbilder bei den Zisterziensern oder Franziskanern ist, der Beschluß des Generalkapitels der Augustinereremiten von Turin 1321,

bei den Minoriten Ordensreform eine primär institutionell definierte Aufgabe ist. Dieses Mißtrauen Benedikts XII. gegenüber den Franziskanern mag seine Wurzeln darin haben, daß der theoretische Armutsstreit und der Visio-Streit überdeutlich gezeigt hatten, wie wenig auf die Loyalität des Ordens Verlaß war[270].

Die bereits in einem vorangehenden Kapitel entwickelte Relation zwischen der institutionellen Definition eines Ordens unter Ausscheidung eines materiellen Substrats und seinem korporativ-personalrechtlichen Einheitsverständnis kehrt bei Benedikt insofern in abgewandelter Form wieder, als er gleich in den ersten Kapiteln von *Redemptor noster* die *unanimitas* des Ordens in Liturgie und Schweigegebot der Brüder zu fassen versucht[271]. In den folgenden Kapiteln macht Benedikt die bei den Franziskanern stets mit einer besonderen Sensibilität zu behandelnde Frage des

---

AAug III S. 246); für Oxford und Cambridge bestimmt das Provinzialkapitel über zwei und das Generalkapitel über einen *sentenciarius* (nr. 2–3); falls der General gegen den Nominierten *aliquod grave* vorzubringen hat (nr. 5), erfolgt eine Anhörung des Nominierten im Generalkapitel vor fünf Provinzialen und fünf Definitoren, die über die Ablehnung entscheiden (nr. 6) oder sich über die Bedenken den Generals hinwegsetzen können (nr. 8); ähnlich wird bei der Neuauswahl im Fall des Todes eines Designierten verfahren (nr. 9).

[270] Es entspricht Benedikts Mißtrauen gegenüber jedem unbeaufsichtigten Zugang zum Glauben, wenn RN c. 9 nr. 23 (S. 390 f.) vor den *dicta philosophorum* beim Lesen der Theologie warnt und die in den Statuten von 1331 (IX 11,2 S. 415) noch damit verbundene Empfehlung der *dicta* des Alexander von Hales herausfällt; nach RN c. 9 nr. 24 sollen die Magistri der Theologie, die den Text der Bibel lesen, auf die *dubia que fiunt iuxta ipsum* insistieren, schwört sie aber auch auf die *dicta* der Heiligen und die *Glosa ordinaria* zur Heiligen Schrift ein; die in nr. 34 (S. 352) verordnete Überprüfung jedes neuen theologischen, juristischen oder philosophischen Werkes (vgl. Const. 1331 XXI 5, S. 597, dort mit der Herkunftsangabe *ex registro generalis ministri*, so daß es sich auch hier um einen konkreten Vorschlag von Guiral Ot handeln könnte) erweitert Benedikt durch die Eintragung des Vorgangs in den *Liber ordinis* (nr. 35).

[271] RN c. 1 nr. 1 f. und 5 (S. 334 f.) bestätigt *auctoritate apostolica* fast wörtlich Bestimmungen über das Verhalten der Brüder während der Liturgie, die das Generalkapitel von 1331 (V 5, S. 285) neu erlassen hatte. Die einzige Innovation des Kapitels sieht SCHMITT, Pape réformateur S. 10, in der Bestimmung (nr. 7), daß Kranke und *lectores actu legentes* von der Matutin befreit sind. – Auch c. 2 über das Schweigen folgt den Statuten von Perpignan (XIV 1 f., S. 416), die hier auf die von Narbonne 1260 (IV 10, ed. BIHL S. 56) und ihre Ergänzungen aus Paris 1292 (IV 11, S. 60 in RN c. 2 nr. 3) oder Assisi 1316 (IV 10, S. 284 in RN c. 2 nr. 6) zurückgreifen. Man könnte hier freilich auch auf die hinter der franziskanischen Tradition seit Bonaventura stehende Bedeutung der benediktinischen *taciturnitas* als der *clavis religionis* (vgl. Aygler, ed. CAPLET S. 124; Bohier, ed. ALLODI S. 220, zu RSB 6,1; Generalkapitel von Cluny 1319, CHARVIN II S. 454) hinweisen, die es im ursprünglichen Franziskanertum nicht gab; auch das zisterziensische Generalkapitel schärfte wiederholt diese monastische Tugend ein (1222, 1279, 1300, 1333; CANIVEZ II S. 20; III S. 189 f., S. 300, S. 403; vgl. LAD VII 5, S. 420), die aber in FSS keine Rolle spielt.

Habits[272] im Sinne eines einheitlichen Erscheinungsbildes aller Amtsträger und Brüder zum Thema[273].

Der sich hier artikulierende Ordensbegriff sieht den Orden nicht als rechtlich verfaßten Körper, sondern als Summe seiner gleichförmigen Mönche. Dispensationen sind möglich, wenn auch nur im Fall von Krankheit, für Novizen oder bei besonderen Anstrengungen, wie im Studium[274].

---

[272] Die für die Spiritualen geradezu auf ein Frage nach den letzten Dingen hinauslaufende Kuttensymbolik (vgl. als Bsp. Ubertino da Casale, *Arbor vitae* V 5, S. 448a–449b zur „deformierten" Kutte des Elias von Cortona; Alvarus Pelagius, DSPE II 14, fol. 116va allg. und II 76, fol. 248va zu der an der Kleidung erkennbaren *superbia* der Cluniazenser; *Speculum perfectionis* II 15, ed. SABATIER S. 33; vielfältige Beweise für die Richtigkeit der spiritualen Kleidung [vgl. die Schilderung bei Angelo da Clareno, *Historia septem tribulationum*, ALKG II S. 256; vgl. auch seine *Apologia*, nr. 42, 77, 106, ed. DOUCET S. 108 f., 126, 142] bietet der *Decalogus evangelicae paupertatis*: I 1 ed. BIHL S. 330, II 2 S. 332, III 4 S. 335, IV 1 S. 337, VII 1 S. 345, in VIII 4 S. 352 f. sogar unter Berufung auf *Exivi*) wurde freilich auch zurückhaltender bewertet: vgl. den Weltkleriker Konrad von Megenberg, *Monastica* II 3,23 (ed. KRÜGER S. 208), der die *humilitas habitus* von der *humilitas mentis* frei nach Seneca, *De beneficiis* III 18,2 trennte. Jacques Fournier äußerte sich in PMt 5,18, fol. 146vb im Sinne der *Apologia* Bernhards von Clairvaux, d.h. ablehnend gegenüber aufwendiger und überheblicher Kleidung.

[273] RN c. 4 nr. 4 (S. 339) ordnet an, daß Minister, Kustoden, Guardiane und ihre Stellvertreter zusammen mit den übrigen Brüdern leben und *in cibis, vestibus et lectis* sich ihnen angleichen sollen (vgl. schon etwas kürzer in: Const. 1316, IX 30, S. 517); bes. c. 5 (S. 340 ff.) erhellt dieses Verständnis der *vita communis* im Anschluß an die Einschärfung der Kleidungsordnung mit *Quorundam exigit*.

[274] RN c. 1 nr. 6 (S. 335) dispensiert vom Chorgebet Kranke und sehr Alte nach Ermessen des Guardianus sowie Magistri, Bakkalare, Lektoren und Studenten der Theologie, *dum in lectionibus theologiae vel disputationibus ordinariis fuerint occupati*, vgl. schon Const. 1331 V 4, S. 285, dort aus der *Compilatio antiqua*, d.h. den Statuten von 1260; den Dispens für Magistri etc. hatte die *Compilatio Lugdunensis* von 1325 (IV 12, S. 531) eingeführt. Der Dispens für Lektoren von den Matutin (c. 1 nr. 7 ebd.) war eine Innovation; der Hinweis von BIHL (ebd. Anm. 5) auf SM c. 27 ist nicht hierauf beziehbar. Neben General und Provinzial sind allein die Magistri der Theologie befugt, einen Diener zu haben (c. 7 nr. 1, S. 345), auch hier hilft der Hinweis von BIHL (ebd. Anm. 11) auf FSS c. 16 (BRT IV = ed. CANIVEZ c. 14, S. 418), SM c. 20 (S. 375a–376a) und AD cc. 35–37 (S. 444b–445b) kaum weiter. – Novizen erhalten Ausgang aus dem Kloster nur bei einer *causa rationabilis*, über die Beichtväter und Prediger des Konvents zu befinden haben (c. 3 nr. 3, S. 337). – Eine begrenzte Dispensation von der *vita communis* gibt es bei Krankheit, Schwäche und *labor itineris seu administrationis* (c. 3 nr. 5, S. 339); eine Dispensation von dem durch die Regel vorgeschriebenen Verbot zu reiten (vgl. RB c. 3; Const. 1316 II 17, S. 288) ist nach Ermessen des Ministers, Kustos oder bei deren Abwesenheit durch den Guardian *de consilio discretorum* auch nachträglich (c. 6 nr. 9–12, S. 343 f.) möglich. – Magistri der Theologie, *etiam non legentes*, dürfen wie sonst nur *fratres emeritae senectutis* mit Erlaubnis des General oder Provinzial eine vom Dormitorium abgetrennte Zelle bewohnen, in der sie aber nicht speisen dürfen (c. 27 nr. 3, S. 378 f.): vgl. das generelle Verbot von 1260-1279-1292 (IV 16, S. 57 u.

Dispensierende Instanz ist jeweils ein Kapitel oder ein von diesem gewählter Amtsträger, d.h. letztlich Organe des Ordens, denen auch die Absetzung unzulänglicher Amtsinhaber und die Besetzung untergeordneter
Stellen obliegt[275]. Der Stellenwert des Generalkapitels in *Redemptor noster*[276] als zentraler Reforminstanz ist freilich keineswegs eine Erfindung
Benedikts XII., und zumindest formal entspricht es seinem Pendant in
Fulgens[277] oder dem Provinzialkapitel in *Summi magistri*. Doch gerade
diese immer auf dieselben Grundsätze abzielende Politik besagt über Nähe
und Ferne der Orden zu- oder voneinander mehr als eine positivistische
Darstellung vergleichbarer Entwicklungen wie etwa im Studienwesen, bei
den Einzelzellen oder der Novizenaufnahme.

Die Bihlsche Ausgabe von *Redemptor noster* verzeichnet eine Vielzahl
von Stellen, an denen sich die Reformbullen Benedikts zumindest sachlich

---

S. 60) und 1316 (IV 11, S. 284), *Ministris exceptis et lectoribus in generalibus studiis
constitutis*.

[275] RN c. 1 nr. 5 (S. 335) ermächtigt General oder Provinzial, solche Kustoden und
Guardiane, die notorisch ihre Pflichten im Bereich der liturgischen Observanz mißach-
ten, nach den in RN gegebenen Grundsätzen (c. 26 nr. 22 S. 378: Absetzung bei Mißachtung der päpstlichen *Ordinationes et Statuta* oder der *statuta regularia dicti Ordinis*)
zu strafen; c. 17 nr. 1 (S. 363) bedroht Provinziale, die ihre Provinzen nicht jährlich (bei
kleinen Provinzen) oder alle drei Jahre (bei großen Provinzen) visitieren, mit Absetzung,
die nach c. 18 nr. 2–4 (S. 364) durch den General oder den dazu bestellten Visitator mit
mehrheitlicher Zustimmung des Provinzialkapitels erfolgt. Die Vorgaben von *Exiit* ergänzt c. 18 nr. 4–6 (ebd. f.) für eine Absetzung außerhalb des Kapitels, die durch den
General etc. *cum consilio et assensu duodecim proborum et discretorum fratrum vel
maioris partis numero eorundem* sowie der Kustoden der betroffenen Provinz erfolgen
soll. – RN c. 22 nr. 2–3 (S. 369) regelt die Absetzung eines Prokurators durch den General *de maturo bonorum et discretorum fratrum dicti Ordinis*, nachdem im Generalkapitel
die Minister und Definitoren um Rat gefragt wurden; c. 29 nr. 9 (S. 382) bedroht General und Provinziale mit einer nur durch den Papst aufhebbaren Exkommunikation und
mit Absetzung, falls sie simonistische Aufnahmepraktiken bei den Klarissen dulden; einer Äbtissin, die die Güter ihres Klosters verschleudert, droht ebenfalls Absetzung (ebd.
nr. 13, S. 383).

[276] RN knüpft an der Stellung des Generalkapitels als der zentralen Korrekturinstanz
des Ordens an, indem sie anordnet, daß das Generalkapitel Visitationsberichte entgegen-
nimmt (c. 6 nr. 8, S. 343), geeignete Lehrkräfte für die Ordensstudien auswählt (c. 9
nrs. 1–5, 11, 28, S. 346 ff., 351), die zur Publikation bestimmten Schriften der Brüder
prüft (c. 9 nrs. 34–36, S. 352), häretische Brüder bestraft (c. 10 nr. 6, S. 354), die Ausgaben des Generals (c. 15 nr. 6, S. 362) und seine Visitationen (c. 16 nr. 2 f., ebd.; c. 17
nr. 2, ebd.) kontrolliert sowie Rechenschaft von ihm verlangt (c. 22 nr. 8, S. 369) und
die Wahl des Ordensprokurators betreibt (c. 22 nr. 1–3, S. 369).

[277] FSS unterstreicht den Stellenwert des Generalkapitels als zentraler Reform-
institution (c. 16, S. 419): *Quia vero ideo sunt huiusmodi generalia Capitula instituta, ut
in eis de statu monasteriorum et aliorum locorum regularium, ac de reformatione Ordinis et observantia regulari tractatus debeat diligens adhiberi.*

berühren[278]. Trotzdem kann man nicht von einer Benediktinisierung der Franziskaner sprechen, denn eindeutig dominieren die in allen Teilen der Bulle präsenten Verfassungsorgane der Franziskaner wie der vielfältig in seiner Handlungsfreiheit eingeschränkte Ordensgeneral[279], die vielfach zu konsultierenden, aber dem General zu Gehorsam verpflichteten Provinziale[280], die im Bereich der lokalen Observanz wichtige Kontrollrechte

---

[278] BIHL sieht Übereinstimmungen zwischen RN und SM bzw. FSS im Bereich der Liturgie (RN c. 1 nr. 3 und nr. 7 zu SM c. 27), bei der Fleischabstinenz (RN c. 4 nr. 1 zu FSS c. 22 und SM c. 26), bei der Vermeidung unnötiger Aufenthalte außerhalb des Klosters (RN c. 6 nr. 1 zu SM c. 24), bei der Wichtigkeit des Bibelstudiums (RN c. 9 nr. 15 zu FSS c. 34 und SM c. 8), bei den Stipendien für Lehrkräfte (RN c. 9 nr. 8 zu SM c. 8 und FSS c. 34), bei den Inventaren für Bücher (RN c. 11 nr. 12 zu den allg. Bestimmungen in SM c. 12, vgl. C. 12 q. 2 c. 45), beim Verbot von Luxusgegenständen (RN c. 12 nr. 5 aus FSS c. 20), bei den Eiden (RN c. 14 zu SM cc. 4, 7, 8, 11 und FSS cc. 2, 10, 17, 35), bei den Konventskapiteln (RN c. 5 nr. 19 zu SM c. 5), bei den Klarissen (RN c. 29 nr. 11, 23 u.ö. zu SM c. 13, 26), bei der Promulgation (RN c. 30 zu FSS c. 42 und SM c. 38 f.; wörtlich wdh. in AD § 64). – Graduelle Unterschiede registriert BIHL bei der Bestrafung des *vitium equitandi* (RN c. 6 nr. 12 gegen SM c. 2, 3, 20), der Dispensation vom Recht auf einen Diener (RN c. 8 nr. 1 gegen SM c. 20 und FSS c. 14), bei der Studienorganisation (RN c. 9 nr. 10 gegen FSS c. 32 und SM c. 7), bei den Visitationen (RN c. 16 gegen FSS c. 13 und SM c. 2), bei den *evectiones* der Äbte (RN c. 19 nr. 5 gegen FSS c. 14), bei den Einzelzellen (RN c. 27 nr. 3 gegen FSS c. 23 und SM c. 26). – Die Übereinstimmungen sind nur selten wörtlich und indizieren mehr den gemeinsamen Entstehungsort der Statuten in der päpstlichen Kanzlei als einen konkreten politischen Willen.

[279] Neben dem schon erwähnten Eid (RN c. 14 nr. 2, S. 361), der dem episkopalen Eid gegenüber dem Papst (X 2.24.4) wörtlich folgt, aber gerade den die Verteidigung des Papsttums regelnden Passus (*Papatum Romanae ecclesiae et regulas sanctorum Patrum adiutor ero ad defendendum et retinendum, salvo ordine meo, contra omnes homines*) herausfallen läßt und bei den Franziskanern kein Vorbild hat (vgl. aber LAD IV 4, S. 399 nach X 5.3.43), wird der General durch ein *consilium*, meist der Provinziale, gezügelt bzw. wie im Studienwesen (s.o.) partiell dominiert: bei der Auswahl seiner beiden *socii* (c. 15 nr. 1, S. 362) bzw. des Ersatzmannes für den Fall des Todes eines der beiden (nr. 2) ist die Zustimmung der Provinziale nötig; bei der Auswahl der Prediger und Beichtväter (c. 23 nr. 3, S. 371) die Zustimmung der Kustoden (nr. 4), bei der Entsendung von Missionaren ist der General an die Zustimmung der Provinziale (nr. 1), die die Designierten auf ihre Eignung prüfen sollen (nr. 2), ebenso gebunden wie ein Provinzial, der Missionare entsenden will, an die des Generals (nr. 5). Der General genehmigt Einzelzellen für Magistri der Theologie *de licentia ministrorum* (c. 27 nr. 3, S. 378) und berät mit anderen Amtsträgern über Bauten (c. 28 nr. 1, S. 380). Bei der Absetzung eines Provinzial ist er an die mehrheitliche Zustimmung von 12 redlichen und urteilsfähigen Brüdern und der Kustoden der betroffenen Provinz gebunden (c. 18 nr. 6, S. 364 f.), kann aber alleine die Resignation eines Provinzials außerhalb des Kapitels entgegennehmen (nr. 7); auch bei der Absetzung des Ordensprokurators ist er an das Generalkapitel gebunden (c. 22 nr. 3, S. 369).

[280] Der Provinzial bestimmt *de diffinitorum consilio* die Konvente, in denen alle Novizen einer Provinz zusammengefaßt werden (RN c. 3 nr. 1, S. 336), sowie den Novizenmeister (nr. 2, vgl. schon Const. 1331 III 6, S. 280) und einen bisher im Orden zwar

wahrnehmenden Guardiane[281] und die hierarchisch miteinander verbundenen General- und Provinzialkapitel[282]. Man kann daran kaum die Absicht

---

üblichen, aber in den Kodifikationen nicht erwähnten *magister* (vgl. ebd. S. 338
Anm. 2), der die unter 25-jährigen Mönche betreuen soll; bei dessen Substituierung außerhalb des Kapitels muß der Provinzial *de discretorum fratrum consilio* vorgehen
(nr. 8); auch bei der Verteilung der Bücher von verstorbenen Brüdern aus dem Besitz der
Provinz (c. 11 nrs. 8–9, S. 356 f.) handelt der Provinzial *de consilio et assensu diffinitorum et custodum* (vgl. Const. 1316 VI 35, S. 294); ebenso bei der Auswahl seines *socius*
(c. 19 nr. 1, S. 365: *de consilio provincialis capituli*) oder dessen Ersatzmann (ebd. *de
consilio discretorum*). Auch die Ernennung von Predigern und Beichtvätern durch den
Provinzial muß im Provinzialkapitel erfolgen (c. 23 nr. 1, S. 370), das über *vita et suffi-
cientia* der vorgesehenen Brüder zu befinden hat (nr. 2). – Alleine handelt der Provinzial
bei der Unterbindung von *discursus inutiles* (c. 6 nr. 7, S. 343), er wird im Fall von
Nachlässigkeit durch General und Generalkapitel korrigiert (erg. zu Const. 1331 VII 2,1
S. 289), bei Verstößen gegen die Ordnung des Reitens durch den Visitator (nr. 12,
S. 344). General oder Provinzial schätzen die Kosten für das Studium (c. 10 nr. 9,
S. 355), die dann, sofern der Konvent überfordert ist, nach Ermessen von General oder
Provinzial auf Kustodien oder Provinzen umgelegt werden (nr. 10). Eidlich schwören die
Provinziale in dem Provinzialkapitel, auf dem sie gewählt wurden, dem General und sei-
nen kanonisch bestellten Nachfolgern *subiectionem et obedientiam ... secundum Regulam B. Francisci...* (c. 14 nr. 3, S. 361), freilich nur *quamdiu in obedientia et unitate
sancte Romanae Ecclesiae fuerint*; damit würde ein schismatischer General wie Michael
von Cesena automatisch den Gehorsamsanspruch verwirken.

[281] Die nicht mehr vom Provinzial ernannten (wie in Const. 1316 IX 14, S. 515 und
Const. 1331 XV 6, S. 577), sondern vom Konvent gewählten (c. 20 nr. 1, S. 365; c. 14
nr. 6, S. 361 verpflichtet ihre Wähler auf Gott und ihr Gewissen und nr. 7 sie selber auf
Gewissenhaftigkeit), aber vom Provinzial bestätigten (c. 20 nr. 8, S. 366) Guardiane entscheiden über die Befreiung Kranker vom Chorgebet (c. 1 nr. 6, S. 335); bestimmen in
Vertretung des Novizenmeisters einen Bruder zur Überwachung der Novizen, die mit einer *persona saecularis* sprechen (c. 3 nr. 4, S. 337); unterwerfen junge Mönche der Disziplin (nr. 7, S. 338); dürfen keinen austrittswilligen Novizen zurückhalten (nr. 5 ebd.);
überwachen die Disziplin und die Fleischabstinenz im Refektorium (c. 4 nr. 1, S. 339)
bzw. das *silentium* dort, wo die Kranken speisen (nr. 5), sowie die Verwertung der Almosen (nr. 6) und erteilen die Erlaubnis, außerhalb der *communitas* zu speisen; sie kontrollieren die Kleidungsordnung gemäß *Quorundam exigit* (c. 5 nrs. 2–3, S. 340) und
verfügen die Entfernung überflüssiger Kleidungsteile (nr. 7 S. 342); sie erteilen bei Abwesenheit von Minister und Kustos die Erlaubnis zum Reiten (c. 6 nr. 9, S. 343 f.); sie
erstellen an Stelle des Provinzial die *collatio* über *vita et sufficientia* der Magister-
Anwärter (c. 9 nr. 16, S. 349); beraten nebst Provinzial und zwölf Brüdern den General
bei der Präsentation der Bakkalare zum Magisterium (nr. 18, ebd.); der Guardian des
Studienhauses vertritt den Provinzial bei der Heimschickung von *turbatores* (nr. 27) und
erstellt die *litterae testimoniales* für die Heimkehr vom Studium (nr. 30–32, S. 351 f.);
die Guardiane sind verantwortlich für die Verteilung der überzähligen Bücher (c. 11
nr. 6, S. 356) und erstellen zu Beginn ihrer Amtszeit ein Bücher-Inventar (nr. 12), in
dem auch Neuzugänge festzuhalten sind (nr. 13); sie inventarisieren zusammen mit dem
Prokurator den Nachlaß von an der Kurie verstorbenen Brüdern (nr. 18 f., S. 358); ihnen
müssen die Brüder Geschenke oder Gaben anzeigen (c. 12 nr. 1, ebd.); sie entscheiden
über die Bücherzuwendungen an studierwillige Brüder (nr. 2) und sind zuständig für ein
Verzeichnis, in dem die Wohltäter des Ordens und dessen Gegenleistungen aufgeschrie-

des Papstes erkennen, die Minderbrüder zisterziensischen Prinzipien zu unterwerfen. Gerade im Vergleich mit den Statuten des Guiral Ot von 1331, die in der Benediktinisierung der Franziskaner wesentlich weiter gingen und sogar eine schriftliche Profeß vorsahen[283], zeigt sich Benedikt XII. sehr zurückhaltend. Wenn er verfügte, das Konventskapitel solle nicht nur einmal, sondern mindestens dreimal in der Woche tagen, so erging diese Maßnahme *pro puritatis augmento*[284], nicht aber *secundum morem cisterciensem*.

Eine Analyse aller Einzelbestimmungen von *Redemptor noster* würde auch hier den Rahmen sprengen, so daß wir uns auf einige wenige Aspekte beschränken mußten. Flankierende Maßnahmen gegen die autonome Ordensjurisdiktion waren bei den Franziskanern inopportun, da deren Generalkapitelsstatuten einen höheren Verbindlichkeitsgrad hatten als die häufig gegen einzelne Mißstände im Orden gerichteten Beschlüsse der Zister-

---

ben werden (c. 13 nr. 1–2, S. 360); sie erteilen den Zutritt zu den Kranken (nr. 27 nr. 7, S. 379) und beraten mit bei der Errichtung von Bauten (c. 28 nr. 1, S. 380). – Rechenschaftspflichtig sind die Guardiane vor den Kustoden und ihrem Konvent (c. 22 nr. 12, S. 370), auch öfters als RN vorsieht, sofern es lokale Bestimmungen so wollen (nr. 13); in Paris auch gegenüber fünf ausgewählten Studenten (*assistentes*).

[282] RN c. 21 nr. 1 (S. 367) bestimmt im traditionellen Sinne, daß nur auf dem Generalkapitel vorgelegt werden darf, was vorher auf den Provinzialkapiteln diskutiert wurde (vgl. Const. 1316 X 20, S. 520 f.; Const. 1331 XIV 8, S. 429, dort nach der *Compilatio antiqua*, Const. 1260-1279-1292 X 24, ed. BIHL S. 304 u. S. 308); genauso ist es bei einer *inquisitio seu visitatio* (nr. 4, ebd. f. Const. 1316 X 9 S. 519 und Const. 1331 XV 14 S. 580 f., dort nach Const. 1260-1279-1292 X 7, S. 302 und S. 306), die auf dem Provinzialkapitel nur behandelt werden darf, wenn sie vorher im Konvent diskutiert, geprüft, von der Mehrheit der Brüder approbiert und in deren Gegenwart mit dem *sigillum loci* beglaubigt wurde. Vorangehen soll in beiden Fällen eine genaue Prüfung des Sachverhalts (nr. 5); bei Inquisitionen legt Benedikt Wert darauf, daß die Namen aller Beteiligten und nicht nur die *conclusiones attestationum* festgehalten werden, womit er sich gegen die für Mißbrauch anfälligen Bestimmungen von 1316 (VIII 14, S. 510) und 1331 (XVIII 12, S. 586 nach Const. 1260-1279-1292 VIII 14–16 S. 286 u. S. 289) wendet; es ist nicht nötig, hierfür abermals auf seine inquisitorialen Erfahrungen (Waleys etc.) zu verweisen, auf deren Grundlage er hier gegen ordensinterne Denunziationen vorgehen wollte (nr. 7 wendet sich gegen Falschaussagende, nr. 9 droht mit Exkommunikation), wenn auch diese biographische Komponente vielleicht wichtiger ist als der Hinweis von BIHL (RN S. 368 Anm. 4) auf C. 2 q. 8 und X 5.1.24.

[283] Die Einführung des Noviziats bei den Franziskanern schon in der Frühzeit des Ordens (*Regula prima*, ed. BOEHMER S. 2) gilt gemeinhin als ein Zeichen der Anpassung an das traditionelle Mönchtum, vgl. BERG, Armut und Wissenschaft S. 49; vgl. allg. OLIGER, De pueris oblatis S. 391–398. Die Statuten von 1331 (III 7–9, S. 280 f.) folgen RSB c. 58, freilich nicht exakt; Unterschiede betreffen die Aufnahmeformeln und die bei Guiral Ot fehlende Aufnahme der auf dem Altar niedergelegten Urkunde durch den Abt. RN c. 3 thematisiert die Aufnahme nicht explizit, doch das Generalkapitel von 1337 greift auf die Bestimmungen von 1316 (I 8, S. 278; vgl. schon Const. 1260-1279-1292 I 11, S. 40 ff.) zurück.

[284] RN c. 26 nr. 19 (S. 377).

zienser und Cluniazenser und damit kodifiziertes Ordensrecht darstellten, vergleichbar etwa dem *Libellus definitionum* der Zisterzienser. Benedikt XII. war auf das franziskanische Generalkapitel zur Promulgation seiner Statuten angewiesen, die zusammen mit der Verabschiedung einer neuen Statutensammlung, der von Cahors 1337, erfolgte[285]. Die Informationen über das Generalkapitel zu Assisi 1340 sind zu spärlich, um ein fundiertes Urteil zu erlauben, aber vielleicht ist auch dieser Befund an sich schon aufschlußreich[286]. Insofern verdient auch die Nachricht, in Assisi sei das Ordensrecht einer neuen Redaktion unterworfen worden, ein gewisses Mißtrauen[287].

Der politische Anspruch eines jurisdiktionell definierten Papsttums erweist sich im Bereich der Ordensreform als normierender Zugriff, der dazu dient, einen Orden in einen stabilen Zustand zu bringen, in dem seine Jurisdiktion mediatisiert, aber gleichzeitig intern intensiviert wird. Testament und Regel des Franziskus waren Benedikt XII. weitgehend gleichgültig; ja er meinte sogar, deren normative Aktivierung würde bedeuten, einen fünften Bettelorden zu schaffen[288]. Vor dem Papst wurden dabei die

---

[285] Die Publikation erfolgte durch *Ad Ordinem vestrum* (BF VI S. 47a nr. 61) vom 12.5.1337. Vgl. *Chronica 24 generalium* (AnalFr III S. 528).

[286] Die wenigen chronikalischen Nachrichten stellte GRATIEN, Les statuts du chapitre général d'Assise S. 308 f., zusammen; sie erlauben zumindest den Schluß, das Kapitel sei, wenn es denn überhaupt stattgefunden hat, unbedeutend gewesen; der von DELORME nach Ms 719 der Bibliothek von Avignon, einem franziskanischen Kodex umbrischer Provenienz (Beschreibung schon bei EHRLE, Die ältesten Redaktionen der Generalconstitutionen S. 77), gedruckte Text (*Acta et constitutiones capituli generalis Assisienses* S. 253–256; identisch mit dem bei GRATIEN, ebd. S. 309–313) bezieht sich zumindest teilweise auf RN: c. 9 nr. 2 (vgl. ed. GRATIEN S. 311 bzw. ed. DELORME S. 255 nr. 5: *libri fratrum decedentium ... ad communitatem ipsius provinciae devolvantur*) und c. 17 nr. 1 (vgl. ebd. und nr. 6: *provincia illa vocatur magna quae non potest visitari in octo menses, sive longitudo maris, vel asperitas montium et viarum, sive multitudo fratrum vel locorum impediat*); weitere *dubia* betrafen die Frage, ob ein vom Studium zurückgekehrter Bruder auch vor dem Vorliegen der *litterae testimoniales* als Lektor tätig werden könnte (ed. DELORME nr. 7), sowie die Ausstattung der Studenten mit Büchern (nr. 8); insofern als dieser Befund sich mit der auch in den anderen Orden und bei den Franziskanern dokumentierten Art der Rezeption von RN gut vereinbaren läßt, wäre die Fälschung, die SCHMITT, Pape réformateur S. 95 f., in den von zwei Gelehrten fast gleichzeitig und wohl unabhängig voneinander veröffentlichten Statuten sieht, zumindest von kundiger Hand angefertigt; wir lassen die Frage hier offen.

[287] Vgl. DELORME S. 256, ebd. S. 258–266 analytisch ediert; die konventionell nach dem 12-Kapitel-Schema von 1260 angelegte Redaktion von 1340 verzeichnet auch MARINUS A NEUKIRCHEN, Constitutiones generales S. 380; vgl. etwas unklar: MOORMAN, History S. 327 mit Anm. 4 und S. 350. Schon HOLZAPFEL vermerkte in seiner Übersicht S. 693: „Assisi 1339 (1340 ?)".

[288] So formulierte er in einem Brief auf eine den Stellenwert von Franziskustestament und -regel bezogene Anfrage Philipps von Mallorca und seiner Gemahlin, in der er die relevanten Konsistorialentscheidungen von Johannes XXII. bestätigte und darüber hinaus

durch die Reform betroffenen Orden insofern gleich, als der Ausweg aus der Krise sich derselben Instrumente bediente, die den einzelnen Amtsträger in die Pflicht nehmen und kollegiale Strukturen als Kontrollinstanzen aktivieren. Wir können hier weitgehend darauf verzichten, dieses aus heutiger Sicht vielleicht etwas zu selbstverständliche Ineinander von individueller Pflicht und kollektiver Verantwortung am Beispiel der von Benedikt XII. ebenfalls reformierten Augustinerchorherren abermals zu untersuchen, da die dort entwickelte Lösung weitgehend der in *Summi magistri* entspricht, bereichert freilich um Sondergut, dessen Herkunft nur vereinzelt zu klären ist[289]. Wichtig ist es in unserem Kontext, die hinter dem von Benedikt XII. praktizierten Reformkonzept der päpstlich induzierten Eigenkorrektur stehende ekklesiologische Konzeption noch etwas deutlicher zu konturieren.

8.5. Reform oder Korrektur

Es wurde bereits deutlich, wie stark Benedikt XII. durch die vom Vienner Konzil aktivierte ordensreformerische Tradition seit Innozenz III. geprägt wurde, aber bei allen durch kollegiale Entscheidungsprozesse bestimmten Sachlösungen weit von einer Umsetzung des konziliaren Gedankens im Sinne Guillaume Durands entfernt blieb. Dabei sind die Autorität des Papstes und die Autonomie der Orden Größen, die sich nicht widersprechen, sondern eher bedingen, wenn auch nicht ganz so einseitig, wie es Jacques

---

seine konservative ordenspolitische Grundhaltung artikulierte (BF VI S. 76a–77b nr. 123 vom 8.8.1340): *cum per Sedem praedictam approbatae solum quatuor religiones Mendicantes existant, si concederetur, quod petitio praedicta subiungit, esset quintam religionem concedere Mendicantium, quod his temporibus fieri, ..., non expedit neque decet ... quod esset inter fratres seminare discordiam, ...* . Anschließend wendet er sich wie so oft gegen solche Mönche, die der Korrektur ihrer Oberen entfliehen. – Schon am 24.6.1336 (BF VI S. 18a–b nr. 30) hatte Benedikt die Ausweisung der Spiritualen aus Neapel verfügt.
[289] Exemplarisch soll die den tradierten Text ergänzende Arbeitsweise der kurialen Kanzlei am Beispiel der Kleidungsordnung (AD § 40 S. 446b) gezeigt werden, wo sie auf den Coutumier von St-Quentin de Beauvais (ed. MILIS S. 466 f., in Kleindruck) zurückgriff: *deferant etiam cappas huiusmodi a festo omnium Sanctorum usque ad festum Paschae infra septa quarumcumque cathedralium Ecclesiarum religionis eiusdem ac monasteriorum et aliorum locorum immediatos superiores ipsius religionis non habentium: in quibus monasteriis sive locis fuerit duodenarius canonicorum numerus, licet hactenus ipsas ibidem non consueverint deportare. Sane infra Ecclesias, claustrum, capitulum, refectorium ac dormitorium, non caputiis, sed almutiis honestis utantur, a tempore Paschae usque ad festum Omnium Sanctorum. Caputia vero, si ea per ipsos extra loca praedicta deferri contigerit, sint honesta, ...* . Die Kompetenzen der einzelnen Ordensorgane in AD verzeichnet GIROUD, L'ordre des chanoines réguliers S. 101–102 und S. 150 ff.

de Thérines mit der Formel von der Exemtion als der *elucidatio plenitudinis potestatis summi pontificis* lehrte. Fraglich ist, wie der dadurch entstehende Freiraum gefüllt wird; hier schieden sich die Interessen von Orden und Papst.

Zuständigkeit

Zentral für jede Ordensreform ist die Zuständigkeitsfrage. Schon zeitgenössische Kanonisten äußerten sich hierzu und schlugen ein devolutionsartiges Stufenmodell vor: besonders schön entwickelt findet es sich bei Henri Bohic. Er meinte, zunächst müsse die Reform eines Klosters durch Mönche desselben Klosters geschehen; scheiden diese aus, dann durch solche desselben *ordo*, bei deren Nicht-Eignung zumindest durch solche einer anderen *religio*. Erst danach sieht er Weltkleriker vor, denn so wie die Prälaten allen Menschen im Guten ein Vorbild sein sollen, so gilt dies umso mehr für die *religiosi* gegenüber den Säkularklerikern, wie er unter Berufung auf Hostiensis ausführt[290]. Die zentrale Reformmaxime von der größtmöglichen Nähe des Reformers zum Reformobjekt hat kanonistische Wurzeln[291]. Schon bei Hostiensis ist der Befund ganz ähnlich[292]. Die Rolle des Papstes scheint sich hier auf die eines Rahmengesetzgebers zu beschränken; von einem direkten Eingriff verlautet nichts.

Deutlicher wird die Rolle des Papstes bei Johannes Andreae in einem Kommentar zu einer dem episkopalen Zugriff gewidmeten Dekretale Bonifaz' VIII. Er unterschied bei der Reform einer exemten Kirche zwischen einer Reform, die im Auftrag des Papstes kraft *ius commune*, aber erst bei Versagen der Ordensinstanzen durch *religiosi* eines anderen Ordens oder Säkularkleriker vollzogen wird, und einer Reform kraft der Gnade des Papstes, die der Orden selber *per viam unionis* oder *per viam translationis* durchführt[293]. Obwohl diese zweite Art von Reform der Normalfall sein soll, sieht Johannes Andreae eine eigenständige Ordensjurisdiktion als Reforminstanz nicht vor. Auch bei Benedikt XII. fällt primär das Kodifizieren in die Kompetenz des Papstes, während er das ,Korrigieren und Emendieren' meistens lokalen Instanzen überläßt oder an Legaten delegiert. Damit knüpfte er nicht nur an die gelehrte Kanonistik, sondern auch

---

[290] Bohic, Kommentar zu X 3.50.7 *Relatum* fol. 385 [recte 585]a.

[291] Vgl. Lat. IV. c. 7 (COD S. 237 = X 1.31.13) bestimmt die grundsätzliche Zuständigkeit des Prälaten für die Korrektur seiner *subditi* und beschränkte bei dieser Art von *correctio* die Widerstandsmöglichkeit auf eine Appellation für den Fall, daß der Prälat formale Fehler begeht.

[292] Hostiensis folgt in seinem Kommentar zu X 3.35.8 (fol. 135rb) eng der Dekretale: *prima correctio pertinet ad abbatem ... si negligens fuerit ad superiorem devolvitur potestas ... et de negligentia punietur ... si utrique obedire noluerint, alias hoc faciant episcopi.* Vgl. die Lösung von Innocenz IV. (zu X 3.35.8; fol. 435vb).

[293] Johannes Andreae, *Novella* zu VI 5.7.7, S. 274b.

an die von den Orden selbst betriebene Politik an: so hatte gerade 1332 das Generalkapitel von Cîteaux dem Abt von Clairvaux die *reformatio* der Klöster seiner Filiation in Italien, Apulien und Kalabrien in Auftrag gegeben. Dieses Reformkonzept hatte im Orden Tradition[294]. Ähnlich verfuhren die Cluniazenser, deren Generalkapitel sich gerade 1336 aber auch über die Dissimulation beklagte, die bisweilen bei Lokalreformen vorkommt[295].

Subjektive Voraussetzungen

Die hier aufscheinende maßgebende Rolle der jeweils handelnden Persönlichkeiten erhellt, wie wichtig die Qualifizierung der Reformer ist. Neben der Kenntnis des Reformgegenstandes ist Autorität eine wichtige Voraussetzung[296]. Zu jener Zeit wurde Autorität primär hierarchisch definiert und ist daher umso schwerer artikulierbar, je näher der Reformer den zu Reformierenden steht. Insbesondere für ordensinterne Lokalreformen ist daher eine andere Form der Autorität erforderlich, eben eine in Bildung und Charakter verwurzelte Glaubwürdigkeit. Dem trägt die Bedeutung der Bildungsreform in Benedikts XII. Reformwerk Rechnung. Die Klerikalisierung war damit ein Vorgang, der neben der Rolle der Mönche in der Kirche in entscheidendem Maße auch das Funktionieren der ordensinternen Kontrollen ermöglichen sollte: *cum purgare, illuminare et perficere ad ordinem spectat sacerdotalem* lehrte schon Bonaventura[297]. Der Ordensbegriff des Franziskaners, der zu einer Zeit schrieb, als die Minoriten längst in die Kirchenhierarchie eingedrungen waren und nicht mehr, wie Hugolino von Ostia im Gespräch mit Franziskus und Dominikus einst ar-

---

[294] Generalkapitel von 1332 (CANIVEZ II S. 397 nr. 15); wie hier so war es auch schon früher möglich, hierfür eigens Beauftragte zu entsenden, die *auctoritate capituli generalis* sowie *tam in capite quam in membris, quam etiam in rebus* lokal reformierten (1280, ebd. III S. 200 nr. 29); *si quae gravia vel dubia invenerint*, sollten sie dies dem Generalkapitel melden (1312, ebd. III S. 325 nr. 4); ähnliche Vorgänge: 1233 (ebd. II S. 122 nr. 52); 1234 (ebd. II S. 136 nr. 45); 1235 (ebd. II S. 151 nr. 49); 1236 (ebd. II S. 162 nr. 42), 1237 (ebd. II S. 179 nr. 57); 1260 (ebd. II S. 466 f. nr. 23, 27, S. 469 nr. 32). Die Inspektion von Häusern, die dem Orden inkorporiert wurden, sozusagen *per viam unionis*, erfolgte auch auf Druck des Papstes (1247, ebd. II S. 322).
[295] CHARVIN III S. 236. Der Bezug gilt Klagen über Defizite beim Habit und beim Reiten. – Bsp. für in Cluny angeordnete Lokalreformen: Generalkapitel von 1264 (CHARVIN I S. 287 ff.); 1300 (ebd. II S. 157); 1304 (II S. 225); 1316 (II S. 400); 1321 (II S. 467).
[296] Vgl. etwa die idealtypisch in X 5.1.17 formulierten Anforderungen an einen Inquisitor.
[297] Bonaventura, *Apologia pauperum* c. 12 Opera VIII S. 319b. Vgl. zum Einfluß der Schriften des Ps-Dionysius: LANDINI S. 115, der in den Statuten Bonaventuras von 1260 „definitively ... the intention of the lawmaker to preserve the Order of the minors as a clerical Order" (ebd. S. 130) erkennt.

gumentiert haben soll, *als praelati ... pauperes et homines charitate non cupiditate ferventes* der Kirche dienten[298], betont entsprechend auch die Bildungskomponente[299]. Noch Pierre Bohier grenzte die nach Hieronymus definierten Mönche der Wüstenzeit gegen ihre modernen Nachkommen ab, die beide *officia* ausüben, d.h. sowohl Sünden beweinen als auch das Volk belehren[300]. Wer das Volk belehren kann, kann sich auch selbst reformieren. Monastische Selbstkontrolle und damit wirkungsvolle Eigenreform gibt es nur dort, wo der Orden den zuständigen *ordo sacerdotalis* selber stellt. Die Dauerhaftigkeit der Möglichkeit einer wirksamen Eigenkorrektur erforderte eine institutionalisierte Klerikalisierung.

Institutionalisierung

Die Vorstellung von einer Regularkirche neben der Säkularkirche nahm nicht im notorischen Streit zwischen Weltklerus und Mendikanten um Pfarrechte Gestalt an, welche die Zisterzienser, also gerade der Reformorden schlechthin, kaum wahrnahmen[301]; auch hatte die Exemtion vor dem Auftreten der Mendikanten damit wenig zu tun. Vielmehr ergab sich die Klerikalisierung der Mönche aus der Notwendigkeit einer eigenständigen Observanzkontrolle. Das Vienner Dekret *Ne in agro dominico*, das in dieser Entwicklung einen wichtigen Meilenstein darstellt[302], beabsichtigte deshalb auch keine Annäherung der Mönche an den Weltklerus, sondern hatte eine ordensinterne Stoßrichtung. Hierin liegt der Unterschied zur

---

[298] *Speculum perfectionis* IV 43 (ed. SABATIER S. 76 f.). Zu diesem in Spiritualenkreisen des frühen 14. Jahrhunderts entstandenen Text: BERG, Vita minorum S. 158 f.

[299] Bonaventura, *Epistola de tribus quaestionibus*, Opera VIII S. 334b nr. 10; *Determinationes quaestionum* I q. 3, ebd. S. 339b: *haec enim scientia non solum utilis est ad aliorum eruditionem, sed etiam ad propriam instructionem, ...* – Vgl. umfassender zu Bonaventuras Haltung zur Entwicklung seines Ordens, ermittelt aus seiner *Legenda maior*, deren Franziskus-Bild auch das franziskanische Selbstverständnis normierte: BERG, Vita minorum S. 170; zur Bildungskomponente: ebd. S. 195.

[300] Zu RSB 6,2 v. *Tacere et audire* (ed. ALLODI S. 226): *Modo vero, quia tam monachi sunt quam clerici, utroque gaudent officio; quia ut monachi, peccata deflendi habent officium, et ut clerici, docendi populum pariter et pascendi.*

[301] Nach einem strengen Verbot des Generalkapitels von 1234 (CANIVEZ II S. 126 nr. 1) forderte das von 1260 (ebd. II S. 462 nr. 8), *propter evitandum scandalum dioecesanorum,* daß diejenigen Äbte, die vom Papst das Recht erwirkt hatten, in den Häusern *ordines minores* zu feiern, dieses Recht nur mit Erlaubnis des Generalkapitels gebrauchen. Auch 1304 (ebd. III S. 311 nr. 3) und 1307 (ebd. S. 317 ff.) übte der Orden Zurückhaltung. 1326 wurde auf Grundlage von c. 31 des Vienner Konzils (COD S. 389; Clem. 5.7.1) eingeschärft, daß Klerikermönchen *absque parochiali licentia speciali* sakramentale Handlungen unter Exkommunikationsdrohung verboten sind; Absolution ist nur durch den Papst möglich (ebd. III S. 374 nr. 5).

[302] C. 14, COD S. 372, z. 41 ff.: *Ad ampliationem autem cultus divini statuimus, quod monachi quilibet ad monitionem abbatis se faciant ad omnes ordines sacros excusatione cessante legitima promoveri.*

Klerikalisierung der Mendikanten, die schon frühzeitig in Konkurrenz zum Parochialklerus standen.

Mit dem Bemühen um eigenständige Observanzkontrolle wuchs zwangsweise die Distanz der Orden zum römischen Stuhl, dessen Absicht es gerade gewesen war, die Orden in der für sie vitalen Reformfrage umso enger an sich zu binden. Die Symbiose von Papsttum und Ordenswesen erwies sich in der Reformfrage als brüchig. Die Trennung von *ordo* und *iurisdictio*, wie sie Jacques de Thérines auf dem Wiener Konzil artikulierte, die von *dominium* und *iurisdictio*, wie sie Pierre de La Palu entwickelte, und die von *fides* und *iurisdictio*, wie sie der Widerstand gegen einen expansiv gedeuteten päpstlichen Lehrprimat in der Visio-Frage mit sich brachte, sind in einer je besonderen historischen Situation Ausdruck desselben Versuchs, mit Hilfe gelehrter Distinktionen eine Umklammerung der Orden durch Weltklerus oder Papst zu unterlaufen.

Institutionalisierung von Reform heißt aus Sicht des Papstes auch die ständige Verfügbarkeit des Ordens und aller seiner Mitglieder für die kurialen Ansprüche. Das kurialistische Schrifttum mendikantischer, aber auch zisterziensischer Autoren mag eine Antwort hierauf sein, die freilich keineswegs eine Richtschnur für das politische Handeln der Orden war. Dadurch wurde, wie bei Galvano Fiamma, aber auch bei Jacques de Thérines besonders deutlich wird, die kurialistische Ekklesiologie entweder zu einem reinen Gedankenspiel oder, wenn der Papst mit ihren politischen Implikationen Ernst machte, zu einer elementaren Bedrohung der Selbstbestimmung der Orden. Der nur auf den ersten Blick befremdende Befund, daß gerade der am stärksten im heutigen Sinne demokratisch organisierte Orden, den manche Historiker sogar an der Wiege des englischen Parlamentarismus sehen[303], die entschiedensten Vertreter des päpstlichen Absolutismus hervorbrachte, reflektiert beide Aspekte von Institutionalisierung. Die Theorie war so gesehen ein Aspekt der Institutionalisierung von

---

[303] Diese 1913 von Barker, Dominican Order and Convocation, unter Hinweis auf dominikanische Ratgeber im Umkreis von Simon de Montfort und Edward I. entwickelte These wurde freilich unterschiedlich aufgenommen: zusammenfassend: Tunmore, Dominican Order and Parliament S. 485–489; ablehnend: Congar, Quod omnes tangit S. 230 f., zustimmend: Salmon, Abbé S. 81 Anm. 209, wie noch 1959 bei Moulin, Die gesetzgebende und die vollziehende Gewalt in den religiösen Orden S. 341: das Generalkapitel sei „ein vollendeter Vorläufer, wenn nicht die Mutter der heutigen Parlamente". Zur ‚demokratischen' Struktur des Dominikanerordens: Galbraith S. 30; Knowles, From Pachomius to Ignatius S. 53; Ders., Régime de gouvernement S. 185; vgl. auch zu dem berühmten Statut von York d. J. 1322: Marongiù, Principio della democrazia S. 570. Zurückhaltend zu den mendikantischen „principes de liberté, que l'on appelle trop aisément démocratique": Le Bras, Institutions ecclésiastiques S. 483. Umfassend, aber mit bezeichnenderweise äußerst knappen Hinweise auf die Orden: Monahan, Consent, Coercion and Limit S. 143–148. Zurückhaltend zur ‚Demokratie' der Zisterzienser: Hourlier, Chapitre général S. 248; Ders., Les religieux S. 411.

Reform oder besser ihrer Vorbereitung. Es mag deshalb kein Zufall sein, daß es keine Theorie der monastischen Autonomie oder des Ordenslebens im allgemeinen gab.

Tragweite und Obstruktion der Reform

Wie die Franziskaner im Armutsstreit, so hatten sich die Dominikaner spätestens im Visio-Streit auf ihre Selbstbehauptung gegenüber den Avignoneser Päpsten besonnen. Benedikts XII. Erfolg und Scheitern ist ohne einen Hinweis auf diese Sensibilisierung, die bei den Predigerbrüdern vielleicht schon mit ihrer Demütigung auf dem Vienner Konzil einsetzte, nicht verständlich. Die Tragweite des Widerstandes reichte von Fundamentalopposition bei den Dominikanern bis hin zu einer Modifikation der Reform bei den monastischen Orden. Der Gedanke, die Reform sei nur dort nicht obstruiert worden, wo sie auf eine Korrektur ohne strukturell in die Verfassung eingreifende Folgen beschränkt blieb, liegt nahe, bedeutet aber eine Vereinfachung, da die Abgrenzung von Korrektur und Reform nach verschiedenen Kriterien erfolgen kann, mithin nicht eindeutig bestimmbar ist: sie kann Personen oder institutionelle Strukturen meinen, beschränkte Gültigkeit oder zeitliche Dauer umschreiben oder einfach die Intensität des Zugriffs zum Ausdruck bringen. Sieht man Korrektur als eine in diesem Sinne eingeschränkte Reform, so richtete sich der Widerstand gegen die Institutionalisierung der Reform, nicht aber gegen die Reform als solche. Er meinte eine Reform, die zu Autonomieverlust führte, nicht aber eine Reform, die allein auf eine Wiederherstellung monastischer Lebensformen abzielte. So wie es für den Historiker schwierig ist, genau die Trennungslinie zu beschreiben, so fiel es auch Zeitgenossen nicht leicht, die Vorgänge richtig einzuschätzen. Daneben gab es freilich noch Widerstände, die nicht auf die politischen Implikationen monastischer Reform rekurrierten, sondern politischer Art im engeren Sinne des Wortes waren.

Wie schon Philippe le Bel die Reformarbeit des Vienner Konzils nur dort förderte, wo sie seinen eigenen Interessen diente, so ist zumindest vereinzelt überliefert, daß auch Ludwig der Bayer durch die Unterbindung benediktinischer Provinzialkapitel die Umsetzung der *Benedictina* im Reich zu behindern versuchte[304]; vielleicht weil ein zentralisierter Bene-

---

[304] Diesen für das kirchliche Leben in dem unter Interdikt stehenden Reich wichtigen Aspekt hat KAUFHOLD nur kursorisch behandelt; zur Politik Ludwigs vgl. *Cont. Chron. S. Petri Erford.* für 1338 (ed. HOLDER-EGGER S. 372). Hierzu und allg. zur Rezeption der *Benedictina* im Reich: SCHMIEDER, Durchführung SMOSB 5 S. 103; ZELLER, Provinzialkapitel im Stift Petershausen S. 8. – Diese Maßnahme zielte wohl weniger auf die Reform als auf die Unterbindung pro-päpstlicher Verlautbarungen; vgl. als Bsp. für die Haltung der Orden außerhalb des Reichs: die Generalkapitelsbeschlüsse der Augusti-

diktinerorden leichter zu einem Instrument des Papstes werden konnte als einzelne isolierte Klöster. Die mit der jahrhundertelangen Expansion der kirchlichen Jurisdiktion gegebene Konfliktsituation wirkte sich hier negativ auf die Durchsetzbarkeit der Reform aus. Die, wie Matthias von Neuenburg[305] wortentsprechend zu seinem Zeitgenossen Pierre de Cugnières[306] formulierte, *iurisdictiones ... distinctae* waren ein politischer Befund und keine Absichtserklärung der weltlichen Gewalt, in Zukunft Übergriffe auf Klöster und Kirchen zu unterlassen[307]. Insbesondere die Zisterzienser waren viel zu sehr auf die französische Monarchie eingespielt, als daß eine Entflechtung aus der Politik möglich gewesen wäre. Auch Benedikt XII. nahm wiederholt die Hilfe des weltlichen Arms in Anspruch[308].

Doch war dies nicht die einzige Reformblockade. Die Visitatoren der Cluniazenser machten 1322 Kardinal Pierre de Chappes und 1335 sogar *gentes domini pape* für die Behinderung ihrer Arbeit verantwortlich[309]. Ordensinterne Widerstände gegen die eigenen Korrektoren lasssen sich besonders gut am Visitationsinstitut dokumentieren[310]. Es kam sogar zu

---

nereremiten: AAug IV S. 38 f. (1328) und S. 68 (1327) gegen Ludwig d. B.; die Dominikaner verabschiedeten Beschlüsse gegen Marsilius, Johannes von Jandun und Michael von Cesena (MOPH IV S. 201–205); vgl. gegen Ludwig schon ebd. IV S. 160 (1325), S. 178 f. (1328), aber ebd. S. 199 (1330). Auch die Zisterzienser hielten zu Johannes XXII.: vgl. das Generalkapitel von 1330 (CANIVEZ III S. 388 nr. 1).

[305] Ed. HOFMEISTER S. 158.

[306] Vgl. zu der Versammlung von Vincennes: MARTIN, L'Assemblée de Vincennes passim; POSTUMUS-MEYJES, Jean Gerson S. 54 ff.; FOURNIER, Le cardinal Pierre Bertrand S. 92 und S. 100–105; zit. Text bei GOLDAST, Monarchia II S. 1367 z. 4 f.

[307] Von Übergriffen weltlicher Gewalten berichtet das Generalkapitel von Cluny gerade 1336 mehrfach (CHARVIN III S. 224; S. 230; S. 256; ähnlich schon ebd. III S. 187).

[308] VIDAL, Lettr. comm. nr. 6272 (30.3.1338), nr. 6304 (23.6.1338); nr. 6327 (31.8.1338); hierzu: MAHN, Benoît XII et les cisterciens S. 47.

[309] CHARVIN III S. 132; 166; 196.

[310] Das zisterziensische Generalkapitel stellte immer wieder Unzulänglichkeiten bei Visitatoren oder Visitierten fest und mahnte sie zu Vorbildlichkeit und Sorgfalt (ohne Vollständigkeit): 1188 (CANIVEZ I S. 110 nr. 11), 1192 (ebd. S. 151 nr. 31), 1198 (ebd. S. 228 nr. 33), 1213 (ebd. S. 409 f. nr. 26), 1214 (ebd. S. 423 nr. 30), 1230 (ebd. II S. 85 nr. 6), 1234 (ebd. S. 232 nr. 29), 1239 (ebd. S. 112 nr. 9 f.), 1243 (ebd. S. 271 nr. 65), 1244 (ebd. S. 279 nr. 28), 1246 (ebd. S. 313 nr. 62), 1255 (ebd. S. 414 nr. 24), 1256 (ebd. S. 422 nr. 3), 1258 (ebd. S. 442 nr. 22), 1259 (ebd. S. 449 nr. 2 und 10), 1275 (ebd. III S. 141 nr. 11), 1288 (ebd. S. 241 nr. 5), 1317 (ebd. S. 335 nr. 10), 1333 (ebd. S. 403 nr. 7: *quia de visitationibus saepe et saepius generali Capitulo quaerrimoniae deferuntur,* ... werden die Bestimmungen von *Parvus fons* eingeschärft). – Die Gabe von *munera* wurde auch in anderen Orden verboten: bei den Augustinereremiten wurde das auch für Prioren und Provinziale geltende vom 1284 in Civitàvecchia tagenden Generalkapitel erlassene Verbot (AAug II S. 253) 1329 in Paris auf die jeweiligen *socii* und die Definitoren der General- und Provinzialkapitel ausgedehnt (ebd. IV S. 85). Bei den Dominikanern artikulierte das Generalkapitel von 1329 *graves querimonie* über Visitatoren (MOPH IV S. 191); das 1341 in Avignon tagende Generalkapitel unterstrich die

bewaffnetem Widerstand gegen die Visitatoren[311]. Die Orden reagierten bekanntlich gegen die unzulängliche Beachtung der die Visitationen vorschreibenden eigenen oder päpstlichen Statuten mit einer Intensivierung des Visitationsinstituts, auch unter autoritativen Anleihen beim Papst[312].

Benedikt XII. und die episkopale Reform-Tradition

Die Biographie Benedikts XII. erschwert es, ihn allein aus der Tradition des päpstlichen Amtes zu erklären. Die synodalrechtliche Rezeption des Vienner Dekrets *Ne in agro dominico* ist während des Pontifikats Benedikts XII. gut dokumentierbar und zeigt die Überlagerung der synodalen Reformbestrebungen durch die päpstliche Reform[313].

Benedikt XII. nahm seine ehemaligen Standesgenossen zur Reform in Anspruch. Man kann dies an der Festnahme straffällig gewordener und ihren Orden entlaufener Mönche durch Bischöfe[314] oder am Beispiel der erzbischöflichen oder bischöflichen Kontrolle oder Korrektur von Exemten[315] zeigen. Benedikt XII. bezeichnete ähnlich wie seinerzeit Aegidius

---

Qualitätsanforderungen an diese: *probi, virtuosi, maturi et discreti, deum habentes pre oculis et sui ordinis zelatores* (ebd. S. 270).

[311] Die Visitatoren der Lombardei berichteten 1336 von einem Prior, der nachts 15 *homines armatos* in sein Priorat (*spiritualiter et temporaliter in malo statu*) holte und die anwesenden Visitatoren an Leib und Leben bedrohte (CHARVIN III S. 223).

[312] So resümierte das cluniazensische Generalkapitel von 1294 (CHARVIN II S. 74): *Quia statuta apostolica, statuta ecclesiae Cluniacensis, diffinitiones diffinitorum, precepta visitatorum male in Ordine observantur ...* und beschloß daher, daß Äbte und Prioren, die die *correctionem subditorum* vernachlässigen, bestraft werden sollen. 1334, als die Grundlage für die Ordensvisitationen noch in den sich bisweilen auf *statuta apostolica* stützenden Bestimmungen der Statuten Heinrichs I. (CHARVIN I S. 110–113 nr. 42–49) bestand, argumentierten die Definitoren der Provinz Alemania auf dem Generalkapitel (ebd. III S. 174): *Cum ... sit per Sedem apostolicam ordinatum, ... quod annis singulis, mittantur visitatores ad singulas provincias Ordinis, ...* ; eine Weigerung gilt dann auch als *in Dei et Sedis apostolicae offensam et gravem Ordinis lesionem*.

[313] Als Beispiele: Synode zu Rouen im September 1335 (MANSI XXV Sp. 1041 c. 3); Synode zu Bourges im Jahr 1338 (ebd. Sp. 1059 f. c. 1); vgl. auch die unter Kardinal Guillaume Peyre de Godin tagende kastilische Synode von 1322 (ebd. Sp. 707).

[314] Ein markantes Beispiel ist der Fall des Pierre Peit, eines Mönchs aus Dunes, der aus seinem Kloster nach Ungarn entwich, dort zum Abt eines Klosters gewählt wurde, einige Zeit später wieder nach Flandern zurückkehrte, Truppen aufstellte, in sein früheres Kloster gewaltsam eindrang und Mobilien im Wert von 7000 fl. erbeutete, vgl. MAHN, Benoît XII S. 45; MOLITOR I S. 206. Benedikt beauftragte den Bischof von Thérouanne mit seiner Festnahme (VIDAL, Lettr. comm. nr. 7430; FIERENS S. 307 nr. 613) und ließ ihn durch diesen und den Bischof von Tournai einkerkern (ebd. nr. 8221 vom 23.12.1340). Das zisterziensische Generalkapitel wurde 1339 aktiviert, um Peits ungarische Ordensbrüder zu warnen (CANIVEZ III S. 454 nr. 3).

[315] Am 26.2.1337 (FIERENS S. 165 f. nr. 374, VIDAL nr. 5007) beauftragte Benedikt einen Abt, einen Prior und einen Dekan, die ‚Exzesse‘ von Dekan, Kapitel und einzelner Kanoniker aus Thérouanne zu untersuchen und dem Papst darüber schriftlich Bericht zu

Romanus und Guillaume Durand die Exemtion im Falle eines Hospitals in Cambrai sogar einmal als Vorwand für Dekadenz und Verfall[316], verbindet damit aber keine strukturellen Eingriffe in die Kirchenordnung. Er optiert hier wie auch bei seinen Einzelmaßnahmen weder einseitig zu Gunsten des Episkopats noch zugunsten der Mönche: die Qualität einer Handlung, nicht aber der Stand des Handelnden war für ihn maßgeblich[317]. Die Konvergenz dieses Reformansatzes mit den ekklesiologischen Aussagen der Mt-Postille ist evident. Benedikt XII. ging trotz seiner erkennbaren Verwurzelung in der Tradition des französischen Episkopats nicht um die Durchsetzung von Partikularinteressen.

Die Reformmaßnahmen Benedikts XII. lassen einen Neuansatz in der Reformfrage erkennen. Inhaltlich knüpfte Benedikt dabei an den in den betroffenen Orden aktuellen Sachproblemen an und formulierte seine Neuerungen in der Sprache des kodifizierten Ordensrechts. Damit stellte er sich in die Reformtradition des 13. Jahrhunderts. Benedikts Konstitutionen geben aber nicht nur den Rahmen für die Ordensgesetzgebung vor, sondern gehen selber in einer Weise ins Detail, die bisher nicht üblich war. Man hat den Eindruck, trotz aller Beteuerungen, die päpstlichen Konstitutionen seien lediglich eine das Ordensrecht ergänzende Rechtsart, sollte hier die Ordensjurisdiktion zumindest mediatisiert, wenn nicht in weiten Gebieten ihres Zuständigkeitsbereichs überflüssig gemacht werden.

---

erstatten (wiederholt in FIERENS S. 196 nr. 434 vom 31.10.1337, VIDAL nr. 5115) bzw. in Avignon zu erscheinen. Benedikt begründete dieses Vorgehen explizit mit der Exemtion der Beschuldigten von der ‚Jurisdiktion und Korrektur' des Bischofs; diese stehe vielmehr dem Erzbischof von Reims zu. Weitere Belege für Korrekturaufträge an Metropoliten, auch ohne Bezug zur Exemtion: VIDAL nr. 5075 (2.8.1337); oder an einzelne Bischöfe: VIDAL nr. 2373 (15.10.1335); nr. 3816 (7.3.1336); nr. 4068 (10.5.1337); nr. 5085 (23.8.1337); nr. 5108 (15.10.1337).

[316] Vgl. Benedikts Brief vom 4.2.1338 an den Bischof von Cambrai (FIERENS S. 206 f. nr. 449 = VIDAL nr. 6252) berichtet von ... *pretextu privilegiorum exemptionis et aliorum hospitali predicto et personis ipsius a Sede apostolica concessorum* in der Diözese Tournai begangenen Untaten. Benedikt XII. stellte klar, daß der Heilige Stuhl Privilegien *ad favendum pietatis et religionis etiam incrementum et non ad impietatis abusum* gewährt; *auctoritate nostra ... appellatione postposita* soll der Bischof von Cambrai, also nicht der eigentliche Ordinarius, gegen die Schuldigen vorgehen.

[317] Benedikt ging gegen die Bosheit von exemten Äbten gegenüber Bischöfen (VIDAL nr. 3815 vom 25.2.1336: Auftrag an den Rektor von Benevent, einen Kanoniker aus Rodez, dem Erzbischof von Benevent und seinem Kapitel Gerechtigkeit gegenüber dem Abt des exemten Benediktinerklosters S. Sofia zu verschaffen, der nachts *nonnullos malendrinos et latrones* um sich scharte, ein der Kirche von Benevent gehörendes Getreide-Vorratshaus anzünden und alles dort untergebrachte Vieh abschlachten ließ) genauso vor wie gegen Bischöfe, die gegenüber Äbten unberechtigte Forderungen geltend machten (ebd. nr. 3920 vom 1.9.1336).

Benedikt XII. war zu klug, um diese Absicht offen zu verkünden. Er hatte aus der zuletzt verfahrenen Ordenspolitik Johannes' XXII. gelernt, wußte, wie sensibel die Orden, zumal die Mendikanten, auf jede Beeinträchtigung ihrer Autonomie reagierten, und versuchte, durch die Einbeziehung von Ordensprälaten in die Vorbereitung der Reformbullen einen möglichen Widerstand bereits im Vorfeld auszuräumen. Gehorsam gegenüber dem Papst war aber nicht einmal mehr für die gemäßigten Franziskaner eine Selbstverständlichkeit. Auch die monastischen Orden sahen nicht ein, daß Benedikts XII. päpstlicher Jurisdiktionsprimat den durch die Exemtion geschaffenen jurisdiktionellen Freiraum ausfüllte und die Akzeptanz der päpstlichen Reform gewissermaßen die Kehrseite der Exemtion war, für deren Aufrechterhaltung sie auf dem Konzil von Vienne gekämpft hatten.

Man kann diese Entwicklung gewiß damit erklären, daß es nicht ungewöhnlich ist, wenn Menschen in jeder spezifischen Situation den eigenen Vorteil suchen und die daraus sich ergebenden Verbindlichkeiten dann vergessen. Schließlich war die Exemtion ja auch keine Gnade des Papstes, sondern ein alter Rechtsanspruch der Orden. Gegenleistungen hierfür konnte der Papst nicht verlangen. Auch die papalistische Theorie mag die rechtlichen Ansprüche des Papsttums beschrieben und reflektiert haben. Zur Rechtsgrundlage war sie aber ungeeignet. Benedikt XII. äußerte sich selber sehr wenig zum päpstlichen Jurisdiktionsprimat, vielleicht weil er wußte, wie wenig die Päpste seit Bonifaz VIII. damit erreicht hatten. Seine Reform setzte nicht auf autoritäre Einschärfung, sondern versuchte, einen Mittelweg zwischen dem Bekenntnis zur Hierarchie und der Praktizierung von Kollegialität zu finden. Historisch schwer nachvollziehbar ist dabei freilich die kaum zu unterschätzende Rolle der persönlichen Bekanntschaft des offenbar sehr geselligen Benedikt mit den führenden Persönlichkeiten der Orden. In dieser kaum aufhellbaren kommunikativen Konstellation liegt auch die Grenze dessen, was historisch verifizierbar ist.

Benedikt XII. setzte mit seinen Maßnahmen aber auch am einzelnen Mönch an. Hat man seine Mt-Postille noch in Erinnerung, so ist besonders zwischen Bildungsethos und Studienreform eine enge intentionale Verbindung erkennbar, die mit dem Stand der innermonastischen Bildungspolitik wohl nicht ganz zu erklären ist. Gott zu denken heißt auch eine sittliche Läuterung vollziehen. Die Multiplikation theologischer Bildung durch ein Studium des monastischen Führungsnachwuchses sollte zugleich die Mönche sittlich festigen. Davon erhofft sich Benedikt Rückwirkungen auf die Orden und durch die Orden auf die Kirche. Ob sein Optimismus gerechtfertigt war, sei einmal dahingestellt; jedenfalls war sein Vorhaben gut gemeint und ein Scheitern nicht automatisch zu erwarten.

Kapitel 9

Zusammenfassung

Das frühe 14. Jahrhundert gilt nicht unbedingt als ein Geschichtsabschnitt, der sinnbildlich für eine aus der Erneuerung des Ordenswesens gespeiste Kirchenreform steht wie etwa die große Zeit Clunys oder die des Bernhard von Clairvaux. Vielmehr gilt es als Phase spiritueller Erschlaffung und institutioneller Verkrustung, als der Kurialismus des 13. Jahrhunderts bürokratisch expandierte und die Inquisition gerade charismatische Formen von Religiosität bedrängte. Erst im Konziliarismus des ausgehenden 14. und frühen 15. Jahrhunderts trat die Kirchenreform in eine neue Phase.

Der historische Befund scheint freilich zunächst ein anderer zu sein. Am Beginn der „Babylonischen Gefangenschaft" der Kirche steht das Konzil von Vienne, seinem Selbstverständnis nach ein Reformkonzil. Die vielfach hinfälligen religiösen Orden gerieten hier in die Defensive, als der französische Episkopat die Schwächung des Papsttums nach Anagni ausnutzen und die diözesanrechtliche Exemtion der Mönche beseitigen wollte. Diesen eine uralte Rechtsinstitution der Kirche in Frage stellenden Frontalangriff auf Mönchtum und Papstkirche gleichermaßen konnten die Zisterzienser und Dominikaner durch gelehrte Argumente abwehren. Diese fast existentielle Bedeutung von Bildung erhellt schlaglichtartig die Liquidation der Templer, die kaum wortgewandte Apologeten fanden, freilich auch dem Vernichtungswillen der französischen Krone ausgesetzt waren, der an Radikalität den des französischen Episkopats weit übertraf. Bei dem Schauprozeß gegen die Templer mußte Papst Clemens V. tatenlos zusehen. Aber auch mit dem Defensiv-Sieg in der Exemtionsfrage kennzeichnet das Konzil von Vienne eine solche Demütigung für das Papsttum, daß der Wunsch nach weiteren Konzilien in weite Ferne rückte. Ein Konzil, das Päpsten wie Innozenz III. und Innozenz IV. als Resonanzboden ihrer Machtfülle gedient hatte, gebärdete sich hier als Interessenvertretung des französischen Episkopats, teilweise auch der Krone. Der Episkopalismus trat hier als Vorstufe des Konziliarismus auf, das Konzil begann seinen bislang nur in der älteren kanonistischen Theorie vorbereiteten Weg zur wiederpäpstlichen Institution. Für den Papst hieß dies: wenn die anstehenden Probleme in Kirche und Orden gelöst werden sollten, dann nur ohne Konzil.

Reform geriet in die Zuständigkeit des Papstes. Die zeitspezifischen Besonderheiten des Papsttums waren damit aus der Reform nicht mehr wegzudenken. Ihr Begriff verengte sich auf Maßnahmen hoheitlichen Charakters. Spirituelle Faktoren traten in den Hintergrund, sie wurden Teil eines allumfassenden Hoheitsanspruchs des Papstes, bis ihre Integration in ein jurisdiktionell definiertes Papsttum sie absorbierte. Eine religiöse Erneuerung, deren Ansatzpunkt das charismatische Wirken eines Heiligen war, läuft einer solchen Kirchenkonzeption und jeder bei ihr ansetzenden Reformkonzeption zuwider. Reform ist damit ein hierarchisches Phänomen, wird zu einem ordnenden Eingriff, zu einem Abschneiden von Wildwuchs, zur Herstellung von Konformität. Es handelt sich um einen Reformbegriff wie Johannes XXII. auf den Leib geschrieben.

Reform bedient sich dabei der Sprache ihrer Zeit und muß es, sofern sie Gehör finden will. Sie orientiert sich an Lösungsmodellen, denen durch Alter geheiligte Autorität zukommt. Reform versucht, Altes wiederherzustellen und damit Probleme der Gegenwart zu lösen. Sie muß dabei gegenwärtige Probleme rezipieren, Lösungsmöglichkeiten mit der Tradition abstimmen, Widersprüche in der Tradition harmonisieren und Unvereinbarkeiten darin relativieren; Notwendigkeit und Nutzen legitimieren dabei den Wandel. Der Reform-Pragmatismus stößt dort an seine Grenze, wo seine legitimierende Basis nicht mehr trägt.

Als Kirchenreform war Reform stets konservative Reform. Dies galt auch für ihre Systemimmanenz. Das System der Papstkirche wurde nicht grundlegend in Frage gestellt, konnte höchstens eingeschränkt und an „Haupt und Gliedern" erneuert werden. Reform unterscheidet überzeitliche Strukturen von den Personen, die diese Strukturen mit Leben erfüllten, kommt daher bisweilen auch ohne institutionelle Änderungen aus. Doch auch diese Strukturen wurden weich und biegsam. Mit der Juridifizierung der Welt wurde diese politisch gestaltbar. Die Kirche verlor den Zauber der durch Alter geheiligten Unnahbarkeit. Eine derartig einschneidende Reformmaßnahme wie die Abschaffung der Exemtion war früher vielleicht gar nicht möglich.

Die Sprache der Zeit war die der Jurisdiktion. Das frühe 14. Jahrhundert trug hier das Erbe des 13. und auch des 12. Jahrhunderts in sich und entwickelte es weiter. Diese Sprache zu sprechen setzte ein gewisses Bildungsniveau und institutionelle Strukturen voraus; sie zu verstehen erforderte den Glauben an die Autorität der rechtsetzenden Instanz. Aus der Sicht des Papstes war eigentlich nur Gehorsam nötig, der für die Mönche eine besondere Bedeutung für ihr Streben nach Vollkommenheit hatte. In der Praxis teilten die Betroffenen diese Ansicht nicht immer und dankten selten für diese Gelegenheit zur Erfüllung ihrer Gehorsamspflicht. Anweisungen eines Papstes galten nicht zwangsweise als Wegweiser zu Gott.

Wenn sich die päpstliche Vollmacht rational-juridisch definierte, ließ sich ihre Macht auch rational widerlegen. Sakramentale Vollmacht erscheint im Lichte säkularer Macht, benutzt zwar immer noch das tradierte spirituale Vokabular, findet aber damit wenig Gehör und Glauben. Ungehorsam gegen den Papst kann damit gleichermaßen unreligiös motiviert sein oder gerade aus religiösem Leben gespeist werden. Das juridifizierte Papsttum tat sich in der Reformfrage wesensmäßig schwer, wenn es nicht auf die Kräfte der Hierarchie vertrauen konnte. Dies galt auch schon, als das Papsttum vor Anagni noch über eine autoritäre Machtfülle verfügte, die das seiner petrinischen Lokaltraditionen beraubte Papsttum in Avignon nicht mehr hatte. Reformieren erforderte schon im 13. Jahrhundert Kooperation mit den Betroffenen.

Jede Reform ist zeitgebunden. Dies gilt auch für die Reformgegenstände. Die Orden der Kirche wandelten sich vielfach: von den Asketen in der Einöde über könobitische Einzelklöster, die sich zu Kongregationen zusammenschlossen, zu juridisch definierten Personenverbänden. *Ordo* beschrieb zunächst den gemeinsamen Lebensstil der Mönche, verfestigte sich später institutionell zur Struktur eines Großklosters oder zu einem Klosterverband und meinte schließlich einen Personenverband, der nur seine Armut besaß. Dabei wurde die Regel von Konstitutionen überlagert; positives Recht überwucherte die maßgebende Autorität der Heiligen; der ehemals allmächtige Abt wurde durch korporative Strukturen gebändigt, sein Charisma entzaubert; mendikantische Prälaten amtierten nur noch auf Zeit, nicht mehr lebenslang wie benediktinische Äbte; Institutionen wie Generalkapitel oder Provinzialkapitel übten kollektiv Herrschaft aus: die Orden wurden zu einem politischen Mikrokosmos, zu einer exemplarischen Form des Zusammenlebens.

An dieser Entwicklung partizipierten alle Orden in unterschiedlicher Form. Ihre Wandelbarkeit stieß dabei stets dort an eine Grenze, wo ihre tradierten Grundprinzipien mit zeittypischen Neuerungen unvereinbar geworden wären; so konnte es keine Bettelarmut der Benediktiner geben, sondern neue Bettelorden entstanden. Konkurrenz untereinander erhöhte aber den Angleichungsdruck, besonders deutlich wird dies im Studienwesen. Hier selektierte die endogene Kraft der einzelnen Orden; die Benediktiner wurden nie ein wirklich gelehrter Orden, anders als die Mendikanten. Eine Reform als konservative Reform mußte einen Ausgleich zwischen dem Überkommenen und dem Neuen finden. Sie war notwendig für das Überleben in einer sich wandelnden Zeit, besonders wenn diese, wie das frühe 14. Jahrhundert nicht zu Unrecht, als Krisenzeit betrachtet wird.

Konkurrenz gab es dabei nicht nur zwischen den Orden, sondern auch innerhalb der Orden. Einzelinteressen organisierten sich bisweilen geradezu ständisch: Äbte weigerten sich, einfache Mönche an ihren Kapiteln teilnehmen zu lassen, versuchten eine wirksame Begrenzung ihrer Befugnisse durch den Visitator zu unterbinden oder fanden wenig Gefallen an Versuchen, ihre selbstherrliche Verfügung über die Klostergüter korporativen Kontrollen zu unterwerfen. Solche Interessen konnten dabei denkbar unchristlich motiviert sein, kennzeichnen aber in erheblichem Maße neben externen Aggressionen die Ursache für die Probleme, die die Orden hatten. Eine wirksame Ordensreform mußte deshalb eine zweifache Stoßrichtung haben: ordensintern mußten die Orden vor untreuen, bisweilen sogar kriminellen Äbten und Mönchen geschützt werden, am besten durch ein System gegenseitiger Kontrollen, durch die Verschränkung von Entscheidungswegen und die Aufteilung von Kompetenzen. Ordensextern gelangen wir hier an die Ursprünge der Exemtion, denn seit jeher galt der Schutz der Mönche auch als besondere Aufgabe des Papstes; Cluny und Cîteaux stehen geradezu exemplarisch für ein fast symbiotisches Verhältnis von Papst und Mönchtum; ähnlich war es bei den frühen Mendikanten. Das mönchische *substantiale* des Gehorsams definierte eine Sonderbeziehung, der als Gegenleistung des Papstes die Garantie eines rechtlichen Sonderstatus entsprach: die Exemtion wird in dem Moment zum Streitthema, in dem das Papsttum geschwächt ist und Interesse daran besteht, die Freiheit der Mönche abzuschaffen.

Die Anfänge der Exemtion reichen in die Frühzeit des Mönchtums zurück und waren mit diesem gewachsen: als Freiheit von episkopalen Kirchenstrafen und Abgaben bot sie zunächst einzelnen Klöstern, später auch ganzen Orden vielfältige Möglichkeiten zur Expansion, von liturgischen Rechten bis hin zur Wahrnehmung von Pfarrtätigkeiten wie Predigt und Beichte. Die Juridifizierung der Kirche konnte auch vor der Exemtion nicht Halt machen. Als Freiheit von der Jurisdiktion der Diözesanbischöfe wurde sie nun definiert und deren Kompetenz auf Weihehandlungen beschränkt. Im Orden entstand ein jurisdiktioneller Freiraum, den dessen rechtsetzende Organe wie General- und Provinzialkapitel in Beschlag zu nehmen versuchten. Indem sie Korrektur- und Visitationsansprüche wahrnahmen, begriffen sie sich selber als eine Art Ersatzdiözesan: die Ordensprovinz wurde zur Quasi-Diözese. Für genuin bischöfliche Aufgaben wie das „Visitieren, Emendieren und Korrigieren" entstanden in fast allen Orden eigene Ämter. Die Klerikalisierung der Mönche vollendete sich exemplarisch in der Erhebung namhafter Abteien zu Bistümern unter Johannes XXII. und in der Herleitung der Vollmacht des Abtes von Cluny aus der Macht des Papstes.

Die Exemtion beschreibt deshalb nicht nur einen rechtlichen Sonderstatus der Klöster und Orden, sondern auch eine Sonderbeziehung zwischen dem Papst und seinen *filii speciales*. Die Autorität des Papstes galt

schon lange als wesensmäßig universell, und es ist bezeichnend, daß
Guillaume Durand versuchte, sie auch und gerade dadurch zu unterminie-
ren, daß er auf dem Vienner Konzil den Sonderstatus der exemten Mönche
in Frage stellte. Für ihn stand die Reform der Gesamtkirche im Vordergrund, die Unterwerfung des Mönchtums unter episkopale Kontrollinstanzen
war nur ein Aspekt davon. Wie es Jacques de Thérines auf dem Vienner Konzil und gegenüber Johannes XXII. versuchte, so beteuerte auch
Galvano Fiamma gegenüber Benedikt XII. seinen Glauben an die Macht
des Papstes. Das theoretische Wissen hierfür hatte jeder studierte Theologe und Jurist der Zeit erlernt, und schließlich gab es auch kaum eine Möglichkeit, sich anders zu äußern, ohne sich selbst zu gefährden. In der praktischen Politik vergaßen Zisterzienser und Dominikaner freilich nur allzu-
gerne, was der Preis ihrer Freiheit war.

Ordensreform expandierte zum Ordensregiment. Die Orden sahen zwar
Mißstände, doch war der Weg von einer lokalen Korrektur zu einer substantielle Neuerungen einführenden Reform für sie zu weit. Im juridisch
definierten Ordenswesen war Reform immer auch Verfassungsreform. Ob
ein Papst kollegiale Strukturen fördern oder die Hierarchie stärken wollte,
hing nicht zuletzt auch von den individuellen Vorzügen einzelner Päpste
ab und kann kaum in ein durchgängig gültiges Schema gezwängt werden.
Letztlich profitierte das Papsttum von dem Gegeneinander beider Prinzipi-
en. Allein durch die Rezeption der Kanonistik in das Ordensrecht wurde
das korporative Moment gefördert, zumal, wenn es um die Sicherung des
Ordensbesitzes ging. Dies steht in Einklang dazu, daß die monastischen
Orden im Ordensbesitz einen wesentlichen Aspekt ihres Ordenslebens sahen. Der päpstliche Zugriff war mittels der durch die traditionelle Exemption begründeten Sonderbeziehung zwischen Papst und Mönchen kaum be-
gründbar, wohl aber durch die Vorstellung vom päpstlichen Obereigentum. Die Exemtion definierte sowohl die formale Eigenart der Reform als
hierarchische Verfassungsreform als auch die juridische Greifbarkeit der
Thematik. Was nicht in ordens- oder kirchenrechtlichen Kategorien beschreibbar war, fiel zwangsweise durch das Netz hindurch. Durch die Vor-
arbeit des kodifizierten Ordensrechts war dies vergleichsweise wenig. Dies
gilt nicht nur für die Reformen Johannes' XXII., sondern auch für die Benedikts XII.

Die Reformmaxime von Päpsten wie Innozenz III. und Gregor IX. hieß
secundum morem cisterciensem. Sie war keine blinde Umsetzung zisterziensischer Prinzipien, sondern eine Option für solche Strukturen, die sich
als effiziente Mittel zur Stabilisierung eines Ordens erwiesen hatten. Diese
Mittel waren teilweise nicht einmal Erfindungen der Zisterzienser, die
meist strenger optierten. Der Widerstand der mit dem *mos cisterciensis*

konfrontierten Orden zeigt deutlich, daß schon das Wort ‚zisterziensisch‘ einer Kampfansage an jede monastische Behaglichkeit gleichkam: es steht jenseits positiven Ordensverfassungsrechts.

Zisterzienserreform umgibt ein eisiger Hauch asketischer Strenge; die suggestive Gewalt, mit der der Heilige Bernhard die Kirche seiner Zeit geknechtet hatte, erwies sich so untrennbar mit dem Begiff ‚zisterziensisch‘ verbunden, daß noch Benedikt XII. kaum aus dem mächtigen Schatten des Abtes von Clairvaux herauskam. Als pflichtbewußter, aber auch verschlagener Inquisitor, als geschickter Kurienpolitiker und kompetenter Theologe hatte er Karriere gemacht, derber Humor und bodenständiger Konservatismus zeichnen ihn aus. Die ihm traditionell zugesprochene ‚zisterziensische Austerität‘ verflüchtigt sich bei näherem Hinsehen; als authentisch bleibt nur, was Jacques Fournier als Theologe schrieb.

Engagement, Verantwortungsbewußtsein, gesunder Menschenverstand und die Erkenntnis von der Bedeutung von Bildung für das Funktionieren der Kirche sind die hervorstechenden Merkmale seiner praktischen Theologie, die er in seinem Mt-Kommentar niederlegte. Keine Weltflucht, kein asketischer Übereifer, sondern Maßhalten und goldene Mitte, Bewährung in der Welt und selbstlos-rationaler Dienst an der Kirche: freilich sind dies alles auch tradierte, literarische Formeln, doch optierte Jacques Fournier eben bewußt für sie. Die immer wieder von ihm postulierte und beschworene Einheit von Handeln und Denken bestätigt sich beim Blick auf seine Taten. Benedikts Ethik war in sich flexibel, ermöglichte es, situationsgemäß zu reagieren: *lectio horribilis* und *via mansuetudinis* stehen bei ihm nebeneinander.

So verbinden sich in seiner Ordensreform mehrere Stränge des historischen Geschehens und seines individuellen Lebens. Ordensreform ist als päpstliches Exklusivrecht eine hoheitliche Maßnahme unter nur bedingter Einbeziehung der Ordensmitglieder; sie tangiert formal die Orden als juristische Körper, betrifft aber inhaltlich auch die *vita communis* der Mönche, zumindest jenseits der Regel und der unveränderbaren *substantialia* des Mönchseins. Die Detailfreudigkeit gerade von Benedikts Reformstatuten wird der Komplexität des gewachsenen Ordensrechts gerecht, gibt den gesetzlichen Rahmen vor, innerhalb dessen die Ordensjurisdiktion eigenständig die Observanz kontrollieren soll. Dies gilt auch für die Ordensgüter, deren Kontrolle das Papsttum trotz aller theoretischen Verfügungsansprüche und abgesehen von wenigen Ausnahmen in der Hand der Orden beließ. ‚Zisterziensisch‘, wenn man so sagen kann, um ein planerisch-zupackendes Handeln zu beschreiben, ist dabei gerade die Orientierung an ganz praktischen Problemen, die im Reformprogramm Benedikts XII. dominieren, nicht aber die Besinnung auf spirituelle Werte und asketische Strenge.

Kapitel 10

Quellen- und Literaturverzeichnis

10.1. Quellen

Ungedruckte Quellen

Paris, Bibliothèque Nationale de France
Ms Doat 59: Fontfroide.
Ms Doat 83–86: Boulbonne.
Ms Doat 94: Pamiers.
Ms lat. 4121 fol. 3ra–44ra: Kommentar des Guillaume de Montlauzun zu *Summi magistri*.
Ms lat. 4191 fol. 48r–63r: zisterziensische Protestation von 1317 (ed. J.B. Mahn, Benoît XII et les cisterciens S. 86–135).
Ms lat. 4988 fol. 76–85: Bernard Gui: *De temporibus et annis generalium et particularium conciliorum.*
Ms lat. 12664 fol. 100–119: Monasticon Benedictinum (MB) zu La-Chaise-Dieu.
Ms lat. 12665 fol. 20–25 und 12666 fol. 8–11: MB zu Charité-sur-Loire.
Ms lat. 12686 fol. 305–337: MB zu Montolieu.
Ms lat. 12690 fol. 264–272: MB zum Collège de Montpellier.
Ms lat. 12702 fol. 132–208: MB zu St-Viktor (Marseille).
Ms lat. 12704 fol. 123–139: MB zu St-Quentin de Beauvais.
Ms lat. 12774 fol. 337–345: MB zu Boulbonne.

Troyes, Bibliothèque municipale
Ms 549 vol. I–IV.: Jacques Fournier: *Postilla super Mattheum.*

Rom, Biblioteca Apostolica Vaticana
Ms 4030: Inquisitionsprotokolle Jacques Fourniers aus Montaillou.

Gedruckte Quellen

Bei der Schreibung der Eigennamen wird meistens die gebräuchliche, mithin am Bekanntheitsgrad des Autors orientierte Version verwendet, d.h.: Wilhelm von Ockham, aber Simon of Boraston; Wilhelm von Cremona, aber Remigio dei Girolami. Wegen der regionalen Ausrichtung dieser Arbeit werden französische Namen meistens in ihrer französischen Version verwendet.

Aktensammlungen

ACTA ARAGONENSIA, Quellen zur deutschen, italienischen, französischen, spanischen, zur Kirchen- und Kulturgeschichte aus der diplomatischen Korrespondenz Jaymes II. (1291–1327), ed. H. Finke, Berlin und Leipzig I u. II 1908; III 1922.

ACTA BENEDICTI XII (1334–1342) *e regestis Vaticanis aliisque fontibus* collegit A.L. Tautu; Pontificia commissio ad redigendum codicem iuris canonici orientalis; Fontes series III volumen VIII, Vatikan 1958.

BENEDIKT XII.: Lettres closes, patentes et curiales se rapportant à la France (1334–1342), ed. G. Daumet, BEFAR 3ᵉ sér. 2,3, Paris 1899–1920.

BENEDIKT XII.: Lettres closes et patentes ... intéressant les pays autres que la France (1334–1342), ed. J.-M. Vidal et G. Mollat, BEFAR 3ᵉ sér. 2,3, 2 Bde., Paris 1913–1950.

BENEDIKT XII.: Lettres communes (1334–1342), ed. J.-M. Vidal, BEFAR 3ᵉ sér. 1-2,2-3, Paris 1902–1904/05–1911.

BENEDIKT XII.: Lettres de Benoît XII, ed. A. Fierens, Analecta Vaticana Belgica IV, Rom 1910.

BONIFAZ VIII.: Les registres de Boniface VIII, ed. G. Digard, M. Faucon, A. Thomas und R. Fawtier, 4 Bde., BEFAR 2ᵉ sér., 4, Paris 1886–1939.

BULLARUM, DIPLOMATUM ET PRIVILEGIORUM SANCTORUM ROMANORUM PONTIFICUM TAURINENSIS EDITIO, ed. F. Gaude, III–IV, Turin 1857–1859.

BULLARIUM PRIVILEGIORUM AC DIPLOMATUM ROMANORUM PONTIFICUM AMPLISSIMA COLLECTIO, ed. C. Cocquelines III, 2, Rom 1742.

BULLARIUM FRANCISCANUM (1219–1455), I–IV, ed. H. Sbaralea, Rom 1795–1868; V–VII, ed. C. Eubel, ebd. 1898–1904; hier: V–VI.

BULLARIUM ORDINIS Praedicatorum, Rom 1929 ff.

BULLARIUM SACRI ORDINIS CLUNIACENSIS, ed. Antonius Julliron, Lyon 1680.

CHARTULARIUM UNIVERSITATIS PARISIENSIS, ed. H. Denifle und E. Chatelain, I–IV, Paris 1891–1897.

CLEMENS V.: *Regestum Clementis Pape V.*, ed. cura et studio monachorum ordinis S. Benedicti I–VIII, Rom 1884–1892.

CONCILIORUM OECUMENICORUM DECRETA, ed. G. Alberigo, J. A. Dossetti, P. P. Joannou u.a., Bologna ³1973.

CONCILIA PROVINCIAE TURONENSIS, ed. J. Avril, Sources d'histoire médiévale publiées par l'I.R.H.T, Paris 1987.

CONSTITUTIONES CONCILII QUARTI LATERANENSIS UNA CUM COMMENTARIIS GLOSSATORUM, ed. A. Garcia y Garcia, Monumenta iuris canonici, series A: Corpus Glossatorum II, Città del Vaticano 1981.

CORPUS IURIS CANONICI, ed. E. Friedberg, I–II, Leipzig, 1879–1881.

CORPUS IURIS CIVILIS, I. (ed. Krüger/Mommsen), II (ed. Krüger), III (ed. Schoell/Kroll), Berlin 1921–1959.

CONSTITUTIONES SPOLETANI DUCATUS A PETRO DE CASTANETO EDITE (a. 1333), ed. T. Schmidt, FSI 113, Rom 1990.

DE PRIVILEGIO MARTINI, ed. H. Anzulewicz, Zur Kontroverse um das Mendikantenprivileg. Ein ältester Bericht über das Pariser Nationalkonzil von 1290, in: AHDLMA 60, 1993, S. 281–291.

DOCUMENTA INEDITA AD HISTORIAM FRATICELLORUM SPECTANTIA, ed. L. Oliger, in: AFH 3, 1910, S. 253–279, 505–528, 680–699; AFH 4, 1911, S. 3–23, 688–712; AFH 5, 1912, S. 74–84; AFH 6, 1913, S. 267–290, 515–530, 710–747.

EHRLE, F. (ed.): Ein Bruchstück der Akten des Konzils von Vienne, in: ALKG 4, 1888, ND Graz 1956, S. 361–470.

EXTRAVAGANTES JOHANNIS XXII., ed. J. Tarrant, Monumenta iuris canonici, series B vol. 6, Città del Vaticano 1983.

FOURNIER, M. (ed.): Les statuts et privilèges des universités françaises depuis leur fondation jusqu'en 1789, I–IV, Paris 1890–1894.

FRIEDLANDER, A. (ed.): Processus Bernardi Delitiosi, The Trial of Bernard Délicieux, 3 September – 8 December 1319, Transactions series, American Philosophical Society, vol. 86, 1; Philadelphia 1996.

FUSSENEGGER, G. (ed.): Relatio commissionis in Concilio Viennensis institutae ad decretalem *Exivi de paradiso* praeparandam, in: AFH 50, 1957, S. 145–177.

GREGOR IX.: Le Registre de Grégoire IX., ed. L. Auvray, V. Clémencet, L. Carolus-Barré, 4 Bde., BEFAR 2e sér., 9, Paris 1896–1955.

GÖLLER, E.: Einnahmen ... unter Johannes XXII., s. Vatikanische Quellen.

JOHANNES XXII.: Lettres communes (1316–1336), ed. G. Mollat, 16 Bde., BEFAR 3e sér., 1,2,1–1,2,16, Paris 1904–1947.

JOHANNES XXII.: Lettres secrètes et curiales se rapportant à la France (1316–1336), ed. Coulon und S. Clémencet, bisher 3 Bde., BEFAR 3e sér. 1,1,1, Paris 1900–1961.

LAGGER, L.de (ed.): Statuts synodaux inédits du diocèse d'Albi, in: RHDFE 4e sér., 6, 1926, S. 418–466.

LIBER PONTIFICALIS, ed. L. Duchesne, I Paris 1886; II ebd. 1892.

NIKOLAUS IV.: Les Registres de Nicolas IV., ed. E. Langlois, 2 Bde., BEFAR 2e sér. 5, Paris 1886–1905.

NOVA ALEMANNIAE, Urkunden, Briefe und andere Quellen besonders zur deutschen Geschichte des 14. Jhs., Bde. 1 und 2 I, ed. E. Stengel unter Mitwirkung von K. Schäfer, Bd. 2 II ed. E. Stengel, Berlin 1922–78.

PONTAL, O. (ed.): Les Statuts synodaux français du XIIIe siècle, I. Les statuts de Paris et le synodal de l'Ouest (XIIe), Collection des Documents inédits sur l'histoire de la France Bd. 9, Paris 1971. – II. Les statuts de 1230 à 1260, Paris 1983.

RIEZLER, S. (ed.): Vatikanische Akten zur deutschen Geschichte in der Zeit Kaiser Ludwigs des Bayern, Innsbruck 1891.

MANSI, J.D. (ed.): *Sacrorum Conciliorum nova et amplissima collectio*, Florenz 1759–98, ND Graz 1962 nach dem ND Paris 1901, Bde. XXII–XXV.

SALTER, H.E. (ed.): Snappe's Formulary and Other Records, Oxford Hist. Society 80, Oxford 1924.

SCHÄFER, K.H.: Ausgaben ... unter Benedikt XII, s. Vatikanische Quellen.

VATIKANISCHE QUELLEN zur Geschichte der päpstlichen Hof- und Finanzverwaltung 1316–1378, hrsg. von der Görres-Gesellschaft. (I.) E. Göller, Die Einnahmen der Apostolischen Kammer unter Johann XXII., Paderborn 1910. (II.) K.H. Schäfer, Die Ausgaben der Apostolischen Kammer unter Johann XXII. nebst den Jahresbilanzen von 1316–1378, ebd. 1910-12. (III.) Ders., Die Ausgaben ... unter Benedikt XII., Klemens VI. und Innozenz VI. (1335–1362), ebd. 1914.

VIDAL, J.-M. (ed.): Bullaire de l'Inquisition française au XIVe siècle et jusqu'à la fin du Grand Schisme, Paris 1913.

WINKELMANN, E. (ed.): *Acta imperii inedita saeculi XIII. et XIV.*; Urkunden und Briefe zur Geschichte des Kaiserreichs und des Königreichs Sizilien in den Jahren 1200–1480, 2 Bde. Innsbruck 1880 und 1885.

Chroniken, Traktate, Kommentare

AEGIDIUS ROMANUS: *Contra exemptos*, ed. Antonius Bladus, Rom 1555.

AEGIDIUS ROMANUS: *De ecclesiastica potestate*, ed. R. Scholz, Leipzig 1929, ND Aalen 1961.

AEGIDIUS ROMANUS: *De regimine principum*, ed. Hieronymus Samaritanus, Rom 1607, ND Aalen 1967.

AEGIDIUS ROMANUS: [*Impugnatio doctrinae P. J. Olivi*], ed. L. AMOROS, Aegidii Romani impugnatio doctrinae Petri Ioannis Olivi an. 1311–12 nunc primum in lucem edita (disseritur de mente concilii Viennensi in causa eiusdem P.I. Olivi), in: AFH 27, 1934, S. 399–451, S. 420–451 (Text).

AEGIDIUS ROMANUS: *De renuntiatione pape*, ed. J.R. Eastman, Textes and Studies in Religion, vol. 52, Lewiston/Queenston/Lampeter 1990.

ALEXANDER VON ALEXANDRIEN: *Tractatus de usuris*, ed. A.-M. Hamelin, Un traité de morale-économique au XIVe siècle, Analecta Mediaevalia Namurcensia 14, Louvain/ Montréal/Lille 1962.

ALEXANDER VON ST.-ELPIDIO: *De ecclesiastica potestate*, ed. J. Barbier, Paris 1509.

ALVARUS PELAGIUS: *De statu et planctu Ecclesiae*, ed. Johannes Clein, Lyon 1517.

Alvarus PELAGIUS.: *Collirium adversus hereses*, ed. R. Scholz, Unbekannte kirchenpolitische Streitschriften, II, S. 491–517.

ANGELO DA CLARENO: *Historia septem tribulationum*, ed. F. Ehrle, ALKG II S. 105–154 u. S. 249–336, 1886, ND Graz 1956.

ANGELO DA CLARENO: Angelus Clarenus ad Alvarum Pelagium *Apologia* pro vita sua, ed. V. Doucet, in: AFH 39, 1946, S. 62–200.

ANONYMUS LEOBIENSIS: *Chronicon*, ed. Pez, SS. rer. Austr. I, Leipzig 1721.

AUGUSTINUS (TRIUMPHUS) VON ANCONA: *Summa de ecclesiastica potestate*, Rom 1479.

AUGUSTINUS (TRIUMPHUS) VON ANCONA: *Tractatus brevis de duplici potestate prelatorum et laicorum qualiter se habeant*, in: R. Scholz, Publizistik zur Zeit Philipps des Schönen, Stuttgart 1903, S. 486–501.

AUGUSTINUS (TRIUMPHUS) VON ANCONA: *De potestate collegii mortuo papa*, ebd. S. 501–508.

AUGUSTINUS (TRIUMPHUS) VON ANCONA: *De facto Templariorum*, ebd. S. 508–516.

BALUZE, E./MANSI, J.D. (ed.): *Miscellanea III*, Lucca 1762.

BALUZE, E./MOLLAT, G. (ed.): *Vitae paparum avenionensium*, I–IV Paris 1914–1922.

BERNARD AYGLER: *In regulam S. Benedicti expositio*, ed. A.M. Caplet, Montecassino 1894.

BERNARD AYGLER.: *Speculum monachorum D. Bernardi Cardinalis abbatis M. Cassinensis*, Dillingen 1516.

BERNARD GUI: *Practica inquisitionis*, Le Manuel de l'Inquisiteur, ed. u. übers. v. G. Mollat (Les Classiques de l'histoire de France au Moyen Age vol. 8), 2 Bde., Paris 1926/27.

BERNHARD VON CLAIRVAUX: *Sancti Bernhardi Opera*, ed. J. Leclercq und H.M. Rochais, 8 Bde., Rom 1957–1977.

BONAGRAZIA VON BERGAMO: *Tractatus de Christi et apostolorum paupertate*, ed. L. Oliger, Frater Bonagrazia er Bergamo et eius Tractatus de paupertate Christi et Apostolorum in: AFH 22, 1929, S. 292–335, 487–511.

BONAGRAZIA VON BERGAMO (zugeschr.): [Anonymer Traktat gegen Benedikt XII.], ed. R. Scholz, Streitschriften II S. 552–562.

BONAVENTURA (recte: Johannes Peckham): *Expositio super regulam FF. minorum*, Opera Omnia VIII, S. 391–427, Quaracchi 1898.

BONAVENTURA: *Cur fratres praedicant et audiunt confessiones*, ebd. S. 391–427.

BONAVENTURA: *Apologia pauperum*, ebd. S. 233–330.

BONAVENTURA: *Collationes in Hexaemeron*, ebd. V, S. 327–454.

BONAVENTURA: *Determinationes questionum*, ebd. VIII, S. 337–374.

BONAVENTURA: *Epistola de tribus quaestionibus*, ebd. S. 331–336.

BONAVENTURA: *Explanationes constitutionum generalium Narbonensium*, ed. F. Delorme, in: AFH 18, 1925, S. 511–524.

BRUNO VON OLMÜTZ: *Relatio de statu ecclesiae in regno Alemanniae*, ed. J. Schwalm, MGH Leges IV. const. III, Hannover 1904, nr. 620, S. 589–594.

CHRONICA 24 GENERALIUM ORDINIS MINORUM, AnalFr III.

CHRONICA S. PETRI ERFORDENSIS MODERNA, Continuatio I, Monumenta Erfortensia, ed. O. Holder-Egger, MGH SS rer. Germ. 42 , Hannover-Leipzig 1899.

DECALOGUS EVANGELICAE PAUPERTATIS, ed. M. Bihl, Fraticelli cuiusdam decalogus evangelice paupertatis, an. 1340–1342 conscriptus, in: AFH 32, 1939, S. 409–492.

DURAND DE SAINT-POURÇAIN: *Libellus de Visione Dei*, ed. Cremascoli, StM 3.ser., 25,1, 1984, S. 429–442.

DURAND DE SAINT-POURÇAIN: *Quolibeta Avinionensia tria*, additis correctionibus Hervei Natalis supra dicta Durandi in primo quolibet, ed. P.T. Stella, Zürich 1966.

DURAND DE SAINT-POURÇAIN: *De paupertate Christi et apostolorum*, ed. J. Miethke, Das Votum De paupertate Christi et apostolorum des Durandus von Sancto Porciano im theoretischen Armutsstreit. Eine dominikanische Position in der Diskussion um die franziskanische Armut (1322/3), in: Vera Lex Historiae, FS D. Kurze, ed. S. Jenks, J. Sarnowsky, M.L. Laudage, Köln/Wien/Weimar 1993, S. 169-196.

EXPOSITIO QUATUOR MAGISTRORUM SUPER REGULAM FRATRUM MINORUM (1241–1242). Accedit eiusdem Regulae textus cum fontibus et locis parallelis. Storia e letteratura, Raccolta di studi e testi 30, ed. L. Oliger, Rom 1950.

GALVANO FIAMMA: [*Utrum papa Romanus sit dominus in temporalibus et spiritualibus in toto orbe terrarum*], ed. R. Creytens, Une question disputée de Galvano Fiamma O.P. sur le pouvoir temporel du pape, in: AFP 15, 1945, S. 119–133.

GALVANO FIAMMA: *Chronica maior*, ed. G. Odetto, La cronaca maggiore dell'ordine domenicano di Galvano Flamma O.P., in: AFP 10, 1940, S. 297–373.

GALVANO FIAMMA: *Chronica ordinis praedicatorum ab anno 1170 usque ad 1333*, ed. B.M. Reichert, MOPH II, Rom 1897.

GALVANO FIAMMA: Die kirchenpolitischen Exkurse in den Chroniken des Galvanus Flamma O.P. (1283 – ca. 1344), Einleitung und Edition, ed. V.H. Hunecke, in: DA 25, 1965, S. 111–228.

GILBERT VON TOURNAY: *Collectio de scandalis ecclesiae*, ed. A. Stroik, in: AFH 24, 1931, S. 33–62.

GIOVANNI VILLANI, *Nuova Cronica*, ed. G. Porta, Bde. II und III, Parma 1991.

GIRALDUS CAMBRENSIS: *Speculum Ecclesiae*, ed. J.S. Brewer, RS 21, London 1873, ND Wiesbaden 1964.

GOTTFRIED VON FONTAINES: *Quodlibeta* I–IV, ed. M. de Wulf und A. Pelzer; V–VIII, ed. M. de Wulf und J. Hoffmans; VIII, ed. J. Hoffmans; XI–XV, ed. J. Hoffmans, Les philosophes Belges, Leuven 1904–1932.

GUIDO TERRENI: *Quaestio de magisterio infallibili Romani Pontificis*, ed. P.B.M. Xiberta, Opuscula et textus historiam ecclesiasticam vitam atque doctrinam illustrantia, ser. scholastica et mystica, fasc. 2, Münster 1926.

GUIDO VERNANI: *De reprobatione monarchiae*, ed. Matteini, Il più antico oppositore politico di Dante: Guidi Vernani da Rimini, Testo critico del *De reprobatione monarchiae*, Il pensiero medievale 1 ser., 6, Padua 1958, S. 93–118.

GUIDO VERNANI: [Kommentar zur Bulle *Unam Sanctam*], ed. M. Grabmann, Studien über den Einfluß der aristotelischen Philosophie S. 144–157.

GUILLAUME DE MONTLAUZUN: *Docta et facilis in sextum interpretatio. Simul ac ... Blasii Aurioli ... Annotamenta*, Toulouse 1524.

GUILLAUME DE NANGIS: Chronique latine de Guillaume de Nangis de 1113 à 1300 avec les continuations de cette chronique de 1300 à 1368, ed. H. Géraud I–II, Paris 1843.

GUILLAUME DURAND: *Tractatus de modo generalis concilii celebrandi*, ed. Jean Crespin, Lyon 1531.

GUILLAUME DURAND, gen. Speculator: *Speculum iudiciale*, Basel 1574, ND Aalen 1975.

GUILLAUME LE MAIRE: *Liber Guillelmi Majoris*, ed. O. Port, in: Collections des documents inédits sur l'histoire de la France. Mélanges historiques, Choix des documens, II 2, Paris 1877, bes. S. 471–488.

GUILLAUME PEYRE DE GODIN: *Tractatus de causa immediata ecclesiastice potestatis*, ed. WM.D. McCready, The Theory of Papal Monarchy in the Fourteenth Century, Pontifical Institute of Medieval Studies, Studies and Texts 56, Toronto 1982.

GUILLAUME DE SAINT-AMOUR: *De periculis novissimorum temporum*, ed. M. Bierbaum (Teiledition), in: Ders.: Bettelorden und Weltgeistlichkeit an der Universität Paris, Münster 1920, S. 1–36.

GUILLAUME DE SAINT-AMOUR: *Responsiones*, ed. E. Faral, in: ADHLMA 25/26, 1950/51, S. 340–361.

HEINRICH VON CREMONA: *De potestate pape*, ed. R. Scholz, Publizistik zur Zeit Philipps des Schönen, Stuttgart 1903, S. 459–471.

HEINRICH VON DIESSENHOVEN: Chronik, ed. A. Huber aus dem Nachlaß J.F. Böhmers, MGH Fontes rer. Germ. 4, Stuttgart 1868, S. 16–125.

HEINRICH VON FRIEMAR: *De origine et progressu ordinis FF. EE. S. Augustini*, in: AAug 4, 1911/12, S. 279–307 u. S. 321–328.

HEINRICH VON GENT: *Tractatus super facto praelatorum et fratrum* (Quodlibet 12 q. 31), ed. L. Hödl und M. Haverals, in: Henrici de Gandavo Opera omnia XVII, Leuven 1989.

HEINRICH VON GENT: *Quodlibeta*, ed. Jodocus Badius Ascensius I–II, Paris 1518, ND Louvain 1961. – Teilweise erschienen in der Neuausgabe der Opera omnia VI (QL 2), XIII (QL 9), XIV (QL 10) XVIII (QL 13).

HEINRICH VON HERFORD: *Liber de rebus memorabilibus sive chronicon*, ed. A. Potthast, Göttingen 1859.

HENRI BOHIC: *Distinctiones in libros V. Decretalium*, Venedig 1567.

HERMANN VON SCHILDESCHE: *Tractatus contra haereticos negantes immunitatem et iurisdictionem sanctae Ecclesiae*, ed. A. Zumkeller, Cassiacum Suppl. 4, S. 3–108, Würzburg 1970.

HERVÉ NÉDELLEC (Hervaeus Natalis): *De iurisdictione*, ed. L. Hödl, Mitteilungen des Grabmann-Instituts der Universität München, Heft 2, München 1959.

HERVÉ NÉDELLEC: *De exemptione*, ed. O. Raynaldus/J.D. Mansi, Annales ecclesiastici XXIV ad a. 1312 nr. 24, Lucca 1749, S. 567–580.

HERVÉ NÉDELLEC: *De potestate papae*, ed. Dionysius Moreau, als Appendix zu: Hervei Natalis Britonis ... *In quattuor libros sententiarum commentaria*, Paris 1647, ND Farnborough 1966, S. 363–401.

HERVÉ NÉDELLEC: *De paupertate Christi et Apostolorum*, ed. J.G. Sikes, in: AHDLMA 12/13, 1937/38, S. 209–297.

HEYSSE, A. (ed.): Duo documenta de polemica inter Gerardum Oddonem et Michaelem de Cesena, Perpiani 1331 – Monachi 1332, in: AFH 9, 1916, S. 134–184.

HOSTIENSIS (Heinrich von Segusio): *Summa aurea una cum summariis et adnotationibus Nicolai Superantii*, Lyon 1537, ND Aalen 1962.

HOSTIENSIS: *In Quinque Decretalium libros commentaria*, zit. als *Lectura*, 2 Bde., Venedig 1581, ND Turin 1965.

HUGO VON DIGNE: *De finibus paupertatis*, ed. C. Florovsky, in: AFH 5, 1912, S. 277–290.

HUGO VON ST.-VICTOR: *Expositio in regulam beati Augustini*, in: PL 176, Sp. 881–924.

INNOZENZ IV.: *Super libros quinque decretalium*, Frankfurt (Main) 1570, ND ebd. 1960.

JACQUES DE THÉRINES: *Tractatus contra impugnatores exemptionum*, ed. B. Tissier, Bibliotheca Patrum Cisterciensium IV, S. 261–315, Bonnefontaine 1662.

JACQUES DE THÉRINES: *Quaestio de exemptionibus*, ed. I. Rodriguez y Rodriguez, in: ders.: Egidio Romano y el problema de la exención religiosa, S. 163–209.

JACQUES DE THÉRINES: *Compendium tractatus fratris Jacobi*, ed. O. Raynaldus/J.D. Mansi, Annales ecclesiastici XXIV ad a. 1312, Lucca 1749, S. 563–567.

JACQUES DE THÉRINES: *Responsio*, ed. E. Müller, in: ders., Konzil von Vienne, Münster 1934, S. 698 ff.

JACQUES DE THÉRINES: Quodlibets I et II, Texte critique avec introduction, notes et tables, ed. P. Glorieux. Textes philosophiques du Moyen Age 7, Paris 1958.

JACQUES DE THÉRINES: Plaidoyer, ed. N. Valois, Un plaidoyer du XIVe siècle en faveur des cisterciens, in: BEC 69, 1908, S. 352–368.

JACQUES FOURNIER (BENEDIKT XII.): *B. Benedicti Papae ... in evangelium D. Matthaei absolutissima commentaria*, ed. G. Lazari, unter Zuschreibung an Benedikt XI., Venedig 1603.

JACQUES FOURNIER: Proömien zu: *De visione beatifica* und *Decem questiones in Durandum*, Prooemium, ed. A. Maier, Zwei Prooemien, S. 147–161. Textteile: ed. O. Raynaldus, Annales Ecclesiastici VI. ad annum 1335 nr. 9–26 und ad annum 1336 nr. 4–18.

JACQUES FOURNIER: [Armutstraktat] Teildruck bei Raynaldus/Bzovius, Annales Ecclesiastici 14, Rom 1618 S. 724-729. – Als *Tractatus contra fraticellos* auch bei N. Eymericus, Directorium inquisitionum, Rom 1585, S. 313–316.

JACQUES FOURNIER: Inquisitionsprotokoll aus Montaillou, ed. J. Duvernoy, Le registre d'Inquisition de Jacques Fournier, évêque de Pamiers (1318–1325), Bibliothèque médiévale, 2e sér., 41, Toulouse 1965. Trad. par J. Duvernoy, Civilliations et sociétés 43, 3 Bde., Paris/Le Haye/New York 1978.

JAKOB VON VITERBO: *De regimine christiano*, ed. H.X. Arquillière, Le plus ancien traité de l'église, études de théologie historique 1, Paris 1926, S. 85–310.

JEAN DE LIMOGES: [Exemtionstraktat], ed. J. Leclercq, Un opuscule inédit de Jean de Limoges sur l'exemption, in: AnalCist. 3, 1947, S. 147–154.

JEAN LE MOINE: *Glossa aurea ... super Sexto Decretalium Libro ... cum additionibus ... Philippi Probi*, ed. Johannus Parvus, Paris 1535, ND Aalen 1968.

JEAN QUIDORT: *De regia potestate et papali*, ed. F. Bleienstein, Frankfurter Studien zur Wissenschaft von der Politik 4, Stuttgart 1969, S. 67–211. – Ed. J. Leclercq, Jean de Paris et l'ecclésiologie du XIIIe siècle, Paris 1942, S. 173–260.

JEAN QUIDORT: *De confessionibus audiendis*, ed. L. Hödl, in: Mitteilungen des Grabmann-Instituts der Universität München 6, 1962.

JOHANNES VON ARAGONA: [Visio-Gutachten], ed. M. Dykmans, Lettre de Jean d'Aragon, in: Analecta sacra Terraconensia 42, 1969, S. 143–168.

JOHANNES VON SALISBURY: *Policraticus*, ed. C.C.I. Webb, I–II, Oxford 1909, ND Frankfurt (Main) 1965.

JOHANN VON VIKTRING: *Liber centum historiarum*, ed. F. Schneider, MGH SS rer. Germ., Hannover/Leipzig 1909–1910.

JOHANNES VON WINTERTHUR: Chronik, ed. F. Baethgen in Verbindung mit C. Brun, MGH SS rer. Germ. NS 3, Berlin 1924.

JOHANNES ANDREAE: *Novella in Sextum*, ed. Ph. Pincius, Venedig 1499; ND Graz 1969.

JOHANNES BRUGMANN: *Speculum imperfectionis fratrum minorum*, ed. H. Goyen, in: AFH 2, 1909, S. 613–625.

JOHANNES PECKHAM: *Tractatus pauperis*, ed. C.L. Kingsford, A.G. Little, F. Tocco, in: dies., Fratris Johannis Pecham quondam Archiepiscopi Cantuarensis Tractatus tres de paupertate, Aberdeen 1966.

JOHANNES REGINA VON NEAPEL: *Utrum anime sanctorum separate a corporibus ante resurrectionem generalem videant clare et aperte vel beatifice divinam essentiam*, ed. P. T. Stella, in: Salesianum 35, 1973, S. 53–99, S. 63–99 (Text).

JOHANNES REGINA VON NEAPEL: *Quaestiones variae Parisiis disputatae Fr. Johannis Napoli*, ed. D. Gravina, Neapel 1618.

JORDAN VON SACHSEN: *Liber Vitas fratrum*, ed. R. Arbesmann und T. Hümpfer, Cassiacum 1, New York 1943.

KONRAD VON MEGENBERG: *Monastica*, ed. S. Krüger, MGH Staatsschriften des späteren Mittelalters II, Stuttgart 1992.

KONRAD VON MEGENBERG: *Oeconomica*, ebd. III 1984.

KONRAD VON MEGENBERG: *Planctus Ecclesiae in Germaniam*, ed. R. Scholz, MGH Staatsschriften des späteren Mittelalters II, 1, Leipzig 1941. Ed. und übers. von H. Kusch, Klagelied der Kirche über Deutschland, Darmstadt 1956.

LECLERCQ, J. (ed.): Textes contemporaines de Dante sur des sujets qu'il a traités, in: StM 3. ser. 6 nr. 2, 1965, S. 491–533.

MARSILIUS VON PADUA: *Defensor pacis*, ed. R. Scholz, MGH, Fontes iuris germanici antiqui in usum scholarum, 7, Hannover 1932–1933.

MATHIAS FLACIUS ILLYRICUS: *Testimonium veritatis*, Lyon 1597.

MATTHIAS VON NEUENBURG: Chronik, ed. A. Hofmeister, MGH SS rer. Germ. NS 4, Berlin 1924, ND München 1984.

NICOLAUS MINORITA: *Chronica*, ed. S. Gál und D.E. Flood, St. Bonaventure New York, Franciscan Institute Publications, 1996.

NICOLAUS VON LYRA: *De usu paupere*, ed. Longpré, Le quolibet de Nicolas de Lyre, in: AFH 23, 1930, S. 43–56, S. 51–56 (Text).

NICOLAUS VON LYRA: *Glossa Ordinaria*, in: Biblia Sacra cum Glossa Ordinaria, Band 5,1; Basel 1498.

PETER VON ZITTAU: *Chronica Aulae regiae*, ed. J. Loserth, Die Königsaaler Geschichtsquellen mit den Zusätzen und der Fortsetzung des Domherrn Franz von Prag, Fontes rerum Austr. I SS VIII, Wien 1875.

PETRUS JOHANNIS OLIVI: [*Quaestio de infallibilitate Romani Pontificis*], ed. M. Maccarrone, RSCI 3, 1949, S. 325–343.

PETRUS JOHANNIS OLIVI: *Expositio super regulam Fratrum Minorum*, ed. D. Flood, Petrus Johannis Olivi, Rule Commentary, edition and presentation, Veröffentlichungen des Instituts für europäische Geschichte 67, Abhandlungen zur Religionsgeschichte, Wiesbaden 1972, S. 110–196.

PETRUS JOHANNIS OLIVI: *De renuntiatione Papae*, ed. L. Oliger, in: AFH 11, 1918, S. 340–366.

PETRUS JOHANNIS OLIVI: *Epistola ad Conradum de Offida*, ebd. S. 366–373.

PETRUS JOHANNIS OLIVI: *Queritur an vovens evangelium vel aliquam regulam simpliciter et absque determinatione teneatur observare omnia que in eis sunt contenta, ita quod semper peccet mortaliter contra quodcumque illorum agendo*, ed. F. Delorme, in: Antonianum 16, 1941, S. 131–164, S. 143–164 (Text).

PETRUS JOHANNIS OLIVI: [*Quaestio ... de possessionibus procuratoribus commissis pro fratrum necessitatibus*], ed. D. Burr und D. Flood, Peter Olivi: On Poverty and Revenue, in: FStud 40, 1980, S. 18–58, S. 34–58 (Text).

PETRUS JOHANNIS OLIVI: *De perfectione evangelica [Questio prima: An contemplatio sit melior ex suo genere quam omnis actio alia]*, ed. A. Emmen und F. Simocioli, Studi Francescani 60, 1963, S. 382–445, S. 402–445 (Text); [*Quaestio secunda: An contemplatio principalius sit in intellectu quam in voluntate*], ebd. 61, 1964, S. 108–167, S. 113–140 (Text); [*Questio teria: an studere sit opus de suo genere perfectus*], ebd. S. 141–167; [*Questio quinta: an sit melius aliquid facere ex voto quam sine voto*], ebd. 63, 1966, S. 88–108, S. 93–108.

PETRUS JOHANNIS OLIVI: *Quid ponat ius vel dominium*, ed. F. Delorme, in: Antonianum 20, 1945, S. 309–333.

PIERRE BERTRAND: *De iurisdictione ecclesiastica et politica*, ed. Melchior H. Goldast, Monarchia Sancti Romani Imperii II, Frankfurt (Main) 1614, ND Graz 1960, S. 1361–1383.

PIERRE BOHIER: *In regulam S. Benedicti Commentaria*, ed. L. Allodi, Montecassino 1908.

PIERRE DE LA PALU: *Tractatus de potestate pape*, ed. P.T. Stella, Zürich 1966.

PIERRE DE LA PALU: *Decisio articuli super materia confessionum*, ed. Jean Barbier, Paris 1506, (ohne Folierung).

PIERRE DE LA PALU: *In 4. librum sententiarum*, recogn. Vincentius de Harlem, ed. Johannes Clein, Paris 1514.

PIERRE DE LA PALU: *Utrum usura sit crimen ecclesiasticum*, ed. P.G. Marcuzzi, L'usura, un caso di giurisdizione controversa in un responsum inedito di Pietro di La Palu (1280–1342), in: Salesianum 40, 1978, S. 246–292.

PIERRE DUBOIS: *De recuperatione terrae sanctae*, ed. A. Diotti, Dalla Republica Christiana ai primi nazionalismi e alla politica antimediterranea, Florenz 1977.

QUAESTIO IN UTRAMQUE PARTEM, ed. G. Vinay, Egidio Romano e la cosidetta *Questio in utramque partem*, in: BISI 53/54, 1939, S. 43–136, S. 93–136 (Text).

REMIGIO DEI GIROLAMI: *Tractatus de bono communi*, Auszüge in: Egenter, R., Gemeinnutz vor Eigennutz, in: Scholastik 9, 1934, S. 79–92.

REMIGIO DEI GIROLAMI: *Tractatus de peccato usure*, ed. O. Capitani, in: StM 3. ser., 6, 1965, S. 611–660.

RICHARD VON MEDIAVILLA: *Quaestio privilegii Papae Martini*, ed. F. Delorme, Quaracchi 1925.

RUFINUS: *Summa decretorum*, ed. H. Singer, Paderborn 1902, ND Aalen 1963.

SIMON OF BORASTON: *Libellus de mutabilitate mundi*, ed. S.L. Forte, Simon of Boraston, life and writings, in: AFP 22, 1952, S. 341–345.

SCHEDEL, HARTMANN: Weltchronik, o.O. 1493, ND Starnberg o.J.

SCHOLZ, R. (ed.): Unbekannte kirchenpolitische Streitschriften aus der Zeit Ludwigs d. B. (1327–1354), Analysen und Texte, Bibl. des Kgl. Preuß. Hist. Instituts in Rom 9–10, 2 Bde., Rom 1911 u. 1914.

SPECULUM PERFECTIONIS *seu S. Francisci Assisiensis Legenda antiquissima auctore fratre Leone*, ed. P. Sabatier, Collections d'études 1, Paris 1898.

SPRANDEL, R. (ed.): Die Weltchronik des Mönchs Albert (1273/77–1454/56), MGH SS rer. Germ. XVII, München 1994.

THOLOMÄUS VON LUCCA: *Determinatio compendiosa*, ed. M. Krammer, Fontes iuris germanici in usum scholarum ex MGH separatim editi, Hannover-Leipzig 1909.

THOMAS DE BAILLY: *Quodlibets*, texte critique avec introduction, notes et tables, ed. P. Glorieux, Textes philosophiques du Moyen Age 9, Paris 1960.

THOMAS VON AQUIN: *Summa theologiae*, cura et studio fratrum eiusdem Ordinis I–V, Madrid 1963–1968.

THOMAS VON AQUIN: *De regno*, ed. H.-F. Dondaine, in: Opera omnia iussu Leonis XIII P. M. edita cura et studio Fratrum Predicatorum, XLII S. 421–471, S. 459–471 (Text).

THOMAS VON YORK: *Manus que contra omnipotentem tenditur*, ed. M. Bierbaum, in: ders.: Bettelorden und Weltgeistlichkeit, Münster 1920, S. 37–168.

THOMAS WALSINGHAM: *Chronica Monasterii S. Albani*, Historia Anglicana, Rer. Brit. medii aevi SS XVIII, 2 Bde., ed. H.T. Riley, London 1863–1864, ND 1965.

THOMAS WALEYS: *Sermo*, ed. T. Kaeppeli, Le procès contre Thomas Waleys, S. 93–108.
THOMAS WALEYS: *De instantiis et momentis*, ebd. S. 157–183.
THOMAS WALEYS: *Epistola*, ebd. S. 240–248.
UBERTINO DA CASALE: *Arbor vitae crucifixae Jesu*, ed. Andrea Bonetti Venedig 1485; ed. Ch.T. Davis, ND Turin 1961.
UBERTINO DA CASALE: [Armutstraktat, Kurzfassung], ed. Ch.T. Davis, Ubertino da Casale and his Conception of altissima paupertas, in StM 3. ser. 22, 1981, S. 1–56, S. 43–56 (Text).
UBERTINO DA CASALE: *Super tribus sceleribus*, ed. F. Delorme, AFH 10, 1917, S. 103–174.
WALTER OF CHATTON: [Armutstraktat], ed. D. Douie, Three treatises on evangelical poverty by Fr. Richard Conyngton, Fr. Walter Chatton and an anonymus from MS. V III 18 in Bishop Cosins' Library, Durham, in: AFH 24, 1931, S. 341–369 und 25, 1932, S. 36–58, S. 210–240.
WILLIAM OF ALNWICK: [Visio-Predigt], ed. M. Dykmans, Le dernier sermon de Guillaume d'Alnwick, in: AFH 63, 1970, S. 259–279.
WILHELM VON CREMONA: *De primatu Petri et de origine potestatis episcoporum*, ed. A. Piolanti, Textus breviores theologiam et historiam spectantes 5, Città del Vaticano 1971.
WILHELM VON SARZANO: *Tractatus de potestate Summi Pontificis*, ed. R.del Ponte, in: StM 12, 1971, S. 997–1094, S. 1020–1094 (Text).
WILHELM VON OCKHAM: *Opera politica* I, ed. J.G. Sikes; II–III, ed. R.F. Bennett und H.S. Offler; Manchester 1940–1956; IV, ed. H.S. Offler, Autores britannici medii aevi XIV, Oxford 1997.
WILHELM VON OCKHAM: *Breviloquium de principatu tyrannico*, ed. R. Scholz, Wilhelm von Ockham als politischer Denker und sein Breviloquium de principatu tyrannico, Schriften des Reichsinstituts für ältere deutsche Geschichtskunde (MGH) 8, Leipzig 1944. Neuedition, ed. H.S. Offler, in: OPol IV S. 97–260.
WILHELM VON OCKHAM: *Tractatus de imperatorum et pontificum potestate*, ed. W. Mulder, in: AFH 16, 1923, S. 469–492; AFH 17, 1924, S. 72–97. Neuedition, ed. H.S. Offler, in: OPol IV S. 279–355.
WILHELM VON OCKHAM: *Dialogus*, ed. Melchior H. Goldast, Monarchia sancti Romani Imperii, Frankfurt (Main) 1614, ND Graz 1960, II S. 394–957.

Quellen zum Ordensrecht

Ordo S. Benedicti

BENEDICTI REGULA, recensuit R. Hanslik , CSEL 75, Wien 1960 .
BERLIÈRE, U. (ed.): Chapitres généraux des monastères bénédictins des provinces de Reims et de Sens (XIIIe–XVe), in: Documents inédits pour servir à l'histoire ecclésiastique de la Belgique, Maredsous 1894, S. 58–117.
BESSE, D. (ed.): Provincial Chapters of the Black Monks in France, in: Spicilegium Benedictinum 4, 1899, S. 1–29, S. 54–67, S. 88–93.
BERNARD, A./BRUEL, A. (eds.): Recueil des chartes de l'abbaye de Cluny, V–VI, Paris 1894–1903, ND Frankfurt (Main) 1974.
CHARVIN, G. (ed.): Statuts, Chapitres généraux et visites de l'ordre de Cluny, I–III, Paris 1965–1967.
CHAULIAC, A. (ed.): Statuts de l'abbaye de Saint-Croix de Bordeaux (XIVe siècle), in: RevMab.7, 1911, S. 459–504.

CORPUS CONSUETUDINUM MONASTICARUM, ed. K. Hallinger, hier: VI consuetudines be-
nedictinae variae, Siegburg 1975, Statuta Petri Venerabilis, ed. G. Constable S. 21–
106. Statuta Casinensia (saec. XIII–XIV) ed. T. Lecisotti und C.W. Bynum S. 201–
250.

DIMIER, M.-A. (ed.): Les statuts de l'abbé Matthieu de Foigny pour la réforme de
l'abbaye de Saint-Vaast, in: RevBén 65, 1955, S. 110–125.

GUÉRARD, M. (ed.): Cartulaire de l'abbaye de St-Victor de Marseille, avec la collabora-
tion de A. Marion et L. Delisle, I–II, Collection des cartulaires de France VIII–IX,
Paris 1857.

GUILLOREAU, L. (ed.): Les statuts de réformation de Maynier et de Raymond Lordet,
Abbés de Saint-Victor de Marseille (Novembre 1202–1288), in: RevMab 6, 1910–
1911, S. 65–96.

GUILLOREAU, L. (ed.): Chapitres généraux et statuts de Guillaume de Sabran, Abbé de
Saint-Victor de Marseille (1294–1312), ebd. S. 300–328 und RevMab 7, 1911,
S. 224–243.

GUILLOREAU, L. (ed.): Chapitres généraux et statuts de Guillaume de Cardaillac et de
Ratier de Lautrec, Abbés de Saint-Victor de Marseille (1324–1330), in: RevMab 8,
1912–1915, S. 381–400 und RevMab 9, 1913, S. 1–18.

LAPORTE, J. (ed.): Un règlement pour les monastères bénédictins de Normandie (XIIIe–
XVe s.), in: RevBén 58–59, 1948–1949, S. 125–144.

OURY, G.-M. (ed.): Les statuts des prieurés de Marmoutier (XIIIe–XIVe siècles), in: RevMab
60, 1981, S. 1–16.

PANTIN, W.A. (ed.): Documents illustrating the activities of the general and provincial
chapters of the english black monks 1215–1540, Camden 3rd series 45, 47, 54, London 1931–1937.

PROU, M. (ed.): Statuts d'un chapitre général bénédictin tenu à Angers en 1220, in:
Mélanges d'archéologie et d'histoire de l'Ecole Française de Rome 4, 1884, S. 345–
356.

Ordo S. Augustini

BECQUET, J. (ed.): Le coutumier des chanoines réguliers d'Aureil en Limousin au XIIIe
siècle, in: Bull. arch. et hist. du Limousin 91, 1964, S. 71–85.

JOCQUÉ, L./MILIS, L. (eds.): *Liber ordinis sancti Victoris*, CCCM LXI, Turnhout 1984.

MILIS, L./BECQUET, J. (eds.): *Constitutiones canonicorum regularium ordinis Arroasi-
ensis*, CCCM XX, Turnhout 1970.

MILIS, J. (ed.): Le Coutumier de Saint-Quentin de Beauvais, in: Sacris Erudiri 21,
1972/73, S. 435–481.

ORDO MONASTERII, ed. L. Verheijen: La Règle de Saint Augustin, Bd. 1, Paris 1967,
S. 148–152. – OBIURGATIO, ebd. S. 105–107. – PRAECEPTUM, ebd. S. 417–437.

SALTER, H.E.: Chapters of the Austin Canons, Canterbury and York, Oxford Historical
Society Bd. 74, London 1922.

SALTER, H.E. (ed.): An Arrouasian Generalchapter, in: EHR 52, 1937, S. 267–279.

SIEGWART, J. (ed.): Die *Consuetudines* des Augustiner-Chorherrenstiftes Marbach im El-
saß (12. Jahrhundert), Spicilegium Friburgense 10, Freiburg/Schweiz 1965.

WEINFURTER, S. (ed.): *Consuetudines canonicorum regularium Springiersbacenses-
Rodenses*, CCCM XLVIII, Turnhout 1978.

WERMINGHOFF, A. (ed.): *Concilium Aquisgranense* A. 816, in: MGH Legum Sectio III,
Concilia II pars prior, Hannover 1904, S. 307–421.

Ordo Cisterciensis

BOUTON, J./VAN DAMME, J.B. (eds.): Les plus anciens textes de Cîteaux. Sources, textes et notes historiques, Achel 1974. Vgl. auch die Ausgaben: *Carta Caritatis prior*, ed. J. Turk in: AnalCist 1, 1945, S. 1–61, S. 53–56 (Text). *Carta Caritatis posterior*, ed. J. Turk, ebd. S. 57–61 (Text). *Cistercii Statuta Antiquissima*, ed. J. Turk, in: AnalCist 4, 1948, S. 1–159, S. 109–114, S. 141–42 (Text).

CANIVEZ, J.-M. (ed.): *Statuta Capitulorum generalium Ordinis Cisterciensis ab anno 1116 ad annum 1786*, Bibliothèque de la Revue d'Histoire Ecclésiastique (fasc. 9–11), Bde. 1–3, Louvain 1933–1936.

GRIESSER, B. (ed.): *Ecclesiastica officia Cisterciensis Ordinis* (ca. 1130–35), in: ders., Die *Ecclesiastica officia Ordinis Cisterciensis* des Cod. 1711 von Trient, in: AnalCist 12, 1956, S. 153–288. Vgl. auch: *Ecclesiastica officia Cisterciensis Ordinis* (ca. 1150), ed. C. Noschitzka: Codex manuscriptus 31 Bibliothecae Universitatis Labacensis, in: AnalCist 6, 1950, S. 38–124.

LUCET, B. (ed.): Les codifications cisterciennes de 1237 et de 1257, Editions du C.N.R.S., Paris 1977.

LUCET, B. (ed.): La codification cistercienne de 1202 et son évolution ultérieure, Bibliotheca Cisterciensis Bd. 2, Rom 1964.

SEJALON, H. (ed.), PARIS, J.: *Nomasticon Cisterciense seu antiquiores Ordinis Cisterciensis constitutiones*, ND Solesmes 1892.

TURK, J. (ed.): *Instituta Generalis Capituli apud Cistercium*, in: AnalCist 4, 1948, S. 1–31.

VAN DAMME J.-B. (ed.): *Documenta pro Cisterciensis Ordinis historiae ac iuris studio*, Westmalle 1959.

Ordo Eremitorum S. Augustini

CONSTITUTIONES FRATRUM HEREMITARUM [1289–1291], in: Regula beati Augustini cum expositione Hugonis de S. Victore, Venedig 1505, fol. 17r–39v.

ANTIQUIORES QUAE EXTANT DEFINITIONES CAPITULORUM GENERALIUM ORDINIS, ed. Esteban, in: AAug I–IV, 1905–1912.

ACTA CAPITULORUM PROVINCIAE FRANCIAE (1318–1342), ebd. III–IV.

ACTA CAPITULORUM PRQVINCIAE ROMANAE (1274–1339), ebd. II–IV.

Ordo Fratrum Minorum

BIHL, M. (ed.): *Statuta generalia Ordinis edita in Capitulis generalibus celebratis Narbonae an. 1260, Assisii an. 1279 atque Parisiis an. 1292 (editio critica et synoptica)*, in: AFH 34, 1941, S. 13–94 u. S. 284–358. – Ältere Editionen: *Constitutiones generales Narbonenses*, in: Bonaventura Opera omnia Bd. VIII, S. 449–67, sowie: ed. Ehrle, Die ältesten Redaktionen der Generalconstitutionen d. Franz.-Ordens, in: ALKG 6, 1892, S. 87–138.

BIHL, M. (ed.): *Ordinationes a Benedicto XII pro Fratribus Minoribus promulgatae per bullam 28 Novembris 1336*, in: AFH 30, 1337, S. 309–390.

BIHL, M. (ed.): *Constitutiones generales editae in capitulis generalibus Caturcui an. 1337 et Lugduni an. 1351 celebratis*, in: AFH 30, 1937, S. 69–169.

BIHL, M. (ed.): *Statuta generalia Ordinis edita in Capitulo Generali an. 1354 Assisi celebrato communiter Farineriana appellata*, in: AFH 35, 1942, S. 35–112, S. 177–221.

BIHL, M. (ed.): *Statuta provincialia provinciarum Aquitaniae et Franciae (saec. XIII–XIV)*, in: AFH 7, 1914, S. 466–501.

BOEHMER, H. (ed.): Analekten zur Geschichte des Franciscus von Assisi, Sammlung ausgewählter kirchen- und dogmengeschichtlicher Quellenschriften NF Bd. 4, mit Nachtrag von C. Andresen Tübingen ³1961. Überholt durch: ESSER, C. (ed.), Die Opuscula des Hl. Franziskus von Assisi, Neue textkritische Edition, Spicilegium Bonaventuri-anum 13, Grottaferrata 1976.

CALLEBAUT, A. (ed.): *Acta Capituli Generalis Mediolani celebrati an. 1285*, in: AFH 22, 1929, S. 273–291.

CARLINI, A. (ed.): *Constitutiones generales Ordinis Fratrum Minorum anno 1316 Assisii conditae, Lugdunensis Compilatio (1325)*, in: AFH 4, 1911, S. 269–302, S. 508–526, S. 526–536.

CENCI, C. (ed.): Le costituzioni Padovane del 1310, in: AFH 76, 1983, S. 505–588.

DELORME, F. (ed.): *Acta Capituli Generalis Venetiis celebrati*, in: AFH 5, 1912, S. 699–708.

DELORME, F. (ed.): *Acta et Constitutiones Capituli generalis Assisiensis*, in: AFH 6, 1913, S. 251–266.

DELORME, F. (ed.): *Documenta saeculi XIV provinciae S. Francisci Umbriae*, in: AFH 5, 1912, S. 520–543.

DELORME, F. (ed.): *Constitutiones Provinciae Provinciae (Saec XIII-XIV)*, in: AFH 14, 1921, S. 415–434.

DELORME, F. (ed.): *Diffinitiones Capituli generalis O.F.M. Narbonensis (1260)*, in: AFH 3, 1910, S. 491–504. – *Constitutiones generales antique (1279)*, in: Misc. Franciscana 35, 1935, S. 65–100.

FUSSENEGGER, G. (ed.): *Definitiones Capituli generalis Argentinae celebrati anno 1282*, in: AFH 26, 1933, S. 127–140.

FUSSENEGGER, G. (ed.): *Statuta provinciae Alemaniae superioris annis 1303, 1309 et 1341 condita*, in: AFH 53, 1960, S. 233–175.

GRATIEN, N. (ed.): Les statuts du Chapitre général d'Assise (1340), in: Études Franciscaines 27, 1912, S. 308–313.

LITTLE, G. (ed.): *Definitiones Capitulorum generalium O.F.M. 1260–82*, in: AFH 7, 1914, S. 676–82.

MENCHERINI, S. (ed.): *Constitutiones generales Ordinis Fratrum Minorum a Capitulo Perpiniani anno 1331 celebrato editae*, in: AFH 2, 1909, S. 269–292, S. 412–430, S. 575–599.

VAN DIJK, A. (ed.): The Statutes of the General Chapter of Pisa (1263), in: AFH 22, 1929, S. 272–322.

WADDING, L.: *Annales Minorum seu trium ordinum S. Francisco institutorum*, VII, Quaracchi 1932.

Ordo Fratrum Praedicatorum

AMATO, A. (ed.): Atti del capitolo provinciale della Lombardia inferiore celebrato a Vincenza nel 1307, in: AFP 13, 1943, S. 138–148.

CREYTENS, R. (ed.): *Constitutiones Ordinis Fratrum Predicatorum (1241)*: Les constitutions des Frères Prêcheurs dans la rédaction de S. Raymond de Peñafort, in: AFP 18, 1948, S. 5–68.

DENIFLE, H. (ed.): Die Constitutionen des Predigerordens in der Redaction Raimunds von Peñaforte, in: ALKG 5, 1889, S. 530–564.

DENIFLE, H. (ed.): Die Constitutionen des Prediger-Ordens vom Jahre 1228, in: ALKG 1, 1886, S. 165–227.

DOUAIS, C. (ed.): *Acta capitulorum provincialium Ordinis Fratrum Praedicatorum*, Toulouse 1894.

GALBRAITH, G.R. (ed.): *Constitutiones* (1358–1363), in: ders., The Constitution of the Dominican Order, S. 203–253.

KAEPPELI, T./DONDAINE, A. (eds.): *Acta capitulorum provincialium provinciae Romanae* [1243–1344], MOPH 20, Rom 1941.

LÖHR, G.M. (ed.): Die Gewohnheiten eines mitteldeutschen Dominikanerklosters aus der ersten Hälfte des 14. Jahrhunderts, in: AFP 1, 1931, S. 87–105.

MOTHON, P. (ed.): *Constitutiones Ordinis Fratrum Predicatorum* (1256), in: Analecta sacri ordinis Fratrum Praedicatorum seu vetera ordinis monumenta recentioraque acta, ed. A. Frühwirth, 3, 1897–98, S. 26–60, S. 98–122, S. 162–181.

REICHERT, B.M. (ed.): *Acta Capitulorum Generalium* (Vol. 1 et 2), in: Monumenta Ordinis Fratrum Predicatorum Historica (MOPH) Bde. 3 u. 4, Rom/Stuttgart 1897–1899.

REICHERT, B.M. (ed.): *Litterae encyclicae magistrorum generalium Ordinis Praedicatorum*, in: MOPH Bd. 5, Rom/Stuttgart 1900.

SCHEEBEN, H.C. (ed.): Die Konstitutionen des Predigerordens unter Jordan von Sachsen, in: Quellen und Forschungen zur Geschichte des Dominikanerordens in Deutschland 38, 1939, S. 48–80.

THOMAS, A.H. (ed.): De oudste Constituties van de Dominicanen, Voorgeschiedenis, Tekst, Bronnen, Ontstaan en Ontwikkeling (1215–1237), Bibliothèque de la Revue d'Histoire Ecclésiastique Fasc. 42, Leuven 1965, S. 309–369.

QUÉTIF, L./ÉCHARD, J.: *Scriptores ordinis praedicatorum*, Paris 1719.

Grandmont

BECQUET, J. (ed.): Bullaire de l'Ordre de Grandmont, in: RevMab 46, 1956–53, 1963.

BECQUET, J. (ed.): L'Institution: premier coutumier de l'Ordre de Grandmont, in: RevMab 46, 1956, S. 15–32.

BECQUET, J. (ed.): Les statuts de réforme de l'ordre de Grandmont au XIIIᵉ siècle [1239 und 1289], in: RevMab 59, 1978, S. 129–143.

BECQUET, J. (ed.): *Scriptores ordinis Grandimontensis*, CCCM 8, Turnhout, 1968.

Ordo Praemonstratensis

LEFEVRE, P.F. (ed.): Les Statuts de Prémontré réformés sur les ordres de Grégoire IX et d'Innocent IV au XIIIᵉ siècle, Bibliothèque de la Revue d'histoire ecclésiastique, fasc. 23, Leuven 1946.

LEFEVRE, P.F. (ed.): L'Ordinaire de Prémontré d'après les manuscrits du XIIᵉ et du XIIIᵉ siècle, Bibliothèque de la Revue d'Histoire Ecclésiastique fasc. 22, Leuven 1941.

LEFEVRE, P.F./GRAUWEN, W.M. (eds.): Les Statuts de Prémontré au milieu du XIIᵉ siècle, Bibliotheca analectorum Praemonstratensium, fasc. 12, Averbode 1978.

LE PAIGE (ed.): *Compilatio Quinta*, Bibliotheca Praemontratensis Ordinis, Paris 1633, S. 832a–839b.

VALVEKENS, J.B. (ed.): *Acta et Decreta Capitulorum Generalium Ordinis Praemonstratensis*, AnalPraem 42, 1966.

WAEFELGHEM, R. van (ed.): Les premiers statuts de l'ordre de Prémontré, in: Analectes de l'ordre de Prémontré 9, 1913, S. 1–74.

Vallombrosa

VASATURO, N.R. (ed.): *Acta Capitulorum Generalium Congregationis Vallis Umbrosae. Institutiones Abbatum* (1095–1310), Thesaurus Ecclesiarum Italiae 7, 25, Rom 1985.

10.2. Literatur

ALBE, E.: Autour de Jean XXII. Les familles du Quercy, in: Annales de Saint-Louis-des-Français 7, 1902.

ALBERIGO, G.: Réforme en tant que critère de l'Histoire de l'Église, in: RHE 76, 1981, S. 72–81.

ALBERIGO, G.: Cardinalato e collegialità, Studi sull'ecclesiologia tra l'XI e il XIV secolo, Florenz 1969.

ALBERMATT, A.: Die Zisterzienser in Geschichte und Gegenwart. Ein Literaturbericht, in: Cistercienserchronik 88, 1981, S. 77–120.

D'ALÈS, A.: Jacques de Viterbe. Théologien de l'église, in: Gregorianum 7, 1926, S. 339–353.

ALONSO, S. : La exención de los religiosos, in: Ciencia tomista 55, 1936, S. 33–56; 56, 1937, S. 211–230, S. 175–197; 57, 1938, S. 224–252.

ALTANER, B.: Venturino von Bergamo O.P. 1304–1346, Breslau 1911.

AMARGIER, P.: Relations de Saint-Victor de Marseille avec ses prieurés Languedociens, in: Les moines noirs, CF 19, Toulouse 1984, S. 215–237.

AMARGIER, P.: *Nullus in jure – peritus in utroque* Benoît XII – Urban V., in: Aux origines de l'État modern. Le fonctionnement administratif de la papauté d'Avignon, Coll. de l'École française de Rome 138, Rom 1990, S. 33–39.

AMARGIER, P.: Prêcheurs et mentalité universitaire dans la province de Provence au XIIIᵉ siècle, in: Les universités du Languedoc au XIIIᵉ siècle, CF 5, Toulouse 1970, S. 119–144.

AMARGIER, P.: Pétrarque et ses amis au temps de la verte feuillée, in: La papauté d' Avignon et le Languedoc, CF 26, 1991, S. 127–140.

AMOROS, L.: Series condemnationum et processuum contra doctrinam et sequaces Petri Ioannis Olivi (e cod. Vat. Ottob. Lat. 1816), in: AFH 24, 1931, S. 495–512.

ANGER P.: Chapitres généraux de Cluny, in: RevMab 8, 1912/13, S. 105–147, S. 213–252.

ANGENENDT, A.: Geschichte der Religiosität im Mittelalter, Darmstadt 1997.

ANGERER, F.F.: Zur Problematik der Begriffe: Regula – Consuetudo – Observanz und Orden, in: SMOSB 88, 1977, S. 312–323.

ANTON, H.H.: Studien zu den Klosterprivilegien der Päpste im Frühen Mittelalter unter besonderer Berücksichtigung der Privilegierung von St. Maurice d'Agaune, Beiträge zur Geschichte und Quellenkunde des Mittelalters Bd. 4, Habil.–Schrift, Berlin/New York 1975.

APPELT, H.: Die Anfänge des päpstlichen Schutzes, in: MIöG 62, 1954, S. 101–111.

ARAMBURU, I.: Los primitivos Constituciones de los Agustinos, Valladolid 1966.

ARAMBURU, I.: De fr. Ioanne Pagnotta de S. Victoria O.E.S.A. Episcopo anagnino et vicario apostolico in Urbe († 1341), in: AAug 14, 1944, S. 141–152.

ARBESMANN, R.: Some Notes on the XIVᵗʰ Century History of the augustinian Order, in: AAug 40, S. 63–68.

ARBESMANN, R.: The Concept of *Christus Medicus* in St. Augustine, in: Traditio 10, 1954, S. 1–22.

ARBOIS DE JUBAINVILLE, M.-H.: Éudes sur l'état intérieur des Abbayes cisterciennes, Paris 1858.

ASPETTI CULTURALI DELLA SOCIETÀ ITALIANA NEL PERIODO DEL PAPATO AVIGNONESE, Convegni del centro di studi sulla spiritualité medievale 19, Rimini 1978.

ARQUILLIÈRE, H.X.: L'appel au concile sous Philippe le Bel et la genèse des théories conciliaires, in: RQH 45, 1911, S. 23–55.

ARWAY, R.: A Half-Century of Research on Godfroy of Fontaines, in: New Scholasticism 36, 1962, S. 192–218.

ASAL, H.: Die Wahl Johanns XXII. Ein Beitrag zur Geschichte des Avignoneser Papsttums, Abhandlungen zur mittleren und neueren Geschichte 20, Berlin/Leipzig 1910.

ASPURZ, L.: Appropriatio et Expropriatio in Doctrina Sancti Francisci, in: Laurentianum 11, 1970, S. 3–35.

AUER, J.: Studien zu den Reformschriften für das zweite Lyoner Konzil, Diss. phil. Freiburg 1910.

AUER, J.: Militia Christi. Zur Geschichte eines christlichen Grundbildes, in: Geist und Leben 32, 1959, S. 340–351.

AUTHORITY AND POWER, Studies on Medieval Law and government presented to Walter Ullmann on his 70th Birthday, ed. B. Tierney und P. Linehan, Cambridge 1980.

AUW, L.v.: Angelo Clareno et les Spirituels du Midi, in: Franciscains d'Oc, Les spirituels, CF 10, Toulouse 1975, S. 243–283.

AUW, L.v.: Angelo Clareno et les Spirituels italiens, [urspr.] Thèse théol., uomini e dottrine 25, Rom 1979.

AVI-YONAH, R.: Career Trends of Parisian Masters of Theology 1200–1320, in: History of Universities 6, 1986/87, S. 47–64.

AVRIL, J.: Le gouvernement des évêques et la vie religieuse dans le diocèse d'Angers (1148–1240), 2 Bde., Thèse, Lille, o.J.

AVRIL, J.: Les dépendances des abbayes (prieurés, églises, chapelles). Diversité des situations et évolutions, in: Les moines noirs, CF 19, Toulouse 1984, S. 309–342.

AVRIL, J.: La participation du chapitre cathédral au gouvernement du diocèse, in: Le monde des chanoines, CF 24, Toulouse 1989, S. 41–63.

AVRIL, J.: Les conceptions ecclésiastiques de Guillaume Le Maire, évêque d'Angers (1291–1317), in: La littérature angevine médiévale. Actes du colloque du samedi 22 mars 1980, S. 111–133.

AVRIL, J.: Recherches sur la politique paroissiale des établissements monastiques et canoniques aux XIe-XIIIe s., in: RevMab 59, 1980, S. 465–517.

AVRIL, J.: Questionnaire. Pour une étude des prieurés médiévaux: quelques hypothéses de recherche, in: Prieurs et prieurés dans l'occident médiéval, Genf 1987, S. 209–211.

AVRIL, J.: Eglise, paroisse, encadrement diocésain aux XIIIe et XIVe siècles, d'après les conciles et statuts synodaux, in: La Paroisse, CF 25, Toulouse 1990, S. 23–49.

BACKMUND, N.: Die mittelalterlichen Geschichtsschreiber aus dem Prämonstratenserorden, Bibl. Analectorum Praemonstratensium fasc. 10, Averbode 1972.

BARATIER, E.: La fondation et l'étendu du temporel de l'abbaye de Saint-Victor, in: Provence historique 16, 1966, S. 395–441.

BARBER, M.: The Trial of the Templars, Cambridge 1978.

BARBICHE, B.: Le personnel de la chancellerie pontificale aux XIIIe et XIVe siècle, in: Prosopographie et genèse de l'État moderne, Actes de la table ronde organisée par le CNRS et ENS de jeunes filles, Paris 1984, ed. F. Autrand, Collection de l'ENS de jeunes filles 30, Paris 1986, S. 117–130.

BARKER, E.: The Dominican Order and Convocation. A Study of the growth of representation in the Church during the thirteenth Century, Oxford 1913.

BARRONE, G.: La legislazione sugli *studia* dei predicatori e dei Minori, in: Le scuole degli ordini mendicanti (secoli XIII–XIV), Convegni del Centro di studi sulla spiritualità medievale XVII, Todi 1978, S. 207–247.

BARRACLOUGH, G.: Papal Provisions, Aspects of Church History Constitutional, Legal and Administrative in the Later Middle Ages, Oxford 1935, ND ebd. 1971.

BATANY, J. : Les moines blancs dans les Etats du Monde, in: Cîteaux 5, 1964, S. 5–25.

BARTOLI, M.: Jean XXII et les Joachimites du Midi, in: La papauté d'Avignon et le Languedoc, CF 26, Toulouse 1991, S. 237–256.

BARTOLI LANGELI, A.: Il manifesto francescano di Perugia del 1322 alle origini dei fraticelli *di opinione*, in: Picenum Seraphicum 11, 1974, S. 204–261.

BAUDRY, L.: Gautier de Chatton et son commentaire des Sentences, in: AHDLMA 14, 1943–45, S. 337–369.

BAUER, C.: Der weltflüchtige und welttätige Gedanke in der Entwicklung des Mönchtums, in: Bonner Zeitschrift für Theologie und Seelsorge 7, 1930, S. 113–126.

BAUMGARTEN, P.M.: Von der apostolischen Kanzlei. Untersuchungen über die päpstlichen Tabellionen und die Vizekanzler der Heiligen Römischen Kirche im XIII., XIV. und XV. Jahrhundert, Köln 1908.

BAUMGARTEN, P.M.: Wahlgeschenke der Päpste an das heilige Kollegium, in: RQ 22, 1903, S. 36–55.

BAUMGARTEN, P.M.: Ergänzungen zu Sägmüller, Der Schatz Johannes'XXII., in: HJb 19, 1898, S. 99–101.

BAUMHAUER, A.: Philipp der Schöne und Bonifaz VIII. in ihrer Stellung zur französischen Kirche, Diss. phil. Freiburg i. B. 1920.

BAUTIER, R.H.: Diplomatique et histoire politique: ce que l'étude critique de ses actes nous apprend sur Philippe le bel, in: RH 259, 1978, S. 3–27.

BEAUFORT, G.de: La charte de charité cistercienne et son évolution, in: RHE 49, 1954, S. 391–437.

BEUAMONT-MAILLET, L.: Le Grand Couvent des Cordeliers de Paris, Paris 1975.

BECKER, H.-J.: Zwei unbekannte kanonistische Schriften des Bonagratia von Bergamo in Cod. Vat. Lat. 4009, in: QFIAB 46, 1966, S. 219–276.

BECKER, H.-J.: Die Appellation vom Papst an ein allgemeines Konzil. Historische Entwicklung und kanonistische Diskussion im späten Mittelalter und in der frühen Neuzeit, Köln-Wien 1988.

BECKER, H.-J.: Protestatio, Protest: Funktion und Funktionswandel eines rechtlichen Instruments, in: ZHF 5, 1978, S. 385–412.

BECKER, H.-J.: Das Mandat *Fidem Catholicam* Ludwigs des Bayern von 1338, in: DA 26, 1970, S. 454–512.

BECKER, P.: Erstrebte und erreichte Ziele benediktinischer Reform im Spätmittelalter, in: Reformbemühungen und Observanzbestrebungen im spätmittelalterlichen Ordenswesen, hrsg. von K. Elm (Ordensstudien VI = Berliner Historische Studien, hrsg. vom Friedrich Meinecke Institut der Freien Universität Berlin 14), Berlin 1989, S. 23–34.

BECKER, P.: Benediktinische Reformbewegungen im Spätmittelalter. Ansätze, Entwicklungen, Auswirkungen, in: Untersuchungen zu Kloster und Stift, Veröffentlichungen des Max-Planck-Instituts für Geschichte 68 (Studien zur Germania Sacra 14), Göttingen 1980, S. 167–187.

BECQUET, J.: Les établissements canoniaux dans les manuscrits des nouvelles acquisitions latines à la Bibliothèque Nationale de Paris, in: AnalPraem 41, 1965, S. 246–255.

BECQUET, J.: Nouveau dépouillement du *Monasticon Benedictinum*, in: RevBén 73, 1963, S. 325–148.

BELLONE, E.: Cultura e studi nei progetti di riforma presentati al concilio di Vienne (1311–1312), in: AHC 9, 1977, S. 67–111.

BENAD, M.: Domus und Religion in Montaillou. Katholische Kirche und Katholizismus im Überlebenskampf der Familie des Pfarrers Petrus Clerici am Anfang des 14. Jahrhunderts, Spätmittelalter und Reformation 1, Neue Reihe, Tübingen 1990.

BENSON, R.L.: The Bishop-Elect. A Study in Medieval Ecclesiastical Office, Princeton 1968.

BENSON, R.L.: Plenitudo potestatis. Evolution of a formula from Gregory VII. to Gratian, in: SG 14, 1967, S. 193–217.

BENZ, E.: Ecclesia spiritualis. Kirchenidee und Geschichtstheologie der franziskanischen Reformation, Stuttgart 1934.

BERG, D.: Armut und Wissenschaft. Beiträge zur Geschichte des Studienwesens der Bettelorden im 13. Jahrhundert, Diss. phil., Düsseldorf 1977.

BERG, D.: Das Studienproblem im Spiegel der franziskanischen Historiographie des 13. und beginnenden 14. Jahrhunderts, in: WuW 42, 1979, S. 11–33.

BERG, D.: Vita Minorum. Zum Wandel des franziskanischen Selbstverständnisses im 13. Jahrhundert, in: WuW 45, 1982, S. 157–196.

BERGES, W.: Die Fürstenspiegel des hohen und späten Mittelalters, Schriften der MGH 2, Leipzig 1938.

BERLIÈRE, U.: La Familia dans les monastères bénédictines du moyen âge, in: Mémoires de l'Académie Royale de Belgique, Classe des Lettres et des Sciences morales et religieuses, t. 29, fasc. 2, Brüssel 1931, S. 3–113.

BERLIÈRE, U.: Les chapitres généraux de l'ordre de S. Benoît, in: RevBén 18, 1901, S. 364–398; 19, 1902, S. 38–75; 22, 1905, S. 377–395.

BERLIÈRE, U.: Les chapitres généraux de l'ordre de S. Benoît avant le IVᵉ concile de Latran (1215), in: RevBén 8, 1891, S. 255–265.

BERLIÈRE, U.: Honorius III et les monastères bénédictins 1216–1227, in: Revue belge de philologie et d'histoire 2, 1923, S. 237–265 u. S. 461–484.

BERLIÈRE, U.: Les élections abbatiales au moyen age, in: Mém. Acad. royale de Belgique, Lettres 20-3, 1927.

BERLIÈRE, U.: Le scéau conventuel, in: RevBén 38, 1926, S. 288–306.

BERLIÈRE, U.: Innocent III et la réorganisation des monastéres bénédictins, in: RevBén 32, 1920, S. 22–42, u. S. 145–159.

BERLIÈRE, U.: L'exercice du ministère paroissial par les moines dans le Haut Moyen Age, in: RevBén 39, 1927, S. 227–250.

BERMAN, C.H.: Medieval Agriculture, the Southern French Countryside, and the Early Cistercians. A Study of 43 Monasteries, Transactions of the American Philosophical Society 76.5, Philadelphia 1986.

BERMAN, C.H.: Cistercian Development and the Order's Acquisition of Churches and tithes in Southern France, in: RevBén 91, 1981, S. 193–203.

BERNSTEIN, A.E.: Magisterium and License: Corporate Autonomie against papal Authority in the medieval University of Paris, in: Viator 9, 1978, S. 291–307.

BERTOLINI, O.: Il ‚Liber Pontificalis‘, in: La storiografia altomedievale, Settimane di Studio 17,1, Spoleto 1970, S. 387–455.

BERTRAM, M.: Le commentaire de Guillaume Durand sur les constitutions du deuxième concile de Lyon, in: Guillaume Durand, évêque de Mende (v. 1230–1296). Canoniste, liturgiste et homme politique, Actes de la Table Ronde du C.N.R.S., Mende 24–27 mai 1990, ed. P.-M. Gy, Paris 1992, S. 95–104.

BERTRAM, M.: Handschriften und Drucke des Dekretalenkommentars (sog. Lectura) des Hostiensis, in: ZRG KA 75, 1989, S. 177–201.

BEUMER, J.: Augustininismus und Thomismus in der theologischen Prinzipienlehre des Aegidius Romanus, in: Scholastik 32, 1957, S. 542–560.

BEYSCHLAG, K.: Zur Geschichte der Bergpredigt in der Alten Kirche, in: ZThK 74, 1977, S. 291–322.

BIELEFELD, H.: Von der päpstlichen Universalherrschaft zur autonomen Bürgerrepublik, Aegidius Romanus, Johannes Quidort von Paris, Dante Alighieri und Marsilius von Padua im Vergleich, ZRG KA 72, 1987, S. 70–130.

BIERBAUM, M.: Bettelorden und Weltgeistlichkeit an der Universität Paris. Texte und Untersuchungen zum literarischen Armuts- und Exemtionsstreit des 13. Jahrhunderts, Franziskanische Studien 2, Beiheft, Münster 1920.

BIGET, J.L.: Autour de Bernard Délicieux. Franciscanisme et société en Languedoc entre 1295 et 1330, in: RHEF 70, 1985, S. 75–93.

BIGET, J.L.: Une abbaye urbaine qui devient cathédrale: Saint-Benoît de Castres, in: Les moines noirs, CF 19, Toulouse 1984, S. 153–192.

BISCARO, G.: Le relazioni dei Visconti con la Chiesa, Azzone, Giovanni e Luchino con Benedetto XII, in: Archivio storico lombardo 47, 1920, S. 193–271.

BLANC, J.: Une abbaye en réforme: La Grasse, de la fin du XIIIe à la fin du XIVe siècle, in: Les Moines Noirs, CF 19, Toulouse 1984, S. 91–115.

BLECKER, M.P.: The Civil Right of the Monk in Roman and Canon Law: The Monk as *servus*, in: American Benedictine Review 17, 1966, S. 185–198.

BLECKER, M.P.: Roman Law and *Consilium* in the *Regula magistri* and the Rule of St Benedict, in: Speculum 47, 1972, S. 1–28.

BOCK, C.: Les Cisterciens et l'étude du droit, in: AnalCist 7, 1951, S. 3–31.

BOCK, C.: Les codifications du droit cistercien, in: CollCist 9, 1947, S. 249–252; 10, 1948, S. 118–127 u. S. 178–190; 11, 1949, S. 151–166 u. S. 344–352; 12, 1950, S. 101–117, S. 161–175; 16, 1954, S. 266–283; 17, 1955, S. 159–185 u. S. 253–264; 18, 1950, S. 28–41.

BOCK, F.: Studien zum politischen Inquisitionsprozeß Johannes XXII., in: QFIAB 26, 1935/36, S. 21–142.

BOCK, F.: Die Beteiligung der Dominikaner an den Inquisitionsprozessen unter Johannes XXII., in: AFP 6, 1936, S. 312–333.

BOCK, F.: Der Este-Prozeß von 1321, in: AFP 7, 1937, S. 41–111.

BOCK, F.: Die Appellationsschriften König Ludwigs des Bayern in den Jahren 1323/24, in: DA 4, 1940, S. 179–205.

BOCK, F.: Die Prokuratorien Ludwigs des Bayern, in: QFIAB 25, 1933–34, S. 251–291.

BOCK, F.: Reichsidee und Nationalstaaten vom Untergang des alten Reiches bis zur Kündigung des deutsch-englischen Bündnisses 1341, München 1941.

BOCK, F.: Über die Registrierung von Sekretbriefen. (Studien zu den Sekretregistern Benedikts XII.), in: QFIAB 29, 1939, S. 41–134.

BOCK, F.: Einführung in das Registerwesen des avignonesischen Papsttums, in: QFIAB 31, 1941, S. 5–42.

BOEHM, L.: Papst Benedikt XII. (1334–1342) als Förderer der Ordensstudien. Restaurator – Reformator – oder Deformator regularer Lebensform?, in: *Secundum regulam vivere* Festschrift für N. Backmund, hrsg. von G. Melville, Windberg 1978, S. 281–310.

BOISSET, L.: Les conciles provinciaux français et la réception des décrets du IIe concile de Lyon (1274), in: RHEF 69, 1983, S. 29–59.

BORNHAK, O.: Staatskirchliche Vorstellungen und Handlungen am Hofe Ludwigs des Bayern. Quellen und Studien zur Verfassungsgeschichte des deutschen Reiches in Mittelalter und Neuzeit VII, 1, Weimar 1913.

BORST, A.: Krise und Reform der Universitäten im frühen 14. Jahrhundert, in: Konstanzer Blätter für Hochschulforschung 9, 1971, S. 47–62.

BORST, A.: Die Katharer, Schriften der MGH 12, Stuttgart 1953, überarb. ND Freiburg i. B. 1991.

BOSL, K.: Regularkanoniker (Augustinerchorherren) und Seelsorge in Kirche und Gesellschaft des europäischen 12. Jahrhunderts, Abhandlungen der Bayerischen Akademie der Wissenschaften, Phil.-hist. Klasse, NF Heft 86, München 1979.

BOTINEAU, P.: Les tribulations de Raymond Barreau OP (1295–1338), in: MAH 77, 1965, S. 475–528.

BRACKMANN, A.: Der Liber pontificalis, in: Gesammelte Aufsätze, Berlin ¹1941, S. 386–392.

BRECHTER, S.: Die Bestellung des Abtes nach der Regel des hlg. Benedikt, in: SMOSB 58, 1940, S. 44–58.

BRECHTER, S.: Die Regula Benedicti im Decretum Gratiani, in: SG 2, 1954, S. 1–11.

BRECHTER, S.: St. Benedikt und die Antike, in: Benediktus, Vater des Abendlandes, München 1947, S. 139–194.

BREDERO, A.H.: Cluny et Cîteaux au douzième siècle. L'histoire d'une controverse monastique, Amsterdam/Maarssen 1985.

BREDERO, A.H.: Comment les institutions de l'ordre de Cluny se sont rapprochées de Cîteaux, in: Cluny et Cîteaux au douzième siècle S. 143–184.

BRETT, E.T.: Humbert of Romans. His Life and Views of Thirteenth-Century Society, Toronto 1984.

BRINCKEN, A.D.v.: Studien zur Überlieferung der Chronik des Martin von Troppau, in: DA 41, 1985, S. 460–531; 45, 1989, S. 551–591.

BROCKER, M.: Arbeit und Eigentum. Der Paradigmenwecsel in der neuzeitlichen Eigentumstheorie, Darmstadt 1992.

BRUEL, A.: Visites des monastères de l'Ordre de Cluny de la province d'Auvergne aux XIIIᵉ et XIVᵉ siècle, in: BEC 52, 1891, S. 64–117.

BRUEL, A.: Les chapitres généraux de l'Ordre de Cluny depuis le XIIIᵉ jusqu'au XVIIIᵉ siècle, in: BEC 34, 1873, S. 542–579; 38, 1877, S. 112–127.

BRUNDAGE, J.A.: The Monk as a Lawyer, in: The Jurist 39, 1979, S. 423–436.

BRYS, J.: De Dispensatione in Jure Canonico, presertim apud Decretistas et Decretalistas usque ad medium saeculum decimum quartum, Bruges et Wetteren 1925.

BUCHER, Z.: Das Bild des Menschen in der Regula Benedicti, in: Benedictus, der Vater des Abendlandes, München 1947, S. 23–56.

BUCZEK, D.S.: Medieval taxation: The French Crown, the Papacy and the cistercian Order 1290–1320, in: AnalCist 25, 1969, S. 42–106.

BUISSON, L.: Potestas und Caritas. Die päpstliche Gewalt im Spätmittelalter, Forschungen zur kirchlichen Rechtsgeschichte und zum Kirchenrecht 2; Köln-Graz 1958; ²1982.

BULST-THIELE, M.L.: Der Prozeß gegen den Templerorden, in: VuF 26, 1980, S. 375–402.

BURR, D.: Apokalyptische Erwartung und die Entstehung der Usus-pauper-Kontroverse, in: WuW 47, 1984, S. 84–99.

BURR, D.: Olivi and Franciscan Poverty. The Origins of the *Usus Pauper* Controversy, Philadelphia 1989.

BUTLER, C.: Benediktinisches Mönchtum. Studien über benediktinisches Leben und die Regel St. Benedikts, St. Ottilien 1929, ursp. London 1919.

CAENEGEM, R.C.van: Das Recht im Mittelalter, in: Entstehung und Wandel rechtlicher Traditionen, ed. W. Fikentscher u.a., Freiburg/München 1980, S. 609–667.

CAILLE, J.: Le studium de Narbonne, in: Les universités de Languedoc, CF 5, Toulouse 1970, S. 247–257.

CAILLET, L.: La papauté d'Avignon et l'église de France. La politique bénéficiale du pape Jean XXII en France (1316–1334), Publications de l'Université de Rouen 16, Paris 1975.

CAILLET, P.: La décadence de l'ordre de Cluny au XVe s. et la tentative de réforme de l'abbé Jean de Bourbon (1458–1485), in: BEC 89, 1928, S. 183–234.

CALASSO, F.: I glossatori e la teoria della sovranità, [3]1957 Mailand.

CALLAEY, F.: Les idées mystico-politiques d'un spirituel. Étude sur l'*arbor vitae* d'Ubertin de Casale, in: RHE 11, 1910, S. 693–727.

THE CAMBRIDGE HISTORY OF MEDIEVAL POLITICAL THOUGHT c. 350–c. 1450, ed. J.H. Burns, Cambridge 1988.

CANNING, J.P.: The Corporation in the political thought of the Italian jurists of the thirteenth and fourteenth centuries, in: HPolTh 1, 1980, S. 9–32.

CANNING, J.P.: The Political Thought of Baldus de Ubaldis, Cambridge Studies in Medieval Life and Thought IV, 6, Cambridge 1987.

CANTARELLA, G.M.: Cultura ed ecclesiologia à Cluny (sec. XII), in: Aevum 55, 1981, S. 273–293.

CANTARELLA, G.M.: S. Bernardo e l'ecclesiologia. Aspetti e momenti di una tensione ecclesiologica, in: Bernardo Cisterciense. Atti del XXVI convegno storico internazionale, Todi 1989, Spoleto 1989, S. 231–290.

CANTINI, A.: De autonomia iudicis saecularis et de Romani pontificis plenitudine potestatis in temporalibus secundum Innocentium IV, in: Salesianum 23, 1961, S. 407–480.

CAPALBIO, K.: *Politia Christiana*: The Ecclesiology of Alvarus Pelagius, in: FStud 46, 1986, S. 317–331.

CARLINI, A.: Fra Michelino e la sua eresia, Bologna 1912.

CAROLUS-BARRÉ, L.: Benoît XII et la mission charitable de Bertrand Carit dans le pays devastés du nord de la France, in: Mélange d'archéologie et d'histoire 62, 1950.

CASSEE, E.: The Missal of Cardinal Bertrand de Deux. A Study in Fourteenth Century Bolognese Miniature Painting, Florenz 1980.

CENTENAIRE DE BENOÎT XII (JACQUES FOURNIER, PAPE 1334–1342), Fête du 13 oct. 1935 à Saverdun (Arriège). Textes de discours, homélies, conférences. Toulouse 1935.

CHAMARD, F.: Les abbés au moyen âge, in: RQH 38, 1885, S. 71–108.

CHENEVAL, F.: *Ars imitatur naturam* als methodisches Prinzip der politischen Philosophie und seine Anwendung im *Defensor Pacis* des Marsilius von Padua, in: AHDLMA 60, 1993, S. 133–145.

CHENEY, C.R.: The study of the medieval papal chancery, The second Edwards lecture delivered within the University of Glasgow on 7th december 1964, Glasgow 1966.

CHENEY, C.R.: Episcopal Visitation of Monasteries in the Thirteenth Century, Manchester [2]1983.

CHENU, M.D.: Moines, clercs, laïcs au carrefour de la vie évangélique (XIIe siècle), in: RHE 49, 1954, S. 59–98.

CHROUST, A.H.: The Corporate Idea and the Body Politic in the Middle Ages, in: The Review of Politics 9, 1947, S. 423–452.

CHROUST, A.H./CORBETT, J.A.: The Fifteenth Century ‚Review of Politics' of Laurentius of Arezzo, in: MSt 11, 1949, S. 62–76.

LES CISTERCIENS DE LANGUEDOC, CF 21, Toulouse 1986.

CLASENS, S.: Der heilige Bonaventura und das Mendikantentum. Beiträge zur Ideenge-schichte des Pariser Mendikantenstreites 1252–1272, Franziskanische Forschungen, Werl i. Westfalen 1940.

CLERGEAC, A.: Les abbayes de Gascogne du XIIIe siècle au Grand Schisme d'occident, in: Revue de Gascogne, 1907, S. 15–29.

COBBAN, A.B.: Episcopal Control in the Medieval Universities of Northern Europe, in: The Church and Academic Learning, ed. D. Baker, Studies in Church History 5, Oxford 1969, S. 1–22.

COCCI, A.: Alvaro Pais e il Libero Spirito: i capitoli 51 e 52 del libro secondo del *De statu et planctu Ecclesiae*, in: Italia Francescana 58, 1963, S. 255–310.

COING, H.: Die juristische Fakultät und ihr Lehrprogramm, in: Handbuch der Quellen der neueren europäischen Privatrechtsgeschichte, ed. ders. I, München 1973, S. 39–128.

COLEMAN, J.: Medieval Discussions on Property: *Ratio* and *Dominium* according to John of Paris and Marsilius of Padua, in: HPolTh 4, 1984, S. 209–228.

COLEMAN, J.: The Two Jurisdictions: Theological and Legal Justifications of Church Property in the Thirteenth Century, in: The Church and Wealth, ed. W.J. Sheils und D. Wood, Studies in Church History 24, Oxford 1987, S. 75–110.

COLEMAN, J.: *Dominium* in Thirteenth and Fourteenth-Century Political Thought and its Seventeenth-Century Heirs: John of Paris and Locke, in: Political Studies 33, 1985, S. 73–100.

COLEMAN, J.: The intellectual milieu of John of Paris, in: Das Publikum politischer Theorie, ed. J. Miethke, Schriften des Historischen Kollegs, Kolloquien 21, München 1992, S. 173–206.

COMPOSTA, M.: Il diritto naturale di Graziano, in: SG 2, 1954, S. 153–210.

CONGAR, Y.: Aspects ecclésiologiques de la querelle entre mendiants et séculiers dans la seconde moitié du XIIIe siècle et le début du XIVe, in: AHDLMA 36, 1961, S. 35–115.

CONGAR, Y.: Sur la formule *Quod omnes tangit ab omnibus tractari et approbari debet*, in: RHDFE 36, 1958, S. 210–259.

CONGAR, Y.: Status Ecclesiae, in: SG 15, 1972, S. 3–31.

CONGAR, Y.: L'ecclésiologie de S. Bernard, in: AnalCist 9, 1953, S. 136–190.

CONGAR, Y.: Bref historique des formes du Magistère et de ses relations avec les docteurs, in: RSPhTh 60, 1976, S. 99–112.

CONGAR, Y.: Pour une histoire sémantique du terme ‚magisterium', in: RSPhTh 60, 1976, S. 85–97.

CONGAR, Y.: Saint Thomas and the Infallibility of the Papal Magisterium, in: The Thomist 38, 1974, S. 81–105.

CONGAR, Y.: Jus divinum, in: RDC 28, 1978, S. 108–122.

CONGAR, Y.: *Ecce constitui te super gentes et regna* (Jer 1,10), in: Theologie in Geschichte und Gegenwart, FS M. Schmaus, ed. J. Auer u. H. Volk, München 1957, S. 671–696.

CONSTABLE, G.: The Authority of Superiors in Religious Communities, in: La notion d'autorité au moyen âge. Islam, Byzance, Occident, ed. G. Makdisi, D. Sourdel, J. Sourdel-Thomine, Paris 1982, S. 189–210.

CONSTABLE, G.: Monastic Legislation at Cluny in the Eleventh and Twelfth Century, in: Proceedings of the Fourth International Congress of Medieval Canon law, Mon. iuris can. series C: Subsidia 5, Città del Vaticano 1976, S. 151–161.

CONSTABLE, G.: Medieval monasticism. A selected bibliography, Toronto/Buffalo 1976.

CORECCO, E.: L'origine del potere di giurisdizione episcopale. Aspetti storici-giuridici e metodologici della questione, in: La scuola cattolica 96, 1968, S. 3–42.

COSTA, P.: Iurisdictio. Semantica del potere politico nella pubblicistica medievale, Milano 1969.

COULET, N.: Les visites pastorales, Typologie des sources du Moyen Age occidental 23, Turnhout 1977.

COULET, N.: La désolation des églises de Provence à la fin du moyen Age, in: Provence Historique 6, 1956, S. 34–52 u. S. 123–141.

COURTENAY, W.J.: Schools and Scholars in Fourteenth Century England, Princeton 1987.

COURTENAY, W.J.: Capacity and Volition. A History of the Distinction of Absolute and Ordained Power, Bergamo 1990.

CREMASCOLI, G.: Il *Libellus de Visione Dei* di Durando di S. Porziano, in: StM ser.3, 25,1, 1984, S. 393–443.

CREUSEN, J.: Autonomie et Centralisiation, in: Revue des communautés religieuses 10, 1934, S. 123–138.

CREYTENS, R.: Une question disputée de Galvano Fiamma O.P. sur le pouvoir temporel du pape, in: AFP 15, 1945, S. 102–133.

CREYTENS, R.: Le studium Romanae curiae et le maître du sacre palais, in: AFP 12, 1942, S. 5–83.

CREYTENS, R.: Les commentateurs dominicains de la règle de S. Augustin du XIIIᵉ au XIVᵉ siècle, in: AFP 33, 1963, S. 121–157.

CURSCHMANN, F.: Hungersnöte im Mittelalter. Ein Beitrag zur Deutschen Wirtschaftsgeschichte des 8. bis 13. Jahrhunderts, Leipziger Studien aus dem Gebiet der Geschichte 6, 1900.

CYGLER, F.: L'ordre de Cluny et les ,rébellions' au XIIIᵉ siècle, in: Francia 19, 1982, S. 61–93.

DAMIATA, M.: Alvaro Pelagio. Teocratico scontento, Florenz 1984.

DAMIATA, M.: Pietà e storia nell'*Arbor vitae* di Ubertino da Casale, Florenz 1988.

DAMMERZ, V.: Das Verfassungsrecht der benediktinischen Mönchskongregationen, Diss. theol. in iure canonico, Kirchengeschichtliche Quellen und Studien 6, St. Ottilien 1963.

D'AVRAY, D.L.: The Preaching of the Friars, Oxford 1985.

DAUMET, G.: Le monument de Benoît XII dans la basilique de S. Pierre, in: Mélanges d'arch. et d'hist. 16, 1896.

DAUMET, G.: Introduction zu: Benedikt XII., Lettres closes ... France, S. I–LXVI.

DAUTREY, P.: Croissance et adaptation chez les Cisterciens au treizième siècle. Les débuts du Collège des Bernardins de Paris, in: AnalCist 1–2, 1976, S. 122–215.

DAWSON, J.D.: William of Saint-Amour and the Apostolic tradition, in: MSt 40, 1978, S. 223–238.

DELARUELLE, E.: Les papes, les dominicains et la faculté de théologie de Toulouse au XIIIᵉ et XIVᵉ siècle, in: AM 65, 1953, S. 355–374.

DELISLE, L.: Enquête sur la fortune des établissements de l'ordre de Saint-Benoît en 1338, in: Notices et extraits de la Bibliothèque Nationale et autres bibliothèques 39-1, 1909, S. 359–408.

DELISLE, L.: Notice sur les manuscrits de Bernard Gui, in: Notices et extraits des manuscrits de la Bibliothèque Nationale 27-2; 1879, S. 169–455.

DELORME, F.: Praevia nonnulla Decretali *Exultantes in Domino* (18. Jan 1283) de procuratorum institutione, in: AFH 7, 1914, S. 55–65.

DELORME, F.: Descriptio codicis 23.J.-60. Bibliothecae Fr. Minorum Conventualium Friburge Helvetiorum, in: AFH 10, 1917, S. 47–102.

DEMPF, A.: Sacrum Imperium. Geschichts- und Staatsphilosophie des Mittelalters und der politischen Renaissance, München 1929.

DEMURGER, A.: Die Templer. Aufstieg und Niedergang 1118–1314, München 1991, bzw. Vie et mort de l'ordre du Temple, Paris 1989.

DENIFLE, H.: Die Entstehung der Universitäten des Mittelalters bis 1400, I, Berlin 1885.

DENIFLE, H.: La désolation des églises, monastères et hôpitaux en France pendant la guerre de Cent ans, 2 Bde., Paris 1899.

DENIFLE, H.: Das erste Studienhaus der Benedictiner an der Universität Paris, in: ALKG 1, 1885, S. 570–583.

DENIFLE, H.: Die päpstlichen Registerbände des 13. Jahrhunderts und das Inventar derselben vom Jahre 1339, in: ALKG 2, 1886, S. 1–105.

DENTON, J.H.: Complaints to the Apostolic See in an Early Fourteenth-Century Memorandum from England, in: AHP 20, 1982, S. 389–402.

DEREINE, C.: Les coutumiers de Saint-Quentin de Beauvais et de Springiersbach, in: RHE 43, 1948, S. 411–441.

DEREINE, C.: Saint-Ruf et ses coutumes au XIᵉ et XIIᵉ siècle, in: RevBén 59, 1949, S. 161–180.

DEREINE, C.: Le premier Ordo de Prémontré, in: RevBén. 58, 1948, S. 84–92.

DEREINE, C.: Enquête sur la Règle de Saint-Augustin, in: Scriptorium 2, 1948, S. 28–36.

DEREINE, C.: Coutumiers et Ordinaires de Chanoines réguliers, in: Scriptorium 5, 1951, S. 107–216.

DEREINE, C.: Le problème de la vie commune chez les canonistes, d'Anselm de Lucques à Gratien, in: Studi gregoriani 3, 1948, S. 287–298.

DEREINE, C.: Vie commune, règle de Saint Augustin et chanoines réguliers au XIᵉ siècle, in: RHE 41, 1946, S. 365–406.

DETTLOFF, W.: Himmlische und kirchliche Hierarchie bei Bonaventura, in: Soziale Ordnungen im Selbstverständnis der Menschen, ed. A. Zimmermann, Berlin/New York, S. 41–56.

DEVIC, C./VAISSETTE, J.: Histoire générale de Languedoc avec des notes et les pièces justificatives, Bde. 6–9, Toulouse 1879.

DICKINSON, J.C.: The Origins of the Austin Canons and their introduction into England, London 1950.

DICKSON, M. und C.: Le cardinal Robert de Courson, sa vie, in: AHDLMA 9, 1934, S. 53–142.

DICTIONNAIRE DES AUTEURS CISTERCIENS, ed. E. Brouette, A. Dimier, E. Manning, La documentation cistercienne 16, Rocheford 1975.

DIDIER, N.: Henri de Suse, évêque de Sisteron (1244–1250), in: RHDFE 31, 1953, S. 244–270 u. S. 409–429.

DIGARD, G.: Philippe le Bel et le Saint Siège de 1285 à 1304, Paris 1936.

DIMIER, A.: Violences, rixes et homicides chez les Cisterciens, in: RSR 46, 1972, S. 38–72.

DIMIER, A.: L'influence cistercienne sur les statuts pontificaux pour les Bénédictins de la province de Normandie (XIIIᵉ–IVᵉ siècles), in: Jumièges ... congrès 1954, I S. 797–806.

DITSCHE, M.: Die *ecclesia primitiva* im Kirchenbild des hohen und späten Mittelalters, masch.-schr. Diss. phil., Bonn 1958.

DITSCHE, M.: Soziale Aspekte der päpstlichen Doktorgraduierungen im späten Mittelalter, in: Kyrkohistorik Arskrift 1977, S. 208–210.

DMITREWSKI, M.de: Fr. Bernard Délicieux, OFM, sa lutte contre l'inquisition de Carcassonne et d'Albi, son procès, 1297–1317, in: AFH 17, 1924, S. 183–218, S. 313–337 u. S. 457–488; AFH 18, 1925, S. 3–32.

DOBIACHE-ROJDVESTENSKY, O.: La vie paroissiale en France, Paris 1911.

DÖRING, H.: Grundriß der Ekklesiologie. Zentrale Aspekte des katholischen Selbstverständisses und ihre ökumenische Relevanz, Darmstadt 1986.

DOLCINI, C.: Aspetti del pensiero politico in età avignonese: dalla teocrazia ad un nuovo concetto di sovranità, in: Crisi di potere e politologia in crisi. Da Sinobaldo Fieschi a Guglielmo d'Ockham. Il mondo medievale, società di storia delle istituzioni, della spiritualità e delle idee 17, Bologna 1982, S. 223–241.

DOLCINI, C.: Il pensiero politico di Michele da Cesena 1328–1338, Faenza 1977.

DOLCINI, C.: *Eger cui lenia* (1245/46): Innocenzo IV, Tolomeo da Lucca, Guglielmo d'Ockham, in: RSChI 29, 1975, S. 127–148.

DOMBOIS, H.: Hierarchie. Grund und Grenze einer umstrittenen Struktur, Freiburg i. B./Basel/Wien 1971.

DONDAINE, A.: La collection des oeuvres de Saint Thomas dite de Jean XXII et Jaquet Maci, in: Scriptorium 29, 1975, S. 127–152.

DONDAINE, A.: Documents pour servir à l'histoire de la province de France. L'Appel au concile (1303), in: AFP 22, 1952, S. 381–439.

DONDAINE, A.: Le Manuel de l'Inquisiteur, in: AFP 17, 1947, S. 85–194.

DONDAINE, A.: Guillaume Peyrault: Vie et oeuvres, in: AFP 18, 1948, S. 162–236.

DONNELLY, J.S.: Changes in the Grange Economy of English and Welsh Cistercian Abbeys, 1300–1540, in: Traditio 10, 1954, S. 399–458.

DOSSAT, Y.: Les origines de la querelle entre Prêcheurs et Mineurs provençaux. Bernard Délicieux, in: CF 10, Les Franciscains d'Oc. Les Spirituels ca 1280–1324, Toulouse 1975, S. 315–354.

DOSSAT, Y.: L'abbaye de Moissac à l'époque de Bertrand de Montaigu, in: Les moines noirs, CF 19, Toulouse 1984, S. 117–151.

DOUAIS, C.: Essai sur l'organisation des études dans l'ordre des frères Prêcheurs au XIIIe et au XIVe siècle, Paris 1884.

DOUCET, V.: Commentaires sur les Sentences. Suppléments au Rép. du M. Frédéric Stegmüller, in: AFH 47, 1954, S. 88–170 u. S. 400–427.

DOUCET, V.: Maîtres franciscaines de Paris. Supplément au Répertoire des maîtres en théologie de Paris au XIIIe siècle de M. le chan. P. Glorieux., in: AFH 27, 1934, S. 531–564.

DOUIE, D.L.: The Nature and the Effect of the Heresy of the Fraticelli, Manchester 1932.

DOUIE, D.L.: The Conflict between the Seculars and the Mendicants at the University of Paris in the thirteenth Century, Aquinas Papers 23, London 1954.

DOUIE, D.L.: John XXII and the Beatific Vision, in: Dominican Studies 3, 1950, S. 154–174.

DUBOIS, J.: Les Ordres monastiques au XIIIe siècle en France d'après les sermons d'Humbert de Romans, maître général des Frères Prêcheurs († 1277), in: Sacris eruditi 26, 1983, S. 187–220.

DUFEIL, M.-M.: Guillaume de Saint-Amour et la polémique Parisienne 1250–1259, Paris 1972.

DUFFOUR, J.: Doléances des évêques gascons au concile de Vienne (1311), in: Revue de Gascogne 5 n.s. , 48, 1905, S. 244–259.

DUHAMEL, L.: Le tombeau de Benoît XII à la métropole d'Avignon, in: Bulletin monumental 1888, S. 381–412.

DUPRÉ-THESEIDER, E.: I papi di Avignone e la questione romana, Florenz 1939.

DUPRÉ-THESEIDER, E.: Problemi del papato avignonese. Lezioni tenute nell'università di Bologna durante l'anno accademico 1960/1961, Bologna 1961.

DUNBABIN, J.: A Hound of God. Pierre de la Palud and the Fourteenth Century Church, Oxford 1991.

DUPUY, P.: Histoire du différend d'entre le Pape Boniface VIII et Philippe le Bel Roy de France, Paris 1655.

DUVAL-ARNOULD, L.: La constitution *Cum inter nonnullos* de Jean XXII sur la pauvreté du Christ et des Apôtres: rédaction préparatoire et rédaction définitive, in: AFH 77, 1984, S. 406–420.

DUVAL-ARNOULD, L.: Les conseils remis à Jean XXII sur le problème de la pauvreté de Christ et des apôtres (Ms Vat. lat. 3740), in: Misc. Bibl. Apost. Vat. 3, 1989, S. 121–201.

DUVERNOY, J.: L'acception: l'haereticus (irtege) = ,parfait cathare' en Languedoc au XI-IIᵉ siècle, in: The concept of Heresy in the Middle Ages (11th - 13th C.), Mediaevalia Lovaniensia I 6, Louvain/Den Haag 1976, S. 198–210.

DUVERNOY, J.: Benoît XII et le pays de Foix, in: La papauté d'Avignon et le Languedoc, CF 26, 1991, S. 19–37.

DYKMANS, M.: Les sermons de Jean XXII sur la vision béatifique, Miscellanea Historiae Pontificae 34, Rom 1973.

DYKMANS, M.: Lettre de Jean d'Aragon, patriarche d'Alexandrie, au pape Jean XXII sur la vision béatifique, in: Analecta sacra Tarraconensia 42, 1970, S. 1–26.

DYKMANS, M.: Fragments du traité de Jean XXII sur la Vision béatifique, in: RThAM 37, 1970, S. 232–253.

DYKMANS, M.: Le dernier sermon de Guillaume d'Alnwick, in: AFH 63, 1970, S. 259–279.

DYKMANS, M.: Le cardinal Annibal de Ceccano (vers 1282-1350). Étude biographique suivie du testament du 17 juin 1348, in: Bulletin de l'Institut hist. belge 43, 1973, S. 145–344.

DYKMANS, M.: Le cardinal Annibal de Ceccano et la vision béatifique, in: Gregorianum 50, 1969, S. 343–382.

DYKMANS, M.: Les Frères Mineurs d'Avignon au début de 1333 et le sermon de Gautier de Chatton sur la vision béatifique, in: AHDLMA 66, 1971, S. 105–148.

DYKMANS, M.: Jean XXII et les Carmes. La controverse de la vision, in: Carmelus 17, 1970, S. 151–192.

DYKMANS, M.: Pour et contre Jean XXII en 1333. Deux traités avignonnais sur la vision béatifique, Studi e testi 274, Città del Vaticano 1975.

DYKMANS, M.: Robert d'Anjou. La vision bienheureuse. Traité envoyé au pape Jean XXII, Miscellanea Historiae Pontificae 30, Rom 1970.

DYKMANS, M.: A propos de Jean XXII et de Benoît XII. La libération de Thomas Waleys, in: AHP 7, 1969, S. 115–130.

EBERS, G.J.: Das Devolutionsrecht, Stuttgart 1886.

L'ÉCONOMIE CISTERCIENNE. Géographie-mutations du moyen âge aux temps modernes, Publications de la commission d'histoire de Flaran 3, Auch 1983.

EDWARDS, A.D.: La fondation de l'Université de Cahors 1322, in: Les universités de Languedoc, CF 5, Toulouse 1970, S. 268–273.

EGENTER, R.: Gemeinnutz vor Eigennutz. Die soziale Leitidee im *Tractatus de bono communi* des Fr. Remigius von Florenz († 1319), in: Scholastik 9, 1934, S. 79–92.

EHLERS, J.: Geschichte Frankreichs im Mittelalter, Stuttgart 1987.

EHLERS, J.: Monastische Theologie, historischer Sinn und Dialektik, Tradition und Neuerung in der Wissenschaft des 12. Jahrhunderts, in: Antiqui und Moderni. Tradition und Fortschrittsbewußtsein im späten Mittelalter, ed. A. Zimmermann, Miscellanea Mediaevalia 9, 1974, S. 58–79.

EHRLE, F.: Die ältesten Redaktionen der Generalkonstitutionen des Franziskaner-Ordens, in: ALKG 6, 1892, ND Graz 1956, S. 1–138.

EHRLE, F.: Zur Geschichte des Schatzes, der Bibliothek und des Archivs der Päpste im vierzehnten Jahrhundert, in: ALKG 1, 1885, S. 228–364.

EHRLE, F.: Zur Vorgeschichte des Concils von Vienne, in: ALKG 3, 1887, S. 1–195; 2, 1886, S. 353–416.

EHRLE, F.: Ein Bruckstück der Akten des Vienner Konzils, in: ALKG 4, 1888, S. 360–470.

EHRLE, F.: I più antichi statuti della Facoltà teologica dell'Università di Bologna, Universitatis Bononiensis Monumenta 1, Bologna 1932.

EHRLE, F.: Die Spiritualen, ihr Verhältnis zum Franziskanerorden und zu den Fraticellen, in: ALKG 1, 1885, S. 509–560; 2, 1886, S. 108–336; 4, 1888, S. 1–190.

EHRLE, F.: Nicolaus Trivet, in: FS C. Baeumker, Beiträge zur Geschichte der Philosophie des Mittelalters, München 1923, S. 1–63.

EHRLE, F.: Historia bibliothecae Romanorum Pontificum tum Bonifatianae tum Avenionensis, I, Rom 1890.

EHRLE, F.: Die Ehrentitel der scholastischen Lehrer des Mittelalters, Sitzungsberichte der bayerischen Akad. d. Wiss., phil.-hist. Klasse, 9. Abh., München 1919.

EHRLE, F.: Der Sentenzenkommentar Peters von Candia, des Pisaner Papstes Alexanders V. Ein Beitrag zur Scheidung der Schulen in der Scholastik des 14. Jahrhunderts und zur Geschichte des Wegestreites, Franziskanische Studien, Beiheft 9, Münster 1925.

EICHELER, I.: Die Kongregationen des Zisterzienserordens. Ursprung der Zisterzienserkongregationen und ihr Verhältnis zur Verfassung und zum Generalkapitel des Ordens, in: SMOSB 49 (NF 18) 1931, S. 55–91, S. 188–227 u. S. 308–340.

ELIZANDO, F.: Bulla *Exiit qui seminat* Nicolai III. (14. augusti 1279), in: Laurentianum 4, 1963, S. 59–119.

ELIZANDO, F.: Bullae *Quo elongati* Gregorii IX et *Ordinem vestrum* Innocentii IV. De duabus primis regulae Franciscanae authenticis declarationibus, in: Laurentianum 3, 1962, S. 349–394.

ELM, K.: Verfall und Erneuerung des Ordenswesens im Spätmittelalter. Forschungen und Forschungsaufgaben, in: Untersuchungen zu Kloster und Stift, Veröffent-lichungen des MPI für Geschichte 68, Studien zur Germania Sacra 14, Göttingen 1986, S. 188–238.

ELM, K.: Reform- und Obervanzbestrebungen im spätmittelalterlichen Ordenswesen. Ein Überblick, in: Ders. (ed.): Reformbemühungen und Observanzbestrebungen im spätmittelalterlichen Ordenswesen, Berliner Historische Studien 14, Ordenstudien 6, Berlin 1989, S. 3–22.

ELM, K.: Neue Beiträge zur Geschichte des Augustiner-Eremitenordens im 13. und 14. Jahrhundert, in: AfKuG 42, 1960, S. 357–387.

ELM, K.: Zisterzienser und Wilhelmiten. Ein Beitrag zur Wirkungsgeschichte der Zisterzienserkonstitutionen, in: Cîteaux 15, 1964, S. 97–124 u. S. 177–202.

ELM, K./FEIGE, P.: Reform- und Kongregationsbildung der Zisterzienser in Spätmittelalter und früher Neuzeit, in: Die Zisterzienser: Ordensleben zwischen Ideal und Wirklichkeit, ed. K. Elm, Schriften des Rheinischen Museumsamtes 10, Köln 1980, S. 234–254.

ELM, K.: Die Stellung des Zisterzienserordens in der Geschichte des Ordenswesens, ebd. S. 31–40.

ELTER, P.E.: Un ouvrage inconnu de Hervé Nédellec, in: Gregorianum 4, 1923, S. 211–240.

EMERY, R.W.: The Second Council of Lyons and the Mendicant Orders, in: CHR 39, 1953, S. 257–262.

EMERY, R.W.: The Friars in Medieval France. A Catalogue of French Mendicant Convents 1200–1555, New York/London 1962.

ERICSON, C.M.: The fourteenth-century Franciscans and their Critics, in: Franciscan Studies 35, 1975, S. 107–135; 37, 1976, S. 108–147.

ESCHMANN, I.Th.: St. Thomas Aquinas on the Two Powers, in: MSt 20, 1958, S. 177–205.

EUBEL, K.: Hierarchia Catholica Medii Aevi, Münster ¹1898; ²1913.

EUBEL, K.: Zu den Streitigkeiten bezüglich des *ius parochiale* im Mittelalter, in: RQS 9, 1885, S. 395–405.

EUBEL, C.: Zu Nikolaus Minorita, in: HJb 18, 1897, S. 375–386.

FABRE, O.: Quaestiones doctorum Montispessulani, in: Recueil des mémoires et travaux de l'université de Montpellier, Société d'histoire du droit et des institutions des anciens pays de droit écrit 5, 1966, S. 35–46.

FACHINGER, E.: Les cisterciens de Languedoc aux XIIIᵉ et XIVᵉ siècle, d'après les documents pontificaux, in: Les Cisterciens de Languedoc, CF 21, Toulouse 1986, S. 45–69.

FAITETTE, M. de: Les mendiants supprimés au 2ᵉ concile de Lyon (1274). Frères sachets et frères pies, in: Les mendiants au pays d'Oc au XIIIᵉ siècle, CF 8, Toulouse 1973, S. 193–215.

FASOLT, C.: Council and Hierarchy. The Political Thought of William Durant the Younger, Cambridge studies in medieval life and thought, fourth series, Cambridge 1991.

FASOLT, C.: The Manuscripts and editions of William Durant the Younger's *Tractatus de modo generalis Concilii celebrandi*, in: AHC 10, 1978, S. 290–309.

FAUCON, M.: La librairie des papes d'Avignon. Sa formation, sa composition ses catalogues 1316–1420 d'après les registres de comptes et d'inventaires des Archives Vaticanes, I, Paris 1969.

FAURY, J: Les collèges à Toulouse au XIIIᵉ siècle, in: Les universités de Languedoc, CF 5, Toulouse 1970, S. 274–293.

FAVIER, J.: Philippe le Bel, Paris 1978.

FEDELE, P.: *Nihil aliud est aequitas quam Deus*, in: FS Le Bras, I, 1965, S. 73–87.

FEDELE, P.: Primato, Pontificio ed Episcopato con particolare riferimento alla dottrina dell'Ostiense, in: SG 14, Coll. St. Kuttner 4, S. 349–367.

FEIL, E.: Religio. Die Geschichte eines neuzeitlichen Grundbegriffs. Vom Frühchristentum bis zur Reformation, Freiburg i. B. 1986.

FEINE, H.-E.: Kirchliche Rechtsgeschichte, I. Die katholische Kirche, Köln-Graz ⁵1972.

FELDER, H.: Geschichte der wissenschaftlichen Studien im Franziskanerorden, Freiburg i. B. 1904.

FELTEN, F.J.: Die Herrschaft des Abtes, in: Herrschaft und Kirche. Beiträge zur Entstehung und Wirkungsweise episkopaler und monastischer Organisationsformen, hrsg. von F. Prinz, Stuttgart 1988, S. 147–297.

FELTEN, F.J.: Die Ordensreformen Benedikts XII. unter institutionsgeschichtlichem Aspekt, in: Institutionen und Geschichte, ed. G. Melville, 1992, S. 369–435.

FELTEN, F.J.: Le pape Benoît XII (1334–1342) et les Frères Prêcheurs, in: La papauté d'Avignon et le Languedoc, CF 26, Toulouse 1991, S. 307–342.

FELTEN, F.J.: Benoît XII, Arnaud de Verdale et la réforme des chanoines, in: Le monde des chanoines, CF 24, Toulouse 1989, S. 309–339.

FELTEN, F.J.: Avignon und Paris. Spielräume und Prinzipien politischen Handelns des frühen avignonesischen Papsttums, Habil.-Schrift, Berlin 1990.

FELTEN, F.J.: Arnaud Nouvel, doctor legum, moine de Boulbonne, abbé de Fontfroide et cardinal († 1317), in: Les Cisterciens, CF 21, Toulouse 1986, S. 205–234.

FELTEN, J.: Papst Gregor IX., Freiburg i. B. 1886.

FERRUOLO, P.: The Parisian Statutes of 1215 reconsidered, in: History of Universities 5, 1985, S. 1–14.

FICHTENAU, H.: Lebensordnungen des 10. Jahrhunderts. Studien über Denkart und Existenz im einstigen Karolingerreich, Stuttgart 1984, zit. nach der Ausg. München 1992.

FINKE, H.: Papsttum und Untergang des Templerordens, 2 Bde., Vorreformationsgeschichtliche Forschungen 4/5, Münster 1907.

FINKE, H.: Aus den Tagen Bonifaz' VIII. Funde und Forschungen, Vorreformationsgeschichtliche Forschungen 2, Münster 1902.

FINKE, H.: Das Pariser National-Konzil vom Jahre 1290, in: RQS 9, 1985, S. 171–182.

FLASCH, K.: *Ars imitatur naturam.* Platonischer Naturbegriff und mittelalterliche Philosophie der Kunst, in: Ders. (Hrsg.): Parusia, FS J. Hirschberger, Frankfurt (Main) 1965, S. 265–303.

FLICHE, A.: Innocent III et la réforme de l'église, in: RHE 44, 1949, S. 87–152.

FOGLIASSO, A.: De extensione juridici Instituti exemptionis religiosorum, in: Salesianum 9, 1947, S. 147–206.

FORTE, S.L.: Il Card. Matteo Orsini O.P. e il suo testamento, in: AFP 37, 1967, S. 181–262.

FORTE, S.L.: The Cardinal-Protector of the Dominican Order, Instituto Storico Domenicano, Dissertationes Historicae 15, Rom 1959.

FORTE, S.L.: Simon of Boraston O.P. Life and Writings, in: AFP 22, 1952, S. 321–345.

FOURNIER, M.: Les bibliothèques des collèges de l'Université de Toulouse. Étude sur les moyens de travail mis à la disposition des étudiants au M.A., in: BEC 51, 1890, S. 443–476.

FOURNIER, M.: Histoire de la science du droit en France, III. Les Universités françaises et l'enseignement du droit en France au moyen-âge, Paris 1892, ND Aalen 1970.

FOURNIER, P.: Jacques Fournier (Benoît XII), in: HLF 37, 1938, S. 174–209.

FOURNIER, P.: Gui Terré (Guido Terreni), théologien, in: HLF 36, 1924, S. 432–473.

FOURNIER, P.: Le Cardinal Pierre Bertrand, canoniste, in: HLF 37, 1938, S. 85–120.

FOURNIER, P.: Jesselin de Cassagnes, canoniste, in: HLF 25, 1931, S. 348–361.

FOURNIER, P.: Durand de Saint-Pourçain, théologien, in: HLF 37, 1938, S. 1–38.

FOURNIER, P.: Pierre de La Palu, théologien et canoniste, in: HLF 37, 1938, S. 39–84.

FOURNIER, P.: Guillaume de Peyre de Godin, cardinal, in: HLF 37, 1938, S. 146–153.

FRANK, I.W.: Die Bettelordensstudia im Gefüge des spätmittelalterlichen Universitätswesens, Institut für europäische Geschichte Mainz, Vorträge 83, Stuttgart 1988.

FRANK, S.: Mönchsregel und Mönchsleben bei Augustinus. Ein Bericht, in: FSt 50, 1968, S. 382–388.

FRANK, S.: Der Strafkodex in der Regel St. Benedikts, in: SMOSB 17, 1935, S. 310–318, S. 380–388 u. S. 465–473.

FRANSEN, G.: Réflexions sur la jurisdiction ecclésiastique, in: Revue Théologique de Louvain 2, 1971, S. 129–144.

FRANSEN, G.: Les questions des canonistes, in: Traditio 12, 1956, S. 566–592; 13, 1957, S. 481–501; 19, 1963, S. 516–531; 20, 1964, S. 495–502.

FRANSEN, G.: Les Décrétales et les Collections de Décrétales, Typologie des sources du moyen âge occidental, fasc. 2, Turnhout 1972.

FRECH, K.A.: Reform an Haupt und Gliedern. Untersuchungen zur Entwicklung und Verwendung der Formulierung im Hoch- und Spätmittelalter, Diss. phil. Tübingen 1992; Frankfurt (Main) 1992.

FRIED, J.: Wille, Freiwilligkeit und Geständnis um 1300. Zur Beurteilung des letzten Templergroßmeisters Jacques de Molay, in: HJb 105, 1985, S. 388–425.

FRIEDMANN, E.: Hermeneutische Überlegungen zum Verständnis der Regula Benedicti heute. Folgerungen für den Bereich Autorität und Gehorsam, in: Regulae Benedicti Studia 5, 1977, S. 335–351.

FRIEDLÄNDER, A.: Jean XXII et les Spirituels: le cas de Bernard Délicieux, in: La papauté d'Avignon et le Languedoc, CF 26, Toulouse 1991, S. 223–236.

FRÖHLICH, K.: Formen der Auslegung von Mt 16,13–18 im Lateinischen Mittelalter, Tübingen 1963.

FROTSCHER, G.: Die Anschauungen von Papst Johann XXII. (1316–1334) über Staat und Kirche. Ein Beitrag zur Geschichte des Papsttums, Diss. phil. (Teildruck), Jena 1932.

FUHRMANN, H.: Die Päpste. Von Petrus zu Johannes Paul II., München 1998.

FUNKENSTEIN, J.: Melkizedek in der Staatslehre, in: Archiv für Rechts- und Sozialphilosphie 41, 1954, S. 32–36.

FÜRST, C.G.: Cardinalis. Prolegomena zu einer Rechtsgeschichte des römischen Kardinalskollegiums, München 1967.

GABRIEL, A.L.: The Ideal Master of the Medieval University, in: CathHR 40, 1974, S. 1–40.

GABRIEL, A.L.: Preparatory Teaching in the Parisian Colleges during the Fourteenth Century, in: ders.: Garlandia. Studies in the History of the Medieval University, Frankfurt (Main) 1969, S. 97–124.

GABRIEL, A.L.: Les Collèges parisiens et le recrutement des Canonistes, in: L'année canonique 15, 1971, S. 233–248.

GABRIEL, A.L.: Motivation of the Founders of Mediaeval Colleges, in: Garlandia S. 211–223.

GABRIEL, A.L.: The College-System in the Fourteenth-Century Universities, Baltimore 1962.

GABRIEL, A.L.: Student Life in Ave Maria College, Notre Dame/Indiana 1955.

GAGNÉR, S.: Studien zur Ideengeschichte der Gesetzgebung, Stockholm/Uppsala/Göteborg 1960.

GALBRAITH, G.R.: The Constitution of the Dominican Order, Manchester 1925.

GAMMERSBACH, S.: Das Abtsbild in Cluny und bei Bernhard von Clairvaux, in: Cîteaux 7, 1956, S. 85–101.

GANCK, R.de: Les pouvoirs de l'Abbé de Cîteaux de la bulle *Parvus fons* (1265) à la Révolution Française, in: AnalCist 27, 1971, S. 4–63.

GARCIA Y GARCIA, A.: El Concilio IV. de Letrán (1215) y sus commentarios, in: Traditio 14, 1958, S. 484–495.

GAUDEMET, J.: Le gouvernement de l'église à l'époque classique II. Le gouvernement local, Histoire du droit et des institutions de l'église en Occident 8/2, Paris 1979.

GAUDEMET, J.: Théologie et droit canonique: Les leçons de l'histoire, in: RDC 39, 1989, S. 3–13.

GAUDEMET, J.: Collections canoniques et codifications, in: RDC 33, 1983, S. 81–109.

GAUDEMET, J.: Utilitas publica, in: RHDFE 29, 1951, S. 465–499.

GAUDEMET, J.: La coutume en droit canonique, in: RDC 38, 1988, S. 224–251.

GAUDEMET, J.: Aspects de la législation conciliaire narbonnaise au milieu du XIIIᵉ siècle, in: Narbonne, Archéologie et histoire. Fédération historique du Languedoc méditerranéen et du Roussillon, Montpellier 1973, S. 147–156.

GAUDEMET, J.: Évêques et chapitres (législation et doctrine à l'âge classique), in: Mélanges offerts à J. Dauvillier, Toulouse 1979, S. 317–328.

GAUSSIN, P.-R.: La Chaise-Dieu en Languedoc aux XIIIᵉ et XIVᵉ siècles, in: Les moines noirs, CF 19, Toulouse 1984, S. 239–259.

GAUSSIN, P.-R.: L'Abbaye de la Chaise-Dieu (1043–1518), Paris 1962.

GAUTIER, D.: Recherches sur les possessions et les prieurés de l'abbaye de Marmoutier du Xe au XIIIe siècle, in: RevMab 53, 1963, S. 93–110 u. S. 161–167; 54, 1964, S. 15–24, S. 56–67 u. S. 125–135; 55, 1965, S. 32–44 u. S. 65–79.

GERARD, P.: Les origines du Collège Saint-Bernard de Toulouse, in: AM 59, 1957, S. 189–205.

GERMAIN, A.: Maguelonne sous ses évêques et ses chanoines. Étude historique et archéologique d'après les documents originaux avec pièces justificatives inédites, Montpellier 1969.

GERULAITIS, L.: The Canonization of Saint Thomas Aquinas, in: Vivarium 5, 1967, S. 25–46.

GIERKE, O.v.: Das deutsche Genossenschaftsrecht, 4 Bde. Berlin 1869–1913, bes. Bd. 3: Die Staats- und Korporationslehre des Altertums und des Mittelalters und ihre Aufnahme in Deutschland, Berlin 1901.

GILLES, H.: L'enseignement du droit en Languedoc au XIIIe siècle, in: Les universités de Languedoc, CF 5, Toulouse 1970, S. 204–229.

GILLES, H.: Les coutumes de Toulouse (1286) et leur premier commentaire (1296), Toulouse 1969.

GILLES, H.: A propos des dîmes monastiques, in: Les moines noirs, CF 19, Toulouse 1984, S. 287–308.

GILLET, P.: La personnalité juridique au droit ecclésiastique spécialement chez les Décrétistes et les Décrétalistes et dans le Code de droit canonique, Malins 1927.

GILLMANN, F.: Zur scholastischen Auslegung von Mt 16,18, in: AKathKR 104, 1929, S. 40–53.

GIORGI, A.A.: De constitutionibus fratrum eremitarum sancti Augustini a duobus beatis viris Clemente Auximate et Augustino Novello, in: AAug 1, 1905, S. 109–117.

GIROUD, C.: L'Ordre des Chanoines réguliers de Saint-Augustin et ses diverses formes de régime interne. Essai de synthèse historico-juridique, Diss. theol. Rom 1960, Martigny 1961.

GLASSCHRÖDER, F.X.: Zur Quellenkunde der Papstgeschichte des XIV. Jahrhunderts, in: HJb 11, 1890, S. 240–266.

GLASSCHRÖDER, F.X.: Markwart von Randeck, Bischof von Augsburg und Patriarch von Aquileja, in: ZS. d. hist. Vereins für Schwaben und Neuburg 15, 1888, S. 1–88.

GLERGEAC, A.: Les abbayes de Gascogne du XIIe siècle au Grand Schisme d'Occident, in: Revue de Gascogne 1907, S. 15–29.

GLORIEUX, P.: La Littérature quodlibétique de 1260 à 1320, Bibliothèque thomiste V (t. 1), XXI (t. 2), section historique XVIII, Paris 1925 (I), 1935 (II).

GLORIEUX, P.: Saint Thomas et l'accroissement de la béatitude, in: RThAM 17, 1950, S. 121–125.

GLORIEUX, P.: A propos de ‚Vatic. lat. 1086‘. Le personnel enseignant de Paris vers 1311–14, in: RThAM 5, 1933, S. 23–39.

GLORIEUX, P.: L'enseignement au Moyen Age. Techniques et Méthodes en usage à la faculté de Théologie de Paris au XIIe siècle, in: AHDLMA 43, 1968, S. 65–186.

GLORIEUX, P.: La faculté des arts et ses maîtres au XIIIe siècle, Études de philosophie médiévale 59, Paris 1971.

GLORIEUX, P.: D'Alexandre de Hales à Pierre Auriol. La suite des maîtres franciscaines de Paris, in: AFH 26, 1938, S. 257–281.

GLORIEUX, P.: Le polémiques *contra Geraldinos*. Les pièces du dossier, in: RThAM 6, 1934, S. 5–41.

GLORIEUX, P.: Contra Geraldinos. L'enchaînement des polémiques, in: RThMA 7,1935, S. 122–155.

GLORIEUX, P.: Prélats français contre religieux mendiants, 1281–1290, in: RHEF 11, 1925, S. 309–335 u. S. 475–495.

GLORIEUX, P.: Un synode provincial inconnu (Reims 1267), in: Revue des sciences religieuses 8, 1928, S. 230–256.

GÖHLER, G. (ed.): Die Eigenart der Institutionen. Zum Profil politischer Institutionentheorie, Baden-Baden 1994.

GÖLLER, E.: Die Gravamina auf dem Konzil von Vienne und ihre literarische Überlieferung, in: FS H. Finke, Münster 1904, S. 195–221.

GÖLLER, E.: Die Publikation der Extravagante *Cum inter nonnullos* Johannes' XXII., in: RQS 22, 1908, S. 143–146.

GOSSE, H.: Histoire de l'abbaye et de l'ancienne congrégation des chanoines réguliers d'Arrouaise avec des notes critiques, historiques et diplomatiques, Lille 1786.

GOURON, A.: Canonistes et civilistes des écoles de Narbonne et de Béziers, in: Proceedings of the Fourth International Congress of Medieval Canon Law, Monumenta iuris canonici series C: subsidia vol. 5, 1976, S. 523–536.

GOURON, A.: Enseignement du droit, légistes et canonistes dans le midi de la France à la fin du XIIIe et au début du XIVe siècle, in: Recueil des mémoires et travaux de l'université de Montpellier, Société d'histoire du droit et des institutions des anciens pays de droit écrit 5, 1966, S. 1–29.

GRABMANN, M.: Studien über den Einfluß der aristotelischen Philosophie auf die mittelalterlichen Theorien über das Verhältnis von Kirche und Staat, Sitzungsber. der Bayer. Akad. d. Wiss., Phil.-hist. Abt. 1934, 2, München 1934.

GRABMANN, M.: Die Lehre des Erzbischofs und Augustinertheologen Jakob v. Viterbo († 1307/08) vom Episkopat und Primat und ihre Beziehung zum heiligen Thomas von Aquin, FS Kard. Faulhaber, Regensburg 1949, S. 185–206.

GRABMANN, M.: Das Naturrecht der Scholastik von Gratian bis Thomas von Aquin, in: Archiv für Rechts- und Wirtschaftsphilosophie 16, 1922/23, S. 12–53.

GRABMANN, M.: Die Erörterung der Frage, ob die Kirche besser durch einen guten Juristen oder durch einen Theologen regiert werden kann, FS E. Eichmann, Paderborn 1940, S. 1–19.

GRATIEN, P.: Ordres mendiants et clergé séculier à la fin du XIIIe siècle, in: EF 36, 1924, S. 499–518.

GRATIEN, P.: Histoire de la fondation et de l'évolution de l'ordre des Frères Mineurs au XIIIe siècle, Paris 1928, ND Rom 1982.

GRAUERT, H.: Konrad von Megenbergs Chronik und sein *Planctus ecclesiae in Germaniam*, in: HJb 22, 1901, S. 631–687.

GRAVES, C.: The Economic Activities of the Cistercians in Medieval England, in: AnalCist 13, 1957, S. 3–60.

GRÈZES-RUEFF, F.: L'abbaye de Fontfroide et son domaine foncier au XIIe–XIIe siècle, in: AM 89, 1977, S. 253–280.

GREGOROVIUS, F.: Geschichte der Stadt Rom im Mittelalter, II 2, Stuttgart 1852, ND München 1978.

GRIESSER, B.: Zur Rechtsstellung des Abtes von Cîteaux, FS zum 800-Jahresgedächtnis des Todes Bernhards von Clairvaux, Wien 1954, S. 260–295.

GRILL, S.: Die ersten Reformversuche im Cistercienserorden, in: Cistercienser-Chronik 36, 1924, S. 25–72.

GRILL, S.M.: Leo Austriacus. Ein Cistercienser des 14. Jahrhunderts. Ein Überblick über seine exegetischen Predigten, in: Cistercienserchronik 77, 1970, S. 55–66.

GROSS, K.: *Plus amari quam timeri*. Eine antike politische Maxime in der Benediktinerregel, in: Vigiliae Christianae 27, 1973, S. 218–229.

GROSSI, P.: *Unanimitas*. Alle origini del concetto di persona giuridica nel diritto canonico, in: Annali di storia del diritto 2, 1958, S. 229–331.

GROSSI, P.: *Usus facti*, La nozione di proprietà nella inaugurazione dell'età nuova, in: Quaderni fiorentini 1, 1972, S. 287–355.

GRUNDMANN, H.: Religiöse Bewegungen im Mittelalter, Historische Studien 267, Berlin 1935.

GRUNDMANN, H.: Litteratus – illiteratus. Der Wandel einer Bildungsnorm vom Altertum zum Mittelalter, in: AfKuG 40, 1958, S. 1–65.

GRUNDMANN, H.: Die Bulle *Quo elongati* Papst Gregors IX., in: AFH 54, 1961, S. 3–25.

GRUNEBAUM, J.O.: Private Ownership, London 1987.

GUÉNÉE, B.: Entre l'Église et l'État. Quatre vies des prélats français à la fin du moyen-âge, Paris 1987.

GUILLEMAIN, B.: La Cour pontificale d'Avignon (1309–1376), BEFAR fasc. 201, Paris 1962.

GUILLEMAIN, B.: La politique bénéficiale du pape Benoît XII (1334–1342), Bibliothèque de l'École des Hautes Études, Sciences historiques et philologiques, fasc. 299, Paris 1952.

GUILLEMAIN, B.: Les Français du Midi à la cour pontificale d'Avignon, in: AM 64, 1962, S. 29–38.

GUILLEMAIN, B.: Punti di vista sul papato avignonese, in: ASI 111, 1953, S. 181–206.

GUIGNARD, P.: Les monuments primitifs de la règle cistercienne, Analecta divionensia 1. sér. t. 10, Dijon 1878.

GUIMARAES, A. de: Hervé Noël († 1323). Étude biographique, in: AFP 8, 1938, S. 5–81.

GUTIERREZ, D.: Los etudios en la orden agustiniana desde la edad media hasta la contemporanea, in: AAug 33, 1970, S. 75–141.

GUTIERREZ, D.: Los Agustinos en la edad media 1256–1356, Rom 1980.

GUTMANN, F.: Wahlanzeigen der Päpste bis zum Ende der avignonesischen Zeit, Marburg 1931.

GUYON, G.D.: Le partage de l'autorité dans l'administration d'une abbaye bénédictine bordellaise au XIIIᵉ–XVᵉ siècle, in: RHDFE 50, 1972, S. 438–452.

GUYON, G.D.: L'administration et le temporel de l'abbaye Sainte-Croix de Bordeaux dans les statuts du XIVᵉ siècle, in: RevMab 59, 1976, S. 19–45.

GY, P.-M. (ed.): Guillaume Durand, évêque de Mende (v.1230–1296). Canoniste, liturgiste et homme politique, Actes de la Table Ronde du CNRS, Mende 24–27 mai 1990, Paris 1992.

HACKETT, J.H.: State of the Church: A concept of the medieval canonists, in: The Jurist 23, 1963, S. 259–290.

HAGENEDER, O.: Der Häresiebegriff bei den Juristen des 12. und 13. Jahrhunderts, in: The Concept of Heresy in the Middle Ages (11ᵗʰ–13ᵗʰ C.), Medievalia Lovaniensia, Ser. I, Studia 4, Louvain ²1983, S. 42–103.

HAIDACHER, A.: Geschichte der Päpste in Bildern. Mit einem geschichtlichen Überblick von J. Wodka. Eine Dokumentation zur Papstgeschichte von L.Frh.v. Pastor, Heidelberg 1965.

HALLER, J.: Papsttum und Kirchenreform. Vier Kapitel zur Geschichte des ausgehenden Mittelalters, Berlin 1903.

HALLER, J.: Zwei Aufzeichnungen über die Beamten der Curie im XIII. und XIV. Jahrhundert, in: QFIAB 1, 1898, S. 16–38.

HALLINGER, K.: Gorze–Kluny. Studien zu den monastischen Lebensformen und Gegensätzen im Mittelalter, Studia Anselmiana fasc. 22/23, Rom 1950.

HALLINGER, K.: Consuetudo. Begriff, Formen, Forschungsgeschichte, Inhalt, in: Untersuchungen zu Kloster und Stift, Veröffentlichungen des MPI für Geschichte 68, Studien zur Germania Sacra 14, Göttingen 1980, S. 140–166.

HALLINGER, K.: Das Wahlrecht in der Benediktusregel, in: ZfKiG 76, 1965, S. 233–244.

HAURÉAU, B.: Arnaud Novelli, Cardinal, in: HLF 37, 1925, S. 205–213.

HARKINS, C.: The Authorship of a Commentary on the Franciscan Rule Published among the Works of St. Bonaventure, in: FStud 29, 1969, S. 157–248.

HAUCK, A.: Die Rezeption und Umbildung der allgemeinen Synode im Mittelalter, in: HVj 10, 1907, S. 465–482.

HEBER, M.: Gutachten und Reformvorschläge für das Vienner Generalkonzil 1311–1312, Diss. phil. Leipzig 1896.

HECK, E.: Der Begriff *religio* bei Thomas von Aquin. Seine Bedeutung für unser heutiges Verständnis von Religion, in: Abhandlungen zur Philosophie, Psychologie, Soziologie der Religion und Ökumenik 21/22, München 1971.

HECKEL, R.v.: Das Aufkommen der ständigen Prokuratoren an der päpstlichen Kurie im 13. Jahrhundert, in: Miscellanea F. Ehrle II, Rom 1924, S. 290–321.

HEFELE, J./LECLERCQ, H.: Histoire des conciles, VI, Paris 1915.

HEFT, J.: John XXII. and Papal Teaching Authority, Texts and Studies in Religion 27, Lewiston/Queenston 1986.

HEFT, J.: Nicholas III (1277–1280) and John (1316–1334): Popes in Contradiction ? A Reexamination of Texts and Contents, in: AFP 21, 1983, S. 245–257.

HEGGLIN, B.: Der benediktinische Abt in rechtsgeschichtlicher Entwicklung und geltendem Kirchenrecht, Diss. theol. Freiburg i. d. Schweiz/St. Ottilien 1961.

HEIJMAN, H.: Untersuchungen über die Prämonstratenser-Gewohnheiten, in: Analecta Praemonstratensia 2, 1926, S. 5–27; 4, 1928, S. 225–241.

HEINTSCHEL, D.: The Medieval Concept of an Ecclesiastical Office. An Analytical Study of the Concept of an Ecclesiastical Office in the Major Sources and Printed Commentaries from 1140–1300, Canon Law Studies 363, Washington D. C. 1956.

HERING, C.J.: Die *Aequitas* bei Gratian, in: SG 2, 1954, S. 94–113.

HENDRIX, S.H.: In quest of the *Vera Ecclesia*. The Crisis of Late Medieval Ecclesiology, in: Viator 7, 1977, S. 347–378.

HERDE, P.: *Eger cui lenia*. Ein Pamphlet der päpstlichen Kurie gegen Kaiser Friedrich II. von 1245/46, in: DA 23, 1967, S. 468–538.

HERDE, P.: Römisches und kanonisches Recht bei der Verfolgung des Fälschungsdeliktes im Mittelalter, in: Traditio 21, 1965, S. 291–362.

HERMANS, V.: De novitiatu in ordine Benedictino-Cisterciensi et in iure communi usque ad annum 1335, in: AnalCist. 3, 1947, S. 1–110.

HERTLING, L.: Kanoniker, Augustinerregel und Augustinerorden, in: Zs f. kath. Theol. 54, 1930, S. 335–359.

HEURTEBIZE, D.B.: Pierre Bohier. Bénédictin, évêque d'Orvieto, in: RevMab 5, 1910, S. 459–473.

HEYNCK, V.: Zur Datierung des Sentenzenkommentars des Petrus de Palude, in: FSt 53, 1971, S. 317–327.

HILLENBRAND, E.: Kurie und Generalkapitel des Predigerordens unter Johannes XXII (1316–1334), in: Adel und Kirche, G. Tellenbach zum 65. Geburtstag dargebracht von Freunden und Schülern, hrsg. von J. Fleckenstein u. K. Schmid, Freiburg/Basel/Wien 1968.

HILLING, N.: Über den Gebrauch des Ausdrucks *iurisdictio* im kanonischen Recht während der ersten Hälfte des Mittelalters, in: AKathKR 118, 1938, S. 165–170.

HILPISCH, S.: Geschichte des benediktinischen Mönchtums, Freiburg i. B. 1929.

HILPISCH, S.: Das benediktinisch-monastische Ideal im Wandel der Zeiten, in: SMOSB 68, 1957, S. 73–85.

HINNEBUSCH, W.A.: The History of the Dominican Order, 2 Bde., Staten Island 1965; New York 1973.

HINNEBUSCH, W.A.: Poverty in the Order of the Preachers, in: CathHR 45, 1960, S. 436–453.

HIRSCHENAUER, R.F.: Grundlagen und Grundfragen des Pariser Mendikantenstreites, in: Zs für Askese und Mystik 10, 1935, S. 221–236.

HIRSCHENAUER, R.F.: Die Stellung des hlg. Thomas von Aquin im Mendikantenstreit an der Universität Paris, St. Ottilien 1934.

HITZFELD, K.L.: Krise in den Bettelorden im Pontifikat Bonifaz VIII.?, in: HJb 48, 1928, S. 1–30.

HÖDL, L.: Das scholastische Verständnis von Kirchenamt und Kirchengewalt unter dem frühen Einfluß der aristotelischen Philosphie (*Per actus cognoscuntur potentiae*), in: Scholastik 36, 1931, S. 1–22.

HÖDL, L.: Dignität und Qualität der päpstlichen Lehrentscheidung in der Auseinandersetzung zwischen Petrus de Palude († 1342) und Johannes de Polliaco († post 1321) über das Pastoralinstitut der Mendikanten, in: Bonaventura, Franziskanische Forschungen 28, Werl i. Westfalen 1976, S. 136–145.

HÖDL, L.: Die kirchlichen Ämter, Dienste und Gewalten im Verständnis der scholastischen Theologie, in: Franziskanische Studien 43, 1961, S. 1–21.

HOFFMANN, F.: Die Schriften des Oxforder Kanzlers Iohannes Lutterell. Erfurter Theologische Studien VI, Leipzig 1959.

HOFFMANN, G.: Der Streit um die selige Schau Gottes, Leipzig 1917.

HOFMANN, H.: Repräsentation. Studien zur Wort- und Begriffsgeschichte von der Antike bis ins 19. Jahrhundert, Habil.-Schrift, Schriften zur Verfassungsgeschichte 22, Berlin 1974.

HOFMEISTER, A.: Puer, Iuvenis, Senex. Zum Verständnis der mittelalterlichen Altersbezeichnungen, in: Papsttum und Kaisertum, FS P. Kehr, ed. A. Brackmann, München 1926, S. 287–317.

HOFMEISTER, P.: Die Teilnehmer an den Generalkapiteln im Benediktinerorden, in: Ephemerides iuris Canonici 5, 1949, S. 368–459.

HOFMEISTER, P.: Die Verfasser der Benediktinerkongregationen, in: SMOSB 66, 1955, S. 5–27.

HOFMEISTER, P.: Die Verfassung der mittelalterlichen englischen Benediktinerkongregationen, in: SMOSB 71, 1960, S. 39–68.

HOFMEISTER, P.: Der Übertritt in eine andere religiöse Genossenschaft, in: AKathKR 108, 1928, S. 419–481.

HOFMEISTER, P.: Die Kardinalprotektoren der Ordensleute, in: TQ 142, 1962, S. 425–464.

HOFMEISTER, P.: Die Generalprokuratoren der Ordensleute beim Hl. Stuhl, in: Im Dienst des Rechts in Kirche und Staat, FS F. Arnold, ed. W. Plöchl und I. Gampl, Kirche und Recht 4, Wien 1963, S. 235–260.

HOFMEISTER, P.: Die Wahl des Vorstehers eines Ordensverbandes mit selbständigen Klöstern, in: SMOSB 69, 1958, S. 101–133.

HOFMEISTER, P.: Der Ordensrat, Kanonistische Studien und Texte 13, Bonn 1937, ND Amsterdam 1964.

HOLDER-EGGER, O.: Studien zu den Thüringischen Geschichtsquellen, in: NA 21, 1896, S. 357–421 u. S. 571–637.

HOLZAPFEL, H.: Handbuch der Geschichte des Franziskanerordens, Freiburg i. Br. 1909.

HOLZE, H.: Erfahrung und Theologie im frühen Mönchtum. Untersuchungen zu einer Theologie des monastischen Lebens bei den ägyptischen Mönchsvätern, Johannes Cassian und Benedikt von Nursia, Forschungen zur Kirchen- und Dogmengeschichte 48, Göttingen 1991.

HORST, U.: Die Lehrautorität des Papstes nach Augustinus von Ancona, in: AAug 53, 1991, S. 273–303.

HORST, U.: Evangelische Armut und päpstliches Lehramt. Minoritentheologen im Konflikt mit Papst Johannes XXII. (1316–1334), Münchener Kirchenhistorische Studien 8, Stuttgart/Berlin/Köln 1996.

HORST, U.: Evangelische Armut und Kirche. Thomas von Aquin und die Armutskontroversen des 13. und beginnenden 14. Jahrhunderts, Quellen und Forschungen zur Geschichte des Dominikanerordens NF 1, Berlin 1992.

HOURLIER, J.: Le Chapitre général jusqu'au moment du grand Schisme. Origines – développement – étude juridique, Thèse, Paris 1936.

HOURLIER, J.: La Règle de Saint Benoît, source du droit monastique, in: Études dédiées à G. Le Bras, I, Paris 1965, S. 157–168.

HOURLIER, J.: L'Age classique 1140–1378, Les religieux, Histoire du droit er des institutions de l'Église en Occident, sous la direction de G. Le Bras, 10, Paris 1974.

HOURLIER, J.: Cluny et la notion d'ordre religieux, in: A Cluny, Congrès scientifique Dijon 1950, S. 219–226; dt. in: Richter, H. (ed.) Cluny, Beiträge zu Gestalt und Wirkung der Cluniazensischen Reform, Darmstadt 1975, S. 50–58.

HOUSELY, N.: The Avignonese Papacy and the Crusades, 1305–1378, Oxford 1986.

HÜFNER, A.: Das Rechtsinstitut der klösterlichen Exemtion in der abendländischen Kirche in seiner Entwicklung bei den männlichen Orden bis zum Ausgang des Mittelalters, in: AKathKR 86, 1906, S. 302–318 u. S. 629–651; 87, 1907, S. 71–86, S. 462–479 u. S. 599–636.

IMKAMP, W.: Das Kirchenbild Innozenz' III. (1198–1216), Päpste und Papsttum, Bd. 22, Stuttgart 1983.

INSTITUTIONEN UND GESCHICHTE, Theoretische Aspekte und mittelalterliche Befunde, ed. G. Melville, Köln/Weimar/Wien 1992.

JACOBS, U.-K.: Die Regula Benedicti als Rechtsbuch. Eine rechtshistorische und rechtstheologische Untersuchung, Forschungen zur kirchlichen Rechtsgeschichte und zum Kirchenrecht 16, Diss. jur. Frankfurt (Main)/Köln/Wien 1987.

JACOBS, U.-K.: Die Aufnahmeordnung der Benediktsregel aus rechtshistorischer Sicht, in: Regula Benedicti Studia 14/15, 1988, S. 115–130.

JACQUELINE, B.: Episcopat et Papauté chez Saint Bernard de Clairvaux, Saint-Lô 1975.

JACQUELINE, B.: Le pape d'après Livre III du ‚De consideratione ad Eugenium papam‘ de Saint Bernard de Clairvaux, in: SG 14, 1967, S. 219–240.

JADIN, L.: Benoît XII, in: DHGE 8, 1935, S. 116-135.

JAKOB, K.: Studien über Papst Benedikt XII. (1334–1342), Diss. phil. Jena 1909, Berlin 1910.

JALLONGHI, E.: La grande discordia tra l'università di Parigi e i Mendicanti, in: La scuola cattolica 13, 1917, S. 488-502; 14, 1918, S. 102–123 u. S. 177–187.

JASSMEIER, J.: Das Mitbestimmungsrecht der Untergebenen in den älteren Männerordensverbänden, in: Münchner theol. Studien 3, Kan. Abt. 5, 1954.

JOCQUÉ, L.: Les structures de la population claustrale dans l'ordre de Saint-Victor du XIIe siècle. Un essai d'analyse du Liber Ordinis, in: L'abbaye parisienne de Saint-Victor au moyen âge, ed. G. Longère, Paris/Turnhout 1911, S. 53–95.

JOHANEK, P.: Studien zur Überlieferung der Konstitutionen des II. Konzils von Lyon (1274), in: ZRG KA 67, 1979, S. 149–216.

JOHANNESSEN, R.M.: Cardinal Jean Lemoine: Curial Politics and Papal Power, Ph.D.-Thesis University of California, Los Angeles 1990.

JUGIE, P.: Les cardinaux issus de l'administration royale française. Typologie des carrières antérieurs à l'accesion au cardinalat (1305–1378), in: Crises et réformes dans l'Église, Paris 1991, S. 157–180.

JUGIE, P.: Un Quércynois à la Cour pontificale d'Avignon: le cardinal Bertrand du Pouget (v. 1280–1352), in: La papauté d'Avignon et le Languedoc, CF 26, 1991, S. 69–95.

JULLIEN DE POMMEROL, M.H./MONFRIN, J.: La bibliothèque pontificale à Avignon et à Peñiscola pendant le grand schisme d'occident et sa dispersion. Inventaire et concordance, Collection de l'École française de Rome 141, 2 Bde., Rom 1991.

JULLIEN DE POMMEROL, M.H.: Textes politiques dans la bibliothèque des papes d'Avignon, in: L'État moderne: genèse, bilance et perspectives. Actes du Colloque tenu au CNRS à Paris les 19–20 sept 1989, ed. J.-Ph. Genet, Paris 1990, S. 207–216.

JUNG, N.: Un Franciscain, théologien du pouvoir pontifical au XIVᵉ siècle. Alvaro Pelayo, évêque et pénitencier de Jean XXII., Paris 1931.

KAEPPELI, T.: Scriptores Ordinis Praedicatorum Medii Aevi, 3 Bde., Rom 1970–1980.

KAEPPELI, T.: Le procès contre Thomas Waleys O.P. Étude et documents, Dissertationes historicae, fasc. 6, Rom 1936.

KAEPPELI, T.: Predigten am päpstlichen Hof von Avignon, in: AFP 19, 1949, S. 388–393.

KAEPPELI, T.: Le *Campus florum* de Thomas Waleys, in: AFP 35, 1965, S. 85–92.

KAEPPELI, T.: Note sugli scrittori domenicani di nome Giovanni di Napoli, in: AFP 10, 1940, S. 48–71.

KÄMPF, H.: Die *codices latini* 4008–4010 der Vatikanischen Bibliothek, in: QFIAB 26, 1935/36, S. 143–171.

KANTOROWICZ, E.H.: The King's Two Bodies. A Study in Medieval Political Theology, Princeton 1957.

KAUFHOLD, M.: Gladius spiritualis. Das päpstliche Interdikt über Deutschland in der Regierungszeit Ludwigs des Bayern (1324–1347), Diss. phil. Heidelberg 1993, Heidelberger Abh. z. Mittl. und Neueren Geschichte N. F. Band 6, 1994.

KAY, P.: Hostiensis and some Embrun provincial councils, in: Traditio 20, 1964, S. 503–513.

KEMP, E.W.: Canonization and Authority in the Western Church, Oxford-London 1948, ND Oxford 1980.

KEMP, E.W.: Counsel and Consent. Aspects of the Government of the Church as exemplified in the history of the English Provincial Synods, The Brampton Lectures for 1960, London 1961.

KERCKHOVE, M.VAN DER: La notion de juridiction dans la doctrine des Décrétistes et des premiers Décrétalistes de Gratien (1140) à Bernard de Botone (1250), in: EF 49, 1937, S. 420–455.

KERCKHOVE, M.VAN DER: De notione jurisdictionis in Iure Romano, in: Jus pontificum 16, 1936, S. 49–65.

KERN, F.: Gottesgnadentum und Widerstandsrecht im früheren Mittelalter. Zur Entwicklungsgeschichte der Monarchie, Darmstadt ²1954.

KIBRE, P.: The Nations in the Medieval Universities, Cambridge/Mass. 1948.

KIBRE, P.: Scholarly Privileges in the Middle Ages. The Rights, Privileges and Immunities of Scholars and Universities at Bologna, Paris, Padua and Oxford, Medieval Academy of America, Publications 72, London 1961.

KING, P.: The Finances of the Cistercian Order in the fourteenth century, Cistercian Studies ser. 85, Kalamazoo 1985.

KNOLL, A.M.: Der Zins in der Scholastik, Innsbruck 1933.

KNOLL, P.W.: The papacy at Avignon and university foundations, in: Kyrkohistorik Arskrift 1977, S. 197–202.

KNOWLES, D.: From Pachomius to Ignatius. A Study in the constitutional History of the Religious Orders, The Sarum Lectures 1964/65, Oxford 1966.

KNOWLES, D.: The reforming decrees of Peter the Venerable, in: Petrus Venerabilis 1156–1956. Studies and Texts commemorating the eight Centenary of his death, ed. G. Constable/J. Kritzek, Studia Anselmiana fasc. 40, Rom 1956, S. 1–20.

KNOWLES, D.: The Growth of Exemption, in: The Downside Review 50, 1932, S. 201–231 u. S. 396–436.

KNOWLES, D.: Le régime de gouvernement, in: Vie spirituelle Suppl. 1954, S. 180–194.

KNOWLES, D./HARDCOCK, R.N.: Medieval Houses. England and Wales, Bristol 1971.

KOCH, J.: Der Kardinal Jacques Fournier (Benedikt XII.) als Gutachter in theologischen Prozessen, in: ders.: Kleine Schriften II., Storia e Letteratura 128, Rom 1973, S. 367–386.

KOCH, J.: Der Prozeß gegen den Magister Johannes de Polliaco und seine Vorgeschichte, in: RThAM 5, 1933, S. 391–422; wieder in: Kleine Schriften II S. 387–422.

KOCH, J.: Das Gutachten des Aegidius Romanus über die Lehre des Petrus Johannis Olivi. Eine neue Quelle zum Konzil von Vienne, in: Scientia sacra, FS Kard. Schulte, ed. G. Söhngen und S. Feckes, Köln 1935, S. 142–168; wieder in: Kleine Schriften II S. 225–258.

KOCH, J.: Durandus de S. Porciano, Beiträge zur Geschichte der Philosophie und Theologie des Mittelalters 26, Münster 1927.

KOCH, J.: Neue Aktenstücke zu dem gegen Wilhelm Ockham in Avignon geführten Prozess, in: RThAM 7, 1935, S. 353–380; 8, 1936, S. 79–93 u. S. 168–197; wieder in: Kleine Schriften II S. 275–365.

KOCH, J.: Der Prozeß gegen die Postille Olivis zur Apokalypse, in: RThMA 5, 1933, S. 302–315; wieder in: Kleine Schriften II S. 259–274.

KÖLMEL, W.: *A Deo sed per homines.* Zur Begründung der Staatsgewalt im Ordnungsverständnis des Mittelalters, in: FSt 48, 1966, S. 308–335.

KÖLMEL, W.: Wilhelm Ockham und seine kirchenpolitischen Schriften, Essen 1962.

KÖLMEL, W.: Paupertas und Potestas. Kirche und Welt in der Sicht des Alvarus Pelagius, in: FSt 46, 1964, S. 57–101.

KÖLMEL, W.: Typik und Atypik. Zum Geschichtsbild der kirchenpolitischen Publizistik (11.–14. Jahrhundert), in: Speculum historiale, FS J. Spörl, ed. C. Bauer, L. Boehm, M. Müller, Freiburg i. Br. 1965, S. 277–302.

KÖLZER, T.: Mönchtum und Kirchenrecht. Bemerkungen zu monastischen Kanonessammlungen der vorgratianischen Zeit, in: ZRG KA 100, 1983, S. 121–142.

KOUDELKA, V.L.: Heinrich von Bitterfeld († c. 1405), Professor an der Universität Prag, in: AFP 23, 1953, S. 5–65.

KRAUSE, H.: Cessante causa cessat lex, in: ZRG 74 KA 46, 1960, S. 81–111.

KRAUSE, H.: Dauer und Vergänglichkeit im mittelalterlichen Recht, in: ZRG GA 75, 1958, S. 206–251.

KRINGS, H.: Ordo. Philosophisch-historische Grundlegung einer abendländischen Idee, Diss. theol. Halle 1941.

KUITERS, B.: De ecclesiastica sive de summi pontificis potestate secundum Aegidium Romanum, in: AAug 20, 1945, S. 146–214.

KUTTNER, S.: Cardinalis: The History of a Canonical Concept, in: Traditio 3, 1945, S. 129–214.

KUTTNER, S.: Le réserve papale du droit de canonisation, in: RHDFE 17, 1938, S. 172–228.

KUTTNER, S.: Papst Honorius III. und das Studium des Zivilrechts, in: FS für M. Wolff. Beiträge zum Zivilrecht und Internationalen Privatrecht, Tübingen 1952, S. 79–101.

KUTTNER, S.: Kanonistische Schuldlehre von Gratian bis auf die Dekretalen Gregors IX. Systematisch auf Grund der handschriftlichen Quellen dargestellt, Studi e testi 64, Città de Vaticano 1935.

KUTTNER, S.: Johannes Teutonicus, das vierte Laterankonzil und die Compilatio Quarta, in: Misc. Giovanni Mercati, Studi et Testi 125, Città del Vaticano 1946.

KUTTNER, S.: Universal Pope or servants of God's Servants: the canonists, papal titles, and Innocent III., in: RDC 31, 1981, S. 109–149.

KUTTNER, S.: Raymond of Peñafort as editor: the ‚decretales‘ and ‚constitutiones‘ of Gregory IX., in: Bulletin of medieval canon law NS 12, 1982, S. 65–80.

KUTTNER, S.: Repertorium der Kanonistik (1140–1234), Studi e testi 71, Città del Vaticano 1937.

KUTTNER, S.: On ‚Auctoritas‘ in the Writing of Medieval Canonists: the Vocabulary of Gratian, in: La notion d'autorité au Moyen Age, Islam, Byzance, Occident, ed. G. Makdisi, D. Sourdel, J. Sourdel-Thomine, Paris 1982, S. 69–81.

KWANTEN, A.: Le collège de Saint-Bernard à Paris. Sa Fondation et ses débuts, in: RHE 43, 1948, S. 443–472.

KYER, C.I.: A misplaced Quaternion of Letters of Benedict XII, in: AHP 16, 1978, S. 337–339.

LACKNER, B.K.: Bernhard of Clairvaux on Abbots, in: American Benedictine Review 33, 1982, S. 427–441.

LADNER, G.B.: The Idea of Reform. Its Impact on Christian Thought and Action in the Age of the Fathers, Cambridge/Mass. 1959.

LADNER, G.B.: Die Papstbildnisse des Altertums und des Mittelalters, 3 Bde., Vatikan 1941–83.

LADNER, G.B.: Aspects of Mediaeval Thought on Church and State, in: The Review of Politics 9, 1947, S. 403–422.

LADNER, G.B.: The Concepts of *Ecclesia* and *Christianitas* and their relation to the idea of papal plenitudo potestatis from Gregory VII to Boniface VIII, in: Sacerdozio e regno da Gregorio VII a Bonifacio VIII, Misc. Hist. Pont. 18, coll. 50–57, Rom 1954, S. 49–78.

LAGARDE, G. de: La philosophie sociale d'Henri de Gand et de Godefroid de Fontaines, in: AHDLMA 18, 1943, S. 73–142.

LAJARD, F.: Giles de Rome, in: HLF 30, 1888, S. 421–566.

LAMBERMOND. H.C.: Der Armutsgedanke des Hlg. Dominikus und seines Ordens, Diss. phil., Freiburg i. d. Schweiz, Zwolle 1926.

LAMBERT, M.D.: The Franciscan Crisis under John XXII, in: FStud 32, 1972, S. 123–143.

LAMBERT, M.D.: Franciscan Poverty. The Doctrine of the Absolute Poverty of Christ and the Apostles in the Franciscan Order, 1210–1323, London 1961.

LAMBERTINI, R.: Apologia e crescita dell'identità francescana (1255–1279), Nuovi studi storici 4, Rom 1990.

LANDAU, P.: Wandel und Kontinuität im kanonischen Recht bei Gratian, in: Sozialer Wandel im Mittelalter. Wahrnehmungsformen, Erklärungsmuster, Regelungsmuster, ed. J. Miethke und K. Schreiner, Sigmaringen 1994, S. 215–233.

LANDINI, L.C.: The Causes of the Clericalization of the Order of the Friars Minor 1209–1260. In the light of early Franciscan Sources, Chicago 1968.

LANG, A.: Der Bedeutungswandel der Begrife ‚fides' und ‚haeresis' und die dogmatische Wertung der Konzilsentscheidungen von Vienne und Trient, in: Münchener Theol. Zeitschrift. 4, 1953, S. 133–146.

LANGLOIS, Ch.V.: Géraud du Pescher, in: HLF 36, 1924, S. 614–617.

LANGLOIS, Ch.V.: Dominique Grima, frère prêcheur, in: HLF 36, 1924, S. 254–265.

LANGLOIS, Ch.V.: Guiral Ot (Geraldus Ordonis), frère mineur, in: HLF 36, 1924, S. 203–225.

LANGLOIS, Ch.V.: Guillaume de Montlauzun, canoniste, in: HLF 35, 1921, S. 467–503.

LANGLOIS, Ch.V.: Doléances du clergé de France au temps de Philippe le Bel, in: Revue bleue 4, 5ᵉ série 1905, S. 323–333 u. S. 486–490.

LAPPE, J.: Nikolaus von Autrecourt. Sein Leben, seine Philosophie, seine Schriften, Beiträge zur Geschichte der Philosophie des Mittelalters Bd. 6,2, Münster 1908.

LAPSANSKY, D.: Evangelical Perfection. An Historical Examination of the Concept in the Early Franciscan Sources, Franciscan Institute Publications, theol. ser. 7, New York 1977.

LARENDURIE, M.: Les famines en languedoc aux XIVᵉ et XVᵉ siècle, in: AM 64, 1952, S. 27–39.

LAURENT, M.H.: Le testament et la succession du cardinal dominicain Guillaume de Pierre Godin, in: AFP 2, 1932, S. 84–231.

LATOUCHE, R.: L'université de Grenoble de Moyen Age et sous l'ancien régime, in: Grenoble 1339–1939, Grenoble 1339, S. 5–20.

LAWRENCE, C.H.: Stephen of Lexington and Cistercian University in the Thirteenth Century, in: JEcclH 11, 1960, S. 164–178.

LE BACHELET, X.: Benoît XII, in: DThCath 2, 1910, Sp. 653–704.

LE BRAS, G.: La part du monachisme dans le droit et l'économie du moyen âge, in: RHEF 47, 1961, S. 199–213.

LE BRAS, G.: Notes sur la vie commune des clercs dans les collections canoniques, in: Vita comune ... Milano 1961, 1. Bd., S. 16–18.

Le BRAS, G.: Les problème du temps dans l'histoire du droit canonique, in: RHDFE 4 ser. 30, 1952, S. 487–513.

LE BRAS, G./LEFEBVRE, Ch./RAMBAUD, J.: L'âge classique (1140 à 1378). Source et théorie du droit, Histoire du droit et des institutions de l'Église en occident, ed. G. Le Bras, Bd. 7, Paris 1965.

LECLER, J.: Vienne. Geschichte der ökumenischen Konzilien, Bd. 8, Mainz 1965.

LECLER, J.: La réforme de l'Église au temps de Philippe le Bel: à propos du concile de Vienne, in: Études 224, 1935, S. 5–21.

LECLERCQ, J.: Conclusion, in: Les Cisterciens, CF 21, 1986, S. 376.

LECLERCQ, J.: Étude sur le vocabulaire monastique du moyen âge, Studia Anselmiana 48, Rom 1961.

LECLERCQ, J.: Pierre le Vénérable et l'érémitisme clunisien, in: Petrus Venerabilis, ed. G. Constable/J. Kritzek, Rom 1956, S. 99–120.

LECLERCQ, J.: Un recueil espagnol d'écrits ecclésiologiques au XIVᵉ siècle, in: Analecta sacra Tarraconensia 20, 1947, S. 232–236.

LECLERCQ, J.: Le sacerdoce des moines, in: Irénikon 36, 1963, S. 5–40.

LECLERCQ, J.: Zeiterfahrung und Zeitbegriff im Spätmittelalter, in: Antiqui et Moderni, ed. A. Zimmermann, Miscellanea Mediaevalia 9, Berlin/New York 1974, S. 1–20.

LECLERCQ, J.: Die Intentionen der Gründer des Zisterzienserordens, in: Cistercienser-Chronik 96, 1989, S. 3–32.

LECUYER, J.: Les étapes de l'enseignement thomiste sur l'épiscopat, in: RThom 57, 1957, S. 40–45.

LECUYER, J.: Aux origines de la théologie thomiste de l'épiscopat, in: Gregorianum 35, 1954, S. 56–89.

LEFEBVRE, C.: Contribution à l'histoire des origines et du dévoloppement de la *denuntiatio evangelica* en droit canonique, in: Ephemerides iuris canonica 6, 1950, S. 60–93.

LEFÈVRE, J.A.: A propos de la composition des Instituta generalis capituli apud Cistercium, in: CollCist 16, 1954, S. 157–182 u. S. 241–266.

LEFÈVRE, J.A.: La vraie Carta Caritatis primitive et son évolution, in: CollCist 16, 1954, S. 5–29 u. S. 80–81.

LEFÈVRE, J.A.: La véritable Constitution cistercienne de 1119, in: CollCist 16, 1954, S. 77–104.

LEFÈVRE, J./LUCET, B.: Les codifications cisterciennes aux XIIᵉ et XIIIᵉ siècles d'après les traditions manuscrites, in: AnalCist 15, 1959, S. 3–22.

LEFF, G.: The Apostolic Ideal in Later medieval Ecclesiology, in: JThStud N.S. 18, 1967, S. 59–82.

LEFF, G.: The Bible and Rights in the franciscan Disputes over Poverty, in: The Bible in the Medieval World, Essays in memory of Beryl Smalley, ed. K. Walsh/D. Wood, Studies in Church History, Subsidia 4, Oxford 1985, S.225–235.

LEFF, G.: Paris and Oxford Universities in the Thirteenth and Fourteenth Centuries. An Institutional and Intellectual History, New York/London/Sydney 1968.

LEHMANN, P.: Mittelalterliche Beinamen und Ehrentitel, in: HJb 49, 1929, S. 215–239.

LEKAI, L.J.: The Cistercians. Ideal and Reality, Kent State 1977.

LEKAI, L.J.: Introduction à l'étude des collèges cisterciens en France avant la Révolution, in: AnalCist 25, 1969, S. 145–179.

LEKAI, L.J.: The Question of the ‚College of Boulbonne' in Toulouse, in: Cîteaux 22, 1971, S. 312–318.

LEKAI, L.J.: The College of Saint Bernard in Toulouse in the Middle Ages, in: AnalCist 27, 1971, S. 143–155.

LENTSCH, R.: Le palais de Benoît XII et son aménagement intérieur, in: La Papauté d'Avignon et le Languedoc, CF 21, 1991, S. 345–366.

LÉONARD, E.G.: Les Angevins de Naples, Paris 1954.

LÉOTAUD, A.: Monastic officials in the Middle Ages, in: The Downside Review 56, 1938, S. 391–409.

LE ROY LADURIE, E.: Montaillou. Village occitan de 1294 à 1324, Paris 1975, dt. Frankfurt (Main) 1980 u.ö.

LERNER, R.E.: Weltklerus und religiöse Bewegung im 13. Jahrhundert, in: AfKuG 51, 1969, S. 94–108.

LERNER, R.E.: A note on the University Career of Jacques Fournier, O.Cist, later Pope Benedict XII, in: AnalCist 30, 1974, S. 66–69.

LERNER, R.E.: The Heresy of the Free Spirit in the Later Middle Ages, Los Angeles/London 1972.

LES MOINES NOIRS (XIIIᵉ-XIVᵉ s.), CF 19, Toulouse 1984.

LETONNELIER, G.: L'abbaye exempte de Cluny et le Saint-Siège: Étude sur le développement de l'exemption clunisienne des origines jusqu'à la fin du XIIIᵉ siècle, Paris/Ligugé 1923.

LEWALTER, E.: Thomas von Aquino und die Bulle *Benedictus Deus* von 1336, in: ZKG 54, 1935, S. 399–461.

LIPPENS, H.: Le droit nouveau des mendiants en conflit avec le droit coutumier du clergé séculier du concile de Vienne à celui de Trente, in: AFH 47, 1954, S. 241–292.

LINDER, A.: The Knowledge of John of Salisbury in the Late Middle Ages, in: StM 3 ser., 18, 1977, S. 881–932.

LINDNER, D.: Die Lehre vom Privileg nach Gratian und den Glossatoren, Diss. phil. München 1917.

LINDNER, D.: Die sogenannte Erbheiligkeit des Papstes in der Kanonistik des Mittelalters, in: ZRG KA 53, 1967, S. 15–26.

LINDNER, D.: Die Lehre von der Inkorporation in ihrer geschichtlichen Entwicklung, München 1951.

LIZÉRAND, M.: Clément V et Philippe le Bel, Paris 1910.

LITTLE, A.G.: Measures taken by the prelates of France against the Friars (1289–1290), in: Miscellanea Francesco Ehrle Bd. 3, Rom 1924, S. 49–66.

LITTLE, L.K.: Religious Poverty and the Profit Economy in Medieval Europe, London 1978.

LÖHR, G.M.: Die Mendikantenarmut im Dominikanerorden im 14. Jahrhundert. Nach den Schriften von Johannes von Dambach O.P. und Johannes Dominici O.P., in: Divus Thomas, 3. ser., 18, 1940, S. 385–427.

LONGÈRE, J. (ed.): L'abbaye parisienne de Saint-Victor au moyen âge. Communications présentées au XIIᵉ Colloque d'Humanisme médiéval de Paris (1986–1988), Bibliotheca Victorina 1, Paris-Turnhout 1991.

LOSERTH, J.: Die Königsaaler Geschichtsquellen. Kritische Untersuchung über die Entstehung des *Chronicon aulae regiae*, in: Arch. für österr. Gesch. 51, 1873, S. 449–499.

LOUIS, R.M.: Histoire du texte des constitutions dominicains, in: AFP 6, 1936, S. 333–355.

LUBAC, H.de: Exégèse médiévale. Les quatre sens de l'écriture, Paris 1961.

LUCAS, H.: The Great European Famine of 1315, 1316, 1317, in: Speculum 5, 1930, S. 343–377.

LUCET, B.: L'ère des grandes codifications cisterciennes (1202–1350), in: Études d'histoire du droit canonique dédiées à Gabriel Le Bras, I, Paris 1965, S. 249–262.

LUGANO, D.P.: Un commento quattrocentesco della regola benedettina, in: Rivista storica benedettina 4, 1909, S. 56–65.

LUMPE, A.: Zur Bedeutungsgeschichte des Verbums *reformare* und seiner Ableitungen, in: AHC 14, 1982, S. 1–12.

LYNCH, J.H.: The Cistercians and underage Novices, in: Cîteaux 24, 1973, S. 283–297.

MACCARRONE, M.: Vicarius Christi. Storia del titolo papale, Rom 1952.

MACCARRONE, M.: Studi su Innocenzo III., Italia Sacra. Studi e documenti di storia ecclesiastica 17, Padua 1972.

MACCARRONE, M.: Riforma e sviluppo della vita religiosa con Innocenzo III., in: RSCI 18, 1962, S. 29–72.

MAGGIANI, V.: De relatione scriptorum quorundam S. Bonaventurae ad Bullam *Exiit* Nicolai III (1279), in: AFH 5, 1912, S. 3–21.

MAHAUT, M.-C.: Le rôle pacificateur du pape Benoît XII dans le conflit de la Castille avec le Portugal (1337–1340), in: Actes du 101ᵉ congrès des sociétés savantes, section de phil. et d'histoire jusqu'à 1610, Lille 1976, Paris 1978, S. 225–239.

MAHN, J.B.: Le pape Benoît XII et les Cisterciens, Bibliothèque de l'École des Hautes Études, Sciences historiques et philologiques, fasc. 295, Paris 1949.

MAHN, J.B.: L'ordre cistercien et son gouvernement des origines au milieu du XIIIᵉ siècle, BEFAR 161, Paris 1945; ²1951.

MAIER, A.: Zwei Prooemien Benedikts XII., in: AHP 7, 1969, S. 131–161, auch in: dies., Ausgehendes Mittelalter (AMA). Gesammelte Aufsätze zur Geistesgeschichte des 14. Jahrhunderts, 3 Bde., storia e letteratura 97, 105, 138, Rom 1964–1977, S. 447–479.

MAIER, A.: Der Kommentar Benedikts XII. zum Matthaeus-Evangelium, in: AHP 6, 1968, S. 398–405; wieder in: AMA III S. 591–600.

MAIER A.: Die Pariser Disputation des Geraldus Odonis über die Visio beatifica Dei, in: Archivio italiano per la storia della pietà 4, 1965, S. 213–252; wieder in: AMA III S. 319–372.

MAIER, A.: Schriften, Daten und Personen aus dem Visio-Streit unter Johann XXII., in: AHP 9, 1971, S. 143–186; wieder in: AMA III S. 543–590.

MAIER, A.: Zu einigen Disputationen aus dem Visio-Streit unter Johann XXII., in: AFP 39, 1969, S. 97–126; wieder in: AMA III S. 415–445.

MAIER, A.: Zwei unbekannte Streitschriften gegen Johann XXII aus dem Kreis der Münchener Minoriten, in: AHP 5, 1967, S. 41–78; wieder in: AMA III S. 373–414.

MAIER, A.: Eine Verfügung Johanns XXII. über die Zuständigkeit der Inquisition für Zaubereiprozesse, in: AFP 22, 1952, S. 226–246; wieder in: AMA II S. 59–80.

MAIER, A.: Der Handschriftentransport von Rom nach Avignon im Jahre 1566, in: Mélanges Tisserant 7, Studi et Testi 237, Vatikan 1964; wieder in: AMA III S. 167–186.

MAIER, A.: Zur Textüberlieferung einiger Gutachten des Johannes von Neapel, in: AFP 40, 1970, S. 5–27.

MAIER, A.: Annotazioni autografe di Giovanni XXII in codici vaticani, in: RSCI 6, 1952, S. 317–332.

MAIER, A.: Über den Zeugniswert der ‚Reportatio‘ in der Scholastik, in: AfKu 36, 1956, S. 1–7.

MAIER, A.: Der literarische Nachlaß des Petrus Rogerii (Clemens VI.) in der Borghesina, in: AMA II S. 255–315.

MAIER, A.: Die Subjektivierung der Zeit in der scholastischen Philosophie, in: Philosophia naturalis 1, 1950–52, S. 361–398.

MAIERU, A.: University training in medieval Europe, Education and Society in the middle Ages and Renaissance, ed. J. Miethke, W.J. Courtenay, J. Catto, Leiden/New York/Köln 1994.

MAJIC, T.: Die apostolische Poenitentiarie im 14. Jahrhundert, in: RQS 50, 1955, S. 129–177.

MANDONNET, P.: L'enseignement de la Bible selon l'usage de Paris, in: RevThom 34, 1929, S. 489–519.

MANSELLI, R.: Papato avignonese ed ecclesiologia trecentesca, in: Aspetti culturali della società italiana del papato avignonese, Rimini 1978, S. 177–195.

MANSELLI, R.: Un papa in un età di contraddizione: Giovanni XXII, in: Studi romani 22, 1974, S. 444–456.

MANSELLI, R.: L'Anticristo mistico. Pietro di Giovanni Olivi, Ubertino da Casale e i papi del loro tempo, in: CollFranc 47, 1977, S. 5–25.

MANSELLI, R.: La *Lectura super Apocalipsim*, Istituto storico Italiano per il Medio Evo, Studi storici 19–21, Rom 1955.

MARIANI, U.: Scrittori politici agostiniani, Florenz 1927.

MARINUS A NEUKIRCHEN, P.: Constitutionum generalium primi ordinis seraphici series chronologica, in: CollFranc. 12, 1942, S. 377–396.

MARONGIU, A.: Il principio della democrazia e del consenso (*quod omnes tangit, ab omnibus approbari debet*), in: SG 8, 1962, S. 555–575.

MARRONE, J.: The Ecclesiology of the Parisian Secular Masters 1250–1320, Ph. D. Thesis, Cornell Univ. 1972.

MARRONE, J.: The Absolute and the Ordained Power of the Pope. An unedited text of Henry of Ghent, in: MSt 36, 1974, S. 7–27.

MARTIN, O.: L'Assemblée de Vincennes de 1329 et ses consequences. Étude sur les conflits entre la jurisdiction laïque et la jurisdiction ecclésiastique au XIVᵉ siècle, Paris 1909.

MARTIN, V.: Les origines du Gallicanisme, 2 Bde., Paris 1939, ND Aalen 1978.

MARTIN V.: Comment s'est formée la doctrine de la superiorité du concile sur le pape?, in: RScRel 17, 1937, S. 121–143, S. 261–189 u. S. 405–427.

MATHES, F.A.: The Poverty Movement and the Augustinian Hermits, in: AAug 31, 1968, S. 5–154; 32, 1969, S. 5–116.

MATHIS, B.: Die Privilegien des Franziskanerordens bis zum Konzil von Vienne (1311) in Zusammenhang mit dem Privilegienrecht der frühen Orden dargestellt, Diss. theol. Freiburg i. d. Schweiz-Paderborn 1927.

MCCRANK, J.: The Cistercians of Poblet as Landlords. Protection, Litigation and Violence on the Medieval Catalan Frontier, in: Cîteaux 27, 1976, S. 255–283.

MCCREADY, W.D.: Papalists and Antipapalists: Aspects of the Church/State Controversy in the later middle ages, in: Viator 6, 1975, S. 241–273.

MCCREADY, W.D.: The Problem of Empire in Augustinus Triumphus and Late Medieval Papal Hierocratic Theory, in: Traditio 30, 1974, S. 325–349.

MCGRADE, A.S.: Ockham and the Birth of Individual Rights, in: Authority and Power, S. 149–165.

MCKEON, R.: The Development of the Concept of Property in Political Philosophy: A study of the Background of the Constitution, in: The international Journal of Ethics 48, 1938–39, S. 297–366.

MCLAUGHLIN, T.P.: The Teaching of the Canonists on Usury (XII, XIII and XIV C.), in: MSt 1, 1939, S. 81–147; 2, 1940, S. 1–22.

MEHNE, J.: Cluniazenserbischöfe, in: FMASt 11, 1977, S. 241–287.

MELVILLE, G.: Zur Funktion der Schriftlichkeit im institutionellen Gefüge mittelalterlicher Orden, in: FMASt 25, 1991, S. 391–417.

MELVILLE, G.: Der Zugriff auf Geschichte in der Gelehrtenkultur des Mittelalters: Vorgaben und Leistungen, in: La Littérature historiographique des origines à 1500 I, ed. H.U. Gumbrecht u.a., Grundriß der romanischen Literaturen des Mittelalters XI/1, Heidelberg 1986.

MELVILLE, G.: Cluny après Cluny. Le treizième siècle: un champ de recherches, in: Francia 17, 1990, S. 91–124.

MELVILLE, G.: Die cluniazensische Reformatio *tam in capite quam in membris*. Institutioneller Wandel zwischen Anpassung und Bewahrung, in: Sozialer Wandel im Mittelalter, ed. J. Miethke und K. Schreiner, 1994, S. 249–297.

MELVILLE, G.: Institutionen als geschichtswissenschaftliches Thema. Eine Einleitung, in: Institutionen und Geschichte, Köln/Weimar/Wien 1992, S. 1–24.

MELVILLE, G.: Zur Abgrenzung zwischen *vita canonica* und *vita monastica*. Das Übertrittsproblem in kanonistischer Behandlung von Gratian bis Hostiensis, in: *Secundum Regulam vivere*, FS N. Backmund, Windberg 1978, S. 205–243.

MELVILLE, G.: Verwendung, Schutz und Mißbrauch des Siegels bei den Cluniacensern im 13. und beginnenden 14. Jahrhundert, in: Fälschungen im Mittelalter 4, Schriften der MGH 33, Hannover 1988, S. 673–702.

MELVILLE, G.: Spätmittelalterliche Geschichtskompendien – Eine Aufgabenstellung, in: RHMitt 22, 1980, S. 51–104.

MELVILLE, G.: Zur ‚Flores-Metaphorik‘ in der mittelalterlichen Geschichtsschreibung. Ausdruck eines Formungsprinzips, in: HJb 90, 1970, S. 65–80.

MELVILLE, G.: *De gestis sive statutis Romanorum pontificum* ... Rechtssätze in Papstge-schichtswerken, in: AHP 9, 1971, S. 377–400.

MELVILLE, G.: Die *Exhortatiunculae* des Girardus de Avernia an die Cluniazenser. Bi-lanz im Alltag einer Reformierungsphase, in: Ecclesia et Regnum, FS J. Schmale, ed. D. Berg und H.-W. Goetz, Bochum 1989, S. 203–234.

MELVILLE, G.: Quellenkundliche Beiträge zum Pontifikat Benedikts XII. anhand von neu aufgefundenen Gesta, I, in: HJb 102, 1982, S. 149–182.

MENACHE, S.: The Failure of John XXII's policy towards France and England: Reasons and Outcomes, 1316–1334, in: Church History 55, 1986, S. 423–437.

MENACHE, S.: Un peuple qui a sa demeure à part – Boniface VIII et le sentiment natio-nal français, in: Francia 12, 1984, S. 193–208.

MENACHE, S.: Philippe le Bel – genèse d'une image, in: Revue belge de Philologie et d'histoire 62, 1984, S. 689–702.

MERCATI, A.: Nell'Urbe dalla fine di Settembre 1337 al 21 Gennaio 1338, Misc. Hist. Pont, 10, 19, Rom 1945.

MERTA, F.: Die Lehre von der Visio Beata in den Quodlibeta und Quaestiones disputatae des Johannes von Neapel O.P., München 1964.

MERZBACHER, F.: Die Rechts-, Staats- und Kirchenauffassung des Aegidius Romanus, in: Recht – Staat – Kirche, Ausgew. Aufsätze von F. Merzbacher, ed. G. Köbler, H. Drüppel, D. Willoweit, Wien/Köln/Graz 1989, S. 177–188.

MERZBACHER, F.: *Scientia* und *ignorantia* im alten kanonischen Recht, in: Recht-Staat-Kirche, S. 327–340.

MERZBACHER, F.: Wandlungen des Kirchenbegriffs im Spätmittelalter. Grundzüge der Ekklesiologie des ausgehenden 13., des 14. und 15. Jahrhunderts, in: ZRG KA 39, 1953, S. 274–361.

MEYER, A.: Arme Kleriker auf Pfründensuche. Eine Studie über das *in forma pauperum*-Register Gregors XII. von 1407 und über päpstliche Anwartschaften im Spätmittel-alter, Forschungen zur kirchlichen Rechtsgeschichte und zum Kirchenrecht 20, Köln/Wien 1980.

MEYER, U.: Soziales Handeln im Zeichen des ‚Hauses'. Zur Ökonomik in der Spätantike und im frühen Mittelalter, Veröffentlichungen des MPI für Geschichte 140, Göttingen 1998.

MICHAUD-QUANTIN, P.: Le droit universitaire dans le conflit parisien (1252–1257), in: SG 8, 1962, S. 577–599.

MICHAUD-QUANTIN, P.: Universitas, Expressions du mouvement communautaire dans le moyen-âge latin, Paris 1970.

MICHAUD-QUANTIN, P.: Le droit universitaire dans le conflit Parisien, in: SG 8, 1962, S. 577–599.

MIETHKE, J.: Ockhams Weg zur Sozialphilosophie, Berlin 1969.

MIETHKE, J.: Zur Bedeutung der Ekklesiologie für die politische Theorie im späten Mit-telalter, in: Soziale Ordnungen im Selbstverständnis des Menschen, Miscellanea Me-diaevalia 12/1–2, ed. A. Zimmermann, Berlin/New York 1980, S. 369–388.

MIETHKE, J.: Das Konsitorialmemorandum *De potestate pape* des Heinrich von Cremona von 1302 und seine handschriftliche Überlieferung, in: Studi in onore di A. Maier, ed. O. Capitani, Rom 1972, S. 421–451.

MIETHKE, J.: Wilhelm von Ockham und die Institutionen des späten Mittelalters, in: Po-litische Institutionen im gesellschaftlichen Umbruch, S. 89–112.

MIETHKE, J.: Marsilius und Ockham – Publikum und Leser ihrer politischen Schriften im späteren Mittelalter, in: Medioevo 6, 1980, S. 534–558.

MIETHKE, J.: Ein neuer Text zur Geschichte der politischen Theorie im 14. Jahrhundert. Der *Tractatus de potestate Summi Pontificis* des Guillelmus de Sarzano aus Genua, in: QFIAB 54, 1974, S. 509–538.

MIETHKE, J.: Die Rolle der Bettelorden im Umbruch der politischen Theorie an der Wende zum 14. Jahrhundert, in: Stellung und Wirksamkeit der Bettelorden in der ständischen Gesellschaft, ed. K. Elm, Berliner Historische Studien 3, Berlin 1981, S. 119–152.

MIETHKE, J.: Die Traktate *de potestate pape*. Ein Typus politiktheoretischer Literatur im späten Mittelalter, in: Les genres littéraires dans les sources théologiques et philosophiques médievales, Louvain La Neuve 1982, S. 193–211.

MIETHKE, J.: Geschichtsprozeß und zeitgenössisches Bewußtsein – Die Theorie des monarchischen Papats im hohen und späten Mittelalter, in: HZ 226, 1978, S. 564–599.

MIETHKE, J.: Die Kirche und die Universitäten, in: Schulen und Studium im sozialen Wandel des hohen und späten Mittelalters, ed. J. Fried, VuF 30, 1986, S. 285–320.

MIETHKE, J.: Der Zugriff der kirchlichen Hierarchie auf die mittelalterliche Universität. Die institutionellen Formen der Kontrolle über die universitäre Lehrentwicklung im 12. bis 14. Jh. (am Beispiel von Paris), in: Kyrkohistorik Arskrift 5, 1977, S. 197–202.

MIETHKE, J.: Zeitbezug und Gegenwartsbewußtsein in der politischen Theorie der ersten Hälfte des 14. Jahrhunderts, in: Antiqui et et Moderni, Miscellanea Mediaevalia 9, 1974, ed. A Zimmermann S. 264–292.

MIETHKE, J.: Die Legitimität der politischen Ordnung im Spätmittelalter: Theorien des frühen 14. Jahrhunderts (Aegidius Romanus, Johannes Quidort, Wilhelm von Ockham), in: Historia philosophiae medii aevi, Studien zur Geschichte der Philosophie des Mittelalters, FS K. Flasch, ed. B. Mojsisch und O. Pluta, Bd.1, Amsterdam/Philadelphia 1991, S. 643–674.

MIETHKE, J.: Kaiser und Papst im Spätmittelalter. Zu den Ausgleichsbemühungen zwischen Ludwig dem Bayern und der Kurie in Avignon, in: ZHF 10, 1983, S. 421–446.

MIETHKE, J.: Der Eid an der mittelalterlichen Universität. Formen seines Gebrauchs, Funktionen einer Institution, Schriften des Historischen Kollegs, Kolloquien 28, Glaube und Eid, ed. P. Prodi, München 1993.

MIETHKE, J.: Politische Theorie und die Mentalität der Bettelorden, in: Mentalitäten im Mittelalter: Methodische und inhaltliche Probleme, ed. F. Graus, VuF 35, Sigmaringen 1987, S. 157–176.

MIETHKE, J.: Politische Theorie in der Krise der Zeit. Aspekte der Aristotelesrezeption im früheren 14. Jahrhundert, in: Institutionen und Geschichte, ed. G. Melville, 1992, S. 157–185.

MIETHKE, J.: Alvaro Pelagio e la chiesa del suo tempo, in: Santi e santità nel secolo XIV, 15. convegno internazionale si studi francescani, Assisi 1988, S. 255–293.

MIETHKE, J.: Philipp IV. der Schöne (1285–1314), in: Die französischen Könige des Mittelalters. Von Odo bis Karl VIII. 888–1498, ed. J. Ehlers, H. Müller, B. Schneidmüller, München 1996, S. 203–230.

MILIS, L.: L'ordre des chanoines réguliers d'Arrouaise. Son histoire et son organisation de l'abbaye mère (vers 1090) à la fin du chapitre annuels (1471), Brügge 1969.

MINIO-PALUELLO, L.: Remigio Girolami's *De bono communi*: Florence at the Time of Dante's Banishment and the Philosopher's answer to the Crisis, in Italian Studies 11, 1956, S. 56–71.

MINISTERI, B.: De Augustini de Ancona OESA [† 1328] vita et operibus, in: AAug 22, 1951/52, S. 7–56 u. S. 148–262.

MISONNE, D.: La législation canoniale de Saint-Ruf d'Avignon à ses origines. Règle de Saint Augustin et Coutumier, in: AM 75, 1963, S. 471–489.

MOCHI-ONORY, S.: Fonti canonistiche dell'idea moderna dello Stato, Imperium spirituale – iurisdictio divisa – sovranità, Milano 1951.

MOÉ, E.v.: Recherches sur les Ermites de saint Augustin entre 1250 et 1350, in: RQH 60, 1932, S. 275–316.

MOLARI, C.: Episcopato e sacerdozio nel ‚De perfectione‘ di San Tommaso in relazione a un quodlibetale inedito di Gerardo d'Abbeville, in: Euntes docete 11, 1958, S. 250–259.

MOLITOR, R.: Aus der Rechtsgeschichte benediktinischer Verbände, 3 Bde. Münster/Westfalen, 1928–1933.

MOLLAT, G.: Étude critique sur les *Vitae paparum Avenionensium* d'É. Baluze, Paris 1917.

MOLLAT, G.: L'Élection du pape Jean XXII, in: RHEF 1, 1910, S. 39–49 u. S. 147–166.

MOLLAT, G.: Les papes d'Avignon, Paris ⁹1949.

MOLLAT, G.: Les doléances du clergé de la province de Sens au concile de Vienne, in: RHE 6, 1905, S. 319–326.

MOLLAT, G.: La collation des bénéfices sous les Papes d'Avignon (1305–1378), Paris 1921.

MOLLAT, G.: Bertrand de Déaulx. Jurisconsulte et pacificateur des États de l'Église au XIVᵉ siècle, in: AHP 6, 1968, S. 393–397.

MOLLAT, G.: Le Saint-Siège et l'épiscopat, de Benoît XI à Benoît XII, in: SG 11, 1967, S. 555–561.

MOLLAT, G.: Jean XXII fut-il un avare?, in: RHE 5, 1904, S. 522–534; 6, 1905, S. 33–46.

MOLLAT, G.: A propos de la ‚Practica inquisitionis‘ de Bernard Gui, in: RHDFE, ser. 4, 4, 1925, S. 640–643.

MOLLAT, G.: Contribution à l'histoire du sacré collége de Clément V à Eugène IV, in: RHE 46, 1951, S. 22–112 u. S. 566–594.

MOLLAT, G.: Exodes de l'Ordre des frères mineurs au XIVᵉ siècle, in: AFH 60, 1967, S. 213–215.

MOLLAT, M.: Les moines et les pauvres, XIᵉ-XIIᵉ siècle, in: Monachesimo e la riforma ecclesiastica (1049–1122). Atti della quarta settimana internazionale di studio, Mendola 23.–29.8.1968, Milano 1971, S. 193–227.

MOLLAT, M./TOMBEUR, P.: Listes de fréquence, tables comparatives, Conciles oecuméniques médiévaux 3, Louvain La Neuve 1978.

MONAHAN, A.P.: Consent, Coercion and Limit. The Medieval Origins of Parliamentary Democracy, Leiden 1987.

MOYNIHAN, J.M.: Papal Immunity and Liability in the Writings of the Medieval Canonists, Rom 1961.

MOODY, E.A.: Ockham, Buridan and Nicolas of Autrecourt. The Parisian Statutes of 1339 and 1340, in: FStud 7, 1947, S. 113–146.

MOORMAN, J.R.H.: A History of the Franciscan Order, Oxford 1968.

MORAL, T.: Los etudios sobre la Orden de Grandmont, in: *Secundum regulam vivere*, FS N. Backmund, ed. G. Melville, Windberg 1978, S. 121–131.

MORTIER, P.: Histoire des maîtres généraux de l'ordre des Frères Prêcheurs, III, Paris 1907.

MOULIN, L.: L'organisation du gouvernement local et provincial dans les ordres religieux, in: Revue internationale des sciences administratives 1955, S. 31–57.

MOULIN, L.: Le Gouvernement des communautés religieuses comme type de gouvernement mixte, in: Revue française de science politique 1952, S. 335–355.

MOULIN, L.: *Sanior et maior pars*. Note sur l'évolution des techniques électorales dans les ordres religieux du VIe au XIIIe siècle, in: RHDFE 36, 1958, S. 368–397, S. 491–521.

MOULIN, L.: Die gesetzgebende und die vollziehende Gewalt in den religiösen Orden, in: ZsfPol. 1959, S. 341–358.

MOULIN, L.: Le gouvernment des Instituts religieux et la science politique, in: Revue internationale des sciences administratives 1951, S. 42–67.

MOUSNIER, M.: Grandselve et la société de son temps, in: Les cisterciens de Languedoc, CF 21, 1986, S. 107–126.

MOUSNIER, M.: L'abbaye cistercienne de Grandselve du XIIe au début du XIVe siècle, in: Cîteaux 34, 1983, S. 221–224.

MÜLLER, C.: Der Kampf Ludwigs des Baiern mit der römischen Kurie, ein Beitrag zur kirchlichen Geschichte des 14. Jahrhunderts, 2 Bde., Tübingen 1879–1880.

MÜLLER, E.: Das Konzil von Vienne 1311–1312. Seine Quellen und seine Geschichte, Vorreformationsgeschichtliche Forschungen 12, Münster 1934.

MULDOON, J.: Popes, Lawyers and Infidels, o. O. (University of Pennsylvania) 1979.

MULDOON, J.: *Extra Ecclesiam non est Imperium*. The Canonists and the Legitimacy of Secular Power, in: SG 9, 1966, S. 554–580.

MULLER, J.-P.: Les élections abbatiales chez les Bénédictins sous Clément V (1305–1314), in: Studia benedictina in memoriam gloriosi ante saecula XIV transitus S. P. Benedicti, Stud. Ans. 18–19, Rom 1947.

MULLER, L.: La notion canonique d'abbaye *nullius*, in: RDC 6, 1956, S. 115–144.

MUNDI, J.H.: Charity and Social Works in Toulouse 1100–1250, in: Traditio 22, 1966, S. 203–287.

MUNIER, C.: Les sources patristiques du droit de l'Église, Mulhouse 1957.

MUSTO, R.G.: Angelo Clareno, O.F.M. Fourteenth-Century Translator of the Greek Fathers. An Introduction and a Checklist of Manuscripts and Printings of his *Scala paradisi*, in: AFH 76, 1983, S. 589–645.

NEISKE, F.: Reform oder Kodifizierung? Päpstliche Statuten für Cluny im 13. Jahrhundert, in: AHP 26, 1988, S. 71–118.

NIMMO, D.: Reform and Division. From Saint Francis to the Foundation of the Capuchins, Bibliotheca Seraphico-Capuccina 33, Rom 1987.

NIMMO, D.: Poverty and Politics: the Motivation of fourteenth century franciscan Reform in Italy, in: Religious Motivation. Biographical and Sociological Problems for the Church Historian, ed. D. Baker, Studies in Church History 15, Oxford 1978, S. 161–178.

NOVELLI, L.: La provincia ecclesiastica Ravennate nel capitolo monastico del 1337, in: Ravennatensia, Atti dei convegni di Cesena e Ravenna 1966–67, Centro di studi e ricerche sulla antica provincia ecclesiastica Ravennate 1, 1969, S. 163–327.

NÜSKE, G.F.: Untersuchungen über das Personal der päpstlichen Kanzlei 1254–1304, Diss. phil. Frankfurt (Main) 1973, in: ADipl 20, 1974, S. 39–240; 21, 1975, S. 249–431.

OAKLEY, F.: Jacobean Political Theology: The Absolute and Ordinary Power of the King, in: JHI 29, 1968, S. 323–346.

OAKLEY, F.: The Western Church in the Middle Ages, Ithaca 1979.

OAKLEY, J.: John XXII and Franciscan Innocence, in: FStud 46, 1986, S. 217–226.

O'BRIEN, J.: The Exemption of Religious in Church Law, Milwaukee 1942.

OBERSTE, J.: *Ut domorum status certior habeatur*. Cluniazensischer Reformalltag und administratives Schriftgut im 13. und 14. Jahrhundert, in: AfKuG 76, 1994, S. 51–76.

OBERT-PIKETTY, C.: Benoît XII et les collèges cisterciens du Languedoc, in: Les Cisterciens, CF 21, Toulouse 1986, S. 139–150.

OFFLER, H.S.: The Emperor Lewis IV. and the Curia from 1330 to 1347. Canon Law and international relationship in the first half of the fourteenth century, masch.schr. Fassung einer nicht abgeschlossenen Ph.D.-Thesis, Cambridge 1939.

OFFLER, H.S.: Über die Prokuratorien Ludwigs des Bayern für die römische Kurie, in: DA 8, 1951, S. 461–487.

OFFLER, H.S.: Meinungsverschiedenheiten am Hofe Ludwigs des Bayern im Herbst 1331, in: DA 11, 1954, S. 191–206.

OFFLER, H.S.: Empire and papacy: the last struggle, in: Transactions of the Royal Historical Society 5. Ser., vol. 6, 1956, S. 21–47.

OFFLER, H.S.: Zum Verfasser der *Allegationes de potestate imperiali* (1338), in: DA 42, 1986, S. 555–619.

OLIGER, L.: De sigillo Fr. Angeli Clareni, in: Antonianum 12, 1937, S. 61–64.

OLIGER, L.: Alvaro Pelagio e un suo curioso racconto su la Verna, in: Studi francescani 33, 1936, S. 133–143.

OLIGER, P.R.: Les évêques réguliers. Recherche sur leur condition juridique depuis les origines du monachisme jusqu'à la fin du moyen-âge, Diss. theol., Paris 1958.

O'MALLEY, J.W.: Giles of Viterbo on Church and Reform. A Study in Renaissance Thought, Studies in Medieval and Reformation Thought 5, Leiden 1968.

OMONT, H.: La collection Doat à la Bibliothèque Nationale: Documents sur les recherches de Doat dans les archives au sud-ouest de la France de 1663 à 1670, in: BEC 77, 1916, S. 286–336.

OTT, A.: Thomas v. Aquin und das Mendikantentum, Freiburg i. B. 1908.

OTTENTHAL, E.v.: Die päpstlichen Kanzleiregeln von Johann XXII. bis Nikolaus V., Innsbruck 1888.

OTTO, H.: Die politische Einstellung Papst Benedikts XII., in: ZKG 62, 1942/43, S. 103–126.

OTTO, H.: Benedikt XII. als Reformator des Kirchenstaates, in: RQS 36, 1928, S. 59–110.

OTTO, H.: Zur italienischen Politik Johannes XXII., in: QFIAB 14, 1911, S. 140–263.

OTTO, H.: Der Altar von St. Peter und die Wiederherstellungsarbeiten an der alten Basilika unter Johannes XXII. und Benedikt XII., in: MIöG 51, 1937, S. 470–490.

PACAUT, M.: L'ordre de Cluny, Paris 1986.

PACAUT, M.: L'autorité pontificale selon Innocent IV, in: Le Moyen Age 66, 1960, S. 85–115.

PALÈS-GOBILLARD, A.: Bernard Gui inquisiteur et auteur de la Practica, in: Bernard Gui et son monde, CF 16, Toulouse 1981, S. 253–264.

PALÈS-GOBILLARD, A.: L'inquisition et les juifs: le cas de Jacques Fournier, in: Juifs et Judaisme de Languedoc, CF 12, Toulouse 1977, S. 97–114.

PAQUÉ, R.: Das Pariser Nominalistenstatut: Zur Entstehung des Realitätsbegriffs der neuzeitlichen Naturwissenschaft, Quellen und Studien zur Geschichte der Philosophie 14, Berlin 1970.

PAQUET, J.: Coût des études, pauvreté et labeur: fonctions et métiers d'étudiants au Moyen-Age, in: History of Universities 2, 1982, S. 15–52.

PAQUET, J.: L'immatriculation des étudiants dans les universités médiévales, in: Pascua Medievalia, Studii voor Prof. Dr. J.M. de Smet, ed. R. Lievens, Louvain 1983, S. 159–170.

PARAVICINI BAGLIANI, A.: Der Leib des Papstes. Eine Theologie der Hinfälligkeit, München 1997.

PARTEE, C.: Peter John Olivi: Historical and Doctrinal Study, in: Franciscan Studies 20, 1960, S. 215–260.

PARTNER, P.D.: The Lands of St. Peter, London 1972.

PASZTOR, E.: Una raccolta dei sermoni di Giovanni XXII, in: Bollettino dell'Archivio paleografico italiano 2/3, 1956/57, S. 265–289.

PASZTOR, E.: Le polemiche sulla *Lectura super Apocalypsim* di Pietro di Giovanni Olivi fino alla sua condanna, in: BISI 70, 1958, S. 365–424.

PASZTOR, E.: Il processo di Andrea da Gagliano, in: AFH 48, 1955, S. 252–297.

PASZTOR, E.: Giovanni XXII e il Gioacchimesino di Pietro di Giovanni Olivi, in: BISI 82, 1980, S. 81–111.

PAUL, J.: Jacques Fournier inquisiteur, in: La Papauté d'Avignon et le Languedoc, CF 26, Toulouse 1991, S. 39–67.

PAULUS, C.: Welt- und Ordensklerus beim Ausgang des 13. Jahrhunderts im Kampfe um die Pfarrechte, Diss. phil. Göttingen, Essen 1900.

PAULY, F.: Springiersbach. Geschichte des Kanonikerstiftes und seiner Tochtergründungen im Erzbistum Trier von den Anfängen bis zum Ende des 18. Jahrhunderts, Trierer Theol. Studien 13, Trier 1962.

PELSTER, F.: Das Wachstum der Seligkeit nach der Auferstehung. Um die Auslegung von S. th. 1,2 q. 4 a. 5 ad 5, in: Scholastik 27, 1952, S. 561–563.

PELSTER, F.: Die zweite Rede Markwarts von Randeck für die Aussöhnung des Papstes mit Ludwig dem Bayern, in: HJb 60, 1940, S. 88–114.

PELSTER, F.: Nikolaus von Lyra und seine *Quaestio de usu paupere*, in: AFH 46, 1953, S. 211–250.

PELSTER, F.: Die indirekte Gewalt der Kirche über den Staat nach Ockham und Petrus de Palude, in: Scholastik 28, 1953, S. 78–82.

PELZER, A.: Prosper de Reggio Emilia, des ermites de Saint-Augustin, et le manuscrit Latin 1086 de la Bibliothèque Vaticane, in: RNPh 30, 2. sér. nr. 17, 1928, S. 316–351.

PENNACCHI, F.: I più antichi inventari della sacristia del sacro convento di Assisi (1338–1473), in: AFH 7, 1914, S. 67–107.

PENNINGTON, B.: Réflexions sur l'autonomie monastique, in: Studia monastica 1969, S. 115–148.

PENNINGTON, B.: The evolution of monastic law, in: Studia canonica 8, 1974, S. 349–362.

PENNINGTON, K.: Pope and Bishops: The Papal Monarchy in the Twelfth and Thirteenth Centuries, Philadelphia 1984.

PENNINGTON, K.: The Canonists and Pluralism in the Thirteenth Century, in: Speculum 51, 1976, S. 35–48.

PFURTSCHELLER, F.: Die Privilegierung des Zisterzienserordens im Rahmen der allgemeinen Schutz- und Exemtionsgeschichte vom Anfang bis zur Bulle ‚Parvus Fons‘ (1265). Ein Überblick unter besonderer Berücksichtigung von Schreibers ‚Kurie und Kloster im 12. Jahrhundert‘, Diss. theol., Frankfurt (Main)/Bern 1972.

PIUR, P.: Petrarcas ‚Buch ohne Namen‘ und die päpstliche Kurie. Ein Beitrag zur Geistesgeschichte der Frührenaissance, Halle 1925.

PINKL, E.-M.: Die Neuorganisation des cluniazensischen Verbandes (1146–1314) in der Reflexion der Betroffenen, in: Institutionen und Geschichte, ed. G. Melville, 1991, S. 343–368.

PODLECH, A.: Die Herrschaftstheorie des Johannes von Paris, in: Der Staat 16, 1977, S. 465–492.

PÖSCHEL, V.: Kirchengutsveräußerungen und das kirchliches Veräußerungsgebot im früheren Mittelalter, in: AKathKR 105, 1925, S. 3–96 u. S. 347–448.

POLITISCHE INSTITUTIONEN IM GESELLSCHAFTLICHEN UMBRUCH, Ideengeschichtliche Beiträge zur Theorie politischer Institutionen, ed. G. Göhler, K. Lenk, H. Münkler, u.a., o.O. 1990.

PONTAL, O.: Le synode diocésain et son cérémonial du XIIe au XIVe S. , in: Année canonique 14, 1970, S. 53–61.

PONTAL, O.: Les statuts synodaux. Typologie des sources au moyen âge occidental, fasc.11, Turnhout 1975.

PONTAL, O.: Le rôle du synode diocésain et des statuts synodaux dans la formation du clergé, in: Les évêques, les clercs et le roi (1250–1300), CF 7, Toulouse 1972, S. 337–359.

PONTAL, O.: Recherches sur les costumes des clercs des origines au XIVe siècle d'après les décrets des conciles et des synodes, in: Année canonique 17, 1973, S. 769–796.

PONTAL, O./ARTONNE, A.: Répertoire des statuts synodaux des diocèses de l'ancienne France du XIIIe à la fin du XVIIIe siècle, Paris 1963.

POST, G.: A Petition relating to the Bull *Ad fructus uberes*, in: Speculum 11, 1936, S. 231–237.

POST, G.: *Ratio pulicae utilitatis, ratio status* and Reason of state 1100–1300, in: Die Welt als Geschichte 21, 1961, S. 8–28 u. S. 71–99.

POST, G.: Copyists' Errors and the Problem of Papal Dispensations *contra statutum generale Ecclesiae* or *contra statum generale ecclesiae* according to the Decretists and Decretalists, ca. 1150–1234, in: SG 9, 1966, S. 357–405.

POST, G.: *Plena Potestas* and Consent in Medieval Assemblies: A Study in Romano-Canonical Procedure and the Rise of Representation 1150–1325, in: Traditio 1, 1943, S. 355–408.

POST, G.: Vincentius Hispanus. *Pro ratione voluntatis*: on Medieval and Early Modern Theories of Sovereignty, in: Traditio 28, 1972, S. 159–184.

POTESTÀ, G.L.: Angelo Clareno. Dai poveri eremiti ai fraticelli, Nuovi studi storici 8, Rom 1990.

POTESTÀ, G.L.: Un secolo di studi sull'*Arbor vitae*. Chiesa ed escatologia in Ubertino da Casale, in: CollFranc 47, 1977, S. 217–267.

POSTUMUS-MEYJES, G.H.M.: Exponents of Sovereignty: Canonists as seen by theologians in the late Middle Ages, in: The Church and Sovereignty 590–1918: Essays in honour of Michael Wilks, ed. D. Wood, Studies in Church History, Subsidia 9, Oxford 1991, S. 299–312.

POSTUMUS-MEYJES, G.H.M.: Jean Gerson et l'Assemblée de Vincennes (1329): Ses conceptions de la jurisdiction temporelle de l'église accopagné d'une édition critique du *De iurisdictione spirituali et temporali*, Leiden 1978.

PRADOS, M.: Dos sermones del papa Juan 22, in: Archivo teologico Grandino 23, 1960, S. 155–184.

PREROVSKY, O.: Pietro Bohier, Difensore della dignità episcopale all'inizio dello scisma d'occidente, in: Salesianum 28, 1966, S. 495–517 u. S. 626–671.

PREROVSKY, O.: Pietro Bohier, vescovo, riformatore, all'inizio dello scisma d'Occidente, in: Salesianum 28, 1966, S. 495–518.

PRODI, P.: Il sacramento del potere. Il giuramento politico nella storia constituzionale dell'Occidente, Annali dell'Istituto storico italo-germanico, Monografia 15, Bologna 1992.

PROKSCH, C.: Klosterreform und Geschichtsschreibung im Spätmittelalter, Diss. phil. Würzburg 1993, Köln/Weimar/Wien 1994.

PROU, M.: Les vies des papes d'Avignon, in: Journal des savants n. s. 16, 1918, S. 225–244 u. S. 295–311.

QUARITSCH, H.: Staat und Souveränität, Frankfurt (Main) 1970.

RACINET, P.: Un prieuré clunisien au moyen âge, XIIᵉ-XVᵉ siècles, Saint-Pierre et Saint-Paul d'Abbéville, Études Picardes 5, Abbéville 1979.

RACINET, P.: Méthode de recherche sur les prieurés clunisiens à la fin du Moyen Age, in: RevMab 61, 1986, S. 1–31.

RANDI, E.: Il rasoio contro Ockham? Un sermone inedito di Giovanni XXII, in: Medioevo 9, 1983, S. 179–198.

RANDI, E.: A scotist way of distinguishing between God's absolute and ordained powers, in: From Ockham to Wyclif, ed. v. A. Hudson, M. Wilks, Studies in Church History, Subsidia 5, Oxford 1987, S. 43–50.

RANDI, E.: La vergine e il papa. *Potentia absoluta* e *plenitudo potestatis* papale nel XIV secolo, in: HPolTh 5, 1984, S. 425–445.

RASHDALL, H.: The Universities of Europe in the Middle Ages, ed. F.M. Powicke und A.B. Emden, 3 Bde., Oxford 1951–1958.

RATZINGER, J.: Der Einfluß des Bettelordensstreites auf die Entwicklung der Lehre vom päpstlichen Universalprimat, unter besonderer Berücksichtigung des hlg. Bonaventura, in: Theologie in Geschichte und Gegenwart, FS M. Schmaus, München 1957, S. 679–724.

RATZINGER, J.: Die Geschichtstheologie des Heiligen Bonaventura, München 1959.

RAUNIÉ, E./PRINER, M.: Epitaphier du vieux Paris, Histoire générale de Paris, 4 Bde., Paris 1901–1911.

REINHARD, W.: Nepotismus. Der Funktionswandel einer papstgeschichtlichen Konstanten, in: AfKuG 86, 1975, S. 145–185.

RENNA, T.J.: The Populus in John of Paris' Theory of Monarchy, in: Tijdschrift voor rechtsgeschiedenis 42, 1975, S. 243–268.

RIESENBERG, P.N.: Inalienability of Sovereignty in Medieval Political Thought, Columbia Studies in the Social Sciences 591, New York 1956.

RIEZLER, S.: Die literarischen Widersacher der Päpste zur Zeit Ludwigs des Baiern. Ein Beitrag zur Geschichte der Kämpfe zwischen Staat und Kirche, Leipzig 1874, ND New York o.J.

RIVIÈRE, J.: Le problème de l'Église et de l'État au temps de Philippe le Bel, Louvain 1926.

RIVIÈRE, J.: *In partem sollicitudinis*: Évolution d'une formule pontificale, in: RevScRel 5, 1925, S. 210–231.

RIVIÈRE, J.: Une premiere Somme du pouvoir pontifical. Le pape chez Augustin d'Ancône, in: RevScRel 18, 1938, S. 149–183.

RIVIÈRE, J.: Sur l'expression *Papa - Deus* au moyen âge, in: Misellanea F. Ehrle, I, Rom 1924, S. 265–306,

ROBERG, B.: Einige Quellenstücke zur Geschichte des II. Konzils von Lyon, in: AHC 21, 1989, S. 103–146.

RODRIGUEZ, M.J.: Innocent IV. and the Element of Fiction in Juristic Personalities, in: The Jurist 22, 1962, S. 287–313.

RODRIGUEZ Y RODRIGUEZ, I.: Egidio Romano y el problema de la exención religiosa (1300–1312), Diss. in Fac. Hist. Eccl. Pont. Univ. Greg., Madrid 1958.

RODRIGUEZ Y RODRIGUEZ, I.: Los origenes historicos de la exención de los regulares, in: Revista española de derecho canónico 10, 1955, S. 583–608; 11, 1956, S. 243–271.

ROEHL, R.: Plan and Reality in a Medieval Monastic Economy: the Cistercians, in: Studies in Medieval and Renaissance History 9, 1972, S. 81–113.

ROENSCH, F.J.: Early Thomistic School, Dubuque 1964.

RÖSENER, W.: Spiritualität und Ökonomie im Spannungsfeld der zisterziensischen Lebensform, in: Cîteaux 34, 1984, S. 245–274.

RUSCH, B.: Die Behörden und Hofbeamten der päpstlichen Kurie des 13. Jh., Schriften der Albertus-Universität, Geisteswiss. Reihe 3, Königsberg/Berlin 1936.

RUSSELL, F.H.: The Just War in the Middle Ages, Cambridge Studies in Medieval Life and Thought 3rd ser. 8, Cambridge 1975.

RUSSO, A.: Giovanni XXII, Benedetto XII e Ludovico il Bavaro: L'ultima lotta tra sacerdotium e imperium nel Medioevo, in: Rivista di letteratura e di storia ecclesiastica 7, 1975, S. 155–187.

SABBADINI, E.: Un pontefice avignonese. Benedetto XII, in: Rivista Cisterciense 2, 1985, S. 19–30 u. S. 242–258.

SÄGMÜLLER, J.B.: Der Schatz Johanns XXII., in: HJb 18, 1897, S. 37–57.

SÄGMÜLLER, J.B.: Die Entstehung und Bedeutung der Formel *Salva Sedis apostolicae auctoritate*, in: TQ 89, 1907, S. 93–117.

SÄGMÜLLER, J.B.: Die Stellung und Tätigkeit der Kardinäle bis Bonifaz VIII., Freiburg i. B. 1896.

SAENGER, P.: John of Paris, Principal Author of the *Quaestio de potestate papae* (*Rex pacificus*), in: Speculum 56, 1981, S. 41–55.

SALMON, P.: L'abbé dans la tradition monastique. Contribution à l'histoire du caractère perpétuel des supérieurs religieux en Occident, Histoire et sociologie de l'église 2, Paris 1962.

SAYERS, J.: The Judicial Activities of the General Chapters, in: JEcclH 15, 1904, S. 18–32 u. S. 168–185.

SCHEUERMANN, A.: Die Exemption nach geltendem kirchlichen Recht, mit einem Überblick über die Geschichtliche Entwicklung, Görres-Gesellschaft, Veröffentlichungen der Sektion für Rechts- und Staatswissenschaft 77, Diss. phil. München 1938, Paderborn 1938.

SCHILLING, O.: Die Staats- und Soziallehre des Heiligen Thomas von Aquin, München ^{2}1930.

SCHIMMELPFENNIG, B.: Zisterzienserideal und Kirchenreform. Benedikt XII (1334–42) als Reformpapst, in: Zisterzienser Studien 3, 1976, S. 11–43.

SCHIMMELPFENNIG, B.: Das Papsttum und die Reform des Zisterzienserordens im späten Mittelalter, in: Reformbemühungen und Observanzbestrebungen im spätmittelalterlichen Ordenswesen, ed. K. Elm, Berliner Historische Studien 14, Ordenstudien 6, Berlin 1989 Berlin 1989, S. 399–410.

SCHIMMELPFENNIG, B.: Die Organisation der päpstlichen Kapelle in Avignon, in: QFIAB 50, 1971, S. 80–111.

SCHIMMELPFENNIG, B.: Die Krönung des Papstes im Mittelalter, in: QFIAB 54, 1974, S. 192–270.

SCHIMMELPFENNIG, B.: Benedikt XII. und Ludwig der Bayer. Zum Scheitern der Verhandlungen im Frühjahr 1337, in: AfKiG 59, 1977, S. 212–221.

SCHIMMELPFENNIG, B.: Die Absetzung von Klerikern in Recht und Ritus vornehmlich des 13. und 14. Jahrhunderts, in: Monumenta Iuris Canonici: Subsidia 6, Città del Vaticano 1976, S. 517–532.

SCHIMMELPFENNIG, B.: Zisterzienser, Papsttum und Episkopat im Mittelalter, in: Die Zisterzienser. Ordensleben zwischen Ideal und Wirklichkeit, hrsg. von K. Elm, P. Joerißen, H.J. Roth, Schriften des Rheinischen Museumsamtes 10, Bonn 1980, S. 65–85.

SCHIMMELPFENNIG, B.: Das Papsttum im Hohen Mittelalter – eine Institution?, in: Institutionen und Geschichte, ed. G. Melville, 1992, S. 211–229.

SCHINDELE, P.: Das monastische Leben nach der Lehre des hlg. Bernhard von Clairvaux, in: Cistercienserchronik 95, 1988, S. 46–52; 96, 1989, S. 33–69; 97, 1990 1/2, S. 10–27; 97, 1990 3/4, S. 17–45.

SCHLEYER; K.: Anfänge des Gallikanismus im 13. Jahrhundert. Der Widerstand des französischen Klerus gegen die Privilegierung der Bettelorden, Diss. phil. Heidelberg 1935.

SCHLEYER, K.: Disputes scholastiques sur les états de perfection, in: RThAM 10, 1938, S. 279–293.

SCHMAUS, M.: Die Schrift und die Kirche nach Heinrich von Gent, in: Kirche und Überlieferung, ed. J. Betz, Freiburg i. B. 1960, S. 211–234.

SCHMIDINGER, H.: Das Papstbild in der Geschichtsschreibung des späteren Mittelalters, in: RHM 1, 1956/57, S. 109–129.

SCHMIDT, T.: Der Bonifaz-Prozeß. Das Verfahren der Papst-Anklage in der Zeit Bonifaz' VIII. und Clemens'V., Studien zur kirchlichen Rechtsgeschichte und zum Kirchenrecht 19, Köln/Wien 1990.

SCHMIEDER, P.: Die Benediktiner Ordensreformen des 13. und 14. Jahrhunderts, Linz 1867.

SCHMIEDER, P.: Zur Geschichte des Durchführung der *Benedictina* in Deutschland im 14. Jahrhundert, in: SMOSB 4, 1883, S. 278–289; 5, 1884, S. 100–110.

SCHMITT, C.: Un pape réformateur et un défenseur de l'unité de l'Église. Benoît XII et l'ordre des Frères Mineurs, Quaracchi 1959.

SCHMITZ, P.: Geschichte des Benediktinerordens. Bd. 3: Die äußere Entwicklung des Ordens vom Wormser Konkordat (1122) bis zum Konzil von Trient, Zürich 1955.

SCHMUGGE, L.: Kanonistik und Geschichtsschreibung, in: ZRG KA 68, 1982 S. 222–233.

SCHNEIDER, R.: Studium und Zisterzienserorden, in: Schulen und Studium im sozialen Wandel des hohen und späten Mittelalters, ed. J. Fried, VuF 30, Sigmaringen 1986, S. 321–350.

SCHNEIDER, R.: Güter- und Gelddepositen in Zisterzienserklöstern, in: Zisterzienser-Studien 1, Studien zur europäischen Geschichte 11, Berlin 1975, S. 97–126.

SCHNEIDER, R.: Mittelalterliche Mentalitäten als Forschungsproblem. Eine skizzierende Zusammenfassung, in: Mentalitäten im Mittelalter, ed. F. Graus, VuF 35, Sigmaringen 1987, S. 157–176.

SCHOLZ, R.: Die Publizistik zur Zeit Philipps des Schönen. Ein Beitrag zur Geschichte der politischen Anschauungen des Mittelalters, Stuttgart 1903.

SCHORMANN, G.A.: Beiträge zur Ehepolitik der Päpste von Benedikt XII. bis Gregor XI., Diss. phil. Bonn 1969.

SCHREIBER, G.: Kurie und Kloster im 12. Jahrhundert, Kirchenrechtliche Abhandlungen 65–68, 2 Bde., Stuttgart 1910.

SCHREIBER, G.: Studien zur Exemtionsgeschichte der Zisterzienser, in: ZRG KA 4, 1914, S. 74–116.

SCHREINER, K.: Dauer, Niedergang und Erneuerung klösterlicher Observanz im Hoch- und Spätmittelalterlichen Mönchtum. Krisen, Reform- und Institutionalisierungsprobleme in der Sicht und Deutung betroffener Zeitgenossen, in: Institutionen und Geschichte, ed. G. Melville, 1992, S. 295–341.

SCHREINER, K.: Verschriftlichung als Faktor monastischer Reform. Funktionen der Schriftlichkeit im Ordenswesen des hohen und späten Mittelalters, in: Pragmatische Schriftlichkeit im Mittelalter. Erscheinungsformen und Entwicklungsstufen, ed. H. Keller und K. Grubmüller, München 1992, S. 37–75.

SCHREINER, K.: *Correctio principis*. Gedankliche Begründung und geschichtliche Praxis spätmittelalterlicher Herrscherkritik, in: Mentalitäten im Mittelalter. Methodische und inhaltliche Probleme, ed. F. Graus, VuF 35, Sigmaringen 1987, S. 203–256.

SCHREINER, K.: Zisterziensisches Mönchtum und soziale Umwelt. Wirtschaftlicher und sozialer Strukturwandel in hoch- und spätmittelalterlichen Zisterzienserkonventen, in: Die Zisterzienser, ed. K. Elm, Erg.bd. 1982, S. 79–135.

SCHREINER, K.: *Diversitas temporum*. Zeiterfahrung und Epochengliederung im späteren Mittelalter, in: Epochenschwelle und Epochenbewußtsein, ed. R. Herzog und R. Koselleck, Poetik und Hermeneutik 12, München 1987, S. 381–428.

SCHREINER, K.: Sozialer Wandel im Geschichtsdenken und in der Geschichtsschreibung des späteren Mittelalters, in: Geschichtsschreibung und Geschichtsbewußtsein im Spätmittelalter, ed. H. Patze, VuF 31, Sigmaringen 1986, S. 237–286.

SCHRÖDER, H.: Die Protokollbücher der päpstlichen Kammerkleriker 1329–1347, in: AfKiG 27, 1937, S. 121–286.

SCHULTE, J.F.v.: Die Geschichte der Quellen und Literatur des canonischen Rechts, 2 Bde., Stuttgart 1877.

SCHÜTZ, A.: Die Appellationen Ludwigs des Bayern aus den Jahren 1323/24, in: MiöG 80, 1972, S. 71–112.

SCHÜTZ, A.: Die Prokuratorien und Instruktionen Ludwigs des Bayern für die Kurie (1331–1345). Ein Beitrag zu seinem Absolutionsprozeß. Münchener Historische Studien, Abt. Gesch. Hilfswissenschaften 11, Kallmünz 1973.

SCHWAIGER, G.: Suprema potestas, päpstlicher Primat und Autorität der Allgemeinen Konzilien im Spiegel der Geschichte, in: Konzil und Papst, Historische Beiträge zur höchsten Gewalt in der Kirche, FS H. Tüchle, München 1975, S. 611–678.

SCHWÖBEL, H.O.: Der diplomatische Kampf zwischen Ludwig dem Bayern und der Römischen Kurie im Rahmen des kanonischen Absolutionsprozesses 1330–1346. Quellen und Studien zur Verfassungsgeschichte des deutschen Reiches, in: Mittelalter und Neuzeit 10, Weimar 1968.

SEPPELT, F.X.: Der Kampf der Bettelorden an der Universität Paris in der Mitte des 13. Jahrhunderts, Kirchengeschichtliche Abhandlungen 3, 1905, S. 197–241; 6, 1908, S. 73–139.

SIKES, J.G.: John de Pouilli and Peter de la Palu, in: EHR 49, 1934, S. 219–240.

SINOPOLI, M.: Influenza di Graziano nell'evoluzione del diritto monastico, in: SG 3, 1955, S. 322–348.

SMALLEY, B.: Thomas Waleys, O.P., in: AFP 24, 1954, S. 50–167.

SMALLEY, B.: English Friars and Antiquity in the Early Fourteenth Century, Oxford 1960.

SMALLEY, B.: The Study of the Bible in the Middle Ages, Oxford 1952, ND [3]1984.

SMALLEY, B.: John Baconthorp's Postill on Matthew, in: Medieval and Renaissance Studies 4, 1958, S. 91–145.

SMALLEY, B.: The Gospels in the Schools, Oxford 1985.

SMALLEY, B.: Thomas Waleys O.P. in: AFP 24, 1954, S. 50–107.

SMITH, C.E.: The University of Toulouse in the Middle Ages, Milwaukee (Wisc.) 1958.

SOUTHERN, R.W.: The Changing Role of Universities in medieval Europe, in: BIHR 60, 1987, S. 133–140.

SPIERS, K.E.: Pope John XXII an Marsilius of Padua on the universal dominium of Christ: a possible common source, in: Medioevo 6, 1980, S. 471–478.

STEIDLE, B.: Der Abt und der Rat der Brüder, in: Erbe und Auftrag 52, 1976, S. 339–353.

STENGER, R.: The Episcopacy as an Order according to the Medieval Canonists, in: MSt 29, 1967, S. 67–112.

STEGMÜLLER, F.: Die zwei Apologien des Jean de Mirecourt, in: RThAM 5, 1933 S. 40–78.

STEGMÜLLER; F.: Repertorium Commentariorum in Sententias Petri Lombardi, 2 Bde., Würzburg 1947.

STICKLER, A.M.: Die kirchliche Regierungsgewalt in der klassischen Kanonistik. Einheit der Träger und Unterscheidung der Funktionen, in: ZRG KA 69, 1983, S. 267–191.

STICKLER, A.M.: Il Decretista Laurentius Hispanus, in: SG 9, 1966, S. 461–549.

STICKLER, A.M.: Concerning the Political Theories of the Medieval Canonists, in: Traditio 7, 1949/51, S. 450–463.

STRAYER, J.R.: The Reign of Philip the Fair, Princeton 1983.

STRAYER; J.R.: The laicization of French and English Society in the XIIIth Century, in: Speculum 1940, S. 76–86.

STRUWE, T.: Die Entwicklung der organologischen Staatsauffassung im Mittelalter, Monographien zur Geschichte des Mittelalters 16, Stuttgart 1978.

STROIK, A.: Verfasser und Quellen der *Collectio de scandalis ecclesiae* (Reformschrift des Fr. Gilbert von Tournay, O.F.M.) zum II. Konzil von Lyon, 1274, in: AFH 23, 1930, S. 3–41, S. 273–299 u. S. 433–466.

SULLIVAN, J.E.: Benedictine Monks at the University of Paris. A Bibliographical Register (1229–1500), Education and Society in the Middle Ages 4, Leiden/New York/Köln 1995, überarb. Ph.D.-Thesis, Ann-Arbor 1982.

SZAIVERT, W.: Die Entstehung und Entwicklung der Klosterexemtion bis zum Ausgang des 11. Jahrhunderts, in: MIöG 59, 1951, S. 265–298.

TABACCO, G.: La tradizione guelfa in Italia durante il pontificato di Benedetto XII., in: Studi di storia medievale e moderna in onore di E. Rota, Rom 1958, S. 95–148.

TABACCO, G.: La Casa di Francia nell'azione politica di papa Giovanni XXII., Studi storici 4, Rom 1953.

TABACCO, G.: Il papato avignonese nella crisi del francescanismo, in: RSI 101, 1989, S. 317–345.

TABACCO, G.: Programmi di politica italiana in età avignonese, in: Aspetti culturali 1978, S. 51–75.

TABARRONI, A.: Visio beatifica e Regnum Christi nell'escatologia di Giovanni XXII, in: La cattura della fine. Variazioni dell'escatologia in regime di cristianità, ed. G. Ruggieri, Rom 1992, S. 125–149.

TANGL, M.: Die päpstlichen Kanzleiordnungen von 1200–1500, Innsbruck 1894.

TARRANT, J.: The Life and Works of Jesselin de Cassagnes, in: Bulletin of Medieval Canon Law 9, 1879, S. 37–64.

TELESCA, W.J.: Papal reservations and provisions of cistercian abbayes at the end of the Middle Ages, in: Cîteaux 26, 1975, S. 129–145.

TELESCA, W.J.: The Cistercian Dilemma at the Close of the Middle Ages: Gallicanism or Rome, in: Studies in Medieval Cistercian History. Presented to J.F. O'Sullivan, Cistercian Studies Series 13, Shannon 1971, S. 163–185.

TELLENBACH, G.: Beiträge zur kurialen Verwaltungsgeschichte im 14. Jahrhundert, in: QFIAB 24, 1932/33, S. 150–187.

THIER, L.: Kreuzzugsbemühungen unter Papst Clemens V., in: Franziskanische Forschungen 24, Werl/Westfalen 1973.

THOMAS, A.: Armand de Belvézer, frère prêcheur, in: HLF 36, 1924, S. 265–295.

THOMAS, A.: Bernard Gui, frère prêcheur, in: HLF 35, 1921, S. 139–232.

THOMAS, A.H.: De oudste Constituties van de Dominicanen. Voorgeschiedenis, Tekst, Bronnen, Ontstaan en Ontwikkeling (1215–1237), Bibliothèque de la RHE Fasc. 42, Leuven 1965.

THOMAS, A.H.: Les constitutions dominicaines témoins des Instituta de Prémontré au début du XIIIᵉ siècle, in: AnalPraem 42, 1966, S. 28–47.

THOMAS, H.: Deutsche Geschichte des Spätmittelalters, Stuttgart 1983.

THOMAS, H.: Ludwig der Bayer (1282–1347), Kaiser und Ketzer, Graz/Wien/Köln, 1993.

THOMSON, W.R.: Friars in the Cathedral. The First Franciscan Bishops 1226–1271, Toronto 1975.

THORNDIKE, L.: Elementary and Secondary Education in the Middle Ages, in: Speculum 15, 1940, S. 400–408.

THOUZELLIER, C.: La place du *De periculis* de Guillaume de Saint-Amour dans les polémiques du XIIIᵉ siècle, in: RH 156, 1928, S. 69–82.

TIERNEY, B.: Foundations of Conciliar Theory. The Contribution of the Medieval Canonists from Gratian to the Great Schism, Cambridge 1955 (zit.); ND mit Erweiterung Leiden 1998.

TIERNEY, B.: Origins of Papal Infallibility 1150–1350. A Study on the Concepts of Infallibility, Sovereignty and Tradition in the Middle Ages, Studies in the History of Christian Thought 6, Leiden 1972 (zit.); ²1988.

TIERNEY, B.: Public Expediency and Natural Law: A Fourteenth-Century Discussion on the Origins of Government and Property, in: Authority and Power S. 167–182.

TIERNEY, B.: Ockham, the Conciliar Theory and the Canonists, in: JHI 15, 1954, S. 40–70.

TIERNEY, B.: Pope and Council: Some New Decretist Texts, in: MSt 19, 1957, S. 197–218.

TIERNEY, B.: The Continuity of Papal Political Theory in the Thirteenth Century. Some Methodological Considerations, in: MSt 7, 1965, S. 227–245.

TIERNEY, B.: From Thomas of York to William of Ockham. The Franciscans and the *Sollicitudo Omnium Ecclesiarum*, 1250–1350, in: Comunione interecclesiale 13, Collegialità – Primato – Ecumenismo, ed. I.D. Ercole/A.M. Stickler, Rom 1972, II S. 605–658.

TIERNEY, B.: *Tria quippe distinguit judicia* ... A Note on Innocent III's Decretal Per Venerabilem, in: Speculum 37, 1962, S. 48–59.

TIERNEY, B.: Hostiensis and Collegiality, in: Proceedings of the International Congress of Canon Law (ed. S. Kuttner), Città del Vaticano 1976, S. 401–409.

TIERNEY, B.: Religion, law, and the growth of constitutional thought 1150–1650, Cambridge 1982.

TIERNEY, B.: The Early Medieval Canonists and the Formation of Conciliar Theory, in: Irish theological Quarterly 29, 1957, S. 13–31.

TILLMANN, H.: Papst Innozenz III., Bonner Historische Forschungen 3, Bonn 1954.

TOCCO, F.: La questione della povertà nel secolo XIV secondo nuovi documenti, Neapel 1910.

TÖPFER, B.: Die Anschauungen des Papstes Johannes XXII. über das Dominium in der Bulle *Quia vir reprobus*, in: Folia diplomatica 1, 1971, S. 295–306.

TORQUEBIAU, P.: Le Gallicanisme de Durand de Mende le Jeune, in: Acta congressus iuridici internationalis 3, Rom 1936, S. 269–289.

TRAUTZ, F.: Die Könige von England und das Reich 1272–1377. Mit einem Rückblick auf ihr Verhältnis zu den Staufern, Heidelberg 1961.

TROTTMANN, Chr.: La vision béatifique. Des disputes scolastiques à sa définition par Benoît XII, BEFAR fasc. 209, Rom 1995.

TROTTMANN, Chr.: Deux interprétations contradictoires de Saint Bernard: les sermons de Jean XXII sur la vision béatifique et les traités inédits du cardinal Jacques Fournier, in: Mélanges de l'École française de Rome - Moyen Age 105, 1993, S. 327–379.

TROTTMANN, Chr.: Théologie monastique et théologie scolastique dans le Traité *De statu animarum sanctarum ante generale iudicium* du cardinal Jacques Fournier (futur pape Benoît XII), in: Documenti e Studi sulla Tradizione Filosofica Medievale (im Druck).

TROTTMANN, Chr.: A propos de la querelle avignonnaise de la vision béatifique: une réponse dominicaine au chancellier John Lutterell, in: AHDLMA 61, 1994, S. 263–301.

TRUSEN, W.: Der Prozeß gegen Meister Eckhart. Vorgeschichte, Verlauf und Folgen, Rechts- und Staatswissenschaftliche Veröffentlichungen der Görres-Gesellschaft NF H.54, Paderborn 1988.

TRUSEN, W.: Der Inquisitionsprozeß. Seine historischen Grundlagen und frühen Formen, in: ZRG KA 74, 1988, S. 168–230.

TRUSEN, W.: Von den Anfängen des Inquisitionsprozesses zum Verfahren bei der *Inquisitio haereticae pravitatis*, in: Die Anfänge der Inquisition im Mittelalter. Mit einem Ausblick auf das 20. Jahrhundert und einem Beitrag über religiöse Intoleranz im nichtchristlichen Bereich, ed. P. Segl, Köln/Weimar/Wien 1993, S. 39–76.

TUNMORE, H.P.: The Dominican Order and Parliament, in: CathHR 26, 1941, S. 479–489.

TURLEY, T.: Infallibilists in the Curia of Pope John XXII, in: Journal of medieval history 1, 1975, S. 71–101.

TURLEY, T.: An unnoticed *quaestio* of Giovanni Regina di Napoli, in: AFP 54, 1984, S. 281–291.

UHLMANN, J.: Die spekulative Würdigung des Primats durch Bonaventura, in: FSt 10, 1923, S. 103–107.

UHLMANN, J.: Die Vollgewalt des Papstes nach Bonaventura, in: FSt 11, 1924, S. 179–193.

ULLMANN, W.: The development of the medieval idea of sovereignty, in: EHR 44, 1949, S. 1–33.

ULLMANN, W.: Medieval Papalism. The Political Theories of the Medieval Canonists, London 1949. – Dt.: Kurze Geschichte des Papsttums im Mittelalter, Berlin 1978.

ULLMANN, W.: The Bible and Principles of Government, in: La Bibbia nell'alto medioevo, Settimane di studio del centro italiano di studi sull'alto medieoevo 10, Spoleto 1963, S. 181–227.

ULLMANN, W.: John of Salisbury's *Policraticus* in the Later Middle Ages, in: Geschichtsschreibung und geistiges Leben im Mittelalter, FS H. Löwe, Köln 1978.

ULLMANN, W.: The Delictal Responsability of Medieval Corporations, in: The Law Quarterly Review 64, 1948, S. 77–96.

ULLMANN, W.: Boniface VIII. and his contemporary scholarship, in: JThStud 27, 1976, S. 58–87.

USEROS CARRETERO, M.: Orden y jurisdicción episcopal. Tradición teológico-canónico y tradición litúrgica primitiva, in: Revista española de derecho canónico 19, 1964, S. 689–723.

UYETTENBROECK, C.: Le droit pénitentiel des religieux de Boniface VIII à Sixte IV, in: Études franciscaines 47, 1935, S. 171–189 u. S. 306–332.

VALOIS, N.: Jacques Duèse, pape sous le nom de Jean XXII, in: HLF 34, 1914, S. 391–630.

VALOIS, N.: Jacques de Thérines, théologien, in: HLF 34, 1914, S. 179–219.

VALOIS, N.: Jean de Pouilli, théologien, in: HLF 34, 1914, S. 220–282.

VALOUS, G. de: Le monachisme clunisien des origines au XVe siècle. Vie intérieure des monastères et organisation de l'ordre, 2 Bde., Paris ^{2}1970.

VALOUS, G. de: Le temporel et la situation financière des établissements de l'ordre de Cluny (XIIe–XIVe sciècle), Paris 1935.

VAN DAMME, J.B.: Le prologue de la Charte de Charité, in: Cîteaux 36, 1985, S. 115–128.

VAN DAMME, J.B.: Les pouvoirs de l'Abbé de Cîteaux au XIIe et XIIIe siècles, in: AnalCist 24, 1968, S. 47–85.

VAN DAMME, J.B.: Genèse des *Instituta Generalis Capituli*, in: Cîteaux 12, 1961, S. 28–60.

VAN DAMME, J.B.: La *Summa cartae Caritatis*, source des constitutions canoniales, in: Cîteaux 23, 1972, S. 5–54.

VAN DAMME, J.B.: La constitution cistercienne de 1165, in: AnalCist 19, 1963, S. 51–104.

VAN DEN BROECK, G.: De Capituli Generali in Ordine Praemonstratensi, in: AnalPraem 15, 1939, S. 121–128.

VASINA, A.: Il Papato avignonese nella storiografia degli ultimi decenni, in: Aspetti culturali della società italiana nel periodo del papato avignonese, Convegni del centro di studi sulla spiritualità medievale. Università degli studi di Perugia 19, Todi 1981, S. 9–48.

VEILLEUX, A.: Lex exigences techniques de la fidelité à propos de la théologie de l'abbatiat, in: CollCist 31, 1969, S. 50–63.

VEILLEUX, A.: The abbatial office in cenobitic life, in: Monastic Studies 6, 1968, S. 3–45.

VENDEUVRE, J.: L'exemption de visite monastique, Dijon 1906.

VENEECKE, L.: La réforme de l'église au concile de Vienne 1311–1312, in: Studia Moralia 14, 1976, S. 283–335.

VERGER, J.: Jean XXII et Benoît XII et les universités du Midi, in: La papauté d'Avignon et le Languedoc, CF 26, Toulouse 1991, S. 199–219.

VERGER, J.: Les chanoines et les universités, in: Le monde des chanoines, CF 24, Toulouse 1989, S. 285–307.

VERGER, J.: L'Exégèse de l'Université, in: Le Moyen Age et la Bible, ed. P. Richà/R. Lobrichon, Paris 1984, S. 199–232.

VERGER, J.: Studia et universités, in: Le scuole degli ordini mendicanti (secoli XIII–XIV), Todi 1978, S. 175–207.

VERLAQUE, V.: Jean XXII. Sa vie et ses oeuvres, Paris 1883.

VERHEIJEN, L.: Die Regel des Hl. Augustinus. Der gegenwärtige Stand der Forschung (abgeschl. 31.12.1963), in: Askese und Mönchtum in der Alten Kirche, ed. K. S. Frank, Darmstadt 1975, S. 349–368.

VERHEIJEN, L.: Saint Augustine's Monasticism in the light of Acts 4,32–35, The Saint Augustine Lecture 1975, Villanova (Penn.) 1979.

VERHEIJEN, L.: La Règle de Saint Augustin, 2 Bde., Paris 1967.

VERHEIJEN, L.: Nouvelle approche de la règle de Saint Augustin, Vie monastique 8, Bellefontaine 1980.

VERHEIJEN, L.: Le *praeceptum* et l'éthique classique, in: Augustiniana 24, 1974, S. 5–9.

VERHEIJEN, L.: L' *Enarratio in Psalmum* 132 de saint Augustin et sa conception du monachisme, in: Forma Futuri. Studi in onore del Cardinale Michele Pellegrino, Torino 1975, S. 806–817.

VERHEIJEN, L.: Élements d'un commentaire de la Règle de saint Augustin. Le *Praeceptum* et l'éthique classique, in: Augustiniana 24, 1974, S. 5–9.

VIARD, J.: État des abbayes cisterciennes au commencement du XIVe siècle, in: RHEF 1, 1910, S. 211–221 u. S. 329–339.

VICAIRE, M.-H.: Histoire de St-Dominique, 2 Bde. Paris ^{2}1982.

VICAIRE, M.-H.: Saint Dominique, chanoine d'Osma, in: AFP 63, 1993, S. 5–41.

VIDAL, J.-M.: Notice sur les oeuvres du pape Benoît XII, in: RHE 6, 1905, S. 557–565 u. S. 785–810.

VIDAL, J.-M.: Procès d'inquisition contre Adhémar de Mosset, noble roussillonais, inculpé de béguinisme (1332–1334), in: RHEF 1, 1910, S. 555–489 u. S. 682–699.

VIDAL, J.-M.: Histoire des évêques de Pamiers, I, Toulouse 1926.

VIDAL, J.-M.: Moines alchimistes à l'abbaye de Boulbonne (1339), in: Bulletin périodique de la société ariégeoise des sciences, lettres et arts 9, 1903, S. 33–40.

VIDAL, J.-M.: Note sur la parenté du pape Benoît XII, Foix 1929.

VIDAL, J.-M.: Le tribunal d'Inquisition de Pamiers, Toulouse 1906.

VIOLLET, P.: Guillaume Durand le Jeune, in: HLF 35, 1921, S. 11–139.

VOGÜÉ, A.de: La Règle de Saint Benoît. Commentaire doctrinal et spirituel, Bd. 7, Paris 1977.

VOGÜÉ, A.de: *Sub regula vel abbate*. Étude sur la signification théologique des règles monastiques anciennes, in: CollCist 33, 1971/73, S. 209–241.

VOGÜÉ, A.: L'abbé vicaire de Christ, chez saint Benoît et chez le Maître, in: CollCist 44, 1982, S. 89–100.

VRIES, H.de: Die Päpste von Avignon und der christliche Osten, in: OrChrP 30, 1964, S. 85–128.

WAGNER, F.: Historia Constitutionum Generalium Ordinis Fratrum Minorum, Rom 1954.

WALSH, K.: Fourteenth-century Scholar and Primate. Richard FitzRalph in Oxford, Avignon und Armagh, Oxford 1981.

WALTER, H.: Die benediktinische *discretio*, in: Benedictus der Vater des Abendlandes, München 1947, S. 195–212.

WALTHER; H.G.: Die Gegner Ockhams. Zur Korporationslehre mittelalterlicher Legisten, in: Politische Institutionen im gesellschaftlichen Umbruch 1990, S. 113–139.

WALTHER, H.G.: Imperiales Königtum, Konziliarismus und Volkssouveränität. Studien zu den Grenzen des mittelalterlichern Souveränitätsgedankens, München 1976.

WATT, D.E.R.: University Clerks and Rolls of Petition for Benefices, in: Speculum 34, 1959, S. 213–229.

WATT, J.A.: The Theory of papal Monarchy in the Thirteenth Century. The Contribution of the Canonists, New York 1965.

WATT, J.A.: The Use of the term *plenitudo potestatis* by Hostiensis, in: Proceedings of the second International Congress of Medieval Canon Law, Città del Vaticano 1965, S. 161–187.

WATT, J.A.: Hostiensis on *Per Venerabilem*: The Role of the Cardinals, in: Authority and Power, Cambridge 1980, S. 193–218.

WEAKLAND, J.E.: Administrative and Fiscal Centralization under Pope John XXII, 1316-1334, in: CathHR 54, 1968, S. 39–54 u. S. 285–310.

WEAKLAND, J.E.: Pope John XXII. and the Beatific Vision Controversy, in: Annuale Medievale 9, 1968, S. 76–84.

WEAKLAND, J.E.: John XXII. before his Pontificate, 1244-1316: Jacques Duèse and his family, in: AHP 10, 1972, S. 161–185.

WEGNER, A.: Über positives göttliches Recht und natürliches göttliches Recht bei Gratian, in: SG 1, 1953, S. 503–518.

WEHRLÉ, J.: De la coutume en droit canonique, essai historique s'étendant des origines de l'Église au pontificat de Pie IX, Thèse en droit, Paris 1922.

WEIGAND, R.: Naturrechtslehre der Legisten und Dekretisten von Irnerius bis Accursius und von Gratian bis Johannes Teutonicus, Münchener Theologische Studien III, Kanonistische Abteilung 26, München 1967.

WENCK, K.: Die Chronographie Konrads von Halberstadt und verwandte Quellen, in: FDG 20, 1880, S. 280–302.

WETTER, F.: Die Lehre Benedikts XII. vom intensiven Wachstum der Schau Gottes, Analecta Gregoriana Vol. 92 series facultatis theologiae, sectio B (n. 31), Rom 1958.

WEINFURTER, S.: Neuere Forschung zu den Regularkanonikern im deutschen Reich des 11. und 12. Jahrhunderts, in: HZ 224, 1977, S. 379–397.

WICKI, N.: Die Lehre von der himmlischen Seligkeit in der Mittelalterlichen Scholastik von Petrus Lombardus bis Thomas von Aquin, Studia Friburgensia N.F. 9, Freiburg/Schweiz 1954.

WILDHABER, B.: Catalogue des établissements cisterciens de Languedoc au XIIIe et XIVe siècle, in: Les cisterciens de Languedoc, CF 21, 1986, S. 21–44.

WILKS, M.: The Problem of Sovereignty in the Later Middle Ages: The Papal Monarchy with Augustinus Triumphus and the Publicists, Cambridge 1963.

WILKS, M.: Papa est nomen iurisdictionis: Augustinus Triumphus and the Papal Vicariate of Christ, in: JThStud n.S. 8, 1957, S. 71–91 u. S. 256–271.

WILLEMSEN, C.A.: Kardinal Napoleon Orsini (1263–1342), Historische Studien 172, Berlin 1927.

WILLOWEIT, D.: *Dominium* und *proprietas*. Zur Entwicklung des Eigentumsbegriffs in der mittelalterlichen und neuzeitlichen Rechtswissenschaft, in: HJb 94, 1974, S. 131–156.

WINANDY, D.J.: Les moines et le sacerdoce, in: La vie spirituelle 1949, S. 23–36.

WINKLER, G.B.: Kirchenkritik bei Bernhard von Clairvaux, in: Theologisch-praktische Quartalschrift 126, 1978, S. 326–335.

WINTER, F.: Die Zisterzienser des nordöstlichen Deutschland, 3 Bde., Gotha 1868, ND Aalen 1966.

WILLI, D.: Päpste, Kardinäle und Bischöfe aus dem Cistercienserorden, Bregenz 1912.

WOHLHAUPTER, E.: Aequitas canonica, Paderborn 1931.

WOLF, A.: Gesetzgebung und Kodifikationen, in: Die Renaissance der Wissenschaften im 12. Jahrhundert, ed. P. Weimar, Züricher Hochschulforum 2, Zürich/München 1981, S. 143–171.

WOLF, A.: Forschungsaufgaben einer europäischen Gesetzgebungsgeschichte, in: Ius commune 5, 1975, S. 178–191.

WOLGAST, E.: Reform, Reformation, in: GG V, S. 313–360, Stuttgart 1984.

WOLLASCH, J.: Mönchtum des Mittelalters zwischen Kirche und Welt, Münstersche Mittelalter Schriften 7, München 1973.

WOLTER, U.: Die *Consuetudo* im kanonischen Recht bis zum Ende des 13. Jahrhunderts, in: Gewohnheitsrecht und Rechtsgewohnheit im Mittelalter, ed. G. Dilcher, H. Lück, R. Schulze u.a., Schriften zur Europäischen Rechts- und Verfassungs-geschichte, Berlin 1992, S. 87–116.

WOOD, D.: Pope Clement VI.. The Pontificate and Ideas of an Avignon Pope, Cambridge Studies in Medieval Life and Thought, 4 ser., Cambridge 1989.

WOOD, D.: ... *novo sensu sacram adulterare Scripturam*: Clement VI and the Political Use of the Bible, in: The Bible in the Medieval World, Essays in Memory of Beryl Smalley, ed. D. Wood, Oxford 1985, S. 237–250.

WRIGLEY, J.E.: Pétrarque, Avignon et Rome. Une interprétation, in: Genèse et débuts du grand schisme d'occident 1362–1394, Coll. Int. CNRS 586, Avignon 1978, Paris 1980, S. 233–238.

WUTTKE, G.: Melchisedek, der Priesterkönig von Salem, Giessen 1927.

WYDUCKEL, D.: *Princeps legibus solutus*. Eine Untersuchung zur frühmodernen Rechts-
und Staatslehre, Berlin 1979.

WYNGAERT, A.VAN DER: Querelles du clergé séculier et des Ordres Mendiants à
l'université de Paris au XIIIe siècle, in: La France Franciscaine 5, 1922, S. 257–281
u. S. 369–397; 6, 1923, S. 47–70.

ZACOUR, N.P.: Papal Regulations of Cardinals Households in the 14th Century, in:
Speculum 50, 1975, S. 434–455.

ZACOUR, N.P.: Petrarch and Talleyrand, in: Speculum 31, 1956, S. 683–703.

ZAKAR, P.: Die Anfänge des Zisterzienserordens. Kurze Bemerkungen zu den Studien
der letzten zehn Jahre, in: AnalCist 20, 1964, S. 103–138.

ZAKAR, P.: Réponse aux ‚Quelques à propos‘ du père Van Damme sur les origines cisterciens: quelques conclusions, in: AnalCist. 21, 1965, S. 138–166.

ZECK, E.: Der Publizist Pierre Dubois, seine Bedeutung im Rahmen der Politik Philipps
IV. des Schönen und seine literarische Denk- und Arbeitsweise im Traktat *de recuperatione Terre Sancte*, Berlin 1911.

ZELLER, J.: Drei Provinzialkapitel OSB in der Kirchenprovinz Mainz aus den Tagen des
Papstes Honorius III., in: SMOSB 43, 1925, S. 73–97.

ZELLER, J.: Das Provinzialkapitel im Stift Petershausen im Jahre 1417, in: SMOSB 41,
1921, S. 1–73.

ZEYEN; R.: Die theologische Disputation des Johannes de Polliaco zur kirchlichen Verfassung, Diss. theol. Bochum 1976, Frankfurt (Main)/Berlin 1976.

ZIMMERMANN, H.: Das Papsttum im Mittelalter. Eine Papstgeschichte im Spiegel der Historiographie, Stuttgart 1981.

ZUCKERMANN, C.A.: The Relationship of Theories of Universals to Theories of Church
Government in the Middle Ages: A Critique of Previous Views, in: JHI 36, 1975,
S. 579–594.

ZUCKERMANN, C.A.: Aquinas' Conception of the Papal Primacy in Ecclesiastical Government, in: AHDLMA 48, 1973, S. 97–134.

ZUCKERMANN, C.A.: Dominican theories of the Papal Primacy 1250–1320, Ph.D. Thesis,
Cornell University 1973; auch in: AHDLMA 40, 1973, S. 97–134.

ZUMKELLER, A.: Das Mönchtum des heiligen Augustinus, Würzburg 2. neubearb. Aufl.
1968.

ZUMKELLER, A.: Die Augustinerschule des Mittelalters: Vertreter und philosophisch-
theologische Lehre, in: AAug 27, 1964, S. 167–262.

Kapitel 11

Register

11.1. Stellenregister

Altes Testament

Prv
11,2   178
11,14   54

Tob
4,14   102

Job
34,30   149

Ps
48,19   241

71,8   261
109,4   218
132,6   58

Sir
36,27   259
50,6   260

Za
1,18–21   196

Neues Testament

Matthäus-Evangelium
5,1   35 f., 137, 140 ff., 147
5,2   142, 239
5,3   142 ff., 152, 194, 216
5,4   35, 135, 144, 216
5,5   138, 140
5,6   144–148, 254
5,7   35, 134
5,8   146, 190, 263
5,9   136, 144–148, 207, 254
5,10   147 f., 193
5,11   35, 134, 138 f.
5,13   35, 136 f., 139 ff.,
        146–149, 152, 191, 239
5,14   134, 260
5,16   36, 137, 146 f., 195
5,17   35, 239, 269
5,18   134, 137, 144, 239, 260,
        299
5,19   36
5,20   190

5,22   140, 145
5,23   138, 141, 211, 216
5,24   141
5,25   142
5,27   139, 141
5,29   36, 137 f., 140, 147
7,3   52
10,9   133
10,16   37
16,18   197
16,19   119
19,23   142
21,2   215
25,5   198

Lukas-Evangelium
18,4   154

Johannes-Evangelium
8,7   52
14,6   53

11.2. Personenregister

Adam Woodham 156
Adhémar de Mosset 193
Aegidius Romanus 31, 41 f., 48–51, 58,
    66 f., 85, 88, 90, 94, 136, 138,
    144, 149, 166, 218, 261, 312
Aegidius von S. Martino in Monte 21
Aegidius von Viterbo 217 f.
Alanus ab Insulis 172
Albert (Mönch) 11
Albrecht von Österreich 212
Alexander III. 19, 165, 172, 275
Alexander IV. 24, 52, 243, 252
Alexander von Alexandrien 23, 32, 40,
    120
Alexander von Hales 187, 298
Alexander von St. Elpidio 40, 45, 52, 66,
    122, 218
Alphons IV. von Portugal 207
Alvarus Pelagius 32, 34, 44, 55, 59 f.,
    72 f., 107 f., 110, 123, 148, 160,
    165, 199, 201, 215 f., 218, 237,
    253, 260, 261, 299
Amargier, Paul 7
Andrea da Gagliano 150, 234
Andrea de Belnaco 186
Andrea von Perugia 177
Angelo da Clareno 60, 67, 299
Annibal di Ceccano 74, 159, 192, 202 f.
Antonin von Florenz 170
Aristoteles 48, 66, 138, 149, 202
Armand de Belvézer 161, 164, 185, 192
Arnaldus Royardi 104
Arnaud-Bernard Abt von Bonnefont 246
Arnaud de Clermont 181, 190
Arnaud de Saint-Hilaire 246
Arnaud de Verdale 22, 232, 245, 276
Arnaud Nouvel 17 f., 20, 25, 38 f., 93,
    95 f., 98, 104, 127, 134, 206
Augustinus 47, 53, 57 f., 64, 112, 134,
    137 ff., 164, 193, 216, 239, 253
Augustinus von Ancona 40, 42, 49, 59,
    63 f., 91., 104, 108, 151 f., 159,
    165, 168–171

Augustinereremiten 91, 230 f., 100

Balduin von Trier 185
Baldus de Ubaldis 109
Baluze, Étienne 8 f.
Barnabas von Vercelli 163
Bartholomäus von Casamari 201
Bartolus von Sassoferrato 109
Benedikt X. 133
Benedikt XI. 66, 94, 128, 133
Benedikt XII. (Jacques Fournier) 4, 5–
    13, 16–37, 57, 73, 75, 78, 89,
    98 f., 103, 121, 123, 125–155,
    157, 162, 176, 179 ff., 185–314
Benedikt von Nursia 9, 35 f., 85
Bérengar Frédol 38, 95, 128
Bérengar Talon 129, 171
Bernard Aygler 34, 57, 255, 261, 269,
    298
Bernard d'Albia 206 f.
Bernard Délicieux 127 ff.
Bernard de Castanet 128
Bernard de Farges 246, 249
Bernard de Montmirat 113
Bernard Gui 9, 10 f., 12, 23, 106, 127 f.,
    175, 206 f.
Bernard Olivier 177, 189 f.
Bernhard von Botone 103
Bernhard von Clairvaux 5, 17, 34–36,
    58, 61, 64 f., 67, 100, 103, 137 f.,
    159, 182, 194, 202, 218, 225,
    237, 262, 288, 299, 315, 320
Bertrand I. von Cluny 82 ff., 108, 251,
    280
Bertrand Carit 206
Bertrand de Déaulx 206, 210, 208 f., 260
Bertrand de La Torre 74, 206
Bertrand de Montfavez 205, 231
Bertrand de Montaigu 22
Bertrand du Pouget 204, 208
Bertrand Geoffroi 22
Bladus, Antonius 41
Boehm, Laetitia 249

11.3. Ortsregister

11.4. Sachregister

400

11. Register

usus 110, 116
usus antiqui 96, 102
universitas 75, 87, 110, 119

Vagieren 93, 98, 103, 226 ff.
Vallombronsaner 94, 247
Vaterabt 28, 30, 80, 279
Verschriftlichung 239, 274
Veruntreuung von Ordensgütern 56, 61,
    82, 93, 107, 247, 267
vesperiae 27
vicarius in Urbe 210 f.
visio beatifica Dei 7, 16, 31, 146, 155–
    204, 298
visio-Lehre Johannes' XXII. 156
Visitation, Visitator 43, 46, 57, 61, 64,
    76, 80 f., 89 f., 101 f., 105, 114,
    239, 294 f.
vita evangelica 62, 152
Vitae Benedikts XII. 8–13

Wachstum der Seligkeit 159, 162, 190,
    194
Wahl Benedikts XII. 153 ff., 218
Wahlgeschenke 207
Wandel, normativer 65, 85, 238–244,
    261 f.
Wandel der Kirche 52, 64 ff., 100,
    151 f., 262
Widerruf Johannes XXII. 197
Widerstand gegen Reformen 162, 234–
    245
Wunder 49

Zehntzahlung 126, 249
Zentralisierung 90, 256
Zisterzienserideal 33–37, 71 f., 74, 78–
    83, 225, 248–257, 260, 270, 272,
    320
Zuständigkeit für Reform 92, 103, 173

Spätmittelalter und Reformation. Neue Reihe

Begründet von Heiko A. Obermann
Herausgegeben von Berndt Hamm
in Verbindung mit Johannes Helmrath,
Jürgen Miethke und Heinz Schilling

Band 10
Petra Seegets
Passionstheologie und Passionsfrömmigkeit im ausgehenden Mittelalter
Der Nürnberger Franziskaner Stephan Fridolin (gest. 1498) zwischen Kloster und Stadt
1998. X, 388 Seiten. Leinen.

Band 11
Gerhard Faix
Gabriel Biel und die Brüder vom gemeinsamen Leben
Quellen und Untersuchungen zu Verfassung und Selbstverständnis des oberdeutschen
Generalkapitels
1999. XI, 423 Seiten. Leinen.

Band 12
Sabine Vogel
Kulturtransfer in der frühen Neuzeit
Die Vorworte der Lyoner Drucke des 16. Jahrhunderts
1999. IX, 318 Seiten. Leinen.

Band 13
Ute Lotz-Heumann
Die doppelte Konfessionalisierung in Irland
Konflikt und Koexistenz im 16. und in der ersten Hälfte des 17. Jahrhunderts
2000. Ca. 510 Seiten. Leinen.

Band 14
Johannes a Lasco (1499–1560) – Polnischer Baron, Humanist und europäischer Reformator
Beiträge zum internationalen Symposium vom 14. bis 17. Oktober 1999 in der Johannes a Lasco
Bibliothek Emden
Herausgegeben von Christoph Strohm
2000. X, 390 Seiten. Leinen.

Band 15
Spätmittelalterliche Frömmigkeit zwischen Ideal und Praxis
Herausgegeben von Berndt Hamm und Thomas Lentes
2000. X, 212 Seiten. Leinen.

Band 16
Jürgen Miethke
De potestate papae
Die päpstliche Amtskompetenz im Widerstreit der politischen Theorie von Thomas von Aquin bis
Wilhelm von Ockham
2000. X, 347 Seiten. Leinen.

Band 17
Jan Ballweg
Konziliare oder päpstliche Ordensreform
Benedikt XII. und die Reformdiskussion im frühen 14. Jahrhundert
2001. XIII, 399 Seiten. Leinen.

Einen Gesamtkatalog erhalten Sie vom Verlag Mohr Siebeck,
Postfach 2040, D-72010 Tübingen.
Neueste Informationen im Internet unter http://www.mohr.de